지적인 여성을 위한
사회주의 자본주의
안내서

서커스

차례

지적인 여성을 위한
사회주의 자본주의
안내서

The Intelligent Woman's
Guide to Socialism
and Capitalism

조지 버나드 쇼 지음 | 오세원 옮김

처제인 메리 스튜어트 콜먼들레이에게

지적인 여성인 그녀의 질문에 대해
이 책은 내가 할 수 있는 최선의 답이다

미국 독자를 위한 서문

　나는 미국에 가본 적이 없다. 그러므로 나는 어쩌다 그곳에서 태어난 사람들이 흔히 가지는 망상, 즉 그들은 자신의 나라에 대해 모든 것을 알고 있다는 착각, 즉 내게 아일랜드가 출생에 의한 조국이고 영국이 선택과 정복에 의해 조국이 된 것과 같은 의미에서 미국이 그들 자신의 나라라고 생각하는 망상으로부터 자유롭다. 내가 스스로를 유럽인이라고 생각하는 것과 같은 의미에서 숙녀인 당신은 자신을 미국인으로 생각할 것이다. 다만 미국의 주들은 공통의 언어를 가지고 있고 연합되어 있지만, 유럽의 나라state들은 여전히 바벨탑에서 내려오지 못한 것처럼 다양한 언어와 관세라는 장애물들로 분리되어 있다는 점에서 차이가 있다.

　왜 미국은 국제 연맹League of Nations에 가입하지 않느냐는 사람들의 질문을 들을 때마다 나는 그들에게 사실 미국이, 60여 년 전 피로서 그 맹약을 확정한 바가 있는 진정한 국제 연맹이며 제네바에서 만들어진 국제 연맹은 지금은 고인이 된 미국 대통령의 제안에 의해 유럽을 통일하려던 헛된 시도였을 뿐이라고 지적해왔다. 그 결과, 영국 외무부장관은 가끔 제네바를 방문하고 돌아오자마자 영국을 다른 나라들과 결합시키려는 우드로 윌슨 류의 모든 유혹에도 불구하고 자신은 철저하게 영국인으로 남아 있을 것이며, 무엇보다 대영제국이 우선이고, 사안의 경중에 상관없이 이런 이해에 기초해서만 외교를 수행할 것이라고 영국 하원에 천명한다. 영국인들에게 이런 태도는 너무나 자연스럽고, 명백하고, 당연한 일이어서 신문들은 도대체 영국이 왜 국제 연맹에 가입했는지 이해할 수 없게 만드는 체임벌린 씨의 연설 서두 부분은 빼놓은 채 그의 스위스 출장의 세부 사항들을 보도한다.

국가 대신 국가 연맹에 소속되어 있는 것의 단점은 만약 당신이 뉴욕이나 매사추세츠에 살고 있고, 당신이 있는 곳으로부터 반경 2마일 밖의 세상에 대해서도 알고 있는 사람이라면, 미국인인 당신은 당연히 자신의 나라에 대해서 모든 것을 알아야 함에도 아마도 텍사스나 애리조나보다 영국, 프랑스, 그리고 이탈리아에 대해 훨씬 더 많은 것을 알고 있으리라는 것이다. 하지만 나는 자신이 실제로 눈으로 보거나 발품을 팔아본 곳 이외에 자신의 나라에 대해 많은 것을 아는 미국 여성을 만나보지 못했다. 그런 사람들조차도 세부 사항들에 구애되어 전체적인 조망을 갖고 있지 못했다.

그에 비하면 나는 미국에 대해 거의 모든 것을 알고 있다고 말할 수 있다. 나는 전체적인 조망을 할 수 있을 만큼 충분히 미국으로부터 떨어져 있으며, 미국인들이 으레 그러하듯이 미국에 대한 직관적인 지식을 타고났다고도 생각해본 적이 없기에 나는 조사를 하고 책을 읽었으며, 마치 내가 여행 중인 미국인들을 끌어당기는 자석이기라도 하듯 내게 다가오는 미국인들을 통해 배우기도 했고 내 책과 연극의 파멸적 효능에 대한 증명이라도 하듯 뭔가 파격적인 일을 저지른 많은 미국 여성들이 내게 강박적으로 보내온 무모할 정도로 비밀스러운 내용들을 지닌 편지들에서도 뭔가를 얻을 수 있었다.

나는 이 책의 모든 예를 미국인의 삶에서 끌어낼 수 있었지만 그렇게 했을 경우 바보 같은 미국인들은 이 책의 내용을 조금도 믿지 않으려 했을 것이고 내 글이 정확하고 사실인 만큼 오히려 나를 무지하고 편견을 가진 영국인이라고 생각했을 것이다. 자본주의 유럽이 러시아를 비방하듯 터무니없이 유럽을 비방하면서 말이다. 내가 영국에 대해 말하는 것은 당신도 믿을 것이다. 하지만 내가 미국에 대해 말하는 것을 들으면 총을 들고 나를 찾아올지도 모른다. 또 나는 미국의 사악한 적으로 분류가 될 것이다. 장담하건대, 나는 영국인들이 미국의 연회장에서, 미국인들의 무모할 정도의 환대에 압도되어 표하는 열정으로 미국을 흠모하지는 않는다. 하지만 나는 아주 흥미롭게, 다소 미심쩍기는 하지만, 문명의 실험으로서 미국에 꽤 큰 관심을 기울이고 있다.

그러나 이 정도까지는 나도 말할 수 있다. 지금 이 순간 특정 계층의 미국 노동자들이 욕조나 포드 자동차를 사고, 이전에 살롱에서 썼던 돈을 주택 금융 조합에 투자하고 있기 때문에, 미국이 기대만큼 잘하고 있다고 생각하지는 말라는 것이다. 만약 당신이 지금 이 순간에 사우스 웨일스에 있는 광부의 아내였다면 당신은 지금 기아에 허덕일 것이다. 그러나 콜로라도 광부의 아내는 굶주림만 참으면 되는 당신의 처지를 운이 좋다고 부러워할지도 모른다. 대도시의 빈민가에서 혹사당하는 여성 노동자들은 미국에서는 원하는 사람은 누구나 한재산 만들 수 있다는 말을 듣는다. 여기서는 적어도 그에 대해 조롱은 하지 않을 것이다. 인격을 비교하는 것이 사람들에게 상처를 주는 것처럼 나라를 비교하는 것도 상처가 될 수 있으므로 내가 나라들을 비교하지 않아도 되도록 그저 내 말을 그대로 받아들이기를 바란다. 자본주의는 어디나 똑같다. 만약 당신이 고국에서 그것의 폐해를 찾는다면 아마도 유럽 국가들이 그것의 최악의 상황에 대비하여 세워야 했던 사회주의적 방어책들 중 일부를 빼고는 아무것도 놓치게 되지 않을 것이다.

사실 이런 책이 미국인에 의해 쓰이지 않았다는 것이 이상할 정도다. 이 책의 주제는 불평등한 소득을 가진 사람들이 안정된 문명을 건설하려 시도하는 것이 얼마나 가망 없는 짓인가를 보여주는 것이다. 그리고 이런 불평등이 경제적인 면에서뿐만 아니라 인격, 지위, 전통적으로 지위에 따라오던 책임으로부터 돈이 공공연하게 완전한 괴리를 보임으로써 처음으로 가공할 정도로 나타난 곳이 또한 미국이었다. 대서양의 동쪽 해안에서 돈을 벌어들이던 사람들은 프롤레타리아, 즉 육체노동자 계급과 귀족 계급, 또는 지배 계급 사이에서 중산층을 형성했다. 그렇게 노동자가, 기업이, 정부가 제공되었고 중산층은 공공의 이익에 신경을 쓰지 않고 돈을 벌 수 있도록 허용되고 심지어 장려되기까지 했다. 공공의 이익을 챙기는 것은 귀족 계급의 일이지 중산층의 일이 아니었기 때문이다.

하지만 미국에는 귀족이 존재하지 않았다. 나라를 통제하고 방향을 설정하는 권력은 오직 기업들에게만 남겨졌고, 토지나 자본으로 이루어진 재산을 유지하고 계약을 집행하기 위한 사업상의 필요, 황금알을 낳는 프롤레타리아 거위들의 배를 가르지 않으려는 자제, 프롤레타리아들의 반란에 대한 두려움 외에는 오직 돈만을 추구하는 그들을 억제할 수 있는 게 아무것도 없었다. 미국의 상인들에게는 '공익은 신경 쓰지 마라. 그것은 우리의 일이다. 너희들의 일은 가능한 한 부자가 되는 것이고 그럼으로써 프롤레타리아들에 일자리를 주는 한편 우리의 임대료 수입을 늘려주는 것이다'라고 말할 왕과 귀족 지배 계급이 없었다. 남아 있는 것이라고는 기업들의 뻔뻔한 무책임의 전통이었다.

미국의 백만장자들이 처음 그들의 재산으로 유럽을 놀라게 하기 시작했을 때, 시장 독과점과 관련된 조사를 받던 과정에서 그들 중 가장 악명 높은 사람은 그의 사업 방침이 대중에 미치는 영향에 대해 비판받자 '빌어먹을 대중!'이라고 답할 수 있었다. 만약 그가 자신의 위에 지배 계급이 있거나, 입헌 군주가 있거나, 심지어 국교회가 있는 나라의 중산층이었다면, 그의 대답은 불경한 표현만 살짝 바꿔서 다음과 같았을 것이다. '저는 통치자나 입법가가 아니라 사업가입니다. 공공의 이익은 내 일이 아닙니다. 제가 그것에 주제넘게 간섭해서는 안 된다고 생각합니다. 제가 해야 할 유일한 일은 최대한 돈을 버는 것입니다.' 엘리자베스 1세 여왕이었다면 그의 사회적으로 매우 건전하고 바람직한 자세를 칭찬했을 것이다. 고상한 정치high politics 분야에 관여하려는 평민들의 주제넘은 시도만큼 엘리자베스 여왕을 분노하게 한 것은 없었다.

미국이 군주들과 고위 성직자들, 교황, 영국 내각 같은 것들을 없애고, 전쟁이 모든 황제들을 역사의 쓰레기통에 쓸어 넣은 후 유럽에서 대세가 된 공화국 체제를 받아들인 후 그 나라는 중산층을 사회 최상층으로 끌어올린 후 문명을 그들의 손에 맡겼다. 당연히 그들은 돈, 더 많은 돈, 더 더 많은 돈을 얻기 위해 경쟁했고, 암묵적으로 허용되던 거짓 선전이나 자격도 없이 의료를 행함으로써 대중에게서 돈을 벌 때를 제외하고는 그들에게 손톱만큼도 신경을 쓰지 않았다. 그들이 가능하면 정부의 간섭 없이 문명을 유지한다는 불가능한 방식으로 통치할 수밖에 없었던 것은 사실이다. 빨리 부자가 되는 것을 방해하는 것은 아무것도 두지 않는다는 그들의 원칙에 의해 그들의 정부는 제한되고 타락했다. 그리고 그 게임에서 그들 중 가장 유능한 사람들은(문명이 반드시 의존해야 하는 더 높은 게임을 하는 능력을 갖춘 사람들은 그런 게임에 흥미가 없다) 곧 유럽의 중산층들이 부러워할 정도로 부자가 되었다.

어렸을 때 나는 미국의 위인들에 대해 거의 들어보지는 못했지만 그곳에서 큰돈을 벌고 있는 사람들의 이야기들은 들었다. 미국에서는 위인이 나지 않는다는 뜻이 아니라 돈벌이에 급급한 사람들이 위인들을 드러내기보다는 박해하는 경향이 있었다는 것이다. 밴더빌트, 제이 굴드, 카네기, 록펠러는 고대 로마 공화정의 문명이 몰락을 향해 가는 잠시의 휴지기 동안 크라수스, 술라, 율리우스 카이사르가 황제를 우상으로 숭배하기 직전의 상태로 이끌었듯이 우리들의 문명을 이끌어옴으로써 유명해졌다. 지금은 어디에나 백만장자들이 흔하지만 그들의 기원은 미국이다. 그 때문에 나는 이런 책이 50년 전쯤 어느 미국인에 의해 이미 미국에서 쓰이지 않은 것이 의아할 정도다.

헨리 조지가 시도를 한 적은 있다. 45년 전 우연히 45분 동안 들은 적이 있었던 그의 연설이 나로 하여금 그에게 관심을 갖게 만들었다. 헨리 조지는 겉으로 보기에는 아무 문제도 없어 보이는 토지의 사유 재산 제도에서 비롯되는 소득의 터무니없는 잘못된 분배를 질타함으로써 동시대 사람들에게 감명을 주었지만 그는 소득이 어떻게 분배되어야 하는가, 그리고 토지가 국유화되었을 때 국가는 그 땅의 임대료를 어떻게 해야 하는가라는 중요한 문제를 다루지 않음으로써 한 세기 전 볼테르와 미라보 사이에 벌어진 논쟁 이상의 진전을 보이지 못했다. 그럼에도 불구하고 미국 사람들은 이 책에서 내가 이 헨리 조지가 시작한 작업을 마무리한 것 이상의 의미는 없다고 주장할지도 모른다.

끝으로, 나는 미국에 지적인 여성이 과연 있을까라는 질문을 받아왔다. 분명히 있을 것이다. 미국 남성들은 정치적으로 무익한 논쟁이나 일삼는 부류들이어서 그들 배후에 어떤 실질적인 지성이 존재하지 않는다면 도저히 미국이 존속할 수 없을 것이다. 하지만 바로 이 점에 관해 비밀을 하나 말해주겠다. 이 책을 이용해서 나는 미국 여성들을 통해 미국 남성들에 접근하고자 한다. 영국과 마찬가지로 미국에서도 모든 남성 시민은 종교 근본주의 교육의 힘으로 정치, 경제, 금융, 외교, 기타 민주적인 유권자로서 관련된 모든 일들을 이해해야 한다. 하지만 허여멀건 얼굴의 미치광이들에게 자신들의 나라가 빼앗기는 것을 지켜본 수족Sioux의 추장들은 근본주의 교육이라는 말만 들어도 경멸감을 표할 수밖에 없다. 하지만 그렇게 교육을 받지 못한 그는 기초적인 질문을 함으로써 자신의 무지의 바닥이 드러나는 것을 부끄러워한다. 나도 감히 그가 모르는 것을 먼저 자원해서 알려줌으로써 그를 모욕할 생각은 전혀 없다. 그러나 그런 그도 내가 이런 문제에 대해 아무것도 모르는 그의 아내에게 그에 맞게 말을 하는 것에는 반대하지 않는다. 아니, 그와는 정반대다. 그리고 만약 그가 우연히 우리의 대화를 엿들을 수 있다면 더 바랄 게 없을 것이다!!!

G. B. S.

북 웨일스 콘웨이

1928년 4월 17일

1

닫혀 있던 질문이 열리다
A CLOSED QUESTION OPENS

이 나라에서 사회주의가 정부 형태에 관한 의미 있는 질문으로 인정을 받기 시작한 18세기 이래 그에 관해 출판되어 온 책들을 당신에게 읽어보라고 소개하는 것은 아주 쉬운 일이다. 하지만 내가 간곡히 하고 싶은 말은 제대로 된 문명국가에서 부가 어떻게 분배되어야 하는가에 관해 당신과 당신의 친구들이 스스로 충분히 토론을 하고 나름대로 최선의 결론에 도달하기 전에는 그런 책들에 손도 대지 말라는 것이다.

왜냐하면 사회주의라는 것은 분배에 관한 어떤 사람들의 의견에 지나지 않기 때문이다. 그들의 견해가 당신이나 다른 사람들의 견해보다 반드시 나으리라는 보장은 없다. 당신이 얼마나 소유해야 하고 당신의 이웃들은 얼마나 소유해야 하는가라는 문제에 대해 당신은 어떤 답을 제시할 수 있겠는가?

그것은 아직 해결된 문제가 아니기 때문에 당신은 먼저 어릴 때부터 품어온 천진한 생각들을 벗어버려야 한다. 즉, 우리를 둘러싸고 있는 제도들, 소득을 분배하고 사람들의 소유를 허락하는 합법적인 방법들이 날씨만큼이나 자연스러운 것이라고 생각하는 것 말이다. 그것은 사실이 아니다. 우리들이 살고 있는 작은 세계 안 어디에나 있다고 해서 그것들이 언제나 존재해왔고 앞으로도 틀림없이 그럴 것이라는, 그것들은 자연발생적인 것이라는 생각을 하기 쉽다. 이것은 위험한 생각이다. 제도들은 부단히 바뀌고 있고 경찰이나 감옥이 가까이 없다면 선량한 시민들조차 지키려 하지 않을 법들도 많이 있다. 의회에서 제도들이 부단히 바뀌고 있다는 사실은 우리들이 얼마나 그것들에 만족하고 있지 못하는지를 보여준다.

때때로 옛 제도들은 새로운 제도들로 대체되기도 하고 변경되기도 하며 걸리적거리는 것으로 여겨져 폐기되기도 한다. 새로운 법들은 우리들의 삶에 부합되도록 법정에서 추가로 해석이 되기도 하고, 만약 그 법을 달갑지 않게 여기는 판사를 만나게 된다면 반대의 방향으로 해석될 때도 있다. 법 제도는 끊임없이 폐기되고 변경되고 개선된다. 새로운 법들이 만들어져 사람들은 이전에는 생각지도 않았던 일들(예를 들자면 국민 보험료의 납부)을 해야 하기도 하고 반대로 법이 폐지되어서 이전에는 처벌받을 수 있었던 일들(사별한 부인의 자매와 결혼하거나 사별한 남편의 형제와 결혼하는 일 같은 것들)이 가능하게 되기도 한다. 폐지되지는 않는다 하더라도, 해질 때마다 기워 입혀서 나중에는 원래 모양을 짐작하기도 어려운 아이들의 속바지처럼 법들은 여러 번 변경되기도 한다. 선거철이 되면 어떤 후보들은 새로운 법을 만들거나 옛 법을 없애겠다는 공약을 내세워 표를 얻지만 간혹 어떤 이들은 기존의 법을 있는 그대로 지키겠다며 표를 호소한다. 하지만 그것은 불가능한 일이다. 변하지 않는 것이란 존재하지 않는다.

누구도 상상하지 못했던 변화가 몇 세대 안에 일어나기도 한다. 요새 아이들은 학교를 9년간 다닌다거나 노령 연금, 미망인 연금, 여성들의 투표권, 짧은 치마를 입은 의원들이나 변호사들의 존재를 당연한 질서의 일부로 생각을 하며 과거에도 그랬고 앞으로도 그러리라고 생각할 것이다. 하지만 그들의 증조할머니 시대만 하더라도 그런 일들이 가능한 세상이 다가오고 있다고 얘기를 하는 사람이 있었다면 실성했다고 생각을 하거나 그런 세상의 도래를 원하는 사람들을 타락했다고 생각했을 것이다.

매년 생산되는 부가 어떻게 나누어져야 하는가에 대해 연구할 때 우리들은 요새 아이들이나 그들의 증조할머니들처럼 생각해서는 안 된다. 우리들은 의회가 존재하는 동안 우리의 몫이 매일 항상 변하고 있다는 것을, 지금 우리의 몫이 19세기 빅토리아 여왕 시대에는 미처 생각할 수 없었을 정도로 달라진 것과 마찬가지로 우리가 죽기 전에 우리의 몫은, 좋은 쪽으로든 나쁜 쪽으로든, 지금과는 또 다를 것이라는 것을 명심해야만 한다. 지금 우리가 가진 것이 불변할 거라고 생각하는 순간 당신은 화석과 같은 존재가 되고 만다. 법이 바뀔 때마다 직접적이든 간접적이든 누군가의 주머니(당신의 주머니일 수도 있다)에 있던 돈이 다른 사람의 주머니로 이동을 한다. 그게 바로 각각의 변화에 대해 어떤 정치인들은 찬성하고 어떤 정치인들은 반대하는 이유다.

그러므로 우리들이 생각해야 할 것은 거대한 변화가 도래할 것이냐의 여부가 아니라(왜냐하면 분명히 변화는 일어나게 마련이니까) 충분한 토론과 숙고 후에 어떤 변화들이 이 세상을 더 살기 좋은 것으로 만들 것인지, 혹은 당신과 기타 모든 사람들에게 재앙을 가져올 변화이므로 막아야 할지의 여부이다. 여러분이 이렇게 도출해낸 견해는 여론의 추력推力이 될 것이다. 그런 변화들이 존속되려면, 장기적으로 모든 변화의 배후에 그런 힘이 있어야 하고, 일단 그런 변화들이 법으로 만들어지면, 옳건 그르건 그런 법들을 집행해야만 하는 경찰력의 배후에도 그런 힘이 뒷받침해주어야 한다.

당신이 이런 주제에 대해 의견을 가지고 있어야 한다는 것은 아주 중요한 일이다. 자연철학자들이 오래전에 했던 말, '자연은 진공을 혐오한다'는 말을 잊어서는 안 된다. 그것은 사람의 머리에도 해당되는 말이니까. 모든 지적인 도모에 있어서 새로운 생각을 받아들일 줄 모르는 당구공처럼 굳은 머리는 있을 수 있지만 비어 있는 머리 같은 것은 존재할 수가 없다. 물론 나는 당신이 그런 머리의 소유자가 아니라는 것을 알고 있다. 만약 그랬다면 이런 책을 읽고 앉아 있지도 않을 것이다. 하지만 당신이 잠깐이라도 머리의 한구석을 비워놓는다면 사방으로부터 타인들의 의견이 광고, 신문, 책, 팸플릿, 소문, 정치적 연설, 연극, 그림들의 형태로 쏟아져 들어올 것이다. 물론 이 책도 그런 것들의 하나다.

물론 난 타인들의 의견을 부정하지 않는다. 스스로 독자적인 생각을 하라는 말은(우리의 유모들과 어머니들도 항상 그렇게 말을 한다, 물론 우리들의 결론이 그들의 기대와 다를 때는 언제나 꿀밤을 쥐어박지만) 다른 모든 사람들의 의견에 눈과 귀를 닫으라는 뜻은 아니다. 생각을 직업으로 하는 나 자신도 때로는 스스로 의견을 내거나 내가 받아들이는 다른 사람들의 견해에 비평조차 할 수 없는 많은 중요한 주제들에 대해서는 제삼자의 의견을 기꺼이 받아들여야만 할 때가 있다. 지금 시간이 몇 시인지 관해서는 왕실 천문관Astronomer Royal의 의견을 받아들이고 낯선 마을에 갔을 때는 가장 가까운 역의 위치에 관해서 거리에서 처음 만나는 사람의 의견을 받아들인다. 만약 법적인 문제가 있을 경우에는 영국의 왕은 무류無謬 하다는 터무니없지만 법적인 해결을 위해 필요한 도그마를 받아들여야 한다. 그러지 않는다면 나는 기차를 탈 수가 없을 것이고 법적인 분쟁의 해결을 볼 수도 없을 것이다. 우리보다 더 전문가인 사람들의 의견을 믿지 않고, 당국자들도 실수를 한다는 것을 알고 있지만 그들의 무오류성이라는 어떤 도그마를 받아들이지 않는다면 우리는 어디에도 갈 수 없고 어떤 일을 이룰 수도 없을 것이다. 그래서 대부분의 문제들에 있어서 우리들은 우리 자신들의 무지 때문에, 스스로 확신을 가지고 생각하고 무엇보다 독창적이어야 한다는 모든 촉구에도 불구하고, 닫힌 마음으로 살아갈 수밖에 없는 것이다.

여성들을 경시한 그의 태도에서도 엿볼 수 있듯이 성급하고 가벼운 사람이었던 사도 바울은 '모든 것을 시험해 보고 좋은 것을 꼭 붙드십시오'*라고 말을 했다. 그는 한 여성이 모든 것을 시험해본다는 것이 얼마나 불가능한 일인지를 잊고 있다. 필요한 지식이 있다 해도 그럴 시간이 없기 때문이다. 바쁜 여

---

* 「테살로니카 신자들에게 보낸 첫째 서간」 5장 21절.

성에게는 '해결되지 않은 질문'이란 없다. 그녀에게는 날씨 외에는 모든 것이 다 답이 주어졌다. 아니, 날씨조차도 여름과 겨울용 옷들을 때에 맞춰 제대로 주문할 만큼은 알고 있다. 그러면 바울은 왜 5분만 생각을 하면 말이 안 된다는 것을 알 수 있었을 충고를 한 것일까?

그 이유는 '완결된 질문들'은 사실 완결된 것이 아니기 때문이다. 그것들에 대한 답들은 결코 완벽하지도, 최종적이지도 않다. 우리들은 그것들 없이는 사회 안에서 살 수 없기 때문에 법과 제도들을 만든다. 하지만 우리들 자신이 완벽하지 않기 때문에 우리들은 완벽한 제도들을 만들 수 없다. 완벽한 제도를 만들 수 있다 하더라도 상황이 부단히 변화하기 때문에 영원하고 보편적인 제도들은 만들 수 없는 것이다. 수녀원에서 외부 세계와 단절된 채 사는 50명의 수녀들에게 효과가 있는 법과 제도들이 5천만 명의 사람들이 흩어져 살아가는 국가에도 제대로 작동이 될 수는 없기 때문이다. 그래서 다음 세대는 그들에게 맞는 길을 자유로이 찾도록 내버려두고 우리는 우선 우리가 할 수 있는 한 최선을 다하는 수밖에 없다. 우리가 이렇게 임시방편으로 만든 법들은 그것과 관련된 '당장'의 문제들만을 해결할 수 있을 뿐이다. 물론 정치에 있어서 '당장'은 열두 달이나 천이백 년일 수도, 잠깐 한숨 돌릴 수 있는 시간이거나 한 시대가 될 수도 있다.

그렇게 몇 세기 동안 닫혀 있던 질문의 문들이 갑자기 열릴 때 역사적인 위기들이 닥쳐온다. 사도 바울은 이들 질문들의 끔찍한 공동空洞 한가운데에서 완결된 질문들은 없다고, 우리 모두 스스로의 힘으로 모든 것을 처음부터 다시 생각해야 한다고 외쳤다. 그가 살던 유대인들의 세계에서는 모세의 법보다 더 성스러운 것, 할례 의식보다 필수적인 것은 없었다. 유대인들의 모든 법과 종교가 그것들에 달려 있는 형국이었다. 하지만 바울은 유대인들에게 모세의 법을 던져버리고 그것과 상반되는 예수의 법을 받아들이라고, 구속을 위해 필수적인 세례가 중요한 것이지 할례는 중요하지 않다고 선언했다. 어떻게 그는 모든 법들과 제도들에 맞서 열린 마음과 각자의 마음속의 빛을 주창한 것일까?

당신은 지금 사도 바울의 청중 속에 있다. 오늘날의 우리 모두가 그렇다. 사실상, 한 시대 동안 닫혀 있었던 질문, 부의 분배와 재산의 성질에 관한 질문이 갑자기 우리 앞에 크게 입을 벌리고 있다. 그에 발맞추어 우리들도 닫힌 마음의 문들을 열어야만 한다.

'질문이 갑자기 우리 앞에 입을 열고 있다'는 내 말은 제도를 비판하는 것을 업으로 하는 사려 깊은 사람들조차 그 질문을 잊고 있었다는 뜻은 아니다. 사도 바울이 태어나기 수백 년 전에도 광야에서 선지자들은 모세의 율법 아래서 행해지던 가증스러운 일들에 대해 이의를 제기했고 그런 비인간적인 세상에서 우리들을 구속할 구세주의 등장을 예언했다. 나는 지난 수백 년 동안 우리의 선지자들—우리는 그들을 시인이나 철학자, 성직자들이라 부른다—이 백성들이 부자와 빈자, 놀고먹는 자들과 과로에 눌린 자들로 나뉜 것에 항의해 왔다는 것도 알고 있다. 하지만 자신을 따르는 소수의 사람들을 위해 선지자들이 박해를 받으며 간신히 유지해온 질문의 틈이 모두에게 활짝 열리는 순간이 마침내 왔다. 불만을 품은 소수의 사람들이 따르던 예언자들은 갑자기 의회에서 강력한 힘을 지닌 야당 세력으로 부상하고 이내 강력한 통치 체제들로 모습을 바꾼다.

윌리엄 랭런드, 휴 라티머 주교, 토머스 모어, 존 버니언, 조지 폭스, 올리버 골드스미스, 조지 크랩, 퍼시 셸리, 토머스 칼라일, 존 러스킨, 윌리엄 모리스를 비롯해, 당신은 들어보지도 못했을 교회 안과 밖의 많은 용감하고 믿음 있는 설교자들이 우리 영국의 예언자들이었다. 그들은 영감의 불을 붙일 수 있는 소수의 사람들을 위해 질문의 문틈을 유지해왔다. 그럼에도 불구하고 대부분의 일반 사람들은 이제까지 그런 문제에 별 관심을 보이지 않아왔다. 하지만, 우리 시대에 이르러, 급속하게 세가 커지는 평범한 유권자들을 등에 업고, 갑자기 하원의 일부 중진들과 전 유럽 의회의 의원들이 기존의 부의 분배가 아주 비정상적이고 비인간적이며 터무니없을뿐더러 참을 수 없을 정도로 유해하다고 목소리를 높이기 시작했다. 근본적으로 수정을 하지 않으면 이런 문제로 멸망을 한 이전의 모든 문명들과 같은 전철을 밟게 되리라는 것이었다.

이런 이유로 해서 당신은, 할 수 있는 한 마음을 활짝 열고, 그 질문을 해결되지 않은 것으로 여겨야 한다. 그런 질문들을 다루어온 내 경험에 비추어 충고를 하자면, 내게서든 혹은 다른 누구에게서든 쉽게 문제에 대한 답을 얻을 생각을 하지 말고 먼저 당신 혼자의 힘으로 그것을 해결해보려고 노력하라는 것이다. 당신의 해결책이 전혀 엉뚱한 것이라 하더라도 당신은 그 문제에 더 진지한 흥미를 가지게 될 것이고 정답이 주어졌을 때 그것을 더 잘 이해하고 알아볼 수 있을 것이다.

2

분배

DIVIDING-UP

사회주의는 한 나라의 소득을 새로운 방식으로 분배하자는 주장이라는 것을 모두 알고 있다. 당신은 어쩌면 깨닫지 못하고 있겠지만 한 국가의 소득은 매일, 아니 매 순간 분배되고 있으며 세상에 두 사람만 남는다 하더라도 계속 그럴 것이다. 의견의 차이가 존재한다면 분배를 할 것이냐 말 것이냐가 아니라 각 사람이 얼마나 가질 것인가, 어떤 조건에서 그것이 허용이 될 것인가에 관해서다. 사도 바울은 '일하기를 싫어하거든 먹지도 말게 하라'고 말을 했지만 여성들을 무시한 사람답게 아기들도 생각지 못한 말이었다. 아기들은 일을 하지 못함에도 놀라울 정도로 욕구를 지닌 존재다. 그들을 먹이지 않는다면 세상에는 아무도 존재하지 않게 될 것이다. 그러므로 그것은 가당치 않다.

어떤 이들은 저축을 할 수 있으므로 세상의 부도 저장할 수 있을 것이라고 상상한다. 터무니없는 생각이다. 우리들을 살아 있게 하는 부의 대부분은 일주일 이상을 가지 못한다. 그야말로 세상은 하루 벌어 하루 먹고사는 존재일 뿐이다. 응접실 벽난로의 화저火箸는 우리의 일생 동안 변함이 없겠지만 우리는 그것들을 먹고 살 수는 없다. 달걀들을 물 잔에 담그고 연어로 통조림을 만들고 양고기를 냉동시키고 우유를 건조제품으로 만들어도 대부분의 우리가 먹는 음식은 굽거나 도살한 후 며칠 내에 소비를 하지 않으면 쉬거나 부패하여 우리들을 병들게 한다. 우리들이 입고 있는 옷들조차도 우리가 열심히 활동을 하거나 세탁을 자주 하면 얼마 버티지 못한다. 구두 밑바닥에 고무창을 덧대도 단지 얼마간 시간을 벌 뿐 구두가 닳는 것을 막을 수는 없다.

매해, 신선한 농산물이 수확되어야 하고 새로운 양들과 소들이 출하되어야 한다. 작년의 소출로는 먹고 살 수 없고 내년의 수확은 아직 존재하지 않으므로 우리들은 주로 올해의 수확물을 이용하여 물자들을 만들고 사용하며, 뿌리고 거두며, 양조를 하고 빵을 굽고 새끼를 내고 도살을 하고(물론 나처럼 채식주의자들에게는 해당되지 않는 말이지만) 더럽히고 세탁하며 살아야 한다. 그러지 않으면 오염과 굶주림으로 죽을 수밖에 없다. 우리가 저축이라고 말하는 것은 사실 미래를 위한 협상일 뿐이다. 예를 들어 내가 백한 덩어리의 빵을 만든다면 내가 먹을 수 있는 분량은 단지 한 개 남짓이다. 그렇다고 나머지를 저장할 수도 없다. 일주일만 지나도 먹을 수 없게 상할 테니까. 내가 할 수 있는 일이라고는 자신과 가족, 그가 고용한 사람들을 위해 지금 백 개의 빵이 필요한 사람에게 빵을 제공하고 앞으로 매년, 예를 들면, 다섯 개 정도의 빵을 받기로 계약을 하는 것이 가장 합리적인 길이다. 하지만 그것은 빵을 저장하는 것과는 다른 문제다. 미래에 대비해 준비를 하려는 사람과 당장 많은 소비를 해야 하는 사람 사이의 협상일 뿐인 것이다. 그러므로 소비를 하고자 하는 사람을 만나기 전까지는 나는 저축을 할 수가 없다. 따라서 모든 사람들이 저축을 할 수 있다는 생각은 잘못된 것이다. 사실은 자신들의 필요보다 더 많은 것을 가지고 있는 소수의 사람들만이 미래를 위해 준비할 여유가 있는 것이다. 그들도 자신이 지닌 것보다 더 많은 것을 소비하려는 사람들이 없다면 저축을 할 수가 없다. 베드로가 바울이 아낀 것을 소비하지 않으면 바울의 생산물은 썩어서 내다버릴 수밖에 없다. 그러면 두 사람 누구에게도 저축이란 존재하지 않게 된다. 나라 전체가 매일 빵을 만들고 그것을 소비하며 살아가야만 한다. 생산을 멈춘 나라는, 그 안에 사는 모든 사람들이 땅과 억만금을 은행에 지니고 있다 하더라도, 십여일이 지나면 망할 것이다. 당신이 가난한 사람들은 절약을 할 줄 모른다며 딱하다고 혀를 차는 부유한 사람의 아내(혹은 누구의 아내이든)를 만나면 그녀의 무지에 동정심을 느끼기 바란다. 그녀의 터무니없는 말을 따라 해서 가난한 사람들의 분노를 유발하는 일도 없기를 바란다.

3

각자에게 얼마나 돌아가야 하는가

HOW MUCH FOR EACH

당신은 이제 얼마나 많은 빵들이 생산, 제공되고 회계가 이루어져야 하는지, 그리고 빵을 비롯한 다른 생산품들이 만들어졌을 때 그것들이 바로 분배가 되어 각각의 사람들에게 합법적인 몫으로 돌아가야 하는지를 깨달을 수 있을 것이다. 그렇다면 각자의 합법적인 몫이란 무엇을 말하는 것일까? 우리들 각자는 얼마를 자신의 몫으로 가져야 하고 왜 그 이상이나 이하를 가질 수는 없는 걸까? 자신에게 딸린 여섯 아이들을 먹여 살리기 위해 뼈가 빠지게 일을 하는 과부가 일주일에 빵 두 덩어리를 노동의 대가로 받는 반면에 놀고먹는 미혼의 바람둥이 혼자 노동자 여섯 가구가 한 달 동안 먹을 수 있는 분량의 빵을 하루에 다 소비한다고 하면 그것을 합리적인 분배라고 할 수 있을까? 과부에게 좀 더 분배를 하고 바람둥이의 몫은 좀 줄이는 것이 더 나은 방식이 아닐까? 이런 질문들은 그 자체로서는 해결되는 법이 없고 법의 힘을 빌리는 수밖에 없다. 만약 과부가 바람둥이의 빵을 한 덩어리 가져간다면 경찰은 그녀를 감옥에 가두고 아이들은 구빈원으로 보낼 것이다. 그녀의 몫을 빵 두 덩어리로 정하고 있는 법이 있기 때문이다. 하지만 사람들이 그 법을 바꾸기 원하고 그렇게 투표를 한다면 법은 의회에서 폐지가 되거나 개정될 것이다. 이런 가능성을 알게 되면 사람들은 법이 바뀌어야 한다고 생각을 한다.

　일주일에 150파운드*를 아기 양육비로 받고 있는 한 미국인 미망인이 양육비가 충분치 않다며 법정으로 가서 이의를 제기해, 200파운드로 증액을 받았다는 기사를 신문에서 읽은 사람들은 평생을 아침부터 저녁까지 힘겹게 일을 해서 대가족을 부양한 후 노년은 구빈원에서 보내는 대부분의 다른 미망인들의 처지가 비인간적으로 부당하고 사악하며 어리석은 분배 방식이므로 개선이 되어야 한다고 생각한다. 그들은 부유한 미국 미망인의 몫에 세금을 부과하여 그만큼 노령 연금이나 미망인 연금, 실업수당을 받고 있는 가난한 사람들에게 돌려주거나 무상 '기초' 교육 등에 보탬으로써 상황을 약간 바꿀 수 있다. 하지만 일주일에 10실링의 연금을 받아 간신히 구빈원 신세를 면하고 있는 가난한 미망인이 있는데 미국인 미망인은 여전히 아기 양육비로 주당 100파운드가 넘는 돈을 받고 그 외에도

---

* 1971년 2월 15일 영국과 아일랜드는 통화를 십진법제로 개정하면서 펜스, 파딩, 실링, 플로린, 크라운, 파운드, 기니 등의 통화 단위를 현재의 파운드와 펜스로 통일했다. 이 책에서 언급되는 화폐 단위는 십진법제 이전의 화폐 단위로 1페니는 1실링의 12분의 1, 1실링은 파운드의 20분의 1, 1플로린은 2실링, 1크라운은 5실링, 기니는 1.05파운드의 가치에 해당된다. 페니의 복수형로는 두 가지가 쓰이는데 금액을 나타낼 때는 pence, 동전의 갯수를 말할 때는 pennies를 사용한다.

개인적인 수입이 상당하다면 두 처지가 여전히 너무도 차이가 커서 우리들은 아무런 변화를 느낄 수가 없다. 가장 큰 몫을 보장받고 있는 소수의 사람들이 아니라면 대부분의 사람들은 자신들의 처지가 부당하다고 느끼고 좀 더 공정한 분배가 이루어지기를 바란다. 많은 사람들이 그런 생각을 가지고 있으므로 우리들은 기존의 분배 방식에 대한 불만감, 상황을 가능하면 빨리 바꾸고자 하는 마음이 변화의 가능성을 알고 있는 사람들 가운데 널리 퍼져 있으리라고 생각하기 쉽다.

하지만 상황을 어떻게 바꾸어야 할지를 모르는 한 우리들은 아무것도 바꿀 수가 없다. A 여성이 하루에 수천 파운드를 받는데 B 여성은 고작 반 크라운을 받는 것은 언어도단이라고 말해봤자 소용이 없다. 법이 바뀌기를 원한다면 당신 생각에 A 여성은 얼마를 받아야 하고 B 여성은 얼마를 받아야 할 것이라고 말할 준비가 되어 있어야 한다. 바로 그 점이 어려운 부분이다. 우리 모두 B 여성이 좀 더 많은 몫을 받아야 하고 A 여성은 좀 덜 받아야 한다는 데 동의를 하지만 정확하게 얼마나 더 받아야 하고 덜 받아야 하는지 말을 해보라고 하면 사람들은 저마다 다른 이야기를 할 것이다. 그나마 그렇게 얘기를 하는 사람들은 얼마 되지 않고 대부분의 사람들은 A 여성은 부끄러운 줄 알아야 한다고 말을 하거나 B 여성은 그런 꼴을 당해도 싸다는 이야기나 늘어놓을 것이다.

이런 문제에 대해 전혀 생각을 해보지 않은 사람들은 가장 정직한 방법은 지금 현재 지출해야 할 만큼의 돈을 받는 것이라고 말할지도 모른다. 하지만 그 대답은 아무런 도움이 되지 않는다. 그것은 다시 어떻게 돈이 그만큼씩 분배되어야 하는가라는 문제를 낳을 뿐이다. 돈이란 소유자에게 일정한 양의 빵이나 맥주, 다이아몬드, 자동차 등을 합법적으로 요구할 권리를 부여하는 종이 쪼가리나 쇠붙이에 지나지 않는다. 우리는 돈을 먹거나 마시거나 입을 수 없다. 돈이 분배될 때 사실 분배되는 것은 돈이 살 수 있는 상품들이다. 모든 것은 돈으로 계산이 된다. 법이 70세의 B 여성에게는 10실링을, 새파랗게 젊은 주인 A에게는 3천 실링을 준다면 법은 돈이 아니라 빵 덩어리들, 생선들, 옷들, 집들, 자동차들, 유모차들을 두 사람 사이에 배분하는 것이다.

4

노동 없이 부는 없다
NO WEALTH WITHOUT WORK

분배할 부가 있기 전에 노동이 먼저 존재해야 한다. 농부와 제빵사가 없다면 빵은 존재할 수 없다. 수천 마일 떨어진 어떤 작은 섬들에서는 원숭이들이 나무에서 던져주는 코코넛을 먹으며 팔자 좋게 일광욕만 하며 지내는 사람들이 있다고 하지만 우리들에게는 해당되지 않는 이야기다. 매일같이 부단히 일을 하지 않으면 우리들은 굶주림에 처할 것이다. 누군가 게으름을 피운다면 누군가 그 사람 몫까지 일을 해야 하고 그렇지 않으면 모두가 생존을 유지할 수 없다. 그래서 사도 바울은 '일하기를 싫어하거든 먹지도 말게 하라'고 말한 것이다. 노동이라는 짐은 자연이 우리에게 부여한 것이므로 그것이 만들어내는 부만큼이나 분배의 대상이다.

하지만 부와 노동의 분배가 꼭 서로 상응하는 것은 아니다. 어떤 사람은 자신이 먹을 것보다 훨씬 많은 것을 생산할 수 있다. 그런 사람이 없다면 어린아이들은 먹을 것이 없을 것이고 일할 나이가 지난 노인들은 굶주림에 처할 것이다. 많은 여성들은 자신들의 두 손만으로 돈을 벌어 가계를 꾸리고 집주인에게 집세를 내면서 그녀의 늙은 부모님들까지 부양을 해왔다. 수력, 증기, 전기를 이용한 현대의 기계들 덕분에 여성 한 명이 150년 전에 천 명의 여성이 하던 일을 할 수 있게 되었다.

바람, 물, 석탄의 힘을 이용하는 기계들은 노동을 절감할 수 있게 해주었고 여가를 가능하게 했는데 그것 역시 분배가 되어야만 했다. 만약 어떤 한 사람이 열 시간의 노동을 해서 열 명의 사람들로 하여금 하루의 노동을 면하게 해줄 수 있다면 그 열 시간은 다양한 방식으로 이용될 수 있다. 우선 한 사람이 열 시간 동안 노동을 하게 하고 나머지 아홉 명은 여가를 즐길 뿐 아니라 공짜로 생산품도 받을 수 있다. 혹은 열 사람 모두 하루 한 시간씩만 노동을 하고 아홉 시간의 여가를 누릴 수도 있다. 그 외 이 두 가지 극단 사이의 어디쯤에 해당하는 방안들을 선택할 수도 있을 것이다. 혹은 세 명의 사람들에게 매일 열 시간 노동을 시키고 나머지 일곱 사람은 아무 일도 하지 않으면서 거기서 나오는 30명분의 산출물 중 14명분 몫을 누리면서 열세 명의 하인들을 고용하여 자신들을 시중들게 하고 세 명의 노동자들이 계속 일을 하도록 그들에게 급여를 줄 수도 있을 것이다.

다른 또 하나의 방법은 모든 사람들이 매일 당장 필요한 것보다 더 오랜 시간 동안 일을 하되 충분히 교육을 받으며 일정한 나이가 될 때까지는 노동을 면제하고 50세가 되면 노동을 그만두고 인생을 즐기면서 사는 것이다. 노골적인 노예 제도에서부터 평등한 노동, 여가, 부의 분배 사이에는 수십 가지의 다양한 분배 방식이 가능하다. 노예 제도, 농노 제도, 봉건 제도,

자본주의, 사회주의, 공산주의는 결국 이런 분배의 다양한 형태들일 뿐이다. 혁명의 역사는 개인들과 계급들이 이런 분배의 형태를 자신들에게 유리하게 만들기 위해 벌인 끊임없는 투쟁의 역사이다. 하지만 우선 당장은 노동이 산출하는 임금의 배분 문제에만 집중하기로 하자. 왜냐하면 개인들 간의 노동과 여가의 가장 큰 차이라 해봤자 현대적인 방식들과 기계들의 도움을 받아 만들어지는 임금들의 차이에 비하면 새 발의 피니까. 아무리 부유하다 하더라도 하루에 24시간 이상의 여가를 가질 수는 없지만 새끼손가락 까딱하지 않고도 몇 천만 파운드를 챙길 수 있는 것이다.

5

공산주의
COMMUNISM

이제까지의 내 설명을 이해했다면 당신의 나라에서 만들어지는 수입이 매일 어떻게 분배되어야 한다고 이제 결정을 내릴 수 있겠는가? 사회주의자들이나 자본주의자들, 혹은 당신이 애독하는 신문의 도움을 받으려는 생각은 하지 않는 게 좋다. 그것들은 의도적으로 당신을 기만하려 들든가 아니면 기껏해야 당신을 혼란스럽게만 할 것이다. 혼자의 힘으로 생각을 해보라. 당신 스스로를 온 국가의 수입을 위탁받은, 그래서 가장 큰 사회적인 복지를 이끌어내도록 분배를 해야 할 책임이 있는 사람이라고 상상하라.

당신의 판단이 흐려지는 것을 막기 위해 잠시 동안 당신의 몫이나 당신의 아이들, 친척들, 친구들의 몫은 생각하지 말라. 어떤 여성들은, '나는 절대로 다른 사람들의 문제에 대해서는 생각하지 않아요. 나는 다른 사람들은 어떤 입장인지 전혀 모르거든요'라고 말할 것이다. 하지만 그런 태도가 문제를 해결할 수는 없다. 자본주의와 사회주의는 한 여성의 인간관계 안에 있는 사람들이 아닌 모든 사람들에게 부를 분배하기 위한 틀이기 때문이다. 매년 분배될 수 있는 부의 양은 정해져 있다. 디킨슨 여사의 아이나 그녀의 여동생의 아이, 그녀의 오랜 친구가 더 많은 몫을 받게 된다면 존슨 여사와 그녀의 여동생의 아이들, 그녀 친구의 몫이 그만큼 줄어들 것이다. 따라서 디킨슨 여사는 그녀 자신과 가정, 친구들은 물론 그녀가 속한 계급도 잠시 잊어야 한다. 그녀는 당분간 자신을 하느님의 천사로 생각하고 자신의 진실성에 때를 묻힐 수 있는 세속적인 이해관계나 애정을 접어둔 채 세상에서 가능한 가장 큰 복지, 세상 사람들의 선을 실현하기 위해서 나라의 소득이 어떻게 배분되어야 하는지에만 관심을 기울여야 한다.

물론 나는 이런 일이 가능하지 않다는 것을 안다. 하지만 우리는 할 수 있는 한 그런 이상에 근접해야 한다. 우리는 대부분 남들의 생각을 쫓아가고 개인적인 특성이라고 해봐야 얼마 안 되는 껍질에 불과하지만 사람들은 우리에게 독자적으로 생각하라는 주문을 너무 쉽게 한다는 것도 알고 있다. 당신이 이 책을 구입할 때 사실 당신은 내가 당신 대신 생각하는 대가를 지불한 것 아니냐고 추궁할 수도 있다. 하지만 내 생각을 당신에게 떠넘기고 마치 그것이 당신의 것인 양 생각하게 하는 것이 과연 분별 있는 짓일까? 그런 미봉책을 택하지 말라. 그보다는 같은 주제에 대하여 나 그리고 다른 사람들이 어떤 생각을 거쳤는지를 알아보고 이미 충분히 검토된, 하지만 결국 막다른 골목길에 이르는 여정을 피하여 시간과 수고를 아끼고 실망감을 피하는 것이 나을 것이다.

이제까지 시도되거나 제안되었던 방법들을 몇 가지 들자면 다음과 같은 것들이다.

가장 간단한 것은 초기 그리스도교에서 사도들과 신도들이 택했던 생활방식이다. 그들은 자신들의 소유를 모두 공동의 재산으로 만들고 각자가 필요한 만큼 가져다 사용했는데 그것은 아주 신성한 의무로 여겨졌다. 아나니아와 삽비라 부부가 자신들의 몫을 조금 숨겨놓았을 때 사도 바울은 '성령을 속인 죄'를 저질렀다고 비난했고 그 부부는 그 자리에서 사망했다.

공산주의의 순수한 원시 형태라고 불리는 이런 물자 배분 방식은 사람들이 공동생활을 하며 서로 친밀한 작은 종교 공동체들에서 아직 실천이 되고 있기도 하지만 공동체 생활을 하지도 않고 친하지도 않은 많은 사람들에게는 적용하기가 쉽지 않다. 가정에서조차 우리들은 이 방식을 선택적으로 사용하고 있을 뿐이다. 아버지는 그의 수입의 일부를 가정에 내놓고 자녀들도 수입이 있을 때 그렇게 함으로써 어머니가 가족에게 필요한 음식을 구매하지만 그들은 각자 자신들이 사용할 몫을 따로 떼어놓는다. 그래서 가정생활은 순전한 공산주의 시스템이 아니라 부분적으로는 공산주의, 부분적으로는 개인 재산을 인정하는 방식이다. 가정의 구성원들은 각자 아나니아와 삽비라 부부가 했던 것처럼 수입을 관리하지만 그것에 대해 거짓말을 하지는 않는다(물론 가끔 그럴 때도 있기는 하다). 왜냐하면 아이들은 각자의 용돈으로 쓰기 위해, 아버지는 맥주와 담배값으로, 어머니는 혹여 생활비에서 남는 돈이 있으면 옷을 구입하기 위해 따로 각자의 몫을 챙기는 것이 가족들 간에 암묵적으로 인정이 되기 때문이다.

가정에서의 공산주의 생활방식은 옆집을 포함하지 않는다.

각 가정들은 따로 식사를 할 뿐 옆집의 식사에 돈을 보태지 않고 그러므로 그들의 식사에 참석할 권리도 없다. 하지만 이런 현대적인 도시 생활방식에도 예외는 있다. 각각의 가정은 맥주는 개별적으로 구매하지만 수도물은 같이 사용한다. 그들은 수도세를 지불하여 기금을 모아 각 가정에서 항상 수도물을 사용할 수 있게 하고 각 가정은 각자의 필요에 따라 물을 사용한다.

거리의 가로등이나 도로 포장, 치안을 유지하기 위한 경관들, 강에 놓는 다리들, 도시의 휴지통을 비우고 처리하는 데 필요한 비용들도 마찬가지다. 누구도 '나는 어두워지면 밖에 잘 나가지도 않고 살면서 경찰을 부른 적이 한 번도 없을뿐더러 강 건너 쪽으로 갈 일이 없기 때문에 다리를 건너 본 적도 없어. 그러니까 여기에 필요한 비용을 낼 이유가 없지'라고 말하지는 않는다. 가로등이나 포장 도로, 다리, 경관들, 청소원들이 없이는 마을이 돌아가지 않는다는 것을 모두가 알고 있다. 침대에 누워 집 밖으로 나가지 못하는 환자들이나 어떤 가로등의 도움도 받을 수 없는 맹인들도 매일매일 필요한 물자를 공급받고 안전과 건강을 보장받으려면 건강한 사람들만큼이나 그런 공공 서비스에 의존해야 한다. 경찰들만큼이나 군대도 마찬가지로 있어야 하고 가로등만큼이나 등대도 필요하며 의회만큼 마을회관들도 필요하다. 그것들은 우리들이 내는 지방세와 세금으로 만들어진 공동 기금으로 운영되며 우리 모두에게 도움이 된다. 한마디로 그것은 공산주의적이다.

이런 공산주의적 시스템을 유지하기 위해서 우리가 세금을 낼 때 우리는 초대 교회의 사도들처럼 우리가 가진 모든 것을 공동의 기금으로 내놓지는 않는다. 우리는 우리의 능력의 정도, 즉 우리가 살고 있는 집의 크기에 따라 일정한 액수를 내놓을 뿐이다. 하지만 적은 액수를 내놓는 사람들이나 많은 액수를 내놓는 사람들이나 공공 서비스는 똑같이 이용할 수 있다. 아무런 세금도 내지 않는 이방인들이나 걸인들도 역시 마찬가지로 공공 서비스를 누릴 수 있다. 젊은이나 노인, 귀족이나 빈민, 덕이 있는 사람이나 악당, 흑인, 백인, 아시아인, 절약가, 낭비를 일삼는 사람, 술 취한 사람이나 멀쩡한 사람, 땜장이, 양복쟁이, 군인, 선원, 부자, 빈자, 거지, 도둑 구별 없이 모두가 유지하는 데 많은 비용이 드는 공산주의적인 편리와 서비스를 누리고 즐길 수 있고 그것에는 아무 문제가 없다. 인도를 걷기 위해서 돈을 지불해야 한다거나 두 명의 세대주가 보증을 한 신분증을 보여주어야 한다고 생각하는 이는 아무도 없다. 하지만 인도를 만들고 유지하는 데에는 당신이 돈을 지불하고 입장을 해야 하는 곳들, 가령 극장이나 클럽 같은 장소들보다 훨씬 많은 비용이 들어간다.

6

공산주의의 한계
LIMITS TO COMMUNISM

공산주의가 러시아 혁명가들, 영국과 미국의 무모한 악당들이 만든 사악한 제도가 아니라 우리의 재산을 공유하는 아주 존중받을 만한 방법으로서 초대 교회의 사도들이 인정하고 사용했으며 오늘날 우리의 삶, 문명의 필요불가결한 한 부분이라는 이야기를 혹여라도 신문에서 읽어본 적이 있는가? 공산주의를 도입할수록 더 찬란한 문명이 가능하다. 우리는 공산주의적 시스템이 없으면 생활할 수 없고 꾸준히 그것의 영역을 확대하고 있다. 물론 우리가 원한다면 우리는 언제든 그것의 일부분을 폐지할 수 있다. 가령, 우리는 길에 요금소를 설치하고 그곳을 통행하는 모든 사람들에게서 요금을 징수할 수도 있을 것이다. 거리의 가로등을 없애고 횃불을 든 사람들을 고용해서 우리의 밤길을 밝히게 할 수 있을 것이다. 돈을 받고 점등인들이 집집마다 돌아다니며 문 앞에 횃불을 켜주고 아침이면 그것을 끄던 장치가 아직도 오래된 집들의 문가에는 남아있다. 우리는 보호를 받을 필요가 있을 때마다 경찰과 군대를 고용하고 필요가 없어지면 해산을 시킬 수도 있다. 하지만 우리는 그런 일들을 하지 않으려고 주의를 기울인다. 비록 사람들은 그들이 내는 세금에 대해 불평을 하지만 그들이 돈을 사용하는 다른 용도들에 비교해보면 그들은 아주 적은 비용으로 큰 효용을 얻고 있는 셈이다. 따로 고심을 하거나 비용을 지불하지 않아도 강을 건널 다리가 있다는 것은 너무 당연해서 우리 중 일부의 사람들은 마치 어린아이들처럼 그것이 원래부터 우리들에게 주어진 것으로 생각하기 쉽다. 하지만 만약 다리가 무너지기라도 해서 물이 얕은 곳을 찾아 건너든, 헤엄쳐 건너든, 배를 빌리든, 강을 건널 방도를 찾아야 한다면 공공 재산이 얼마나 중요한 것인지를 절감하게 되고 다리를 유지하는 비용을 위해 몇 푼을 세금으로 내는 것을 전혀 꺼리지 않게 될 것이다. 아니, 우리들은 재산의 공유화가 얼마나 훌륭한 아이디어인지에 매료가 되어 모든 것을 공유화해야 한다고까지 생각하게 될지도 모른다.

하지만 그것은 실현성이 없는 생각이다. 다리가 공공 재산일 수 있는 이유는 모든 사람들이 그것을 사용하며 혜택을 볼 수 있기 때문이다. 모든 사람이 이용하는 것, 모든 사람들이 혜택을 볼 수 있는 것들만이 공공의 재산으로 만들어질 수 있다. 도로, 다리, 가로등, 수도는 당연히 도시에서는 공공 재산으로 만들어질 수 있지만 교외 지역이나 시골의 작은 마을들에서는 사람들이 각자 밤에 들고 다닐 랜턴을 사거나 우물에서 물을 길어야 한다. 그렇게 생각을 하면 빵도 공공의 재산으로 만들어지지 않을 이유가 없다. 배를 주리는 아이가 없게 된다거나 식탁에 빵을 올리는 비용을 주부들이 걱정하지 않게 되는 것은 엄청난 혜택일 것이다. 철도도 마찬가지다. 많은 사람들이 혜택을 볼 수 있는 일들, 그래서 공유 재산화할 수 있는 것들이 어떤 것들이 있을지 생각해보는 것은 흥미롭다.

하지만 모든 사람에게 유익이 되지 않는 서비스들도 분명 존재한다. 수도는 공유화할 수 있지만 맥주는 어떨까? 술은 한 방울도 입에 대지 않는 사람에게 이웃들이 마음껏 맥주를 마실 수 있도록 하기 위해 세금을 내라고 하면 어떤 반응을 보일까? 그는 두 가지 측면에서 거절할 것이다. 우선, 그는 자신이 사용하지 않는 것에 대해 지불을 하지 않겠다고 할 것이다. 두 번째로, 맥주는 건강을 해치고, 범죄와 만취 등을 야기하는 해로운 것이라고 그는 주장할 것이다. 그런 것을 위해 돈을 지불하느니 그는 차라리 감옥을 택할지도 모른다.

이런 어려움에서 가장 두드러진 예를 교회에서 찾아볼 수 있다. 잉글랜드 성공회는 공산주의적 기관이다. 그것의 재산은 신에게 신탁되어 있고 모든 성당과 예배는 일반에 공개되어 있다. 주교들은 의회에서 지역구 의원들과 같이 자리를 차지하고 앉는다. 하지만 우리들 모두가 잉글랜드 성공회의 교리에 동의하지는 않으며 성찬식에 사용하는 테이블에 촛불을 올려 놓는 것이 로마 가톨릭교회의 제단과 너무 비슷하다고 생각하는 사람들이 많아서 교회에 내는 돈을 강제에 의한 것이 아닌 자발적인 헌금으로 바꾸어야 했다. 1902년에 제정된 교육법 Education Act이 교회 부설 학교들에 공공자금을 지원하자 이에 반발한 많은 사람들은 세금 납부를 거부해, 자발적으로 한 푼이라도 교회에 돈을 내기보다는 차라리 가구들을 압류당하는 편을 택했다. 모든 사람들이 사용하거나 적어도 인정이라도 하지 않는 것을 공유 재산으로 만들려 할 때 어떤 말썽이 생기는 지 잘 알 수 있는 사례이다. 우리들은 모두 도로, 교량들을 사용하고 그것들이 필요하고 유용한 시설이라는 것에 동의한다. 하지만 종교나 기질, 취미에 있어서 우리들은 각자 다르고 그 때문에 격한 분쟁이 일어난다. 도로나 교량들을 위해서는 아무 이의 없이 세금을 내지만 특정한 종교를 공유화하거나, 국민의 건강에 도움이 되는 우유 같은 것도 아닌 맥주나 양주를 상수 도처럼 취급하려 할 때 수많은 유권자들이 들고일어나는 이유 가 그 때문이다.

이런 문제는 서로 다른 것들을 원하는 사람들끼리 조금씩 양보를 함으로써 해결이 될 수도 있다. 예를 들자면 음악보다 는 꽃이 좋은 사람들이 있고 반대로 음악이나 꽃보다는 게임 이나 보트 타는 것을 좋아하는 사람들도 있다. 하지만 서로 취 향은 다르지만 이들은 모두 화단 크리켓 경기장, 보트를 타고 수영을 할 수 있는 호수, 밴드를 갖춘 공원을 유지하는 비용을 내는 것에는 이의를 제기하지 않는다. 로라가 좋아하는 것을 위해 비용을 지불하는 데 베아트리스가 반대하지 않는다면 베 아트리스가 좋아하는 것을 위해 돈이 들어가는 것에 대해 로 라도 반대하지 않을 것이다.

일부 소수의 사람들만 이해를 하고 이용하지만 그것을 위 해 모든 사람들이 기꺼이 돈을 지불하는 것들도 있다. 왜냐하 면 그것들이 없다면 교육이나 서적, 미술품, 고급 문화 생활이 존재할 수 없기 때문이다. 최고의 그림들과 조각들을 갖춘 국 립 미술관, 최고의 서적들을 비치한 공공 도서관, 천문학자들 이 별을 관찰하고 수학자들이 난해한 계산을 하는 천문 관측소, 과학자들이 자연에 관한 우리의 지식을 더해주는 공공 연구소들, 이런 것들을 유지하기 위해 우리는 많은 돈을 내야 한다. 우리 중 많은 사람들은 비록 지척에 있어도 미술관이나 박물관, 도서관에 발걸음을 하지 않는다. 천문학이나 수학, 물리학에 관심이 많은 사람들도 그리 흔한 편은 아니다. 하지만 그럼에도 우리들은 이런 시설들이 필요하다는 데 대해 전반적으로 동의하고 그것들에 비용이 들어가는 것을 반대하지 않는다.

아니, 사실 우리들은 그것들을 위해 우리가 돈을 지불하고 있다는 것조차 모르는 경우가 많다. 우리들은 마치 누군가가 우리들에게 거저 준 고마운 선물처럼 그것들을 생각할 뿐이다. 많은 공유 재산들이 이런 식으로 우리가 알지도 못하는 사이에 만들어졌다. 공유 재산에 대해 우리들이 마치 공짜인 것처럼 말을 하는 것에서도 이런 사실을 엿볼 수 있다. 영국 국립 미술관이나 대영 박물관, 혹은 성당들을 아무 요금도 내지 않고 들어갈 수 있기 때문에 우리들은 그것들이 마치 길가에 스스로 핀 야생화들처럼 저절로 생긴 것으로 간주할 때가 있다. 하지만 그런 시설들을 위해 우리들은 끊임없이 엄청난 돈을 사용하고 있다. 수많은 사람들이 흙투성이 발로 찾아오는 대영 박물관은 어느 여염집들보다 더 자주 바닥을 쓸고 먼지를 털고 걸레질을 해야 한다. 그 시설을 관리하는 고학력의 직원들 월급도 그에 비하면 푼돈이다. 공원도 개인들의 정원보다 많은 정원사들이 잡초를 제거하고 풀을 깎고 물을 주고 씨를 뿌리며 가꾸어야 하고 그를 위해 엄청난 인건비, 자재비가 필요하다. 공짜로 주어지는 것은 없다. 우리가 이런 시설들을 이용할 때마다 돈을 내지 않는다면 우리들은 세금으로 그들의 비용을 지불하고 있는 것이다.

　노숙자들은 집세나 다른 세금들은 피할 수 있을지 몰라도 담배를 살 때마다 그것을 재배하고 상품으로 만드는 데 필요한 돈의 여덟 배를 지불함으로써 세금을 내고 있다. 그 차액은 정부의 호주머니로 들어가 공공의 재산을 관리하는 데 사용된다. 가난한 여성도 예외는 아니다 그녀가 사는 식료품마다 이미 세금이 포함되어 있기 때문이다. 만약 그녀가 자신이 왕실 천문관에게 월급을 주거나 대영 박물관에 전시할 미술품 한 점을 사는 데 비용을 보태기 위해 허리띠를 졸라매고 있다는 것을 안다면 다음 번 선거에서는 정부에 반대표를 던질 것이다. 하지만 그녀는 그런 사실을 모르기 때문에 높은 물가에 대해서만 불평할 것이고 그 모든 것이 흉작이나 불경기, 파업 등 기타 불가피한 것들 때문일 것이라고 짐작할 뿐이다. 그녀는 영국 여왕과 국왕에게 세금을 내는 것에는 이의가 없을지라도, 자신의 돈이 영국 의회와 다른 공공건물들의 돌계단을 걸레질 하는, 어쩌면 자신보다 형편이 나을지도 모르는, 여성들의 급여로 사용된다는 것을 알면 불만스러워할지도 모른다.

　방금 살펴본 바와 같이 우리들이 채 깨닫지도 못하는 사이에 우리가 채택하고 있는 공유 재산 제도들이 있다. 하지만 대부분의 경우, 우리들이 그런 필요를 이해할 만큼 교육을 받았건 아니건, 그것들은 우리 모두가 사용하거나 필요로 하는 것들에 관계된 것들이다.

　이제 다른 취향에 관한 것들을 살펴보자. 이미 살펴본 것처럼 어떤 사람들은 잉글랜드 성공회의 예배, 맥주, 포도주, 양주, 기타 모든 종류의 향정신성 물질들이 삶에 필요하다고 생각하지만 다른 이들은 그것들이 해롭고 독이 된다고 생각한다. 차와 고기에 관해서도 사람들의 의견은 엇갈린다. 아무런 해도 없지만 반드시 모든 사람들이 원하지는 않는 것들도 있다. 무엇을 선물로 받고 싶은지 여성들에게 물어보라. 어떤 여성은 애완견을 선택할 것이고 어떤 여성은 축음기를 원할 것이다. 학구파 여성은 현미경을 원할지도 모르고 활동적인 여성은 오토바이를 바랄 수도 있다. 조용한 사람들은 책과 그림, 피아노를 선택할 것이고 야외 활동을 즐기는 사람들은 총, 낚시대, 말, 자동차를 선호할 것이다. 도로나 교량들처럼 이런 것들을 공유화하는 것은 터무니없는 낭비를 초래한다. 모든 여성들에게 돌아갈 만큼 애완견과 축음기를 준비한다면, 혹은 현미경과 오토바이들을 만든다면, 여성들이 원치 않거나 쌓아둘 공간이 없어서 가져가지 않고 내버려둔 물건들이 산더미처럼 쌓일 것이다. 이미 원하는 사람들은 모두 가지고 있는 물건들이기 때문에 팔 수도 없어 모두 쓰레기통으로 들어갈 수밖에 없다.

이런 문제를 피할 수 있는 한 가지 방법은 사람들에게 물건을 주는 것이 아니라 그들이 원하는 것을 살 수 있도록 돈을 주는 것이다. 축음기를 원하는 스미스 여사와 애완견을 원하는 존스 여사에게 각각 5파운드의 가격이 매겨져 있는 축음기와 애완견을 모두 안기면 스미스 여사는 분명 개를 집 밖으로 쫓아낼 것이고 존스 여사의 축음기는 쓰레기통 행을 면치 못할 것이다. 그렇게 10파운드의 돈을 낭비하는 대신에 우리들은 스미스 여사와 존스 여사에게 각각 5파운드의 현금을 줄 수 있다. 그러면 스미스 여사는 자신이 원하는 축음기를 살 수 있을 것이고 존스 여사도 애완견을 구입하여 만족스러운 선물을 받을 수 있을 것이다. 물론 우리들은 필요한 것보다 많은 축음기를 만들거나 애완견을 준비하지 않도록 조심해야 할 것이다.

그것이 돈의 용도다. 그것은 남들이 생각하기에 우리들이 필요로 하는 것이 아니라 우리가 진짜 원하는 것을 얻게 해준다. 결혼 선물로 신부의 친구들은 돈이 아니라 물건들을 준다. 그 결과로 신부에게는 여섯 개의 뒤집개, 일곱 개의 여행용 시계가 쌓이지만 정작 그녀에게 필요한 실크 스타킹은 하나도 받을 수 없다. 만약 그녀의 친구들이 현금을 선물로 줄 만큼 양식이 있다면(나는 언제나 그편을 택한다), 그리고 그녀가 돈을 선물로 받는 것을 꺼리지 않는다면(그녀들은 언제나 꺼리지 않는다) 그녀는 한 개의 뒤집개, 한 개의 여행용 시계에(만약 그런 게 실제로 필요하다면) 여러 개의 스타킹을 얻을 수 있을 것이다. 돈은 세상에서 가장 편리한 물건이다. 그것이 없다면 우리는 생활을 할 수 없을 것이다. 사람들은 돈에 대한 사랑이 만 가지 악의 근원이라고 말한다. 하지만 돈 그 자체는 이제까지 발명된 물건들 중에서 가장 편리한 물건 중의 하나다. 일부 사람들이 그것을 자신의 영혼보다 더 좋아할 만큼 어리석고 인색한 것은 돈의 잘못이 아니다.

비록 일부의 배분이 초대교회 사도들의 공산주의적 가정 경제 방식이나 납세자들의 세금으로 공유 재산 방식에 의해 유지되는 도로나 교량, 가로등처럼 이루어지기도 하지만 년 단위, 분기 단위, 월 단위, 주 단위, 일, 시간, 분 단위로 이루어져야만 하는 대부분의 배분들이 주로 돈을 배분하는 방식으로 이루어져야만 하는 이유를 이제 알 수 있을 것이다. 이런 사실은 다시 당신을 이전의 질문으로 돌아가게 한다. 우리들 각자는 얼마나 돈을 가져야 하는가? 나의 정당한 몫은 얼마인가? 당신의 정당한 몫은? 그것은 어떤 근거에 의해서인가? 공산주의는 그런 문제들의 일부만을 해결할 수 있었다. 따라서 다른 방안을 생각해봐야만 한다.

7

제안된 일곱 가지 방법들

SEVEN WAYS PROPOSED

자주 제안되어왔던, 그리고 노동자 계층 사람들에게 가장 합리적으로 보이는 방법은, 각자가 일해서 생산한 만큼 나라의 부를 차지하는 것이다. 게으르고 방탕하고 나약한 사람들이 사라지고, 선하고 부지런하고 힘 있는 사람들만이 살아남도록 각자 받을 자격이 있는 만큼 사람들에게 배분을 해야 한다고 주장하는 사람들도 있다. 요새는 공공연히 그렇게 고백하는 사람이 많지는 않지만, 어떤 이들은 오래전부터 전해온 가장 간단한 방식, 즉 힘 있는 자가 자기의 능력에 따라 가져가는 방식이 황금률이라고 생각한다. 18세기에 그랬던 것만큼 공개적이지는 않지만, 하느님이 평민으로 부르신 사람들에게는 그런 처지로 살아남기에 충분할 만큼만 주고 나머지는 귀족들이 차지해야 한다고 생각하는 사람들도 있다. 사람들을 계급으로 나누고 같은 계급에 속한 사람들 간에는 똑같이 배분을 하되 계급 간에는 차별을 두자는 주장도 있다. 즉 노동자들에게는 30실링을 주급으로 주고 숙련노동자들에게는 3, 4파운드, 주교는

2,500파운드, 판사는 5,000파운드, 대주교에게는 15,000파운드를 주며 그들의 부인들은 그들의 급여에서 알아서 떼어갖도록 하자는 것이다. 심지어는 지금 현 상태 그대로 놔두자는 의견도 있다.

사회주의자들은 이런 방법들 중 어느 것도 효과가 없을 것이며 유일한 방법은 그녀가 어떤 사람인지, 나이가 얼마고 어떤 일을 하든지, 그녀의 부모가 누구이고 어떤 사람이었는지 상관없이 모든 이들에게 똑같은 몫을 주는 것만이 만족스러운 방법이라고 주장한다.

이런 주장이나 기타 다른 주장들이 당신에게 충격적이라 하더라도 나를 탓하며 책을 불구덩이에 던지지는 말라. 나는 이제껏 제한되어 왔던 다양한 방법들, 그중에서 일부는 실제로 시도되었던 방법들의 차이점을 설명하고 있을 뿐이니까. 당신은 그것들 중 어느 것도 받아들일 필요가 없다. 아니, 그런 계획들보다 더 나은 계획을 생각할 수 있다면 제안을 할 수도 있다. 하지만 그것을 당신과는 상관이 없는 문제라고 일축해서는 안 된다. 그것은 당신의 음식과 거처에 관한 문제이므로 당신 삶의 일부이다. 당신 스스로 결정하지 않으면 그런 문제 따위는 무시하라고 당신을 설득하는 사람들이 당신 대신 결정을 할 것이다. 그들은 당신의 몫이 아니라 자신들의 몫을 먼저 챙길 것이고 어느 날 당신은 자신의 몫이 하나도 남아 있지 않다는 것을 발견하게 될 것이다.

나는 내 생애 중에 그런 일이 잔인하게 일어나는 것을 목격했다. 영국에서 한 시간 거리에 있는 내가 태어난 시골에는 곱게 자란 품위 있는 여성들이 많이 있었는데 그녀들은 당장 자신들의 삶이 꽤 유복하다는 이유로 그런 문제들을 무시하다가 결국 딱하게도 구빈원 신세가 되고 마는 경우가 많았다. 그들은 아주 고통스러워했고 자신들을 그런 처지에 이르게 한 사람들을 증오했다. 하지만 그들은 왜 그런 일이 벌어진 것인지 이해하지 못했다. 처음부터 어떻게, 왜 그런 일들이 일어날 수 있을지를 알았더라면 그들은 그런 처지를 피할 수도 있었을 것이다. 하지만 그들은 자신들의 몰락을 가져오게 하기 위해 최선을 다하는 것처럼 보였다.

무슨 일들이 벌어지고 있는 것인지 이해하려 하지 않으면 당신도 그런 처지에 빠질 수 있다. 세상은 내 고향에 살던 기품 있던 여성들의 시간처럼 빨리 변하고 있다. 비록 그녀들은 세상이 산맥처럼 변함이 없을 거라고 생각했지만 말이다. 당신에게는 세상이 훨씬 더 빨리 변하고 있다. 약속하건대, 만약 당신이 참을성 있게 이 책을 끝까지 읽는다면(희곡도 아니고 이런 책을 쓰면서 내가 얼마나 인내심을 발휘했을지를 상상해보라!) 당신은 세상이 어떻게 변하고 있는지, 당신의 리스크는 무엇이고 전망은 어떨지 교과서에서 배울 수 있는 것보다 더 많은 것을 알게 될 것이다. 다음 장에서부터 나는 이들 계획들을 각 장마다 하나씩 짚어보면서 당신이 그것들의 장단점, 안과 밖을 이해할 수 있을 때까지 살펴볼 것이다.

8

각자에게 자신들이 생산한 것만큼

TO EACH WHAT SHE PRODUCES

첫 번째 방법, 즉 각자의 노동에 의해 생산한 만큼 정확하게 모든 이들에게 배분하는 방법은 아주 공평한 것처럼 보이긴 하지만 그것을 실천하려 하면, 첫 번째로 각자가 얼마나 생산을 했는지 알아내기가 어렵고, 두 번째로 이 세상의 많은 일들은 물건을 만들어내거나 자연이 제공한 것들을 가공하는 것과 상관없는 다양한 서비스를 제공하는 것과 관련이 있다는 것을 발견하게 된다.

농부가 품꾼들을 고용하여 밀을 경작할 때 그들이 각자 얼마나 밀을 기른 것인지 알 방법은 없다. 하루에 수백만 개의 바늘을 생산해내는 공장에서는 기계를 다루는 사람, 기계를 발명한 사람, 기계를 만든 사람, 기타 공장에 고용된 수많은 사람들 가운데서 각자 얼마나 많은 바늘을 만든 것인지 알 수가 없다. 자신만의 고통스럽고 지속적이고 위험한 노력으로 무엇인가를 만들어냈다고 분명히 주장할 수 있는 사람은 임산부밖에 없다. 하지만 그녀는 아기를 이용해 살 수 없다. 오히려 아기가 생존을 위해 그녀를 이용할 것이다.

무인도에서 생활을 하던 로빈슨 크루소는 자연에서 재료를 구해 자신의 노동력만을 사용해 만든 뗏목, 보금자리, 울타리를 온전히 자신의 것이라고 주장할 수 있었을 것이다. 하지만 문명세계로 돌아온 그의 손을 스치는 집안의 모든 가구들은 나무를 기른 사람, 벌채한 사람, 그것을 옮긴 뗏목꾼, 선원들, 그것들을 톱으로 켜서 합판과 각목을 만든 사람, 그것들을 테이블과 의자의 모양으로 만든 가구업자들과 제작자들, 그런 모든 과정들에 관련된 거래를 맡은 상인들, 그들의 가게들을 만들고 운반선을 짓고 기타 모든 것들을 만든 사람들 수십 명의 손을 거친 것들이었다. 그 문제에 대해 잠깐이라도 생각을 해본 사람이라면 각각의 노동자에게 그들이 생산한 만큼 정확하게 그들의 몫을 배분한다는 것은 폭우로 쏟아지는 빗속의 각각의 빗방울이 얼마나 물탱크의 수위를 높였는지를 측정하는 것만큼이나 어려운 일이라는 것을 깨닫게 될 것이다. 한마디로 불가능한 일이다.

하지만 각각의 노동자들이 얼마나 많은 시간을 일에 투자했는지에 따라 배분하는 것은 가능하다. 시간은 계량화할 수 있으니까 말이다. 두 시간을 일한 노동자에게 한 시간을 일한 노동자보다 두 배를 지급하는 것은 아주 쉬운 일이다. 문제는 시간당 6펜스를 받고도 일하려는 사람, 16펜스, 2기니, 150기니를 요구하는 사람 등 다양한 사람들이 있다는 것이다. 사람들의 임금은 얼마나 많은 사람들이 그 일을 하기 위해 경쟁을 하는지, 일을 맡기는 사람이 얼마나 부유한지에 달려 있다. 일자리가 귀해 서로 더 낮은 임금으로 일을 하겠다고 사람들이 나설 때에는 침모針母나 막일꾼에게 1시간 동안 바느질을 하거나 장작을 패게 한 후 1실링이라는, 겨우 살아남기에 충분할 푼돈을 줄 수 있다. 하지만 인기 여배우에게는 일주일에 2, 3백 파운드를 지불하고 유명 오페라 가수에게는 하룻밤에 그만큼을 지불한다. 청중들이 그녀의 노래를 듣기 위해 기꺼이 그 이상을 지불하려 하기 때문이다. 당신은 맹장을 떼어내는 대가로 유명한 외과의사에게 150기니를 지불하고 당신을 변호하게 하기 위해서 유명 변호사에게 같은 액수를 지불한다. 그들만큼 실력 있고 유명한 의사, 변호사들은 드물지만 당신보다 더 큰 돈을 내더라도 그들의 서비스를 원하는 고객이나 환자들이 많기 때문이다. 이것이 노동자의 시간 가격을 결정하는 방식, 혹은 수요와 공급에 의해 그것이 저절로 결정되는 방식이다.

불행하게도 수요와 공급은 만족스러운 결과를 도출하지 못한다. 시간당 1실링을 받는 여성과 3,000실링을 받는 여성이 있다는 것은 도덕적으로도 문제가 있다. 그런 일이 실재하긴 하지만 있어서는 안 될 일이다. 독특한 얼굴과 깜찍한 태도, 연기에 대한 약간의 재능이 있는 어떤 아역 배우는 영화에 출연을 하는 대가로 평범한 일을 하는 자신의 어머니보다 백 배가 넘는 보수를 받는다. 더 심한 경우는, 평범한 아내와 엄마로 열심히 살아가는 여자보다 반반한 얼굴을 밑천으로 못된 일에 종사하는 여성이 훨씬 더 많은 몫을 얻을 수도 있다는 것이다.

그 외에도, 일을 하는 데 얼마나 시간이 들어갔는지 측정을 하는 것도 보기만큼 쉽지는 않다. 한 시간 일한 사람보다 두 시간 일을 한 사람에게 두 배의 임금을 주는 것은 일 더하기 일이라는 것만큼이나 자명한 일처럼 보인다. 하지만 오페라 가수와 그녀의 분장사, 미숙한 노동자와 의사 사이에 몫을 배분해야 할 때는 얼마만큼의 노동 시간을 그들에게 인정해주어야 할지 난감해진다. 분장사와 노동자는 오랜 공부나 견습 과정 없이 몸만 건강한 사람이라면 할 수 있는 일을 했다. 하지만 의사는 자격을 얻기 위해서 이미 훌륭한 교육을 받은 후에도 6년 동안을 더 공부하며 훈련을 쌓아야 한다. 그가 환자를 돌보는 매 순간의 배후에는 6년이라는 무급 노동이 숨어 있다고 그는 주장한다. 능숙한 장인도 그의 망치질 동작 하나마다 7년이라는 긴 도제 기간이 깃들어 있다고 주장할 수 있을 것이다. 오페라 가수는 비록 성악을 배우지는 않았더라도 그녀의 레퍼토리들을 연습하기 위해 수많은 시간을 연습해왔을 것이다. 모두 그들의 이런 노력들이 큰 차이를 만들어낸다고 주장하지만 시간으로든 돈으로든 그들의 노력을 평가할 방법은 없다.

현명한 여성과 우둔한 여성이 한 일의 가치를 비교할 때에도 같은 문제가 생긴다. 당신은 현명한 여성이 한 일이 더 가치가 있을 것이라고 생각하겠지만 얼마나 더 가치가 있을지 파운드, 실링, 펜스로 표현을 하라고 하면 불가능하다고 포기하고 수요와 공급에 의한 배분 방식을 쓸 수밖에 없을 것이다.

나는 물건을 만드는 일과 서비스업을 섞어서 예로 들었다. 하지만 이제 그 둘 사이에도 차이가 있다는 것을 강조해야겠다. 왜냐하면 생각이 없는 사람들은 벽돌 제조업자가 성직자보다 더 많은 것을 생산한다고 생각할 수도 있기 때문이다. 소떼들이 밀밭으로 들어가지 못하도록 문을 만드는 마을 목수는 농장주가 대가를 지불하기 전까지는 자신의 것이라고 주장할 수 있는 무엇인가를 그의 손에 쥐고 있다. 하지만 소리를 질러서 새를 쫓는 일을 한 아이에게는 그의 목소리가 목수의 문만큼이나 중요한 것임에도 자신이 한 일을 보여줄 만한 방법이 없다. 우체부는 편지와 소포를 배달할 뿐 아무것도 제조하지 않고 경찰관도 아무것도 만들지 않으며 군인은 물건을 만들기는커녕 파괴하기까지 한다. 의사는 약을 제조하기도 하지만 그것은 그의 주업이 아니다. 양식 있는 의사가 당신에게 약을 멀리하라고 말할 때나 그가 잘못된 충고를 하더라도 그것을 걸러낼 양식이 당신에게 있는 경우를 제외한다면, 그의 주업은 당신이 언제, 어떤 알약을 먹어야 할지 알려주는 것이다.

변호사도 뭔가 실체가 있는 것을 만들지는 않으며 성직자, 의회의 의원, 가정에서 일을 하는 하인들(물건들을 깨는 사람들은 가끔 있다), 여왕이나 왕, 배우 등도 그 점에서는 마찬가지다. 그들이 일을 마쳤을 때 무게를 달거나 측정할 수 있는 어떤 것, 대가를 지불받을 때까지 그들의 손에 쥐고 있을 어떤 것도 그들에게는 없다. 그들은 모두 서비스를 제공하기 때문이다. 가정부처럼 가사를 제공하거나 가게 종업원처럼 상업적인 서비스, 우체부처럼 행정 서비스, 왕처럼 국사에 관한 서비스를 제공하는 것이다. 그들 말고도, 제대로 된 양심을 지닌 사람들 모두는 자신들이 신을 섬기는 서비스를 감당하고 있다고 생각한다.

실질적으로 무엇을 만드는 사람들 말고도 그것들이 어떻게 만들어져야 하는지를 알아내는 사람들이 있다. 일을 하는 사람들 말고도 그 일들이 어떻게 행해져야 하는지, 언제 행해져야 하는지, 얼마나 많이 행해져야 하는지 아는 사람들도 있어야만 한다. 조그만 마을에 사는 대장장이, 목수, 건축업자는 혼자서 만들고 일하고 생각하는 일을 다 감당할 수 있을 것이다. 하지만 대도시나 고도로 문명화된 나라들에서는 이것이 불가능하다. 만들거나 실행하는 사람들이 있어야 하고 무엇을, 언제, 어떻게, 얼마나 많이, 누가 행해야 할지 결정하는 사람들도 따로 있어야 한다.

이런 노동의 구분이 가능하다면 우리가 사는 마을은 조금 더 살기 좋은 곳으로 바뀔 것이다. 시골에서 사는 농부는 혼자서 수만 가지 일을 감당해야 하기 때문이다. 작물을 재배하고 가축들을 키워야 할 뿐만 아니라(서로 별 관련이 없는 일들이면서도 둘 다 만만한 일이 아니다) 복잡한 계정들을 관리하며 곡물과 가축들을 파는 거래도 해야 하는데 이것도 역시 별도의 사람이 필요한 전혀 별개의 분야이다. 그뿐만이 아니라 그는 살고 있는 집도 그의 사업의 일부로 생각해야 한다. 그는 결국 전문적인 분야의 일을 하는 사람, 사업가, 시골 지역의 유지 노릇을 혼자서 해내야 한다. 그 결과, 농사는 엉망이 되고 만다. 농사를 잘 지어봤자 그는 가난을 면할 수 없는데 왜냐하면 그는 사업가로서는 젬병이기 때문이다. 사업을 잘해봤자 농사를 망치면 역시 의미가 없는 일이다. 사업가로든 농부로든 그는 남편으로서도 낙제점이다. 왜냐하면 그의 일이 가정과 분리가 되어 있지 않기 때문에 그는 자신의 일과 관련된 모든 걱정거리를 집으로 끌고 들어오기 때문이다. 그에 비해 도시 노동자들은 퇴근하면서 그들의 걱정거리들을 사무실에 잠가두고 이튿날 아침 다시 돌아올 때까지 생각하지 않을 수 있다. 도시에서는 손으로 일을 하는 사람들, 계정을 관리하는 사람들, 사고팔 시장을 고르는 사람들이 모두 따로 있고 일과 후에는 하고 있던 모든 일들을 뒤로 한 채 퇴근을 한다.

이런 문제는 가정주부도 마찬가지다. 가정주부도 수많은 다양한 일들을 하도록 요구된다. 하지만 그녀는 살림은 잘하지만 요리는 엉망일 수 있다. 프랑스에 사는 여성이라면 별 문제가 없을 것이다. 조금이라도 제대로 식사를 해야 할 것 같은 때에는 가까운 레스토랑으로 가면 되니까. 하지만 영국의 시골지역에서라면 요리사를 따로 고용할 형편이 아닌 이상 주부는 살림과 요리를 혼자 다 맡아야 한다. 십분 양보해서 그녀는 살림도 잘하고 요리도 잘하는 여성일지도 모른다. 하지만 그런 동시에 아이들까지 모두 잘 키우기를 바랄 수는 없을 것이다. 역시, 유능한 보모를 둘 형편이 되지 않는 한, 그녀는 자신이 잘 못하는 것들을 잘하는 일들과 함께 해나갈 수밖에 없고 결국 그녀의 삶은 엉망이 되고 만다. 하루 중 대부분의 시간을 아이들이 학교(이것도 약간 공산주의적 발상이다)에서 보낸다는 것은 아이들에게나 그녀에게나 다행이다. 하인들, 레스토랑들, 학교들에 의해 도움을 받는 여성이 세 가지 상이한 일들을 혼자 해나가야 하는 여성보다 더 나은 삶을 살 가능성은 분명하다.

국가나 인류를 위해 어떤 한 사람이 할 수 있는 가장 큰 사회적인 봉사는 가정을 돌보는 것이다. 하지만 이곳에서도 역시 판매를 할 수 있는 결과물이라고는 없으며 따라서 세상은 주부의 역할을 무시하거나 그녀의 노고를 금전적인 보답과는 상관이 없는, 당연한 일이라고 생각을 하는 경향이 있다. 남성들은 부양해야 할 가정이 있다는 이유로 여성들보다 더 높은 급여를 받는다. 하지만 그들이 여성들보다 더 많이 받는 돈을 술이나 도박에 사용해도 그와 결혼한 여성은 그것을 회수할 방법이 없다. 하지만 만약 그녀가 고용된 가정부였다면 그녀는 법에 의지해 그녀의 몫을 돌려받을 수 있을 것이다. 그것은 유부남도 마찬가지다. 아내가 생활비를 유흥비로 탕진해도 그는 어떻게 할 방법이 없다. 하지만 만약 그녀가 고용된 가정부였다면 그는 그녀를 절도죄로 감옥에 가둘 수 있을 것이다.

이런 생각들을 배경으로 지혜로운 여성은 남편에 비교해, 자신이 가정에 쏟는 시간의 가치를 어떻게 정할 수 있을까? 그녀의 남편은 다음과 같이 실제적인 방식으로 말을 할 수도 있을 것이다. '가정부는 얼마면 고용할 수 있고, 보모는 얼마, 요리사는 얼마, 외로움을 달래줄 예쁜 여성도 얼마면 고용할 수 있지. 이런 비용들을 모두 더하면 그게 아내의 가치일 거야. 맙소사, 하지만 그건 내 형편에는 감당할 수 없는 액수잖아!' 여성들이 남편들을 마치 택시기사들처럼 시간당 얼마를 주고 고용하는 것을 상상해보라!

국가의 수입은 그것이 낯선 타인들 사이에 배분이 되듯 남편들과 아내들 사이에도 배분되어야 한다. 하지만 우리 대부분은 남편들과 아내들이기 때문에 결국 그것은 부부의 소득이 되어 아무 소용이 없다. 남편들에게 모든 몫을 제공하고 아내들은 그에게서 요령껏 쓸 것을 얻어내는 전래의 방식은 아내들이 일방적으로 착취되는 결과를 가져왔고 이런 일을 시정하기 위해 기혼녀 재산법령Married Women's Property Acts이 만들어졌다. 이로 인해 여성들은 결혼 후에도 자신의 재산을 지닐 수 있게 되었으며 아내들이 내지 않은 세금 때문에 오히려 그녀의 남편들이 감옥에 가는 일들까지 벌어지게 되었다. 하지만 열 집에 아홉 집은 재산이 없었기 때문에 그들은 남편이 벌어온 돈을 최대한 아껴 생활을 하는 수밖에 없었다. 바로 여기에서 아주 희한한 일이 생긴다. 아내들은 소득이 없고 가정의 장성한 아이들은 매주 몇 실링을 벌어오지만 생활비로는 턱없이 부족하다. 바로 그 차이를 아버지의 급여가 보충하는 것이다. 따라서 아이들을 싼 임금으로 고용하는 사람들은 사실은 집안의 가장들을 —이미 각자의 직장에서 착취를 당하고 있는— 다시 한 번 착취하는 것이다. 이에 대해서는 뒤에 다시 이야기할 것이다.

각자의 일을 통해 생산해낸 만큼, 혹은 투자한 시간의 가치만큼 여성들과 아이들, 남자들의 몫을 돈으로 분배하는 일의 혼란스러움을 없애려 시도해보라. 당신은 곧 그런 시도가 이치에 맞지도 않고 가능하지도 않다는 것을 알게 될 것이다. 미치광이가 아닌 이상 그런 계획을 실천하려는 사람은 없을 것이다.

9

각자에게 받을 자격이 있는 만큼

TO EACH WHAT SHE DESERVES

우리가 두 번째로 살펴볼 방법은 각자에게 받을 자격이 있는 만큼 배분하는 것이다. 많은 사람들, 특히 지금 유복한 삶을 누리고 있는 사람들은, 부지런하고 술에 취하지 않고 근검절약하는 사람들은 절대로 궁핍할 일이 없고 가난한 사람들은 게으르고 돈을 버는 족족 낭비하고 음주, 도박, 거짓말을 일삼으며 전반적으로 불량한 인격을 지닌 사람들이라고 주장한다. 그들은 불량한 인격을 지닌 노동자는 훌륭한 인격을 지닌 노동자보다 직업을 구하기 어렵다는 사실이나 도박에 빠진 농부들이나 시골 유지들이 땅을 저당 잡혀 허랑방탕하게 살다가 곧 빈곤에 빠지는 것, 사업을 돌보지 않고 게으름을 피우다가 파산을 하는 실업가들을 예로 들 수도 있다. 하지만 그런 사례들은 모든 일들이 좋게만 흘러가지는 않는다는 것을 보여줄 뿐 애초에 그들이 가지고 있던 몫이 정당한 것이었느냐의 문제에 대해서는 아무것도 말해주지 않는다.

그들의 주장은 악습과 무절제가 우리를 가난하게 만든다는 것이다. 하지만 그들은 사람들을 부유하게 만드는 악습들도 있다는 것을 잊고 있다. 무정하고 탐욕스럽고 이기적이고 잔인하고 언제나 이웃들을 이용해먹으려는 자세를 가진 사람들은 도가 지나치지 않으려 조금 조심만 한다면 크게 부유해질 수 있다. 반면 한몫 잡으려는 생각 대신 관대하고 공익을 먼저 생각하는 다정한 사람들은 특별한 재주가 없는 이상 가난하게 태어난 상태를 유지한다. 게다가 현실은, 가난하게 태어나는 사람들이 있는 반면에 은수저를 물고 태어나는 이들도 있다. 미처 인격이 형성되기도 전에 사람들은 부자와 빈자로 갈라진다는 것이다. 우리가 살고 있는 체제가 부를 대충이라도 각 사람의 덕에 따라 배분하고 있다는 생각은 코웃음을 사기에 충분하다. 모든 사람들은 그 반대가 사실에 부합한다는 것을 알고 있다. 현 체제는 몇 명의 게으른 사람들을 아주 부유하게 만들고 대다수의 열심히 일하는 사람들은 아주 빈곤한 처지에 빠지게 한다.

지혜로운 여성인 당신은 부가 각 사람의 덕의 크기에 따라 배분이 되지 않는다는 이야기를 들으면 당연히 그래서는 안 된다고 생각할 것이다. 아니, 한 걸음 더 나아가 앞으로는 선한 사람들이 그들의 덕의 크기에 비례해서 부유해지고 악한 사람들은 그에 비례해 가난하게 되도록 법을 뜯어고쳐야 한다고 생각할 것이다. 이런 생각에 반대하는 몇 가지 주장이 있지만 다음의 주장만으로도 충분할 것이다. 즉, 덕에 따라 배분을 한다는 생각 자체가 불가능하다는 것이다. 사람들의 덕을 당신은 어떻게 돈의 가치로 측정할 것인가? 남자든 여자든 당신이 좋아하는 사람들을 짝을 지어 그들이 각자 얼마나 많은 돈을 그들의 덕만큼 받을 수 있을지 생각해보라. 만약 당신이 시골에 살고 있다면, 우선, 마을 대장장이와 목사, 세탁부와 여선생을 생각해보라. 흔히 목사는 대장장이보다 적은 급여를 받고 있다. 일부의 마을에서만 목사의 급여가 대장장이보다 높다. 하지만 지금 그들이 받고 있는 급여는 생각하지 말고 앞으로 각 두 사람이 당연히 받아야 할 금액을 산정하는 기준을 만들어보라. 구체적인 액수는 내놓지 않아도 좋다. 두 사람에게 지급될 금액의 비율만 제공하면 된다. 대장장이는 목사와 같은 급여를 받아야 하는가? 혹은 목사의 급여보다 두 배를 받아야 하는가? 혹은 목사가 받는 급여의 절반을? 그는 목사보다 얼마나 더 많이 혹은 적게 받아야 하는가? 한 사람이 더 받아야 하고 다른 이가 덜 받아야 한다고 말하는 것만으로는 부족하다. 그들 각자의 몫을 계산할 수 있는 구체적인 비율을 제시할 수 있어야 한다.

더 깊게 생각을 해보자. 목사는 대학 교육을 받았다. 하지만 그것은 그의 공로가 아니다. 그는 부모님의 도움을 받은 것뿐이므로 그것에 대해서 아무것도 자신이 낫다고 주장할 수 없다. 하지만 그는 교육을 통해서 희랍어로 신약성서를 읽을 수 있게 되었고 그것은 대장장이가 할 수 없는 일이다. 반면 대장장이는 말편자를 만들 수 있지만 그것은 교구 목사로서는 불가능한 일이다. 얼마나 많은 희랍 성서 구절이 말편자 하나와 같은 가치를 지닌다 할 수 있을까? 아무도 대답을 할 수 없는 바보 같은 질문이다.

사람들의 덕을 측정할 수 없다면 그들의 흠결을 측정하는 것을 어떨까? 대장장이가 욕을 잘하고 걸핏하면 술에 취하는 사람이라고 하자. 마을 사람들은 그런 사실을 모두 잘 알고 있다. 하지만 목사는 자신의 흠들을 비밀로 해야만 한다. 물론 그의 아내는 그의 흠을 알고 있겠지만 그것이 알려질 경우 남편의 급여가 줄어들 수 있다는 것을 알면 입을 다물 것이다. 그도 인간인지라 분명 흠이 있을 테지만 당신으로서는 그것이 어떤 것인지 알 길이 없다. 말을 바꾸어서, 그가 당신이 알 수 있는 흠들을 지니고 있다 치자. 즉, 그가 위선자, 속물이고 종교보다는 스포츠와 패션에 더 관심을 기울이는 사람이라고 하자. 그런 사실은 그를 대장장이만큼, 혹은 그보다 두 배, 혹은 두 배와 4분의 1만큼, 혹은 2분의 1만큼 나쁜 사람으로 만드는가? 다른 말로 하자면, 대장장이가 1실링을 받으려면 목사도 1실링을 받아야 하는가? 혹은 6펜스? 5와 1/3펜스? 2실링? 분명 이것도 어리석은 질문들에 불과하다.

모호한 도덕적인 진술로부터 구체적인 생업의 단계로 내려오는 순간, 상식이 있는 사람들이라면 그 둘 사이, 즉 좋건 나쁘건 사람들의 자질과 많건 적건 돈의 액수 사이에는 아무런 관계도 없다는 것을 명백히 깨달을 수 있다. 상대를 때려눕혀 10초 동안 못 일어나게 만듦으로써 프로 복서가 상금으로 받는 금액과 캔터베리 대주교가 잉글랜드 성공회의 수장으로 9개월간 받는 급여가 같다는 사실은 사람들을 경악하게 만든다. 하지만 그들 중 누구도 그 두 사람 간의 차이를 금액으로 표현할 수 있는 사람은 없다. 당연히 복서가 대주교보다 적은 액수를 받아야 한다고 주장하는 사람들 중 누구도 얼마나 그가 덜 받아야 하는지 제시할 수는 없다.

복서가 6~7분 경기를 하는 대가로 받는 금액은 법관의 2년치 월급에 해당한다. 우리 모두는 이런 일이 터무니없다는 것, 부를 이런 식으로 분배하는 시스템은 아주 잘못되었다는 것에 동의한다. 하지만 1온스어치의 대주교와 3온스 어치의 법관, 1파운드어치의 복서가 같은 가치를 지니고 있다고 주장을 하는 것은 더 한심한 일일 것이다. 1파운드 무게의 버터가 몇 개의 초로 환산될 수 있는지는 아무 때라도 시장에 가면 바로 알 수 있다. 하지만 사람들의 영혼의 가치를 추정하려 할 때 우리가 기껏 할 수 있는 말이란 하느님 앞에서는 그것들이 모두 같은 가치를 지니고 있다는 것뿐이다. 하지만 이것은 그들이 각자 얼마를 받아야 하는가의 문제를 해결하는 데는 아무런 도움이 되지 않는다. 이쯤에서 당신은 돈을 각 사람들의 덕에 따라 분배한다는 것은 인간의 능력, 판단으로는 불가능함을 인정하고 포기해야 할 것이다.

10

각자 손아귀에 넣을 수 있는 만큼
TO EACH WHAT SHE CAN GRAB

세 번째 방법, 각자 취할 수 있는 한 다 가지도록 허락을 하는 방법은 평화와 안정이 없는 세상을 초래한다. 그나마 세상의 모든 사람들이 똑같은 힘을 지니고 있고 교활함의 정도에서도 똑같다면 모든 사람은 공평한 기회를 가질 수 있을 것이다. 하지만 실제의 세상에는 아이들, 병약자들, 노인들이 있고, 같은 나이와 체력의 사람들 사이에도 탐욕과 사악함의 정도가 다르기 때문에 그것은 가능하지 않다. 그런 분배 방식의 세상에서 우리들은 곧 지치게 될 것이다. 해적들이나 강도떼들도 자신들끼리는 극한의 경쟁보다는 따로 정해놓은 평화로운 분배 방식을 따른다.

강도질과 폭력은 금지되어 있지만 우리는 여전히 자신 외의 다른 사람들을 고려할 필요 없이 최대한 자신의 사업에서 돈을 벌어도 된다는 원칙하에서 사람들이 사업을 하도록 허용하고 있다. 가게 점원이나 석탄 가게 주인이 당신의 호주머니에서 몰래 돈을 빼내지는 않겠지만 마음 내키는 대로 값을 비싸게 부를 수 있을 것이다. 사업을 하는 모든 사람들은 얼마든지 고객들을 꼬드겨 그들이 견디는 한 적게 주고 많은 것을 얻을 수 있다. 건물을 유지하는 비용이나 세입자의 빈곤과는 상관없이 집세를 올릴 수도 있다. 하지만 이런 자유는 아주 부정적인 결과들을 산출하므로 그것을 억제하기 위해 새로운 법들이 계속 만들어진다. 우리들이 가진 돈과 소유물을 우리가 내키는 대로 사용하는 것은 우리의 자유의 필수적인 부분이지만 애초에 우리에게 얼마나 많은 돈과 소유가 주어져야 하는지 우리는 여전히 결정을 해야 한다. 분배는 이런저런 법들을 통해서 이루어져야 한다. 무정부주의(법의 부재)는 이런 상황에서 도움이 되지 않는다. 우리는 정의롭고 실제적인 법을 찾기 위한 노력을 계속해야만 한다.

11

금융 과두 체제
OLIGARCHY

네 번째 방법은 가령 열 명 중 한 사람 꼴로 일을 하지 않고도 부자로 살 수 있게 만들고 나머지 아홉 명은 매일 열심히 오랫동안 일을 하면서도 최소한의 생존에 필요할 만큼, 그리고 나중에 그들이 늙어 죽으면 그들을 대신하여 노예처럼 생활을 할 후손들을 공급할 가정들을 유지할 만큼만 분배를 하는 것이다. 이것은 지금 사용되고 있는 방법과 흡사하다. 영국에서는 10분의 1 정도의 사람들이 전 국가 재산의 10분의 9를 차지하고 있고 나머지 10분의 9에 해당하는 사람들은 아무 재산도 없이 한 주 한 주 근근이 버텨가고 있기 때문이다. 이런 분배 방식이 주장하는 장점은 이것이 귀족들의 존재를 가능하게 한다는 것이다. 귀족들은 비싼 교육을 통해 자신들을 계발할 수 있는 부유 계급으로서 나라를 다스리고 법을 수호하며 군대를 조직, 통솔하고 교육, 과학, 예술, 문학, 철학, 종교들이나 기타 제도들의 보호 육성을 통해 그들의 사회를 촌락들의 집합을 뛰어넘는 문명을 유지하게 한다. 귀족들은 장엄한 건축물들을 짓고 화려한 의상을 입어 저항하는 자들이 압도되는 느낌을 갖게 만들며 훌륭한 예절과 고상한 삶의 본보기가 된다. 사업가의 입장에서 가장 중요한 것은, 그들에게 필요한 것 이상을 공급함으로써 우리들은 그들로 하여금 자본이라 불리는 막대한 여유 자금을 축적하도록 돕는다는 것이다. 이것은 막대한 부를 창출하는 철도, 광산, 기계들과 각종 고안물들로 가득 찬 공장들을 건설하는 데 사용이 된다.

금융 과두 체제라고 불리는 이런 분배 방법은 사람들을 물려받은 재산에 의해 살아가는 소수의 귀족들과 일을 함으로써 생계를 이어가는 많은 평민들로 나누는 영국의 오랜 분배 방식으로 오랫동안 효과가 있었고 지금도 여전히 효과를 발휘하고 있다. 만약 이 방식에 의해 부유해진 사람들의 소득을 빼앗아 현재의 빈곤층에게 나누어준다면 그들의 빈곤은 아주 근소한 정도로 개선이 되겠지만 누구도 저축을 할 정도의 여유는 없을 것이므로 자산을 형성하는 것은 불가능할 것이다. 지방에 있는 대저택들은 폐가들로 전락할 것이고 교육, 과학, 예술, 문학, 기타 우리가 문명이라고 부르는 모든 것들이 파국을 맞게 될 것이다. 바로 그런 이유로 많은 사람들이 비록 자신들은 빈곤을 면치 못하지만 현재의 시스템을 옹호하고 귀족 제도에 찬성한다.

그들의 주장에 따르면 열 명의 여성이 노동의 대가로 일 년에 110파운드밖에 받지 못한다면 현상을 고집하는 대신 차라리 아홉 명의 여성들이 50파운드씩 받는 것으로 만족을 하고 나머지 한 여성에게 아무런 조건 없이 —어떻게 하면 나머지 아홉 명의 노동을 자기가 더 효율적으로 착취할 수 있을까 방도를 찾는 것 외에는— 일 년에 540파운드를 몰아주어서 교육받은 귀족으로 만드는 것이 낫다는 것이다. 비록 지금 우리는 이런 시스템을 강제 당하고 있지만, 아니 사실 대부분의 사람들은 우리가 이런 시스템에 일조하고 있다는 것조차 알지 못하지만, 만약 모든 사람들이 이런 상황을 인지한다 해도, 그래서 가장 최선의 방안을 실행할 자유가 주어진다 해도 우리들은 현재의 시스템을 선택할지도 모른다. 모두가 육체노동에 시달리며 빈곤한 삶을 살아가는 비참한 군중들만 있는 세상보다는 고상한 것들을 지켜나가는 귀족층을 유지하기 위해서 말이다.

하지만 이 방식의 폐해는 아주 끔찍해서 세상은 점점 그것에 반대하는 입장으로 돌아서고 있다. 만약 이 방법을 계속 고수하고자 한다면 우리들은 누가 그 열 명 중의 하나, 귀족 여성이 될 것인지부터 결정을 해야 한다. 어떤 방식으로 그것을 결정할 것인가? 물론 제비뽑기가 있다. 그 후에는 선택된 자들끼리 통혼을 하여 그들의 첫째 자손들에게 자신들의 권리를 세습할 수 있을 것이다. 하지만 이것의 문제점은 우리가 귀족 계급을 확립시킨다 하더라도 우리들이 그들을 통해 기대하던 일들, 그래서 기꺼이 그들에게 더 큰 몫을 배분한 일들을 그들이 하리라는 보장이 없다는 것이다. 설령 최선의 의도를 지녔다 하더라도 평민들로부터 너무 떨어져 있는 귀족들은 그들의 처지를 이해하지 못하고 최악의 통치를 한다. 그들은 권력을 사용하여 평민들을 더 착취함으로써 자신들의 부를 더 축적하며 엄청난 재산을 스포츠와 여흥, 미식이나 기타 과시를 위해 낭비를 하면서도 과학이나 교육에는 인색하다. 겉치레의 하찮은 시중을 들게 하느라 생산 현장에서 노동력을 동원함으로써 엄청난 빈곤을 조장하며 국방의 의무는 등한시한 채 병사들을 의장용으로만 사용하거나 안으로는 백성들을 압박하고 밖으로는 다른 나라를 침략하는 수단으로 사용한다. 그들은 자신들의 비행을 감추고 자신들에게 영광을 돌리기 위해 학교, 대학에서 가르치는 내용들을 왜곡한다. 교회에 대해서도 마찬가지다. 귀족들은 평민들을 가난하고 무지하게 만들고 그들에게 노예근성을 심어주어서 자신들이 꼭 필요한 존재들로 여겨지게 만든다. 결국 의회, 공무원, 육군성, 해군성, 시 정부, 빈민 구제 보호관, 지방 자치 단체들, 세금과 공공 부조에 의지하는 각종 단체들과 기관들이 나서서 귀족들의 손아귀에서 그들의 의무를 박탈한다.

이런 일들은 실제로 벌어져 왔고 그런 때는 귀족 제도를 유지하기 위한 모든 문화적, 정치적 근거들도 사라진다. 도시 생활의 성장이 시골의 삶을 대체하게 될 때 보통 이런 일들이 벌어진다. 아직 소박한 삶이 이어지고 도시에 가장 근접한 것이라 해봐야 기차역에서 10마일이나 떨어진 곳에 마을을 지니고 있는 것이 전부인 영지에서는 그곳에서의 노동에 의해 생산되지 않는 것을 얻기 위해서는 영주에게 의지해야만 한다. 그는 문명의 모든 장엄함, 위대함, 낭만을 대표하고 그런 것들과는 거리가 먼 영지의 백성들이 그런 것들을 필요로 할 때 많은 도움을 준다. 스코틀랜드가 문명화되기 전 하일랜드에 사는 부족들에게도 언제나 족장이 있었다. 부족 사람들은 기꺼이 족장에게 땅이나 그들이 얻은 재화, 노략질한 재물들의 가장 많은 몫을 주었다. 리더가 없이는 성공적으로 전쟁을 치를 수 없다는 것을, 법을 뒷받침하는 사람이 없으면 평화로운 공존이 불가능하다는 것을 알고 있었기 때문이다. 그들에게 족장은 이스라엘 백성들에게 모세와 같은 존재였다. 귀족이 그들의 영지에서는 왕과 같은 존재였듯 하일랜드의 사람들에게는 족장이 그들 부족의 왕과 같은 존재였다. 족장에 대한 그들의 충성심은 본능적인 것이었다.

하지만 그런 하일랜드의 족장이 도시로 들어왔을 때 그는 그가 마주친 첫 번째 파출소장보다도 무력한 존재였다. 실제로 가끔 경찰이 그를 체포한 후 시 당국자들이 그를 교수형에 처하는 일도 발생했다. 귀족이 영지를 떠나 런던에서 한 철을 날 때면 그는 가까운 친지들 몇몇을 제외하면 무명의 존재에 불과한 인물이 되었다. 영지에서 그가 백성들을 위해 했던 모든 일들이 도시에서는 모든 종류의 공무원들에 의해 행해진다. 세금을 피하기 위해 귀족이 영국을 떠나 미국이나 유럽 본토에 정착을 한다 해도 런던에서 그의 존재를 아쉬워하는 사람은 아무도 없다. 아무 일도 없던 것처럼 일상은 진행될 뿐이다. 하지만 귀족으로부터 아무런 얻는 것도 없이 그가 외국에서 사용하는 돈을 벌어야 하는 소작인들은 그를 도피자나 부재지주로 미워하게 된다.

금융 과두 체제를 기꺼이 받아들이는 사람들이 더 이상 없다는 것은 충분히 납득할 만하다. 세금과 상속세를 통해 금융 과두 체제로부터 재산이 환수되고 있으며 그로 인해 유서 깊은 가문들이 평민들의 수준으로 급속히 몰락하고 있다. 현재 시행되고 있는 무거운 상속세 제도하에서 몇 세대가 더 지나면 귀족들은 대부분의 영지들을 잃게 될 것이고 그들이 지니고 있는 작위가 우스꽝스럽게 여겨지는 빈곤에 처하게 될 것이다. 이미 많은 교외의 유명한 대저택들이 평범한 신분의 부유한 실업가들에게 팔리거나 요양원, 회의장, 휴양소 같은 공공시설, 호텔, 학교, 정신병원들로 바뀌었다.

대부분의 사람들이 도시에 살며 철도, 자동차, 전기, 전보, 전화, 축음기, 라디오가 도시의 생활방식을 시골로 전파하며 가장 작은 마을들조차 지역 주민총회parish meeting와 지역 경찰이 있는 지금은 극히 일부의 사람들을 아주 부유하게 하기 위해서 대부분의 사람들이 중노동을 하면서 생존에 꼭 필요한 만큼만 보수를 받던 옛 분배 방식의 존립 근거는 더 이상 통하지 않는다는 사실을 사람들은 직면해야 한다. 하일랜드 지역에서조차 그런 분배 방식은 더 이상 통하지 않는다.

하지만 아직, 실업가들이 가장 중요하게 여기는, 다른 사람들을 희생하여 소수의 사람들을 부유하게 유지해야 할 한 가지 이유가 남아 있다. 그것이 일부의 사람들에게 그들이 소비할 수 있는 것보다 더 많은 돈을 지급함으로써 그들로 하여금 아무런 결핍을 느끼지 않고 자본을 형성하게 한다는 것이 그 이유다. 그들의 주장은, 만약 소득이 공평하게 배분된다면 우리 모두에게 아주 부족한 몫이 돌아갈 것이고 결국 소득이 모두 소비가 되어 기계를 제작하고 공장들을 짓고 철도를 깔고 광산을 팔 자본의 형성이 불가능하다는 것이다. 분명 고도의 문명을 위해서는 이런 재원이 만들어져야 하겠지만 이보다 더 비효율적인 자본 형성 방식을 생각하기도 어렵다.

우선, 충분한 소비가 이루어지기까지는 저축을 하지 않는 것이 중요하다. 소비가 우선이다. 아이들에게 충분한 우유를 제공해서 평생 그들을 지탱할 건강한 다리를 가지게 하는 대신 증기기관을 만드는 것을 더 중요하게 여기는 나라는 어리석은 선택을 하는 것이다. 하지만 이것이 바로 몇 명의 사람들을 부유하게 만드는 대신 대중을 가난하게 만들어온 우리의 분배 방식이 행해온 일이었다. 다시 말하지만 설령 우리가 증기기관을 아이들에게 우유를 제공하는 것보다 우선순위에 둔다 해도 실제로 우리가 증기기관을 가지게 된다는 보장은 없다. 증기기관을 가지게 되더라도 그것이 다른 나라에 설치될 가능성도 배제할 수 없다.

예술과 과학을 진흥시키라고 준 많은 돈을 향리에 있는 영국 귀족들이 닭싸움이나 경마에 낭비했듯이 자본을 형성하라고 몰아준 돈을 금융 과두들은 향락에 사용하고 있다. 가장 부유한 사람들은 더 이상 지쳐 돈을 쓸 수 없을 때나 되어야 저축을 할까, 백 년 전에는 상상도 못했을 새롭고 사치스러운 짓거리들을 끊임없이 생각해낸다. 소득이 소비의 수준을 너무 앞질러서 돈을 태워버리거나 자본을 형성하든가 둘 중 하나를 선택해야 할 지경이 되어도 그들이 자국에 자본을 투자해, 빈민가를 없애는 방향으로 자본을 사용하는 대신 남미, 남아프리카, 러시아, 중국에 투자를 해도 그것을 제재할 방법이 없다. 수억 파운드가 매년 이런 식으로 해외로 유출된다. 자본가들이 자국민들의 희생으로 만들어진 자본을 이용해 외국 산업들에 우리 일감을 빼앗아가는 기계들을 제공하는 동안 우리들은 다른 나라로부터의 경쟁이 더욱 치열해져만 간다고 불평을 한다.

물론 자본가들은 영국에 투자를 했을 때보다 높은 이자가 그들이 투자를 한 나라들로부터 돌아오므로 영국이 더 가난해질 일은 없다고 주장한다. 자본을 수출한 결과 자신들은 더 많은 돈을 영국에서 사용할 수 있게 되고 그러면 영국에 더 많은 일자리가 만들어지기 때문에 결국 우리들은 더 부유해진다는 것이 그들의 주장이다. 하지만 그들이 벌어들인 돈을 고국에서 사용한다는 보장은 없다. 몬테카를로, 마데이라 제도, 이집트, 어디에서든 그들이 돈을 쓰지 말라는 법은 없다. 설령 그들이 돈을 고국에서 사용하여 고용을 촉진한다 하더라도 그들이 만드는 직업이 어떤 것인지 우리는 주목해야 한다. 우리나라의 농장들과 제분소, 의류 공장들이 해외에서 수입해오는 물건들 때문에 망해가고 있더라도 그것들 대신에 우리는 세계에서 제일 좋은 골프 코스들을, 공장들 대신에 화려한 호텔을 가지게 되지 않았느냐는 자본가들의 주장은 충분한 설득력이 없다. 더 높은 급여를 받고 깔끔한 복장을 입고 일할지라도 웨이터, 객실 담당 여종업원, 호텔 종업원, 가정부, 사냥터 지기, 집사라는 일자리들이 그들이 대체한 엔지니어, 조선공, 제빵사, 목수, 방직공 등의 생산적 일자리들보다 나은 것인지 생각해보아야 한다.

게으른 부자들이 자신들의 삶을 스스로 유지할 수 없는 것처럼 우리의 노동자들이 그들 자신들과 우리들의 삶을 유지시킬 수 없다면 우리가 어떤 처지에 빠지게 될지 생각해봐야 한다. 러시아에서처럼 혁명이 일어난 외국 정부가 자신들이 이제까지 진 빚을 부정하거나 투자에서 발생한 소득에 아주 높은 세금을 부과하여 그 전처럼 외국에 의지해 생필품들을 공급받을 수 없게 되면 어쩔 것인가? 소득에 대한 과세가 점점 많은 나라들에서 이루어지고 있는 것이 현실이다. 영국의 하인들은 자신들이 외국의 하인들보다 백만장자들의 구두에 광을 더 잘 낼 수 있다고 자랑할지도 모른다. 하지만 재산을 수용收用 당하고 세금으로 날린 백만장자에게는 광을 낼 구두도 남아 있지 않을 것이다.

자본의 문제에 대해서는 나중에 좀 더 자세히 다루겠지만 이번 장에서는 금융 과두에 의지하여 자본을 형성하는 것은 아주 소모적인 행위일 뿐만 아니라 국제 정세의 전개에 따라 아주 위험한 일이기도 하다는 것만 지적하고자 한다. 금융 과두제를 주장하는 사람들에게 남은 유일한 항변은 자신들이 자본을 형성하는 유일한 방법이라는 것밖에는 없지만 지금은 설득력이 없다. 개인들의 소비를 규제하여 그들의 소득 일부를 자본으로 사용하게 하는 일은 정부도 할 수 있고 실제로 상당한 규모로 금융 과두제보다 더 일관성 있고 효율적으로 실행하고 있다. 곧 살펴보겠지만 정부는 은행을 국영화할 수 있다. 이런 조처는 금융 과두제의 유일한 경제적 정당성을 무효화한다.

12

계급에 의한 분배
DISTRIBUTION BY CLASS

다섯 번째 분배 방식은 모두가 일을 해야 하지만 일을 하는 사람들은 직업의 종류만큼 많은 계급으로 분류되어서 직업에 상당하는 분배를 받아야 한다는 것이다. 예를 들자면 청소부, 가로 청소부, 식기 닦는 하녀, 파출부는 의사나 성직자, 교사, 오페라 가수, 전문직 여성보다 적은 급여를 받아야 하고 이들은 다시 판사나 수상, 왕이나 여왕보다 적은 급여를 받아야 한다는 것이다.

이것은 지금 우리가 채택하고 있는 방식이 아니냐고 당신은 말할지도 모른다. 분명 여러 면에서 그렇기는 하지만 다양한 직업에 속한 사람들이 서로 더 많거나 적은 급여를 받아야 한다고 규정하는 법이 우리에게는 없다. 우리들의 통념은 교사나 성직자, 의사는 교육을 받은 숙녀, 신사들이므로 막노동을 하는 무식한 사람들이 받는 주급보다 더 많은 급여를 받아야 한다는 것이다. 하지만 현실은 신사인 척하지도 않고 교육을 받은 척하지도 않는 기관사들이 많은 성직자들이나 일부 의사들보다 더 많은 급여를 받고 있다. 일급 요리사보다 더 많은 급여를 받는 여성 교장, 가정교사가 있다면 그것은 그들에게는 엄청난 행운이다. 아주 유명한 의사들 중에도 40~50의 나이가 될 때까지 딱할 정도로 곤궁한 생활을 하던 사람들이 많다. 많은 교구 목사들은 일 년에 70파운드라는 급여를 받고 가정을 꾸려왔다. 따라서 우리들은 신분이 좋은 사람들이나 교육을 받은 사람들에게 육체적인 힘이나 재능을 타고난 사람들보다 더 많은 급여를 주어야 한다거나 더 많은 급여를 주고 있다고 생각하는 흔한 실수를 저지르지 않도록 경계해야 한다. 아주 교육을 많이 받은 사람들도 종종 돈을 많이 벌지 못하거나 전혀 소득이 없는 경우도 있다. 타고난 재산이 없는 귀족 신분은 생계비를 벌려 할 때 오히려 불이익이 될 수도 있다. 무역이나 금융업에서 큰 성공을 거두는 사람들 중에는 종종 가문이나 교육의 혜택을 받지 못한 사람들이 있고 사후에야 그 진가를 인정받은 성자들이나 천재들 중에는 가장 극심한 빈곤을 겪은 경우가 많았다.

당신은 일부 노동자들은 다른 사람들보다 생존을 위해 더 많은 돈이 필요하다는 생각을 버려야 한다(만약 그런 생각을 가지고 있지 않다면 당신을 의심한 것에 대해 용서를 구한다). 노동자 한 사람을 건강하게 지내게 할 수 있을 정도의 음식으로 왕도 건강하게 생존을 유지할 수 있다. 오히려 많은 노동자들이 왕보다 더 많이 먹고 마시며 옷도 빨리 닳아 없앤다. 부로 따지자면 우리 왕은 그리 부유한 편도 못 된다. 록펠러는 우리의 왕을 가난하다고 생각할지도 모른다. 그는 왕보다 더 많은 돈을 가졌지만 왕처럼 많은 다른 이들을 위해 돈을 사용할 의무가 없기 때문이다. 하지만 왕과 록펠러가 자신들의 개인적인 필요를 위해 얼마나 돈을 사용하는지 살펴본다면 꽤 안락한 삶을 누리는 평범한 사람들 이상은 아니라는 사실을 알게 될 것이다. 왕이 받는 돈을 두 배로 올려준다 하더라도 왕은 지금보다 두 배로 더 먹거나 마시지는 않을 것이고 수면 시간을 두 배로 늘리지도 않을 것이며 버킹엄 궁 같은 궁전을 하나 더 짓지도 않을 것이고 왕비를 하나 더 얻어 두 개의 가정을 꾸리지도 않을 것이다. 이미 고인이 된 카네기는 그의 재산이 급속도로 불어가자 이곳저곳에 아낌없이 그의 재산을 희사했다. 그와 가족들의 필요들 중 돈이 만족시킬 수 있는 부분은 이미 충분히 충족이 되었기 때문이다.

그렇다면, 우리는 왜 어떤 사람들에게는 그들의 필요보다 더 많은 몫을 주고 어떤 사람들에게는 덜 주는 것일까? 그에 대한 대답은 대부분의 경우 그들이 얻는 것은 우리들이 주는 것이 아니라는 것이다. 우리들이 그들의 몫을 조정하는 것이 아니라 운과 그들의 노력이 그들의 몫을 결정한다. 하지만 왕과 몇몇 높은 자리의 사람들을 위해서 우리는 꽤 많은 몫을 배정해준다. 그들이 특별한 존경을 받고 권위를 인정받게 하기 위해서다. 하지만 경험에 의하면 권위는 재산에 비례하여 생성되지 않는다. 유럽에서는 교황보다 경외심을 불러일으키는 사람이 없을 테지만 그가 부유하다고 생각하는 사람은 없을 것이다. 그의 부모나 형제자매들은 아주 보잘 것 없는 사람들이기 쉽고 그 자신도 그의 옷을 짓는 사람이나 그에게 식품을 납품하는 사람보다 가난할 수도 있다. 대서양을 가로지르는 정기 여객선의 선장은 그가 받는 급여 정도의 돈은 눈 하나 깜짝하지 않고 바다에 던질 수 있는 부자들과 한 테이블에서 식사를 하지만 그의 권위는 아주 절대적이어서 오만하기 짝이 없는 승객이라 하더라도 감히 그의 권위에 도전할 엄두를 내지 못한다. 마을 목사의 수입은 교회 관리인으로 일을 하는 농부의 5분의 1도 안 될지도 모르고 연대聯隊를 이끄는 대령은 그와 같이 식사를 하는 장교들 중에서 가장 가난할지도 모른다. 즉, 그의 휘하의 초급 장교들 모두 그보다 두 배 이상 소득이 많을지도 모른다. 하지만 그럼에도 불구하고 그의 권위는 그들 위에 있다. 돈이 통제력의 근거는 될 수 없는 것이다.

우리들 가운데서 개인적인 권위를 행사하는 사람들이 반드시 부자들은 아니다. 비싼 차를 타고 다니는 백만장자도 경찰의 지시에 따라야 한다. 우리의 사회적인 기준에 의하면 귀족이 시골 호족보다 상위에 있고 시골 호족은 전문 직업인보다 위에 있으며 전문 직업인은 장사꾼보다, 도매상은 소매상보다, 소매상은 기능공보다, 기능공은 노동자보다 더 우위에 있다. 만약 사회적인 우위가 수입에 따라 정해진다면 이 모든 질서는 모두 뒤죽박죽이 될 것이다. 사업가가 모든 사람들 위에 군림할 것이기 때문이다. 그렇게 되면 교황과 왕도 양조장 주인이나 도축업자를 만나면 모자를 벗어 경의를 표해야 할 것이다.

부자들의 힘에 관해 이야기를 할 때 우리들은 아주 실제적인 것을 다루고 있는 것이다. 왜냐하면 부자들은 마음에 들지 않는 종업원을 마음대로 해고할 수도 있고 그에게 무례한 상인들에게 발걸음을 끊을 수도 있다. 하지만 자신의 권력을 사용해 타인을 망하게 함으로써 얻을 수 있는 우세는 사회의 법과 질서를 지키기 위해 필요한 권위와는 사뭇 다른 것이다. 당신은 당신의 머리에 총을 대고 돈과 목숨 중 하나를 내놓으라고 위협하는 강도에게 복종할 수도 있다. 마찬가지로, 집세를 더 내든가 가족들을 이끌고 거리로 나가라는 집주인의 명령에 복종할 수도 있을 것이다. 하지만 그것은 권위에 복종을 하는 것이 아니고 협박에 굴복을 하는 것이다. 참된 권위는 돈과는 상관이 없고 사실, 왕으로부터 마을의 경찰에 이르기까지 그들의 명령을 따르는 사람들보다 더 가난한 사람들에 의해 행사되는 것이다.

13

자유방임
LAISSER-FAIRE

모든 것들을 있는 그대로 내버려두는 것은 어떨까?

대부분의 사람들은 이런 입장을 선택한다. 비록 그들은 자신들이 익숙하게 된 것이 마음에 들지 않더라도 혹시 사정이 더 나빠질까봐 변화를 두려워한다. 그들은 소위 보수적인 사람들이라고 불리지만, 어떤 보수 정치가들도 실성하지 않은 이상(그리고 모든 이들이 거짓을 일삼는 선거철을 제외하면) 있는 그대로 내버려두는 것만으로 현상을 유지할 수 있다고 생각하지 않을 것이다.

이 방식은 가장 쉽고 안전한 것처럼 보인다. 하지만 사실 이것은 어렵고 불가능한 방식이다. 기브온 골짜기에서 태양에게, 아얄론 계곡에서 달에게 멈춰 서라고 명하여서 몇 시간 동안 그것들을 붙잡아 매어놓았던 여호수아도 자신들이 세상에 손을 대지 않는 한 그것들이 그대로 머물 것이라고 생각하는 사람들에 비하면 겸손하기 짝이 없다. 더구나 여호수아는 스스로도 자신이 바랄 수 없는 기적을 바라고 있다는 것을 알고 있었다.

현상現狀이 너무 나빠서 그것을 아는 사람들이 현상을 둘러 엎기로 결정한다든가 하지는 않는다. 현상이 싫더라도 그것을 바꿀 방법이 마땅치 않으므로 그들은 꾹 참는 편을 택한다. 진짜 어려움은 아무리 사람들이 그것들을 건드리지 않으려 노력을 하더라도 현상을 유지할 수 없다는 데 있다. 먼지를 털지 않은 상태로 내버려둔 방이 일 년이 지난 뒤 현재도 그대로이기를 바라거나 교회에 가기 전 난롯가 방석에 앉아 있던 고양이가 교회에서 돌아왔을 때도 유제품 보관실에 가 있지 않고 제자리에 머물러 있기를 바라는 것과 마찬가지다.

사실을 말하자면, 주의를 기울여 관리하는 대신 손을 대지 않고 내버려두면 세상의 일들은 더 빨리, 더 나쁜 방향으로 바뀌어간다. 우리가 다루고 있는 일(국가 소득의 생산과 분배)에서 지난 150년 동안 엄청난 일이 벌어질 수 있었던 이유는 모든 사람의 문제는 누구의 문제도 아니라는 말처럼 누구도 그것에 신경을 쓰지 않았기 때문이다. 증기와 전기로 움직이는 기계가 마치 물이나 가스처럼 집집마다 보급되고 지상에서 기차를 움직이고 바다 위, 아래로 배를 움직이며 사람들과 물건들을 하늘을 통해 운반하는 엔진들의 발명은 부를 창출하고 우리의 일을 쉽고 빨리 끝나게 해주어서 이제 사람들은 가난할 이유가 없어진 듯하다. 가스스토브, 전등, 전화, 진공청소기, 라디오가 갖추어져 노동력이 덜 필요하게 된 가정은 약간은 자동화된 기계로 가득 찬 공장의 느낌을 준다. 전쟁 때 우리가 해야만 했던 것처럼 서로 약간씩만 수고를 기울인다며 기존에 걸렸던 시간의 절반만 투자하고도 필요한 모든 의식주 문제가 해결될 것이고 나머지 절반의 시간을 예술과 과학, 학습과 놀이, 여행과 실험, 기타 다양한 여가 활동에 사용할 수 있을 것이다.

이것이 우리가 모든 것들을 있는 그대로 내버려둔다고 생각했을 때 우리에게 도래한 새로운 상황이다. 하지만 우리가 현상을 돌보거나 나라의 이익을 위해 그것을 이끌고 계획을 세우지 않았기 때문에 가난한 이들은 기계가 발명되기 전보다 더욱 빈곤하게 되었고 우리들은 푼돈을 아끼기 위해 노력을 하게 되었다. 부자들은 터무니없이 부유해졌고 가난한 사람들을 위해 빵을 굽고 헐벗은 자들을 위해 옷을 만들고 집 없는 사람들을 위해 집을 지어야 할 사람들이 게으른 부자들에게 서비스를 제공하고 그들의 사치스러운 삶을 위해 노동력을 제공하고 있다. 지금의 부자들은 예전처럼 점잖거나 고상하지도 않고 그들의 게으름, 낭비, 경박함은 얼마나 사람들이 도덕적으로 타락할 수 있는지 새로운 경지를 보여주고 있다.

사람들의 자유방임적 태도는 정치권력에 2.5개의 혁명을 이루어냈다. 기업가들은 지주들을 타도했고 자본가들은 다시 기업가들을 타도했다. 하지만 노동조합은 자본가들을 완전히 타도하지 못했다. 이에 대해서는 후에 더 자세히 설명을 하겠다. 노동당이 정권을 잡는 과정을 잘 지켜보았다면 여러분들은 산업만큼이나 정치도 항상 변할 수밖에 없다는 내 말이 사실이라는 것을 이해할 수 있을 것이다. 선거 때만 되면 수백만의 소심하고 구식인 인간들이 그들이 보수주의라고 부르는 것을 위해 표를 던져 우리들의 눈을 가리고 우리들의 입을 막기 때문에 벌어지는 일이다.

아무 일도 하지 않으면서 다섯 채의 커다란 저택과 증기로 작동하는 요트를 가진 집이 있는가 하면 여섯 명이 한 방에서 살면서 끼니를 걱정하는 집이 동시에 존재하는 일이 영국에서 벌어질 것이라고 알프레드 대왕*에게 말을 했더라면 그는 그런 일들은 하느님께서 악한 나라에게나 일어나도록 하실 거라고 말했을 것이다. 우리들은 하느님과는 상관없이 그런 일들이 일어나도록 내버려두었는데 그것은 우리의 악함 때문이 아니라 사물을 있는 그대로 내버려두면 우리들에게 문제가 되지 않을 것이라고 생각했기 때문이다.

이제는 우리들이 이전처럼 사물을 있는 대로 내버려두자고 말을 하지 않는다는 것을 깨달은 적이 있는가? 그 대신 우리들은 사물들이 흘러가도록 내버려둔다고 말을 한다. 이것은 큰 발전을 의미한다. 즉, 우리들은 적어도 이제는 사물이 멈춰 있는 것이 아니라 흘러간다고 생각하는 것이다. 또 우리들은 사물들이 그냥 흘러가도록 내버려두는 것을 무기력한 짓이라고 생각한다. 이제는 사물들이 현상 그대로 머물 것이라고 기대하면서 모든 것들을 그대로 내버려둔다는 생각을 배제해야 한다. 현상은 멈춰 있지 않는다. 만약 그렇다면 우리가 할 수 있는 일은 아무 일도 하지 않고 빈둥거리며 다음에 무슨 일이 벌어질지 궁금해하는 게 다일 것이다. 이런 태도는 물이 지나가기를 기다리며 강둑에 앉아 기다리는 것과도 다르다. 오히려, 미친 듯 달아나는 말이 끄는 마차에 손도 까딱하지 않고 앉아 있는 것에 견줄 수 있을 것이다. 당신은, '내가 할 수 있는 일은 아무

---

* 9세기에 영국의 앵글로색슨족을 하나로 뭉치게 한 왕으로 사실상 잉글랜드 통일을 이룬 주역.

것도 없어요'라고 변명을 할지도 모른다. 하지만 그것이 마차의 충돌을 막을 수는 없다. 마차에 탄 사람들은 어떻게든 마차가 오른쪽 차선으로 달리도록 유지하면서 말을 통제하여 도랑에 빠지지 않게 할 방안을 열심히 모색해야 한다.

경제학자들과 정치가들은 현상을 있는 그대로 내버려두어야 한다는 입장, 현실적으로는 정부가 기업에 간섭을 하거나 혹은 직접 기업 활동을 해서는 안 된다는 입장을 자유방임주의Laissez-faire라고 부른다. 이것은 현실에 적용된 결과 철저히 쓸모가 없는 것으로 판명이 되었지만 백 년 전만 하더라도 큰 인기를 끌었고 아직도 기업가들이나 그들의 지지자들이 열렬히 변호하는 입장이다. 당연한 이야기지만 그들은 대중에 대한 고려 없이 자신들 마음대로 더 많은 돈을 벌고 싶은 것이다.

14

얼마나 많아야 충분한가

HOW MUCH IS ENOUGH

이제까지 우리들은 사회주의 이외의 모든 대안들의 부적절성을 살펴본 것 같다. 하지만 사회주의를 본격적으로 논하기 전에 이제까지 논의의 과정에서 일어난 일에 잠시 관심을 돌려보자. 우리들은 돈을 배분하는 가장 합리적인 방안을 찾으려 했지만 우리가 그것을 사람들의 자격이나 업적, 품위 혹은 기타 개인적인 자질에 기초해서 배분하려 할 때마다 우리들은 그것이 얼마나 터무니없는 일인지를 깨닫게 되었다. 돈과 일을 연관시키려 했을 때 우리들은 좌절감을 맛보았고 돈과 인격을 연결하려 했을 때도, 권위의 근거가 되는 품위와 돈을 연결하려 했을 때도 마찬가지였다. 우리가 모든 것을 포기하고 현상을 있는 그대로 내버려두려 했을 때조차도 우리는 현상이 그대로 머물러 있는 것이 아님을 깨달았다.

여기서 잠시, 그것이 어떤 방식이든 우리가 그것을 수용할 수 있기 위한 조건을 고려해보자. 첫째, 프란치스코회 수도회 수도사들이나 빈자 클라라 수녀회Poor Clares의 수녀들이 아닌 이상 모든 이들은 빈곤을 없애지 못하는 방법은 받아들일 수 없다는 것에 동의할 것이므로(프란치스코회 수사들조차 자발적으로 빈곤을 받아들인 것이지 어쩔 수 없이 그것을 받아들인 것은 아니다) 빈곤에 대해 좀 더 생각을 해보자.

가난한 사람들에게 있어 빈곤은 매우 불운한 상황이라는 의견이 일반적으로 받아들여지고 있다. 하지만 극한의 굶주림이나 추위에 노출되어 있지 않는 한 가난한 사람들이라고 해서 부자들보다 반드시 더 불행하지는 않다. 그들은 종종 그들보다 더 행복을 느끼기도 한다. 육십대 사람들 중에는 그들이 이십대였을 때보다 열 배 정도 많은 재산을 모은 사람들이 많지만 그들 중 누구도 자신들이 이십대 때 느꼈던 것보다 열 배 더 행복을 느낀다고 말하는 사람은 없을 것이다. 생각이 깊은 사람들은 당신에게 행복과 불행을 느끼는 능력은 타고난 것일 뿐 돈의 유무와는 상관이 없다고 말할 것이다. 돈은 굶주림을 해결할 수 있지만 불행은 해결할 수 없다. 음식은 미각을 만족시킬 수 있지만 영혼을 만족시키지는 못한다. 유명한 독일의 사회주의자 페르디난트 라살은 빈자들을 선동하여 빈곤에 저항하는 혁명을 일으키려 했지만 그들이 부족함을 느끼지 않는 바람에 실패했다고 말한다.

물론 상황이 만족스럽지는 않지만 —그런 사람은 없다— 그렇다고 그들의 상황을 바꾸기 위한 심각한 수고를 감당할 만큼의 불만도 빈곤한 사람들은 느끼지 못한다는 것이다. 가난한 여성에게는 큰 집, 많은 하인들, 수많은 옷들, 사랑스러운 용모와 아름다운 헤어스타일을 갖춘 부유한 여성이 부러울지 모르지만 정작 부유한 여성은 이 모든 것들로부터 떠나기 위해 많은 시간을 험한 곳들을 여행하며 보낸다. 매일 두세 시간을 하녀의 도움을 받으며 씻고 치장을 하느라 부산을 떠는 여성이 오 분 정도만 들여 그런 보호색(군인들은 그렇게 부를 것이다)을 칠하는 여성보다 겉으로 보기에 더 행복해 보이지는 않는다. 하인들이란 아주 신경을 쓰게 하는 존재여서 귀족 여성들은 모이기만 하면 그들에 대해 불평을 늘어놓는다. 술주정뱅이가 맨 정신인 사람보다 더 행복하다. 불행한 사람들이 술을 찾는 이유다. 몸과 정신을 망가뜨릴지언정 엄청난 쾌감을 주는 약들도 있다. 중요한 것은 우리의 자질이다. 그것을 잘 관리하면 행복은 자연스레 따라온다. 반듯한 사람들은 모든 일을 제대로 처리할 때까지 마음이 편치 않다. 하지만 그들은 행복 따위에 신경을 쓰기에는 너무 건강하고 자신의 일에 몰두해 있다. 현대의 빈곤은 산상수훈에서 축복의 대상이 되었던 빈곤과는 다르다. 현대의 빈곤의 문제점은 그것이 사람들을 불행하게 하는 것이 아니라 사람들을 타락시킨다는 것이다. 하지만 타락한 사람들이 올바른 사람들만큼이나 행복할 수 있다는 것이 상황을 더 복잡하게 만든다. 셰익스피어의 어느 왕은 다음과 같이 말했다.

평범한 자들이여, 잘 쉬어라
왕관을 쓴 머리는 불안하도다*

---

* 『헨리 4세』 제2부 3막 1장.

왕은 행복이 타락을 위한 구실이 될 수 없음을 잊었다. 우리들 안의 존엄성은 주정뱅이나 돼지처럼, 그저 행복을 구실로 우리들이 타락하려 할 때 불같이 살아난다.

오늘날 대도시에서 찾아볼 수 있는 빈곤은 가난한 자들을 타락하게 하고 그들이 사는 지역 전체를 퇴폐로 이끈다. 한 지역의 퇴폐는 나라, 대륙, 마침내는 모든 문명 세계를 오염시킨다. 그것의 악영향을 부자들이라고 해서 피할 수는 없다. 언제나 그렇듯, 빈곤이 전염성이 강한 악성 괴질怪疾을 일으키면 부자들도 그 병에 걸리게 되고 그들의 아이들이 그 병에 걸려 죽어가는 것을 보게 마련이다. 빈곤이 범죄와 폭력을 만들어내면 부자들은 그들의 안전과 재산을 지키기 위해 상당한 비용을 들여야 한다. 빈곤이 미풍양속을 해치는 행동과 상스러운 말을 만들어내면 아무리 그것들로부터 차단을 시키려 노력해도 부잣집 아이들은 금방 그런 말과 행동들을 따라 하고 세상과 차단을 시켜놓을수록 아이들에게 득이 되기는커녕 해가 되는 경우가 더 많다. 가난하지만 용모가 뛰어난 처녀들이 정직한 일을 통해서보다 못된 일을 통해 더 많은 돈을 벌 수 있다는 것을 알게 되면 그들은 부자 청년들의 피를 오염시키고 결과적으로 그들이 나중에 결혼하게 될 아내들과 자녀들에게까지 영향을 미쳐 각종 병에 시달리게 하거나 기형이나 실명, 사망에 이르게 하는 등 거의 언제나 해악을 끼친다.

사람들이 '자신들끼리만 어울려 살 수 있고' 그들 이웃이나 심지어는 멀리 떨어진 사람들로부터는 더욱 아무런 영향을 입지 않을 수 있다는 생각은 위험한 오산이다. 우리가 서로 한 몸의 지체라는 말은 그저 성경에 나오는 말일 뿐 아무 의미가 없다고 생각할지 모르지만 그것은 말 그대로의 진리이다. 부자들이 마을 한쪽에 모여 삶으로써 다른 쪽에 사는 가난한 사람들을 피할 수는 있을지 몰라도 역병이 돌면 그들과 함께 죽을 수밖에 없다. 사람들은 빈곤을 없앤 후에야 마음껏 원하는 대로 끼리끼리 모여 살 수 있을 것이다. 하지만 그때까지는 그들은 일상의 삶에서 빈곤의 모습들, 소리들, 냄새들을 차단할 수도, 가난의 가장 폭력적이고 치명적인 악들이 가장 강력한 경찰들의 경계망을 뚫고 그들에게 이르지 못할 것이라고 장담할 수도 없을 것이다.

게다가, 빈곤이 존재하는 한 우리들도 언젠가 그것에 붙들리지 않으리라는 보장이 없다. 남들을 위한 함정을 파면 우리들이 그것에 빠질 수 있고 절벽에 난간을 설치하지 않으면 우리의 아이들이 놀다가 거기서 떨어질 수도 있다. 우리는 아무 잘못도 저지르지 않은 존경할 만한 가정들이 가난이라는 난간 없는 절벽으로 떨어지는 것을 매일 목도한다. 우리가 그다음 차례가 되지 않으리라는 보장이 있는가?

감옥으로 갈 만한 중범죄가 아닌 위법 행위에 대한 벌로 빈곤을 사용하는 것은 국가가 저지를 수 있는 가장 우매한 짓거리들 중 하나이다. 게으른 사람에게 '그 사람은 그냥 그대로 내버려둬. 저게 마땅한 게으름의 대가이니까. 뭔가 깨닫는 게 있겠지'라고 말하는 것은 쉽다. 하지만 그렇게 말을 하는 우리들은 그런 법을 만들기 전에 한 번 더 생각을 해보지 않는 게으름을 저지르는 것이다. 그들이 게으르든 바쁘든, 취해 있든 맨정신이든, 악하든 덕이 있든, 절약을 하든 되는 대로 살든, 지혜롭든 어리석든, 우리들은 사람들을 빈곤에 처하게 해서는 안 된다. 만약 그들에게 벌을 주어야 한다면 다른 방식을 생각해 보아야 한다. 그들이 빈곤으로 고통받는 것보다 그들이 주위의 선량한 사람들에게 끼칠 괴로움이 더 클 것이기 때문이다. 가난한 사람들은 개인적인 불행이면서 동시에 공공의 골칫거리이다. 그것의 존재를 용인하는 것은 국가적인 범죄이다.

따라서 우리는 부의 합리적인 분배 방식의 불가결한 전제조건으로서 모든 사람들에게 그들이 가난에 떨어지지 않을 만큼의 충분한 몫을 주어야 한다는 것을 받아들여야 한다. 이것은 전혀 새로운 생각이 아니다. 엘리자베스 여왕 이래로 모든 사람들이 최악의 궁핍을 면해야 한다는 것이 영국의 법이었다. 아무리 자격이 없는 사람이라 할지라도 빈민 감독관guardians of the poor에게 구제를 신청하면 그는 그를 먹이고 입히고 그에게 거처를 제공해야 했다. 물론 감독관은 마지못해, 퉁명스럽게 그 일을 할 수도 있을 것이다. 그들은 자신들의 구제에 그들이 생각할 수 있는 가장 불쾌하고 모멸적인 조건들을 붙일 수도 있을 것이다. 만약 구제를 신청하는 사람이 신체 건강한 사람이라면 아무 쓸모도 없고 힘만 드는 일들을 그들에게 시킬 수 있을 것이고 만약 그것을 거부한다면 감옥으로 보낼 수 있을 것이다. 그들에게 제공되는 거처는 남녀노소, 병자와 정상인, 천진한 청년, 처녀와 닳아빠진 창녀, 떠돌이들이 마구 섞여 지내며 서로를 오염시키는 구빈원일 것이다. 투표권(만약 그것을 소유하고 있다면)을 빼앗는다든지, 공직에 취임할 수 없게 한다든지, 공적인 권위가 있는 자리에 선출될 자격을 제한한다든지 하는 식으로 그런 구제를 받는 사람들에게 낙인을 찍을 수도 있을 것이다. 간단히 말하자면 구제를 받을 자격이 있지만 자존심이 있는 빈민들은 구제를 받는 대신에 극한의 어려움을 견디는 편을 택하겠지만 대충 살아가는 빈민은 구제를 요청하면 언제나 응답을 얻을 것이다. 그런 한에서 영국의 법은 그 근저에 있어서 공산주의적이다.

잔혹하게 법을 집행하는 것은 큰 잘못이다. 그것은 나라를 빈곤의 퇴락에서 구하는 것이 아니라 빈곤한 사람들에게 필요 이상으로 모멸감을 주는 짓이기 때문이다. 하지만 언제나 근본 정신은 그곳에 존재해왔다. 엘리자베스 여왕은 누구도 헐벗고 굶주려 죽어서는 안 된다고 했다. 가난하건 부자이건, 온 나라가 빈곤에 시달렸던 끔찍한 경험을 한 우리들은 한 걸음 더 나아가 누구도 빈곤에 처해서는 안 된다고 말해야 한다. 매일매일 부를 배분하는 데 있어서 우리가 가장 주의를 기울여야 할 것은 모두가 상당히 안락하게 지내기에 충분할 만한 양이 돌아가도록 해야 한다는 것이다. 만약 어떤 일들을 하거나 하지 않아서 그런 대접을 받을 자격을 갖추지 못한 사람들의 경우에는 다른 범죄를 저지른 사람들에게 하듯 가능한 다른 수단들을 사용하여 그러한 행동들을 억제하거나 강요할 수 있을 것이다. 하지만 그들을 빈곤에 처하게 하여 그들의 궁핍으로 인해 다른 사람들이 고통을 당하는 일은 없어야 한다.

모든 사람들이 어떤 경우에든 빈곤에 처해서는 안 되는 것이 당연하다면 과연 어떤 이들은 부유하게 되어도 좋은 것인지 생각해보아야 한다. 빈곤이 사라진 후, 우리들은 사치와 낭비를 용납해야 할까? 이것은 어려운 문제다, 왜냐하면 사치보다 빈곤을 정의하는 것이 훨씬 쉽기 때문이다. 어떤 여성이 굶주리고 헐벗고 잠을 잘 수 있는 제대로 가구를 갖춘 방을 가지고 있지 못한 경우 그녀는 분명 빈곤으로 고통을 받고 있다고 말할 수 있다. 한 지역의 영아 사망률이 다른 곳보다 현저히 높고 그곳의 성인 평균 수명이 70세에 훨씬 미치지 못하며 살아남는 아이들의 평균 체중이 충분한 영양을 섭취하며 잘 양육된 아이들에 미치지 못하면 그 지역 사람들은 빈곤으로 고통받고 있다고 말할 수 있다. 하지만 부로 고통을 받는 것은 측정을 하기가 어렵다. 부유한 사람들의 삶을 자세히 들여다볼 수 있는 사람들은 그들이 큰 고통을 당하고 있다는 것을 잘 알고 있다. 부자들은 건강 불안에 사로잡혀서 언제나 치료법들과 이런저런 외과수술들을 찾아다닌다. 실제로는 건강에 이상이 없을 때도 그들은 자신들이 병에 걸렸다고 생각한다. 그들은 재산 걱정, 마음에 들지 않는 하인들 문제, 원만하지 못한 인간관계, 투자 수익, 지위의 유지 등을 위해 부심하며 여러 명의 자녀가 있을 경우 그들이 성장해온 유복한 환경에서 계속 생활하기에 충분한 유산을 남겨줄 수 없다는 것에 대해 고심한다. 일 년에 5만 파운드의 소득이 있는 부부에게 다섯 명의 자녀가 있을 경우 그들은 아이들에게 일 년에 1만 파운드밖에 남겨주지 못할 것이다. 하지만 일 년에 5만 파운드를 쓰는 환경에서 자란 아이들은 각자 사회에 나가서도 그런 소비 수준을 유지할 것이고, 부유한 상대와 결혼을 하지 않는 이상 곧 빚더미에 앉게 될 것이다. 그들은 사치스러운 습관들, 돈 많은 친구들, 빚을 아이들에게 물려준다. 세대가 진행될수록 상황은 나빠지고 그 결과 자신들의 지위를 유지할 만한 수단이 없어 평민들보다 처지가 딱한 신사, 숙녀들이 우리 주위에 넘쳐나게 된다.

어쩌면 여러분은 부로 인해 고통받지 않는 집안을 알지도 모른다. 그들은 음식에 사치를 부리지 않고 적당히 일을 해서 건강을 유지한다. 자신들의 지위에 대해 걱정하지 않고 이자는 낮지만 안전한 곳에 재산을 투자한다. 그들은 아이들도 소박한 삶을 살게 하면서 쓸모 있는 일을 하도록 가르친다. 하지만 결국 이런 삶은 부자들의 삶이 아니다. 그들은 평범한 수입을 가지고도 모자람이 없이 살 사람들이다. 일반적인 부자들은 자신들을 주체하지 못하고 사치품 상점 상인들이 꾸며내는 사회사업이나 소일거리에 관련되기 쉽다. 하지만 그런 일들은 대개 지루하고 싫증나는 일들이어서 한 유행이 지나고 나면 부자들은 하인들이나 장사치들보다 더 지쳐버린다. 그들은 스포츠에 관심이 없을지라도 경마장이나 여우 사냥에 참석해야 하고 음악에 소양이 없더라도 오페라와 화려한 연주회에 참석해야 한다. 그들은 입고 싶은 대로 옷을 입지도 못하고 하고 싶은 일도 하지 못한 채 다른 부자들이 하는 대로 따라한다. 그런 일을 하지 않으려면 일을 하는 수밖에 없는데 그것은 즉시 자신들을 평범한 평민의 수준으로 격하시키는 것이다. 자신들이 하고 싶은 일을 하지 못하기 때문에 그들은 다른 사람들이 하는 일을 자신들도 좋아하도록 노력해야 하고 그런 일을 하면서 아주 즐거운 시간을 보내고 있다고 생각한다. 하지만 사실 그들은 즐거움 대신 권태를 느끼고 의사들이나 장사치들에 놀아날 뿐이다. 그들은 자신들보다 더 부유한 사람들에게 무시당하는 것을 자신들보다 가난한 사람들을 무시하는 것으로 푼다.

이런 권태를 피하기 위해 일부 능력 있고 활동적인 사람들은 의회에 진출을 하거나 외교관, 군인으로 일을 하고 그들의 땅과 투자한 재산을 중개인이나 대리인에 맡겨두는 대신 자신들이 직접 관리하고 가꾸거나 위험을 무릅쓰고 미지의 나라들을 탐험하지만 결국 그런 일들을 먹고살기 위해 해야만 하는 사람들과 별로 다를 바 없는 삶을 살게 된다. 그들에게는 재산이 별로 쓸모가 없고 빈곤에 빠진다는 두려움만 없다면 더 많은 재산을 축적하려 하지도 않는다. 다른 이들보다 더 부유해짐으로써 만족을 얻는 유일한 사람들은 게으름을 즐기고 자신들이 이웃들보다 나은 존재이며 그런 대접을 받아야 한다고 생각하는 부류다. 하지만 그런 속물들이 필요한 나라는 어디에도 없다. 게으름과 허영심은 권장되어야 할 미덕이 아니다. 그것들은 억제되어야 할 악덕이다. 게다가 게으르고자 하는 욕구, 남들을 마음대로 부리고자 하는 욕구는 그것을 만족시키는 것이 옳다 하더라도 그것을 함부로 휘두를 가난한 사람들이 없다면 결코 만족시킬 수 없다. 우리에게 있어야 하는 것은 가난한 사람들이나 부자가 아니라 충분히 가진 사람들과 충분한 것 이상으로 가진 사람들이다. 이런 생각은 결국 대답하기 어려운 질문을 불러일으킨다. 도대체 충분하다는 말의 의미는 무엇일까?

셰익스피어의 유명한 연극에서 리어 왕과 그의 딸들은 이 문제를 두고 논쟁을 벌인다. 리어 왕에게 충분하다는 것은 100명의 기사들을 거느리는 것이었다. 하지만 큰 딸은 50명이면 충분하다고 생각했고 다른 딸은 하인들이 있으면 됐지 기사들이 무슨 필요가 있느냐고 생각했다. 그녀의 말을 들은 리어 왕은 최소한의 것으로만 생각을 한다면 담요를 두르고 있으면 충분히 따뜻할 테니 그녀가 입고 있는 좋은 옷들도 내다 버려야 할 것이라고 쏘아붙인다. 아버지의 말을 들은 딸은 아무 대답할 말을 찾지 못한다. 얼마만큼이 충분한 것인지 아무도 정확한 대답을 할 수는 없다. 어떤 집시에게 충분한 것이 한 숙녀에게는 충분하지 못할 수 있고 또 그녀에게 충분한 것은 다른 숙녀에게 아주 불만족스러울 수 있다. 일단 빈곤을 벗어나면 거기서 그만 멈추어야 할 이유를 발견할 수 없다. 현대적인 기기들을 사용하여 우리들은 사람들을 제대로 먹이고 입히기에 충분한 물건들을 생산할 수 있다. 우리는 우리가 사용할 새로운 물건들을 끝없이 만들어낼 수 있고 이미 가지고 있는 것들도 끝없이 개량할 수 있다. 우리 할머니들은 가스 쿠커, 전등, 자동차, 전화 없이도 지냈지만 지금은 이런 물건들은 더 이상 사치품이 아니라 웬만큼 부유한 사람들은 꼭 지녀야 할 필수품에 가까운 물건들이 되었다.

교육과 문화의 수준도 향상되었다. 요즘 어떤 하녀가 빅토리아 여왕이 왕위에 올랐을 때 지니고 있던 정도의 지식만 지니고 있다면 그녀는 지적 장애가 있다고 여겨질 것이다. 하지만 그 정도의 지식만으로도 빅토리아 여왕은 별 문제 없이 잘 지내왔으므로 여왕에 비해 더 뛰어난 하녀의 지식이 전화기 이상으로 문화적인 삶을 살기 위한 필수적인 요소라고 할 수는 없다. 하지만 문명화된 삶과 고도로 문명화된 삶은 다르다. 한쪽에 충분한 것이 다른 쪽에는 충분하지 않다. 어설프게 문명의 혜택을 받은 하녀를 집에 들인다 치자. 그녀는 문명의 혜택을 더 받은 다른 하녀들보다 더 강하고 의욕이 넘치고 성격이 좋을지는 몰라도 많은 부엌살림은 그녀의 거친 손길을 견뎌내지 못할 것이다. 그녀는 메시지들을 쓰거나 읽지 못할 것이고 시계나 욕조, 재봉틀, 전기 히터, 청소기 등 문명의 이기를 이해하거나 제대로 사용하는지에 관해 말을 하자면 그녀가 수돗물을 제때에 잠그기나 하면 다행일 것이다. 하지만 이런 것들을 익히 잘 알고 다루는 하녀도 고도로 훈련된 과학자들이 가장 위험한 독극물들과 폭발물들을 극히 정교한 기계들과 도구들을 사용하여 신중하게 다루는 실험실에 데려다 놓으면 도자기 가게에 풀어놓은 황소처럼 사고를 칠 것이다. 까딱 손을 한 번 잘못 놀려도 목숨이 왔다 갔다 하는 수술실에서도 마찬가지다. 만약 그녀가 실험실이나 수술실에서 필요한 지식이나 인내심을 지니고 있다면 집안에서 놀라운 일들을 해낼 수 있을 것이다. 그들은 지금 하고 있는 일들을 훨씬 빨리, 완벽하게 해낼 수 있을 뿐만 아니라 지금으로서는 불가능한 일들도 해낼 수 있을 것이다.

하녀를 훈련시키는 것보다는 실험실에서 일하는 연구원을 훈련시키는 데 비용이 더 들어가고 하녀를 훈련시키는 것이 야만인을 포획하는 것보다 비용이 더 들어갈 것이다. 한쪽에서 충분한 것이 다른 쪽에서는 그렇지 못하다. 따라서 살아가는 데 얼마나 있어야 충분한 것인지 묻는 것은 대답할 수 없는 질문이다. 당신이 어떤 삶을 살고자 하는가에 따라 답이 달라지기 때문이다. 부랑자로서의 삶에 충분한 것이 음악, 문학, 종교, 과학, 철학을 누리며 세련된 삶을 살아가는, 문명의 혜택을 고도로 받는 삶을 살고자 하는 사람에게는 불충분하다. 항상 알아봐야 할 새로운 무엇인가가 있고 개선되어야 할 오랜 것들이 있다. 즉, 빵이나 부츠처럼 어떤 특정한 시점에서 충분하다고 말할 수 있는 물건들이 있을지 모르지만 충분한 문명 같은 것은 존재하지 않는다. 가난하다는 것이 지금 우리가 가지고 있는 것보다 더 많은 것, 더 나은 것들을 갖고자 원하는 것이라면 —사실 가난하다는 것이 이것 외의 다른 뜻을 더 가지고 있을까?— 얼마나 많은 돈을 가지고 있든 우리들은 항상 가난하다고 느낄 것이다. 이런저런 것들을 충분히 가지고 있다 하더라도 모든 것을 충분히 가질 수는 없기 때문이다. 따라서, 어떤 이들에게는 충분히, 다른 이들에게는 그 이상을 주고자 하는 계획은 실패할 것이다. 모두가 만족을 느끼기 전에 모든 돈이 소진될 것이기 때문이다. 사람들은 특권을 누리는 계급을 만들고 유지하기 위해 더 많은 것들을 요구할 것이고 그런 계층의 사람들은 주위의 가난한 사람들보다 더 많은 불만을 느낄 것이다.

이런 문제를 해결하는 유일한 방법은 모든 사람에게 동등하게 지급하는 사회주의적인 분배 방식이다. 하지만 여러분들은 사회주의를 채택하느니 지금 이대로의 불만족스러운 상태를 택하겠다고 할지도 모른다. 대부분의 사람들이 처음에는 다 그렇게 반응한다. 이런 사람들의 마음을 돌리는 것은 우리들이 결국 무시할 수 없는, 우리가 대면하고 있는 해악들과 위험들이다. 사람들은 동등한 수입이라는 것에서 아무런 장점을 발견하지 못할지도 모른다. 하지만 아무리 이상주의와는 거리가 먼 여성이라 하더라도 그녀가 매일 삶에서 부딪치는 해악들이 결국 불평등한 수입의 문제에 기인한다는 것을 깨달을 수 있다. 이제 그 연관 관계를 보여주겠다.

15

먼저 무엇을 사야 하는가
WHAT WE SHOULD BUY FIRST

국가 전체 수입의 불평등한 배분이 제도들과 모든 사람들의 삶과 성공에 얼마나 큰 영향을 미치고 있는지를 테스트하기 위해서 우리는 국가의 산업과, 그것이 어떻게 불평등한 수입에 의해 영향을 받는지 살펴보아야 한다. 결혼 제도, 재판 제도, 의회의 정직성, 교회의 정신적인 독립, 우리 학교들의 유용성, 신문들의 질 등을 하나씩 살펴보아야 하고 각각의 제도들이 돈의 분배 방식에 어떻게 의존을 하고 있는지 고려해보아야 한다.

먼저 산업을 들여다보자면 우리는 바로 우리들이 익히 잘 알고 있는 가계와 구별되는 정치경제학을 마주하게 된다. 남자들은 정치경제학이 따분하고 어려운 주제라고 생각한다. 그들은 가계를 운영하는 일을 회피하듯 정치경제학도 피하려 하지만 사실 국가를 운영한다는 것은 가계를 운영하는 것보다 심원할 것이 전혀 없다. 만약 남자들이 그 일을 회피한다면 여성들이 그 일을 맡아야 할 것이다. 주부가 그러하듯 국가도 관리해야 할 수입이 있다. 중요한 문제는 그 수입을 어떻게 가장 큰 공공의 이익을 위하여 사용하느냐는 것이다.

주부가 첫 번째로 결정해야 할 가장 중요한 일은 가장 필요한 것들이 무엇인지, 어떤 것들은 여차하면 생략할 수 있는 것인지 판단하는 것이다. 이것은 가정주부가 가장 필요한 것들부터 순서를 매길 수 있다는 것을 의미한다. 예를 들어, 집에 먹을 것이 부족한데 그녀가 나가서 가진 돈을 모두 향수와 모조 진주 목걸이를 사는 데 사용한다면 그녀는 허영심 강하고 어리석은 여자, 나쁜 엄마라고 평가받을 것이다. 하지만 국가의 수준에서는, 정치가들은 그녀를 그저 돈을 사용해야 할 때 무엇에 먼저 써야 하는지 모르는 무능한 경제학자라고 부를 것이다. 어떤 여성도, 만약 그녀가 식량, 의복, 집, 난방을 향수와 진주 목걸이보다 훨씬 더 중요하게 생각할 만큼 양식과 자제심이 없다면, 주부로서의 책임을 맡기에 적당하지 못하다.

보석상의 진열 상품들 중에서도 손목시계가 목걸이보다 더 쓸모가 있는 법이다. 나는 지금 아름다운 물건들이 쓸모없다고 말하는 것이 아니다. 적당한 우선순위에 있으면 그것들은 아주 유용하고 이치에 맞지만 그것들은 가장 중요한 것은 될 수 없다. 성경책은 아이에게 줄 수 있는 좋은 선물이다. 하지만 굶주린 아이에게 빵 한 조각과 우유 한 잔 대신 성경책을 주는 것은 어리석은 짓이다. 여성의 마음은 육신보다 훨씬 아름답다. 하지만 육신에 영양을 공급하지 않으면 그녀의 마음도 피폐해질 것이다. 하지만 제대로 영양을 공급받은 여성의 마음은 마음 자체는 물론 육신까지 돌볼 수 있게 될 것이다. 음식이 더 중요한 이유다.

사실 그것이 진실이기도 하지만, 국가 전체를 커다란 가정이라고 생각해보자. 우리의 눈에 무엇이 보이는가? 부실한 주거 환경에서 주린 배를 움켜쥐고 헐벗은 채 지내는 아이들이 도처에 있다. 그들을 제대로 먹이고 입히고 거처를 제공하는 데 사용되어야 할 엄청난 액수의 돈이 향수나 진주 목걸이, 애완견들, 경주용 자동차들, 제대로 맛도 들지 않은 1월의 딸기들, 기타 등등의 사치품들을 위하여 낭비되고 있다. 국가라는 가정의 한 누이는 구멍 난 한 켤레의 부츠만 가지고 있어서 온 겨울 내내 콧물을 훌쩍이며 보내야 하지만 콧물을 닦을 손수건조차 없다. 하지만 다른 누이는 40켤레의 굽 높은 신발들과 수십 장의 손수건들을 가지고 있다. 한창 성장기인 작은 남동생은 몇 푼 안 되는 음식으로 하루를 나며 엄마에게 끊임없이 밥을 더 달라고 애원하여 그녀의 가슴을 아프게 하지만 큰형은 화려한 호텔에서 한 끼에 5, 6파운드 하는 점심을 먹고 나이트클럽에서 저녁을 먹는 생활을 하다 과식과 폭음으로 병원 신세를 진다.

이것은 아주 형편없는 정치경제학이다. 분별없는 사람들에게 이런 현상을 설명하라고 하면 그들은, '40켤레의 신발을 가진 여성과 나이트클럽에서 음주를 즐기는 남자는 고무 사업에 투자를 해서 재산을 모은 그들의 아버지로부터 재산을 물려받았지만 구멍 난 부츠를 신은 여성이나 엄마에게 먹을 것을 더 달라고 조르는 아이는 그저 빈민가의 찌꺼기 인생들일 뿐이오'라고 말할 것이다. 그것은 사실일지도 모른다. 하지만 엄청난 자원을 아기들에게 우유를 제공하는 대신 샴페인에 소비하는 나라, 부족한 영양으로 아기들이 수천 명씩 죽어가는데 집에서 기르는 각종 혈통 있는 애완견들에게 맛있는 먹이를 주기 위해 자원을 소비하는 나라는 어리석고 무지하고 허영에 가득 찬, 제대로 경영이 되지 못하고 있는 나라라는 사실에는 변함이 없다. 불편한 실상을 스스로 호도하기 위해 아무리 진주목걸이들과 진기한 애완견들로 부를 자랑할지라도 그런 나라들은 장기적으로 타락의 길을 걷게 된다. 한 나라가 진정으로 부유하게 되고 번영을 누리려면 살림을 잘하는 것 외에 방법이 없다. 즉, 중요한 순서대로 필요를 충족시키고 모든 중요한 욕구들이 충족될 때까지는 자원을 함부로 유행이나 사치품에 낭비하지 않아야 한다.

애완견들의 소유자들을 비난해봤자 소용이 없다. 이런 사악하고 어처구니없는 일들은 어떤 멀쩡한 정신의 소유자가 원해서 벌어지는 것이 아니라 어떤 집들이 다른 집들보다 훨씬 부유할 때 필연적으로 생기는 일이기 때문이다. 어떤 부유한 남자가 있다 치자. 그는 남편과 아버지로서 아내와 아이들을 위해 음식과 거처를 공급하기 시작한다. 가난한 남자도 마찬가지로 행동할 것이다. 하지만 가난한 사람은 이들 필수품들을 위해 자신이 가진 모든 자원을 다 사용한 후에도 여전히 부족한 상태에 처한다. 그는 음식이 부족하고 의복도 낡고 누추하다. 그가 머무는 거처는 방 하나, 혹은 그것의 일부이고 깨끗하지조차 않다. 하지만 부자는 자신의 의식주의 필요를 모두 충분히 채운 후에도 그의 취미나 기호에 사용할 충분한 돈이 남아 있고 이것을 세상에 자랑한다. 가난한 사람이, '나는 빵과 옷, 더 나은 거처가 필요하지만 그럴 여유가 없어요.'라고 말을 할 때 부유한 사람은 '나는 자동차 여러 대와 요트가 있고 아내와 딸들을 위한 다이아몬드, 진주 목걸이들을 가지고 있으며 스코틀랜드에 사냥용 별장도 가지고 있소. 내게 돈은 아무 문제도 아니고 필요하면 열 배를 더 주고라도 살 수가 있소'라고 자랑을 한다. 그런 말을 들은 장사꾼들은 가난한 사람의 울부짖음과 빈궁함은 전혀 돌아보지 않고 부자들을 위해 자동차들과 요트들을 만들고 아프리카에서 다이아몬드를 캐내며 바다에서 진주를 채취하는 한편 사냥터에 별장들을 짓는다.

같은 이야기를 달리 표현하자면, 가난한 사람은 그에게 부족한 것들인, 빵, 옷, 건물을 위해 다른 이들의 노동을 필요로 한다. 하지만 그는 제빵사, 직물 제조자의 노동에 지불할 충분한 돈이 없다. 하지만 부자는 자신을 기쁘게 하는 모든 일들을 위해 충분한 돈을 지불할 수 있다. 그의 돈을 받은 모든 사람들은 열심히 일을 할지 모른다. 하지만 그들의 일은 사람들을 먹여 살리기 위한 일이 아니라 너무 많이 가진 자들의 호사를 만족시키기 위한 시급하지 않은 일이고 얼마 안 되는 부유한 사람들을 유지하기 위해 나라를 가난하게, 혹은 더욱 빈곤하게 만드는 일이다.

부자들이 고용을 창출한다는 것은 그런 사태에 대한 변명이 될 수 없다. 그런 식의 고용은 의미가 없다. 그렇게 따지자면 살인자도 교수형을 집행하는 사람에게 일자리를 제공하는 것이고 어린아이를 친 자동차 운전사도 앰뷸런스 운전사, 의사, 장의사, 성직자, 상복 제조자, 영구차 운전사, 묘지를 파는 사람에게 일자리를 제공하는 것이다. 그런 식이라면 아주 많은 사람들에게 일자리를 제공하게 해주므로 자살한 사람에게는 의인으로 동상이라도 만들어줘야 할 것이다. 부자들이 잘못된 고

용에 사용하는 돈이 애초에 공평하게 분배가 되었다면 제대로
된 고용이 발생할 것이다. 그러면 자동차나 다이아몬드에 투자
하는 대신 모든 사람들이 충분히 먹고 입고 쉴 거처를 제공하
는 데 돈이 먼저 쓰일 것이고 게으른 사람들의 하인이 되기 위
해서 유용한 일자리를 등지는 사람들에게는 급여가 제공되지
않을 것이다. 과시, 게으름, 과소비는 줄고 충분한 의식주, 안
정, 건강, 선행을 더 찾아보기 쉬울 것이다. 한마디로 더욱 진
정한 번영이 가능할 것이다.

16

우생학
EUGENICS

'더 많은 돈을 가지게 되면 대중들은 좀 더 나아질까?'라는 질문은 이미 제기되어 왔다. 이런 어리석은 질문을 듣는 사람의 처음 반응은 그런 질문을 하는 여성의 양 어깨를 붙잡고 과격하게 흔들어대고 싶은 충동을 느끼는 것이다. 제대로 먹고 볼썽사납지 않게 입고 괜찮은 거처에 머물면서 꽤 교육을 받은 점잖은 가정이 굶주리고 헐벗고 누추하고 비좁은 집에 사는 가정보다 낫지 않다면 더 말을 할 필요도 없을 것이다.

하지만 성질을 터뜨리지는 말자. 분명, 제대로 복장을 갖추어 입고 깨끗하게 몸단장을 하고 만족할 만한 거처에 사는 여성은 더러운 옷을 입고 벌레가 들끓는 다락방에서 차와 주전부리로 살아가는 여성보다 낫다. 그런 문제라면 잘 먹이고 깨끗하게 관리를 받는 암퇘지가 굶주리고 더러운 암퇘지보다 나은 것도 사실일 것이다. 하지만 그럼에도 그것은 암퇘지일 뿐이다. 그것의 근본을 바꿀 수는 없다. 미래의 일반 여성들이 오늘날의 부유한 여성들보다 다 나을 게 없다면 우리들은 아무런 개선이 없음을 보고 실망할 것이다. 그런 실망은 아주 의로운 것이다. 공평한 수입의 배분이 인간 존재로서의 우리들의 성품에 어떤 영향을 미치는지 한번 고려해보자.

더 나은 사람들을 원한다면 종마나 씨돼지를 만들어내듯 사람도 조심스럽게 자손들을 만들어내야 한다고 주장하는 사람들이 있다. 하지만 여기에는 두 가지 어려움이 있다. 첫째, 당사자들에게 아무런 선택의 여지없이 남자와 여자를 수소나 암소, 수말이나 암말, 수돼지나 암돼지처럼 교배를 시킬 수는 없다는 것이다. 둘째로 만약 그것이 가능하다고 해도 어떤 종류의 인간을 교배로 얻기를 원하는 것인지 알 수 없기 때문에 방법을 알 수 없을 것이다. 말이나 돼지의 경우라면 문제는 간단하다. 가장 빠른 말이나 많은 무게를 질 수 있는 말, 가장 많은 베이컨을 얻을 수 있는 돼지가 선호가 될 것이다. 하지만 이런 명백한 목표를 가진 경우에도 교배자들은, 아무리 주위를 기울여도, 종종 큰 실패를 맛본다.

아들이나 딸의 선택을 넘어 어떤 아이를 원하는지 자신에게 물어보는 순간 당신은 대답할 수 없을 것이다. 기껏해야 다리를 절거나 농아, 맹아, 천치, 간질을 앓거나 술을 좋아하는 아이를 피하고 싶다는 정도로, 자신이 원치 않는 몇 가지 경우를 댈 것이다. 하지만 이런 결함들도 피할 수 있는 방법이 마땅치 않다. 왜냐하면 그런 아이들의 부모들은 겉으로 보기에 다른 사람들과 아무 차이가 없기 때문이다. 원하지 않는 자질에서 원하는 자질로 이야기를 돌려보면 당신은 좋은 아이를 가지고 싶다고 말을 할지도 모른다. 하지만 좋은 아이는 단지 부모의 눈에 말썽을 부리지 않는 아이를 의미할 뿐이다. 인류에 큰 도움이 되었던 많은 사람들은 말썽꾸러기들이었다. 에너지와 상상력이 넘치고 진취적이고 용기가 있는 아이들이 부모들의 눈에는 끝없는 말썽꾼으로 보일 수 있다. 장성한 천재들은 보통 죽은 후에야 사람들의 사랑을 받는 경우가 많다. 우리들이 권위 있는 법률가들과 성직자들에게 재판을 받게한 후 살려두기에는 너무 악하다고 소크라테스에게 독배를 마시게 하고 예수를 십자가에 매달고 사람들의 환호 가운데 잔다르크를 화형에 처했다는 사실을 상기해볼 때 우리들은 좋은 사람을 알아볼 주제도 못되고 심지어 그런 것을 진실로 원하는지조차 불분명하다.

인간을 개량할 목적으로 당국이 골라주는 남편과 아내를 믿고 받아들일 마음이 있다 해도 일을 집행할 관리들은 어떤 사람들을 어떻게 짝지어야 할지 오리무중일 것이다. 그들은 일단 집안에 소모성 질환이나 광증, 매독, 약물이나 알코올 중독자가 있는 사람들을 제외하려 하겠지만 그렇게 하다보면 결국 결혼할 수 있는 사람들이 없게 될 것이다. 그런 흠으로부터 전적으로 자유로운 집안들은 거의 존재하지 않을 테기 때문이다. 도덕적인 모델을 고르자면 성 프란체스코, 조지 폭스, 윌리엄 펜, 존 웨슬리, 조지 워싱턴, 알렉산드로스, 카이사르, 나폴레옹, 비스마르크, 누구를 이상적인 인물로 삼아야 할 것인가? 제대로 돌아가는 세상을 만들려면 다양한 종류의 사람들이 필요하다. 하지만 정부 부서가 얼마나 다양한 종류의 사람들이 필요한지, 각각의 종류는 얼마나 만들 것인지 결정을 한 후 적절한 결혼을 통해 그것을 이룬다는 생각은 재미있기는 하지만 현실성이 없다. 사람들로 하여금 각자 자신들이 원하는 상대

110

를 고르고 나머지는 자연에 맡기는 것 외에는 다른 방도가 없다.

'그건 지금 우리가 하고 있는 바로 그 방식이잖소?' 이렇게 말하는 사람들이 있을지 모른다. 하지만 그것은 우리가 지금 실천하고 있는 방법이 아니다. 우리들이 상대를 고를 때 우리들에게 얼마나 많은 대안들이 주어지는지 생각을 해보라. 첫눈에 어떤 남자에게 반하게 하는 방식으로 자연은 어떤 여성에게 가장 적합한 배우자를 알려줄 수도 있다. 하지만 그 남자가 여성의 아버지와 비슷한 수입을 가지고 있지 않는 한 그가 그녀보다 높은 계급이든 그렇지 않든 그녀의 배우자감은 될 수 없다. 그녀는 좋아하는 남자가 아니라 그녀의 손이 미치는 남자와 결혼을 할 수밖에 없다는 것을 결국 깨닫게 되는 것이다. 당연한 이야기지만 그녀가 좋아하는 남자와 그녀의 손이 미치는 남자는 종종 같은 사람이 아니다.

남자의 입장도 별반 다를 것이 없다. 우리는 돈이나 지위를 보고 결혼하는 것이 잘못이라는 것을 본능적으로 알지만 그럼에도 결국은 대체적으로 그것들을 얻기 위해 결혼을 하게 된다. 선남선녀들에게 '여러분들의 마음의 결정을 따르세요. 청소부가 되었건 공작公爵이 되었건 여러분이 사랑하는 사람을 고르세요'라고 조언을 하는 것은 쉽다. 하지만 현실적으로 청소부와 결혼을 하기는 마음이 내키지 않을 것이고 공작이 당신을 선택하지도 않을 것이다. 왜냐하면 그와 그의 인척들은 당신과 다른 행동 방식과 습관들을 가지고 있기 때문이다.

서로 다른 행동 방식과 습관들을 가지고 있는 사람들은 같이 살기가 힘들다. 사람들이 지닌 경제력이 구별되는 행동 방식과 습관들을 만든다. 그들이 원하는 사람을 얻는 것이 거의 불가능하므로 사람들은 결국 그들에게 가능한 한도 내에서 좋아하는 사람을 만들 수밖에 없다. 현재 이루어지고 있는 결혼의 대부분은 자연보다는 당사자들의 상황이 더 큰 영향을 미치고 있다고 말할 수 있다. 어울리지 않는 사람들, 불행한 가정, 추한 자손들이 흔히 눈에 띄는 이유의 큰 부분은 신부가 맘에 들어 하고 동시에 그녀의 마음을 받아주는 남자와 결혼을 하는 것이 아니라 그녀와 같은 계층의 두세 명의 대안들 중에서 그나마 덜 싫은 대상을 유혹하여 자신이 그와 사랑에 빠졌을 것이라고 스스로를 설득하기 때문이다.

그런 상황에서는 뛰어난 후손을 가지기 힘들다. 이런 모든 문제는 결국 수입의 불평등에서 빚어지는 일이다. 만약 모든 가정의 수입이 같다면 우리들은 모두 같은 습관, 행동 방식, 문화를 지니고 비슷한 정도로 세련된 삶을 살 것이다. 그런 상황에서는 증권 거래인의 아들이 은행 지점장의 딸과 결혼하는 것만큼이나 쉽게 청소부의 딸이 공작의 아들과 결혼할 수 있을 것이다. 결혼을 통해 얻거나 잃을 돈이 없으므로 누구도 그것을 위해 결혼하는 일은 없을 것이고 어떤 여성도 가난하다는 이유로 사랑하는 남자에게서 등을 돌리거나 자신이 그런 대접을 받을 필요도 없을 것이다. 연인들이 겪는 실망은 모두 자연스럽고 불가피한 것들일 것이며 그에 대처할 많은 대안들과 위로를 얻을 수 있을 것이다. 이런 상황에서도 인류의 개량이 이루어지지 않는다면 그것은 애초에 불가능한 일이었을 것이다. 하지만 그런 경우에도 현재 이 세상에 존재하는 많은 실연에 따른 마음의 고통을 없앰으로써 얻어질 수 있을 행복을 고려하면 소득의 평등은 다른 모든 성과들과 상관없이 이미 충분히 가치가 있다고 할 수 있다.

17

법정

THE COURT OF LAW

법정에 가본 사람이라면 소득의 불평등과 정의가 조화될 수 없다는 너무 명백한 사실을 깨닫고 충격을 받게 되었을 것이다. 법적 정의의 제일 중요한 전제는 그것이 사람을 차별하지 않는다는 것이다. 대상이 노동자의 아내이건 백만장자의 부인이건 법은 공평해야 한다. 자신과 같은 부류의 사람들로 이루어진 배심원단에 의한 결정이 아니면 어떤 사람도 생명이나 자유를 침해받지 않는다. 하지만 지금은 어떤 노동자들도 그의 동료들로 이루어진 배심원들에 의해 재판을 받지 못한다. 그는 돈이 더 많고, 그래서 자신이 노동자들보다 나은 존재라고 생각하며 노동자 계층에 대해 강한 계급적 편견을 지니고 있는 자산가들로 이루어진 배심원들에 의해 재판을 받는다. 평민들에 의해 재판을 받는 부자도 부에 대한 그들의 비굴과 선망을 고려해야 한다. 부자를 위한 법과 빈자를 위한 법이 따로 있다는 말이 그런 이유로 생긴 것이다. 하지만 엄밀히 말하자면 이것은 틀린 말이다. 법은 모든 사람에게 똑같다. 단지 바뀌어야 할 것은 그들의 수입이다.

계약들의 근거가 되고, 경찰이 다루지 않는 중상中傷이나 상해傷害를 해결하기 위한 민법은 그것을 다루기 위한 정교한 지식이 필요하므로 법적 지식이나 언변이 없는 보통의 여성은 비싼 돈을 들여 변호사를 고용해야만 법에 호소할 수가 있다. 그것은 재산이 있는 여성만 법에 호소할 수 있고 가난한 여성은 그럴 수 없다는 것을 의미한다. 부자인 여성은 자신의 요구를 들어주지 않으면 법정에 세우겠다는 말로 가난한 여성을 협박할 수 있다. 가난한 여성이 법적인 자문이나 보호를 얻을 돈도, 지식도 없다는 것을 알고 있는 부자 여성은 그녀의 권리 따위는 무시한 채 고소하겠다고 엄포를 놓는 것이다. 그녀는 가난한 여성이 무지와 빈곤 때문에 적절한 법의 보호나 도움을 받을 수 없을 것이라는 사실을 잘 알고 있다. 부유한 여성이 가난한 여성의 남편에게 마음이 있어 아내를 버리고 그에게 오라고 설득할 경우 부유한 여성은 가난한 여성을 빈곤의 구렁텅이로 몰아넣은 후 넉넉한 이혼 위자료를 거절할 수 없게 만듦으로써 가난한 여성의 남편을 거의 돈으로 살 수 있다.

아내가 피해 보상을 요구할 수 있는 미국에서는 이혼에 더 많은 비용이 든다. 경제적인 형편 때문에 버림받아 제시되는 위자료를 받을 수밖에 없는 상황이 아닌 한 버림받는 아내는 재혼을 할 수 있도록 남편을 놓아주기 전에 더 많은 위자료를 위해 버틸 수 있다. 남편이 버림을 받는 경우도 마찬가지다. 요새는 이런 목적을 가지고 결혼을 하는 경우가 많아서 위자료라는 말이 갈취라는 뜻으로 쓰일 지경이 되었다. 내가 이혼이나 위자료를 비하하고자 하는 뜻은 아니다. 내가 말하고자 하는 것은 돈이 많다고 해서 어떤 여성이 다른 여성의 남편을 그의 아내보다 훨씬 더 안락하게 해주어서는 안 된다는 것이다. 남자의 경우도 마찬가지다. 돈이 많다는 이유만으로 남편이 있는 여성에게 그녀의 남편이 해줄 수 있는 것보다 더 많은 호사를 제공해서는 안 된다. 즉, 결혼을 하거나 이혼을 하게 함에 있어서 돈이 영향을 미쳐서는 안 된다는 것이다.

비록 우리들은 살인 사건에 관한 재판들을 흥미 있게 지켜보지만 형법은 민법보다 중요하지 않다. 소수의 예외적인 사람들만 범죄를 저지를 뿐 대부분의 사람들은 결혼을 하는 등 민사 계약들을 맺으며 살기 때문이다. 게다가, 경찰은 원고가 비용을 부담하지 않아도 형법을 적용한다. 그럼에도 부유한 죄인들은 막대한 자금을 동원해 그들을 변론할 유명한 변호사를 사거나 온 나라, 아니 온 세계를 뒤져서라도 증거를 찾고, 증인들을 매수하거나 협박하는 등 모든 가능한 수단을 사용해 법에 호소를 하거나 법의 집행을 지연시킴으로써 유리한 위치를 점한다. 가난했더라면 진즉에 전기의자에 앉아야 했을 많은 부자들이 자유로이 거리를 활보하는 미국의 사례를 우리는 알고 있다. 하지만 여기 영국에도 얼마나 많은 사람들이 자신들을 변호할 몇 백 파운드가 없어서 감옥에 머무르고 있는지 우리는 알 수 없다.

법 자체도 부유한 사람들이 제정에 참여함으로써 그 근원부터 오염이 되어 있다. 명목상으로는 모든 성인 남녀는 충분한 표를 얻으면 의원이 되어 법을 제정할 수 있다. 최근 몇 년간 가난한 사람들이 이런 권리를 누릴 수 있도록 상황이 바뀌어 왔다. 의회의 의원들은 지금 급여를 받고 있으며 이전에는 개인들이 부담해야 했던 일부 선거 비용도 지금은 공금으로 지출이 된다. 하지만 선거에 나가기 위해서는 일단 150파운드를 내야 하고 선거를 치르기 위해서는 500에서 1,000파운드가 더 필요하다. 설령 선거에서 승리를 하여 국회의원으로 급여를 받는다 하더라도 런던에서 생활을 하는 데 필요한 금액에는 미치지 못하고 의원직을 상실해도 연금이나 기타 다른 보장도 없다. 이런 이유로 가난한 사람들은 부자들보다 9대 1 정도의 비율로 수가 많지만 의회에서 그들을 대표하는 의원들의 수는 소수에 불과하다. 결과적으로 국회의 회기는 국가의 앞날을 위한 토론과 법안 제정보다는, 가난한 사람들을 대표하는 소수의 의원들이 부자들의 특권을 제한, 폐지하려는 데 맞서 다수의 부자 의원들이 자신들이 지녀온 기존의 권리를 지키고 더 확대하려는 계급투쟁을 벌이는 데에 대부분의 시간이 소요된다.

부자들이 누리는 특권들 중 가장 부당하고 사악한 것은 완전한 법적 면책 아래 게으름을 피울 수 있다는 것이다. 그들은 이런 권리를 아주 견고하게 확립해놓아서 대부분의 사람들은 그것을 당연한 것으로 받아들이고 심지어는 진정한 선남선녀의 표시라고 존경의 눈길을 보내기까지 한다. 하지만 상품을 소비하고 서비스를 누리면서 그에 상응하는 상품을 생산하거나 서비스를 제공하지 않는 것은 도둑이 끼치는 해악만큼이나 국가에 해를 끼치는 것이다. 상당한 부동산을 상속받았다거나 일 년에 천 파운드 정도의 수입을 물려받았다고 해서 살인, 유괴, 가택 침입, 방화, 파괴를 마음대로 저지르거나 병역을 기피할 수는 없다. 하지만 우리는 게으름을 피우는 것은 내버려두는데 사실 이것은 십 년 동안 저지를 수 있는 모든 위법들보다 더 많은 해악을 일 년 안에 끼칠 수 있다.

부자들은 그들이 다수당의 위치를 점하고 있는 의회를 통해서 절도, 주거 침입, 위조, 횡령, 소매치기, 노상강도 등의 죄들은 가혹하게 처벌하지만 부자들이 게으름을 피우는 것에는 책임을 묻지 않을뿐더러 그것이 아주 명예로운 삶의 방식인 것처럼 선전함으로써 생계를 위해 일을 하는 것이 열등하고 부끄러우며 치욕스러운 일이라는 인상을 아이들에게 안겨준다. 타인들의 노동과 서비스에 기대어 수벌*처럼 살아가는 것이 신사나 숙녀의 마땅한 삶의 방식이고, 노동이나 서비스를 통해 국가를 부하게 만드는 것은 천하고 상스럽고 경멸할 만한 일이며, 땔감을 만들고 먹을 물을 길어오는 사람들은 아무것이나 주어도 감지덕지한다는 가정하에 먹고 입고 지내게 한다. 이것은 자연의 질서를 역행하는 것에 다름이 아니며 '악이 곧 나의 선이다'라는 주장을 한 나라의 모토로 삼는 것이다. 만약 우리들이 그런 삶의 방식을 고집한다면 우리도 이제까지의 모든 위대한 문명들이 밟아온 멸망의 길을 걷게 될 것이다. 하지만 수입이 불공평하게 배분이 되는 곳에서는 이런 운명을 피할 방법이 없다. 부자들이 입법의 수단을 쥐고 있기 때문이다. 그럼에도 모든 법들에 우선해야 할 법, 즉 모든 사람들은 일을 해야 한다는 법을 부자들은 결코 만들지 않는다.

---

* 수벌은 암벌과 달리 꿀이나 꽃가루를 모으지 않고 침도 없다. 수벌의 역할은 오로지 여왕벌과의 교미에 있다. 그런 사실에서 수벌은 '게으름뱅이'를 의미하게 되었다.

18

게으른 부자들
THE IDLE RICH

자신의 수고가 아닌 수단을 통해 많은 재산을 물려받은 사람들이라고 해서 항상 게으름을 피우며 빈둥대는 것은 아니라는 사실을 지적하면서 당신은 내 말에 화를 낼지도 모르겠다. 부자들 중에도 활동적인 사람들은 종종 과로를 해서 '휴식을 취하라는 처방'을 받기도 한다. 자신들의 삶을 긴 휴가로 만들려 하는 사람들도 그런 휴가로부터의 휴가가 필요하다. 게으름을 피우는 것은 아주 부자연스럽고 권태로운 일이어서 할일이 없는 부자들의 세상은 사람들을 지치게 만드는 종류의 활동을 끊임없이 해야 하는 곳이다. 19세기의 빅토리아 시대에 살던 한 유한 계급 여성이 자신이 얼마나 게으름과 상관이 없는지 해명하기 위해서 매일 런던에서 파티를 열고 파티에 초대받아 다니느라 바쁜 자신의 일과를 묘사해 놓은 책이 있었다. 나는 그런 여성의 처지가 되느니 차라리 즐거운 마음으로 신발끈 행상을 할 것이다.

교외에서는 매달 다양한 내용의 각종 야외 활동 행사들이 공들여 계획되고 거기에서 사냥될 물고기들, 새들, 동물들이 정성들여 길러진다. 도시에 사는 가난한 사람들로서는 알 수도 없는 위험, 뛰어난 육체적 기량이 교외의 부자들의 모임에서는 당연한 것으로 여겨지고 그런 곳에서는 쇄골이 부러진 것쯤은 사고로 여겨지지도 않는다. 야외 활동이 소기의 목적을 거두지 못하면 스키, 눈썰매, 폴로, 테니스, 인공 얼음 위에서의 스케이팅 등등 가난한 여성들이 생계를 이어가기 위해 감당해야 할 육체적 수고보다 더 벅찬 게임들이 기다리고 있다. 젊은 유한 계층의 처자는 그렇게 힘든 하루를 보낸 후에도 저녁을 먹고 잠들기 전에 우편배달부가 하루 종일 걷는 거리보다 더 긴 거리를 춤으로 소화한다. 사실, 역겨울 정도로 게으름을 피우는 것은 소위 졸부들의 아이들이다. 이들 딱한 존재들은 대를 이어 부자인 사람들처럼 사회적인 규율이 몸에 밴 것도 아니고 체계적으로 운동을 배우지도 못했다. 오랜 부자들의 고상한 삶은 엄격한 훈련을 필요로 하는, 능숙한 기예가 필요한 것이기에 졸부들은 처신할 바를 모르고 허둥거린다. 그들은 멍하니 빈둥거리며 초콜릿크림을 먹고 담배를 피우고 칵테일을 마시며 천박한 소설이나 그림 위주인 신문들을 읽는다. 그들이 이 호텔, 저 호텔로 차를 타고 돌아다니는 모습을 지켜보자면 안쓰러울 정도다. 하지만 그들의 다음 세대는 망하지 않는다면 그들이 어울릴 능력이 되는 계급과 같은 교육을 받아 학식, 훈련, 예절을 익혀 성공적으로 부자들의 고상한 삶에 합류를 하게 된다.

생계를 위해 일을 하지 않아도 되는 사람들을 바쁘게 하기 위한 엄격하고 힘든 일들은 오래전 부족 시대의 전통, 즉 용사들이 사냥을 하고 외부의 적들과 대항해 싸우는 동안 아녀자들은 가사를 맡았던 관행의 흔적이지만 지배 계급이 계속 권력을 유지하기 위해서는 반드시 그들이 맡아서 처리해야만 하는 공적인 일들이 있다. 하지만 유한 계층은 이런 일들에 보수를 지급하지 않거나 아주 적은 보수만 지급을 하게 만듦으로써 물려받은 재산이 없는 사람들은 이런 일들에 종사할 수 없게 만들거나 이런 공적인 일들을 아주 비싼 교육을 받은 사람만 합격할 수 있는 고급 공무원 시험에 연관시켜 놓음으로써 유한 계층이 이런 일들을 장악하게 만든다. 의회에서 대부분의 중요한 자리들을 재산이 있는 사람들이 차지하고 있지만 그러한 자리들에 생활이 가능할 정도의 급여를 제공하는 것에 그들이 결사반대하는, 짐짓 이해할 수 없는 행동의 배후에는 이런 이유가 있는 것이다.

군대의 장교 자리를 차지하고 있는 자산가들은 생활이 가능할 정도의 급여를 받는 것에 반대하고 의회의 모든 자리들을 차지하기 위해 경합하지만 공금으로 의원에게 급여나 선거 비용을 제공하는 것에 반대한다. 재산이 있는 사람들은 외교관의 업무가 자신의 막내 자식들(자신들의 유산이 돌아가지 않는)을 위한 것이라 여기기에 1년에 400파운드의 소득이 없는 사람들은 지원할 수 없게 만드는 등 조건을 까다롭게 만든다. 그들은 통치 조직에 충분한 급여를 제공하는 것에 반대해왔고 지금도 반대하고 있는데 자신들이 독점하고 있는 자리들에 가난한 사람들이 몰려오는 것이 두렵기 때문이다.

하지만 누군가는 통치하는 일을 해야만 하고 다른 사람들이 그 일을 하는 것을 원하지 않는다면 부자들 자신들이 그 일을 해야만 한다. 결과적으로 우리들은 유한 계층이 자신들의 재산을 관리하는 일은 물론 의회, 외교, 국방, 치안 판사직들과 지방 공공 단체들에서도 일하고 있는 것을 보게 된다. 그렇게 많은 일을 하는 사람들을 게으른 부자들이라고 부르는 것은 맞지 않을지도 모른다. 하지만 사실 그들은 자신들이 게으를 수 있는 특권을 유지하기 위해 이런 모든 공직 활동을 하는 것이다. 공공의 선의 관점에서 보자면 차라리 그들이 다른 일반적인 부자들처럼 자신들만의 즐거운 일들에 몰두하고 공적인 일들일랑 충분한 급여를 받으면서도 국가와 자신들의 이익이 갈등을 빚지 않는 관리들과 장관들에게 맡기는 편이 훨씬 나을 것이다.

유한 계층의 여성들은 이전에는 아이들을 기르고 가사를 돌보는 데 전념했지만 지금은 피임약 덕분에 아이들의 수와 출산 시기를 마음대로 정하는 것을 떠나 임신 자체를 거부하는 경우가 많다. 이전의 가사 대신 점점 많은 여성들이 호텔이나 서비스가 제공되는 시설에서 생활을 하거나 사실상 호텔 매니저의 일을 하는 전문적인 가사 도우미에게 가사를 맡긴다. 이런 추세가 여성들을 전문적인 일에 종사하게 하기 위한 노동의 분화라면 긍정적인 일일 수도 있을 것이다. 하지만 많은 여성들의 경우 가사나 육아에 관한 한 일반적인 남자들만큼이나 아는 것도, 조예도 없는데, 그런 그녀들이 재산을 물려받으면 그들은 전적으로 쓸모없는 존재가 되거나 많은 부유한 여성들처럼 쾌락에 탐닉하게 된다.

가끔 많은 재산을 물려받아 손가락 하나 까딱하지 않고 살 수 있음에도 생계를 위해 일하는 사람들보다 더 열심히, 더 나은 세상을 만들기 위해 자신들의 돈을 사용하여 일하는 예외적인 남녀들이 있다. 플로렌스 나이팅게일은 아무 일도 하지 않고 집에서 편안한 삶을 살 수 있을 재산이 있었음에도 크리미아 전쟁 때 부상자들을 치료하는 일을 자원해서 맡음으로써 군대의 의료진들의 생각을 바꾸고 병상의 역겨우면서도 고되고 위험한 일들을 수행했다. 존 러스킨은 자신이 맡은 국고 관리 분야에서 적어도 자신이 얼마나 정직하고 충실한 행정가였는지를 보여주기 위해서 자신의 적잖은 수입을 어떻게 사용했는지, 그가 어떤 일들을 했는지를 책으로 출간했다. 하지만 대부분의 사람들은 이런 그를 이해하기는커녕 정신이 나갔다고 비웃었고, 조너선 스위프트처럼 그가 결국 자본주의 사회의 병폐로 인해 우울증과 울화병에 걸렸을 때 그에 대한 자신들의 생각이 맞았다고 주장했다.

지금까지 '게으른 부자들'이라는 말이 의미하는 바를 충분히 설명했다. 게으르다는 말은 아무것도 하지 않는다는 뜻이 아니라(그것은 불가능한 일이다) 아무 쓸모 있는 일을 하지 않고 소비만 한다는 뜻이란 것이 충분히 설명되었을 것이다. 게으른 부자라는 말은 전체 인구의 10분의 1쯤에 해당하는데 그들을 게으르게 살 수 있게 하기 위해서 나머지 10분의 9의 인구들은 철저히 노예의 상태에 머물러야 하는데 이런 그들의 처지는 법으로 규정조차 되어 있지 않다. 차라리 노예들이라면 그들의 주인들이 책임을 질 부분이라도 있겠지만 부자들은 그런 책임조차 지지 않은 채 굶주림을 통해 사람들을 충분히 통제한다. 설령 부자 여성이 자신의 건강을 위해 조금이라도 일을 할라치면 가난한 사람들은 분노를 표출한다. 그들에게는 그 여성은 가난한 사람들의 일을 악의로 빼앗아가는 비열한 부자처럼 보이기 때문이다.

가장 큰 아이러니가 있는데, 지적인 여성들은 아이러니라는 말을 사용하지 않으므로 이것을 '신의 심판'이라고 부른다. 우리가 이들 부자들에게 모든 사람들이 부러워하는 특권, 즉 돈은 많지만 할 일은 없는 상태(완벽한 행복과 자유를 얻기 위한 멍청한 처방)를 제공하면 그들은 아주 비참하고 불건전한 상태에 빠지게 되고, 거기에서 벗어나기 위해, 즉 '아무것도 하지 않고 지내기에 충분한 건강을 유지하기 위해' 항상 무엇인가를 하게 된다. 하지만 그들은 자신들이 진정 원하는 일을 하는 대신 사교 활동과 고상한 즐거움에 자신들을 속박시켜야 하는데 만약 하녀나 트라피스트회 수도사들에게 그런 사교 활동과 즐거움을 누리라고 강요하면 하녀는 당장 사직서를 쓰고 집을 나갈 것이고 수도사들은 그것들을 피하기 위해 무신론자로 전향할 것이다. 그런 삶들 중의 아주 일부, 자연으로 돌아가 사냥을 하고 시골의 삶을 누리는 부분만이 좀 견딜 만한데 그것도 계속 즐거운 맘으로 누리려면 천성이 반은 야만인이어야 할 것이다. 게으른 부자들이 하는 수고라는 것은 고작 이런 것들일 뿐이다.

19

교회, 학교, 언론
CHURCH, SCHOOL, AND PRESS

의회와 재판정이 부자들에 의해 점령된 것처럼 교회에서도 역시 부자들이 권력을 쥐고 있다. 평범한 마을 목사들은 마을의 학교에서 정직과 평등에 대해 가르치지 않는다. 그들은 부자들에 대한 존경심을 가르치고 그것을 충성심, 종교라고 가르친다. 그들은 대지주의 협력자이고 대지주들은 지역의 치안판사로서 의회에서 부자들이 자신들의 이익을 위해 제정한 법을 집행하며 그것을 정의라고 부른다. 다른 종류의 종교나 법에 대해서는 아는 것이 없는 마을 사람들은 곧 종교와 법에 대한 존경심을 잃고 그것들에 냉소적인 태도를 취하게 된다. 그들은 앞에서는 모자를 벗어 인사를 하고 무릎을 굽혀 존경심을 표할지 모르지만 서로 귓속말로 크리스마스 때 그의 부인이 얼마나 후하게 가난한 사람들을 위해 보석금을 지불했던 지주가 약탈을 일삼고 사람들을 압박하는 위인이며 마을 목사는 위선자라고 수군거릴 것이다. 혁명이 일어나면 지주들의 집과 목사관을 불태우고 성당으로 달려가 성상들을 훼손하고 스테인드글라스를 깨뜨리며 오르간을 부수는 사람들은 바로 이들, 평상시 지주에게 존경심을 보이던 농부들이다.

이런 목사들과는 다른 목사를 아는 사람들도 있을 것이다. 나도 그런 사람을 알고 있다. 아무리 성공적이고 칭찬을 받고 있더라도 그것이 불의라면 의연히 저항을 하는 남녀가 있기 마련이다. 그 결과 그들은 영향력이 있는 사람들에게 흠을 잡히게 된다. 하지만 우리 사회는 이런 소수의 저항자들이 아닌, 순순히 복종을 하는 수백만 명의 사람들에 의해 정의되어야 한다.

이런 부패의 손길은 어린 학생들에게까지 미친다. 어린 학생들에게 국가에 대한 그들의 기본적인 의무를 가르치면서 몸이 멀쩡한데도 제 몫을 다하지 않고 놀고먹는 사람들을 경멸받아 마땅한, 범죄자 같은 존재라고 어떤 교장이 가르친다면 그는 해고를 당하거나 선동죄로 기소가 될 수도 있다. 이것은 가장 기초적인 도덕성에서부터 대학 수준의 심원하고 철학적인 가르침에 이르기까지 마찬가지다. 과학은 부자들이 이권을 가지고 있는 회사에서 만들어내는, 가난한 사람들의 질병을 고치기 위한 엉터리 처방을 위한 선전도구로 전락하고 만다. 하지만 사실 더 나은 음식과 위생적인 주거 환경을 가난한 사람들에게 제공하고 부자들에게 사회에 유용한 일자리를 제공하는 것이 양자를 모두 건강하게 만드는 방법이다. 정치경제학이란 학문은 왜 가난한 사람들의 급여가 오르면 안 되는지, 게으른 부자들이 사라지면 자본과 일자리가 부족하게 되어 모든 사람들이 망할 수밖에 없는지, 빈자들이 아이를 덜 낳으면 모든 문제들이 사라질 수 있을지를 증명하는 뻔뻔한 학문이 되었다.

가난한 사람들은 무지로 인해 계속 가난할 수밖에 없고 자손들에게 소위 완벽한 교육을 제공할 만한 재력을 갖춘 부자들의 자식들은 순전한 거짓말을 배움으로써 교육이라고는 받아보지 못한 야만인들보다 더 위험하게 된다. 우리들은 이전 독일 황제가 역사, 과학, 종교 모두 호엔촐레른가*에 의한 국가의 통치를 가장 이상적인 통치로 증명한다고 가르치지 않는 교수들을 모두 대학에서 쫓아냈다고 비난하지만 우리들 스스로도 같은 일을 저지르고 있다. 부자들의 게으름이 호엔촐레른가의 우상화를 대신하게 되었을 뿐 달라진 것이 없다. 하지만 오히려 호엔촐레른가는 모든 구성원들이 평범한 기술들을 하나씩 배워야 하는 등의 가문의 전통이 있었고 그로 인해 우연히 큰 재산을 모으게 된 졸부들보다는 오히려 사회에 대해 책임을 지는 자세를 보였다.

많은 사람들이 신문을 읽음으로써 사회에 대한 의견을 형성하게 되기 때문에 언론이 자유롭다면 학교가 부패해도 큰 문제가 되지는 않을 것이다. 하지만 현실은 그렇지 못하다. 런던에 신문사를 차리기 위해서는 막대한 재원이 필요하기에 신문사들은 부자들이 독점하고 있다. 게다가 신문사들은 부자들의 광고에 수입을 의존한다. 부자들의 이해에 어긋나는 글을 쓰는 편집자들이나 언론인들은 해고를 당하고 부자들의 입맛에 맞는 사람들이 고용된다. 언론도 학교와 대학에서 시작된 일들

---

* 브란덴부르크 선제후, 프로이센 왕, 독일 황제, 호엔촐레른 공국의 통치자와 루마니아의 왕을 배출한 가문.

을 계속 해나가야 한다. 오직 강하고 독립적인 정신들만이 국회, 법원, 교회, 학교, 언론에 의해 끈질기게 각인되어 온 거짓 교리들로부터 벗어날 수 있다. 우리들은 불의에 저항하는 대신 기꺼이 자발적인 노예가 되도록 모두 잘못 양육되어 왔다.

이런 사정을 사람들이 깨닫기 어려운 이유는 거짓 가르침이 진실들과 혼재되어 주어졌기 때문이다. 일정 시점까지 부자들의 이익은 모든 사람들의 이익과 일치한다. 하지만 그들의 이익이 다른 사람들의 이익과 상충하는 지점에서 기만이 시작된다. 예를 들자면 부자들도 가난한 사람들만큼이나 기차 사고를 두려워한다. 따라서 열차 사고를 막기 위한 법률이나 그에 관한 설교, 교육, 신문기사는 모두 아무런 기만 없이 기차 사고를 막고자 하는 목표를 향하고 있다. 하지만 철도 종사자들의 근로 시간을 줄이고 급여를 높여주면 철도 사고가 줄어들 것이라는 주장이나 주주와 철도 근로자들 사이의 이익 배분에 있어 근로자들이 더 많은 분배를 받아야 한다는 주장, 혹은 철도 사업이 우편이나 전신처럼 국가가 운영하는 국영사업이 된다면 철도 여행이 더 안전해질 것이라는 주장이 나오면 의회와 언론으로부터 즉시 그런 주장들에 대한 성토가 시작될 것이고 그런 주장을 하는 사람을 볼셰비키주의자들이나 기타 등등 현재 가장 비난을 받는 사람들을 부르는 명칭으로 부르기 시작할 것이다.

20

왜 우리는 인내하는가
WHY WE PUT UP WITH IT

　부자들은 물론 가난한 사람들이 왜 이런 상황을 참고 견딜 뿐 아니라 그것을 그들에게 도움이 되는 도덕 체계라고 열렬하게 옹호하는지 이해하기 어려울 것이다. 나는 모든 사람이 그렇지는 않다는 말을 하고 싶다. 이런 체제는 언제가 되었건 공적인 개혁 정신을 가진 사람들의 공격을 받게 마련이다. 하지만 뭉뚱그려서 이야기를 하자면 부패의 사악함, 법과 종교, 교육, 여론의 곡해가 너무 거대해서 평범한 사람들은 그것을 알아채지 못하고 그것들이 주는 사소한 이익만 쉽게 알아본다는 것이다. 그들에게 부자들은 자비심이 있고 그들이 지닌 부에 대한 책임감이 있는 사람들이다. 남편은 산지기나 정원사, 사냥터 관리인으로 일을 하고 딸들은 지주들의 집에서 하녀로 일하기 위해 예절 교육을 받고 있는 소박하고 착한 마을의 여인네들은 대저택의 주인을 일자리를 제공하는 고마운 어른으로 생각을 한다. 대저택의 안주인도 가끔 옷과 담요들을 마을 사람들에게 나누어주며 병든 자들에게 얼마간의 도움을 주는 한편 시골의 작은 병원의 운영에도 손을 대고 이런저런 자잘한 구호의 모습을 보여주는 활동을 펼침으로써 마을 사람들이 겪는 힘든 노동과 질병에서 얼마간 고통을 덜어준다.

부자들과 가난한 사람들이 서로를 잘 알지 못하는 큰 도시에서도 부자들의 커다란 씀씀이는 인기 있는 화제가 된다. 그것은 사람들의 즐거운 구경거리이자 가십거리이다. 장사를 하는 사람들은 그런 부자 고객을 맞는 것을 자랑스러워하고 하인들은 부잣집에서 일하는 것을 자랑스러워한다. 부자들이 여흥을 즐기는 장소에는 가난한 사람들을 위한 싸구려 좌석들도 있다. 평범하고 별다른 생각이 없는 사람들은 그런 곳의 사치스러움을 좋아하고 그런 공연들에 관한 글들을 열심히 읽으며 신문에 난 사진들을 흥미롭게 쳐다보지만 다섯 살 이하 어린이들의 사망률이 높아졌다거나 낮아졌다는 기사는 그들에게는 그저 무의미한, 신문을 재미없게 만드는 통계 수치에 불과할 뿐이다. '이것이 내게 5분 동안의 즐거움을 줄 뿐 아니라 우리 모든 사람들에게 언제나 유익한 내용인가?'라는 질문을 스스로 할 수 있을 때에야 사람들은 비로소 최신 유행을 갖춰 입은 여성의 치장 비용이면 열 명의 아이들의 목숨을 살릴 수 있다는 것을 깨닫게 될 것이다.

하지만 부자 여성처럼 유행에 따라 옷을 입지 않으려면 모든 여성들이 추레한 옷차림을 하라는 것이냐고 반문할지도 모른다. 두려워할 필요가 없다. 이미 열 명 중 아홉 명의 여성들은 추레한 차림이니까. 하지만 적절하게 수입의 배분이 이루어진다면 열 명의 여성들 모두 자신들에게 가장 잘 어울리는 옷차림을 할 수 있을 것이다. 모든 여성들이 괜찮은 옷차림을 할 수 있을 때까지는 어느 여성도 다이아몬드를 얻을 수 없게 만드는 것은 꽤 합리적인 규율이다. 물론 자신이 다이아몬드를 얻을 수 있으면 그뿐, 나머지 여성들이 제대로 옷을 입건 말건 신경 쓰지 않는 여성에게는 마음에 들지 않는 생각이겠지만. 어쩌면 그런 여성은 다른 여성들이 초라한 옷차림을 하고 다니는 것을 보고 만족감을 느낄지도 모른다.

남의 불행을 보고 은밀히 만족을 느끼는 것을 독일인들은 샤덴프로이데Schadenfreude라고 하지만 영어에는 그에 해당하는 말이 없다. 하지만 그런 편협한 마음의 소유자들은 조만간 러시아에서처럼 혁명을 마주하게 될 것이다. 그때에는 다이아몬드를 전당포에 가져가도 돈을 얻을 수 없을 것이다. 다이아몬드를 살 만한 사람들이 더 이상 없기 때문이다. 그들은 오래된 싸구려 기성복들을 입어야 할 것이고 결국에는 그런 옷들도 더 이상 구할 수 없는 날을 맞이할 것이다. 이런 일들은 단번에 일어나지 않으므로 생각이 없는 부자들은 경찰들이 그런 일들이 일어나지 않도록 막아줄 것이라 생각한다. 그중에서도 이기적인 사람들은 자신들이 살아 있는 동안에만 그런 일들이 일어나지 않는다면 아무 상관이 없다고 생각한다.

거대한 상금이 걸린 복권에 우리들이 집착을 버리지 못하는 이유는 우리도 언젠가 운이 좋으면 부자가 될 수도 있다는 꿈 때문이다. 오스트레일리아에 사는 삼촌이 10만 파운드라는 거액을 그의 존재도 알지 못하던 노동자 조카나 하녀 질녀에게 남겨주었다는 기사가 신문에 나기도 하고 우리보다 하나 잘난 것도 없는 사람이 어마어마한 금액의 복권에 당첨되었다는 소식을 듣기도 한다. 모든 사람들에게 동등한 수입이 돌아간다면 그런 꿈들은 사라질 것이다. 경마에 참여할 돈도 없을 때 사람들은 더욱 허황된 꿈에 매달린다. 한 번의 당첨을 꿈꾸는 사람들은 수백만 명의 사람들이 헛되이 소비하는 천문학적인 금액은 안중에도 없다.

가난하지만 뛰어난 양식을 타고난 덕분에 이런 도박사의 헛된 꿈을 꾸지 않는 여성들은 교육이 자신의 아이들을 가난의 수렁에서 벗어나게 해줄 수 있을 것이라는 희망을 품고 자신들을 희생한다. 그런 아이들 중에 예외적으로 총명해서 장학금을 받는 아이들은 어머니 덕에 신분 상승을 이룬다. 이런 예외적인 사례들은 찬탄을 자아내지만 보통 사람들에게는 별 희망을 주지 못한다. 이 세상은 보통 사람들로 이루어져 있기 때문이다. 사실 '보통'이라는 단어의 의미가 바로 그것이다. 보통의 부자 여성과 보통의 가난한 여성의 아이들은 비슷한 지적 능력을 가지고 태어날 수 있다. 하지만 그들이 성인이 되어 사회생활을 시작할 즈음에는 부유한 여성의 아이는 웅변과 예절, 좋은 습관, 교양, 교육을 습득했기 때문에 그것들이 없이는 얻기 어려운 좋은 일자리를 얻게 된다. 하지만 가난한 여성의 아이는 기품 있는 사람들을 만날 수 있는 일자리를 얻을 수 있을 만큼의 자격을 갖추지 못한다. 이런 식으로 해서 한 나라의 지적 능력 중 상당 부분이 낭비되거나 사장된다. 자연은 재능을 가난한 사람에게나 부자에게나 동등하게 부여하기 때문이다. 예를 들자면 자연은 모든 사람들에게 관리자의 능력을 부여하지 않는다. 20명 중에 한 사람이나 그런 능력을 가지고 태어날까? 그런 능력은 부자에게만 돌아가지 않는다. 200여 명의 사람들이 있다면 약 20여 명 정도가 부유한 사람들이고 관리자의 재능은 9명의 가난한 집 아이들과 한 명의 부잣집 아이에게 돌아갈 것이다. 하지만 부잣집 아이만 그의 타고난 재능을 계발할 수 있고 나머지 아이들에게는 그런 기회가 주어지지 않는다면 한 나라에 주어진 타고난 재능의 90퍼센트가 낭비되는 것이다. 그 결과로, 관리직에는 그들의 능력 부족을 메꾸기 위해 사람들을 고압적으로 다룰 줄밖에 모르는 완고한 인간들이 등용된다.

21

평등해야 할 긍정적 이유
POSITIVE REASONS FOR EQUALITY

이제까지 살펴본 모든 제도들은 사람들을 부자와 빈자로 나누는 것, 즉 소득 불균형의 폐해를 피해 갈 수 없었다. 이런 식의 이야기를 더 해나갈 수도 있겠지만 상황은 더 나빠지기만 할 것이다. 육군과 해군에서 부유한 장교들과 가난한 집안 출신의 병사들 사이에 혐오감이 쌓여가는 상황이나 왕실과 국민들과의 관계가 한 부자 집안과 수백만의 가난한 가정들 간의 관계가 됨으로써 국가에 대한 충성심이 떨어지는 것, 우리가 평화 상태라고 부르는 것이 사실은 피해 막심한 파업들에 의해 부자와 빈자들 사이에 치러지는 내전 상태라는 것, 시기와 반항, 계급 간의 증오가 항상 우리 곁에 만연한 도덕적 질환이라는 것 등을 더 논할 수도 있을 것이다. 하지만 내가 그런 이야기들을 더 늘어놓으면 독자들은 곧, '계속 이런 이야기들만 하면 끝이 없잖아요?'라고 원성을 터뜨릴 것이다. 그것은 맞는 말이다. 책이 이 정도 진행될 때까지도 국가가 소득의 불균형에 대해 반대해야 할 이유를 내가 독자들에게 충분히 납득시키지 못했다면 나는 독자들이 아마도 나를 싫어하는 것은 아닐까 생각을 해야 할 것이다.

그보다는 우리는 공평한 분배라는 사회주의적 계획을 받아들여야 할 긍정적인 이유를 이제 다루어야 할 것이다. 그것은 내가 좋아하는 것이어서 개인적으로 더 흥미롭다. 불평등한 소득에 반대할 때보다 이제부터 평등한 소득에 찬성하는 입장에서 이야기를 할 때 과연 내가 공정한지 독자들은 눈여겨보아야 한다.

우선, 공정한 분배는 가능한 계획일 뿐 아니라 오랜 경험에 의해 검증이 되어온 방법이다. 문명사회에서 이루어지는 일들의 대부분은 사람들 간에 어떤 차이가 있든 —키가 크건 작건, 피부가 하얗건 어두운 색이건, 머리가 좋건 나쁘건, 나이가 젊건 늙었건, 금주를 하건 맥주를 좋아하건, 신교도이건 구교도이건, 기혼이건 미혼이건, 다혈질이건 상냥하건, 경건하건 세속적이건— 그에 상관없이 동일한 임금을 받는 사람들에 의해 행해져왔고 행해져야 하고 행해질 것이다. 모든 직업에는 표준 임금이 있다. 모든 공무원들도 마찬가지다. 어떤 직업이든 그에 종사하는 모든 사람들이 남부끄럽지 않을 정도의 생활수준을 유지할 수 있도록 동일한 수준의 급여를 받는다. 경찰과 군인, 우체부, 노동자, 목수, 석공, 판사, 의회 의원이 받는 급여는 서로 차이가 있지만 모든 병사들, 모든 판사들, 모든 의원들은 동일한 급여를 받는다. 여러분이 의사들에게 왜 특정한 금액을 진료비로 받느냐고 묻는다면 그들은 다른 의사들도 다 그 정도를 받는다고 대답을 하고 그 이하로 받으면 병원을 유지할 수 없다고 말하는 게 고작일 것이다.

그러므로 어떤 분별없는 사람이, 마치 앵무새처럼, 모든 사람들에게 똑같은 돈을 지급한다 해도 일 년이 지나가기 전에 다시 부자와 가난한 사람들이 생길 것이라는 주장을 한다면 그에게 주위를 좀 둘러보라고, 똑같은 급여를 받는 수많은 사람들이 그들의 평생 동안 그런 변화를 겪지 않고 지낸다고 이야기를 해주면 된다. 가난한 사람들이 부자가 되는 것은 아주 드문 일이다. 부자들이 가난하게 되는 것은 그에 비해 좀 더 흔하기는 하지만 그런 일도 일상에서 흔한 일은 아니고 사고에 가까운 경우들이다. 같은 계급, 같은 직업의 노동자들은 비슷한 급여를 받으며 그들의 처지는 전보다 쉽게 나빠지거나 좋아지지 않는다는 것이 원칙이다. 얼마나 두 사람 사이에 차이가 있건 당신은 그들이 쉽게 일자리를 떠나지 않을 것이란 확신하에 비슷한 급여를 지급할 수 있다. 물론 가끔 뛰어난 재능의 소유자나 악동이 다른 사람들보다 부자가 되거나 가난에 빠지는 놀라운 일들이 일어날 수는 있다.

예수는 여우도 굴이 있고 하늘의 새도 보금자리가 있지만 사람의 아들인 자신은 머리 둘 곳조차 없다고 불평했고 나폴레옹은 황제가 되었다. 하지만 그런 예외적인 경우들은 기성복을 만들어 파는 사람이 옷값을 정할 때 거인들이나 난쟁이들의 존재를 고려하는 것 이상으로 고려할 필요가 없다. 우리들의 실제 경험들에 비추어볼 때, 만약 우리들이 성공적으로 이 나라에 사는 사람들에게 평등한 임금을 배분할 수 있다면, 그들이 부자나 가난한 사람들로 나뉠 가능성은 현재의 우체부들이 가난뱅이들이나 백만장자로 바뀔 확률 이상은 아닐 것이다. 단지 새로운 점이 있다면 우체부가 우체국장만큼 급여를

받는다거나 우체국장도 누구보다 덜 급여를 적게 받지 않는다
는 사실일 것이다. 모든 판사들이 같은 수입을 얻고 모든 해군
장교들이 같은 급여를 받는다면 왜 판사들의 급여가 자신들의
급여보다 다섯 배나 많은지 장교들은 알고 싶어 할 것이다. 그
들에게 판사만큼의 급여를 제공한다 하더라도 연말쯤에는 그
들이 이전만큼 여전히 빈곤에 시달릴 것이라고 대답을 한다면
장교들은 해적들이나 구사할 만한 험악한 언사로 당신에게 항
의할 것이다. 그런 말을 할 때는 주의해야 한다.

　수입의 공평한 분배는 가능하고 당분간만이 아니라 영원히
실제적이다. 그것은 간단하고도 지적인 방식이다. 그것은 각자
가 얼마나 분배를 받아야 하는가에 관한 시끄러운 다툼을 종
식시킨다. 그것은 이미 많은 사람들 사이에서 시행이 되고 있
고 그들에게 친숙한 개념이다. 이것은 좀 더 유능한 사람이 승
진할 수 있다는 큰 장점도 지니고 있다.

22

능력과 돈

MERIT AND MONEY

방금 전 장의 마지막 문장은 아무리 총명한 사람이라 하더라도 그 문제에 대해 진지하게 생각을 해본 적이 없었다면 이해하기 어려울 것이다. 다시 한 번 자세히 설명을 해보자.

수입의 차이만큼이나 사람들 사이의 능력을 오도하는 것은 없다. 위대한 업적을 세운 한 탐험가나 발명가, 군사 지도자에게 2만 파운드의 연금을 의회에서 수여하기로 했다고 치자(나는 부득이 남자들을 예로 들어야겠다. 왜냐하면 여성들은 금전적인 보상 대신 사후에 동상으로만 남겨질 뿐이기 때문이다.) 탐험가가 아내에게 기쁜 소식을 알리기 위해 집으로 돌아가는 중에 그는 평생 2만 파운드가 아니라 매년 2만 파운드 이상을 버는 지독한 멍청이나 소문난 난봉꾼 혹은 아주 평범한 사람을 만날지도 모른다. 탐험가의 연금은 그에게 매년 1천 파운드를 제공할 것이다. 하지만 평생 이기적인 욕심으로 떳떳하지 못한 일에 종사하거나 동료 국민들을 속여 돈을 버는 것 외에는 다른 일을 해 본 적이 없는 장사치나 금융인들, 사기꾼들은 그 탐험가를 '딱한 인간' 취급을 할 것이다.

불량 위스키를 팔거나 수확하기 전 밀을 전매하여 세 배의 가격으로 팔거나 거짓 선전을 싣는 허접한 신문이나 잡지들을 발행하는 등 저급하고 교활한 행위로 엄청난 돈을 번 사람들이 존경을 받고, 의견이 존중되며, 시중을 받고, 국회로 보내져서 결국은 세습 귀족의 자리에 오르게 되는 데 비해 인류의 지식을 고양하고 복지를 향상시키기 위해 생명을 잃을 위험을 무릅쓰고 그들의 가장 숭고한 능력을 발휘한 사람들이 탐욕스러운 사람들에 비교할 때 보잘것없는 소득 때문에 그들에 의해 경멸을 받는다는 것은 끔찍한 일이다.

금전적인 공평함이 있을 때에만 능력의 차이가 뚜렷이 드러난다. 직책과 품위, 평판을 돈으로 살 수 있다면 그것은 사람들에게 큰 해를 끼친다. 그것을 지킬 재력이 없는 사람에게는 작위를 주지 않겠다는 빅토리아 여왕의 말은 충분한 상식에 근거한 주장이었다. 하지만 그 결과는 작위가 가장 적합한 사람들이 아닌 가장 부유한 사람들에게 돌아간 것이었다. 소득이 다른 사람들 사이에서는 다른 모든 차이들은 의미 없는 배경으로 전락하고 만다. 일 년에 천 파운드의 소득이 있는 여성은 백 파운드의 소득이 있는 여성에 비해 얼마나 인간적으로 열등하든 우선권을 가지게 된다. 가난한 여성의 더 능력이 있는 아이들에게 열려 있는 것보다 더 좋은 취업을 할 수 있는 유리한 위치를 부자인 여성은 자신의 아이들에게 줄 수 있다.

하지만 소득이 같은 사람들 사이에서는 능력만이 그들을 구분하는 차이가 된다. 돈은 의미가 없고 인격, 행동, 능력이 모든 것이 된다. 모든 노동자들의 급여를 낮은 표준임금으로 묶거나 부자들의 급여를 높은 표준임금으로 통일하는 대신 모든 사람들을 동일한 소득 아래에 둔다면 그들의 타고난 능력의 차이를 발견할 수 있을 것이다. 그때도 위대한 사람들, 평범한 사람들, 부족한 사람들이 나타날 것이다. 하지만 그때 드러나는 위대한 사람은 진짜로 위대한 일을 한 사람들로서 어머니에 의해 응석받이로 자라고 아버지에게서는 재산을 물려받은 멍청한 인간들과는 상관이 없을 것이다. 시시한 사람들은 편협한 마음과 비열한 인격의 소유자들로서, 제대로 된 기회를 한 번도 얻지 못한 가난한 사람들과는 다른 존재일 것이다. 그런 이유로 해서 멍청한 인간들은 항상 불평등한 수익(그들이 두각을 나타낼 수 있는 유일한 길이므로)을 옹호하고 진정으로 위대한 사람들은 평등한 수익을 옹호하는 것이다.

23

동기 부여
INCENTIVE

평등한 임금의 분배에 반대하는 의견들 대부분은 다음과 같은 주장들에서 크게 벗어나지 않는다. 사람들은 그것에 익숙하지 않다. 그들은 계급 간에 이루어지는 불평등한 분배가 너무 당연하다고 생각을 해왔기에 다른 상황이 가능하다는 사실을 생각해 본 적이 없다. 부유한 지배 계급은 그들이 임명한 교사들과 성직자들을 통해 어떤 사람들은 다른 사람들보다 더 부유하게 지낼 권리가 있다는 것을 의심하는 것은 사악하고 어리석은 것이라고 우리가 어릴 때부터 머릿속에 주입해왔다.

그 외에도 다양한 반대 의견들이 있지만 그들 대부분의 주장들은 이미 불평등한 배분을 다룬 앞의 내용에서 다루었기 때문에 우리는 두 가지만 더 살펴보기로 하겠다.

첫 번째는 다른 사람보다 더 많은 돈을 받는 것이 불가능하다면 어떤 사람도 더 열심히 일하려는 동기 부여를 얻지 못할 것이라는 주장이다.

이 주장에 대한 답은 국가에 대한 의무를 수행함에 있어 누구도 당신이 남보다 더 열심히 일하기를 원하지 않는다는 것이다. 오히려 그와는 반대로, 분배할 자원을 만들기 위한 노동의 부담은 노동자들 사이에 공평하게 분담이 되어야 한다. 일을 해야만 행복감을 느끼는 사람이 스스로의 만족을 위해 추가로 일을 하겠다고 고집을 부리는 경우, 그는 그것을 따로 보답을 받아야 하는 희생처럼 포장해서는 안 된다. 일이 아니라도 그들은 취미 활동을 통해 남아도는 힘을 사용할 수 있다.

한편 일을 하는 모든 순간을 불편스럽게 여기는 사람들도 있다. 하지만 그것은 그들이 일을 모면할 수 있는 핑계가 될 수 없다. 자신의 몫의 일을 하지 않고 노동에 의해 창출된 부를 남들과 동일하게 받는 사람은 도둑과 다름이 없고 그에 상당하게 취급받아야 한다.

하지만 일하는 것을 싫어해서 일을 덜 하는 대신 기꺼이 남들보다 작은 배분을 받으며 가난하고 더럽고 헐벗은 삶을 살고자 하는 사람도 있다. 하지만 이미 우리가 살펴보았듯이 그것은 허용될 수 없다. 자발적인 빈곤은 비자발적인 빈곤만큼이나 사회에 해로운 것이다.

제대로 된 나라라면 국민들이 자신들의 몫의 일을 하고 그에 대한 임금을 받으면서 제대로 된 삶을 살도록 해야 한다. 자신의 몫을 다하는 한 게으른 사람은 나머지 시간을 얼마든지 게을리 보낼 수 있다. 그는 누워서 새들의 지저귐을 듣거나 그의 에너지 넘치는 이웃들이 자신들의 물질적인 필요를 충족시킨 후 행위 자체를 목적으로 하는 스포츠, 탐험, 문학, 예술, 과학, 기타 등등의 일들을 열심히 하는 것을 지켜볼 수 있다. 하지만 빈곤과 사회적 무책임은 금지된 사치일 것이다. 게으름뱅이는 현재의 강제적인 빈곤 대신, 그로서는 더 두렵겠지만, 강제적인 복지에 순응해야 한다.

국가의 총소득을 창출함에 있어서 남들보다 더, 혹은 덜 일을 할 자유에는 기계적인 어려움이 따른다. 지금은 그런 일들이 개인들의 별개의 일이 아니라 조직화된 일의 한 연관된 부분으로서 거대한 공장이나 사무실에서 행해지고 정해진 시간에 시작되고 끝난다. 예를 들자면 우리들의 옷은 증기 세탁소에서 세탁이 되는데 그곳에서는 이전에는 여성 혼자 빨래통과 빨래를 짜는 틀, 다림판을 가지고 하던 일이 기계와 건물들을 사용하는 수많은 여성들에게 나누어진다. 그런 기계와 건물들은 설령 어느 여성이든 그것들을 살 만한 능력이 있다 해도 혼자 힘으로는 사용할 수가 없다. 만약 그곳에서 일을 하는 남녀들 중에서 어떤 이들이 한 시간 일찍 일을 시작하겠다거나 두 시간 더 잔업을 하겠다고 제안을 한다면 그에 대한 대답은 '노'이다. 공장에서 일을 하는 다른 사람들의 협력을 받을 수가 없기 때문이다. 엔진이 돌아가지 않으면 그들은 기계를 이용할 수 없다. 모두가 함께 일을 하든가 그렇지 않든가, 둘 중의 하나일 뿐이다.

간단히 말하자면, 각 노동자들이 원하는 시간에 일을 시작하고 원하는 시간에 일을 마친다면 공장에서 협업—위대한 현대 문명 하에 사람들이 살아갈 수 있도록 해주는 종류의 일—은 불가능하다. 많은 공장들에서 게으르건 부지런하건 노동자들의 일의 속도는 엔진에 의해 조절이 된다. 만약 기관사와 차장이 좋아하는 풋볼 경기를 보기 위해 기차를 마음대로 세워둔다면 철도 서비스를 제공하기는 불가능할 것이다. 자의적인 사람들은 현대의 산업에서는 쓸모가 없다. 그 반대의 사람들—다른 사람들보다 더 오래, 더 열심히 일을 하려는 사람들—도 비교적 혼자 할 수 있는 일에 종사하는 경우가 아니라면 어려움을 겪기는 마찬가지다. 하인이라는 직업에서는 게으르고 칠칠치 못한 사람과 모범적인 사람의 차이가 비교적 쉽게 눈에 띄지만 일상적인 일의 특성상, 해고를 당할 정도가 아니라면 어느 정도 수준까지는 모든 하인들이 그럭저럭 일을 해나간다. 게으른 하인이라고 해서 더 낮은 임금을 받지도 않고 더 많은 급여를 제공한다고 해서 게으른 하인이 나아지지도 않는다.

최고의 노동자들에게는 최선을 다해 일하도록 다른 동기 부여들을 제공할 필요가 없다. 그들의 문제는 그렇게 일을 잘해도 생계를 이어가기가 어렵다는 점이다. 현재는 최고 수준의 일을 하는 사람은 아주 불리한 입장에 선다. 최고의 일을 해놓아도 질이 떨어지는 일을 한 사람과 동일한 급여를 받는 어처구니없는 일이 벌어지고 있는 것이다. 최고의 일을 수행해도 그에 맞는 급여를 받지 못한다면 일상적인 일을 하며 생계를 이어가기 바빠 최고의 일을 할 여유를 얻지 못하게 된다. 사람들은 자신이 그 일을 수행할 능력이 있다고 생각하면 더 고상한 일을 하는 것을 거부하는 경우는 드물다. 하지만 그들이 거부하는 경우, 그 고상한 일의 급여가 아주 형편없거나 그들의 사회적인 신분에 어울리지 않기 때문이다. 전형적인 예를 들자면 군대에서 부사관이 장교로 진급하는 것을 거절하는 경우를 들 수 있다. 만약 원사의 급여가 장교의 급여에 미치지 못한다면 그가 감당할 수 있다고 생각하는 한 가장 높은 계급으로의 승진을 기꺼이 받아들일 것이다. 만약 그가 거절한다면 그의 경제 사정이 더 열악해지고 능력에 맞지 않는 불편한 자리이기 때문일 것이다.

더러운 일들은 어떨까? 우리는 누추하고 가난한 사람들이 더러운 일들을 맡아 처리하는 것을 자주 봐 온 까닭에 비천한 계급이 존재하지 않는다면 그런 일들을 처리할 수 없을 것이라고 생각하기 쉽다. 하지만 그것은 터무니없는 생각일 뿐이다. 세상에서 가장 지저분한 일들 중의 일부가 많은 급여를 받는 높은 신분의 외과, 내과 의사들에 의해 처리된다. 그들을 돕는 간호사들은 종종 그들과 비슷한 교육을 받았거나 더 높은 신분의 소유자들이다. 어떤 사람들도 간호사들을 도시 사무실의 깨끗한 환경에서 근무하는 사무직 여성들보다 낮게 보거나 낮은 급여를 주어야 한다고 생각하지 않는다. 시체를 해부하고 살아 있는 사람들의 분비물, 배설물을 다루어야 하는 실험실과 해부학에 관련된 일들은 단정한 주부의 입장에서 보자면 때로는 역겨울 만큼 지저분할 수 있다. 하지만 그것들은 전문적인 계급의 신사, 숙녀들에 의해 행해져야만 하는 일들이다. 모든 주부들도 더러운 일을 하지 않는다면 집을 깨끗하게 유지할 수 없다는 것을 잘 알고 있다. 아기를 임신하고 수유하는 것은 절대로 우아하기만 한 일은 아니다. 하지만 누구도 감히 그런 일들이 가장 존중할 만한 일이 아니라고 부정하지 않고 아무리 세련된 여성이라 하더라도 자신이 그런 일을 할 차례가 돌아오면 뒤로 물러서지 않는다.

지저분한 사람들에 의해서 조악스럽게 이루어지기 때문에 더러워 보이는 많은 일들이 청결한 사람들에 의해 청결한 방식으로 행해질 수 있다는 것도 기억해야 한다. 자신들의 자동차를 손보는 많은 신사 숙녀들은 칠칠치 못한 하녀가 부엌에 불을 지피며 몸에 검댕을 묻히는 것보다 깨끗하게 일을 마칠 수 있다.

대체로, 이 세상에 필요한 일들은 모든 계급의 건강한 사람들이 참아낼 수 없을 만큼 지저분하지는 않다. 사실, 일 자체보다는 그것이 연상시키는 가난과 수모 때문에 사람들은 어떤 일들을 꺼리는 경우가 많다. 지주는 그의 자동차를 운전하는 일은 꺼리지 않지만 그의 운전사가 입는 유니폼을 입으려고는 하지 않을 것이다. 귀족 여성들도 아무 거리낌 없이 자신의 방을 정돈하겠지만, 아무리 하녀의 모자나 에이프런이 예쁘고 그들에게 어울려도, 그것들을 걸치고 방을 정돈하는 일은 절대로 하지 않으려 할 것이다. 이 옷들은 어떤 유니폼들만큼이나 영예롭고 게으른 여성의 고급 옷들보다 훨씬 영예롭다. 가사도우미들이 그런 유니폼들에 반대하는 이유는 그것들이 과거의 하녀들이 겪어야 했던 굴욕과 무시를 연상시키기 때문이다. 그녀들은 더 이상 무시당하는 것을 참지 못하지만 자신들의 일 자체에는 반감이 없다. 도우미들과 그들을 고용한 여성들(그들을 안주인이라 부르는 것은 더 이상 어울리지 않는다)이 모두 꽃과 동물들을 좋아한다면 그들은 지저분하다거나 자신들의 격에 맞지 않는다는 생각 따위는 하지 않고 하루 종일 정원의 흙을 만질 것이고 개를 목욕시키거나 신경을 써서 해충을 구제할 것이다. 만약 모든 청소부들이 공작이라면 아무도 먼지를 꺼리지 않을 것이다. 사람들은 청소부들이 그들의 저녁 만찬에 참석해 준다면 영광으로 생각할 것이다.

즉, 사람들은 어떤 종류이든 필요한 일 그 자체를 싫어하는 것이 아니다. 그들은 대개 낮은 계급이나 유색인종 노예들이 하는 일들을 하다가 사람들의 눈에 띌까봐 꺼리는 것뿐이다. 때로는 하층 계급이 더 잘하는 일이라 생각되는 일이라면 일부러 서투른 모습을 보이는 사람들도 있다. 예를 들자면 허세 가득한 부자집 젊은이는, 글씨를 잘 쓰는 것은 사환들이나 하는 일이라고 생각하고 일부러 글씨를 엉망으로 쓰는 경우도 있다. 무릎 바지나 실크 양말이 잘 어울리지만 그것들은 하인들이 입는 옷이라 생각하고 양복바지만을 궁궐에서 고집하는 외교관도 있다.

하지만 더러운 일들에 관해 상식적으로 접근해보자면 모든 유용한 일들은 사람들에게 동등하게 존중을 받을 만하지만 그것들이 모두 쾌적하거나 똑같이 힘들지는 않다는 것이다. 다행인 것은 어떤 일이든 그 자리를 채울, 이상한 취향을 지닌 사람들이 존재한다는 것이다. 기꺼이 사형 집행인이나 멀리 바다에 떨어져 있어 몇 달이 지난 후에야 한 번 뭍에 돌아올 수 있는 암초 위의 등대지기가 되려는 사람들이 넘친다. 암초 위에 있는 등대는 흔들리지나 않지만, 등대선에 근무하려면 보통 사람으로서는 차라리 죽고 싶을 만한 뱃멀미를 견뎌야 한다. 하지만, 육지에서 찾을 수 있는 일들보다 많은 보수를 지급하지도 않지만, 그런 일을 하려는 사람들이 우리 주위에는 있다. 탄광에서 일을 하는 것도 마찬가지다. 끔찍하도록 어려운 일처럼 보이지만 나름 인기가 있다. 아이들은 어른들의 간섭이 없으면 어른들이 보기에 불편하고 힘들 것 같은 일들을 재미로 한다. 햇볕 잘 드는 응접실을 포함한 온 집 안을 놔두고, 마치 바퀴벌

레들처럼 지하실에서 노는 것을 더 좋아한다. 신은 직업을 만드신 것이 아니라 그런 일을 할 사람들을 만드셨다는 말은 어느 정도 진실을 포함하고 있다.

하지만 이런 모든 특이한 상황들을 고려하더라도 정원사나 기관사가 되고 싶은 소년들이나 영화배우, 전화교환수가 되고 싶은 소녀들은 심심찮게 찾아볼 수 있지만 하수도 청소부가 되겠다거나 넝마를 줍는 여자가 되겠다는 소녀를 찾아보기는 어려울 것이다. 하지만 그런 일들에 투입되는 가난한 계급의 사람들이 없었더라면 그런 인기 없는 일들도 좀 더 받아들일 만한 일들로 바뀌었을 것이고 혹은 아예 오래전에 사라졌을지도 모른다. 그런 일들에서 연기와 검댕을 없앨 수도 있고 설거지를 하는 주방을 변호사 사무실보다 더 쾌적한 곳으로 만들 수도 있을 것이다. 하수구를 청소하는 일에서 역겨운 부분은 이미 대부분 사라졌고 전기를 만들기 위해 파도를 사용함으로써 석탄을 캐는 일은 역사의 뒤편으로 사라질 수도 있을 것이다. 그 외에도 다양한 방법을 사용하여 현재 역겨움의 대상이 되는 일들이 대부분의 필요한 노동에 따르는 불쾌함을 넘어서지 않도록 할 수 있다. 하지만 이런 일들이 실제로 일어나기 전까지는 특별한 취향을 가지고 있지 않는 한 대부분의 노동자들은 좀 더 쾌적한 일을 선호할 것이다.

다행히도 다양한 직업들 사이의 호감도를 평등하게 만들 수 있는 방법이 있다. 이것은 우리의 삶에서 아주 중요하게 여겨지는 '여가'라는 부분과 관련된다. 선원들을 이것을 하선 허가라고 부른다.

우리들은 자유를 원한다. 우리가 자발적으로 원하는 것은 제외하고, '내일 저녁에는 무엇을 먹어야 하나?' 같은 우리를 구속하는 모든 의무, 걱정들로부터의 자유를 말이다. '내 시간은 온전히 나의 것'이라고 말을 할 수 있을 때에야 우리들은 진정한 자유를 누리는 것이다. 노동자들이 하루 8시간 노동을 동경할 때 그들이 실제로 원하는 것은 10시간 노동을 8시간으로 줄이는 것이라기보다는 14시간의 여가 시간을 16시간으로 늘리기를 원하는 것이다. 16시간의 여가가 주어진다 하더라도 수면 8시간, 먹고 마시고 옷을 입고 벗고 씻고 쉬는 데 들어가는 몇 시간을 제외하고 나면 8시간 노동을 하는 사람이라 하더라도 진정한 여가, 즉 제대로 쉬고 먹고 씻고 난 후 새로운 모험이나 여흥, 취미 생활을 할 시간이 얼마 남지 않는다. 게다가 이 짧은 시간들도 계절에 따른 해의 길이, 취미 생활을 하는 장소까지 가는 시간 등을 고려하면 더 줄어든다. 여성들은 자신들의 일터인 가정을 벗어나 여가 활동을 하기 원한다. 남자들이 일터를 벗어나고 싶어 하는 것과 마찬가지의 이유에서다. 가정불화의 상당 부분이 남자들은 집에서 여가 시간을 보내려 하고 여성들은 밖에서 시간을 보내려는 데서 발생한다. 여성들은 호텔을 좋아하지만 남자들은 싫어한다.

집 밖에서 여가 시간을 함께 보내기로 의견을 같이한 부부를 예로 들어보자. 남편은 8시간 노동하고 8시간을 침대에서 보내고 4시간은 식사, 샤워, 몸단장, 휴식을 취하는 데 쓴다. 그렇다고 나머지 4시간을 아내와 함께 즐겁게 보낼 수 있는 것은 아니다. 연극이나 영화를 보기 위해 줄을 서서 대기하는 데 반 정도는 사용해야 할 것이고 야외에서 테니스나 골프, 자전거를 타는 것은 주말이나 휴일에만 할 수 있다. 따라서 그는 언제나 더 많은 여가 시간을 갈구한다. 여가 시간이 없는 대신 좀 더 편하고 안락한 일보다 자기 시간이 나는 힘하고 불편한 일자리를 사람들이 선호하는 이유가 바로 이것이다.

공단 도시에서는 유능하고 쓸모 있는 하녀를 구하기가 어렵다. 아니, 하녀 자체를 구하기가 어렵다. 공장에서 일을 하는 젊은이들이나 가게 점원으로 일을 하는 젊은이들보다 더 힘들게 일을 해야 하고 가혹한 대우를 참아야 하기 때문이 아니라 하녀에게는 자유 시간이 주어지지 않기 때문이다. 집주인은 하녀를 불러 일을 시키지 않는다 하더라도 하녀는 항상 손님이 오면 응대를 해야 한다. 하녀를 붙들어두기 위해서는 처음에는 2주에 한 번씩 외출을 허락해주어야 하지만 곧 일주일에 한 번, 그에 더해 주중에 한 번 더 오후 외출을 허락해주어야 하고 다음에는 일주일에 두 번 외출을 허락해주다가 종내에는 그녀가 친구들과 피아노를 치며 놀 수 있도록 가끔씩 집을 비워주기까지 해야 한다. 그런 타협을 하던 당신은 어느 순간, 그렇게까지 해가며 하녀를 둔다는 것이 무의미하다는 것을 깨닫게 되고 현대적인 가사 도구들을 사용하여 가사를 직접 처리하기 시작한다. 당신이 며칠마다 하녀를 외출하게 해주고 기타의 조건을 다 들어주어도 하녀는 만족할 만큼의 해방감을 느끼지 못할 것이다. 그녀는 심지어 밤새 외출을 할 마음이 없을지도 모르지만 자신이 원할 때는 언제든 외출을 할 수 있다는 언질을 받고 싶어 한다. 그게 사람이 생겨먹은 방식이다.

이제 우리는 좀 더 편안하고 쉬운 일들과 그렇지 않은 일들 사이에 어떤 보상을 통해서 균형을 맞출 수 있는지 살펴보았다. 사람들이 기꺼이 찾지 않는 일들에 더 많은 여가, 안정된 삶이 보장된 빠른 은퇴, 더 많은 휴일들을 제공한다면 일하기는 편하지만 여가는 부족한 일자리들만큼 인기를 끌게 될 것이다. 미술 전시관에 가면 예쁜 옷을 차려입고 테이블에 앉아 그림 값을 묻는 고객들의 질문이나 상대하며 주문을 받는 여직원을 볼 수 있다. 그녀는 언론인들이나 예술가들과 즐거운 대화를 나눌 수도 있고 그러다 무료해지면 난로 가까이 놓인 안락한 의자에 앉아 소설책을 읽을 수도 있다. 하지만 그녀가 일하는 전시관은 매일 청소를 해야 하고 진열장들도 닦아야 한다. 분명 그녀의 일은 전시관을 청소하는 여성의 일보다 편하다. 두 사람 사이의 균형을 맞추기 위해 당신은 두 사람이 하루씩, 혹은 일주일씩 책상에서 하는 일과 청소 일을 번갈아 하게 할 수도 있다. 하지만 뛰어난 청소 능력을 가진 여성들이 사무실 일에는 젬병일 수 있고 반대로 사무실 일에는 능하지만 청소에는 전혀 재능이 없는 여성들도 있을 수 있으므로 차라리 일을 빨리 끝내는 대로 청소하는 여성들을 사무실에 근무하는 여직원보다 빨리 퇴근시켜 나머지 시간을 여가 시간으로 쓸 수 있게 해주는 것도 한 방법이다.

미술품 거래가 이루어지지 않는 공공 미술 전시관에는 멋있는 제복을 입고 사람들의 흡연이나 절도를 막고 관람객들이 우산으로 미술품들을 가리키다 훼손하는 일이 없도록 주의를 주는 경비원들이 근무를 한다. 이들이 하는 일을 제련소에서 일하는 제련공들의 일과 비교해보라. 그들은 뜨거운 용광로들과 녹아 흐르는 쇳물들 사이에서 근육을 사용해 일한다. 그런 환경에 익숙하지 않은 사람들에게는 지옥이 따로 없을 것이다. 물론 제련공들은 전시장 경비원 일에 곧 싫증을 느끼고

용광로와 쇳물로 돌아가기를 원할지도 모른다. 반면에 전시장의 경비원들은 제련공으로 일하기에는 너무 나이가 들었거나 체력이 부족하거나 게으를지도 모른다. 전시장 경비 일이 나이든 사람의 일이라면 제련소의 일은 젊은이들이나 할 수 있는 것이기 때문이다. 우리는 제련공들에게 더 많은 급여를 지급하여 두 노동 사이의 균형을 맞춘다. 하지만 그들에게 더 많은 휴일을 주거나 근로 시간을 줄임으로써 여가 시간을 늘려 주는 방식으로 균형을 맞출 수도 있다. 할 수 있다면 노동자들이 스스로 균형을 맞추기도 한다. 그들은 시급이 아니라 작업량만큼 급여를 받는 방식을 택할 수도 있다. 상품 가격의 인상이나 수요의 급증으로 한 주 동안 받는 임금이 두 배로 오른다면 그들은 보통 두 배의 임금 대신 두 배의 여가 시간을 택한다. 집에는 같은 임금을 가져가는 대신 월요일에서 수요일까지만 일을 하고 목요일에서 토요일을 쉰다. 그들은 그보다 더 일을 해서 더 많은 급여를 받는 것을 원치 않는다. 이전과 같은 만큼 급여를 받고 대신 더 많은 여가 시간을 누리는 편을 택한다. 이것은 돈이 일의 유일한 혹은 가장 강한 인센티브가 아니라는 것을 보여준다. 일 자체가 즐거운 것이 아닐 때는 여가나 자유가 가장 큰 인센티브다.

24

자연의 폭정

THE TRANNY OF NATURE

우리가 그것을 이해할 수 있을 만큼 충분히 나이가 들었을 때 우리에게 가르쳐져야 할 첫 번째 교훈은 노동의 의무로부터의 완전한 자유는 부자연스러운 일이고 심지어는 불법적인 것으로 간주되어야 한다는 것이다. 왜냐하면 우리들이 우리들 몫의 노동으로부터 도피할 수 있는 유일한 방법은 타인들의 어깨에 그것을 지우는 것밖에는 없기 때문이다. 인간들이 노동을 멈추면 멸망할 수밖에 없는 것이 자연의 정한 이치다. 우리는 이런 압제를 피할 수 없다. 우리가 물을 수 있는 것은 어느 정도의 여가를 우리 자신에게 허락해야 하는가이다. 일을 할 때는 갤리선*의 노예들처럼 열심히 일을 할지라도 언제쯤 자신의 몫을 다했다는 홀가분한 양심으로 일터를 떠나 다음 날 아침까지 자유를 누릴 것인가? 이 질문은 답해진 적이 없고 현

---

* 고대 그리스나 로마 시대 때 주로 노예들에게 노를 젓게 한 배.

체제하에서는 답을 하기도 불가능하다. 왜냐하면 아주 많은 노동자들이 하는 일들이 유용하지 않을 뿐만 아니라 해롭기까지 때문이다. 하지만 공평한 수입의 배분과 노동의 공정한 분배가 이루어져서 우리가 그 질문에 답을 할 수 있게 된다면 우리는 우리들의 몫의 노동을 금전을 위해서가 아니라 자유를 얻기 위해서 감당해야 하는 것으로 생각해야 할 것이다.

그때는 한 가지 신기한 일도 발생할 것이다. 우리들은 지금 노예처럼 일하는 것에 반감을 가지고 있다. 왜냐하면 우리들은 스스로를 자연의 명령이나 필요에 의해서가 아니라 우리의 고용주들을 위해 일을 한다고 생각하기 때문이다. 따라서 우리들은 일을 싫어하고 그것을 저주로 생각한다. 하지만 모든 사람들이 노동과 그 대가를 공평하게 나눈다면 우리들은 일에 대한 증오심을 잃을 것이다. 누구도 이용당한다는 기분을 느끼지 않을 것이고 더 많은 일이 행해지면 그만큼 각자에게 더 많은 몫이 돌아오리라는 것을 알 것이다. 그때에는 건초를 만드는 일만이 아니라 공장일도 친목을 도모할 수 있는 아주 즐거운 일이 될 것이다. 바로 이런 이유로 여성들은 혼자 외로이 조용한 부엌에서 일을 하는 것보다 귀청이 떨어질 것처럼 시끄럽지만 공장의 방직기 앞에서 일하는 것을 선호한다. 도로 공사를 하는 것은 아주 힘든 일이지만 탁 트인 야외에서 일을 하면서 노동자들끼리 서로 이야기를 나누고 내기도 하며 이곳저곳 다양한 곳을 옮겨 다니며 일한다. 어두운 사무실에서 쭈그리고 앉아 남들의 돈을 세어 장부에 기입하는 사무직보다 훨씬 나은 일이다. 이렇게 상황이나 환경이 더 즐거운 일자리들 외에 일 자체가 즐거운 일들도 있다. 철학자들의 일이나 아무

대가가 없더라도 기꺼이 일을 하는 다양한 종류의 예술가들의 일들이 그런 것들이다. 하지만 이런 것들은 평등한 분배가 이루어지는 체제 아래에서는 강제로 하는 일이 아니라 여가의 산물들이 될 것이다.

일보다 더 재미있는 것으로 우리에게 광고되는 소위 즐거운 일들을 한 번 살펴보자. 유람 열차, 바닷가 숙소, 시시한 쇼들, 음주, 축구와 크리켓 경기를 둘러싼 유치한 흥분, 웃기고 깜찍하다고 여겨지기를 원하지만 사실 어리석고 천박한 피에로 광대극 등등은 우리들이 아주 훌륭한 여흥을 즐기고 있다고 설득하려 하지만 사실 과한 소비만 하게 할 뿐 우리를 지루하고 피곤하게 만들어 집으로 갈 때는 비참한 기분에 부루퉁하게 만든다. 이런 것들은 모처럼 주어지는 온전한 휴일들을 평일과 다른 날들로 만들기 위해 사람들이 얼마나 절박하게 무엇에든 매달리는지를 보여줄 뿐이다. 만약 사람들이 매일 일만큼이나 충분하고 진정한 여가를 얻을 수 있다면 그들은 진정으로 즐기는 법을 배울 수 있을 것이다. 지금으로서는, 사람들은 이런 중요한 기술에 대해서는 백치에 가깝다. 그들이 할 줄 아는 것이라고는 광고로 그들을 꼬드기는 즐거움들을 사는 것뿐이다. 그들은 이런 즐거움들이 진정한 것이 아니라는 것을 깨달을 양식이 없다. 그들은 다만 여가 없이 매일 해야 하는 힘들고 단조로운 일을 견디기 위한 방안으로 그런 즐거움들에 의지한다.

하지만 사람들이 어떻게 삶을 살아야 할지, 진짜 즐거움과 가짜 즐거움의 차이는 무엇인지 알 수 있을 만큼 여가가 생기면 그들은 자신들의 일을 즐기게 될 뿐 아니라 왜 조지 콘월경이 '인생은 유흥만 없어도 견딜 만할 것이다'라고 말했는지 이해할 수 있을 것이다. 콘윌은 유흥이 그를 즐겁게 하는 것이 아니라 시간과 금전을 낭비하고 성격을 망치게 하는 것임을 알 만큼 지혜로운 사람이었다. 건전한 사람에게는 시간을 낭비하는 것만큼 속상한 일은 없다. 건강한 아이들은 지칠 때까지 무엇을 하거나 만드는 척한다. 아이들이 모래성을 지으며 놀듯 성인들이 재미 삼아 진짜 성을 짓는 것은 자연스러운 일이다. 아이들은 피곤하면 더 이상 일하지 않고 잠에 곯아떨어질 때까지 아무것도 하지 않는다.

우리들은 절대로 원해서 일을 하고 싶어 하지는 않는다. 우리가 원하는 일은 얼마간의 즐거움과 흥미가 있어서 우리의 시간을 들이고 근육과 정신을 사용해 할 만한 가치가 있는 일이다. 하지만 노예들은 이런 생각을 이해할 수 없을 것이다. 그들은 항상 과로에 지쳐 있고 존중을 받지 못하므로 조금이라도 여가가 생기면 그의 가혹한 노동에 견줄 만한 극도의 쾌락을 향해 달려간다. 그들을 노예 상태에서 해방시켜준다 해도 그들은 끔찍한 노동의 기억과 그것을 상쇄하기 위해 그들이 의존했던 악습들로부터 벗어나지 못할 것이다. 하지만 염려할 것은 없다. 노예처럼 일을 하던 세대들은 점차 세상에서 사라지고 그들의 자손들이 그들은 감당할 수 없었던 자유를 누리게 될 것이다. 다음 세대들은 나쁜 것들을 없애는 것은 물론, 유용한 것들을 아름답게 만들고 좋은 물건들은 더 좋게 만들기 위해 엄청난 가외의 노력을 기울이면서 자유를 누릴 것이다. 이 세상은 정원과 같다. 씨를 뿌리는 것만큼이나 잡초를 뽑아주는 일도 중요하다. 건설만큼 파괴도 쓸모가 있고 즐거울 수 있다. 둘은 서로를 위해 필요한 관계에 있다.

이 문제를 정확히 이해하려면 단순히 노동과 여가만을 구별할 것이 아니라 여가 활동과 휴식도 구분해야 한다. 노동은 우리가 해야만 하는 것을 하는 것이고 여가 활동은 우리가 좋아하는 것을 하는 것이지만 휴식은 우리의 몸과 마음이 피로에서 회복되는 동안 아무것도 하지 않는 것이다. 하지만 우리가 좋아하는 일을 하는 것도 종종 우리가 해야만 하는 일을 할 때만큼이나 힘들 수가 있다. 운동장을 가로지르며 공을 차고 다니는 것을 상상해보라. 그것은 웬만한 노동보다 힘이 드는 일이다. 다른 사람들이 그런 일을 하는 것을 지켜보는 것은 휴식일 수 있다. 책을 쓰는 것보다 그것을 읽는 행위도 마찬가지다. 우리에게 여가가 충분히 주어진다면 우리들은 그 모든 시간을 공을 차거나 골프채를 휘두르거나 사냥으로 보낼 수는 없을 것이다. 그들 중 많은 시간들이 유익한 일들로 돌려질 것이다.

비록 우리들이 의무적으로 해야 하는 노동 시간—이것을 회피하려는 것은 범죄로 취급될 것이다—이 하루에 두세 시간으로 줄어들 수도 있지만 우리들은 여가 시간 중 더 많은 시간을 자원봉사에 투자하여 이제껏 어떤 수단을 통해서도 이룰 수 없었던, 국가 전체에 도움이 되는 일들을 재미로 해내게 될 것이다. 취미 생활에 몰두해 있는 남편을 가진 모든 아내들은 그들을 식탁으로 불러내기가 얼마나 어려운지 잘 안다. 때로는 남편이 하는 일에 대한 부인의 질투가 심각한 가정불화의 원인이 되기도 한다. 마찬가지로, 남편과 함께 있는 것이나 대화, 친구들과의 교제보다 적성에 맞는 일이 더 즐거운 여성들도 있다. 사무실이나 공장에 나가지 않고 혼자 일하는 사람들이 건강을 해치고 심지어는 목숨이 위험할 정도로 과로하는 경우가 많은데 일찍이 철학자 허버트 스펜서도 일에 미친 사람들에 대한 경고를 한 적이 있었다. 알코올에 대한 갈증처럼 우리들은 일에 대한 갈망에 사로잡힐 수 있다. 그것에 사로잡힌 사람들은 지친 상태에서도 일을 멈추지 않는데 그렇게 일을 하는 것은 오히려 자신을 해치는 결과를 가져올 뿐이다.

25

인구 문제
THE POPULATION QUESTION

수입의 공평한 배분 이야기가 나오면 언제나 등장하는 두 가지 반대 이유들 중 두 번째 이유는 그렇게 공평하게 수입을 나누어주면 애들을 많이 낳는 가정들에 의해 곧 자원이 고갈될 것이라는 것이다. 이런 주장을 하는 사람들은 동시에 지금 세상에 존재하는 빈곤은 이미 세상에 사람들이 너무 많기 때문에 생긴 것이라고, 다시 말해 지금 존재하는 사람들을 모두 먹여 살리기에는 세상이 너무 좁다고 주장한다.

하지만 그들의 말이 사실이라고 해도 그것은 공평한 분배의 반대 이론은 될 수 없다. 왜냐하면, 우리가 가진 것이 적으면 적을수록 그것을 공평하게 배분하는 것이 그것들을 오래 사용하는 방법일뿐더러 자원 부족이라는 나쁜 상황에 불공평이라는 또 다른 악까지 더하는 것은 피해야 하기 때문이다. 문제는 그들의 그런 주장은 사실이 아니라는 것이다. 교양을 갖춘 사람들이 세상에 많으면 많을수록 대부분의 사람들은 더 가난하게 된다는 것이 사실이다. 이런 일이 벌어지는 이유는 사람들이 생산하는 부와 여가가 아주 불공평하게 배분이 되어서 적어도 전 인구의 반 정도가 자신들을 부양하기 위해 생산적인 일을 하기보다는 나머지 인구들에게 기생하여 살기 때문이다.

하인들의 경우를 예로 들어보자. 하인들을 사용하는 사람들 대부분은 한 명의 하인들만 고용을 한다. 하지만 가장 번화한 주택가인 메이페어 지역에 사는 젊은 부부는 적어도 아홉 명의 하인들이 없으면 생활을 하지 못한다. 심지어 아직 돌봐야 할 아이들이 없어도 마찬가지다. 하지만 한두 명의 하인들만 고용을 하고 있는(심지어는 한 명의 하인도 없는) 부부들이 아홉 명의 성인들이 지내야 할 공간을 준비해야 하고 그들 사이에 원만한 인간관계가 이루어지도록 신경을 써야 하는 불행한 부부들보다 더 제대로 도움을 받고 있다는 것은 온 세상 사람들이 다 아는 사실이다.

사실, 아홉 명의 하인들은 그들의 주인들보다 서로를 돌보는 데 더 많은 시간을 보낸다. 시대의 유행을 따라서 집사와 식사 도우미를 고용해야만 한다면 그들의 식사와 잠자리를 챙겨줄 하인도 필요하다. 가정부와 하녀들도 안주인만큼이나 손길이 필요하고 그들의 일이 아닌 경우에는 절대로 손가락 하나 까딱하지 않는 것으로 유명하다. 그런 식으로 보자면 두 명의 주인들을 섬기기 위한 아홉 명의 하인들은 지나친 것도 아니다. 집안에는 돌봐야 할 사람들이 열한 명이 있는 셈이고 그들 중 아홉 명이 그들 모두를 서로 돌봐야 하므로 나머지 두 사람을 돌볼 여유가 별로 없다는 것이 충분히 이해가 간다. 그래서 그 부부는 항상 일손이 부족하다고 불평을 하고 청소를 전담하는 하녀를 따로 두거나 시간제로 침모를 고용하고 심부름꾼을 들이기도 한다. 넉넉한 수입이 있는 평범한 크기의 가정들은 결국 삼십 명 정도의 하인들을 고용하게 되는데 아무리 많은 하인들을 두어도 대부분 서로를 돌보는 일을 하느라 바쁘기 때문에 그들을 수용할 수 있는 방들만 있다면 끝없이 하인들을 고용하게 될 것이다. 하인들이 많으면 많을수록 그들은 주인들을 돌보는데 쓸 수 있는 시간이 적어지고 도움의 손길이 필요한 주인들은 하인들이 부족하다고 생각한다. 하인들은 하인들대로 숫자가 많아지면 자기들끼리 더 편한 삶을 살게된다.

이들 수많은 하인들이 자신들 스스로를 부양하는 것은 불가능하다. 그들은 그들을 고용한 주인들에게 의존하여 생활한다. 그들의 주인이 부동산 수익과 배당금으로 사는 사람, 즉 유한계층이라면 그는 그에게 집세를 지불하는 임차인들과 그가 주식을 가지고 있는 회사의 노동자들의 노동에 의해 부양을 받는 것이다. 결국 그의 집안 전체, 즉 주인 내외, 하인들 모두는 이 세상이 지금보다 열 배 크기로 커진다 해도 스스로를 부양하지는 않을 것이다. 세상에 사람들이 너무 많은 것이 아니라 무위도식하는 사람들이 너무 많은 것이다. 많은 노동자들은 그런 게으름뱅이들을 먹여 살리기 위해 시간을 낭비해야 한다. 이런 게으른 자들을 추방하여 노동자들이 유용한 일에 시간을 쓸 수 있게 하면 우리들은 이 세상에 사람들이 너무 많다는 이야기를 한참 동안 들을 수 없을 것이다. 아니, 어쩌면 다시는 그런 말을 듣지 않을지도 모른다. 자연은 이런 문제를 처리하는 자연만의 방법이 있기 때문이다.

숫자로 설명을 하는 것이 더 이해하기 쉬운 사람들도 있다. 가령, 20명의 사람들이 일 년에 100파운드를 번다고 하자. 그리고 법의 강제에 의해서든 자발적인 계약에 의해서든 그들은 50파운드를 공장 주인에게 지불한다. 공장 주인은 자신의 노동이 아니라 소유에 의해서 일 년에 1,000파운드를 벌게 되는데 그중 500파운드는 자신이 사용하고 나머지는 75파운드씩 급여를 제공하는 6명의 남자와 소년 한 명을 고용해서 20명의 노동자들이 50파운드를 꼬박꼬박 지불하게 하기 위한 경찰력으로 사용한다. 6명의 경찰력은 노동자들이 받는 50파운드보다 더 많은 급여를 받고 있으므로 그들 편을 들 리가 없다. 물론 그들이 노동자들과 힘을 합해 공장주를 몰아내면 그들이나 노동자들 모두 일 년에 100파운드를 받게 되지만 그들의 머리는 그런 생각에 미치지 못한다.

그 20명의 노동자들과 6명이나 7명의 경찰력을 수백만 배로 만들면 소유자들, 그들의 재산을 지키기 위한 강력한 경찰력과 군대, 그들의 시중을 드는 하인들, 그들을 위한 사치품들을 생산하는 많은 노동자들, 귀중한 노동으로 이들 모두를 먹여 살리면서 자신들도 부양을 해야 하는 노동자들이 있는 모든 나라들의 국가 경제가 된다. 인구의 증가가 한 나라를 더욱 부하게 하는가 혹은 가난하게 하는가는 땅의 자연적인 결실력이 아니라 늘어난 인구가 유용한 일을 하는가 그렇지 않은가에 달렸다. 늘어난 인구들이 유용한 일을 하면 그 나라는 부유하게 될 것이고 그들이 자산가들을 위해 그들의 하인들, 그들의 재산을 지키는 사람들로 일하거나 기타 자산가들을 위한 비생산적인 일들에 종사하게 되면 그 나라는 빈곤에 처하게 될 것이다. 하지만 그럴수록 자산가들은 더 부유하게 되고 그들이 자랑하는 다이아몬드와 옷들과 자동차들은 더욱 화려하게 될 것이고 자산가들의 하인들, 그들을 섬기는 사람들은 선대들이 누렸던 것보다 더 높은 급여와 교육을 받게 될 것이다.

노동 분업의 이익 때문에 인구가 늘어나면 나라가 그만큼 부유해져야 정상이다. 로빈슨 크루소처럼 모든 사람들이 자신이 필요한 것을 자신이 만들어 쓰는 대신 각자 전문적으로 한 가지만 일만 맡아 수행함으로써 속도와 숙련도가 높아지게 된다. 일의 전체적인 과정만을 지시하는 사람도 따로 있게 된다. 분업을 통해 절약된 시간들은 기계를 만들거나 길을 건설하는 등 추가로 더 시간과 노동을 절약할 수 있는 방안들에 투자된다. 이렇게 하면 20명의 노동자들은 10명의 노동자들이 생산할 수 있는 것의 2배 이상을 생산할 수 있게 되고 100명의 노동자들은 20명의 노동자들이 생산할 수 있는 것의 5배 이상을 생산할 수 있게 된다. 만약 부와 노동이 모든 사람들에게 고루 나누어진다면 100명의 인구는 10명의 인구보다 훨씬 나은 삶을 살게 될 것이고 이런 식으로 인구가 수백만 명으로 증가하면 사람들은 수천 명의 인구밖에 없던 고대 사회의 공동체들보다 훨씬 더 풍요로운 삶을 살게 될 것이다. 옛날과 비교해 사람들의 형편이 단지 약간 더 좋아졌다거나 오히려 나빠졌다면 그것은 순전히 게으른 자산가들과 그들에 기생해 사는 사람들이 노동자들을, 꿀을 얻기 위해 꿀벌들을 착취하듯, 착취하기 때문이다.

하지만 공평한 소유가 개인들의 부를 끝없이 증가시킬 수 있다고 말하는 것은 아니다. 조건만 갖추어지면 인구는 엄청난 속도로 증가할 수 있다. 전쟁, 질병으로 인한 때 이른 죽음을 피할 수 있다면 한 부부는 4백 년 안에 2천만 명의 후손을 둘 수 있다. 지금 세상에 존재하는 모든 부부들이 그렇게 자손들을 불린다면 곧 세상에는 밀을 재배할 공간은 고사하고 사람들이 서 있을 공간조차 모자라게 될 것이다. 노동으로 생산해 낼 수 있는 식량의 양은 한계가 있다. 각자에게 돌아가는 식량의 몫을 늘리는 대신 우리들은 마침내 인구의 증가를 억제해야 할 때가 올 것이다.

비록 지금은 공기에서 질소비료를 뽑아내고 있지만, 식량 말고도 인구 증가를 억제해야 할 다른 이유들이 있다. 사람은 빵만으로 살 수 없다. 사람들을 배불리 먹이면서도 인구 증가를 유지할 수도 있다. 1차 대전이 끝난 뒤에도 영국에 끔찍한 기아 사태는 발생하지 않았다. 하지만 주택 사정은 비참하기 짝이 없다. 우리들의 모든 도시들은 견디기 어려울 정도로 만원이고 편안하게 거할 수 있을 정도의 주거 공간과 정원이 있는 주택들을 각 가정에 공급하려면 가로들이 수 마일씩 교외로 뻗어가야 할 것이다. 얼마나 많은 사람들에게 건강한 삶을 제공할 수 있을지 우리들은 언젠가는 결정을 해야만 하고 그 수준으로 계속 인구를 유지해야 할 것이다.

이런 면에서 아이를 낳아야 하는 여성들을 고려해야 한다. 한 여성은 20여 명까지 아이들을 낳을 수 있다. 유럽의 가정들에서 15명으로 이루어진 가족들은 대수롭잖게 여겨진다. 건강한 체질의 여성이 제대로 돌봄을 받을 수 있고 임신 시기를 잘 조절만 한다면 많은 아이들을 낳은 후에도 아이를 낳지 않은 여성들만큼이나 영구적인 장애나 피해를 겪지 않고 건강한 삶을 살 수 있다. 하지만 각 임신 기간 동안 심신의 불편함이 따르고 분만시에는 극심한 고통과 생명의 위험까지 겪어야 하며 잠깐 동안이지만 침대에 누워 활동을 할 수도 없다. 남자들은 이런 고통은 면제받지만 아이들이 자라는 동안 그들을 부양하기 위해 일해야 한다. 물론 아이들이 자라면 각자 일자리를 찾을 수 있겠지만 그때까지는 그들에게 빵과 버터를 공급해야 하기 때문이다. 국가와 인류에게는 도움이 되겠지만 가족의 증가는 부모들에게 견디기 어려운 부담을 줄 수 있다. 그래서 그들은 남편이 벌어올 수 있는 수입의 범위 내로, 혹은 아내가 돌볼 수 있는 역량의 범위 내로 가족 수를 제한하려 한다. 물론 그럴 수 있는 방법을 모르거나 그런 행위를 금하는 종교를 가지고 있다면 그것은 다른 얘기다.

이것은 수입의 공평한 배분에도 중요한 영향을 미친다. 이것을 설명하자면 이야기를 다시 거슬러 올라가야 하고 주제가 바뀌는 것처럼 보일 수도 있겠지만 곧 둘 사이의 연관이 분명히 보일 것이다.

모든 직업에 종사하는 사람들이 동일한 급여를 받는다 치자. 그들이 철학자이건 농장에서 일을 하는 사람이건 그들의 생계비는 거의 동일하지만 그들이 일을 하는 데 들어가는 비용은 천차만별이다. 이런 상황에는 어떻게 대처해야 할 것인가? 어떤 여성은 하루 종일 일을 하기 위해 몇 푼이면 구입할 수 있는 실 한 타래만 있으면 되지만 과학자인 그녀의 남편은 약간의 라듐―1그램을 구입하기 위해 12,500파운드를 지불해야 하는―이 필요할지도 모른다. 전장에서 목숨을 내놓은 채 포를 쏘는 병사에게는 돈이 얼마 들어가지 않지만 그가 하루에 사용하는 물자의 비용은 엄청나다. 만약 그가 자신의 급여로 자신의 포를 위한 부품과 탄약을 구입해야 한다면 세상에 전쟁이 존재하지 않을 것이다.

이런 비용의 불균형은 아무리 각각의 노동자들에게 차별적으로 휴가를 주거나 기타의 특전을 제공한다 하더라도 해결할 수가 없다. 급여를 차이 나게 지급한다 해도 마찬가지다. 지금 현재의 임금 체계를 유지해야 한다고 강력하게 주장하는 사람들조차도 쇠망치를 휘두르는 도로 수선공이나 나무망치를 휘두르는 벌채장의 인부들보다 수천 파운드가 나가는 증기 해머를 조작하는 사람에게 장비 가격에 비례하는 만큼 더 많은 급여를 제공해야 한다고 주장하지는 않을 것이다. 국가 수익의 공평한 배분만으로는 노동자들은 조업을 위한 재료와 도구들을 스스로 감당할 수 없다. 그는 애초에 재료와 장비들을 공급받거나 자신이 비용을 부담한 후 사후에 정산을 받아야 한다.

이런 논리를 아이를 잉태하는 것과 양육하는 데 들어가는 비용에 적용한다면 그런 비용을 부모들이 부담해서는 안 된다는 것이 명백해진다. 현재로서는 임신을 한 사람에게 주어지는 특전이나 가정의 아이들 머릿수대로 주어지는 세금 우대 정도가 다인데 실제로 들어가는 비용에 비하면 아주 미미한 수준이다. 소득의 공평한 분배가 이루어지는 체제라면 아이들도 태어나면서부터 그들의 몫을 받을 수 있을 것이고 부모들이 그들의 몫을 관리하는 역할을 할 것이다. 그들은 아이들이 자신들의 소득을 제대로 누리고 있는지 감시하는 공공 신탁관리인을 만족시킬 책임이 있다. 이런 상황에서는 아이들을 양육하는 가정들도 경제적으로 그리 힘들지 않을 수 있고 엄마들도 아이를 잉태하고 출산하는 위험을 순전히 모성으로서의 고유한 특권으로서 존엄성을 인정받으며 만족스럽게 경험할 수 있다.

하지만 그런 이상적인 상황은 조혼의 추세와 끔찍한 영아 사망률의 개선과 함께 인구의 급격한 증가라는 바람직하지 못한 상황을 초래할 수 있다. 인구의 증가 속도는 아주 중요한 문제다. 100년에 걸쳐 인구가 두 배로 증가하는 것이 50년 만에 두 배로 증가하는 것보다 바람직하다. 따라서 새로운 방식으로 인구를 통제하는 것이 필요하게 될 수도 있다.

작금의 불공평한 분배의 체제가 감당할 수 있는 수준으로 인구를 유지하기 위해 현재는 어떤 방법이 사용되고 있는가? 그것들은 대부분 끔찍하고 사악한 방법들이다. 전쟁, 질병, 한 살이 되기도 전에 수많은 어린이들을 영양 부족과 열악한 주거 환경 때문에 죽게 만드는 빈곤 등이 그것들이다. 이런 끔찍한 일들과 함께 피임이 대규모로 식자층에서 행해지고 있어 인구는 사실상 심각하게 줄어들고 있다. 프랑스에서는 병사들이 줄어들 것을 우려해서 독일에 비교해 부족한 2천만 명의 인구를 늘리기 위해 국민들에게 좀 더 많은 아이들을 낳으라고 촉구하고 있을 정도다. 인공 중절도 끔찍하게 널리 행해지고 있으며 원하지 않는 아이들, 특히 여아들을 방치하여 죽게 만드는 영아 살해도 동구권에서는 흔한 일이다. 무함마드 선지자 조차도 아랍인들에게 이것이 죄라는 것을 설득할 수 없었다. 그는 심판의 날에 살해된 여아들이 일어나 부모들에게 '우리가 무슨 잘못을 저질렀나요?' 하고 따질 것이라고 말했다. 그의 경고에도 불구하고 여전히 아시아에서는 아이들이 방치되어 죽어가고 있다. 영아들을 방치해 죽게 만드는 것이 법으로 금지되어 있는 명목상의 그리스도교 국가들에서도 원치 않는 아이들에 대한 무관심, 기아, 학대로 수많은 아이들이 죽어가고 있는데 그들도 아마 마지막 심판의 날에 부모들에게 '차라리 태어났을 때 바로 죽게 하지 왜 그랬어요'라고 항의할지도 모른다.

이 모든 인구 억제책들 중에서 피임이 그나마 가장 인간적이고 문명화된 방법이며 가장 양심의 가책을 덜 받는 방법이라는 것에는 의심의 여지가 없다. 추기경들과 대주교들은 그것을 죄라고 성토하지만 아무런 인구 문제도 존재하지 않았던 초기 그리스도교 사회의 전통을 벗어나지 못하는 주장일 뿐이다. 그들은 피임은 고사하고 결혼 자체를 죄라고 여겼다. 성직자들은 섹스가 아담과 이브가 저지른 원죄에 의해 인간에게 가해진 저주라고 생각한다. 하지만 저주라고 부르거나 무시한다고 해서 어떤 사실을 없앨 수는 없다. 우리는 피임에 대한 대안을 찾는 동시에 우리의 성적인 본성의 현실을 정확히 직시함으로써 그에 대처해야 한다.

대중이 관심 있는 실제적인 질문은 인구 통제가 가능할 것인지가 아니라 그것이 피임에 의해서 가능할지 혹은 임신 후 인공 중절이나 출생 후 방치, 기아, 무관심, 학대, 질병, 전쟁, 살해, 예기치 못한 죽음 등으로 아이들을 살해함으로써 가능할지를 묻는 것이다. 성 바울은 결혼을 증오했지만 '정욕을 절제하지 못하여 음란의 죄에 빠진다면 차라리 결혼하라'고 말했다. 우리의 추기경들과 대주교들도 피임을 증오할지 모른다(그건 나도 마찬가지다). 하지만 그중에 누군들 '아이들을 낳은 후 지금처럼 그들을 죽이는 것보다는 차라리 낳지 않는 게 낫다'

라고 바울처럼 말하지 않겠는가.

　이제까지 우리는, 아직 인구를 수용할 공간이 많이 남아 있지만, 어떻게 불공평한 임금의 분배가 산아 제한이라는 아직은 시기상조로 보이는 문제를 우리에게 강요하고 있는지 알아보았다. 캐나다와 오스트레일리아는 아직 인구가 많이 부족해 보이지만 오스트레일리아 사람들은 그들의 황무지는 사람들이 거주할 공간이 못 된다고 말한다. 인구 포화 상태인 일본은 영국이 아무런 군사적 억제력이 없다면 '당신들이 살지 않을 땅이면 우리들이 그곳에 가서 살겠소'라고 말할지도 모른다. 교회가 아무리 반대를 해도 우리들은 피임을 하고 있다. 비현실적으로 빨리 도래한 인구 억제 문제를 해결할 수 있는 유일한 방법은 그것의 원인인 인위적인 가난을 폐지하는 것뿐이다. 오직 공평한 수익의 분배를 통해서만 그 일은 가능할 것이므로 산아제한을 싫어하고 가능한 한 가장 마지막 순간까지 그것을 막고 싶은 사람들은 그것을 위해서라도 재산의 공평한 분배를 옹호해야 할 것이다.

　더 이상 인구 증가를 감당할 수 없는 결정적인 순간이 오면 어떤 조치를 취해야 할지 아직은 아무도 알 수 없다. 아마도 우리가 손을 쓰기도 전에 자연이 알아서 문제를 해결할지도 모른다. 그것은 아이들이 필요한 정도에 따라 영아 출생 수가 바뀌는 것을 보면 짐작할 수 있다. 혹독한 환경을 맞아서 살아남는 아이들이 별로 없을 때에는 인류의 멸종을 막기 위해 인간이 조치를 취하기 전에 자연이 먼저 손을 써서 엄청난 수의 아이들이 태어나게 만든다. 대구가 수백만 개의 알을 낳는다거나 여왕벌이 하루에 4천 개의 알을 낳는다지만 인간은 그렇게 생식력이 뛰어나지는 못하다. 하지만 그런 제한된 능력 안에서 조차도 자연은 가난하고 영양 결핍에 시달리며 교육을 받지도 못하고 장애가 있는 사람들, 그래서 아이들을 많이 낳지만 대부분 어린 나이에 죽게 만드는 사람들과 심신이 모두 건강하고 교육을 받은 사람들을 차별한다.

결함이 있는 사람들은 놀라우리만치 자식들을 많이 낳지만 능력이 있는 사람들은 피임을 하지 않아도 아이들이 많지 않다. 능력이 없는 사람들이 그렇지 않은 사람들보다 압도적으로 많은 아이들을 낳는다는 것이 현 문명이 지닌 문제점들의 하나다. 능력이 없는 사람들의 자식들은 빈민가에서 교육도 받지 못한 채 굶주리는 비참함 속에서 인간으로서의 존엄을 보장받지도 못한다. 빈곤을 없앰으로써 우리는 이런 비극적인 상황을 없애야 하고 그런 상황이 만들어내는 부실한 인간들의 출현을 막을 수 있다. 그렇게 하는 과정에서 우리는 높은 영아 사망률을 보상하기 위해 자연이 택한 과도한 출산율을 줄일 수 있을지도 모른다.

지나친 사망률 때문에 인류가 멸종하는 것을 방지하기 위해 자연이 영아 출생률을 높일 수 있다면 반대로 자연은 인구 과포화로 인한 인류 멸종을 막기 위해 출생률을 낮출 수도 있을 것이다. 우리는 이해하기 어려운 방법으로 자연이 우리의 필요, 아니 어쩌면 자연 자체의 필요에 부응하고 있다는 것은 분명하다. 우리가 세상을 살기 좋게 만든다면 세상은 곧 사람들로 미어터질 것이라고 주장하는 사람은 자연을 이해하는 척만할 뿐이다. 아무런 인위적인 노력이 없어도 자연은 인구를 사회주의를 유지할 수 있는 수준으로 유지할 것이라고 확신하는 사회주의자들도 마찬가지다. 바람직한 방향은 일단 세상의 상황을 개선하고 난 후 어떤 일이 일어나는지 알아보는 것이다. 시쳇말로 선에서 악이 나오지 않게 하도록 신을 믿어보는 수밖에는 없다.

불평등한 분배로 인해 생긴 인위적인 형태로만 인구 과밀이라는 문제가 등장을 했지만 공정한 분배가 이루어지면 문제가 해결되듯 나중에 우리들이 어려운 처지에 처하게 될지도 모른다는 이유로 현재 우리들이 좀 더 편안한 삶을 누리려 하지 않는 것은 터무니없는 짓이다. 태양이 식어가고 있다거나 지구가 내년에 멸망을 한다거나 인구 과밀이 우리들을 지구에서 사라지게 하고 말 것이라고 주장하는 사람들, 혹은 '해 아래서 행해지는 모든 일들은 모든 것이 헛되며 영의 고통이라'*고 생각하는 사람들의 말을 믿자면 우리는 아무 일도 할 수 없을 것이다. 적어도 내일이 존재한다는 것이라도 믿는다면 '내일 죽을 터이니 먹고 마시자'**라는 자세가 '어차피 내일이면 죽을 텐데 오늘을 사는 것이 무슨 의미가 있나'라고 생각하는 것보다 훨씬 더 현명한 태도일 것이다. '어차피 천 년이 지난 다음에는 모든 것이 마찬가지일 거야'라고 말하는 것은 자신의 일을 제대로 하지 않는 사람들의 핑계일 뿐이다. 진실은 지구는 현재 거주하는 인구를 지금보다, 아니 어느 때보다 더 편안하게 품을 수 있다. 가능할 때 좀 더 편안하게 지내는 것이 맞는 처세

---

* 「전도서」 2장 11절.
** 「고린도전서」 15장 32절.

다.

지구는 수확 체증의 법칙The law of increasing return 아래 있다. 두 사람이 생산을 하면 혼자 생산하는 것보다 두 배 이상을 만들 수 있고 2백만 명이 생산을 하면 백만 명이 생산해내는 것의 두 배 이상을 생산해낼 수 있는 것이다. 하지만 지구가 부양할 수 있는 인구의 임계점을 넘어서는 순간 세상은 수확 체감의 법칙이 적용되기 시작할 것이고 인구가 한 명 더 증가할 때마다 세상은 빈곤해지기 시작할 것이다. 만약 어떤 사람이 당신에게 현재의 세상이 수확 체감의 법칙 영향 아래 있다고 설득하려 한다면 그는 틀림없이 부잣집 자식들이 다니는 대학에서 그런 교육을 받았을 것이다. 그들은 자신들의 부와 나머지 사람들의 빈곤이 인위적이고 파괴적인 소득 분배의 결과로 교정될 수 있는 대상이 아니라 영원하고 변치 않는 자연의 법칙에 의해 야기된 것이라고 세상이 믿기를 원한다.

물론, 전체 세상은 아직 인구 부족의 상태에 있지만 일부 지역은 인구 과밀 현상이 나타나는 곳도 있다. 한 통의 물과 약간의 비스킷만 실은 채 태평양 한가운데 떠 있는, 열 명의 선원들을 태운 조난선은 엄청난 인구 과밀 상태에 있다. 일주일에 30실링을 급여로 받는 노동자가 여덟 명의 아이들과 살고 있는 오두막도 인구 과밀의 현장이다. 20여 개의 방들에 50명의 사람들이 살고 있는 셋집도 인구 과밀 상태에 있다. 런던도 끔찍할 정도로 인구 과밀이다. 아직은 수확 체증의 법칙 아래 있는 세계 인구 문제와는 별도로 전 세계 곳곳에는 수확 체감의 법칙의 적용을 받는 인구 과밀 지역들이 수없이 많이 존재한다. 소득의 공평한 분배가 이루어지면 이들 병든 지역의 거주

민들은 수확 체감의 노예 상태를 벗어나서 수확 체증의 번영
으로 나갈 수 있을 것이다.

26

사회주의 진단
THE DIAGNOSTIC OF SOCIALISM

책 서두에서 소득이 불평등하게 분배되어 있는 다양한 방식을 고찰할 때 다루지 않은, 공평한 분배에 대한 일반적인 반론들이 아무 근거가 없다는 것을 지금까지 살펴보았다. 그러는 동안 우리들은 굳이 사회주의자들의 주장이나 그들의 책에서 단 한 구절도 인용하지 않았다. 사회주의라는 말을 들어보거나 사회주의자들의 글을 읽어보지 못한 사람들이더라도 약간의 지혜만 있다면 자유로운 사회에서 항구적이면서도 번영을 구가할 수 있는 유일한 방법은 소득의 평등한 분배뿐이라는 결론에 능히 혼자 힘으로 도달할 수 있을 것이다. 당신이 인류를 현재의 혼돈과 비참함에서 구해낼 더 나은 방법을 발견할 수 있다면 당신은 가장 위대한 발견자로 칭송받게 될 것이다.

'내가 그런 방법을 발견할 수 없다면 나보고 사회주의자가 되라는 말처럼 들리는군요!'라고 당신은 말할 것이다.

현명한 여성이여, 당신은 성 아우구스티누스의 글을 읽어본 적이 있는가? 그렇다면 초기 교회의 신자들은 온갖 종류의 사람들이 모인 공동체였고 어떤 사람들은 산상수훈의 말씀을 실천하기보다는 신경을 건드린다는 이유로 걸핏하면 아내들의 눈에 멍이 들게 하거나 이교도들의 신전을 때려 부수기를 좋아하는 사람들이었다고 그가 인정한 대목을 기억할 것이다. 실제로 현대의 그리스도교도들도 잡다한 사람들의 모임으로 매년 그들 중 몇 명은 국가의 안전을 위해 교수형에 처해지기도 한다.

나도 성 아우구스티누스처럼 솔직하게 이야기를 하자면 사회주의자임을 공언하는 인간들 중에도 온갖 사람들이 다 있다. 사회주의자들과 어울리기 위해 차를 마시러 오라고 그들을 집으로 초대하려는 사람이 있다면 다시 생각해볼 것을 권한다. 그들도 다른 일반인들과 다를 것이 없다. 그들 중 일부는 기회만 있다면 비싼 식기를 훔쳐 가려 할 것이다. 좋은 사람들은 아주 좋겠지만 대체적으로 보면 다른 사람들보다 나을 것도 없다. 어디에서든 만날 가능성이 있는 구제불능의 악당들도 그중에는 섞여 있다. 하지만 어느 정당에 가입한들 더 나을 것 같은가? 물론 나나 당신은 천사 같은 사람들이지만 죽은 다음에야 천사들하고 어울릴 수 있는 법이다. 그때까지는 보수주의자들, 자유주의자들, 사회주의자들, 신교도, 구교도, 비국교도들, 기타 남녀들을 견뎌낼 수밖에 없고 그들과 어울릴 때는 마치 처음 보는 낯선 사람들처럼 조심해서 사귀어야 한다. 칼라일은 일찍이 그들 대부분을 바보들이라고 생각했는데 대체로 그의 말이 맞는다고 인정할 수밖에 없을 것 같다.

하지만 지적인 독자들은 이런 이야기라면 나만큼이나 잘 알고 있을 것이다. 하지만 자신들을 사회주의자들이라고 부르지만 사회주의가 무엇을 의미하는지 분명히 알지 못하는 사람들이 많다는 것은 아마 잘 몰랐을 것이다. 그들은 당신이 나라의 수입을 공평하게 나누어 귀족들이나 노동자들, 아기, 성인, 알코올 중독자나 금주자, 대주교나 교회 사찰, 죄인이나 성자의 구분이 없이 분배를 한다고 하면 충격을 받고 경악할 것이다. 그들은 이런 생각은 길거리에 떠도는 사람의 망상에 불과하고 어떤 교육을 받은 사회주의자들도 그런 터무니없는 생각을 믿지 않을 것이며 자신들이 원하는 것은 그저 평등한 기회일 뿐이라고 말할 것이다. 그들은 자본가가 될 수 있는 동일한 기회를 얻을 수 있는 한 자본주의도 상관없다고 생각하는 듯하다. 하지만 공평한 수입이 없이 어떻게 공평한 기회를 사람들이 얻을 수 있는지에 대해서는 설명하지 못한다. 동등한 기회라는 것은 존재할 수 없다. 아이에게 종이 한 뭉치를 쥐어주고 이제 그에게 버나드 쇼와 동일하게 희곡을 쓸 수 있는 기회를 주었다고 말해보라. 아이가 뭐라고 대답을 하겠는가? 그런 사람들의 주장이나, 사실 사회주의는 말 그대로 엄밀한 의미의 사회주의를 말하는 것이 아니므로 두려워할 필요가 없다고 말하는 사람들의 말을 믿지 마라. 사회주의는 말 그대로 사회주의를 의미하고 공평한 수입을 의미한다. 다른 것들은 그것의 조건들이나 결과들일 뿐이다.

그런 쪽으로 취미가 있다면 사회주의를 설명하는 모든 책들을 읽을 수도 있을 것이다. 토머스 모어 경의 공상적 사회주의나 잉카의 신정적 사회주의theocratic socialism, 생시몽의 공상적 사회주의, 샤를 푸리에와 로버트 오웬의 공산주의, 카를 마르크스의 소위 과학적 사회주의, 찰스 킹슬리, F. D. 모리스의 그리스도교 사회주의, 윌리엄 모리스의 『유토피아에서 온 소식』(문학의 명작으로 어찌 되었건 읽어야 할 책이다) 베아트리스 웹과 시드니 웹 부부의 헌법적 사회주의, 많은 이들로부터 좋은 평판을 받고 있는 페이비언 협회, 기타 아직 인지도는 낮지만 많은 젊은이들이 주장하는 다양한 사회주의들까지 모든 사회주의들을 연구할 수도 있다. 모두 훌륭한 주장들이지만 수입의 공평한 분배와 관련이 없다면 문명을 구원할 만한 것은 되지 못한다. 생존이 먼저고 덕은 나중 문제라는 법칙은 아리스토텔레스 시대에도 있었고 지금 이 책을 쓰는 시대에도 적용이 된다. 예수나 플라톤, 위대한 종교 단체들의 공산주의는 물질의 공평한 소유를 하늘나라를 세상에 실현하는 조건으로 당연시했다. 어떤 경로를 통해서든 이런 결론에 이르는 사람들이 사회주의자들일 뿐, 아무리 자신들이 사회주의나 공산주의자라고 거품을 물고 떠들어도, 아니 심지어는 사회주의를 위해 죽음을 당해도 이런 결론을 도출하지 못하는 사람들은 사회주의자라고 할 수 없다.

이제 당신은 그것에 동조를 하건 그렇지 않건 사회주의가 무엇을 의미하는지, 어느 계급을 막론하고 왜 그렇게 사려 깊고 경험이 많은 사람들이 그것을 신봉하는지 정확하게 알게되었다. 당신은 또한 호기심에 이끌리는 무정부주의자들, 생디칼리스트,* 민족주의자, 그저 기존의 질서에 불만을 품고 아무

---

* 생디칼리즘 또는 노동공산주의(勞動共産主義)란 자본주의의 대안으로서 제시된 경제 체제 중 하나로 노동자, 산업, 조직들이 신디케이트의 형태로 뭉쳐야 된다고 주장했다.

것도 모르는 채 자신들을 사회주의자나 공산주의자, 볼셰비키라고 주장하는 과격분자, 불평분자들, 직업 정치꾼들, 자유주의가 침체하는 기미가 보이자 노동당으로 옮겨 탄 기회주의자들과 진정한 사회주의자들의 차이를 알게 되었을 것이다. 더불어, 자신들이 말하는 주제에 대해서 5분도 제대로 생각해보지 않은 채 매일같이 쏟아내는 반사회주의 정치인들과 언론인들의 헛소리를 제대로 알아볼 수 있는 안목도 생겼을 것이다. 그들은 가이 포크스의 밤*에 소년들이 모닥불 주위를 돌 듯 그들의 눈에만 보이는 볼셰비키주의자들 주위를 에워싸고 돌고 있다.

---

* Guy Fawkes Night. 본파이어 나이트라고도 한다. 영국에서 11월 5일 저녁에 행하는 연례행사. 가이 포크스 등 로마 가톨릭교도들이 영국 국회 의사당을 폭파하고 제임스 1세를 비롯해 대신들을 함께 암살하려고 기도했던 1605년 11월 5일의 화약 음모 사건의 실패를 기념하는 행사.

27

개인적인 정의
PERSONAL RIGHTEOUSNESS

이제 사회주의에 대해 공부를 했으니 한마디 경고를 해야겠다. 혹여 경고가 필요 없을 사람들에게는 미리 사과하겠다. 영국 사람들은 독립심을 가지도록 교육을 받았기 때문에 무엇인가에 대한 확신이 생기면 즉시 그것을 실천하는 삶을 살겠노라고 선언한다. 그들은 아이들과 하인들도 자신의 삶을 따르도록 강요한다. 자신들이 믿고 있는 정의에 대한 생각을 개별적으로 실천하면 이 세상이 좀 더 나은 곳이 될 것이라고 확신하는, 뛰어난 지성과 체력을 타고난 사람들을 나는 알고 있다. 평등이 정의로운 것이라고 확신한 그들은 하인들을 집 주인 식구들과 한식탁에서 식사를 하게 강요하는 등의 우스꽝스러운 짓들을 벌인다(그들은 하인들 편에서도 집 주인 식구들과 그렇게 허물없이 지내는 것이 절대로 달갑지 않으리라는 것을 생각하지 못한다). 그들은 참다못한 하인들이 일을 그만두겠다고 통보하고 식구들이 집을 나가겠다고 협박할 때까지(실제로 나가기도 한다) 터무니없는 일들을 계속 벌인다.

가난하고 무지한 사람들이 불평등의 원인이 부유한 사람들 탓이라고 생각하는 것은 이해할 만하다. 하지만 놀랍게도, 자신들이 원해서 부유하게 태어난 것이 아니라는 것을 잘 아는 부유한 사람들 중에서도 자신들의 부에 죄책감을 느끼고 그들의 양심을 달래기 위해 구제에 나서는 사람들이 있다. 그들은 종종 사회주의를 가난한 사람들을 위한 자선 행위로 생각한다. 그들의 생각이 틀렸다는 것은 말할 필요도 없다. 사회주의는 빈곤을 증오하며 그것을 없애려 한다. 가난한 사람들에 대한 혐오와 반감이 평등을 이루려 하는 사람에게는 필요 요건이다. 사회주의 체제하에서 가난한 사람은 지금 벌거벗은 사람이 느끼는 것과 같은 수치를 느낄 것이다. 사회주의는 구제금을 증오한다. 그것은 빈자들에게 수치심을 줄 뿐 아니라 구제금을 주는 사람들이 사악한 만족감을 느끼도록 해주고 동시에 양쪽 모두 상대방에 대한 증오심을 느끼게 한다. 신중하게 치리治理되는 나라에서는 가난한 사람들의 평계도, 부유한 사람들의 과시적인 선행도 존재하지 않을 것이다. 선한 사마리아인의 역할을 하고 싶어 하는 사람들은 강도가 없이는 선한 사마리아인이 설 자리가 없다는 사실을 명심해야 할 것이다. 구원을 해주고 도움을 주는 사람들은 성인聖人의 전기나 낭만적인 이야기의 소재는 될 수 있을지 몰라도 죄인들과 희생자들을 전제로 하는 것이기 때문에 나쁜 조짐을 보여주는 것이다.

고통받는 사람들이 있어야 존재할 수 있는 선행은 아주 의심스러운 선행이다. 구빈원이나 자선 단체들, 구호 기금의 돈을 받으며 빈둥거리는 사람들이 있다. 그들에 대한 자선의 손길을 멈추면 그들은 자신들의 생활 태도나 일하는 태도를 개선할 것이다. 세상에는 친절을 베풀어야 할 상황이 결코 사라지지 않겠지만 충분히 예방할 수 있는 기아나 질병을 막는 데 그것이 함부로 쓰여서는 안 된다. 우리의 동정심을 만족시키기 위해 그런 끔찍한 일들을 계속 유지하는 것은 소방대원들의 힘과 담대함을 훈련하기 위해서 우리들의 집에 불을 저지르는 것과 같은 일이다. 빈곤을 없앨 수 있는 사람들은 그것에 동정심을 가지는 사람들이 아니라 그것을 증오하는 사람들이다. 지금 당장 구제를 멈춘다면 가난한 사람들이 폭동과 심지어는 혁명까지도 일으킬지 모르기 때문에 그럴 수는 없겠지만 구제는 악한 행위다. 현재 우리는 실업자들에게 실업수당을 제공하지만 그것은 우리가 그들을 사랑하기 때문이 아니라 굶주린 사람들이 우리들의 집에 침입하여 노략질을 하고 방화를 할까봐 두려워하기 때문이다.

실업수당의 3분의 1은 실업자들의 주머니로부터 나오는 것이 사실이다. 하지만 실업수당이 실업자들에게 지급되는 방식은 그들을 초라하게 만든다. 그들은 자신들이 실업수당에 기여를 하건 안 하건 부자들이 배상금을 지급하리라는 것을 알고 있다. 고대 로마에서 실업자들은 배를 채울 빵만을 요구한 것이 아니라 여흥을 위해 검투사들의 대결도 요구했다. 그 결과 로마에는 하는 일 없이 빈둥거리는 한량들로 가득하게 되었다. 그들은 속주에서 보내오는 재물로 배를 채우고 여흥을 즐겼다. 그것이 바로 로마 몰락의 시작이었다. 우리들도 빵과 축구 경기 혹은 권투 경기에 열광할 수 있다. 사실 실업수당은 이미 우리에게 빵을 제공하고 있지만 그것에는 아무런 친절도 깃들어 있지 않다. 우리 모두는 마지못해 우리 호주머니로부터 실업수당에 출연을 하고 있고 가능하다면 내일 당장이라도 그것을 멈추고 싶어 한다.

소득의 평등은 모든 사람들이 그것을 개인적인 화두가 아니라 공공의 문제로 여길 때 이루어질 수 있다. 즉, 그것은 법에 의지해야만 가능한 일이다. 그것도 하나의 법이 아니라 일련의 법의 제정을 통해서만 가능하다 이런 법들은 무엇을 해야 하고 무엇을 하면 안 된다는 계명이 아니다. 십계명은 유대인들에게 어떤 법도 침해할 수 없는 전제를 제시했다. 하지만 그 계명들은 정교한 법 제도가 성립되어 그것들에 효력을 주기까지는 아무런 정치적인 의미가 없었다. 사회주의의 첫 번째이자 마지막 명령은 '네 이웃보다 더 크거나 적은 수입을 가지지 말지어다'이다. 하지만 사람들이 그 법을 준수하는 척이라도 하게 만들려면 수백 개의 법령들을 국회에서 통과시켜야 하고 수백 개의 오래된 법들을 폐지해야만 하며 새로운 정부 부처들을 만들고 조직해야만 한다. 수많은 남녀를 공무원으로 훈련시키고 고용해야 하며 어린이들이 국가가 하는 일을 새로운 방식으로 지켜보도록 가르쳐야 하고 모든 단계에서 무지와 우매, 관습, 편견 그리고 부유한 자들의 기득권과 투쟁해야 한다.

이제까지 이 책에 나온 내용을 읽고 그것에 확신을 가졌지만 그것 외에는 별 준비가 안 된 사람들에 의하여 이루어진 사회주의 정부를 생각해보라. 그 정부를 찾아온 굶주린 사람은 말을 할 것이다, '나는 자선이 아니라 일을 원해요.' 하지만 그를 위해 어떤 일도 제공할 수 없는 정부는 대답할 것이다, '버나드 쇼의 책을 읽으시오. 그러면 모든 것을 이해하게 될 거요.' 굶주린 이는 대답할 것이다, '나는 그가 아주 지적인 작가라는 것은 알지만 너무 배가 고파서 그 사람의 책을 읽을 여유가 없어요. 내게 조금이라도 음식과 일자리를 제공해줘요.' 하지만 그 정부가 할 수 있는 것은 제공할 일자리가 없다는 고백을 하고 당분간 그에게 실업수당을 제공하는 것이다.

현재 민간 부문에서 가지고 있는 고용 능력을 정부가 얻기까지는 정부는 굶주린 이들에게 기껏 사회 시설에 수용되지 않는 사람들에게 제공하는 도움만 줄 수 있을 뿐이다. 모든 사회주의 정부들은 고용주들, 지주들, 금융가로부터 세금을 징수하여 그런 도움을 줄 재원을 마련한다. 고용할 힘을 얻기 위해서 사회주의 정부는 그 자체가 국가 지주, 국가 금융가, 국가 고용주가 되어야 한다. 다시 말하자면 정부가 민간 소유주를 대신해서 분배할 수 있는 국가의 소득을 가지고 있지 않으면 그것을 공평하게 배분할 수 없다. 그 일이 이루어지기 전까지는 아무리 원한다 해도 사회주의를 실천할 수 없다. 오히려, 그것을 시도했다는 이유만으로 당신은 심한 처벌을 받을 것이다. 당신은 불안해서 부의 공평한 분배가 이루어지기 위한 모든 단계에 표를 던질 것이다. 하지만 개인의 차원에서는 지금 할 수 있는 것 이상의 일을 할 수 없을 것이다. 즉, 자신의 신분에 맞게 행동을 하고 보통의 임금을 지급하거나 받고 가장 혜택이 많은 곳에 돈을 투자하는 일들 말이다.

사회주의의 목적을 이해하는 것과 그것을 실천하는 것, 아니 그것을 어떻게 실천할 수 있을지 살피는 일은 전혀 다른 문제다. 예수는 내일 먹을 것, 입을 것을 위해 걱정하지 말라고 했다. 매슈 아널드는 공평을 선택하라고 했다. 하지만 이런 것들은 법의 형태가 아닌 명령들일 뿐이다. 그런 지시들을 지금 어떻게 실천할 수 있겠는가? 내일 먹을 것을 걱정하지 않는다면 우리들은 거렁뱅이가 될 것이다. 어떤 총명한 사람들도 인류 문명의 문제를 거렁뱅이들이 풀 수 있으리라고는 생각하지 않을 것이다. 공평을 선택하는 것은 말할 필요도 없이 아주 바람직한 일이다. 하지만 구체적으로 어떻게 그것을 실천할 수 있을까? 우리보다 돈이 많은 사람들의 호주머니를 강제로 털어서 가난한 사람들에게 나눠줄 수는 없다. 경찰은 당장 그런 행위를 제지할 것이고 우리를 감옥, 아니, 정신병원으로 보낼 것이다.

정부는 할 수 있지만 어떤 민간인들도 할 수 없는 일들이 있다. 정부는 잡슨 부인에게 '만약 당신이 돕슨 부인을 살해한다면 당신은 교수형에 처해질 겁니다'라고 말할 수 있다. 하지만 아무리 잡슨 부인이 가증스러운 존재라 하더라도 돕슨 부인의 남편이 잡슨 부인에게 '만약 당신이 내 부인을 살해한다면 나는 당신을 목 졸라 죽일 거요'라고 말한다면 그는 협박죄로 벌을 받을 것이다. 미국에서는 가끔 군중들이 사법 기관으로부터 범인을 뺏어와 형벌을 가하는 경우가 있다. 만약 영국에서 똑같은 일이 벌어진다면 그들은 경찰에 의해 해산되거나 군인들에 의해 진압당할 것이다. 범죄자가 아무리 악한 인간이라 할지라도, 그리고 그가 저지른 범죄에 대한 사람들의 증오가 아무리 이해할 만하더라도 말이다.

문명사회에서 사람들이 제일 처음 정치적으로 배워야 할 일은 그들이 스스로 법 집행을 할 수 없다는 것이다. 사회주의는 처음부터 끝까지 법의 문제다. 그것은 게으른 사람들을 일하게 만들어야 하지만 개인들이 이러한 책임을 스스로 떠맡아서는 안 된다. 예를 들자면 지적인 독자는 게으름을 부리는 사람을 만나면 가까이 있는 빗자루를 집어 들고 외치고 싶은 마음이 들 것이다, '당장 일을 다시 손에 잡고 당신 몫을 다하지 않는다면 나는 이 빗자루로 당신이 멍투성이가 될 때까지 두들겨 패주겠소.' 사실 가끔 그런 일이 실제로 벌어지곤 한다. 하지만 그런 위협, 심지어는 그것을 행동으로 옮기는 것은, 아무리 그 게으름뱅이가 매를 맞아 싸더라도, 그의 게으름보다 더 심각한 범죄다. 그에 대한 대응은 법적인 것이어야 한다. 만약 그 게으름뱅이가 채찍질을 당해야 한다면 그것은 법원에서 공정한 재판을 치른 후 내려진 법관의 명령에 의한 것이어야 한다. 그렇지 않으면 삶은 견디기 어려운 것이 될 것이다. 만약 개인들이 마음대로 법 집행을 할 수 있다면 누구도 마음 놓고 거리를 걸을 수 없을 것이다. 행인의 모자가 복장과 어울리지 않는다고 생각하는 탐미주의자는 그것을 빼앗아 짓밟으려 할 것이고 여자가 다리를 드러내놓고 다니는 것은 정숙하지 못하다고 생각하는 과격한 보수주의자들은 그녀의 비단 스타킹을 훼손하려 할 것이다.

게으름뱅이가 독자보다 더 완력이 강할 수도 있다. 그 경우 게으름뱅이가 오히려 빗자루를 독자에게서 빼앗아 그가 너무 열심히 일을 한다고, 그래서 자신들에 대한 사람들의 기대까지 높아진다고 그를 매질할 수도 있다. 노동조합에 가입한 사람들 사이에서 종종 벌어지는 일이다.

이 점에 대해 더 부연할 필요는 없을 것 같다. 만약 당신이 사회주의자가 되더라도 당신이 개인적인 삶을 바꿔야만 하는 것은 아니다. 그런 방향으로 조금이라도 도움이 될 수 있는 어떤 변화도 당신은 꾀할 수가 없을 것이다. 사회주의자 총리는 자가용차를 가져도 될까? 사회주의자 극작가는 그의 작품을 공연하게 하는 대가로 수수료를 받아야 할까? 사회주의자 지주들과 자본가들은 그들의 땅에 대한 임대료, 그들의 자본에 대한 이자를 받아야 할까? 모든 사회주의자들은 자신들의 소유를 팔아 가난한 자들에게 나누어 주어야 할까?(그것은 아주 극악한 짓이기도 하다) 이런 토론들은 모두 사회주의뿐만 아니라 일반 문명에 대한 무지에서 나온 수치스러운 짓거리이다.

28

자본주의

CAPITALISM

자본주의를 이해하지 못하면 그것을 사회주의로 바꿀 수도, 사회주의가 어떻게 작동하는지 제대로 이해할 수도 없다. 그러므로 우리는 사회주의만큼이나 자본주의를 주의 깊게 연구해야만 한다. 우선, 자본주의라는 말은 오해를 불러일으킬 수 있다. 우리가 살고 있는 체제의 좀 더 정확한 이름은 프롤레타리아 체제다. 우리 체제를 잘 이해하는 공평무사한 사람들은 그것이 너무 어처구니없게 자본을 낭비하는 바람에 우리들 대부분이 빈곤에 빠져 있다며 이 체제를 없애려고 한다. 그런 마당에 그것을 자본주의라고 부르는 것은 무지한 짓일 것이다. 그것은 사람들로 하여금 사회주의자들이 자본을 없애려 한다든가 사회주의자들은 자본 없이 살 수 있다고 생각하게 하는 우를 범하게 할 수 있다. 즉 사람들은 사회주의자를 그들의 이웃사람들만큼이나 멍청하다고 생각할 수도 있다.

불행하게도 신문들은 사람들이 사회주의에 대해 바로 그렇게 생각하기를 원한다. 그들은 영국인들은 (술주정뱅이 사기꾼이나 러시아인들, 직업적 선동가들을 제외하면) 자유롭고 독립정신이 투철한 민족이어서 자신들을 프롤레타리아라고 칭하는 것을 비웃을 것이라고 설득하려 한다. 그들은 프롤레타리아 체제라는 불쾌한 단어보다는 자본가들이 그 중요한 생산 요소인 자본을 지키고 있음을 암시하는, 사람들을 우쭐하게 만드는 자본주의라는 명칭을 고집한다.

하지만 나는 있는 사실 그대로를 가리키는 이름을 사용할 것이고 당신들도 그렇게 하기를 바란다. 우리가 자본주의라는 말을 사용할 때는 국가가 아닌 지주들이 땅을 소유하고 그들이 정한 조건에 동의하지 않으면 그들의 땅을 이용하거나 거기에서 살 수 없는 체제를 의미하기로 한다. 법률가들은 모든 땅은 왕에 속하고 어느 때라도 왕이 합법적으로 다시 환수할 수 있기 때문에 개인 사유지 같은 것은 있을 수 없다고 설명을 할 것이다. 하지만 왕은 최근에 토지를 환수한 적이 없었고 땅을 차지하고 있는 지주들은 사람들을 자신의 땅에 접근하지 못하게 할 수 있기 때문에 법에도 불구하고 개인 사유지는 사실상 존재한다고 볼 수 있다.

이런 체제가 제공하는 이점은 지주들이 자본이라는 여유 자금을 만들 수 있게 해준다는 것이다. 자본도 사유 재산이다. 토지와 자본이 없다면 존재할 수 없는 기업들도 사유 재산이다. 하지만 기업들은 노동이 없으면 존재할 수 없으므로 자산가들은 자신들의 이익을 위해 재산이 없는 사람들(프롤레타리아라고 불리는)을 고용하여 그들이 생존을 유지하고 결혼해서 번식을 할 수 있을 정도의, 하지만 자주 일을 쉴 정도의 여유는 제공하지 않는 급여를 제공한다.

자산가들이 이기심을 자신들의 의무로 생각하고 가능한 최저 임금으로 노동력을 구매하면 국가의 산업들은 계속 조업을 할 수 있을 것이고 사람들은 생계를 이어갈 수는 있지만 끊임없는 궁핍 때문에 마침내 지쳐 쓰러져 구빈원 신세를 질 때까지 계속 일을 해야만 할 것이다. 이 체제를 잘 이해하는 사람들에 의하면 엄청난 수입의 불평등, 인구 증가로 인한 임금의 저하는 불만, 비참한 생활, 범죄, 질병을 야기하게 되고 결국 폭력적인 혁명을 일으키게 되어 있으므로 자본주들이 필요한 노동력을 아슬아슬하게 구할 수 있는 선에서 인구의 증가를 막아야 한다고 한다. 하지만 이런 갈등을 회피하지 말아야 한다는 주장도 있다. 인간들은 본성이 이기적이고 금전적인 이익 외에는 그들의 마음을 움직이기 어려워서 위대한 현대 문명을 건설할 수 있는 다른 실질적인 대안이 없기 때문이다.

이런 생각은 맨체스터학파의 신조라고 알려졌지만 차츰 인기를 잃게 되었고 지금은 보통 자본주의라고 불린다. 따라서 자본주의는 국가의 임무를 땅과 자본으로 이루어진 사유 재산을 보호하고 효율적인 경찰력과 치안판사들을 항상 유지하여 사회 질서를 유지하며 육지, 해상 방어를 제공하는 것 외에도 개인들이 각자의 이익을 쫓아 자유로이 맺은 계약들을 지키도록 강요하는 것이다.

자본주의와는 반대로 사회주의는 국가의 의무가 수입의 평등을 유지하고 어떤 형태로든 재산에 대한 개인의 권리를 절대적으로 부정하는 것이라고 주장한다. 사회주의 국가는 모든 계약에 있어서 국가가 한쪽 당사자이며 복지가 모든 계약들에 있어서 가장 중요한 고려 사항이라고 여긴다. 사회주의 국가는 어떤 계약이라도 한쪽 당사자가 비참한 가난 가운데 죽도록 고생을 하고 다른 한쪽은 그들의 노동을 이용하여 게으르면서도 호사스러운 삶을 유지하는 것을 인정하지 않는다. 따라서 사회주의는 모든 사적 재산과 계약의 자유를 폐지할 것이다. 사람들은 깨닫지 못하지만 사실 사회주의는 이미 대규모로 그런 일들을 시행했다. 지난 1세기에 걸친 자본주의와 사회주의 대결 동안 자본주의는 그것의 최악의 결과에 분노한 대중을 달래기 위해 조금씩 사회주의를 수용해왔다.

개인의 소유를 가리키는 의미로 흔히 사용되는 사유 재산이라는 말 때문에 혼동을 일으킬 필요는 없다. 재산 중 동산과 부동산을 구분하려던 시도가 큰 혼란만 가져온 덕분에 동산과 부동산을 구분하던 법은 1926년 폐지되었다. 사회주의가 개인의 소유를 반대하는 말은 터무니없는 것으로 오히려 사회주의자들은 개인의 소유의 불가피성을 알고 있고 그것을 크게 증대시키기를 원한다. 하지만 부동산에는 철저히 반대한다.

구분을 명확하게 하기 위해 예를 하나 들어보자. 당신이 지니고 있는 우산, 저녁에 먹을 식사를 당신은 사유 재산이라고 부를지도 모른다. 하지만 그것은 틀린 말이다. 왜냐하면 당신은 그것들을 사회적인 환경에서 지니고 있기 때문이다. 당신은 마음 내키는 대로 그것들을 사용할 수 없다. 즉, 당신은 우산으로 내 머리를 후려갈기거나 저녁 식사에 쥐약을 넣어 나를 죽이려 할 수도 없다. 혹은 그 음식물을 먹어서 자살을 하려 해도 안 된다. 자살은 영국에서 위법이기 때문이다. 우산을 사용하고 저녁 식사를 즐길 당신의 권리는 사회적 고려에 의해 엄격한 제한을 받는다. 하지만 당신이 영국이나 스코틀랜드의 지주라면, 그리고 당신의 땅에서 양이나 소를 기르는 것이 소작인들에게 땅을 빌려주는 것보다 더 이익이 크다면 그곳에 살고 있던 사람들이 아무 갈 곳이 없더라도 그들을 몰아낼 수 있다. 이제 막 아기를 낳은 임산부라도 집에서 쫓아내어 눈 쌓인 한길로 내동댕이칠 수 있다. 당신의 방에서 내려다보는 경관을 망친다는 이유로 강가에 있는 마을이 교역의 편의를 위해 증기선들이 정박할 수 있는 부두를 만드는 것도 허락하지 않을 수 있다. 당신은 기껏 몇 년에 한 번 그 별장에 오고 보통 2주 이상 그곳에 머무르지 않더라도 말이다. 이런 사례들은 꾸며낸 이야기가 아니다. 실제로 계속해서 반복되어 오는 일들이다. 우산으로 타인의 머리를 갈기는 것보다 더 지독한 범죄이지만 왜 지주들이 그런 일을 하도록 허용되는지 묻는다면 땅은 개인의 사유 재산이기 때문이라는 답이 돌아온다. 법률가들에게 질문하면 우산은 단지 동산에 불과하지만 땅은 부동산이기 때문이라고 대답을 할 것이다. 그런 사정 때문에 사회주의자들은 사유 재산의 철폐를 가장 시급한 일이라고 생각한다.

자본주의나 사회주의 모두 인간에게 가장 큰 행복을 제공하는 것이 그들의 목표라고 주장한다. 하지만 좋은 정부란 어떤 정부를 의미하는지에 대한 상정想定―계율이라 해도 좋을 것이다―에서 그들은 차이를 보인다. 자본주의는 토지와 자본이라는 사유 재산을 유지, 옹호하고 사적인 계약을 보호하며, 시민적 질서를 유지하기 위한 것이 아닌 한 산업과 기업에 대한 정부의 간섭을 인정하지 않는다. 사회주의는 소득의 평등을 주장하고 사유 재산 대신에 개인 소유를, 사적인 계약 대신에 공적으로 규제되는 계약을 옹호한다. 평등이 위협받을 때마다 경찰력이 개입할 수 있고 산업들과 그것들의 생산물들에 대한 국가의 전적인 규제와 통제가 행해진다.

정치적 이론의 입장에서 보자면 이 두 가지 주장보다 더 서로 모순이 되고 반대되는 입장에 있는 이론들은 찾아보기 어렵다. 우리의 의회를 보면 서로 반대되는 입장의 두 정당들을 볼 수 있다. 보수당과 노동당은 대략 자본주의와 사회주의를 대변하고 있다. 하지만 의회의 구성원이 되기 위해서는 정치적인 교육, 아니 그것은 고사하고 어떠한 교육이라도 받아야 한다는 조항 같은 것이 없기 때문에 의원들 중 극소수의 사람들만이, 지금 이 책을 읽고 있는 독자들처럼, 사회적, 정치적인 문제들에 관한 정치적인 소양을 쌓거나 그들이 속한 정당이 대표하는 정치적인 원리들을 이해하고 있을 뿐이다. 노동당에 속한 많은 의원들은 사회주의자가 아니다. 보수당에 속한 의원들 중 많은 이들은 토리당이라 불리는 봉건주의 귀족 출신이다. 그들은 사회주의자들만큼이나 국가가 모든 일들, 모든 사람들에게 간섭하는 것을 지지한다.

의회 의원들은 어떤 원칙이나 체계를 따라 일을 한다기보다 더 이상 일을 미룰 수가 없을 때까지 한 문제에서 다음 문제로 어정쩡한 타협을 하며 굼뜨게 일을 처리할 뿐이다. 우리들이 그나마 할 수 있는 말은 보수당이 어떤 정책이라도 가지고 있다면 그것은 자본주의적인 정책이고 노동당 역시 어떤 정책이라도 지니고 있다면 그것은 사회주의적이라는 것이다. 따라서 만약 사회주의에 반대하는 표를 행사하고 싶다면 보수당에 표를 주어야 하고 자본주의에 반대하는 표를 던지고 싶다면 당신은 노동당에 투표를 해야 한다. 이런 식으로 설명을 하는 것은 사람들을 설득해 투표장으로 가게 하는 것이 어렵기 때문이다. 우리는 무엇에 찬성을 하기 위해 투표를 하러 가기보다는 반대를 하기 위해 투표장에 가는 경우가 더 많다.

우리의 문전에서 맞닥뜨리는 형태로서의 자본주의에 대해 한번 차분히 생각해보자. 독자들이 처한 구체적인 상황을 내가 잘 모른다는 점에 대해 먼저 양해를 구해야 할 것 같다. 독자들은 자본가일 수도 있고 프롤레타리아일 수도 있을 것이다. 어쩌면 생활을 해나가기에 충분한 수입은 있지만 자본을 조성할 만큼의 수입은 없는 처지일 수도 있을 것이다. 때로는 나는 독자들이 아주 빈한한 처지에 처해 있어서 한 통의 석탄 값이 몇 실링만 올라도 살림에 큰 타격을 받는다고 가정하거나 혹은 독자들이 아주 부유해서 미처 다 사용하지 못한 수천 파운드를 어떻게 투자를 해야 할지 고민 중인 사람들이라고 상정할 것이다.

저자인 나에 대해서도 독자들이 전혀 아무것도 모르는 편보다는 조금이나마 아는 게 나을 것 같다. 나는 지주이자 자본가이며 부유세를 내야 할 만큼 부유하다. 게다가 나는 '어문 재산권literary property'이라 불리는 특별한 재산도 가지고 있다. 지주가 그의 땅을 사용하는 사람들에게 지대를 부과하듯 나는 내가 쓴 작품을 사용하는 사람들에게 사용료를 부과할 수 있다. 나는 얼마 안 되는 수입이 아닌, 꽤 많은 수입을 가진 사람으로서 수입의 불평등에 반대하고 있는 것이다. 하지만 나는 프롤레타리아, 그것도 아주 가난한 처지로 사는 것이 어떤 것인지도 잘 안다. 나는 사무실에서 일을 하기도 했고 몇 년 동안 어머니에게 의지하면서 실직 생활을 견뎌본 적도 있다. 최악의 실패를 맛보기도 했고 엄청난 성공을 거두기도 했다. 내가 태어난 계급은 최악이었는데, 물려받은 재산은 얼마 되지도 않았지만 최소한의 외적인 품위는 유지해야만 하는 귀족 신분이었다. 내가 자원해서 이런 사적인 사정을 늘어놓은 이유는 내가 지니고 있을지도 모르는 개인적인 편향을 이해해달라는 뜻에서다. 부자는 부자대로 가난한 사람은 가난한 사람대로 상대방에 대해 알지도 못하면서 글을 쓴다. 실제로 끼니를 건너뛰거나 길바닥에 나앉아 본 적은 없었지만, 나는 빈곤과 부유, 양쪽을 꽤 넓게 두루두루 겪어봤다. 내가 '저건 신 포도임에 틀림없어'라고 주장을 할 때 독자들은 내가 손이 미치지 않는 것에 대해 질투심에서 하는 말이라고 생각하지 않기를 바란다. 나는 가장 잘 익은 최고의 포도를 내 손 안에 들고 있기 때문이다.

　이제 본격적으로 이야기를 시작해보자.

29
당신의 쇼핑
YOUR SHOPPING

자신에게 한번 자문해보자. '국가의 수입이 불평등하게 배분되고 있다는 사실을 우리의 일상에서 찾아볼 수 있는 순간은 어느 때인가?'

대답은 분명하면서도 실제적이다. 우리가 무엇인가를 구매할 때마다 우리는 부의 불공평한 분배의 영향 아래 있게 된다. 양배추 한 포기, 빵 한 덩이, 양고기 한 조각, 맥주 한 병, 석탄 한 통, 버스나 전차 승차권, 극장표, 의사와 가사도우미, 변호사의 서비스를 구매할 때마다 우리들은 이들의 비용에 더해 우리를 위해 아무것도 하는 일이 없는 사람들에게도 추가로 비용을 지불한다.

모든 지적인 여성들은 교육, 노동, 관리, 물류, 물자 부문 등에서 원가보다 낮은 가격으로 상품이나 서비스를 구입할 수 없으리라는 것을 알지만, 특별히 그들이 경제적으로 어려운 형편이라면, 불가피한 가격 이상으로 지급을 하여 게으른 사람들이 사치를 누리며 호화로운 삶을 살 수 있게 하는 데 찬성하지 않을 것이다.

그런 그녀의 과부담금을 없애기 위해서 사회주의자들은 상품을 생산하는 기업들을 국영화하자고 주장한다. 그러면 사람들은 상품을 원가에 구매할 수 있을 것이다. 이런 주장은 게으름뱅이들과 그들에 의존하여 사는 사람들을 기겁하게 만들고 그들로 하여금 허겁지겁 각종 신문, 연설회 등을 통해 국영화가 얼마나 억지스럽고, 결국은 국가를 망치게 할 범죄인지 지적인 여성들을 최선을 다해 설득하려 한다. 하지만 그런 주장들은 모두 헛소리다. 이미 우리 주위에는 많은 국영화의 사례들이 있지만 누구도 그로 인해 손해를 보는 경우는 없다. 육군과 해군, 공무원, 우체, 전신, 전화, 교량, 등대들과 항만 시설들, 무기 제조창 등은 모두 국영화된 분야들이다. 이것들이 자연스럽지 못한 범죄 행위들이고 국가를 망치고 있다고 주장하는 사람들이 있다면 역시 또 하나의 국영기관인 국립 정신병원으로 보내져야 할 것이다.

지역 자치제도 국영화의 한 형태다. 차이가 있다면 체신부의 경우처럼 웨스트민스터의 의회가 나라를 대신하여 산업을 소유, 운영하지 않고 시 자치 단체나 시의회가 지역 납세자들을 위해 기업을 소유, 경영한다는 것이다. 전기, 가스, 수도, 전차, 공중목욕탕, 세탁소, 공공 의료, 도서관, 미술관, 박물관, 공중 화장실, 공연장과 밴드들, 무대들이 설치된 공원들과 부두들, 기타 대영제국을 유지하기 위해 필요한 많은 서비스들이 이에 속한다. 하지만 이런 사실을 알고 있는 대중은 얼마 되지 않는다.

이런 일들의 대부분은 민간 회사들에 의해 행해질 수도 있다. 실제로 이런 일들 중의 많은 것들이 민간과 공공 부문의 합작으로 운영되고 있다. 예를 들자면, 런던에서는 민간 전기 회사가 한 지역의 전기를 공급하고 자치구의회Borough Council가 다른 지역들에 전기를 공급한다. 하지만 자치구의회가 공급하는 전기가 더 저렴한데, 정직하고 유능한 경영진이 운영하는 자치 단체는 개인 회사보다 더 싸게 전기를 공급할 수 있다.

이유가 무엇일까? 당신은 의문이 들 것이다. 간단히 말하자면 자본을 유치하고 회사를 경영하는 데 돈이 덜 들고 이익을 남길 필요가 없기 때문이다. 이 세 가지 이점은 소비자들에게 저렴한 비용이라는 결과로 돌아온다. 하지만 사기업과 비교되는 공기업의 전모를 조망하기 위해서 국영 서비스 회사들부터 살펴보자. 왜 국영화된 체신부가 민간 우편 회사들보다 훨씬 더 저렴하면서도 광범위한 배달망을 갖추게 되었고 그래서 민간 우편 회사들은 법으로 금지된 것일까?

그 이유는 편지를 배달하는 비용이 각각의 편지마다 다르기 때문이다. 같은 지역 내에서 편지를 배달하는 비용은 돈으로 표시할 수 없을 만큼 미미할 수 있다. 요금을 책정하기 위해서는 각각의 편지가 아닌 천 통의 편지를 단위로 고려해야 할지도 모른다. 하지만 영국의 남단에 위치한 와이트 섬으로부터 샌프란시스코까지 편지를 배달하는 데는 상당한 비용이 든다. 솔런트 해협까지 기차로 운반된 우편물은 배로 옮겨져야 하고 사우샘프턴에서 다른 배로 옮겨지거나 하루 정도 기차로 옮겨진 후 리버풀에서 배를 갈아탄 후 대서양을 건넌다. 미국에 도착한 후에는 대륙을 가로질러 우송이 된 후에야 와이트 섬의 지구 반대편에 있는 수신인에게 배달이 된다. 당신은 아마도 같은 지역 내의 수신인들에게 12통의 편지를 보내기 위해서는 1페니가 들겠지만 샌프란시스코까지 편지를 부치는 데는 1파운드가 들 것이라고 생각할 것이다. 하지만 실제로는 이 13통의 편지를 배달하기 위해서 당신은 각각의 편지마다 1.5 펜스만을 지불하면 된다. 아마 이 책이 출간될 즈음에는 당신은 전쟁 전 요금대로 1페니만 지불하면 될 것이다. 체신부는 멀리 배달되는 우편물에는 실제 비용보다 적은 비용을, 가까운 곳으로 보내는 편지들에게는 실제 비용보다 더 높은 비용을 책정한다. 하지만 체신부는 수많은 단거리 우편물들에 비해 얼마 되지 않는 장거리 우편물들을 취급하므로 장거리 우편물에서 생기는 손해를 단거리 우편물들의 요금으로부터 충당할 수 있다. 이렇게 모든 우편물에 동일한 요금을 적용하는 것을 경제학자들은 애버리징averaging이라고 부르지만 다른 이들은 '그네에서 잃은 것을 회전목마에서 벌기'라고 부른다.

민간이나 민간 회사들이 우편물을 취급하도록 허락을 받는다면 우리들은 머지않아 몇 마일 이내의 가까운 지역에는 1.5펜스만 받고 12통의 편지를 배달해주는 회사들의 등장을 보게 될 것이다. 그러면 체신부는 장거리 우편물, 즉 비용이 많이 들어가는 우편물만을 취급해야 할 것이고 비용을 충당하기 위하여 우편요금을 올려야만 할 것이다. 결과적으로 일반인들은 가까운 거리에 편지를 보내는 위해서는 푼돈만 지급하면 되지만 10여 마일 떨어진 사람에게 편지를 보내기 위해서는 6펜스나 1실링이라는 비싼 요금을 내야 하는 난처한 지경에 처할 것이다. 이런 상황에서 이익을 얻는 쪽은 우편 시스템을 어지럽게 만든 민간 우편 회사들뿐이다. 그렇게 시스템을 망쳐

놓은 후 그들은 단거리 우편물 우송 요금까지도 올리려 들 것이다.

이제 우리의 시선을 잘 확립된 국영 서비스로부터 곧 국영화될지도 모르는, 그래서 많은 주부들을 불안하게 만드는 서비스로 돌려보자. 석탄 공급업이 그것이다. 우리나라 같은 날씨에서는 석탄이 필수품이지만 그것은 아주 비싸다. 내가 이 글을 쓰고 있는 지금은 계절상으로 석탄이 가장 저렴한 때인 한여름이지만 6월 16일자 가격표에 의하면 거실용 석탄 가격이 톤당 39페니, 무연탄은 70실링으로 고시되어 있다. 그것은 평균 가격보다 아주 높은 가격이다. 왜 나는, 혹은 당신은 그 가격을 지불해야 하는가? 그 이유는 한 마디로 석탄업이 아직 국영화되어 있지 않기 때문이다. 그것은 아직 민간업자들의 영역이다.

전국에 나르고 배급하는 데 드는 비용을 제외하면 석탄을 얻는 데 드는 비용은 거의 공짜에서 1톤에 1파운드까지 다양하다. 공짜로 석탄을 얻을 수 있다는 얘기를 들으면 당신은 믿지 않을지도 모른다. 하지만 밀물일 때 사람들은 선덜랜드 연안에서 마치 해초나 조개를 채취하듯이 석탄을 채취할 수 있다. 내 두 눈으로 사람들이 석탄을 줍는 것을 본 적이 있다. 석탄을 담을 부대와 그것을 옮길 힘만 있다면 누구라도 석탄을 행상하거나 자기 집의 석탄 창고를 채울 수 있다. 다른 지역의 해안에 있는 석탄은 사람들의 손길이 가닿기 어려울 정도로 멀리 바다 쪽으로 들어가 있어서 20년 이상 비용을 투자하여 몇 마일씩 바다 밑으로 갱도를 파고 들어가야 채굴할 수 있다. 이런 두 극단적인 경우들 사이에 온갖 종류의 탄광들이 존재하는데 어떤 탄광은 비용에 비해 채굴할 수 있는 석탄의 양이 아주 적어서 석탄 가격이 아주 높을 때에만 조업을 하지만 석탄 매장량이 풍부하고 채굴하기도 쉬운 일부 탄광들은 석탄 가격이 아주 낮을 때조차도 이익을 볼 수 있을 정도로 채산성이 좋다. 탄광을 개발하기 위한 비용도 350파운드에서 백만 파운드까지 다양하다. 하지만 우리들이 지불해야 하는 석탄 가격은 가장 채산성이 안 좋은 광산의 석탄 가격 이하로 떨어지는 법이 없다.

그 이유는, 상품이 구하기 어려울 때 가격이 올라가고 상품이 흔할 때는 가격이 내려가기 때문이다. 석탄 가격이나 딸기 가격이나 마찬가지다. 귀하면 비싸지고 흔할 때는 값이 내린다.

상품이 귀하게 되는 몇 가지 방법들이 있다. 우선, 생산을 늦추거나 멈춰서 시장에 나오는 상품의 양을 줄이는 방법이 있다. 상품을 사고 싶어 하고 살 여력도 있는 사람들이 늘어나도 상품이 귀해진다. 기존 상품의 새로운 용도를 발견해도 상품의 수요가 늘어날 수 있다. 인구의 증가에 의존하여 석탄의 희소성을 늘리려 하기보다는 취사용으로만 사용하던 석탄을 용광로와 증기선을 위해 수천 톤씩 필요하게 만드는 것이다. 덕분에 지금은 바다 밑으로 갱도를 뚫고 들어가서 석탄을 캐도 채산성이 있을 만큼 석탄의 가격이 높아졌다. 그런 광산의 채굴 비용은 아주 높지만 석탄 가격이 높아져 그것을 감안하고도 이익이 나오기 때문에 조업이 이루어진다. 하지만 석탄 가격이 하락해서 이익이 나오지 않으면 광산은 조업을 멈추고 문을 닫을 것이다. 그 결과 석탄의 공급이 줄어들면 석탄의 희소성이 다시 가격을 올리게 되고 그러다 보면 문을 닫았던 광산에 채산성이 생겨 다시 조업을 시작할 것이다.

이런 이유로 지적인 여성들은 (그리고 지적이지 않은 여성들도) 시장에 나오는 석탄의 극히 일부분만 그런 채산성 없는 광산에서 생산될 뿐 대다수 나머지는 훨씬 싸게 석탄을 생산하는 광산들에서 나온 것임을 안다 하더라도 항상 최고의 비용을 들여 석탄을 생산하는 광산을 기준으로 석탄 가격을 지급해야만 하는 자신들을 발견하게 될 것이다. 만약 그녀가 이런 가격 책정에 항의를 한다면 그녀에게 돌아올 석탄업자들의 대답은 뻔하다. 그들은 지금 가격으로도 일부 석탄업자들은 간신히 수지를 맞추는 형편이라고 말할 것이다. 그 말은 자체로 틀린 말은 아니다. 하지만 대부분의 광산들은 지주에게 지대를 제공하고도 엄청난 수익을 올리고 있다는 사실도 틀림없는 사실이다.

채산성이 좋은 광산에서 석탄을 캐는 광부들도 가장 채산성이 낮은 광산에서 일하는 광부들에 준한 급여를 받는다는 것도 문제를 복잡하게 만든다. 석탄과는 달리 사람들은 한 광산에서 다른 광산으로 자유롭게 이동할 수 있으므로 가장 낮은 임금을 받는 광부가 모든 광부들의 임금의 기준이 된다. 결국 모든 광부들의 임금은 가장 채산성이 낮은 광산의 임금 수준으로 맞춰진다. 모든 주부들이 가장 비용이 많이 드는 광산을 기준으로 책정된 석탄 가격을 받아들여야 하는 것과 비슷한 이치다. 불만을 품은 광부들은 파업을 하지만 석탄을 더욱 구하기 어렵게 만들어 값을 올려놓을 뿐이다. 주부들도 불평을 토로하지만 석탄 값을 내릴 수는 없고 기껏 중간 상인들을 비난하는 게 다이다. 채산성이 좋은 광산의 소유주들 외에는 누구도 만족스러운 상황이 아니다.

해결책은 체신청장처럼 애버리징을 도입하는 것이다. 만약 모든 광산들이 석탄청장의 관할 아래 있다면 그는 채산성이 최악인 광산에서 석탄을 캐는 비용을 고려한 가격이 아니라 채산성이 좋은 광산들과 나쁜 광산들의 이익을 상쇄한 평균 가격으로 석탄을 공급할 수 있을 것이다. 쉽게 이해를 돕자면, 만약 총 석탄 생산량의 절반을 캐는 비용이 톤당 1파운드가 들고 나머지는 반 크라운이 든다면 1파운드에 석탄을 판매하는 것이 아니라 둘의 평균 가격인 135펜스를 석탄 가격으로 정하는 것이다. 광산 합동 회사도 모든 광산들을 관할할 수는 있겠지만 이렇게 가격 조정을 하지는 않을 것이다. 왜냐하면 그 회사의 목적은 가능한 한 저렴한 석탄을 공급하는 것이 아니라 주주들을 위해 가능한 한 최대의 이익을 실현하는 것이기 때문이다. 자신의 이익은 전혀 바라지 않으면서 우리들의 이익만을 생각해줄 광산 소유자는 단 하나밖에 없다. 그 소유자는 정부가 임명하는 석탄청장이다. 그는 나라를 위해서, 즉 나와 당신, 모든 주부들, 석탄을 사용하는 모든 사람들을 위해 일할 것이다.

이제 당신은 왜 광부들과 현명한 소비자들, 석탄 구매자들이 석탄 광산들의 국영화를 주장하는지 이해할 수 있을 것이다. 광산 소유주들과 석탄 판매업자들은 국영화는 낭비, 부패, 걷잡을 수 없이 높은 가격, 상거래와 기업의 붕괴를 초래하여 대영제국의 종말, 기타 그들이 생각할 수 있는 모든 것들의 파국을 맞을 것이라고 입에 거품을 물고 떠들어댈 것이다. 원래의 생산비보다 훨씬 높은 가격에 석탄을 사람들에게 매도함으로써 얻어 온 이익을 잃을 수도 있다는 생각을 그들은 견딜 수가 없는 것이다. 하지만 아무리 미친 것처럼 떠들어대는 와중에도 그들은 이 모든 소요의 배경이 되는 한 가지 사실—사람들이 원가에 석탄을 살 수 있다는—만은 절대로 입에 올리지 않는다. 사람들의 관심을 다른 곳으로 돌리기 위해 그들은 국영화가 볼셰비키주의자들의 사악한 발명이며 영국 정부는 너무 무능하고 부패해서 석탄 광산들은커녕 노점상조차 제대로 정직하게 운영하지 못할 것이라고 주장한다. 독자들은 아마도 석탄 국영화에 관해 하원에서 벌어지는 십여 개의 토론회나 이를 다룬 수백 개의 신문 기사들을 읽어봤을지도 모른다. 하지만 지금 내가 방금 말한 바, 광산들 사이의 생산비 차이나 그것들을 애버리징하는 것이 석탄 가격을 현저히 낮출 수 있다는 얘기 같은 것은 들어보지 못했을 것이다. 사람들이 이런 사실을 알고 이해한다면 더 이상 그것을 둘러싼 토론 같은 것은 존재하지 않을 것이다. 석탄을 구매하는 모든 사람들은 모두 국영화를 주장하는 사람들이 될 것이다. 비록 광산 소유주들은 광산의 국영화를 막기 위해 자신이 가진 자금력의 마지막 한 푼까지 국영화를 헐뜯고 막기 위해 사용할 테지만 말이다.

광산이라는 사유 재산이 어떻게 모든 여성들이 석탄을 매입할 때마다 그들을 등쳐먹는지 알게 되었다. 하지만 그런 사정은 그녀들이 가위나 부엌칼, 포크, 다리미를 살 때도 마찬가지다. 철광을 캐는 광산이나 은을 캐는 광산도 석탄을 캐는 광산들만큼이나 서로 다르기 때문이다. 빵 한 덩이를 살 때도 마찬가지다. 농장들 사이에도 광산들처럼 생산성의 차이가 있다.

밀 한 자루를 생산하기 위해서 필요한 비용이 농장들마다 다르다. 공장에서 생산되는 물건들을 살 때도 여성들은 바가지를 쓴다. 공장으로부터 철도나 운하, 항구, 상품을 판매할 수 있는 지역, 원재료 구입처들까지의 거리가 다 다르고 제품을 운반하는 데 수력을 이용할 수 있는지 등의 여건도 다 다르기 때문이다. 모든 경우에 상점에서 판매하는 상품들의 가격은 생산비가 가장 많이 드는 광산이나 공장의 생산비를 반영할 뿐 공장들과 광산들 사이의 평균 가격—이것이 진정한 전국적인 상품 가격일 것이다—과는 관계가 없다. 결국 모든 상품들에서 최고 비용과 최저 비용의 차이만큼을 광산과 공장의 소유자들이 이익으로 가져가기 때문에 비록 부유한 국가에 살지라도 소비자는 가난할 수밖에 없다.

이런 무자비한 착취로부터 소비자를 보호하기 위해 사회주의자들, 또는 그들과 동조할 생각이 없었던 많은 이들이 광산과 공장들을 사유 재산이 아닌 국가의 재산으로 만들라는 주장을 하고 있는 것이다. 국영화를 주장하는 사회주의자들과 일반인들의 차이는 일반인들은 단지 싼 석탄을 원할 뿐이지만 사회주의자들은 광산을 소유하고 통제하에 두어서 그것들이 불평등한 수입의 수단으로 작용하지 못하게 만든다는 이면의 목적을 가지고 있다는 것이다. 하지만 국영화라는 당면의 목표에 두 진영은 의견을 같이한다. 사회주의자들은 의회에 많은 의석이 없어도, 아니 전혀 없어도 이런 식으로 자신들의 주장을 세상에 개진할 수 있다.

최악의 생산 조건에서 가장 높은 생산 비용을 들여 만든 상품의 가격과 최적의 상황에서 가장 적은 비용을 들여 만든 상품의 가격 차이를 경제학자들은 렌트rent라고 부른다. 광산, 저작권, 특허에서 생기는 렌트는 로열티라고 부른다. 대부분의 사람들은 집과 땅을 위해 들어가는 비용만을 렌트라고 부르지만 렌트는 국유화된 것들과 최악의 상황에서 만들어진 상품 가격을 제외한, 가격이 붙은 모든 상품들 가격의 일부이다.

30

세금
YOUR TAXES

가게에서 물건들을 살 때 외에도 우리들은 지방세, 세금, 전화세(전화를 사용하고 있다면), 집세, 지대를 내야만 한다. 이런 비용들에서도 우리가 손해를 보고 있는 건 아닌지 살펴보자.

사람들은 아무것도 얻는 것 없이 내기만 해야 한다고 지방세에 대해 불평을 한다. 혹여 얻는 것이 있더라도 모든 사람들에게 같이 주어지기 때문에, 옷이나 집, 가구들처럼 개인 소유라는 느낌을 가질 수 없다. 하지만 포장되고 조명이 밝혀지고 치안이 유지되는 거리가 없다면, 수도와 하수도, 기타 지방세로 충당되는 많은 서비스들이 존재하지 않는다면 옷이나 집, 가구들을 오랫동안 평화롭게 지닐 수 없을 것이다. 곰곰이 생각해본다면 지혜로운 여성은 곧 모든 소비 중에서 지방세가 가장 큰 혜택을 가져온다는 것을 깨달을 것이다. 지방세를 폐지하거나 줄이겠다는 공약을 내세우는 지방 자치 단체의 후보자들은(다행히도 그들은 그럴 수 없다) 어리석거나 사기꾼, 혹은 그 둘 다에 해당하는 사람들이다. 게다가 그녀에게 더 만족스러운 것은, 이런 서비스들을 제공하기 위해 지역 자치 단체가 쓰는 비용만큼만 내고 이런 서비스들을 이용할 수 있다는 것이다. 자치 단체들은 아무런 이익을 남기려 하지 않으며 무보수로 이런 서비스들을 훌륭하게 관리한다. 민간 기업이나, 지금 같은 상황이라면, 공공 기업에서도 이 정도로 서비스들이 잘 관리되기 위해서는 급여가 지불되어야 할 것이다.

세금도 비슷한 혜택이 돌아온다. 공공 서비스를 위해 우리들이 내는 세금들도 이익을 포함하지는 않는다. 그것들을 제공하기 위해 정부가 사용하는 원가만을 우리는 세금으로 지불한다. 만약 민간 기업들로부터 그런 서비스를 받으려면 우리들은 훨씬 더 많은 대가를 지불해야 할 것이다.

이제까지의 이야기를 들은 당신은 지방세나 다른 세금들을 낼 때 다른 소비들에 으레 따라오는 갈취를 면하게 되는 것으로 생각할 수도 있다. 다음번 세금 징수관이 집을 방문할 때 웃는 얼굴로 환대한 후 기꺼이 세금을 내려 할지도 모른다.

훈훈한 분위기에 찬물을 끼얹어 미안하지만 사실은 좀 다르다. 자본주의 체제하에서는 정부나 자치 단체들, 군 의회들도 상점들만큼이나 우리들을 착취한다. 우선 정부나 지방 정부들은 공공 서비스를 제공하기 위해 원가보다 부풀려 납품을 하는 민간 기업들로부터 상품과 서비스를 구매함으로써 결국 납세자들에게 과도한 부담을 떠넘긴다. 군민들을 위해 일하는 군의회들도 그곳의 땅을 자의로 사용할 수는 없다. 땅을 사용할 권리를 위해 지주에게 돈을 지불해야 한다. 물론 이것을 피해갈 방법은 있다. 예를 들자면 정부가 지주들이 받는 렌트에 세금을 부과하든가 불로소득에 과세를 하여 모은 돈으로 공공사업을 위해 필요한 땅을 사는 것이다. 이런 방법을 통해 우리들은 진정한 원가 서비스를 받을 수 있다. 심지어 우리들은 공짜로 서비스를 받을 수 있고 부자들이 그것의 비용을 지불하게 할 수도 있다.

하지만 우리들은 모든 사람에게 유용한 공공 서비스들만을 위해 세금과 지방세를 내는 것은 아니다. 세금의 다른 용도를 알게 되면 부유한 사람들은 자신들이 가난한 사람들을 위해 사회주의자들에게 수탈을 당하고 있다고 불평할 것이고 가난한 사람들은 자신들이 렌트와 세금 외에도 자본가들이 부담해야 할 비용들을 더 지불함으로써 그들에 의해 수탈을 당하고 있다고 불평할 것이다.

그런 주장들이 얼마나 근거가 있는 것인지 알아보자. 우선 부자들의 입장을 생각해 보자. 특정한 공공서비스를 위해서가 아니라 그저 국영화(공산화)의 일환으로서, 아무런 보상도 받지 못하고 강요에 의해 부유한 사람들은 그들 수입의 4분의 1이나 3분의 1을, 아주 부유한 사람들의 경우에는 반 이상을 국가에 빼앗긴다. 이런 세금 납부는 이제 아주 당연한 것으로 여겨져서 부자들은 세금에 대한 보상을 요구하거나, 그들의 물건들이 압류될 때까지 버티거나, 심지어는 볼셰비키주의자들에 의한 사유 재산 몰수라고 불평할 생각조차 하지 못한다. 우리들은 그런 일이 사악한 공산주의자들의 머릿속에서만 가능한 일이라고 생각하기 쉽지만 대영제국 안에서 그것은 매년 1월에 정기적으로 벌어지고 그것을 가능하게 하는 조례가 매년 4월 통과된다. 재무부장관은 그것을 공공연히 '재정과 지출 승인 법Finance and Appropriation Acts'이라고 부르지만 사실은 '징수徵收법Expropriation Acts'이라는 표현이 더 어울릴 것이다.

헌법, 관습, 전통, 의사 관례Parliamentary Usage, 기타 어떤 다른 규범들에도 세금을 지금처럼 수입의 3분의 1, 혹은 2분의 1을 징수하는 것으로부터 4분의 3, 10분의 9, 심지어는 수입 전체로 올리지 못하게 막는 규정은 없다. 아주 부유한 사람이 사망하면 정부는 망자의 부동산에서 발생하는 모든 수익을 다음 8년 동안 압수한다. 가장 적은 세금이 부과되는 부동산들일지라도 열 달 동안 세금을 정부에 내야 하고 나머지 부동산들도 금액에 따라 다양한 기간 동안 세금을 국가에 내야 한다.

부자나 가난한 사람들 모두 내야 하는 간접세라는 세금도 있다. 그들 중 일부는 특정한 음식, 담배, 술에 부과되는데 사람들이 가게에서 그것들을 구입할 때 가격의 일부로서 함께 지불된다. 인지세도 있다. 2파운드 이상의 영수증을 발행할 때는 2펜스, 간단한 문서 계약서에는 6펜스, 부동산이 없는 사람들은 결코 사용할 일이 없는 어떤 문서들에는 수백 파운드의 인지를 붙여야 한다. 이런 세금 중 어느 것도 치안세나 수도세 같은 특정한 공공 서비스를 위해 부과되는 것은 아니다. 그것들은 그저 개인들의 주머니로부터 나라 주머니로 수입을 옮기는 일로서 순전히 공산주의적인 행동이다. 모든 계층의 사람들이 지불하는, 음식에 부과되는 세금 말고도 그렇게 공산화되는 사유 재산이 이미 하루에 거의 100만 파운드 가까이 된다는 것을 알면 당신은 놀랄지도 모른다.

부자들은 그 액수를 보고 놀라 입을 다물지 못하면서 정부가 그 돈을 어떻게 사용하는지 물을 것이다. 하루에 백만은커

넝 1년에 몇 백 파운드의 수입을 얻을까 말까 한 대부분의 우리 같은 사람들은 실감하기 어려운 큰 금액을 낸 대가로 부자들은 어떤 보상을 받는 것일까? 정부는 그들에게 육군, 해군이 제공하는 국방, 공무원들의 봉사, 재판정 등등의 서비스를 제공한다. 이미 우리가 본 대로 정부는 원가나 거의 원가에 가까운 가격으로 그런 서비스들을 제공한다. 하지만 수억 파운드가 넘는 세금이 매년 연금과 실업수당으로 수입이 적거나 전혀 없는 불행한 사람들에게 주어진다.

이것은 순전한 수입의 재분배 행위로 완전히 사회주의적인 행위다. 가난한 사람들은 충분한 수입이 없고 부자들은 지나치게 많기 때문에 정부 관리들은 아무 공과를 생각하지 않고 부유한 사람들에게 돈을 걷어서 가난한 사람들에게 지급한다. 이런 행위를 막을 헌법적인 제한은 존재하지 않는다. 나는 부가세가 없던 시절, 소득세가 1파운드에 4실링 6펜스나 5실링이 아니라 2펜스였던 시절을 기억한다. 글래드스턴 총리는 그조차 없애려 했었고 아무도 세금으로 소득의 공평한 분배를 꾀한다는 생각 같은 건 하지 못하던 시절이었다. 지금은 그것이 세금의 가장 큰 용도이고 현재 재정 지출 시스템에 아무 변화도 없이 매년 공평한 분배를 위해 집행될 수 있다.

이렇게만 보자면 빈자들이 세금으로부터 더 큰 혜택을 보는 것 같다. 하지만 일부 부자들은 세금으로부터 더 큰 이익을 얻는다. 정부가 매년 세금을 사용하는 압도적으로 가장 큰 항목은 전쟁을 위해서 빌린 돈을 지급하는 것이다. 그 돈은 이미 다 소비되었지만 우리는 계속해서 그 돈을 갚아 나가야 한다. 전쟁 비용의 대부분은 여유돈을 가지고 있던 부자들에게서 나온 것이다. 결과적으로 정부는 매년 부자들로부터 막대한 돈을 징수하여 즉시 그것을 전쟁 비용을 빌려준 부자들에게 반환한다. 이것은 부자들 사이에 부를 재분배하는 결과를 가져온다. 그런 거래로 손해를 보는 사람들은 국가 부채를 들먹이며 소동을 벌이지만 한 영국인으로부터 돈을 받아서 다른 영국인에게 돈을 주는 국가는 그런 거래로 인해 조금도 더 가난해지지 않는다. 그런 수익의 이전은 그것이 기존의 불평등을 늘리느냐 혹은 감소시키느냐에 따라 좋거나 나쁜 일로 판단될 수 있다.

하지만 전체적으로 볼 때 불행하게도 그런 거래는 불평등을 늘리게 된다. 그 이유는 국가가 일부 자본가들로부터 돈을 빌렸다가 그들 사이에 다시 분배하는 것이 아니라 모든 자본가로부터 돈을 빌린 후 그들 중 일부에게만 다시 돈을 재분배하기 때문이다. 이것이 국가 부채의 진정한 해악인데, 채권자가 국민인 한 그것은 전혀 부채로 볼 수가 없다. 쉽게 표현을 하자면, 코끼리는 자신의 네 다리가 지탱해야 할 무게가 너무 무겁다고 불평을 하지 않는다. 하지만 무게가 네 다리 사이에 공평하게 분배되지 않고 한쪽으로만 치우친다면 코끼리는 무게를 지탱할 수 없을 것이고 작은 장애물이라도 만나면 넘어지게 될 것이다. 불평등한 시스템하에서의 우리의 거래도 똑같은 상황에 부닥치게 된다.

때때로 사람들은 전쟁 비용을 위해 정부에 돈을 빌려준 자본가들은 자신들의 희생의 대가로 비용을 받을 권리가 있다고 주장한다. 나도 국가에 돈을 빌려주었던 사람 중의 하나지만 이것은 감상적인 헛소리다. 그들이야말로 아무런 희생을 하지 않은 사람들이다. 아니 오히려 보통이라면 4퍼센트만 받아야 할 이자를 5퍼센트나 제공하는 특별한 투자의 기회를 얻은 사람들이다. 전쟁 중 눈을 잃거나 불구가 되거나 목숨을 잃은 사람들이 진정한 희생을 한 사람들이고 전쟁을 위해 일을 하거나 참전했던 사람들이 진정으로 국가를 구한 사람들이다. 아무것도 하지 않고 다른 사람들이 모두 힘을 합해 만들어 놓은 국가적인 빵을 빼앗아온 후 자신이 거느리는 하인들과 함께 크게 베어 먹은 후 남은 조각을 군인들에게 넘겨준 사람들은 전혀 아무런 개인적인 희생을 하지 않은 사람들이다. 그들은 그저 식량 부족을 더 심각하게 만든 사람들일 뿐이다. 그런 사람들을 이렇게 우대하는 것은 그들에게 어떤 칭찬할 만한 점이나 공이 있어서가 아니라 그렇게 더 돈을 주지 않으면 다음번 돈이 필요할 때 빌려 사용을 할 수 없을까봐 두렵기 때문이다. 이 점에 관해서는 뒤에 자본에 대해 논할 때 더 자세히 살펴보겠다.

만약 당신이 전쟁 중 비행기 공습으로 한쪽 눈을 실명했거나 남편이나 아들을 잃었다면, 혹은 어떤 식으로든 전쟁 중 당신의 몫을 제대로 다했고 지금은 납세자로 세금을 충실하게 내고 있다면, 당신은 당신에게서 거두어진 돈이 전쟁 중에도 평소 때처럼 아무런 희생을 하지 않고 편안하게 살았던 사람에게 건네지는 것이 터무니없게 느껴질 것이다. 그 사람이 정부에 돈을 빼앗긴 것이 당신 남편의 수족이나 아들의 목숨을 잃는 것보다 가혹한 일이라고는 생각할 수 없을 것이다. 아무리 좋게 얘기해봤자 그들의 편의에 부합하는 일이었을 것이다.

어떻게 당신이 낸 세금이 당신에게 혜택으로 돌아오기보다는 부당 이득을 좇는 사람들을 부유하게 만드는지 한 가지 더 예를 들어 보자. 전쟁이 시작될 당시 부당 이득을 좇는 사람들은 영향력을 발휘하여 정부로 하여금 국가가 운영하는 병기창이 아니라 자신들의 공장에서 만든 비싼 포탄들을 구매하도록 만들었다. 그 결과 사람들이 내는 세금은 부당 이득을 좇는 사람들이 만드는 포탄을 구입하는 데 사용되거나 병기창에서 아무런 일도 하지 않고 빈둥거리며 급여만 받는 직원들을 부양하는 데 사용되었다. 납세자들은 부당 이득을 좇는 사람들의 공장에서 일하는 노동자들을 위한 급여나 부당 이득을 좇는 사람들의 이익까지 부담했다. 하지만 그들은 필요한 만큼의 포탄 수요를 충족시키지도 못했고 그들의 포탄은 지나치게 비쌀 뿐 잘 폭발하지도 않았다. 그 결과 우리의 많은 젊은이가 탄약의 부족 때문에 플랑드르 전투에서 떼죽음을 당했다. 거의 패전 위기에 처한 정부는 병기창들을 다시 가동하여(독자들 중에는 그런 곳에서 일한 사람들도 있을 것이다) 포탄을 만들기 시작했는데 그곳에서 대량으로 만들어진 포탄들은 종전 후인 지금까지도 다 소진을 못하고 있다.

부당 이득을 좇는 사람들은 사업에 제약을 받게 되었고 회사를 운영하는 법을 배우게 되었으며(그들은 제대로 된 계정을 유지하는 법도 몰랐고 그로 인해 돈을 물처럼 낭비했다) 이익의 급격한 감소를 경험했다. 하지만 이런 뼈아픈 경험(이것은 물론 국영화를 찬성하는 사람들에게는 커다란 승리였다)에도 불구하고 전쟁이 끝나자마자 자본주의를 옹호하는 신문들은 정부가 무능하고 부정직하며 낭비가 심한 고용주인데 반해 민간 기업들은 능력 있고 효율성이 높으므로 그들이 수익을 내며 할 수 있는 일들을 정부가 해서는 안 된다는 어리석고 부패한 주장을 하기 시작했다. 덕분에 곧 국영 공장들은 헐값으로 부당 이득을 좇는 사람들에게 넘어가기 시작했고 국영 공장에서 일하던 노동자들은 병역에서 해제된 군인들과 함께 길바닥으로 쫓겨나 2백만 명도 더 되는 사람들이 실업수당을 받으며 생활하게 되었다.

이것은 언제나 벌어지는 일의 한 가지 선정적인 예에 불과하다. 즉 어떤 이익도 목적으로 하지 않는 정부 기관에 의해서 효율적으로 행해질 수 있는 일들을 이익을 좇는 사람들에게 맡김으로써 세금을 낭비하는 일 말이다.

우리들이 지방세와 세금을 낼 때 사실상 우리는 우리들이 누리는 공공서비스에 대한 원가를 지불할 뿐만 아니라 민간 기업주들에게 불필요하면서도 과다한 이익을 지급하고 있으며 그들이 땅과 자본을 빌려서 사용하는 지주들과 자본가들, 전시 공채를 지니고 있거나 기타 국가부채에 관련된 다른 주식을 가지고 있는 자산가들에게도 엄청난 돈을 지불하는 것이다. 하지만 당신이 연금이나 기타 이런저런 공적 구제를 받는다거나 전시 공채나 콘솔 공채*를 소유하거나 정부나 지방단체들과 계약을 맺은 회사들에 근무하는 식으로 지불한 세금 일부를 돌려받을 수도 있으므로 전체적으로 볼 때 당신이 손해를 보는지 이익을 보는지 말하기는 쉽지 않다. 하지만 확률적으로 당신이 손해를 보는 경우가 10분의 9 정도라는 것은 말할 수 있다. 즉 당신이 정부로부터 얻는 것보다 더 많은 것을

---

* 1751년 각종 공채를 정리하여 연금 형태로 만든 것.

부자들은 정부를 통해서 당신에게서 가져간다. 그게 기껏 세금이 하는 일이다. 이제 지방세에 관해 얘기를 해보자.

31

지방세
YOUR RATES

모든 사람이 공평하게 지방세*를 내지는 않는다. 정부와 마찬가지로 지방 정부도 사람들에 따라 세금을 지불할 수 있는 능력이 다르다는 것을 인정해야만 하고 그에 따라 세금을 부과해야 한다. 어느 주민의 집이나 회사가 일 년에 100파운드 정도를 집세로 받는다면 일 년에 20파운드 정도를 받는 사람보다 부유한 것이므로 그에 따라 세금을 부과한다.

그렇게 따지고 보면 모든 지방세는 사실 우리들이 누리는 공공 서비스에 대한 지불인 동시에 일종의 누진 소득세이다. 국가가 지니는 부채가 있듯 지방 정부가 지니는 부채도 있다.

---

* 영국의 지방세 제도는 전통적으로 레이트rates라는 주택, 건물 등 자산을 대상으로 부과되는 자산과세property tax였다. 지역 내 자산을 과세 대상으로 하기 때문에 세원이 지역에 한정되어 있으며, 세수가 비교적 안정적이고, 지방정부 입장에서 세수 예측이 용이하며 지방세 운영과 관련하여 지역 주민의 민원이 상대적으로 적게 발생하며, 납세 의무자가 조세 부담을 회피하기 어렵다는 장점을 지니고 있다.

지방 정부도 중앙 정부처럼 나태하고 낭비를 일삼는다면 공적인 사업들을 이익을 추구하는 민간 업자들에게 맡길 것이고 세금에 관해 일어날 수 있는 모든 일이 비록 더 작은 규모이긴 하지만 지방세에서도 똑같이 발생할 수 있다.

하지만 지방세에만 해당하는 비상식적인 일들도 있다.

국가나 지방 정부가 가난하건 부자건 납세자들에게 세금이나 지방세를 물림으로써 비용을 처리하는 공산주의식 제도를 생각해보자. 아기에게 젖을 물리기 위해 제대로 식사를 해야 함에도 그럴 형편조차 되지 않는 여성에게 튼실한 말들로 채워진 버킹엄 궁전의 마구간을 유지하기 위한 비용을 물린다면 그녀는 당연히 세금을 낼 수 없을 것이다. 꽃들이 화려하게 피어 있고 밴드들과 탈 것들, 보트들이 한가로이 호수에 떠 있는 대도시의 공원, 마차와 자동차를 가진 부자들이 주로 이용하므로 그들에게 입장료만 받아도 충분히 마련할 수 있을 공원 운영비를 그런 곳을 이용할 일이 거의 없는, 다닥다닥 붙어 있는 비좁은 셋집의 방 한 칸에서 온 식구가 함께 거주하는 여성에게까지 분담시키는 것은 과한 짓이다.

공산주의적 소비는 모두에게 똑같이 부과되는 강제 비용이기 때문에 모든 사람들의 수입이 똑같지 않은 한 그들의 지출 여력에 맞춰서 부과될 수는 없다. 그렇다고 공원을 폐쇄하거나 왕실 마구간의 말들을 없애거나 왕세자도 여염집 여인네의 아들들처럼 옷을 한 벌만 입으라고 주장할 수는 없는 노릇이다. 공평한 수입을 보장하는 것이 이 문제를 해결할 수 있는 궁극적인 방법이지만 그것이 이루어지기까지는 융통성 있게 세금과 지방세를 부과하는 수밖에 없다. 공적 소비를 최빈곤층의 재산에 맞추자면 우리의 삶은 야만인들도 견디기 어려울 만큼 피폐해질 것이다.

하지만 지방세 납부자가 착취를 당하는 몇몇 측면은 다른 이야기다. 그에 상당하는 대가를 제공하지 않고 사람을 이용해 돈을 버는 것은 착취다. 사실상 거의 모든 민간 고용주들은 지방세 납부자들을 어느 정도 착취하고 있다고 보면 된다. 하지만 납세자들은 지금 우리가 하고 있는 것 같은 공부를 따로 하지 않는 이상 그런 사실을 깨닫지 못한다. 납세자들이 착취당하는 방식은 다음과 같다.

가사도우미들을 사용하는 여성은 대부분의 경우 그들을 장기적으로 고용하지만 때로는 일부의 사람들을 임시로 고용하기도 한다. 가정부와 요리사는 장기 고용인으로, 간병인은 일시 고용인으로 일하지만 청소를 하는 여성은 몇 시간 혹은 하루씩 고용을 했다가 필요가 없어지면 바로 떠나보낸다. 그녀가 계속해서 다른 일자리를 얻고 못 얻고는 그녀가 알아서 할 일일뿐이다. 그녀가 병에 걸려도 그녀를 가끔씩 고용하는 사람들이 신경 쓸 일은 없다. 부자들이 죽을 때 유언을 통해 하인들에게도 재산을 나누어주는 경우가 있지만 청소를 하는 여성에게는 해당되지 않는다.

택시를 이용하듯이 필요할 때마다 몇 시간 그녀의 서비스를 이용한 후 더 이상의 아무 부담을 느낄 필요 없이 몇 푼 쥐여준 후 길거리로 내보내는 것은 주인으로서는 아주 편리한 일이다. 하지만 그녀가 병이 들거나 일이 전혀 없거나 나이가 들어 젊고 강한 여성들에게 일자리를 뺏기게 되면 문제가 생긴다. 누군가가 그녀를 돌봐야만 한다. 그 누군가가 바로 지방세 납세자들인데 그들의 세금으로 실업수당과 노령연금의 재원이 만들어지고 구빈원救貧院의 원내 외 구조가 행해진다. 납세자들이 이런 일을 감당하지 않으면 청소부를 고용하는 모든 가정이 더 많은 급여를 그녀에게 제공하거나 그녀가 제공하는 서비스를 이용하지 못한 채 지내야 할 것이다. 지금처럼 더 이상 일을 하지 못하게 된 늙은 하인들을 아무런 연금도 주지 않고 내보낼 수 없을 것이다. 그런 이유로 도우미를 이용하는 각 가정은 자신들이 가사도우미들에게 주어야 할 비용의 일부를 가사도우미를 사용하지도 않는 지방세 납부자들에게 전가시키고 있다.

어쩌면 이것은 가장 적절한 예는 아닐지도 모른다. 청소부도 그렇게 형편이 나쁘지만은 않을 수도 있기 때문이다. 일을 잘하는 청소부들은 구하기 어렵고 그들은 자신들이 골라서 일을 하러 갈 수도 있다. 하지만 한 번에 수많은 사람을 임시로 고용하는 거대한 회사들을 생각해보라. 예를 들자면 항만 노동자들을 고용하는 회사가 그렇다. 배에 화물을 싣고 내리는 노역자들은 한 번에 몇백 명씩 시간당 임금으로 고용이 된다. 그들은 그날 한 시간 일하게 될지 8시간 일을 하게 될지, 혹은 그 주에 이틀 동안 일을 하게 될지 일주일 내내 일을 하게 될지 알 도리가 없다. 시간당 2펜스를 받고 일을 하던 그들이 6펜스를 받게 되었을 때 그들이 그것을 얼마나 커다란 쟁취로 여기고 뿌듯해했는지도 나는 기억한다. 그들을 고용함으로써 항만 회사들은 이익을 남기지만 노동자들과 그들의 가정은 거의 언제나 지방세에 의존에서 생활해야 한다.

좀 더 극단적인 예를 생각해 보자. 지방세 납세자들은 그들의 세금을 통해 구빈원을 운영한다. 어떤 절박한 처지에 처한 사람이라도 구빈원에 도착하면 그는 그곳에서 숙식을 제공받게 된다. 사지가 멀쩡하지만 마음껏 술을 마시고 방탕한 삶을 살기 위해서 구빈원에서 생활하는 사람들도 있다는 것은 널리 알려진 사실이다. 그러다가 그곳을 나와 일을 하게 되기도 하지만 배에서 짐을 내리고 받은 일당을 흥청망청 써버리고는 다음 날 아침이면 다시 구빈원으로 돌아와 지방세 납세자들의 세금으로 숙식을 제공받는다. 임시로 일을 할 수 있는 여성들의 경우도 마찬가지 삶을 살 수 있다. 하지만 이것은 단지 극적인 예일 뿐이다. 생각이 있는 노동자들은 그런 삶을 살지 않는다. 하지만 임시적인 일을 하는 사람들이 생각하며 살기는 어렵다. 그들이 신중한 사람들이라면, 항상 차분하게 행동하고 분별심에 귀를 기울이는 사람들이라면 자신들이 처한 불안정한 상황을 견뎌낼 수 없을 것이기 때문이다.

게다가 부두에서의 노역은 위험한 일이다. 바쁜 시기에는 커다란 부두에서 거의 20분마다 한 번씩 사고가 일어난다. 부두를 운영하는 회사는 다친 노동자들을 치료하기 위한 병원을 따로 운영하지 않는다. 그럴 필요가 왜 있겠는가. 지방세에 의해 유지되는 빈민 병원을 언제라도 사용할 수 있고, 그 외에도 지방세의 보조를 받는 병원이 있기 때문이다. 부두를 운영하는 회사는 아무 부담 없이 사고를 당한 사람들을 그곳에 옮겨놓고 공적인 비용으로 치료받도록 하면 그뿐이다. 부두를 운영하는 사람과 감독관들이 공적인 구제를 열렬히 지지하는 것은 우연이 아니다. 부두에서 노역 중 부상을 당한 사람들은 그들의 가정에서 알아서 돌봐야 한다.

감옥이나 경찰력, 판사들 그리고 그에 부속된 모든 사람들은 납세자의 세금으로 유지되는 공공기관들이다. 그들이 처리하는 가장 많은 범죄는 술에 의해 발생하는 것들이다. 술을 취급하는 장사는 줄여서 그저 '장사'라고 불리는데 '장사들 중의 으뜸 장사'라는 뜻이다. 왜 그렇게 주류업자들이 쉽게 돈을 벌 수 있을까? 술을 파는 사람들은 술꾼들에게 술을 판 후 그들이 취하면 길거리로 쫓아낸다. 그 이후 술 취한 사람이 저지르는 모든 말썽들—그가 저지를지 모르는 범죄, 그가 앓게 될 병, 그로 인해 그가 자신과 가족들에게 입힐 피해, 그리고 결국 그가 처하게 될 빈곤—은 모두 지방세 납세자의 몫이다. 만약 이런 모든 비용들이 경찰세나 구빈세救貧稅에 의해 지원이 되지 않고 주류업자에게 직접 부과된다면 주류업자들의 수입은 즉시 사라지고 말 것이다.

하지만 실상은, 주류 판매에서 생기는 모든 이익은 주류업자가 취하고 그것에서 발생하는 모든 손실은 납세자들이 떠맡는다. 미국이 주류업을 금지한 이유가 바로 그것이다. 미국인들은 술집을 폐업시켰고 그 덕분에 많은 감옥들도 줄일 수 있다는 것을 발견했다. 하지만 만약 그들이 지방 자치 단체에 감옥뿐만 아니라 술 판매업도 운영하도록 맡겼다면 음주로 인한 손실이 이익보다 크다는 것을 깨닫고 지방 자치 단체는 금주를 위한 노력에 더 많은 시간을 들였을 것이다. 현재로서는 납세자들이 주류업자들에게 이용당하고 있고 몇 사람을 엄청난 부자로 만들기 위해 나라 전체가 건강을 잃고 사기가 저하된 상태다. 물론 그들은 가끔 우리를 위해 낡은 성당을 재건해주기도 하지만 그 대가로 귀족이 되기를 바란다. 최악의 거래라 할 만하다.

정부나 지방 단체가 당신을 속일 수 있는 또 다른 계책이 있다. 국민들에게 이익을 남기지 않는다거나 원가로 서비스를 제공한다는 그들의 의무를 저버리고 그들은 종종 공공연히 이익을 남기고 그것을 자신들의 효율성의 증거로 자랑한다. 이런 일은 우리들이 공공 서비스를 이용하고 세금이나 지방세가 아니라 일반 소비재를 사용할 때처럼 요금을 낼 때 발생한다. 가령 편지를 보낼 때 우리는 정부에 1펜스 반을 지불한다. 지방 자치 단체가 전기를 공급하는 곳에 산다면 당신은 지방세가 아닌 요금을 사용한 만큼 내야 한다.

체신청장은 이런 시스템을 사용하여 그들의 평균 원가보다 많은 비용을 우리들에게 청구한다. 이런 식으로 남긴 이익을 그는 재무부장관에게 넘기고 재무부장관은 그것을 소득세와 부유세를 인하하는 데 사용한다. 결국 당신이 넘겨준 이익이 다른 사람들의 소득세를 줄여주는 것이다. 즉 당신이 낸 1펜스 반의 요금은 결국 백만장자들의 호주머니로 들어가게 된다. 물론 당신이 소득세를 낸다면 당신도 그것의 일부를 돌려받게 되겠지만 대부분의 사람들은 소득세를 내지 않는다. 하지만 모든 사람들은 일상생활 중 적어도 몇 장의 우표를 구입해야 하므로 소득세를 내는 사람들은 편지를 보내는 사람들의 우표값을 착취하는 것이다. 이것은 원칙적으로 잘못된 것으로 심각한 권력의 남용이다. 하지만 이런 일은 사람들의 칭찬을 받고 있고 정부가 전신 사업을 체신청에, 전화를 전신 사업에, 라디오를 양쪽에 맡김으로써 더욱 늘어만 갈 것이다.

지방 자치 단체가 전깃불을 공급하는 경우, 민간 기업과는 달리, 시설을 차리는 데 들어간 비용을 빌린 순간부터 바로 갚아나가야 하고 특정한 기간 안에 모두 상환해야 하지만 이 모든 상황하에서도 민간 기업보다 저렴한 가격으로 전기를 공급한다면 부득이하게 이익이 남게 된다. 이 수익을 지방세를 줄이는 데 사용하면 납세자들은 만족하면서 수익을 남긴 지방 자치 단체의 영업 행위를 높게 평가한다. 이에 고무된 지방 자치 단체는 그들이 전기를 공급하는 원가보다 더 높은 가격을 책정하여 일부러 더 많은 이익을 남기려 노력한다. 이런 일이 벌어지면 전기를 사용하며 과도한 요금을 지불하는 사람들이 전기 요금을 지불하지 않는 사람들의 지방세 일부를 보전해주게 된다. 전기를 사용하는 사람들 사이에서도 전기의 사용량에 따라 불평등한 요금이 존재하게 된다. 고객들을 유치하기 위해 가게를 환하게 밝혀야 하는, 근근이 영업을 이어가는 딱한 가게 주인은 자신의 집에만 조명이 필요한 부유한 사람들보다 훨씬 많은 전기 요금을 지불해야 한다.

지방세와 세금 이야기는 이쯤에서 줄여야 할 것 같다. 만약 이것들이 폐지가 되고(얼마나 인기 있는 선거 공약이 될 수 있을지는 불문가지이다) 나라와 지방 자치 단체들이 공공사업에서 올리는 수익으로 대체가 된다면 그 결과는 국가 지방 자치 사회주의가 아니라 국가 지방 자치 자본주의가 될 것이다. 실제로 당신이 납부하는 지방세에 게으른 자들이 편승할 수 없어야 함에도 어느 정도 그것이, 모든 일반적인 구매에서와 마찬가지로, '착취'를 당하고 있다는 것은 주지의 사실이다.

32

렌트
YOUR RENT

이야기가 지방세와 세금으로부터 렌트로 옮겨오면 당신은 더욱 분노를 느끼게 될 것이다. 왜냐하면 당신이 공공 회계 담당자에게 돈을 주는 경우 비록 일부나마 공공 서비스의 형태로 돌려받을 수 있고 나머지는 노령 인구들이나 빈곤층을 돕기 위해, 혹은 기타 소득의 평등에 도움이 되도록 사용되지만 렌트를 지불하는 경우 당신을 이용해먹는 사람은 그가 좋은 대로 돈을 사용하여 소득의 불평등을 더욱 조장하기 때문이다.

렌트는 설명하기에 간단하다. 만약 당신이 땅 한 뙈기를 빌려서 일을 한다면 지주는 당신의 소득에 기대어 산다. 만약 당신이 그것이 맘에 들지 않는다 해도 어쩔 수 없다. 당신이 렌트를 지불하지 않으면 강제적으로 그 땅에서 쫓겨나고 그것을 사용할 수 없게 된다. 당신은 이런 관행에 아주 익숙해 있기 때문에 어떤 한 개인이 마치 그 땅을 자신에게 속한 것처럼 권리를 행사하는 것에 대해서 이상하게 생각하지 않는다. 하지만 만약 어떤 사람이 자신이 공기나 햇빛이나 바다를 소유하고 있다고 주장하면 당신은 분명히 그가 실성했다고 생각할 것이다. 당신은 살고 있는 집에 대해서도 렌트를 지불하고 있을지 모른다. 그 집을 지어 당신에게 빌려준 사람에게 대가를 지불한다는 것은 합리적인 일처럼 보일 것이다. 적절한 집세를 내고 있는 것인지 쉽게 알아볼 수 있는 방법이 있다. 당신이 그 집에 대해 화재보험을 든다면 (아마도 대부분 집주인은 당신에게 그렇게 할 것을 요구할 것이다) 보험을 드는 금액을 통해 그 집을 짓는 데 비용이 얼마나 들었을지 알 수 있게 된다. 보험을 들지 않더라도 건축업자에게 당신이 사는 집과 비슷한 집을 짓는 데 얼마나 돈이 들어갈지 물어볼 수 있다. 당신이 그 집을 담보로 해서 그 정도 금액을 은행에서 빌렸을 때 은행에 지불해야 하는 이자가 곧 땅의 가치와는 별도로 그 집의 정당한 가치라 할 수 있다.

만약 당신이 현재 사는 집이 중세 시대에 만들어진 성처럼 원래 용도로는 쓸모가 없게 되었다거나 혹은 당신이 집주인에게 고용되어 일을 하는 경우가 아니라면 당신은 집의 본래 가치를 넘어서는 렌트를 지급하고 있을 것이다. 런던 같은 대도시에서는 렌트가 건물의 가치를 크게 상회하므로 두 가치를 비교하는 것은 의미가 없다. 조금 후미진 곳에서는 렌트와 집의 가치가 별 차이가 나지 않으므로 집을 직접 지었을 때 얻을 수 있는 수익의 범위를 크게 벗어나지 않는다. 하지만 전국적인 합계를 내보면 일 년에 수억 파운드가 집세로 지출된다. 이것은 집의 가격이 아니라 집이 세워진 땅, 그곳에 살 수 있도록 지주가 허락해준 데 대한 보상인 것이다.

한 영국 여성이 영국에 살도록 허락하거나 거부할 권리, 아니 그녀가 목숨을 부지할 권리를 어떤 다른 사람이 지니고 있다는 생각은 자연적 정의*의 모든 개념에 어긋나는 터무니없는 생각으로서, 땅에 대한 개인의 절대적인 소유권 같은 것은 존재할 수 없으며 왕은 필요하다고 판단할 경우 자신에게 맡겨진 토지를 현재 점유자들로부터 언제든지 빼앗아올 수 있다고 모든 법률가는 주장한다. 하지만 지주들은 수 세기 동안 입법자들과 왕권의 옹위자들이었기 때문에 그들은 왕의 존재와는 상관없이, 법률가들에 지급하는 비용이나 양도증서 같은 서류들의 계약 비용을 제외하면, 사실상 토지가 다른 모든 것들만큼이나 사유 재산이 될 수 있도록 노력해 왔다. 토지에 대한 이런 개인의 권한은 아주 빈번히 매매되기 때문에 당신으로서는 당신의 지주가 정복왕 윌리엄 시절에 소작인들을 거느리며 권세를 누렸던 귀족들의 후손인지 근근이 힘들여 모은 돈으로 토지 소유권을 산 딱한 과부인지 알 수가 없다.

어떤 경우이건 게으르고 악독한 지주가 경찰력을 업고 부지런하고 착한 여성에게 와서 '당신 소득의 4분의 1을 내놓거나 아니면 내 땅에서 나가시오'라고 주장할 수 있다는 사실에는 변함이 없다. 그 지주는 심지어 집세 받는 것을 거부하고 무조건 그녀를 그곳으로부터 퇴거하도록 명령할 수도 있다. 실제로 그런 일이 자주 벌어졌는데 예를 들자면, 당신도 기억할지 모

---

* Natural Justice. 영국의 법 원리로서, 미국과 한국에서도 적법 절차 조항에 의해 헌법적 원리로 적용되고 있다. 영국에서의 자연적 정의란 편견 배제 원칙(the principle of impartiality, 누구든지 자기의 사건에 대해 심판관이 될 수 없다)과 쌍방 청문 원칙(누구든지 청문 없이 불이익을 당하지 않는다. 쌍방이 청문 되어야 한다) 두 가지를 주 내용으로 한다.

르지만, 스코틀랜드에서 사슴 사냥터를 만들기 원했던 지주 때문에 한 지역 전체의 어부들과 농부들이 가족과 함께 그들이 살던 곳으로부터 쫓겨나 미국의 변두리로 가야 했던 적이 있다. 영국에서도 양을 기르는 것이 지주들에게 더 큰 이익을 가져온다는 이유로 목장을 만들기 위해 살던 곳에서 쫓겨난 많은 농민이 있다. 런던에 철도가 건설될 때에도 철로 주변의 공간을 확보하기 위해 수많은 집이 철거되어 그곳에 살던 많은 사람이 길거리로 쫓겨난 적이 있었다. 그 결과 철거민들이 유입된 지역은 인구 과밀 지역이 되었고 오랜 기간 동안 영국의 전염병의 진앙지가 되었다. 전쟁 뒤에 따라온 주택 부족 시기에 세입자들을 보호하기 위해 만들어진 몇 가지 법에도 불구하고 이런 일들은 아직도 일어나고 있고 당신에게도 어느 순간 벌어질 수 있는 일이다. 아일랜드에서는 정부가 토지를 수용해서 농부들에게 다시 팔기도 했지만, 그것은 결국 기존 지주를 다른 지주로 교체하는 결과만 낳았을 뿐 잠깐의 미봉책에 불과했다.

지혜로운 여성들은 도시나 주택가에서 집주인들이 얼마나 많은 금액을 그들에게 요구하는지, 그러면서 희한하게도 지주들은, 자신은 빼고, 자신의 세입자들의 수입이 항상 똑같아야 한다고 믿는지 알게 될 것이다. 도심의 집세는 비싸다. 그녀와 그녀의 남편이 도심으로 일을 하러 가야 한다면, 그곳으로부터 조금 떨어진, 집세가 저렴한 곳에 집을 빌리고 일터까지 기차를 타고 출퇴근하면 그녀는 약간의 돈을 절약할 수 있을지도 모른다. 하지만 그녀는 곧 집주인이 이 모든 사정을 잘 알고 있다는 것을 발견하게 될 것이다. 결국 그녀가 도심에서 더 떨어진 곳으로 집을 얻어 나올수록 집세는 싸지겠지만 기차나 전차의 비용까지 고려하면 그녀가 걸어서 시장을 갈 수 있는 곳, 남편이 걸어서 출근을 할 수 있는 곳에 사는 연간 비용과 비슷하게 된다. 그녀가 어떤 방식으로 집세를 절약을 하려 해도 그녀와 똑같이 생각하는 사람들이 많은 한 집주인은 그곳에서 생기는 이익을 곧 낚아채 갈 것이다. 땅과 집을 빌려서 일을 하든지 그렇지 않으면 길바닥에 나앉거나 바다에 빠져 죽을 수밖에 없는 사람들로서는 지주들이 원하는 조건을 받아들일 수밖에 없다는 것이 상당히 어리석은 여성에게조차 분명할 것이다. 지주들은 세입자들과 소작농들이 계속 살아남아 자신들을 위해 일을 할 수 있을 만큼, 그들이 가정을 꾸려 다음 세대 소작농들을 제공할 여지만 남겨두고 모든 것을 빼앗아 간다.

어떻게 이렇게 터무니없는 일이 벌어지는지 이해하는 것은 어렵지 않다. 모든 사람들에게 돌아갈 충분한 땅이 있는 동안에는 사유 재산으로서의 땅의 소유에는 아무 문제가 없다. 땅을 소유하고 있는 사람들은 다른 사람들이 자기들처럼 땅을 소유하는 것에 대하여 반대하지 않을 것이고 무단으로 사유지에 침입해서 수확해놓은 경작물을 빼앗아가는 악당들을 강력하게 처벌하는 법의 제정에 찬성할 것이다. 하지만 인구가 늘어남에 따라 더 이상 사람들에게 돌아갈 수 있는 땅이 없어지게 되면 이러한 상태는 지속될 수가 없다. 아니 그보다 한참 전에 이미 좋은 땅들은 선점이 될 것이고 나중에 온 사람들은 좋지 않은 땅을 소유하는 것이나 좋은 땅들을 빌려서 경작하는 것이 마찬가지라는 것을 발견하게 된다. 척박한 땅에서 얻어지는 수확량과 좋은 땅에서 얻을 수 있는 수확량의 차이가 렌트로 지불된다. 이때쯤 되면 좋은 땅을 차지한 사람들은 더 이상 일을 하지 않고 그들의 땅을 빌려주며 살게 된다. 즉 다른 사람들의 노동에 의지하여 생활하는 것이다.

큰 도시들과 기업들이 생기면 땅의 가치는 천정부지로 오른다. 불과 40마일 떨어진 곳에는 거의 공짜라 할 만한 땅들이 있지만 런던에서 중요한 대로를 향하고 있는 땅은 에이커에 수백만 파운드를 호가하는데 기업가들이 임대하여 들어감으로써 그런 가격을 지지하고 있다. 부동산을 빌린 사람은 그것을 나누어 전대를 하는데 그렇게 몇 차례 전대가 된 후에는 50여 명의 임차인이 생기게 되고 전대 임차인들이 받는 렌트의 합계는 부동산의 최초 임대 가격을 상회하며 결국 부동산을 실제로 빌려 살고 있는 사람들이 그 모든 렌트를 지급하게 된다. 지난 150년에 걸쳐서 유럽과 다른 대륙의 개척자 마을들은 도시로 성장하면서 수억 파운드의 가치를 지니게 되었다. 하지만 그런 곳에서 일을 함으로써 이런 부를 창출하는 데 기여하는 사람들은 그런 마을이나 정착촌의 땅값이 푼돈에 불과할 때부터 그곳에 거주해온 사람들에 비해 전혀 더 나은 삶을 살지 못하며 많은 사람들의 경우에는 훨씬 열악한 삶을 산다. 지주들은 상상을 초월할 만큼 부유해졌고 그들 중 일부는 아무 일도 하지 않으면서 어떤 여성들이 평생 동안 노역에 시달리며 버는 돈보다 많은 돈을 매일 벌어들인다.

만약 우리들이 선견지명이 있었다면 법적으로만이 아니라 실제로 모든 땅을 국가의 소유로 만듦으로써 이런 일들을 막을 수 있었을 것이다. 국민들이 우선주를 매입하는 형태로 지불한 렌트는 공공의 목적을 위하여 사용될 수 있었을 것이고 그럼으로써 빈민 거주지나 쇠락한 거리, 건물, 아니 모든 세금이나 지방세들도 존재하지 않게 되었을 것이다. 모든 이들이 렌트의 혜택을 받을 것이고 또 근로를 통해 그것을 납부할 것이다. 어떤 게으름뱅이도 다른 사람들의 노동에 의존하여 사는 일은 없을 것이다. 우리의 도시들이 누리는 번영은 모든 사람이 다 같이 누리는 진짜 번영이 될 것이고 지금처럼 열 명 중에 아홉 명은 나머지 한 명이 게으르고 사치한 삶을 살 수 있도록 노예로서의 삶을 살지 않아도 될 것이다. 어떤 영리한 지주의 아무리 정교한 논리로도 이런 악행을 감쌀 수는 없으며 사회주의가 생기기 한참 전에 이미 지주들의 세금을 제외한 모든 세금을 철폐하자는 운동이 일어났었다. 우리들 중에는 아직도 비슷한 주장을 하는 단일세주의자Single Taxer들이 있다.

33

자본
CAPITAL

단일세주의자들의 주장이 틀린 것은 아니지만 그들의 생각은 시대에 뒤떨어져 있다. 땅의 사유화는 다른 사람들의 노동을 이용해 먹고사는 게으른 사람들을 만들어냈다. 소유자들에게 렌트를 제공하는 것은 토지만이 아니다. 여유돈도 적절히 사용하면 같은 효과를 얻을 수 있다. 그런 돈은 자본, 그것을 소유하는 사람은 자본가라고 불린다. 나라 안의 모든 여유돈을 개인들의 관리에 맡기는 체제를 자본주의라고 부르는데 자본주의를 제대로 이해하기 전에는 오늘날의 인간 사회를 올바로 이해할 수 없다. 당신은 세상의 진면목을 알지 못하고 바보들의 천국에 살고 있다. 자본주의는 당신이 그런 상태로 살아가도록 최선을 다한다.

당신은 바보들의 천국에서 더 행복할 수도 있겠지만 이제 나는 자본주의에 관해서 설명을 해야만 한다. 어쩌면 당신은 이 책의 나머지를 읽고 불행하다고 느끼거나 분노를 품고 심지어는 붉은 깃발을 들고 거리로 뛰쳐나가 바보스러운 행동—자본주의가 당신을 이미 바보로 만들어 놓은 것보다 더 바보스러운 행동—을 하게 될지도 모른다. 하지만 당신이 자본주의를 제대로 이해하지 못한다면 당신은 그나마 가지고 있는 알량한 돈을 쉽게 빼앗길 것이고 가지고 있는 돈이 없다면 온갖 종류의 돈벌이에만 관심이 있는 투기꾼과 거짓 박애자들의 그럴듯한 명분에 속아 자신이 고귀한 삶을 살고 있다는 착각 아래서 스스로를 희생하게 될 것이다. 그러므로 다소 위험하기는 하지만 나는 어떤 일이 당신에게 벌어지고 있는지, 당신이 처한 실상을 알려주겠다.

우리 주위에 빈곤과 그로 인한 비참함이 넘쳐나고 거기에서 벗어날 방법도 없다는 것을 발견하고도 절망하지 않으려면 아주 편협한 마음의 소유자가 되어야 한다. 하지만 만약 당신이 그런 마음의 소유자였더라면 애초에 이런 책을 사서 읽으려는 생각은 꿈도 꾸지 않았을 것이다. 다행스럽게도 당신은 자본주의에 관한 진실을 마주할 때 두려움을 느낄 필요가 없다. 일단 당신이 그것을 이해하고 과학적으로 진단하게 되면 당신은 자본주의가 영원한 것도, 아주 오래전에 이루어진 것도, 절대로 치료할 수 없거나 치료하기 어려운 것도 아니라는 것을 깨닫게 될 것이다. 나는 방금 치료라는 말을 사용했는데 왜냐하면 자본주의는 근시안적인 태도와 타락한 도덕 때문에 발생한 질병이기 때문이다. 만약 우리들이 살고 있는 사회가 자본주의 원리들과는 분명히 대척점에 서 있는 십계명과 성경 말씀, 법관들과 철학자들의 합리적인 판단에 기초해 있지 않았더라면 우리들은 이미 오래전에 자본주의로 인해 멸망했을 것이다. 비록 자본주의가 많은 이전 문명들을 멸망시켰고 조심하지 않으면 우리도 그들의 전철을 밟을 수 있지만, 그것은 아무리 길게 잡아도 이백 년이 되지 않는 최근에 우리에게 다가온 이설異說일 뿐이다. 비록 그것이 초래하고 미화해온 죄악들은 인간의 역사만큼이나 오랜 7대 악이지만 말이다.

당신은 아마 항의할 것이다, '맙소사 당신이 자본주의라고 부르는 이것, 즉 평범한 사람들이 여유돈을 조금 가지고 있는 것이 어떻게 이런 모든 일과 상관이 있다는 거예요?' 하지만 내 대답은 변함이 없다. 다소 억지 주장처럼 들릴지라도 그런 결백하게 보이는 행동으로부터 지금의 모든 가난과 불행, 알코올 중독, 범죄, 명을 다하지 못한 죽음들이 야기되는 것이다. 이 여유돈, 혹은 자본이라고 불리는 것이 얼마나 쉽게 생성될 수 있는지 이해하고 나면 당신은 그 여유돈이 모든 악의 뿌리라는 것을 이해하게 될 것이다. 물론 그 여유돈은 당연히 또한 충분히 더 좋은 삶을 위한 수단으로도 사용될 수도 있다.

여유돈이란 무엇을 말하는가? 그것은 당신의 삶에 어울리는 모든 소비를 한 후에도 당신에게 남는 돈을 말한다. 당신이 일주일에 10파운드를 사용해 왔고 그런 소비에 만족하고 있다면 당신이 매주 받는 15파운드의 소득은 5파운드 여유돈을 남기게 될 것이다. 당신은 그 금액만큼 자본가가 되는 셈이다. 즉 자본가가 되기 위해서는 살아가기에 충분한 것 이상의 소득이 있어야 한다.

가난한 사람은 자본가가 될 수 없다. 생존을 위해 필요한 금액조차 없기 때문이다. 나는 한번은 어떤 주교가 런던의 빈민가에서 비참한 삶을 살아가는 사람들에게 절약을 통해 자본가가 되라고 촉구하는 것을 들은 기억이 있다. 그런 말도 안 되는 헛소리를 한 사람은 자신의 옷을 찢고 모자를 짓밟았어야 했다. 아이들을 제대로 먹이고 입힐 돈조차 없는 여성에게 자식들을 더 헐벗고 굶주리게 만들면서 주식을 살 수 있을 만큼 목돈이 만들어질 때까지 저축 증권을 사거나 우체국에 저금하라는 말인가? 만약 그녀가 그런 행동을 했다면 아동 학대 혐의로 기소되었을 것이고 또 그게 마땅하다. 그녀가 자신은 주교가 시킨 대로 했을 뿐이라고 항변해 봤자 사람들은 그가 아이들의 옷과 음식 심지어는 그녀 자신의 옷과 음식을 줄이라는 의미는 아니었을 것이라는 대답만 할 것이다. 그러면 왜 주교는 그렇게 이야기를 하지 않았느냐고 따져 물으면 사람들은 그녀에게 입을 다물라고 말하고 감방에 처넣을 것이다.

가난한 사람은 저축할 수도 없고 저축을 시도해서도 안 된다. 기본적인 소비는 가장 중요한 필수 행위일 뿐 아니라 의무이기도 하다. 10명 중 9명의 사람은 그들 자신과 식구들을 먹여 살리기 위해 필요한 돈조차 충분치 않다. 그들에게 절약을 설교하는 것은 어리석은 일을 넘어서 사악한 일이다. 주택 금융 조합이 가난한 부모들에게 절약해서 집을 사라고 종용한 덕분에 아이들이 충분한 영양을 공급받지 못하고 있다고 학교 교사들에게서 불평의 소리가 나오고 있다. 다행스럽게도 대부분의 가난한 사람들은 저축을 시도하려고 하지 않는다. 그렇게 저축 은행과 주택 금융 조합, 각종 협동조합, 저축 증권에 투자되는 근로자 계층이 만들어낸 여유 자금은 모두 합산이 되면 큰 금액처럼 보일지도 모르지만, 그곳에 투자되는 총 금액에 비교해보면 빈대가 문 자국만큼의 흔적도 보이지 않는다.

가난한 사람들은 차라리 부자들이 자본을 투자하는 보통주에 자신의 여유돈을 투자하는 것이 훨씬 더 나을 것이다. 진짜로 의미가 있는 영국 자본의 뭉칫돈은 생활을 위해 필요한 것보다 더 많은 돈을 가진 사람들의 여유돈으로 만들어진다. 그런 자본은 소유자의 아무런 절약 없이 형성된다. 문제는 여유돈을 어떻게 사용하느냐는 것이다. 그에 대한 대답은 비상시를 위해 절약하는 것이다. 하지만 그것을 어떻게 계속 지니고 있을 수 있을까? 국고 증권이나 지폐, 동전, 수표, 은행 잔고로 여유돈의 가치를 유지할 수 있을 것이다. 하지만 이런 것들은 우리에게 필요한 것, 주로 음식에 대한 법적 청구권일 뿐이다. 하지만 그것이 대표하는 음식이 상해서 썩어버린다면 여유돈이 무슨 의미가 있겠는가?

돈의 실제적인 의미는 그것이 구입할 수 있는 물건이지만 이런 물건들 중 가장 중요한 것도 썩어 없어진다는 것을 깨닫는 현명한 독자들은 여유돈이 저축될 수 없다는 것을 알게 될 것이다. 즉 여유돈은 한 번에 사용되어야만 한다. 아주 단순한 여성은 여유돈을 양말에 넣어서 마루 아래에 숨기고 그 돈이 언제나 그대로 남아 있을 것이라고 믿는다. 하지만 그녀의 생각은 완전히 틀린 생각이다. 금화는 언제나 그것이 만들어진 물질의 가치를 유지할 것이다. 하지만 지금 유럽에서는 금화를 얻을 수 없고 지폐만 사용된다. 지난 몇 년간 우리는 영국의 지폐 가치가 떨어지는 것을 지켜봤다. 전쟁 전에 6펜스면 구입할 수 있었던 것을 지금은 1실링으로도 구입하기 어렵다. 자신과 자녀들이 평생 사용할 돈을 저축했다고 생각한 사람들이 유럽 전역에서 곤궁에 처하게 되었다. 평생 사용할 돈을 부모가 보험을 통해 미리 장만해준 영국의 일부 여성들은 아무리 절약을 해도 생활하기 어려운 지경이 되었다. 돈을 지나치게 믿은 결과다.

그것의 가치를 뒷받침할 아무런 물질적인 근거도 없이 국고 증권이나 지폐를 대량으로 찍어내는 정부에 의해서 그들이 저축한 돈을 빼앗긴 많은 사람이 있지만 반면에 그 때문에 큰돈을 번 사람들도 있다. 사전에 외상으로 많은 물건을 샀던 사람들은 가치가 떨어진 돈으로 물건값을 갚을 수 있었다. 당연히 이들 부자들은 정부의 사정이 더 악화하여 가치 없는 돈을 찍어 내게 하기 위해 그들이 가진 모든 힘과 영향력을 사용했다. 하지만 그들과는 반대로 사람들에게 돈을 빌려준 부자들은 상황이 반대로 바뀌게 하기 위해서 그들의 영향력을 사용했다. 정부는 어느 쪽 말을 들어야 할지 갈피를 잡을 수 없었다. 한 무리의 사업가들은 더 많은 돈을 찍어 보내라고 요구했고 다른 무리의 사람들은 돈의 발행을 줄이라고 요구했지만, 그들 중 누구도 자신들이 사람들의 생계를 가지고 장난을 치고 있다는 것을 깨닫지 못했다. 하지만 언제든 나쁜 조언이 받아들여지게 마련이다. 정부도 많은 빚을 지고 있었기 때문에 더 많은 돈을 발행해서 갚는 쪽을 선택했다. 채권자들에게 빚을 갚기 위해서 은의 함량을 줄인 은화를 사용한 헨리 8세의 전철을 밟은 것이다.

지혜로운 여성들은 돈을 숨겨 두는 것이 그것을 저축하는 안전한 방법이 될 수 없다고 결론 내릴 것이다. 그녀가 모든 돈을 한 번에 사용하지 않는 한 10년 후, 10주 후, 특히 전쟁 중이라면 10일 후라도 그것의 가치가 어떻게 변할지 알 수 없기 때문이다.

하지만 신중하고 분별 있는 숙녀인 당신은 여유돈을 지니고 싶어 할 것이다. 돈으로 사고 싶은 뭔가가 있다면 그것은 여유돈이 아닐 것이다. 돈의 가치를 확보하기 위해서 방금 식사를 마친 여성에게 또 한 번 식사를 하라고 조언하는 것은 아무 의미도 없다. 그녀가 알고 싶은 것은 돈을 사용하면서도 저축하는 방식이다. 그것은 불가능하겠지만 그녀는 자신의 수입이 증가하도록 돈을 사용할 수는 있다. 다음 장에 방법이 나와 있다.

34

투자와 기업

INVESTMENT AND ENTERPRISE

당신은 이미 저녁을 먹었기 때문에 배가 불러서 더 이상 저녁을 사 먹을 수도 없다. 그런 당신 앞에, 지금 당신이 그에게 저녁을 사준다면 일 년 후 당신에게 저녁을 사줄 수 있을 것이라고 신뢰할 수 있는 사람이 나타난다면 당신은 지금 가지고 있는 여유돈으로 그에게 저녁을 사줄 수 있을 것이다. 그렇게 해서 당신은 어떤 의미에서 여유돈을 사용하면서도 내년을 위해 저축을 할 수 있다. 다른 말로 하자면 당신은 여유분의 음식을 아직 그것이 신선할 때에 소비하면서도 일 년 후 신선한 음식을 먹을 수 있게 된다.

지금 배고픈 사람들을 찾는 일은 쉽다. 아무 때라도 백만 명은 찾을 수 있을 것이다. 하지만 대부분의 사람들은 일 년 후 당신에게 저녁 식사를 보답하기는커녕 자신들의 다음 한 끼조차도 먹을 수 있을지 불분명한 사람들이다. 일 년 후 틀림없이 당신에게 저녁을 살 수 있는 사람들이라면 애초에 지금 굶주리고 있지도 않을 것이다. 하지만 방법이 있다. 비록 지금은 굶주리는 처지이지만 믿을 수 있을 만한 사람들을 당신이 직접 찾을 수 없더라도 당신이 거래하는 은행가나 주식 중개인들이 당신을 도울 수 있다. 엄청나게 부유하지만 그럼에도 많은 양의 여유분의 음식을 언제나 필요로 하는 사람들, 그러면서도 당신이 어느 정도 신뢰할 수 있는 사람들을 그들은 당신을 위해 찾아줄 수 있다.

그들은 왜 그 여유분의 음식이 필요한 것일까? 굶주린 이들에게 제공하기 위해서이다. 나중에 다시 음식을 돌려받기 위해서가 아니라 당장 굶주린 사람들에게 음식을 주고 일을 시키기 위해서다. 굶주린 사람들이 음식을 얻는 대가로 하는 일은 돈을 가져온다. 충분한 창의력과 사업적 수완이 있다면 지혜로운 독자는 여유 자금을 가지고 직접 이런 일들을 할 수도 있다.

예를 들어 그녀가 커다란 사유지 안에 별장을 가지고 있다고 하자. 그런데 그녀의 사유지가 두 개의 큰 도시 사이에 자리 잡고 있어서 두 도시를 왕래하는 사람들은 그녀의 사유지를 우회하는, 더 멀고 험한 길을 돌아가야 한다. 이때 그녀는 자신이 가지고 있는 남는 음식들을 굶주린 사람들에게 제공하고 그 대가로 그들을 자신의 땅에 두 도시 사이의 지름길을 내는 작업에 투입할 수 있을 것이다. 일이 끝나면 그녀는 자신이 만든 길을 통과하는 모든 차량에 1실링씩 통행료를 받는다. 사람들은 멀고 위험한 길을 돌아가는 대신 그녀의 길을 기꺼이 이용하려 할 것이다. 이렇게 하면 그녀는 남는 음식을 일정하게 지속적인 소득으로 바꿀 수 있다. 다른 말로 하자면 그녀는 자신의 자본을 이용해 도로 건설 사업에 진출을 한 셈이 된다.

그녀의 길을 사용하는 사람들이 점점 늘어나 통행료 수입

(여기에서는 여유분의 음식)이 채 그녀가 사용할 수 없을 정도로 쌓여간다고 하자. 그녀는 그 음식들이 상하기 전에 사용할 새로운 용도를 찾아야 할 것이다. 그녀는 다시 굶주린 노동자들을 고용하여 자신이 만든 길을 따라 집을 짓게 할 수 있을 것이다. 집들이 완성되면 그녀는 자신의 길을 지역 정부에 넘겨주고 지방세로 유지되는 지방 도로로 만들 수 있을 것이다. 하지만 그녀는 새로 만든 집들을 임대함으로써 수익을 늘릴 수 있을 것이다. 더 축적된 여유 자금으로 그녀는 자신의 임대주택들과 가까운 도시를 연결하는 교통사업을 시작해서 자신의 세입자들이 그곳으로 일하러 가거나 그곳의 노동자들이 자신의 임대주택에 와서 살 수 있는 수단을 제공할 것이다. 그녀는 자신의 임대인들에게 제공할 전기와 가스업을 시작할 수도 있을 것이다. 그녀는 자신이 사는 저택을 호텔로 바꾸거나 그것을 허문 후 새로운 임대주택들이나 거리로 바꿀 수 있을 것이다. 그 모든 사업을 벌이는 동안에도 굶주린 노동자들은 그에 필요한 모든 행정, 경영 업무를 그녀에게 제공할 것이다. 그녀는 그저 필요한 지시를 하고 자신의 남아도는 음식을 제공하면 그뿐이다.

하지만 이런 일을 하기에는 재능과 노력이 필요하다. 여유 돈이 있지만 그런 사업을 벌일 머리가 없거나 예술이나 정치, 종교 등에 더 관심이 있는 여성이라면 그런 능력을 지닌 배고픈 사람들이 찾아와 그녀의 남아도는 음식, 부동산을 개발하고 그 대가로 일 년에 얼마의 수수료를 지불하겠다고 제안할 것이다. 그들은 그녀의 변호사와 상담하여 이 모든 일을 진행할 것이므로 그녀는 손가락 하나 까딱할 필요가 없다. 그저 다 작성된 계약서에 사인만 하면 된다. 사업상의 용어를 빌리자면 그녀는 자신의 남는 자본을 부동산 개발에 투자한 것이다.

이런 일은 단지 어떤 한 여성의 저축과 그녀의 부동산을 개발하는 것을 넘어서는 더 큰 사업으로 진행될 수 있다. 커다란 회사들은 금액에 상당한 주식을 나눠주는 조건으로 모아서 전국에 흩어져 있는 사람들의 크고 작은 여유 자금을 모아서 굶주린 사람들을 고용해 20년 동안 바다 밑으로 굴을 파고 들어가야 석탄이 나오는 광산을 개발할 수 있을 것이다. 그들은 철도를 개발할 수도 있고 거대한 증기선을 만들 수도 있다. 수천 명의 노동자들을 고용하고 기계를 사들여 공장을 운영할 수도 있고 바다를 가로질러 케이블을 깔 수도 있다. 일을 시작하고 수익이 생길 때까지 굶주린 노동자들을 고용하여 일을 시키기에 충분할 만큼 남아도는 음식만 빌릴 수 있다면 그들이 할 수 있는 일에는 사실상 아무 제한이 없다.

물론 이런 사업 계획이 실패로 돌아갈 수도 있지만 그것은 감수할 수밖에 없다. 여분의 음식은 그대로 두면 어차피 상해서 못쓰게 될 것이기 때문이다. 때문에 사업가들이나 그들이 운영하는 회사들에는 언제나 사용할 수 있는 여분의 음식들이 제공되고 대부분의 가난한 사람들과 일부 부자들로 이루어진 우리 문명은 여유 음식의 투자와 수확이라는 근본 원리에 기초해서 가게, 공장, 철도, 광산, 여객선, 비행기, 전화, 궁전, 대저택, 아파트, 오두막으로 계속 자라나는 것이다.

이것이 우리가 자본이라고 부르는 여분의 물자가 부리는 마법이다. 이것이 게으르지만 땅과 여분의 물자를 가진 사람들이 아무런 노하우가 없어도 더욱 부자가 되고 그들의 자식들의 입에 은수저를 물려줄 수 있는 이유다. 물론 똑같은 이유로 땅도, 돈도 없는 사람들은 부자들을 더욱 부자가 되도록 해주면서 새벽부터 황혼까지 일을 해도 언제나 가난할 수밖에 없다.

35

자본주의의 한계
LIMITATIONS OF CAPITALISM

많은 사람들은 어찌 되었건 자본주의가 이루어놓은 것에 깊은 감명을 받은 나머지 그것을 전복하는 것이 문명을 전복하는 일과 같을 것이라고 생각한다. 따라서 우리들은 첫째, 이런 일을 하면 어떤 해가 생길지 생각해야 하고 둘째, 다른 대안이 있을지 생각해봐야 한다.

어떤 의미에서는 대안이란 존재할 수 없다. 수익이 발생하기까지는 많은 사람들을 고용하여 오랫동안 일해야 하는 사업들을 영위하기 위해서는 많은 여유 물자가 필요하다. 10년이 걸려 항구를 만들거나 20년을 투자해 광산을 만든다면 그동안에도 그곳에서 일하는 사람들을 위해 누군가가 음식과 옷, 숙소를 제공해주어야 한다. 그것은 바로 즉각적인 보상이 생기지 않는 일로서 마치 가정에서 아이들을 양육하는 것과 비슷하다. 이런 면에서 보자면 우리가 자본주의를 선호하든 혹은 사회주위를 선호하든 별 차이가 없다. 이런 과정은 자연적인 필요에 의해 형성된 것으로 정치적 혁명에 의해 변경되거나 다른 사회 조직의 방식들을 통해 피할 수도 없다.

하지만 이런 일들을 하기 위해 여유 물자—부자들이 사치를 부릴 대로 부리다가 남긴 돈, 보통 사람들이 비상시를 위해 분별 있게 저축한 돈—를 모으고 사용하는 주체가 꼭 사기업이 되어야 할 이유는 없다.

우선, 꼭 필요하지만, 일을 완성한 다음에 보상을 받을 방법이 없기 때문에, 사기업이 하지 않으려는 일들이 있다. 등대의 예를 들어보자. 등대가 없다면 무역선들이 아주 조심해서 천천히 운항을 해야 할 것이고 난파를 당하는 경우도 많아져서 물류 비용이 크게 증가할 것이다. 그러므로 등대는커녕 바다조차 구경해본 적이 없는 우리들도 그것의 큰 혜택을 보고 있는 셈이다. 하지만 자본가들은 등대를 지으려 하지 않는다. 만약 등대의 주인이 지나가는 배들에게서 수수료를 징수할 수 있다면 해안선이 곧 등대들로 가득 차게 될 테지만 그런 일은 가능하지 않으므로 자본가들은 해안이 어둡든 말든 상관하지 않는다. 결국 정부가 개입하여 선박들로부터 등대세(모든 사람들이 등대의 혜택을 보게 되므로 이것은 공평한 처사는 아니다)를 받아 등대를 짓게 된다. 이처럼 영국같이 바다에 둘러싸인 나라에서 가장 필요한 것들조차 자본주의는 공급을 해주지 못하므로 결국 우리들은 선박 주인들에게 비용을 부과하여 공동체적인 방식으로 문제를 해결할 수밖에 없다.

약간의 이익이 바로 생길 때조차도 자본주의는 꼭 필요한 일들을 수행하기를 거부하는 경우가 왕왕 있다.

항구를 예로 들어보자. 항구를 건설하는 사람은 항구에 정박하는 배들에게 항만세를 징수할 수 있다. 하지만 방파제와 부두를 갖춘 항구를 건설하기에는 오랜 시간이 걸리고 일단 건설이 된 후에도 폭풍우에 파괴되기 쉬우며 항만세를 좀 올리기라도 할라치면 배들은 좀 더 싼 근처의 항구를 찾아 정박할 것이다. 때문에 자산가들은 항구보다는 비용을 확실히 예상할 수 있고 짧은 기간에 확실한 수익을 올릴 수 있는 양조장 같은 사업으로 눈을 돌린다. 큰 규모의 양조장을 만들 경우에도 비용을 거의 정확하게 예상할 수 있고 일단 공장을 지어 설비를 갖추어 놓으면 판로는 걱정할 필요가 없다. 정부는 항구와 양조장, 어느 쪽이 국가의 이익을 위해 필요한 것인지 고려하지만 개인 자본가들은 국가의 이익 따위는 안중에 없다. 그들은 단지 자신과 자신의 가족만을 생각할 뿐이고 그래서 여유돈을 가장 안전하고 이익이 따르는 곳에 투자한다. 개인 자본가들에게 모든 것을 맡긴다면 시장이 지탱할 수 있는 한 수많은 양조장들만 도처에 만들어질 뿐 항구는 존재하지 않을 것이다. 양조장이 만들어진 다음에는 자본가들은 거금을 들여 자신들의 양조장에서 만든 위스키가 다른 곳에서 만든 것보다 더 좋고 오래되었으며 건강에 좋으므로 매일 마셔야 한다는 식의 광고를 할 것이다. 물론 국가적인 관점에서 보자면 이런 광고는 전혀 사실이 아니므로 부의 낭비와 노동의 왜곡, 그리고 악의적인 사기에 불과할 뿐이다.

개인 자본가들은 수익성뿐만 아니라 손쉽게 돈을 버는 것을 선호한다. 물건을 팔든 서비스를 제공하든 그들은 가능한 한 가격을 비싸게 책정한다. 아무 생각이 없는 사람들은 박리다매가 돈을 버는 길이라고 생각할 것이다. 값이 싸면 물건을 많이 팔 수는 있겠지만 그것이 더 큰 이익으로 연결되지는 않는다.

이익은 똑같지만 가격은 여러 개가 존재할 수 있다.

외국으로 전보를 보내는 데 사용되는 해저 케이블을 예로 들어보자. 전신 회사는 전보 단어 하나당 얼마를 받아야 할까? 만약 한 단어에 1파운드씩을 가격으로 책정한다면 전보를 이용할 수 있는 고객을 찾아보기 어려울 것이다. 반대로 한 단어에 1페니만 받는다면 전신 회사는 24시간 쉴 틈도 없이 일을 해야 할 것이다. 어느 쪽이든 회사가 얻을 수 있는 수익은 똑같을 수도 있다. 그런 경우 1파운드를 벌기 위해 단어 하나를 보내는 것이 240단어를 보내는 것보다 훨씬 덜 손이 갈 것이다.

전신 서비스도 마찬가지다. 민간 회사가 운영하는 경우 전신 서비스는 제한된 고객에게 비싼 가격으로 제공되었다. 하지만 정부가 운영을 맡자 먼 외곽까지 전신망을 확충하면서도 싼 가격에 서비스를 제공했다. 민간업자들이 보기에는 손해라고 여겨질 정도로 저렴하게 정부가 전신 서비스를 국민들에게 제공한 이유는 그것이 매일 십여 차례 전신을 이용하는 사람은 물론 한 번도 그것을 사용하지 않는 사람까지 모든 국민들에게 큰 이익이 되었기 때문에 실제로 전신을 사용하는 사람들의 비용을 낮춰주고 거기서 생기는 손해는 세금으로 보전하는 것이 정당하다고 생각했기 때문이다.

민간 전신업자들은 이런 일들을 할 수 없다. 그들은 생산이나 서비스 원가보다 가능하면 높게 가격을 책정하여 이윤을 극대화할 수 있을 뿐 자신들의 서비스로 이익을 보는 모든 사람들에게 공평하게 비용을 부과시킬 능력이 없으므로 그들의 상품이나 서비스를 이용하는 사람들에게만 모든 비용을 전가시킨다. 물론 사업가들도 그들의 통신 비용을 상품 가격에 반영시켜서 고객들에게 떠넘길 수 있지만 기업들이 이용하는 전신과 전화 서비스는 전체 사용량의 일부에 지나지 않으므로 전신을 이용하는 개인들은 자신의 비용을 다른 곳에 전가시킬 수가 없다. 그렇다고 통신 서비스 비용을 전부 국가가 부담할 수는 없다. 전신 서비스를 공짜로 이용할 수 있게 되면 우편엽서를 보내는 것으로도 족할 때도 사람들은 전보를 이용하려 할 것이고 쓸데없이 장황한 메시지들을 보내려 할 것이기 때문에 전신망이 마비가 될 것이다. 전화도 마찬가지다. 자신의 호주머니에서 한 푼도 나가지 않는다면 일부 여성들은 하루 종일 전화통을 붙들고 있을 것이다. 유료 전신 서비스를 사용하는 지금도 사람들은 자신들이 사용할 수 있는 12개의 기본 단어 수를 채우기 위해 쓸데없이 메시지를 늘려 전신망에 부하를 가하고 있다. 6개의 단어만 사용하여 메시지를 전하면 자신들에게 손해라고 생각하기 때문이다. 그들은 자신들의 시간은 물론 전신소 직원들의 시간을 낭비하고 있다는 것을, 그리고 자신들이 내는 세금을 낭비하고 있다는 사실을 인지하지 못한다. 사소한 일들처럼 보일지 모르지만 그것이 국가 전체적으로 행해진다면 더 이상 사소한 일이 아니다. 행운의 편지를 시작한 사람은 그것을 무해한 장난쯤으로 여기겠지만 그런 편지를 받는 사람들 중 분별 있는 사람들이 그것을 쓰레기통으로 던져버리지 않으면 우리의 우편 시스템은 마비될 것이다.

  우리들은 이런 사정들을 명확히 이해하고 있어야 한다. 왜냐하면 대부분의 사람들은 기업들의 행태를 잘 알지 못하기 때문에 개인 자본가들이 자본주의는 이익을 만들어내지만 공공 서비스나 공산주의는 아무런 이익을 만들어내지 못하므로 아무짝에도 쓸모없다고 주장을 하면 설득당하기 쉽기 때문이다. 멍청이들은 자본가들의 이익이 자신의 주머니에서 나오는 것임을, 자본가들이 이익을 보면 볼수록 자신들은 손해를 본다는 것을 잊기 때문이다. 자본가들의 이익이 사라진다는 것은 그들이 과다하게 청구한 가격이 사라지는 것일 뿐이다.

36

산업 혁명
THE INDUSTRIAL REVOLUTION

개인 자본은 하수 시설, 등대 등 아주 중요한 시설들을 제공해주지 못하며 그것이 제공하는 것들도 중요성의 순서에서 잘못되었다는 것을 알아봤다. 개인 자본은 양조장으로 전국을 다 채운 후에야 항구를 만들지도 모르며 수많은 아이들이 빈민가에서 죽어가고 있는 동안에도 한 사람의 부자를 위해 다섯 채의 호화로운 집들을 짓는다.

개인 자본가들은 가장 필요한 일을 먼저 하지 않고 잘못된 순서로 일을 한다. 그들은 더 이상 잘못된 길을 갈 수 없을 때에야 비로소 바른 방향으로 돌아온다. 존경받는 자본가들이 모두 그런 경우이다. 가난한 사람들이 더 이상 술을 사 마실 돈이 없을 때, 부자들이 더 이상 경주마로 채울 마구간이 모자라거나 부인의 목에 더 이상 진주 목걸이를 걸어줄 공간이 없을 때에야 자본가들은 할 수 없이 그들의 자본을 좀 더 유용한 것들에 제공한다.

굶주린 사람들이 공장을 세우고 그것을 채울 기계들을 만들기 전에 누군가 먼저 그런 기계를 발명하는 사람이 있어야 한다. 자본가들은 그로부터 발명품을 산다. 발명가가 사업적인 수완까지 가지고 있다면 자신도 자본가의 대열에 끼일 수 있겠지만 그런 경우는 거의 없다. 발명가는 발명에 필요한 설비와 실험을 위해 푼돈을 받고 자신의 발명품을 넘긴다. 자본가에게 맞설 수 있는 수단과 조직을 갖고 있는 것은 현대의 대기업들뿐이다. 당신이 충분한 재능을 가지고 있다면 대기업은 당신이 지니고 있는 특허를 사려 하기보다는 꽤 많은 돈을 주고 당신을 고용할 것이다. 하지만 그런 운 좋은 발명가들은 드물다. 어쨌든, 자본가들은 모든 발명을 14년이 지나면 국영화하는 공산주의적인 법을 제정하게 한 후 14년이 지난 다음에는 발명가에게 아무런 대가를 지불하지 않고 그것들을 사용하고 있다. 그들은 얼마 지나지 않아 자신들이 그런 발명을 했다고, 그래서 그런 독창성에 대한 대가를 누릴 자격이 있다고 스스로를 기만하거나 타인들을 설득하려 한다. 그런 주장에 많은 사람들이 넘어가고 있다.

영세한 생산업자들로서는 엄두도 내지 못할 설비를 갖춘 대자본가들은 소규모 생산자들을 지상에서 몰아낸다. 그들은 증기로 작동하는 비싼 기계 직조기를 사용하여 가내에서 수동 직조기로 만들어내는 것보다 싸게 직물을 시장에 내놓는다. 자본가들은 쇠로 만든 롤러와 강력한 엔진을 사용하는 제분소들을 건설해서 풍차나 물레방아를 이용하던 기존 제분소들의 일을 빼앗고 있다. 그들은 수천 명의 불카누스*들이 달려들어도 꿈쩍하지 않을 증기 해머, 철판을 종이처럼 자르고 철제 빔을 통조림 뚜껑 따듯 끊어내는 기계 절단기를 사용하는 공장을 만들어 기존의 대장간과 경쟁하고 있다. 그들은 기계에 의해 작동되는 거대한 철선鐵船들을 만들어 바다에 띄우고 철과 콘크리트를 사용하여 하늘에 닿을 정도로 수직으로 층층이 집을 쌓아올린다. 만 명의 여성들이 한 달 동안 만들어야 할 레이스를 기계로 하루 만에 만들어내기도 한다. 부츠, 시계, 핀, 바늘, 모두 마찬가지다. 그들은 당신에게 집에서 사용할 수 있는 진공청소기 같은 기계를 판매하기도 한다. 그들은 공장에서 사용하는 전기를 수도나 가스처럼 가정집에 공급해서 조명, 난방은 물론 계단을 이용하지 않고 엘리베이터로 위 아래층들을 오갈 수 있게 해준다. 요리에도 물론 전기를 사용할 수 있는데 타이머가 달린 오븐을 사면 새까맣게 타기 전에 빵이 알아서 오븐에서 튀어나온다.

처음에는 기계에서 만들어진 물건들이 손으로 만든 물건들보다 가격이 싸다는 것 외에는 별로 나은 점이 없을지 몰라도 결국에는 그것들을 대체하게 된다. 오랜 공예의 맥을 잇는 일부 예술가들을 제외하면 사람들은 손으로 무엇인가를 만든다는 것을 잊게 된다. 고쳐서 쓰는 것보다는 버리고 기계에 의해 대량 생산된 새 물건을 사는 것이 더 싸게 먹힌다는 것, 기계를 다루는 사람들이 과거 수공업에 종사하던 사람들보다는 더 생활수준이 높다는 것 정도에서 위안을 얻어야 할까.

물론 우리가 지금 언제나 이런 혜택들을 누리고 있다는 얘기는 아니다. 우리들 대부분은 싸구려 조잡한 물건들을 사용하

---

* 불과 대장일의 신.

는 싸구려의 조잡한 삶을 살아가고 있다. 하지만 이것은 기계나 공장, 그것들을 건설하는 데 쓰이는 여유 자본 때문에 생기는 일이 아니다. 생산물의 불공평한 분배, 노동 절감으로 생긴 여가의 불공평한 분배가 주된 이유이다.

여유 자금이 개인들이 아닌, 국영 혹은 공공 은행에 의해 관리되어 모든 사람들의 이익을 위해 쓰였더라면 이런 불공평한 분배는 생기지 않았을 것이고 대규모의 산업 자본화는 사람들에게 순수한 축복이었을 것이다. 하지만 현실의 산업 자본화는 이런저런 저주를 동반한 축복이다. 이런 이유에서였을까? 새뮤얼 버틀러의 책에 등장하는 유토피아 에리휜Erewhon에서는 기계를 만드는 것은 물론 소유하는 것조차 범죄로 취급된다.

사회주의에 반대하는 사람들 중 일부는 기계와 공장이 생기기 전인 18세기 초의 삶으로 돌아가자고 주장한다. 그러려면 인구도 당시 수준으로 돌아가야 한다. 이전의 경제 시스템으로는 지금의 인구를 부양할 수 없기 때문이다. 산업 자본화는 우리들이 싼 가격에 실 뭉치를 살 수 있게 해주었다. 하지만 사회주의가 힘을 얻는다면 산업 자본화에 들어가는 자본이 사유 재산이 아니라 공공의 재산이 될 것이고 실 뭉치의 가격도 훨씬 더 저렴하게 될 것이다. 한마디로 말하자면 산업 자본화와 자본주의는 전혀 다른 문제다. 산업 자본화에 쓰이는 자본이 우리에게 주인 노릇을 하려 들지 않고 종으로서 우리를 섬긴다면 별문제가 없다. 하지만 자본주의는 자본을 우리의 주인으로 만들고 그 결과 우리들은 공익을 섬기는 것이 아니라 개인들을 섬기는 노예 신세가 되고 만다.

18, 19세기에 벌어진, 가내수공업으로부터 공장, 기계 산업

으로의 전환이 경제학자들과 역사학자들에 의해 '산업 혁명'
이라고 불리는 데에는 그럴 만한 이유가 있는 것이다.

37

자본의 해외 유출

SENDING CAPITAL OUT OF THE COUNTRY

이제까지는 국내에서의 자본주의의 성장을 살펴봤다. 하지만 자본은 국적이 없다. 아니 온 세상이 그것의 고향이다. 사회주의자, 공산주의자라 자처하는 사람들은 자신들을 세계주의자라 주장하고 전 세계 노동자들의 상징인 붉은 깃발을 드는 반면에 자본가들은 걸핏하면 국기를 들고 나오고 민족을 들먹인다. 하지만 내면을 들여다보면 사회주의자들의 모든 주장은 결국 국내의 자본이 자국의 삶의 여건을 개선하는 데 쓰여야 한다는 취지인 반면 자본가들은 조금이라도 더 큰 이익을 얻을 수 있다면 매년, 이 세상 어디에라도 막대한 자본을 유출한다. 만약 우리 영국의 모든 여유돈을 손에 쥔 그들이 강요에 의해서가 아니라 자발적으로 그 여유돈을 영국 제도諸島에 사용할 만큼 애국심이나 공적인 마음가짐이나 배타적인 마음을 지녔다면, 적어도 애국자를 자처하는 그들의 주장에 어느 정도 신빙성이 있었을 것이다. 불행하게도 우리는 그들이 원하는 곳에서 그들의 자본을 소비하도록 허락한다. 우리가 지켜본 것처럼, 그들의 유일한 관심은 그들이 가장 많은 수입을 얻을 수 있는 나라이다. 결과적으로, 그들이 국내에서의 잘못된 목적으로 사업을 시작한 후 더 이상 기회가 없어지면 사업의 방향을 개선하는 것이 아니라 이제까지와 똑같은 방식으로 사업을 하기 위해 해외로 진출한다.

다시 주류 제조를 예로 들어보자.

주류업에 손을 댄 자본가들은 싼 가격에 술을 내놓을 수 있게 되었고 그 덕에 쉽게 술을 접할 수 있게 된 많은 사람들이 알코올 중독에 빠지게 되었다. 하지만 자본가들은 자신들의 이익만 신경을 쓸 뿐 대중의 삶이 망가지든 말든 관심이 없었기 때문에 결국 영국 정부는 양조업자들이 이익을 얻기 힘들 정도로 무거운 세금을 양조업에 부과하는 것으로서 이런 상황에 개입할 수밖에 없었다. 양조업자들은 늘어난 세금만큼 술 가격을 올릴 수밖에 없었고, 더 커진 경제적인 부담을 감수하면서 여전히 술을 마시는 사람들, 그 때문에 줄어든 생활비로 고통받는 주부들도 있었지만 대부분의 노동자들은 윌리엄 호가스가 그린 진 골목Gin Lane에서 보이는 풍경처럼 더 이상 흥청망청 술을 마실 수 없게 되었다.

미국에서는 음주에 의한 폐해에 정부가 더욱 강력하게 대처했다. 무거운 세금만으로는 무절제한 음주를 막을 수 없다는 것을 깨달은 미국의 각 주들은 주류 판매업을 폐쇄하기로 결의하기 시작했다. 결국 미국 전역에서 술의 판매는 물론 소지도 금지하는 연방 법안이 통과되기에 이르렀는데 이 조치가 가져온 긍정적인 효과가 너무나 즉각적이고 컸던 나머지 밀주업자들에게 술을 사 마시는 사람들은 물론 밀주업자들까지도 꾸준하게 금주법의 존속에 찬성하는 사람들이 많았다. 금주법은 곧 사람들의 인생을 망치는 대가로 엄청난 수익을 얻는 자본가들이 있는 모든 나라에서 시행될 것처럼 보였다. 그에 대한 현실적인 대안은 주류업을 공영화하는 것이었는데 그것은 곧 사회주의를 도입하는 것이었다.

주류업으로 이익을 얻고 있던 영국의 주류업자들과 고객들은 미국인들이 위스키를 마실 수 없게 되자 약물에 의존하고 있으며 어떤 이들은 이전보다 더 많은 술을 몰래 마신다는 등, 미국에서 금주법이 얼마나 큰 해악을 끼치고 있는지 연일 신문에 떠들어 댔다. 하지만 그들은 결코 술을 한 번도 입에 대보지 않았거나 적절한 음주를 즐기는 수많은 미국인들이 국가의 이익, 인간의 존엄성과 문명을 위해 기꺼이 음주를 포기했다는 사실은 결코 언급하지 않았다. 영국의 주류업자들은 한술 더 떠서 미국으로 술을 밀반입하는 일을 시작했고 자신들의 일을 방해하는 미국 정부를 영국인들의 자유를 공격하고 있다고 매도하려 했다. 미국이 1840년의 중국처럼 약한 처지였다면 그들은 위스키를 미국에 팔기 위해 전쟁이라도 일으켰을 것이다.

하지만 금주법이 비양심적인 주류업자들에 대처하는 데 아주 효과적이라고 해서 음주 문제를 해결하는 이상적인 방법이라고 주장하는 것은 성급한 결론이다. 자본주의를 없애면 어떤 음주 문제도 생기지 않을 수 있다. 하지만 이것은 지금 다루고 있는 주제와는 다른 얘기이므로 뒤에 다시 언급하기로 하자. 우리는 지금 자본에는 어떤 양심도, 연고지나 고국도 없다는 것을 이야기하고 있다. 선진국들에서 도입한 금주법으로 타격을 받은 자본주의는 아무 간섭을 받지 않고 활동할 수 있는 후진국으로 무대를 옮긴다. 자기 나라 국민들에게 해를 끼칠 수 없게 된 자본가들은 수많은 흑인들을 세상에서 쓸어버렸다. 만약 흑인들에게 알코올을 파는 것보다 그들을 노예로 파는 것이 더 이익이 된다는 것을 자본가들이 깨닫지 않았더라면 지금 아프리카는 알코올 중독으로 죽은 흑인들의 뼈로 하얗게 덮여 있을 것이다. 수많은 아프리카 흑인들을 납치해서 파는 일에는 엄청난 수익이 뒤따랐으며 백인 귀족들은 노예 무역에 돈줄을 댔고 브리스톨 같은 도시들이 노예 무역업으로 번성을 누리게 되었다. 영국의 박애주의자들 덕분에 만들어진 법에 의해 금지되지 않았더라면 지금도 영국은 노예 무역을 하고 있을 것이다. 하지만 박애주의자들조차 플랜테이션 농장에서 고통받던 흑인 아이들만큼이나 영국의 어린이들이 영국 전역의 공장에서 구타에 시달리며 초과 노동에 시달리고 있다는 것은 깨닫지 못하고 있었다.

만약 당신이 천성이 착한 사람이라면 이런 글을 읽고 분노가 치밀어 오를지도 모른다. 선한 분노는 강력한 추진력이지만 위험할 수도 있다. 속담에도 있듯 분노는 좋은 조언자가 될 수 없다. 우리의 자본가들도 애초부터 사악한 사람들은 아니었다. 그들은 종종 세련되고 친절하고 교양 있는 상류층 사람들이기도 하다. 그들이 한 일이라고는 여유 자금을 가장 큰 수익을 보장하는 곳에 투자했을 뿐이다. 술보다 우유를 취급하는 일이, 흑인들을 노예로 만드는 것보다 그들을 그리스도교로 개종하는 일이 더 큰 수익을 보장했더라면 그들은 기꺼이 우유를 만드는 일, 성경을 만드는 일에 투자했을 것이다.

주류업이 과포화 상태에 이르고 노예 무역이 금지되자 자본가들은 다시 정상적인 사업으로 눈을 돌렸다. 그들은 사람들을 납치하여 노예로 파는 일만큼이나 사람들을 고용하여 노예처럼 부리는 일도 수익이 남는다는 것을 알게 되었다. 그들은 정치력을 발휘해서 영국 정부로 하여금 아프리카의 넓은 지역을 합병하도록 만들었고 그곳 주민들이 영국 노동자들처럼 노동을 하지 않으면 납부할 수 없는 세금을 부과하기 시작했다. 그런 지역의 사람들은 영국 본토의 노동자들처럼 공장법English Factory Acts이나 여론의 보호를 받을 수도 없었다. 이런 곳에서 거대한 수익이 창출되었고 대영제국은 확대일로를 걸었다. 흔히 말하듯, '무역이 영국 국기를 따라갔'는데 사실은 영국이 장사가 될 만한 곳으로 진출을 하면 장사꾼들이 그 뒤를 따라가는 식이었다. 영국의 자본은 영국을 제외한 세계 전역을 개발했다. 신문들은 연일 이런 일들을 찬양하기 바빴고 로버츠 경 같은 장군들은 지구의 4분의 3이 영국 사립학교를 졸업한 귀족 자제들에 의해 다스려지는 것이 신의 의도라고 말하기도 했다. 물론 그런 학교들에서는 자신들의 사소한 계급적인 성취를 축하하기 바빴을 뿐 영국이 행하는 야만적인 수탈이 다른 나라에 어떤 영향을 미치는지는 가르치지 않았다.

우리 정치사에서 가장 경솔했던 것은 우리나라의 생산력을 충분히 실현하기 위해, 사회적 부패의 부끄러운 결과물인 빈민가를 없애기 위해 필요한 천문학적인 액수의 국내 여유 자금이 매년 해외로 유출되도록 내버려둔 일이다. 그로 인해 국내에서는 실업률이 증가해왔고 해외로 빠져나가는 인구가 늘었으며 거대한 군사력을 유지해야 하는 가중되는 부담을 견뎌야 하지만 해외로 유출된 우리의 자본은 우리의 경쟁국들의 군사력을 강화시켜주었고 우리가 할 수 있는 일들, 해야만 하는 일들까지 대신 맡아 해주어서 우리의 자립 능력을 훼손하는 해외 기업들에게 온갖 금융들을 제공해왔다. 남아프리카공화국에서 철도와 공산들을 개발해주는 데 들어간 돈의 일부만이라도 우리의 항구들로 길을 내는 데, 스코틀랜드와 아일랜드의 파도와 수력을 개발하는 데 사용했더라면, 아니 우리의 농장에서 재배된 농산물을 이웃 지방으로 보내는 데 미국을 경유해야 하는 터무니없는 짓거리를 끝내는 데 사용되었더라면 우리들은 지금 우리가 돈을 대준 덕분에 우리들보다 값싸게 기계들을 만들어 파는 나라들, 또 그 때문에 실업수당으로 생활해야 하는 우리 노동자들의 처지 때문에 불평을 하고 있지는 않을 것이다.

38

실업수당, 인구 감소와 기생충들의 천국
DOLES, DEPOPULATION, AND PARASITIC PARADISE

앞 장의 마지막 대목에서 내가 다소 웅변조로 말한 것 같다. 사회주의자들은, 나도 마찬가지로, 대중 앞에서 말할 때면 그렇게 되는 경향이 있다. 내가 독자들을 지나치게 분개하게 만들어서 다음의 사실을 간과하게 만들지는 않았을까 염려된다. 해외로 나갔던 자본은 이익으로 돌아온다. 자본가들은 다시 영국으로 돌아온, 자본이 발생시킨 이익을 소비하고 그 과정에서 고용을 창출한다. 다른 나라 사람들의 노동을 이용하여 편히 먹고사는 처지가 되는 것이 꼭 나쁜 것일까? 수익으로 들어오는 돈이 자본으로 나간 돈보다 더 많다면 우리들은 더 나은 처지가 된 것이 아닐까?

마음 같아서는 절대 그렇지 않다고 대답하고 싶은 충동이 들 것이다. 국내에서 그런 자본이 사용되었다면 해외에서 가져오는 수익보다 더 큰 수익을 낳았을 수도 있기 때문이다. 물론 자본가들은 그 수익들 중 많은 부분을 차지할 수는 없었을 것이다, 아니, 그런 자본들이 빈민가를 정비하고 강둑을 쌓고 길을 만들고 무료 교육을 제공하는 데 쓰였다면 자본가들은 어쩌면 공산주의적으로 세금이나 지방세를 통해 얻는 수익 외에는 아무 이익도 얻을 수 없었을 것이다. 하지만 문제는 그렇게 간단하지 않다.

당신이 공장에서 기계를 돌보는 여공이라고 하자. 당신은 공단 도시의 가난한 지역에서 가족들과 살고 있다. 어느 날 당신은 갑자기 해고를 당한다. 회사가 해외로 일자리를 옮기면서 갑자기 공장이 문을 닫은 것이다. 공장에서 일할 자리는 이제 찾아보기도 어렵지만 하녀나 옷가게의 보조 점원, 호텔 웨이트리스, 호화로운 증기선의 여승무원, 재봉사, 세탁부, 요리사(부엌에서 나오지도 못하고 일을 하면서 '셰프'라고 불리는) 등 유한 계층의 시중을 드는 모든 종류의 일자리에는 사람이 모자란다는 것을 발견한다. 하지만 당신은 그런 일을 할 줄도 모르고 그런 일을 할 부류의 사람도 아니며 그런 일을 할 때 필요한 언어나 복장, 매너를 모르기 때문에 일자리를 얻을 수 없다. 한동안 배를 곯고 난 후 당신은 초콜릿크림 공장이나 잼 공장에 취직을 하거나 청소부가 된다. 만약 딸이 있다면 당신은 그녀를 초콜릿크림을 팔거나 하녀가 되도록 키우지 제사 공장에서 일을 하도록 키우지는 않을 것이다.

당신의 딸은 당신보다 돈을 더 잘 벌고 옷도 잘 입고 말도 교양 있게 하고 공장에서 일하던 당신보다 훨씬 더 숙녀 같을 것이다. 당신은 이제 인도 사람들이나 중국인, 흑인 등 외국인들이 당신이 하던 일을 맡아하고 당신의 딸은 좀 더 고상하고 많은 급여를 받는 일을 하게 된 것에 감사할지도 모른다. 당신의 아들은 경주마를 훈련시키는 일을 하면서 그의 아버지가 제련소에서 벌던 것보다 더 쉽게 많은 돈을 벌고 훨씬 신사 같은 삶을 살게 되었을지도 모른다. 당신이 오래 산다면 맨체스터나 셰필드 같은 추악한 공단 도시가 사라지고 본머스나 첼트넘, 맬번 같은 쾌적한 주거 지역이나 휴양지로 변하는 것을 보게 될지도, 웨일즈 지방의 계곡들이 광산으로 인해 망쳐지기 전의 아름다운 경관을 되찾는 것을 보게 될지도 모른다. 당신은 당연히 이런 변화들을 번영이라고 생각하고 이런 번영을 이끌어오는 사람들에게 표를 던질 것이다. 영국이 외국인들의 노동에 의존하는 기생충이 되었고 그래서 도덕적으로 타락하고 있다는 주장을 하는 사람들은 당신의 증오를 면치 못할 것이다.

하지만 그런 경고는 꼭 필요할 것이다. 만약 어떤 나라에서 이전에는 공장에서 거친 일을 하던 여직공이 제대로 교육을 받고 옷도 잘 갖추어 입고 훌륭하게 연설도 할 줄 알고 숙녀다우며 그들이 생산해낸 부의 공정한 몫을 제공받는 사람으로 바뀌어간다면 그 나라는 그만큼 강하고 부하며 행복한 도덕적인 나라가 될 것이다. 만약 그 나라가 이전의 여직공들을 하녀나 고급 브랜드 모자를 파는 판매원으로 만든다면 그 나라의 근간은 무너지고 그 나라의 영예로운 역사는 '제국의 몰락'이라는 장으로 바뀔 것이다. 그 나라는 이내 너무 게을러지고 사치에 빠져서 다른 나라들이 계속해서 조공을 바치게 할 수 없을 것이다. 그렇게 되면 스스로 자급자족하는 방법을 오래전에 잃어버린 그 나라는 우아한 화려함의 한복판에서 몰락을 맞게 될 것이다.

하지만 다른 나라들의 노동에 편안하고 안락하게 기생하는 삶을 살아가는 것은 너무 유혹적이어서 차마 뿌리치기가 힘들다. 만약 신데렐라에 나오는 마술 지팡이를 휘둘러 우리의 모든 공장에서 일하는 십장들을 화려한 레스토랑의 수석 웨이터들로 바꾼다면 그들이나 그들의 부인들 중 누구도 이의를 제기하는 사람이 없을 것이다. 하지만 그런 일은 일어나지 않는다. 공장의 십장은 그의 아들을 웨이터로 키울 수 있을지도 모르지만 그 자신은 실업자 신세가 된다. 만약 그가 새로운 일자리에 어울리지 않거나 새것을 배우기에는 너무 나이가 들었거나 그가 일하던 일자리가 다른 나라로 옮겨갔다면 그는 영원히 실업자가 되어 굶주림에 처할 것이다. 얼마나 고상한 정치철학을 가지고 있건 상관없이 배고픈 사람은 위험한 사람이 된다. 배부른 사람은 절대로 혁명을 꿈꾸지 않는다. 그가 말하는 과격한 정치에 관한 언사들은 모두 허풍에 불과하다. 하지만 굶주리는 사람은, 그들이 수가 충분하다면, 굶어죽는 길을 택하기보다 경찰을 제압하고 폭동을 일으켜 부유한 사람들의 집을 약탈하고 불태우며 정부를 전복하고 문명을 파괴하려 할 것이다. 여인네들도, 자신의 아이들이 굶어죽는 것을 바라보기보다는 당연히 그들의 남편들을 폭도로 내보낼 것이다.

그들의 자본을 해외로 유출하여 일자리를 없애온 자본가들은 국내에서 일자리를 잃고 절망에 빠진 수많은 사람들에게 생계를 유지할 방도를 제공하든지 혹은 혁명을 각오해야 한다. 그래서 만들어진 것이 실업수당이다. 수당의 금액은 적어도 생계를 유지할 정도는 되어야 하므로 한 가정에서 실업수당을 받는 사람이 두세 명이 된다면 그들은 일자리를 찾는 대신 한량처럼 사는 생활에 길들여질 것이다. 자신들의 노력으로 돈을 벌기보다 남들에 의지하여 사는 것이다. 로마제국이 이런 이유로 몰락한 것에서 교훈을 얻어야 한다고 말하지만 꽤 오래전부터 바로 우리가 이런 길을 걷고 있다. 전쟁은 이런 경향을 더욱 가속화했다. 전후 자본가들은 소집 해제된 2백만 명이 넘는 병사들에게 일자리를 제공할 수 없었다. 그들은 자신들의 목숨을 담보로 4년 동안 의식주를 제공받았고 무기를 사용해 살인, 방화, 파괴하는 일을 훈련받았다. 이런 사람들이 생계를 유지할 수단을 제공받지 못한다면 그들은 폭력으로 그것을 쟁취할 것이다. 따라서 정부는 자본가들로부터 여유돈을 거두어 소집 해제된 병사들에게 나누어 주어야 했다. 정부는 지금도, 모든 것을 잃는 위험을 감수하는 대신 울며 겨자 먹기로 돈을 내놓는 자본가들에게서 돈을 받아서 실업수당을 제공하고 있다.

지금 자본주의는 처절하리만치 공개적으로 실업자들을 없애기 위해 노력하고 있다. 그들은 인구 과잉을 들먹이며 사람들을 줄이려 하고 있다. 자본가들은 궁지를 벗어나기 위한 논리적인 방법이라고 생각할지 모르지만, 기꺼이 굶어죽거나 가스, 독에 의해, 혹은 총살당해 죽으려는 사람들은 없다. 그러나만약 정부가 요금을 지불해줄 경우, 또는 그들에게 부족한 만큼의 요금을 지불해줄 경우, 그들은 아마도 나라를 떠나 다른곳에서 자신들의 운을 시도하도록 설득될지도 모른다. 내가 이글을 쓰는 지금 정부는 만약 영국인 남녀가 영국을 떠나 세계의 반대편으로 간다면 필요한 경비 중 12파운드를 정부가 제공할 터이므로 한 명당 3파운드만 내면 된다고 발표하고 있다. 그들은 사람들을 설득해서 국외로 내보내려 하고 있다. 만약충분한 수의 사람들이 이런 제안에 응하지 않는다면 정부는 지원의 크기를 더 늘릴 것이다. 계속 실업수당을 지급하는 것보다는 그쪽이 싸게 먹힐 터이기 때문이다.

자본주의는 자국민들을 짐으로 만들고는 해충을 구제하듯 그들을 없애려 한다(이민 지원이라는 고상한 말로 표현하기도 한다). 자본주의의 꿈은 자본가들과 지주들, 그들의 시종들만 남아 수입된 음식과 상품들로 우아하게 살아가는 세상이다. 사치스러운 소비만 있을 뿐 생산 활동은 존재하지 않고 웅장한 공원들, 궁궐 같은 집들만 있을 뿐 공장이나 광산, 연기나 빈민가 등 불쾌한 존재들은 돈으로 모두 없애버린 세상에서 인구 증가를 막기 위해 피임이 널리 실시될 것이다.

만약 이런 세상이 실제로 실현된다 해도 그것은 헛된 행복에 불과하지 모른다는 생각이나 그런 세상이 몬테카를로나 팜비치 등 이미 여러 곳에서 어설프게 이루어진 적이 있지만 전적으로 완전하게 이루어진 적은 없다는 생각일랑은 잠시 접어두자. 그런 세상을 이루고자 하는 꿈은 종종 로마나 스페인 같은 강대국들을 무기력하게 만들어서 그들의 속국에게 분할, 노략을 당하는 처지에 처하게 했을 뿐, 자본가들이 빈민가나 누추한 사람들의 존재를 차마 견디지 못하기 때문에 모든 노동자들을 행복하고 만족스럽게 만드는 안정된 기생 국가는 존재한 적도, 존재할 수도 없다. 모든 공동체 구성원들이 건강하고 행복한지 신경을 쓸 정도로 자본가들이 깨어 있다면 그들은 이미 사회주의자이다. 자신의 하인들이나 일꾼들을 자신의 가족처럼 생각하고 소득을 공유하는 사람은 더 이상 자본가라는 명칭에 어울리지 않기 때문이다. 인도주의적인 관점이 아니라 하인들의 불평을 막고 정직하게 일을 하게 하기 위해 그들을 후대하는 것은 충분히 있을 수 있는 일이다. 하지만 그들을 당신의 혈육만큼 아끼고 그들에게 정성과 돈을 들인다면 굳이 하인들을 둘 필요가 있을까? 그것이 그들이 결국 편안한 집을 떠나 호텔로 거처를 옮기는 이유다. 그곳에서는 숙박비를 내고 웨이터와 여종업원에게 팁을 내면 그게 끝이기 때문이다. 당신은 더 이상 많은 이들의 안녕을 위해 노력을 할 필요가 없다.

이제 당신의 필요를 채워주는 사람들은 더 이상 당신과 직접 인간관계를 맺지 않는다. 그들은 당신이 거래하는 업체의 종업원들이다. 하지만 당신의 거래처는 여전히 자본주의적으로 사업을 하기 때문에 세상에는 여전히 소득의 불평등, 실업, 노역, 사회 계급의 분화, 열등한 자손을 만들어 내는 결혼 등, 자본주의 사회가 평화를 성취하거나 자본주의를 영원히 존재할 수 없게 만드는 요소들이 존재하게 된다. 자립, 자족적인 자본주의는 여러 전투에서 승리를 거두었음에도 국민들은 굶주린 독일과는 다를 것이다. 하지만 완전히 기생적인 자본주의는 아무리 인기가 있더라도 그 안에는 치명적인 파멸의 위험이 극도로 내포되어 있을 것이다.

39

무역과 국기

FOREIGN TRADE AND THE FLAG

　다시, 우리의 자본을 해외로 보내고 그 결과로 일자리를 잃은 사람들을 해외로 보내기 위해 세금을 더 부과하는 문제를 생각해보자. 자본주의 사회의 발달 초기에 그들 스스로도 자본가의 역할을 하는 고용주들은 더 이상 자국 안에서는 상품을 판매하여 이익을 창출할 수 없다는 것을 깨닫게 된다.

　그들은 이미 투자한 자본을 해외로 보낼 수 없다. 그것은 이미 노동자들에게 지급이 되었고 공장, 철도, 광산의 형태로 남았기 때문에 그것들을 포장해서 배에 실어 해외로 보낼 수는 없기 때문이다. 해외로 보낼 수 있는 것은 축적된 자본뿐이고 이것들은 우리가 이미 알고 있듯이 엄청난 규모로 해외로 유출되고 있다. 하지만 그의 자본이 장기 임대한 토지 위에 세워진 공장의 형태로 묶여 있는 고용주는 여력이 있는 영국의 모든 소비자들이 그의 상품을 다 구매한 후에는 그들이 다시 상품을 사러 올 때까지 공장의 가동을 중지하거나(이 경우 그는 지주에게 지급해야 할 지대 때문에 파산을 면치 못할 것이다) 그의 잉여 상품들의 다른 판매처를 찾아야 할 것이다. 즉, 그는 그것들을 해외로 보내야 할 것이다.

선진국들에게 상품을 판매하는 것은 쉬운 일이 아니다. 그들은 보호무역을 실행하고 있을 테고 외국에서 만들어진 상품, 즉 그의 상품에 높은 관세를 부과할 것이기 때문이다. 옥양목들과 처음 보는 화려한 놋그릇들, 호기심을 끄는 잡동사니들을 팔기에 가장 좋은 곳은 보호무역을 실행하지 않고 있는 후진국들이다.

하지만 무역을 하기 위해서는 가지고 간 물건들이 현지에서 노략질 당하지 않도록 막아줄 안정된 정부가 필요하다. 물론 이런 짓을 하는 것은 종종 친절하고 정직한 현지 원주민들이 아니다. 그들을 억제할 법이 없다는 것을 깨달은 문명국 사람들이 그런 노략질을 자행한다. 최근까지만 해도 영국 해안에서 배가 좌초되는 것은 아주 위험한 일이었다. 많은 해안 지역에서 배가 좌초하면 선원들을 구하려 하기보다는 배에 실린 화물을 노략질하는 일이 아주 흔했다. 원주민들과의 교역에 문제가 생길 경우 싣고 간 대포나 칼만으로도 문제를 해결하기에 충분하다.

진짜 문제는 교역의 규모가 커지고 교역의 장소와 사람들이 증가하면 법과 질서를 견디지 못해 문명세계에서 도피한 불량배들이 꼬이기 시작한다는 것이다. 이들이 등장하면 곧 선교사들이 피살되거나 무역상들이 물건을 강탈당하는 사건들이 일어나기 시작한다. 본국에 도움을 요청하면 군함이 도착하여 조사가 이루어진다. 그런 조사들의 결론은 언제나 동일하다. 그런 문제를 해결하기 위해서는 우체국, 경찰, 육군, 해군을 갖춘 문명 정부가 들어서야 한다는 것이다. 결국, 교역지는 문명 제국에 덧붙여진다. 문명 제국에 사는 납세자들은 이런 일들로부터 아무런 이득을 보지 못하면서도 이에 소요되는 세금을 납부해야 한다.

물론 일이 여기에서 끝나지는 않는다. 소란을 일으키던 불량배들은 통합된 지역의 변경으로 옮겨가서 그곳으로 새로운 고객들을 찾아 상권을 넓혀오는 교역상들을 괴롭힌다. 상인들은 다시 본국에 도움을 요청하고 그런 식으로 문명 제국의 정부는 납세자들로부터 아무런 동의도 받지 않은 채 세금을 사용하여 영토를 넓혀간다. 납세자들은 자신들의 국가, 국민, 통치자, 종교에 대한 흔들리지 않는 충성심을 가지고 있지만 어느 순간 그들이 사랑하는 국가 영역의 중심이 다른 곳으로 옮겨갔음을 깨닫게 된다. 지금 영국의 중심은 수에즈 운하로 옮겨갔고 우리들이 마지막 피 한 방울까지 바쳐 지켜야 할 영국 국민들 100명 중 오직 11명 정도만이 백인, 혹은 그리스도교인인 지경에 이르렀다. 이런 현실에 당혹감을 느끼는 어떤 이들은 대영제국이 실수로 생긴 짐스러운 존재일 뿐이라고 주장하는가 하면 어떤 이들은 그것의 엄청난 성공에 기쁨을 감추지 못한다. 지금은 어느 쪽의 주장이 맞는지 논할 때가 아니고 다만 대영제국이 의도치 않게 생겨난 존재라는 것만 지적해두고자 한다. 가장 신중하게 이루어져야 했을 정치적인 발전이 사실은 국내의 필요는 10분의 1도 채워지지 않았음에도 외부 고객들을 찾기 위해 나선 자본주의의 일련의 상업적인 투기에 의해 우리에게 강요되었던 것이다.

40

충돌하는 제국주의 국가들
EMPIRES IN COLLISION

만약 대영제국만이 지상의 유일한 국가였다면 온 세상이 영국 국기로 덮일 때까지 이런 과정은 별문제 없이 진행될 것이고 영국으로서는 더 이상 바람직한 상황이 없을 것이다. 하지만 이 세상의 많은 나라들은 저마다 각자의 군사력을 바탕으로 해외 시장을 넓혀가려 하고 있다. 영국과 프랑스도 수단의 파쇼다Fashoda에서 거의 무력 충돌의 위기를 맞았지만 아직 우리와 전쟁을 할 여건이 아니었던 프랑스의 양보로 극적인 타협을 본 적이 있다. 영국과 프랑스는 수단을 분할하여 차지했다. 프랑스는 그 전에 알제리, 튀니지아를 거의 병합했고 스페인은 모로코로 진출했다. 타국에 뒤질세라 이탈리아도 서둘러 트리폴리를 합병했다. 영국은 이집트와 인디아로 세력을 확장했다.

당신이 판로를 소진한 독일의 무역상이라고 생각해보라. 당신은 공장 문을 닫고 폐업의 수순을 밟거나 아프리카에서 새 시장을 찾아야만 한다. 하지만 아프리카로 진출하기 위한 통로인 지중해 연안의 요충지들은 영국, 이탈리아, 프랑스, 스페인이 모두 차지하고 있고 아프리카 내륙도 영국과 프랑스가 이미 선점하고 있다. 멀리 아래 지역으로 가기 위해서는 영국의 수에즈 운하를 통과하거나 희망봉을 돌지 않고는 불가능하다. 당신은 왜 독일 황제가 독일에는 '하늘 아래 한 뙈기 땅'도 남아 있지 않다고 불평했는지 이유를 알 수 있을 것이다. 1914~18년 사이에 벌어진 전쟁은 사실은 아프리카라는 시장을 두고 영국, 프랑스, 이탈리아의 자본가들을 한 축으로 하고 독일의 자본가들을 다른 축으로 해서 벌어진 싸움이었다. 물론 겉으로는 다른 이유들을 내세웠다. 오스트리아는 황태자의 암살을 구실로 세르비아를 침략했고 러시아는 오스트리아를 막기 위해 참전했다. 오스트리아와 동맹을 맺고 있던 독일도, 러시아와 동맹을 맺고 있던 프랑스도 전쟁에 휘말리게 되었다. 독일은 러시아가 도우러 오기 전에 프랑스를 함락시키기 위해 처절한 노력을 하게 되고 영국은 프랑스, 러시아와 동맹을 맺고 있었기에 독일을 공격해야만 했다. 독일은 가장 빠른 길로 프랑스를 공격하기 위해서 벨기에를 통과해야 했는데 벨기에는 그런 일이 일어날 경우, 영국의 지원을 받기로 사전에 조약을 맺고 있었다. 첫 총성이 울린 후 모든 참전국들은 미친 양떼들처럼 날뛰기 시작하며 각종 낭만적인 참전의 이유들을 내세웠다. 얼마 지나지 않아 애초의 분쟁과는 아무 관련도 없던 터키와 불가리아, 일본, 미국도 전쟁에 휩쓸려 전력을 다해 싸우게 되었다. 하지만, 온 세상이 광기에 휩싸여 싸우는 와중에서 그 어떤 나라도 그들의 진짜 속내, 시장에 대해 언급하지 않았다. 하늘 아래 한 뙈기 땅을 요구한 독일 황제를 비웃을 때를 제외하고는.

　연합국들이 존재하지 않았다면 1차 대전은 일어나지 않았을 것이다. 그리고 연합국들은 강력한 군비를 갖추지 않았더라면, 특히 강력한 독일의 신형 해군에 맞서, 그들의 해외 시장과 국경을 지키기 위해 싸울 수 없었을 것이다. 안전감을 느끼기 위해 시작된 군비 확장은 공포감을 일으켰다. 강대국에 대항할 힘이 없는 아주 작은 나라들은 서로간의 시기심에 의존해 강대국의 정복을 면하고 있었다. 무력을 증강하지 않던 나라들은 더 두려움을 느끼게 되었고 마치 우범 지역을 순찰하는 경찰관들처럼 2, 3개국씩 짝을 이루어 동맹을 맺었다. 독일과 오스트리아가 동맹을 맺었고 영국, 프랑스, 러시아가 동맹을 맺은 후 양측은 이탈리아와 터키, 미국을 자신들 쪽으로 끌어들이려 했다. 그들에게 국가 대 국가의 문제가 있었던 것은 아니다. 독일이 해군력을 증강한 것은 포츠머스의 영국 해군기지를 공격하기 위한 것이 아니었고 영국의 해군도 독일의 무역 도시인 브레머하펜을 공격하기 위해 군비를 증강하지는 않았다. 하지만 독일의 해군이 북아프리카에 개입하기 시작하자 프랑스와 영국의 자본주의자 외교관들은 힘을 합쳐 어떤 핑계로든 독일의 군함들을 침몰시키는 것이 시장을 확보하는 것보다 급선무라고 생각했다. 지상에서 전투를 수행하는 육군의 도움이 없이 해상에서만 전쟁을 할 수는 없으므로 육군도 해군만큼이나 급속히 팽창했다. 이전 문명국들 사이에 존재했던 자연스럽고 우호적인 분위기는 증오와 악의, 냉혹함의 온상인 공포로 바뀌어갔다. 그리고 그것들이 마침내 폭발해서 수백만 명의 인명을 앗아갔을 때, 그것은 아프리카의 시장을 둘러싼 것이 아니라 오스트리아와 세르비아 사이의 비교적 사소한 분쟁 때문이었다. 모든 나라들이 자본주의의 경쟁 상대로 서로를 바라보는 것이 아니라 인도주의에 입각한 품위 있는 관계를 유지하고 있었다면 피 한 방울 흘리지 않고도 쉽게 해결할 수 있는 문제들이었다.

자본주의 초기에는 자본가들이 시장을 지키기 위해 우리를 동원하지 않고 독일의 농노나 영국의 직업 군인들 같은 무리를 사용했지만 그들의 전쟁의 규모가 커지자 총을 들 힘만 있다면 모든 여성들의 남편, 아버지, 아들, 형제, 애인들이 도살장에 끌려가는 소처럼 전장으로 무기력하게 끌려가게 되었다. 그들은 부인과 아이들, 사업과 가정을 포기한 채, 도덕률과 인류애도 포기한 채, 그들의 그런 행위가 영웅적이고 길이길이 후세에 남을 행동인 양 굴었지만 사실은 전쟁에 대한 큰 두려움을 지닌 채 전장의 참호로 가야만 했는데, 자신들과 총부리를 맞대고 있는 적들도 역시 자신과 마찬가지의 입장이라는 것, 새로운 시장에 대한 압박이 사라진다면 전혀 그들을 다치게 할 사람들이 아니라는 것도 알고 있었다.

내가 전쟁이라는 상황을 들먹인 것은 오직 독자들의 양심을 건드리기 위해서이다. 우리들은 유럽인들이 역사상 유례가 없는 끔찍한 방식으로 서로를 살육하는 것을 막 지켜보았다. 당신의 아들도 용감하게 하늘을 나는 기계를 조종하여 잠들어 있는 마을에 폭탄을 투하해, 수많은 아이들을 흔적도 없이 사라지게 만들고 그들의 부모들을 살해하거나 불구로 만든 대가로 무공훈장을 받았을지도 모른다. 군국주의자나 국수주의자, 기타 이기적인 애국주의에 빠진 사람들은 그런 행위를 훌륭한 무공이라고 여길지 모르지만 보편적으로 타당한 도덕률의 입장—가령, 영국인, 독일인, 프랑스인, 터키인들 모두를 사랑하시는 신의 입장—에서 보자면 그런 행위들은 극악한 행위들로 보일 것임에 틀림없다. 우리들 중 많은 사람들은 그런 행위들로 인해 인간 본성에 대한 절망감을 느끼게 되었다. 그에 대한 통렬한 비판은 많은 사람들로 하여금 —속수무책으로 아무 생각이 없는, 전쟁의 열기에 휩싸여 정신적 불구가 된 일부의 사람들을 제외하면— 자신들이 한때 품었던 호전적인 증오심들을 수치스러워하도록 만들었다. 당신이라고 해서 이런 참담한 환멸감을 전혀 느끼지 않았으리라는 보장은 없다. 만약 당신이 진정으로 지적인 사람이라면 자신의 손바닥 위에 올라선 걸리버가 영광스러운 전쟁의 역사에 대해 자랑스럽게 떠벌리는 것을 듣고 있던 거인국 브롭딩낵의 왕이 느꼈을 심정으로 당신의 종족에 대해 느껴야 할 것이다.

  그나마 약간 위안의 말을 하자면, 모든 잘못은 우리의 인격보다는 우리의 삶을 지배하도록 방치한 자본주의 체제가 우리들이, 아니, 자본가들조차 제어할 수 없는 맹목적인 괴물이 되었다는 데 있다는 것이다. 유럽의 젊은이들이 서로를 참호전으로 몰아넣은 후 폭탄을 던져 넣어 창자를 드러낸 채 죽어가게 한다든가 이가 들끓는 참호에 숨어서 말할 수 없는 불편함과 권태, 끔찍한 공포가 뒤섞인 가운데 썩어가는 시체들의 냄새를 맡으며 식사하기를 원한다고 생각하는 것은 터무니없는 일이다. 어떤 여성도 자신의 아들이 다른 여성들의 아기들을 살해한 대가로 훈장을 받는 자리에 제일 좋은 외출복을 입고 나와 희희낙락하지는 않을 것이다. 자본가들과 그들이 운영하는 신문사들은 우리들이 그런 존재이고 앞으로도 그런 존재일 것이라고 믿게 하려 한다. 하지만 그것은 조금도 사실이 아니다. 이런 끔찍한 일에 대한 놀라운 사실은 우리들이 전혀 그럴 마음이 없었는데도, 아니, 우리들은 그런 일들을 혐오하고 두려워하는데도 불구하고 그런 일들을 하도록 강요당했다는 것이다. 마침내 전쟁이 갑자기 끝나자 바람에 날아가는 모자들처럼 우리들에게서 영웅의 허울들이 떨어져 나갔고 마침내 경찰들이 교통의 흐름을 위해 개입할 때까지 우리들은 기쁨에 겨워서 미친 듯 거리에서 몇 주 동안 계속 춤을 추어댔다. 우리들은 아직도 일 년에 한 번 2분 동안 전국적으로 침묵을 지킴으로써 영광스러운 전쟁이 발생한 날이 아니라 그 끔찍한 사건이 종료된 날을 기념한다. 우리가 무기력하게 끌려나갔던 전쟁인 만큼 승전보다는 종전이, 불구가 된 채 적십자 차량에 실려오는 병사들의 모습을 그만 봐도 되는 날이 돌아온 것이 우리가 그렇게 미친 것처럼 길에서 춤을 춘 처연한 이유이다.

우리들은 그 전쟁에 대해 아무런 직접적인 책임이 없다. 우리와 프랑스, 독일, 터키와 나머지 나라들은 끔찍한 살육전에 징집되었을 뿐이고 그 전쟁은 우리 자신들과 우리 문명에 파멸적인 동시에 자본가들조차 두려워할 정도였기 때문에 법적으로 모든 금융상의 의무를 중지시키는 이례적인 조치(지불유예Moratorium라 불리는)가 취해진 후에야 영국 런던의 금융가街도 비로소 전쟁을 받아들였다. 충분한 사람들을 모을 수 없었기 때문에 자원자들만으로 전쟁을 수행하려는 시도는 실패로 돌아갔다. 나머지 사람들은 강요에 의해 참전했고 전쟁을 수행했다. 여성들이 순순히 남편을 전장으로 보낸 이유는 다양했다. 그들도 어쩔 수 없었기 때문이기도 했고, 남자들만큼이나 호전적인 여성들도 있었고, 일부는 신문에 나오는 거짓 기사들을 읽었기 때문이었고, 그녀들 대부분은 아주 가난해서 남자들이 실업수당을 축내며 집에서 빈둥거리고 있는 것보다는 참호에 있는 편이 낫기 때문이었다.

우리들이 어떻게 그런 지경에까지 처하게 되었을까? '지상에 존재하는 모든 사람들'의 유복한 삶을 추구하는 대신 자본가들이 이윤을 추구하는 과정에서 나라가 통치되고 우리들이 의식주를 제공받도록 내버려 둔 원죄 때문이다. 더 이상 자국에서는 판매처를 찾을 수 없어서 원주민들에게 물건을 판매하여 이익을 남기고자 아프리카를 향했던 첫 상선은 지난 전쟁의 시초가 되었고, 우리가 계속 자본주의에 의지하여 생계와 도덕을 유지한다면, 앞으로 다가올 더 끔찍한 전쟁들을 맞게 될 것이다. 이 모든 가공할 악들은 사소하고 무해해 보이는 방식으로 시작이 되었다. 국가에 5실링의 수익이 생겼을 때 패니와 사라에게 공평하게 절반씩 지불하고 그에 맞는 생산성을 갖추게 하려 노력하는 대신 패니에게 4실링을 주고 사라에게 1실링을 지불해온 것이 생각이 깊고 멀리 앞을 내다보는 이들로 하여금 자본주의 문명을 축복이 아니라 질병이라고 말하게 만드는 이유다.

41

마법사의 도제
THE SORCERER'S APPRENTICE

하지만 무역을 폄하할 필요는 없다. 무역 자체가 나쁜 것은 아니다. 해외 무역이 없었더라면 우리는 금을 가질 수 없었을 것이다. 금은 아름다울뿐더러 용도가 많다. 우리는 차도 마시지 못했을 것이다. 개인적으로는 이 중국으로부터 온 흥분제가 없었더라면 더 좋았을 것이라고 생각하지만 말이다. 그들의 혹독한 환경에도 불구하고 에스키모들이 잘 생활을 하는 것처럼 자신들의 영토 내에서 생산되는 먹거리와 음료를 마시고 사는 것이 안전하고 건강에도 좋을 것이다. 하지만 고도의 문명을 유지하는 나라에게는 자국의 영토 내에서 나오지 않아서 다른 나라로부터 구입해야 하는 필요품들이 있다. 우리가 지구 곳곳을 여행하며 무역을 하고 다른 나라와 사귀어야 하는 이유다. 그래서 무역 협정, 우편 협약, 국제 저작권 협정을 비롯, 국제 연맹까지, 다양한 국제기구들이 만들어진다. 우리 모두 세계를 돌아다니며 무역을 해야 할뿐더러 예술, 문학, 과학의 작품들과 발견들에 모두 흥미를 가지고 있기 때문에 국제적인 협약과 조약들이 필요한 것이다. 우리들은 더 이상 문을 닫고 들어 앉아 외국인들과 이방인들에게 의심의 눈초리만 던지고 있을 수는 없다. 정직한 교역은 결코 우리를 곤란한 지경에 이르게 하지 않을 것이다.

작은 나라들이 뭉쳐 연합을 만들거나 연방을 만드는 것도 나쁠 것이 없다. 국경은 없으면 없을수록 좋다. 문명화되지 않은 지역에 법과 질서를 확립했기 때문에 우리가 그곳에서 증오의 대상이 되지는 않았을 것이다. 아니, 오히려 우리는 인기를 얻었을 것이다. 실제로 그런 적이 꽤 있었다—처음에는. 어떤 나라를 우리의 국기 아래 병합하는 일은, 그것이 꼭 필요한 일이었을 때는, 특전으로 받아들여졌을 것이고 병합된 지역의 주민들과도 더 관계가 돈독하게 되었을 것이다. 우리들은 줄곧 이렇게 생각을 해왔고 우리가 다른 나라에 주둔하는 것은 우리를 위해서가 아니라 그 지역의 거주민들의 이익을 위해서라고 생각했다. 불행하게도 우리는 이런 기만을 오래 유지할 수는 없었다.

제국주의적인 이상주의자들의 포부가 얼마나 고상하든 우리의 자본주의 무역가들은 지역 주민들로부터 최대한의 이익을 뽑아내는 데에만 관심이 있었다. 그들은 더 이상의 이익을 얻을 수 없다고 판단한 순간 자신들의 나라도 포기했던 사람들이었다. 그런 그들이 외국의 해안에 착륙하는 순간 모든 사심을 버린 이상적인 존재가 되리라고는 예상할 수 없는 일이다. 그들은 본국에만 머물러 있으려 하는 반팽창주의자들, 작은 영국을 옹호하는 사람들을 영국을 제외한 모든 나라들의 친구라고 비난했지만 사실 그들은 착취할 수 있는 노동이 있는 곳이라면 영국을 포함한 모든 나라들을 이용하는 데만 관심이 있었던, 모든 나라들의 적이었다. 그들은 영국에 병합된 나라들의 문명이 백인들이 지켜줘야 할 '백인의 짐'이라며 신의 명령에 의해 다른 나라들의 공공사업을 마지못해 떠맡는 거인들처럼 행동했지만 피지배국들이 스스로 자치를 할 수 있을 정도로 문명화가 되었을 때는 먹이를 움켜쥔 독수리처럼 그들을 놓아주려 하지 않았다. 선지자의 가면을 벗어던진 그들은 '대영제국의 보존을 위해' 마지막 피 한 방울까지 바쳐 싸우겠다며 수많은 가난한 사람들을 고용하여 극한의 투쟁을 벌였다. 그런 노력에도 불구하고, 아직도 연기가 솟아오르는 증오의 화산을 남긴 전쟁을 통해 북미 대륙의 절반은 영국의 지배를 벗어났고, 미국이 독립한 지 한 세기 뒤에 구교를 믿는 아일랜드, 남아프리카공화국, 이집트가 자치를 쟁취했으며 인도도 그런 나라들의 전철을 밟고 있는 중이다. 그 나라들 중 어느 나라도 우리에게 감사하는 나라는 없다. 우리의 자본주의가 얼마나 그들을 놓아주고 싶어 하지 않는지 알기 때문이다.

하지만 오스트레일리아, 뉴질랜드, 캐나다의 경우는 좀 다르다. 북미에서의 실패를 경험한 후 우리는 감히 그들을 압박하려 하지 않았다. 우리는 비싼 돈을 들여 함대를 파견해서 그들의 영토를 지켜줬고 우리들의 물건에 비싼 관세를 부여하는 그들에게 오히려 무역 거래를 하며 혜택을 주었고 국제무대에서는 그들이 독립국인 것처럼 행동하도록 허락했다. 심지어 그 나라들은 우리 정부를 통하지 않고 직접 영국의 왕과 대화를 할 수도 있다. 그 결과 그들은 미국이 성조기를 흔들듯 유니언잭을 흔들어대며 엄청난 충성심을 우리에게 보이고 있다. 이것은 그들이 우리와 같은 종족이기 때문이 아니다. 그렇게 따지자면 미국이나 아일랜드가 우리에게 더 가까운 종족이었다. 우리 모두가 인류에 속한다는 의미에서만 우리와 같은 민족인 프랑스계 캐나다인들도 그들만큼 열심히 우리에게 매달린다. 그들은 모두 우리를 따라다니며 대담하게 전쟁을 하기 때문에 우리는 언젠가 그들이 우리들로 하여금 그들을 따라 전쟁에 나가지 못하게 만들지 않을까 하는 불안을 느끼기 시작한다. 대영제국의 독립을 위해 쳐야 할 마지막 땅은 개신교 영국일 수도 있다. 아일랜드 자유국Irish Free State이 선봉을 서고 울스터와 스코틀랜드가 동맹으로 참가하여 제국주의에 반대하는 적을 쳐야 할 것이다.

하지만 자본주의는 이런 모든 화해와 충성의 관계를 틀림없이 망칠 것이다. 물론 우리들은 이제 식민지의 자본을 수탈하지는 않는다. 우리는 자치라는 명목으로 그들이 스스로 그런 일을 하도록 내버려둔다. 우리가 그들을 계속 통치하려 했을 때는 그들은 자본주의가 가져오는 모든 해악이 우리 때문이라고 비난하며 우리의 통치를 벗어나려 했다. 우리가 그들에게 자치권을 부여하자 그들은 점점 우리에 대한 적대감을 줄였지만 그런 과정은 언제나 그들을 경제적으로 더 피폐하게 만들었고 정치적으로 불안정하게 만들었다. 우리 때문이라고 비난을 했던 자본주의의 해악이 아직도 그들을 압박하고 있다. 그들의 자치 정부는 우리가 지배했을 때보다 더 압제적이다. 그들의 자본가들이 시장을 개척하기 위해 경쟁을 벌이는 한 그들의 정부가 제공하는 가장 후한 실업수당도 국민들을 융화시키지 못한다. 민족주의의 갈등은 프랑스인들과 영국인들을, 영국인들과 아일랜드인들을 불구대천의 원수들로 만들었다. 프랑스인들과 아일랜드인들은 영국의 통치를 벗어버리기 위해 기꺼이 자신들의 나라를 잿더미로 만들었었다. 하지만 자본주의는 언제나 인종이나 피부색, 종교와 상관없이 모든 사람들을 적으로 만든다. 우리들이 정신을 차리지 않는다면 모든 민족들이 자유를 얻는다 하더라도 자본주의는 그들을 이전보다 더욱 치열하게 다투도록 만들 것이다.

루퍼트 공公의 눈물Prince Rupert's Drop에 대해 들어본 적이 있는가? 그것은 유리로 만들어진 올챙이 모양의 방울인데 내부에 갇힌 유리의 인장력 때문에 꼬리 부분에 조금만 충격을 가해도 구슬 전체가 폭발하듯 깨진다. 1914년 유럽이 그런 형편이었다. 세르비아의 몇 명의 사람들이 살인을 저지르자 다음 순간 유럽의 반이 서로를 살육하기 시작했다. 하지만 이런 내부적인 갈등과 불안정의 끔찍한 상황은 인간 본성에 의한 것이 아니었다. 다시 말하지만, 끊임없는 공포로 더 이상 견디기 어려웠던 당시의 상황은 인간 본성이 받아들이기에는 너무 혐오스러운 것이었고 결국 죽음의 공포를 더 이상 견디기 어려워 자살을 선택하는 여성처럼 사태가 발전하게 된 것이다. 그것은 자본주의에 의해 만들어진 상황이었다.

자본주의의 가장 근저에는 탐욕이 있다. 그것은 인간의 본성이다. 하지만 탐욕이 인간 본성의 전부는 아닐뿐더러 원래 그것은 허기처럼 필요한 만큼 적당하게 채워지면 사라지는 것이었다. 문제는, 자본주의하에서 탐욕은 가난과 노예 상태로의 전락에 대한 건전하지도, 필요하지도 않을 만큼의 두려움으로 바뀐다. 자본은 인간의 탐욕이나 양심의 통제를 벗어나 자신의 생명력을 가지게 되고 맹목적으로 거대화를 거듭해, 결국 경기를 일으키듯 가끔 벌어지는 끔찍한 유혈사태로만 잠시 한숨을 돌리는 대다수의 빈곤층들과 자신의 부를 주체하지 못해 헐떡이는 소수의 비대 자본가들만을 세상에 남기게 된다. 자본가들은 돈을 불태우다가 미치광이로 정신병원에 갇히기보다는 차선책으로 뭉텅이로 돈을 나눠주거나 그것을 모으기 위해 자본주의가 세상에 들여놓은 무지와 빈곤을 조금이라도 되돌리기 위해 록펠러 연구소나 카네기 도서관들, 병원들, 교회들, 학교들을 세운다. 기껏 벌어놓은 돈을 이렇게 토해내는 억만장자들을 보고 탐욕이 만들어낸 괴물들이라고 욕하는 것은 부질없는 짓이다. 그것보다는, 그들은 램프의 요정을 불러내어 술을 부탁한, 하지만 멈추는 주문을 알지 못했던 마법사의 조수와 같은 존재로 여겨져야 할 것이다. 결국 그는 술의 바다에 빠져 익사를 하고 말았다.

42

부의 축적과 인간의 부패
HOW WEALTH ACCUMULATES AND MEN DECAY

우리의 지식과 통제를 벗어난 시스템에 직면한 우리들의 무력함을 설명해보고자 한다. 좀 더 실감 있는 설명을 위해 제국들이나 전쟁 같은 거대한 주제들로부터 작고 친숙한 것들로 화제를 옮겨보자. 거의 사용할 일이 없어서 나로서는 그 이유를 알 수 없지만 나는 내 아내의 손에서 핀 박스가 떠난 것을 거의 본 적이 없다. 그러므로 어떤 이유 때문에 여성들에게는 핀이 아주 중요한 물건이라고 간주하겠다.

한때는 핀을 만드는 사람이 원료를 사서 절단하여 핀의 머리와 바늘 끝을 만들고 장식을 한 후 시장에 내가거나 가가호호 방문판매를 했었다. 핀 장사를 하는 사람은 구매, 제조, 판매의 세 분야를 알고 있어야 했다. 제조를 위해서는 몇 가지 과정을 위한 기술이 필요했다. 그들은 핀 제조 과정의 처음부터 끝까지를 다 알고 있어야 했고 실제로 만들 수 있어야 했다. 그렇게 어렵게 만들어진 핀은 꽤 값이 나가는 물건이어서 남편이 아내에게 옷을 사 입으라고 주는 용돈을 '핀 머니'라고 부르기까지 했다.

18세기 말, 애덤 스미스는 18명이 분업으로 핀을 만드는 과정을 자랑스럽게 설명했다. 각각의 공정을 맡은 사람은 자신의 일만 할 수 있을 뿐 전체의 공정을 알지 못했고 재료 구매, 완제품 판매와도 상관이 없었다. 그들은 분명 이전의 핀 생산자들에 비교할 때 핀을 만드는 일에 대해 잘 알지 못하는 무능한 사람들이었지만 왜 애덤 스미스는 그런 생산 방식을 문명의 승리라고 자랑을 한 것일까? 그 이유는 분업 과정에 참여한 각각의 사람들은 자기가 맡은 작은 부분만 일을 하면 되었기 때문에 쉽게 일에 적응을 해서 빨리 조업할 수 있었고 그래서 18명의 작업자들은 하루에 5,000개의 핀을 만들어낼 수 있었기 때문이다. 덕분에 핀은 흔한 물건이 되었고 값도 싸졌다. 사람들은 더 많은 핀을 가질 수 있게 되었고 그래서 더 부유해진 것 같은 느낌을 얻었지만 유능한 사람들을 지적 능력은 필요 없는 기계의 부속품처럼 만들어 버렸다. 엔진이 석탄과 기름으로 작동되듯 분업의 공정에 동원된 사람들에게는 자본가들의 남아도는 식량이 공급되었다. 선견지명이 있는 경제학자이자 시인이었던 골드스미스가 '부는 축적되고 사람들은 부패한다'라고 읊은 이유다.

지금은 애덤 스미스가 언급했던 18명도 공룡과 같은 존재들이 되었다. 18명의 살과 피를 지닌 기계들은 수백만 개의 핀들을 쏟아내는 철제 기계로 바뀌었다. 핀들을 포장하는 일들까지 이제는 기계가 맡고 있다. 그 결과, 기계를 제작하는 사람들 말고는 핀 만드는 과정을 아는 사람들이 없어졌다. 지금 핀을 만드는 사람들은 이전의 핀 제작자들보다 제작 공정에 관해

10분의 1도 알지 못한다. 하지만 지금 핀의 가치는, 원가에 상당한 이익을 붙인다 하더라도, 거의 논할 가치도 없을 만큼 떨어졌다.

골드스미스뿐 아니라 존 러스킨이나 윌리엄 모리스 같은 많은 사상가들은 이런 현상에 큰 우려를 표했고 핀을 물 쓰듯 사용하는 대가로 우리들이 기술을 잃어가고 노동자들을 비하하게 된 것이 과연 진보인지를 물었다. 후에 여유의 분배를 다룰 때도 다시 논하겠지만 이에 대한 해답은 이전의 방식으로 다시 돌아가는 것이 아니다. 현대의 기계들로 인해 절약된 시간들이 사람들에게 공정히 분배가 된다면 우리들은 핀을 만드는 것보다는 더 고차원의 일을 할 수 있는 자유를 얻게 될 것이다. 하지만, 현재 핀을 만드는 일에 관련된 사람들은 핀에 관한 한 아무것도 자신들 스스로는 만들어낼 수 없다. 역시 기계에 관해서는 아무것도 아는 바가 없는 고용주가 사람들을 사서 기계 제작자의 지시대로 기계를 설치하여 종업원들이 일할 수 있도록 준비를 해주지 않는다면 그들은 손가락 하나 까딱할 수가 없다.

그것은 옷에 관해서도 마찬가지다. 이전에는 양털을 깎는 것부터 시작해서 완성되어 입을 수 있는 옷을 만드는 전 과정이 사람들, 특히 여성들에 의해 행해졌다. 하지만 지금은 양털을 깎는 것을 제외하고는, 아니, 우유를 짜는 일처럼, 그것까지도 기계가 맡고 있다. 지금 여느 여성에게 양을 맡기고 양모로 된 옷을 만들어달라고 부탁을 하면 그녀는 옷을 만들 수 있기는커녕 양과 옷이 무슨 관계가 있는지 물을 것이다. 그녀는 가게에서 구입함으로써 옷을 얻고 모직과 면직물, 실크, 플란넬,

메리노, 심지어 탄성천과 다른 직물들을 구별할 줄 알 것이다. 하지만 그녀는 어떻게 옷이 만들어지는지, 무엇으로 만들어지는지, 혹은 어떻게 그녀가 그것을 완성된 형태로 가게에서 살 수 있는지에 대해서는 알지 못한다. 그녀에게 옷을 파는 가게 점원도 더 나을 게 없다. 옷을 만드는 일에 종사하는 사람들은 심지어 그들보다 더 천에 대해서 알지 못한다. 그들 중 많은 사람들은 너무 가난해서 자신의 옷을 살 때 다양한 재료를 선택할 여유가 없다.

그런 식으로 자본주의 체제는 대량으로 물건들을 만들어내지만 그것들이 어떻게 만들어지는지에 관해 전반적인 무지를 만들어냈다. 우리는 우리가 하루 종일 하고 있는 일들이 무엇인지 알기 위해서 백과사전을 구입해야 한다. 하지만 그런 책들도 그런 일을 하는 사람들이 만든 것이 아니라 다른 책에서 정보를 얻어 만든 것이므로 그 책에서 얻을 수 있는 내용은 20년에서 50년 정도 시대에 뒤떨어진, 실제와는 동떨어진 내용이다. 물론, 일에 지쳐 집으로 돌아온 우리들은 책을 읽기에는 너무 피곤해서 극장에 가서 영화를 보는 것으로 잠시나마 현실을 떠나 상상의 세계에 잠긴다.

자본주의 세상은 참 재미있는 곳이다. 무지와 무기력을 온 세상에 뿌려놓으면서도 교육의 향상과 계몽에 대해 그것이 얼마나 이바지했는지 자랑한다. 수천 명의 재산가와 수백만 명의 임금 노동자들이 있더라도 그들 중에 아무것이라도 만들 줄 아는 사람은 없고 다른 사람들의 지시를 받지 않으면 무엇을 해야 할지 알지도 못한다. 그들은 왜 다른 이들이 그들에게 돈을 지불하는지, 그들이 그 돈을 가지고 가게에서 사는 물건들이 어떻게 만들어지는 것인지 알 수가 없다. 그들은 여행을 하다가 필요한 것을 만들어 자급자족하는 야만인들과 에스키모들을 만나면 자신들보다 그들이 훨씬 더 지혜롭고 능력이 있다는 것을 발견하고 놀라워한다. 삽화투성이의 신문들과 소설들, 연극, 영화들이 제공하는 낭만적인 허구들로 그나마 우리의 머리를 채우지 않는다면 우리들은 아둔함 때문에 멸망할 것이다. 그것들은 우리를 살아 있게 해주지만 동시에 우리 주위의 모든 것들을 터무니없이 잘못된 모습으로 보여주기 때문에 우리들은 실제 세상에서 위험한 미치광이가 된다.

이런 식으로 말을 해서 미안하지만 나는 여러 권의 책과 희곡의 저자로서 이러한 어리석음과 위험성을 독자들보다 잘 알고 있다. 방향을 잃은 자본주의는 우리의 무지, 무기력, 망상과 바보짓이 최고조에 달한 지금이 모든 이들에게 투표권을 주어야 할 때라고 주장을 한다. 그 결과로 정치적인 의식이 없는 ―정치적 의식이 있어봤자 연극에서나 주워들은 풍월이 전부인― 다수의 사람들에 의해 소수의 지혜로운 사람들의 의견이 묵살되게 된다. 이 책에서 내 말에 귀 기울여주는 소수의 지적인 사람들과 정치, 사회 현실을 토론하는 동안이라도 나는 희곡 쓰는 것을 잠시 중단하는 게 나을 것 같다.

43

전 계층을 관통하는 무능

DISABLEMENT ABOVE AND BELOW

나는 사람들이 즐거운 시간을 보내는 것에 반대하는 사람이 아니다. 나는 글을 써서 사람들을 즐겁게 함으로써 돈을 벌어왔다. 일만 하고 놀지 않으면 바보가 된다는 말에도 십분 공감을 하고 일을 하는 목적이 추위와 굶주림을 면하는 것 이상으로 삶을 즐기기 위한 것이라는 주장에도 적극 찬성이다. 사람들은 돈만큼 여가도 필요한 존재다. 하지만 생계를 유지하는 것이 극장 구경이나 나들이보다는 우선이다. 삶의 호사들을 누릴 수만 있다면 먹는 것, 입는 것은 신경 쓰지 않겠다는 어느 프랑스 귀족의 말이 어떤 의미인지 충분히 이해는 하지만 불행하게도 자연은 그런 이해심이 없다. 생계에 신경을 쓰지 않으면 죽음이라는 고통을 안겨주니까 말이다. 그런 주장을 한 프랑스 귀족은 평일 하루 8시간 노동을 주장하는 여공들에 비해 중요하지 않은 사람이다. 그녀들은 휴식과 수면, 요리와 식사를 하고 몸을 씻는 데 필요한 것 외에 단지 몇 시간의 여가를 요구하고 있는 것이다. 하지만 그녀들은 일을 해야만 그런 여가를 얻을 수 있다는 것, 다른 여성들에게 자신들의 일을 떠넘기거나 아니면 자신들의 여가 시간을 줄이는 것 외에는 누구도 자신들의 몫의 일을 회피할 수 없다는 것을 알고 있다.

자본주의가 노동자들을 철저한 무능력과 무지의 상태에 이르게 했다는 내 주장에 대해 공장에서 일하는 여공들이 얼마나 소문을 잘 옮기고 즐거워하는지, 방적기계의 소음 때문에 서로의 말을 들을 수 없을 때는 상대방의 입술을 읽을 수 있을 만큼 재치가 있는지, 그들의 할머니 때에는 상상도 할 수 없었을 정도로 무도장, 야유회, 카드놀이, 라디오 음악 청취 등으로부터 얼마나 많은 자극과 교양을 얻고 있는지, 얼마나 놀라울 정도의 과자, 사탕을 소비하는지, 가족들의 참견에 선을 긋는지를 이야기하며 내 생각이 틀렸다고 말하고 싶을지도 모른다. 하지만 이런 모든 활동은 소비 활동이지 생산 활동이 아니다. 매표구에서 표를 사거나 야유회 계획을 세우거나 방송을 더 잘 듣기 위해서 라디오 안테나를 만지작거리며 이 모든 여흥에 참여할 때 그녀들은 아무 생각 없이 일상의 활동을 하는 기계 같은 존재들이다.

가능한 한도 내에서 모든 노동을 한 계급이 담당하게 하고 여가는 다른 계급에게 모두 제공함으로써 자본주의 체제는 부자들을 가난한 사람들만큼이나 무능하게 만든다. 땅과 자본을 다른 사람들에게 임대함으로써 그들은 손가락 하나 까딱하지 않고 많은 음식과 유흥을 얻을 수 있다. 그들의 대리인들이 지대를 모아서 그들의 은행 계좌에 넣어주고 그들의 자본을 빌린 회사들은 반 년마다 배당을 계좌에 입금한다. 부자들이 하는 일이라고는 수표에 사인을 해서 소비하며 여흥을 즐기는 것밖에 없다. 마치 다른 사람들의 조상들은 생산적인 일과 관련이 없기라도 하듯 그들은 자신들의 부가 모두 그들의 선대가 생산적으로 일을 한 덕분이라고 설명하지만 그런 주장은 그들이 지금 그들의 조상들처럼 살지 않는 것에 대한 아무런 핑계도 되지 못한다. 우리들은 조상들의 덕에만 의지해서 살 수는 없다. 선조들은 땀 흘려 땅을 일구고 여유돈을 땅에 투자하여 더욱 풍부한 결실을 얻으려 노력했을지도 모른다. 하지만 그들의 후손들은 땅과 여유 자금을 그저 타인들에 빌려줌으로써 모든 수고를 남들에게 떠넘긴다.

우리의 일부 대지주들은 봉건시대까지 거슬러 올라가는 조상들의 땅을 물려받았다. 당시에는 공장도 철도도 없었고 마을들도 아주 작아서 지금의 정원들처럼 벽으로 둘러싸여 있었다. 지주들은 마을을 지키기 위해 자신의 비용을 들여 군대를 유지해야 했고 법을 만들고 집행해야 했으며 군사, 경찰, 정부의 모든 기능을 수행해야 했다. 헨리 4세는 가장 위대한 사람은 모든 사람을 섬기는 사람이라고 생각했고 아마도 그 때문에 과로사했을지 모른다. 하지만 지금은 그와는 정반대다. 모든 사람의 섬김을 받는 사람이 가장 위대한 사람이라고 여겨진다. 봉건시대 영주가 맡았던 모든 힘든 일들과 의무들은 급여를 받는 관리들에 의해 행해진다. 시골에서는 아직 지주들이 무급 치안판사로서 법정에 앉고 그들의 자제들은 군대 장교로 재직하는 전통이 있다. 그들 중 일부는 사무 변호사나 대리인들을 고용하여 그들이 실제로 거주하는 영지를 관리하거나 그의 아내들로 하여금 관리하게 한다. 하지만 이런 것들은 모두 지나간 시대의 흔적들일 뿐, 부유한 사람들이 지역의 신사로 대우를 받고 싶어서 일부러 수고를 사서 하는 일이다.

　진짜 향토 출신 신사들의 영지를 사서 그들의 지위까지 얻으려는 허영심에 휩쓸린 졸부들도 항상 있게 마련이다. 물려받았든지 돈을 주고 샀든지 땅이 있는 신사들은 아무 때나 그들의 영지를 팔고 아무런 의무, 책임도 질 필요가 없이 그들의 이름과 직위만을 지닌 채 문명생활을 누릴 수 있는 곳으로 이사를 갈 수 있다. 지금은 봉건시대의 귀족들이 존재하지 않는다. 그들은 산업자본가들의 계급과 혼인과 인척 관계를 통해 병합이 되었다. 자산가들을 정치 형태와 연결한다면 이전의 귀족들의 영지와 신흥 기업가들의 재력이 결합하여 아무런 공적인 의무도 없는 자본의 형태를 구성한 금권정치가 바로 그것일 것이다.

　과로에 지치고 세상에 즐거울 것이 없는 사람들에게는 지금의 세상 돌아가는 형편이 금권정치가들에게는 즐겁게만 보일 것이라고 생각한다. 하지만 금권정치가들은 자신들만의 능력으로는 스스로 생계조차 이어갈 수 없는 존재들이 되었다. 건강을 잃는 것을 제외하면 갑자기 그들의 물려받은 재산을 잃게 된 신사, 숙녀들보다 딱한 처지는 없다. 재산을 잃지 않는다 해도 그들의 땅을 스스로 경작해야만 하는 처지에 처하게 된다면 그들은 마찬가지로 딱한 처지에 이르게 될 것이다. 그들은 어떻게 그들의 땅을 경작해야 할지, 철도와 광산을 운영해야 할지, 범선을 관리해야 할지 알지 못한다. 그들은 어마어마한 탐욕의 꿈을 이룰 수 있는 가능성 속에서 굶어죽고 말 것이다. 가난한 사람들이 없다면 그들은 '내가 무엇을 할까 땅을 파자니 힘이 없고 빌어먹자니 부끄럽구나'*라고 말을 할 수밖에 없을 것이다. 가난한 사람들은 부자가 필요 없고 오히려 부자들이 존재하지 않는다면 훨씬 형편이 좋아지겠지만 부자들은 가난한 사람들이 없으면 살아갈 수가 없다.

하지만 대부분의 가난한 사람들도 독자적으로 일을 하도록 내버려두면 부자들만큼이나 무력해질 것이다. 가정부의 예를 들어보자. 그녀가 제대로 일을 하게 하기 위해서는 그녀가 관리할 제대로 된 집이 필요하다. 가정부로 훌륭하게 일을 하던 여성들이 결혼을 하면 정작 자신의 가정은 엉망으로 관리를 하는 경우가 많다. 그녀들에게 수십 명의 하녀들을 관리해야 하는 호텔 일을 맡겨도 마찬가지다. 영국은행의 수위에게 은행 경영을 맡기는 것과 마찬가지의 일이 벌어질 것이다. 훌륭하게 일을 잘하는 벽돌공도 혼자 집을 짓거나 자신이 사용하는 벽돌을 만들지는 못한다. 어느 일용직 노동자든 개울을 가로질러 통나무 판을 놓거나 징검다리를 놓는 일은 잘할 수 있겠지만 운하를 가로지르는 간단한 다리든 포스 교[**]처럼 거대한 다리든 그에게 다리 건설을 부탁하는 것은 터무니없는 일일 것이다.

이런 무력함은 문명이 발달할수록 더 심해진다. 시골에 가면 아직도 물건들을 만들어내는 목수와 대장장이들을 발견할 수 있다. 그들은 필요한 재료들을 선택하고 살 수 있으며 완성한 제품들을 판매할 수도 있다. 하지만 우리들이 살아가는 도

---

* 「누가복음」 16장 2절.

** Forth Bridge. 스코틀랜드 에든버러 근교의 포스 만에 가설된 철도 교량.

시에서는 아무것도 만들지 못하는 수많은 노동자들과 금권정치인들이 있을 뿐이다. 그들은 흥정하는 능력도 없어서 물건들을 정가로 판매하는 가게들이 없다면 굶어죽고 말 것이다.

44

중간 계층

THE MIDDLE STATION IN LIFE

지주나 자본가들이 스스로 아무것도 만들지 못할 뿐 아니라 남들에게 무엇인가 만드는 방법을 가르쳐주지도 못하고, 노동자들도 타인의 지시를 받을 때까지는 아무것도 할 수 없는 존재라면, 이 세상은 어떻게 계속 돌아갈 수 있는 것일까? 자산가층과 무산자층 사이에서 땅을 임대하고 자본을 빌려서 노동자들을 고용하여 일을 시키는 제삼의 계층이 존재함에 틀림이 없다.

그들은 있다. 학식이 필요한 문학, 예술적인 직업에 종사하는 것 외에도 이 나라 전체에서 벌어지는 관리, 지도, 결정의 일을 담당하는 중간 계층이 있다는 것은 독자들의 눈으로도 확인할 수 있을 것이다. 이런 계층이 어떻게 생기게 되었는지, 이 계층이 어떻게 구성원들을 지속적으로 자본가 가정에서 충원하는지를 살펴보자.

소유하는 게 자본가들의 일의 전부는 아니다. 그들은 결혼을 하고 자녀를 양육한다. 두 사람이 살기에 안락했던 경제 형편은 아이들 서너 명이 생기면 부족하게 느껴질 것이다. 그보다 두세 배의 아이들을 낳은 가정은 더 말할 필요가 없다. 그 아이들이 자라서 다시 서너 명의 아이들을 낳게 되면 그들에게 나누어진 조부모의 재산은 아이들에게 별 도움이 되지 못할 것이다.

이것을 막기 위해서 자산가 가정들은 오직 장자에게만 재산을 물려주는 관행을 만들었다. 나머지 아들들은 스스로 살 길을 개척해야 했고 딸들은 할 수 있다면 자산가에게 시집을 가야 했다. 1926년까지 영국에서는 지주가 달리 유언을 남기지 않고 사망하면 장자가 모든 것을 물려받는 장자 상속제가 국법으로 실시되었다. 그런 법이 없고, 프랑스의 농민 소유주들의 경우처럼 모든 아이들이 재산의 균등한 몫을 상속받는 경우, 그 가족은 영국에서처럼 재산을 물려받을 사람을 정하든가 그렇지 않으면 그 재산을 팔아 상속자들에게 얼마 안 되는 돈을 나누어 주어야 한다. 그렇게 나누어진 재산은 얼마 가지 않아서 사라질 것이다. 그런 까닭에 그들은 거의 항상 큰아들이 농장을 물려받아 유지하고 경작하고 나중에 태어난 아이들은 굶주린 계급 사람들처럼 일하면서 살아가는 것에 동의한다. 하지만 재산이 토지가 아니라 자본이고, 가족 모두가 여유돈의 이자로 생활하고 있을 때 이런 일은 가능하지 않다. 부모들은 그 모든 것을 한 아들에게 물려줄지도 모른다. 그러나 보통 그런 일은 일어나지 않는다. 이런 식으로 상속된 재산들은 머지 않아 상속자들이 그것에 의존해 살 수 없을 때까지 분할되고 분할된다.

하지만 스스로 생계를 유지하도록 세상으로 던져지는 장자

이외의 자본가의 아이들은 부유한 가정에서 자란 풍모, 학식, 언변, 취향, 습관을 지니고 있다. 그들은 연줄도 가지고 있다. 가까운 친척들이 높은 신분의 귀족일 수도 있고 그들 중 일부는 이튼이나 해로우 같은 사립학교를 다녔거나 옥스퍼드나 케임브리지 같은 대학에서 학위를 받기도 했다. 그렇지 못한 사람들도 대부분 시장이나 시의회 의원 정도의 인맥은 있고 기본 교육을 넘어서는 중등교육을 받아서 신사라고 불릴 수 있을 정도로 자본가 계층 특유의 풍모와 언변, 습관을 지니고 있다.

자산 계층의 생활방식과 문화를 지니고 있는 이들 무산자들은 자신들의 능력으로 세상을 살아가야 했다. 그들은 육군과 해군에서 장교로 복무하기도 하고 고급 공무원이 되기도 한다. 그들은 성직자, 의사, 변호사, 작가, 배우, 화가, 조각가, 건축가, 교장, 교수, 천문학자 등이 되어서 소위 전문 직업가층을 이룬다. 그들은 사회적으로 존경을 받지만 성공해서 돈을 잘 버는 실업가들을 지적인 면에서나 자질, 인격, 공공 정신에서 자신들보다 열등한 존재들로 여긴다. 종종 가장 높은 수준의 정신적인 일은 보수가 신통치 않아서 그것만으로 생계를 이어가기에는 충분치 않다. 스피노자는 안경알을 깎는 일로, 루소는 악보를 필사하는 일로, 아인슈타인은 학생들을 가르치는 일로 생계를 유지해야 했다. 뉴턴은 중력을 발견하거나 유율법(流率法, method of fluxion)을 연구하는 일이 아니라 그가 아닌 누구라도 맡을 수 있는 일인 영국 조폐청장으로 생활비를 벌었다.

혹여 그들의 전문직이 비교적 보수가 후하고 인기가 있는 일이라 하더라도 대부분 직접 자신의 손으로 해야만 하는 일들이어서 큰돈을 버는 것은 불가능하다. 수백만 명의 고객들에게 상품을 공급하기 위해 수천 명의 종업원을 고용해 비누를 생산하는 사업가와는 달리, 유명한 외과의사가 몰려드는 수백만 명의 환자들을 돌보기 위해 수천 명의 의사들을 조수로 고용해서 진료를 하는 것은 불가능하다. 전문직에서 성공하기 위해서는 오랫동안 변변치 않은 보수를 받으며 고생하는 시간을 거쳐야 한다. 나 자신도 문필업 중 가장 상업성이 있는 분야에서 상당한 성공을 거둔 사람으로 거론되지만 서른이 될 때까지 나는 글을 쓰는 일로 간신히 입에 풀칠을 할 정도였고 일주일에 6, 7파운드를 벌 수 있었던 38세쯤에는 내가 부자라고 생각했다. 이제 일흔인 지금, 나는 내 직업에서 상업적으로 성취할 수 있는 거의 모든 것을 성취했지만 나는 매일 신문 부고란에서 전혀 알려지지 않은 실업가의 미망인이 내 직업을 통해서는 감히 꿈꿀 수도 없는 돈을 남기고 사망했다는 기사를 읽는다.

결과적으로 전문직에 종사하는 사람들이나 공무원들 중에서 사업을 천시하는 구시대의 속물정신을 가진 사람들은 자식들이 전문직에 종사할 만한 적성이 없다고 판단하면 그들에게 사업의 길을 권유한다. 사업가는 자신이 돈을 내 큰 공원을 만들고 그 한가운데에 자신의 동상을 스스로 만들어 세우지 않는 한 동상으로 남을 만한 위인이 되기도 어렵고 점점 불어나는 돈을 보는 재미가 아무리 쏠쏠하다 해도 그들의 일은 본질적으로 지루하기 쉽다. 하지만 그는 의사나 화가처럼 자신이 직접 하는 일에서도 돈을 벌지만 그가 고용한 수천 명의 다른 사람들로부터도 이익을 얻을 수 있다. 그의 일도 반드시 따분하지만은 않다. 최근 들어 사업은 평범한 전문직보다 더 흥미롭고 중요하며 과학적이게 되었다. 사업의 영역도 더 다양하게 바뀌어서 십여 개의 다양한 기업을 경영하는 근대의 대기업가들은 평범한 전문직 종사자들보다 더 많은 정보를 가진 지적인 존재가 되었다. 게다가 그들은 능력 있는 학자들, 공무원들과 제휴를 맺어서 그들을 자신들의 기업을 위한 사상가, 외교관, 과학자들로 일하게 했다. 후진국에서나 전문직 종사자들이 학문적인 귀족으로 여겨지고 있을 뿐 오늘날 유럽의 중심부에서는 전문직 종사자들보다 실업계가 더 효율적인 문화의 담지자가 되었다. 전문직 종사자나 공무원이 아들에게 공무원으로 일하는 것을 막다른 골목에 들어서는 것이라고 말하거나, 의사로서 일하는 것을 아무 때라도 초인종이 울리면 뛰어나가야 하는 개의 삶이라고 말하면서 사업에서 얻을 수 있는 끝없는 가능성과 범위를 언급한다면 그는 아들에게 자신처럼 하향세로 들어선 직업에서 일하지 말고 더 나은 직업을 택하라고 권하고 있는 것이다.

기업을 한마디로 정의하면 지주와 자본가에게 땅과 자본을 빌리고 굶주린 사람들을 고용해서 그들을 유지하기에 필요한 임금과 이익을 창출하는 것이라고 할 수 있다. 기업 활동에 필요한 금전적인 예민함, 불굴의 정신이 있고 적절한 능력과 결단력이 있는 사람들은 엄청나게 큰돈을 벌 수 있다. 예기치 못한 행운 때문에 대중들의 관심을 끄는 것에 착안해 막대한 돈을 버는 경우들도 생긴다. 사람들의 건강을 증진시키는 게 아니라 해치는 약품을 발명하는 것으로도 큰돈을 벌 수 있고(허버트 조지 웰스의 소설 『토노 번게이』*를 읽어보라) 탈모를 촉진시키는 발모제로도 부자가 될 수 있다. 누구도 필요로 하지 않은 물건들, 엄청난 비용을 들여 얻을 수 있는, 하지만 피로와 권태만 안겨줄 뿐인 값싼 즐거움들이 끊임없는 광고를 통해 꼭 필요한 것들로 사람들의 뇌리에 새겨진다.

하지만 식량을 재배하고, 건물을 세우고, 옷을 만들고, 기계, 기구를 생산하고, 전 세계에 전선을 가설하며 하늘과 바닷길을 단축시킬 배나 비행기를 만드는 등 대부분의 기업 활동은 훌륭하고 유용한 것이다. 이런 일들을 기획하고 경영하며 명령을 내리는 일은 재산은 없지만 자산 계급의 교육을 받은 능력 있고 힘이 넘치는 사람들에게 일자리들을 제공한다. 교육은 받았지만 능력도, 열정도 없고 전문 분야도 없는 사람들은 능력 있는 사람들이 차린 회사에서 회계를 관리하는 것처럼 일상적이고 평범한 일에 종사하게 된다.

이렇게 해서 우리들은 자산가 계층과 굶주린 대중 사이에 신의 섭리처럼 존재하는 중간 계층을 갖게 된다. 그들은 지주들의 땅과 자산가들의 자본을 빌린 후 렌트를 지불함으로써 부자들이 손가락 하나 까딱하지 않고 살 수 있게 해주고 굶주린 사람들에게는 임금을 제공하여 그들이 구태여 어렵게 생각을 하지 않아도, 중대한 결정을 내리거나 무엇인가를 만드는 방법을 몰라도 생활할 수 있도록 해준다. 굶주린 사람들은 원재료를 구매하거나 완제품을 판매할 필요도, 고객을 찾을 필요도 없다. 그들은 아이들처럼 그저 명령만을 따르면 아주 충분

---

* 소설의 주인공은 엉터리 특허 약품인 '토노-번게이'를 판매하는 삼촌의 마케팅을 도와 엄청난 부를 축적하지만 결국 비극적인 결말을 맞는다.

44 중간 계층 **299**

하지는 않을지라도 최소한의 생계를 유지할 수 있는, 그래서 그들이 쇠잔해서 노동력을 상실할 때 그들을 대체할 수 있을 다음 세대의 노동자들을 낳아 기를 수 있을 때까지 생존할 수 있는 보수를 제공받는다.

찢어지도록 가난한 집안 출신의 사람이 경영자의 위치에까지 이르는 경우들이 가뭄에 콩 나듯 있기는 하다. 이들은 다른 사람들은 배워야 아는 것을 스스로의 힘으로 깨우치고 자신에게 필요한 만큼 스스로 독학을 하는 사람들이다. 하지만 이들은 아주 예외적인 존재들로 우리의 고려의 대상이 되어서는 안 된다. 거대한 사회적인 문제들을 논함에 있어서는 병약자들과 천치들, 만 명의 하나 꼴로 예외적인 사람들을 제외한 보통의 일반인들이 지니고 있다고 예상할 수 있는 능력에 대해 이야기를 해야 할 것이다. 가난과 무지의 환경에서 태어났지만 엄청난 부를 쌓거나, 철학자, 발견자, 작가, 그리고 심지어 왕국들의 통치자가 되고, 심지어는 성인과 순교자가 된 몇몇 사람들의 사례들이 있지만 일반적으로는 자산가 계층처럼 읽고 쓰거나 계산, 여행을 하고, 복식을 갖추어 입고, 말하고, 행동하고, 돈을 관리, 사용하지 못하는 사람들에게는 실업과 전문직 세계의 문은 닫혀 있다고 말할 수 있다.

이런 현실은 50년 전까지만 해도 봉급을 받아 생활하는 사람들은 전문직이나 실업계 진입을 꿈꿀 엄두조차 내지 못했다는 것을 의미한다. 내가 어렸을 때 아버지의 방앗간에서 일하던 사람이 생각이 난다. 그는 문맹이었고 종이에 계산을 할 수도 없었지만 천부적인 숫자 감각을 가지고 있었다. 그는 자신의 일에 필요한 모든 계산을 그 자리에서 바로 암산으로 할 수 있었는데 아버지는 물론 그의 밑에서 일하는 어떤 사무직원도 흉내 낼 수 없는 일이었다. 하지만 그는 알파벳도 모르는 사람이었고 상인들과 제조업자, 변호사, 의사, 성직자들과 어울리는 데 필요한 복식, 언변, 처세를 알지 못했기 때문에 중간 계층, 아니, 우리 아버지와 비슷한 사회적인 위치조차도 꿈꾸지 못한 채 가난한 노동자로 일생을 마쳤다. 반면, 우리 아버지는 재산도 물려받지 못했고 공무원으로 일을 했으며 후에는 상인이 되었지만 자신이 중간 계급인 것을 전혀 자랑스러워하지 않았다. 오히려 그는 자신이 그렇게 묘사되는 것을 싫어했으며, 자신의 노력으로 생계를 꾸려야 하지만 자산가 계급의 장자 계열이 아닌 먼 후손으로서의 신사 계급에 집착했다.

하지만 60년이 지난 지금, 우리는 교육에 관해서는 사회주의를 이루었다. 우리 아버지의 제분소에서 일을 하던 일꾼이 지금 소년이었다면 그는 그의 부모가 동의를 하든 그렇지 않든 공동체의 부담으로 9년간 의무 교육을 받아야 했을 것이고 수학적인 재능을 통해 장학금을 받아 중등교육까지 받을 수 있었을 것이다. 그곳에서도 충분히 재능을 발휘했다면 그는 다시 장학금을 받아 대학 교육까지 받아 전문직에 종사할 수 있었을지 모른다. 최소한 그는 경리직원이 될 수 있었을 것이고 중간 계급에 편입될 수 있었을 것이다.

이전에는 장자가 아닌 자손들과 그 후손들이 중간 계급에 속하는 직업들 중 가장 좋은 일자리들을 독차지할 수 있었다. 하지만 지금은 노동자들 중에서도 이런 일자리를 얻는 사람들이 생기게 되었고 이들은 신사 계급의 허식과는 상관이 없어서 일부 싸구려 사립학교를 졸업하는 중간 계급의 자손들보다 더 나은 교육을 받을 뿐만 아니라 현실에 더 잘 적응할 준비가 되어 있다. 중간 계층 특유의 복식, 말, 태도도 전문직을 얻는 데 있어 이전만큼 중요하지는 않게 되었는데 노동자들이 그것들을 빨리 받아들인 면도 있지만 오히려 노동자들이 중간 계층을 자신들의 매너와 말을 사회생활의 기준으로 받아들이도록 만들었기 때문이다. 반은 상인이었지만 부끄러워 그것을 온전히 받아들일 수 없었고 반은 신사였지만 그것을 지탱해줄 재산이 없었던 우리 아버지가 지금 다시 소년이 된다면 땅과 자본, 공무원 자리를 차지하기 위한 경쟁에서, 한때 자신이 있는 자리에서는 함부로 앉지도 못하던 사람들의 자손들에게 까마득하게 밀려날 것이다. 디킨스가 그의 작품들에서 잘 묘사한 아무 재산이 없는 신사들, 쓸모없이 거만하기만 한 공무원들은 중간 계층의 직업들을 거부하는 것으로 자존심을 지킨다. 그들은 불만이 가득하고 궁핍하며 헛된 망상에 빠져 지내면서 그들의 친척들에게 돈을 빌려(사실은 구걸하여) 생활을 하지만 그들이 자산가 계급에서 떨어져 나왔다는 것을 깨닫지(아니, 인정하지) 못한다. 그들은 약간의 교육만 받으면 신사들의 처세로 원하는 직업을 마음대로 얻을 수 있을 것처럼 행동하지만 사실은 버텨낼 힘을 배울 새도 없이 굶주리는 처지로 전락한 것이다.

중간 계층의 딸들은 어떤가? 그들이 상황을 타개하는 방법은 결혼을 통해서였다. 하지만 적당한 신랑감을 찾지 못하면 가정교사나 학교 선생, 귀부인들의 여행 동반자, 혹은 가난한 친척이라는 이름의 식객이 되고 말았다. 그들은 일을 하는 것은 숙녀에게 어울리지 않으며 남자에게 먼저 청혼을 하는 것도 마찬가지라는 교육을 받아왔다. 그들은 전문직으로 진출을 할 수도, 사무실에서 일을 할 수도 없었고 대학문도 닫혀 있었다. 숙녀다워야 한다는 것 때문에 그녀들은 자신들처럼 가난한 처지인 노동자들의 사회로부터도 단절되었고 그들과 결혼을 할 수도 없어서 참담한 삶을 살아야 했다.

하지만 지금은 여성들에게 훨씬 더 많은 직업의 문들이 열려 있어 여성 법조인과 여의사들도 찾아볼 수 있다. 물론 아직 여성들은 성직에 진출할 수 없지만 그것은 교회에 손해다. 설교에도 능하고 교구 관리도 잘할 수 있는 뛰어난 여성들이 지금 일을 하고 있는 일부 고철덩어리 같은 남자 성직자들을 대체할 수 있을 테니까 말이다. 게다가 성직 말고도 사회와 공직 분야에서 여성들이 할 수 있는 일은 넘친다. 여성들을 전장에 보내지 않는 것은 사회적으로 필요한 조처인데, 아이들을 출산하는 것 외에 전장에서까지 목숨을 위태롭게 만들기에는 여성들이 너무 소중하기 때문이다. 만약 청년들 100명 중 90명이 죽는다 하더라도 우리들은 다시 회복할 수 있지만 처녀들 100명 중 90명이 죽는다면 나라는 망할 수밖에 없다. 전쟁터에만 국한하지 않고 하늘에서 폭탄을 떨어뜨리고 독가스를 살포해 남녀노소 구분 없이 무차별적으로 해를 가하는 현대전이 이전의 전쟁들보다 훨씬 위험한 이유다.

게다가 요새는 여성들도 남성들만큼이나 교육을 받는다. 대학에도 진학하고 여력이 있으면 기술학교에도 간다. 특수대학에서는 가정 관리도 전공과목이기 때문에 법이나 의학, 회계를 공부하는 것처럼 호텔 지배인이 되기 위한 일도 대학에서 교육을 받을 수 있다. 한마디로 편견이나 미신, 옛 사고방식을 벗어버리지 못한 부모, 본인의 수줍음이나 교만 등 대책이 없는 바보 짓거리들을 제외하면 현대적인 사고와 성격을 지닌 여성들이 실업계나 전문직에 진출하는 것을 막는 장애물은 더 이상 존재하지 않는다. 특별히 천재로 인정을 받지 않는 한 보통 여성이 자신을 스스로 부양하기 위한 활동을 하는 것이 거의 위법이었던, 그래서 장사를 하거나 장사를 하는 여성을 방문하는 것조차 숙녀답지 못한 일이었던, 백여 년 전에나 통했던 생각으로 세상을 대하는 것은 이제 아무 의미가 없다. 물론 과거의 전통이 아직도 많은 여성들의 삶을 통탄스러울 정도로 소모시키고 있는 것도 사실이지만 해가 지날수록 더 많은 여성들이 집 밖에서 사업 활동과 전문직에 종사하고 있고 영화 카메라를 대동한 채 탐험과 모험 같은 위험한 일들에까지 진출을 하고 있다.

이런 여성들의 사회 진출은 거대한 자본주의적 생산 규모 때문에 더욱 촉진되고 있다. 빵을 굽거나 술을 빚고, 실을 잣고 천을 짜는 종래의 가사 노동이 다양한 가게에서 쇼핑을 하는 일로, 그것이 다시 대규모 상점에 전화 주문을 하는 일로 줄어들었다. 피임이 보편화되기 시작했고 중간 계층에서 아이들의 수가 눈에 띄게 줄어들기 시작했다. 이전에는 해도 해도 일이 끝이 없다고 푸념하던 중간 계층의 여인네들은 하인들을 찾기 어려워졌음에도 할 일이 많이 줄어들었다. 그런 이유들로, 이미 도시의 사무실에서 벌어진 것처럼, 여성들이 많은 중간 계층의 일자리에서 남자들을 몰아낼 가능성도 높아졌다. 지금은 사업과 전문직을 남자들의 영역이라고 생각하는 태도가 많이 사라지고 있다.

그럼에도 남성들은 이런 분야의 대다수의 일자리를 차지하고 있다. 이런 추세는 아이들을 낳아 기르고 가사를 돌보는 일이 여성들의 전담인 한 당분간 지속될 것이다. 그것이 인류의 기능 중에서 가장 중요한 것이기에 여성들은 어떤 직업에서보다 가정에서 강한 권력과 중요성을 지닌다. 그러므로 여성들이 자신을 가정의 노예라고 주장할 때 그녀는 자연의 노예라는 뜻이지 남성의 노예라는 뜻은 아니다. 사실 여성들은 그것을 통하여 남성들을 손아귀에 쥐고 흔들게 된다. 부인과 어머니로서의 여성은 우리가 지금 다루고 있는 사회의 발전, 즉 자산가 계층으로부터 상업과 전문직에 종사하는 중간 계층이 떨어져 나오는 과정과 관계가 없다. 이것은 성별과는 관계가 없는 발전인데 왜냐하면 결혼하지 않은 딸들이 장남이 아닌 아들들처럼 의사, 변호사, 비국교과 교회 성직자, 지배인, 회계원, 점원, 속기사가 되었을 때 남자들과 마찬가지로 그들도 자신들의 성을 고려하지 않았기 때문이다.

사업과 전문직 분야에서는 남자도 여자도 없다. 경제적으로 그들은 모두 중성이다. 남성들과 경쟁할 때 여성들이 불리한 점이 있다면, 남성들은 자신들의 사업에서 성공하지 못하면 인생도 망가지게 되므로 배수진을 치고 달려들지만 여성들은 사업에서 망해도 결혼이라는 가능성이 남아 있다는 점이다. 사업체에 고용되어 일하는 것을 적당한 남편감을 찾기까지의 임시적인 과정이라고 생각하는 여성은 남자들처럼 일을 완전히 습득할 수 없을 것이다.

45

고용주의 쇠퇴
DECLINE OF EMPLOYER

얼핏 보기에는 고용주가 공동체에서 가장 강력한 계층처럼 보일지도 모른다. 그들이 없다면 아무도 생계를 유지할 수 없기 때문이다. 백 년 전만 해도 그것은 사실이었다. 그때는 가장 지배적인 사람들이 자본가도, 지주도 아닌 고용주—자본과 땅과 노동을 사용하여 일을 하던—였다. 당시의 사업들은 대부분 소규모여서 보통 자신들의 아버지나 다른 곳에서 사무실 종업원으로 일을 배운 중간 계층 출신의 자제들은 얼마간의 돈을 마련하면 자신과 같은 처지의 다른 사람들과 파트너십을 형성하여 고용주로서 사업을 시작할 수 있었다.

하지만 축적된 여유 자금의 규모가 점점 커짐에 따라 사업들의 규모도 커지게 되었고 그에 따라 거대 자본과 비싼 기계들을 갖추게 된 기업들이 등장해, 종래의 소규모 업체들로부터 고객들을 빼앗아갔다. 대기업들은 전통적인 업체들보다 저렴하게 물건들을 판매하면서도 낮은 원가를 통해 막대한 이익을 창출할 수 있었다. 여성들도 이런 변화를 장보기에서 느낄 수 있었다. 전에는 우산 가게에서 우산을, 신발 가게에서 신발을, 서점에서 책을 사고 점심은 식당에서 사 먹었지만 이제 그녀들은 한 장소에서 그 모든 쇼핑을 해결할 수 있다. 결국 소규모 상점들은 모습을 감추게 되었고 사람들은 런던의 셀프리지Selfridge나 휘틀리Whiteley 백화점, 지방에서는 대형 연쇄점에나 가야 물건들을 구입할 수 있게 되었다. 소규모 상점들에서 일하던 사람들은 새로 생기는 대형 상점들에서 판매원이나 매니저로 일할 수 있게 되면 다행이었다.

때로 변화는 눈에 띄지 않게 벌어졌다. 전국에 걸쳐 계속 소규모 소매업으로 운영이 되어야 하는 업종이 있었다. 석유 가게, 선술집, 담배 가게들이 그런 곳이었다. 겉으로 보기에 이들 사업장들은 별개의 분리된 사업소들처럼 보였지만 사실은 그렇지 않았다. 선술집들은 양조업자들이 수십 개씩 직영으로 운영하고 있었고 수백 개의 석유 가게들이나 담배 가게들이 하나의 트러스트에 소속되어 있기도 했다. 몇 명의 신사 계층 사업자들이 파트너로 소규모의 자본을 가지고 운영하던 기업들이 대기업에 입지를 잃었듯, 이들 사업체들도 엄청난 자본을 갖춘 트러스트로 바뀌어갔다.

이러한 변화들에는 정치적으로 중요한 것도 포함되어 있었다. 고용주들이 독립적으로 사업을 시작했을 때 그들은 소규모 자본을 가지고 일을 시작했고 그래서 그것을 조달하는 데 어려움을 겪지 않았다. 나중에도 논할 기회가 있겠지만 거의 모든 여유 자금을 가지고 있던 은행가들은 그들의 손에 자본을 쥐여주지 못해 안달이었다. 제대로 기업을 운영할 수 있는 사람들은 지주에게 렌트를, 자본가(종종 자신들이기도 했다)에게 이자를, 노동자들에게는 임금을 지불하고 난 후 남은 모든 금액을 모두 독차지할 수 있었다. 사업에 능한 사람인 경우 남겨진 많은 이익을 이용해 의회에 진출하거나 귀족 신분을 사는 경우도 있었다. 그들이 없다면 자본도 소용이 없고 노동도 쓸모가 없었기 때문에 고용주들은, 어느 미국 경제학자가 칭했듯, 당시의 상황을 완전히 장악한 사람들이었다.

그 전까지는 은행이나 보험회사에만 적합한 형태로 여겨지던 합자회사들이 사업을 시작하면서 고용주들의 상황이 바뀌기 시작했다. 합자회사에서는 한두 명의 자본가가 아니라 주주라 불리는 수백 명의 자본가들이 자신들의 능력껏 투자를 한다. 처음에는 한 주에 100파운드였던 주식이 10파운드를 거쳐 1파운드까지 내려갔다. 덕분에 오늘날의 기업들에는 수많은 자본 소유주들이 존재하는데 그중 많은 이들은 그런 기업이 생기기 전에는 자산을 소유할 꿈도 꾸지 못했을 사람들이었다. 이것은 두 가지 결과를 초래했는데, 우선 5파운드의 여유돈을 지닌 여성은 회사가 그것을 사용하게 하고 회사가 존재하는 한 일 년에 5실링의 이자를 받을 수 있게 되었다. 이런 식으로 많은 여유돈을 지닌 부자들로부터 얼마 안 되는 돈을 지닌 가난한 사람들에게로 자산을 확산시킴으로써 자본주의는 더욱 강화되었다. 하지만 고용주들의 입장은 약화되었고 종내는 종업원으로 일을 하게 되었다.

그것은 이런 경로를 통해서 일어났다. 합자회사는 이전 개별 기업들보다 훨씬 많은 자본을 모을 수 있게 되었다. 1천 파운드의 기계와 공장을 지닌 고용주는 2만 파운드의 가치를 지닌 고용주에 의해 시장에서 퇴출될 수 있다는 사실은 이미 널리 알려진 사실이다. 사업을 제대로 해낼 것이라는 믿음만 줄 수 있다면 2만 파운드를 빌리는 것은 고용주들에게 그리 힘든 일이 아니었다. 하지만 수십만 파운드의 자본금을 지닌 회사들이 나타나기 시작하고 다시 이들이 합쳐져 수백만 파운드의 자본을 지닌 트러스트들을 형성하자 고용주들은 설 자리를 잃게 되었다. 그들은 종래의 네트워크를 통해 그런 규모의 돈을 조달할 수 없었다. 어떤 은행도 그들에게 그렇게 큰 액수의 신용 공여를 허락하려 하지 않았다. 더 많은 자본을 모으려면 그들은 자신들의 회사를 합자회사로 바꾸어야만 했다.

듣기에는 쉬워 보이지만 고용주들에게는 쉬운 일이 아니었다. 새로 설립될 회사의 투자설명서에 부유하고 믿을 만하며 뛰어난 투자 능력이 있다고 알려진 믿을 만한 이름들이 올라 있지 않는 한 사람들은 주식을 사려고 하지 않았다. 함부로 주식을 사서 파산에 이르고 싶지 않았기 때문이다. 지명도가 있는 사람들에게 접근하여 그들의 호기심을 불러일으키는 것은 기업 실무에만 능한 고용주들에게는 어려운 일이었다. 그래서 자본을 모을 필요가 있을 때는 그들은 그런 일을 전문으로 하는 사람들을 찾아갈 수밖에 없었다. 이런 일을 하는 사람들은 보통 스스로를 금융가라고 불렀다. 그들은 자신들이 제공하는 서비스의 대가로 높은 수수료를 요구했고 관련된 회계사들이나 변호사들도 평판에 따라 높은 수수료를 받았다. 그들은 커다란 액수의 자본을 모을 때 큰돈을 벌 수 있었기 때문에 작은 금액들은 무시하기 일쑤였다. 덕분에 작은 금액보다 큰 액수의 금액을 모으는 일이 더 수월하게 되는 웃지 못할 현상이 벌어지기도 했다. 2만 파운드의 자본금을 모으고 싶다는 고용주는 금융가에게 말을 꺼내기도 전에 사무실에서 쫓겨나기 쉬웠고 10만 파운드 정도를 모으고 싶다면 금융가들은 거드름을 피우며 마지못해 상대를 해줄 것이다. 하지만 10만 파운드를 빌리는 계약을 하더라도 금융가들이 3만 파운드 정도를 자신들의 수수료로 떼고 실제로 손에 쥐여주는 것은 7만 파운드 정도에 불과하더라도 고용주는 아무 말도 할 수가 없었다. 그런 조건을 수락하지 않는다면 돈을 모을 수 없었으니까. 이제는 금융가들과 그들의 거간꾼들이 상황을 쥐고 흔드는 사람들이었다. 실제로 사업을 운영하는 사람들, 빅토리아 시대 때에는 사업계의 거물이라 불렸을 사람들이 지금은 사람들을 한 명이라도 고용해보거나 일평생 공장이나 광산에 들어가 본 적도 없는 사람들의 손아귀에 놀아나게 되었다.

하지만 그게 다가 아니었다. 고용주가 그의 회사를 합자회사로 바꾸는 순간 그는 종업원의 신세로 전락하게 되었다. 물론 그는 다른 종업원들을 통솔하고 자신의 판단에 따라 그들을 고용도, 해고도 하는 최고 위치의 종업원이기는 했지만 그 자신도 결국 종업원의 처지였고 만약 그가 급여를 너무 많이 요구하면 주주들의 판단에 따라 해고되어 다른 사람에 의해 대체될 수 있는 입장이었다. 이런 가능성에 처하지 않기 위해서 그는 다른 주주들의 의결권을 무력화할 수 있을 만큼의 주식을 받고 자신의 회사를 팔기도 했는데 그가 그 기업을 성공으로 이끌었다는 평판 때문에라도 그는 큰 영향력을 지니고 있었다. 하지만 그가 죽거나 은퇴를 하면 그의 자리는 그의 후손이 아니라 급여나 이익의 일부를 받고 회사를 경영하는 다른 종업원으로 대체되었다.

급여를 받고 일하는 고용주라도 유능한 사람은 높은 급여를 받는 것 외에도 상당한 힘을 지닐 수 있었다. 그는 사업을 위해 꼭 필요한 사람이라는 인정을 받을 수도 있었다. 하지만 스스로 사업을 생각해내고 자신들의 사업상의 비결들을 철저히 고수했던 이전의 고용주들에 비하면 그렇게 필수적인 존재들은 아니었다. 이전 고용주들의 사업상의 비결들은 사무실의 일상적인 업무로 바뀌어서 누구든 고용되어 그 일을 하는 사람들은 의미를 잘 알지 못하더라도 계속 업무를 수행할 수 있게 되었다. 정말 중요한 사업상의 비밀이라 할 만한 것은 새로운 기계였지만 그것도 결국 비밀로 남아 있을 수는 없었다. 모든 기계적인 발명들은 법에 의해 곧 공유화되었다. 기계를 발명한 사람이 그것을 영원히 자신의 사적 재산으로 유지하면서 그것을 사용하는 고용주들에게 로열티를 받는 것이 아니라 14년 동안만 특허권을 인정받았고 그 후에는 누구나 마음대로 그것을 이용할 수 있었다.

예를 들자면, 증기 엔진을 발명하기 위해서는 천재적인 재능이 필요하겠지만 일단 그것이 만들어진 후에는 몇 명의 평범한 일꾼들이 그것을 계속 작동시킬 수 있었고 기계가 낡게 되면 어떤 기계 제작사도 그것을 쉽게 복제해서 만들어낼 수 있었다. 마찬가지로, 새로운 사업을 시작하기 위해서는 뛰어난 재능과 진취적 정신, 열정과 집중력이 필요하지만 일단 회사가 만들어지고 업무의 내용이 일상적인 흐름으로 수립되면 그것을 습득한 평범한 사람들에 의해 회사는 계속 돌아갈 수 있었다. '무엇을 해야 할지 잘 모르겠으면 지난번에 어떻게 했는지를 살펴보고 그대로 다시 반복하라'가 그들의 행동 요령이었다. 아주 현명한 사람이 이루어 놓은 큰 사업도 그의 평범한 아들이 ―자신의 아버지처럼 그 사업을 잘 이해하지 못하더라도― 물려받아 아주 잘 운영을 해나갈 수 있었다. 딸에게 사업을 물려주었더라도 마찬가지였다. 그녀 자신이 일을 잘할 수 없으면 능력 있는 급여 고용주를 사용하여 월급과 성과의 일부를 주고 회사를 경영하게 하면 그뿐이었다.

나는 경영 능력이 시장에서 쉽게 구할 수 있는 약품처럼 되었다고까지는 말하고 싶지 않지만 중간 계층이 운영하는 소규모의 기업에서는 고용주들이 자신들이 회사에서 받는 것보다 더 많은 급여를 일부 능력 있는 종업원들에게 지급하는 일도 종종 있다. 어찌 되었건, 19세기에 자본가-고용주를 최고의 존재로 만들었던 사업 기법의 독점은 영원히 사라졌다. 오늘날의 고용주들은 자본가도 아니고 경영 능력을 독점하고 있지도 않다. 이전에 고용주들이 누리던 정치, 사회적인 권력들은 거대한 자금을 동원할 수 있는 금융가, 은행가들에게로 넘어갔다. 곧 살펴보겠지만, 이런 독점적 지위는 은행업의 공영화에 의해 사라지게 된다.

이 모든 발전들을 전부 종합해보면 당신은 이제 중간 계층의 입장을 파악할 수 있다. 여러분은 이제 중간 계층이 교육을 받았지만 유산을 물려받지 못한 자산 계급의 자손들로부터 생겼다는 것, 그들은 전문 직업을 영위하거나 자산 계급을 위해 일을 함으로써 생계를 꾸려간다는 것, 현대적인 기계의 발전(산업혁명이라 칭하는)이 사업을 아주 크고 복잡하게 만들어 자산가 계층도, 근로자들도 제대로 이해할 수 없게 되었을 때 그것을 이해하는 중간 계층(일반적으로 고용주라고 불리는)이 주도권을 쥐게 되었고 권력과 재물을 차지하게 되었다는 것을 알게 되었을 것이다. 1세대 고용주들이 이런 일을 하는 방법을 알아낸 후, 지식인이라면 누구나 배우고 실천할 수 있는 일상으로 그것을 확립했을 때, 그리고 기업이 점점 커짐에 따라 그들이 할 일은 그것에 필요한 점점 더 많은 자본을 찾는 일밖에 남지 않았을 때, 기업의 권력은 고용주로부터 금융업자에게로 넘어갔고 오늘날에 이르렀다. 이 마지막 변화는 고용주의 지위에 큰 영향을 끼쳤는데, 자산가 계층으로부터 토지와 자본을 빌리고, 노동자들로부터는 노동력을 고용하여 임대료, 이자, 임금을 고정적으로 지불하고, 재료비를 지불한 후 남는 모든 이익을 모두 차지하던 그가 지금은 기업과 신탁회사들에 의해 고용되어 일하게 되었고 기업 활동으로 발생하는 이익과 이자는 모두 주주들이 챙기게 되었다.

그나마 그런 일자리를 찾는 데 있어서도 그는 과거처럼 중간 계층의 다른 구성원들뿐만 아니라 계급 간의 사다리 역할을 하는 장학 제도에 의해 초등학교부터 대학교나 폴리테크닉까지 공적인 비용으로 교육을 받아 중간 계층으로 진입한 노동자 계급의 영리한 아들들과도 경쟁을 해야 하게 되었다. 이것은 비단 고용주들뿐만 아니라 그들의 직원들도 마찬가지인데 이전에는 중간 계층이었지만 능력이 처지는 아이들이 사무원직을 독점했지만 지금은 모든 사람들이 학교에 가야 하기 때문에 읽기, 쓰기, 해석이 필요한 일의 중간 계층 독점은 사라졌다. 지금은 숙련된 육체노동자들이 사무직원들보다 찾기 어렵고 보수도 더 많이 받는다. 어떤 타이피스트라도 응접실 담당 하녀의 일을 부러워하지 않을 사람이 없을 것이다.

중간 계층은 더 이상 대니얼 디포가 『로빈슨 크루소』에서 읊었던 찬양에 어울리지 않는다. 돈벌이가 되는 부류의 특별한 재능을 가지고 있지 않은 사람들에게, 그것은 이제 지역 사회에서 가장 인기 없는 결혼 상대 계층이다.

46

프롤레타리아
PROLETARIAT

중간 계층을 해치웠으니 이제는 하층 계층, 굶주린 사람들, 노동 계층, 군중, 무리, 기타 등등의 이름으로 불리는 사람들을 살펴볼 차례다. 어떤 민족, 피부색, 성별, 종파, 기타 사회적 구별에 속하는 존재이든 땅이나 자본이 없어서 남에게 고용되어야 살아갈 수 있는 사람들을 가리키는 일반적인 명칭이 있다. 프롤레타리아가 그것이다. 1818년에 태어나서 1883년에 사망한 카를 마르크스는 생의 마지막 30여 년을 자본주의 연구에 바쳤다. 그때나 지금이나 그는 프롤레타리아의 가장 유명한 옹호자인데 그에 의하면 프롤레타리아야말로 모든 통치, 자산 계급이 최종적으로 굴복해야 할 문명 사회의 가장 중요한 부분이었다. 그의 유명한 슬로건, '온 땅의 프롤레타리아들이여, 단결하라'는 노동으로 살아가는 모든 사람들이 힘을 합쳐 땅과 자본으로 표현되는 사유 재산을 없애야 하고 게으른 자들에게 아무런 세금을 바치는 일 없이 모든 사람들이 이 세상에서 자신의 몫의 노동을 감당하면서 생산물을 공유해야 한다는 의미였다.

당시의 문제는, 그들이 없으면 프롤레타리아들이 생활을 할수 없었던 고용주들이 강하고 부유하고 독립적이었으며 자신들의 일에 능수능란한 사람들이었다는 것이다. 그들은 스스로도 꽤 많은 땅과 자본을 소유하고 있었고 은퇴 후에는 지방의 신사 계급이 되려는 야심을 품고 있었다. 하지만 후에 봉급자, 혹은 프롤레타리아로 전락하기 시작하면서 고용주들도 카를 마르크스의 주장에 귀를 기울이게 되었다. 그들은 지대와 이자를 지급하는 사유 재산에 흥미를 잃어갔고 지주와 자본가들에게 몸과 머리를 제공하여 얻는 대가에 점점 더 많은 관심을 기울이게 되었다. 노동자들에게 가능하면 적게 주고 많은 것을 얻어내려 했던 그들이 이제는 가능한 한 자산가들에게 적게 주고 그들이 제공하는 노동에 대해서는 많은 것을 대가로 받아내려 했다. 그들은 숙련된 노동, 아니 심지어는 단순 노동조차 회계 업무나 단순 관리, 전문직보다 점점 더 가치가 높아지는 것을 깨달았다.

먹고살기 어려운 처지에도 남들에게 창피하지 않은 차림새를 유지하고 자신의 아이들이 낮은 계층의 아이들과 어울리지 못하게 막는 일처럼, 가난한 처지로 전락한 후에도 허세를 부리는 것은 이제 의미가 없다. 부모들은 깨닫지 못할지라도 아이들은 이미 그것을 깨닫고 있다. 나는 어렸을 때 도매업을 하는 아버지가 자신의 양복을 만드는 재단사보다 훨씬 우월한 사람인 것처럼 행동하는 것이 딱하게 느껴졌다. 재단사는 아버지의 형편이 자신보다 못하다는 것을 잘 알고 있었고 아름다운 정원이 딸린 좋은 집에다가 바닷가 별장에 요트까지 가지고 있었다. 하지만 더블린의 상점 주인들은 재단사보다 더 훌륭한 집들과 요트들을 가지고 있었고 그들의 아이들은 고급 교육을 받는 것 말고도 나는 상상할 수도 없었던 호사를 누리고 살았다. 그 아이들과 어울리기에 나는 너무 가난했지만 아버지는 그들이 내 친구가 되기에는 너무 신분이 낮다고 생각했는데 아버지에게는 그것이 상황을 정당화하는 길이었을 것이다. 내가 보기에 아버지는 속물적인 공상 속에서 살고 있었다. 후에 나는 상점 주인들의 아이들이 아무런 신분상의 장애 없이 귀족들과 어울리고 총독과 교류하는 것을 기분 좋게 지켜보았다. 그들의 상점들은 점점 귀족들과 어울리는 것은 꿈도 꾸지 못하게 된 봉급쟁이 종업원들에 의해 운영되는 대형 연쇄점들로 바뀌어갔다.

고용주로 일하던 나의 아버지와 그의 동업자의 자본을 합쳐봐야 큰 회사의 2주치 우편 요금밖에 되지 않았을 것이다. 하지만 나는 일찌감치 아버지 같은 고용주가 되는 것조차도 불가능하다는 것을 깨달았다. 나는 15세에 사무원이 되어야 했다. 나는 명백히 프롤레타리아였다. 정치에 관심을 가지게 되었을 때 나는 보수당원이 되지 않았다. 보수당은 지주들의 당이었고 나는 지주가 아니었으니까. 나는 자유당에 가입하지도 않았다. 자유당은 고용주들의 당이었고 나는 고용주가 아니라 피고용인이었다. 아버지는 그때그때 기분에 따라 보수당이나 자유당에 투표를 했다. 그로서는 다른 당의 존재는 생각할 수가 없었다. 하지만 나는 프롤레타리아들의 당을 원했고 계급적인 편견이나 재산권에 저항하여 사회 전반적인 복지를 주장하는 카를 마르크스의 슬로건들이 유럽 모든 나라들에서 반향을 일으킬 때 나는 자연스럽게 이들 단체들 중 하나에 가입했고 스스로를 자랑스럽게 사회주의자로 여기게 되었다.

내가 가입한 사회주의 단체의 특이점은 구성원들이 모두 중간 계층이었다는 것이다. 지도자들과 간부들은 중상류층에 속한다고 할 만한 사람들이었다. 그들은 나처럼 전문 직업(나는 사무직에서 문학계로 탈출했다)을 가지고 있거나 공무원들 중에서도 꽤 높은 위치에 있는 사람들이었다. 그들 중 몇몇은 단체를 떠나거나 정치적인 입장을 바꾸지 않은 채 나중에 자신들의 직업에서 꽤 큰 성공을 거두었다. 보수당이나 자유당에 속할 그들의 부모, 친척들에게는 그들이 사회주의자가 되어 보장된 성공을 망치는 길로 들어서려는 것을 믿을 수 없었을 것이다. 카를 마르크스도 가난한 노동자 출신이 아니었다. 그는 고등교육을 받은, 부유한 유대인 법률가의 아들이었다. 그의 명성에 거의 필적할 만한 동료 프리드리히 엥겔스도 부유한 고용주였다. 인문 교육을 받았고 무조건 힘든 노동에 전념하는 것보다는 사물의 이치를 살피는 데 더 관심을 두도록 양육이 되었기 때문에 이들은 페이비언 협회Fabian Society(고전 교육을 받은 사람만이 생각해낼 수 있을 이름을 우리들이 선택한 것에 주목하라)의 내 동료들처럼 자본주의가 그들 계층을 프롤레타리아로 격하시키고 있다는 것을 깨달은 첫 번째 사람들이 되었다. 그들은 또한 자본주의자들, 영리한 전문 직업인들, 사업가들을 제외한 국민 소득에서 노예보다 조금이라도 나은 몫을 차지하려면 계급이나 나라의 구분 없이 모든 프롤레타리아들이 결집해서 우리 문명의 공산주의적 측면을 발전시켜 자본주의를 종식시키고 공산주의가 가장 지배적인 사회 원칙이 되게 함으로써 소유, 착취, 상류층의 무위도식을 불가능하게 하고 그런 행위를 불명예스럽게 만들어야 한다고 생각했다. 성직자 출신의 회원들이 말하듯 마몬*이 아니라 하느님을 섬겨야 한다고 주장했다. 가톨릭 신앙이 세속화된 것이라고도 할 수 있는 공산주의는 사제의 부족을 겪어본 적이 없다.

1884년 페이비언 협회가 결성되고 내가 가입했을 때는 런던에는 그것 외에도 두 개의 사회주의 협회가 쌍벽을 이루고 있었다. 페이비언 협회와는 달리 그들은 자신들이 노동자 계급의 단체라고 주장했다. 하지만 그중 한 곳은 아들들에게 최고의 교육을 시키고 유산을 남겨주었지만 종교 기관들에게도 거액을 남긴 부자의 아들 한 명이 장악한 곳이었고 다른 곳은 19세기에 가장 유명한 사람 중의 한 명으로서 궁정과 교회들에 가구를 공급하고 장식을 하는 사업을 하던 고용주이자 제조업자에 전적으로 의존하고 있었다. 그는 뛰어난 예술적 디자이너로 오래전 잊힌 예술을 재발견하기도 했고 가장 뛰어난 영국의 시인, 작가들 중 한 명이기도 했다. 이들 두 사람, 헨리 하인드먼과 윌리엄 모리스는 노동자 계급 프롤레타리아에게 사회주의의 주창자로서 족적을 남겼지만 자신들의 지휘하에 신사, 숙녀의 언어를 사용하여 중상류층의 방식으로 새로운 노동자 계급 사회주의 정당을 만들려는 시도에는 실패했다. 왜냐하면 노동자 계층은 이미 그들 자신들의 지도자 아래에서 자신들만의 언어를 사용하여 이미 자신들의 방식으로 조직을 결

---

* Mammon. 신약성서에서, 불의한 재물의 뜻으로 쓰이는 말. 하느님과 대립된 우상으로 간주됨.

성했기 때문이다. 페이비언 협회도 성공을 거두었다. 모든 계층을 위한 사회주의 조직을 계획하는 데 필요한 사상적인 틀을 자신의 계층에서 우선 만들려 했고 그래서 자신들이 속한 계층을 먼저 다루었기 때문이었다. 그들은 기존의 정치적인 조직들을 대체하려 하지 않았고 단지 그것들에 사회주의적인 개념들을 불어넣으려 했다.

이미 존재하고 있던 노동자 계층의 조직은 노동조합이었다. 노동조합은 사회주의와는 관계가 멀다. 그것은 프롤레타리아의 자본주의 조직이다. 이것을 설명하자면 따로 중요한 기다란 장을 하나 만들어야 할 것이다. 왜냐하면 노동조합은 아주 강하고 몇 주씩 우리들이 석탄이나 기차를 쓸 수 없게 만들기 때문이다. 하지만 그 전에 우리는 그것이 생겨난 노동 시장을 이해할 필요가 있다. 이것을 설명하는 데도 판매자로서의 노동자의 특별한 위치에 관한 음울한 설명을 포함하는 몇 개의 장들이 필요할 것이다.

47

노동 시장과 공장법

THE LABOR MARKET AND THE FACTORY ACTS

주급을 받고 일하는 여성 노동자는 한 가지 측면에서 그의 고용주와 같은 입장에 있다. 그녀는 뭔가 판매할 것을 가지고 있고 그것의 가격에 의존해 생활을 한다. 그녀가 가지고 있는 것은 노동이다. 그것의 대가를 더 많이 받으면 받을수록 그녀의 형편은 나아지고 적게 받으면 받을수록 형편은 악화된다. 그것에 대해 아무 대가도 받을 수 없다면 그녀는 굶어죽거나 극빈자가 될 것이다. 여성이 결혼을 하면 남편이 그녀의 노동에 대가를 제공한다. 남편은 그가 지불 받은 산업 노동의 대가에서 아내가 가사 노동을 유지할 수 있도록 지불해야만 한다. 노동자는 가능하면 높은 가격을 받고 산업 노동을 제공하려 하고 구매자(고용주)가 허용하는 한에서 받은 가격에 비해 될수록 적은 노동을 제공하려 한다. 즉 가장 높은 임금을 받고 가장 짧은 시간 일을 하려 한다. 그들이 특별히 사려 깊고 공공정신이 투철한 사람이 아니라면 아마도 그게 다일 것이다.

고용주가 처한 입장도 크게 다르지 않다. 그는 노동을 파는 사람이 아니라 사는 사람이다. 그가 파는 것은 그의 지시 아래 생산된 상품이나 서비스이다. 특별히 사려 깊고 공공정신이 투철한 사람이 아니라면 고용주는 가능하면 많은 것을 받고 팔고 구매자가 허용하는 한에서 가격에 비해 적은 것을 제공하려 한다. 노동을 구매함에 있어서도 그의 관심과 방침은 가능하면 적게 지불하고 더 많은 것을 얻는 것이다. 노동자의 관심이나 방침과는 정반대되는 입장이다.

이것은 고용주와 고용자 사이에 계급 전쟁이라는 감정과 이해를 둘러싼 불행하고 위험한 갈등을 만들어낼 뿐 아니라 문명사회의 시민들에게는 전혀 어울리지 않는 극단적인 사회악을 야기한다. 정부는 노동의 구매자와 판매자들 사이에서 기본적인 인간성을 유지하는 흥정을 하고 또 그것을 지키도록 수없이 개입해야만 했다. 우선, 고용주들은 노동을 원할 뿐이고 노동을 제공하는 주체가 아이건 여자건 남자건 그에게는 전혀 관심의 대상이 아니다. 그들은 가장 싼 노동을 구매하면 그뿐이다. 노동이 노동자들의 건강과 정신에 어떤 영향을 미치는지도 그들의 이익에 영향을 주지 않는 한 그들의 관심 밖이다. 그들이 그런 상황들을 고려한다 해도 결국에는 종업원들의 복지와 자신들의 이익을 조화시키려 노력하는 것보다는 마음에서 우러나오는 친절의 감정을 비인간적으로 무시하는 것이 더 큰 이익을 가져온다고 결론지을 것이다.

말이 끌던 런던의 마차철도와 노예 제도가 폐지되기 전 미국의 플랜테이션 농장들을 예로 들어보자. 마차철도를 운영하던 사람들의 입장에서는 말들을 어떻게 다루는 것이 가장 큰 이익을 가져올지가 중요한 문제였다. 과로에 시달리지 않고 잘 돌본 말은 20년 정도를 산다. 웰링턴 공작 아서 웰즐리의 말은 40년까지 산 기록이 있다. 하지만 무리하게 혹사를 당한 말은 1년도 버티지 못하고 죽는다. 말의 가격이 아주 싸서 마치 길에서 주워 사용할 수 있는 것처럼 흔하다면 그들을 인간적으로 취급하다가 18세가 되면 노포크에 있는 염전으로 퇴역을 시키는 것보다 채 6개월을 버티지 못하고 죽더라도 마구 일을 시키는 것이 훨씬 이익이 될 것이다. 하지만 말들을 구입하는 데는 돈이 든다. 마차철도를 운영하는 사람들은 말들을 너무 혹사시키면 비용을 뽑기도 전에 폐사시켜야 된다는 것을 알고 있었다. 그들은 계산 결과 4년에 걸쳐 말들을 도태시키는 것이 가장 큰 이익을 얻을 수 있다는 것을 알게 되었다. 플랜테이션 농장에서도 비슷한 계산이 이루어졌다. 말들과 마찬가지로 노예들도 비싼 돈을 들여야 사올 수 있었다. 너무 혹사를 시켜 일찍 사망하면 노예는 이익보다는 손해를 끼친다. 사업에 밝은 농장주들은 7년에 걸쳐 노예들의 노동력을 고갈시키는 것이 가장 이익이 된다고 결론을 내리고 노예 감독들에게 그 기간을 목표로 노예들을 부리게 했다.

　'마차를 끄는 말이나 노예들은 얼마나 끔찍한 처지였을까?' 당신은 생각할 것이다. 하지만 여기서 잠깐. 말들과 노예들은 가치가 있었다. 만약 당신이 그들을 실수로 죽게 한다면 그들을 대체할 비용을 물어내야 한다. 하지만 말이나 노예를 사용하는 대신에 '공짜인' 아이들과 여자들, 남자들을 사용할 수 있다면 당신은 그들이 죽도록 혹사시킬 수 있다. 그들은 공짜로 얼마든지 조달이 가능하다. 게다가 그들은 일이 없을 때에는 노예들처럼 부양할 필요도 없다. 주급을 주고 고용해서 일이 없을 때에는 그들을 해고하면 그만이다. 다시 일자리를 얻을 때까지 그들이 굶어죽든 말든 그것은 그들이 알아서 할 일이다. 자본주의의 전성기 동안에는 이런 시스템이 절정을 이루었고 그것을 제어하는 어떤 법도 존재하지 않았기 때문에 어린이들이 채찍질을 당하면서 과로하다가 죽는 일이 다반사였다.

북쪽의 공장에서는 한 세대가 아홉 세대를 사용한다는 말이 나돌 정도였다. 여성들은 미국 남부 지방의 노예들도 울고 갈 정도로 열악한 환경의 광산에 투입되었고 남성들은 야만인도 무시할 만한 비참한 삶을 살았다. 이들 불행한 사람들이 살고 있던 처소들은 이루 설명을 할 수 없을 정도였다. 콜레라와 천연두가 수시로 발생했고 발진티푸스가 오늘날의 홍역만큼이나 흔했다. 주정뱅이와 야만적인 폭력은 노동자들이 흔히 입던 퍼스티언 천으로 만든 코트와 그들의 앙상한 손만큼이나 그들 계급의 흔한 모습이었다. 노동자들의 희생을 통해 점점 더 부유해진 자산가들과 중간 계층의 고결한 태도와 성공은 끔찍한 절망의 심연을 가리고 있었다. 신기원을 이룬 그의 엄정한 책, 『자본론』을 통해 이런 심연의 뚜껑을 연 사람이 카를 마르크스였다. 자본주의에 분노한 인간성의 봉기를 대변하는 선지자로서 그는 사회주의 운동에 감성적인 힘을 제공했다. 하지만 지금은 감성적인 사회주의가 아닌 지성적인 사회주의가 우리의 주제이니만치 흥분은 금물이다. 분노는 어설픈 조언자일 뿐이다.

마르크스가 그의 책을 내기 한참 전에 정부는 그런 현실에 개입을 해야만 했다. 탄광과 다른 산업들을 규제하는 공장법이라 불리는 일련의 법들이 통과되어 일정 연령 이하의 어린이들을 고용할 수 없게 되었고 여성들의 취업도 제한했다. 그런 사람들을 고용하는 사업장의 조업 시간도 제한되었고 쉽게 근로자들을 다치게 만들었던 기계들 주위에는 안전망이 설치되었다. 고용주가 노동자들에게 월급을 돈으로 주는 대신 자신이 운영하는 다른 가게에서 비싸게 가격이 책정된 부실한 물건들을 지급하던 관행도 철폐되었고 위생 시설도 제공되었다. 공장 벽에도 자주 석회 도료가 칠해졌고 쉬는 시간에 별개의 장소에서 식사를 하지 못하고 작업장에서 식사를 하도록 강요하는 것도 금지되었다. 초기에 이들 법적 조치들을 이런저런 핑계로 회피하던 고용주들은 징계를 받았고 법이 제대로 준수되도록 공장 감독관이 파견되었다. 이런 법들은 사회주의자들이 아니라 귀족이자 경건한 보수주의자였던 섀프츠베리 경의 분노에 의해 태동되었다. 보편 복지를 이루기 위해서 상업적인 이익을 얻을 수만 있다면 인간의 법이든 신의 법이든 모든 것을 위반해도 좋다는 자본주의 이론의 근거를 그는 성경에서 발견할 수 없었다.

자본주의의 이런 이론은 탐욕스러운 사람들만 옹호한 것이 아니라 정치경제학과 법학을 가르치던 많은 교수들(그들은 자신들을 맨체스터학파라고 칭했다)도 진지하게 그들의 책에서 주장하고 옹호했고 도덕적이고 고결한 웅변가였던 존 브라이트 같은 이들도 공장법에 반대하는 연설을 통해 주장했다. 이런 이론은 아직도 우리의 대학들에서 정통 정치과학 이론으로 가르쳐지고 있으며 결과적으로 지적 자만과 무능에 빠진 성직자들과 정치인들을 만들어내고 있으며 동시에 최악의 합리주의적 도그마로서 천성적으로 선한 사람의 마음을 돌이켜 악질적인 범죄자들도 혀를 차게 만들 악행을 저지르게 한다.

고용주들은 공장법에 반대했지만 종업원들은 모두 그것에 찬성했을 것이라고 생각하기 쉽다. 하지만 나쁜 고용주들이 있듯 좋은 고용주들도 있고 현명한 노동자들이 있는가 하면 무지하고 한치 앞밖에는 보지 못하는 노동자들도 있는 법이다. 선한 양심을 가진 고용주들도 있었고, 자본주의 정치경제학을 가르치는 교수들처럼 외부의 권위에 책임을 미루는 대신, 자신들에게 모든 책임을 돌리는 퀘이커교도 같은 고용주들은 그들이 고용한 종업원들의 상황에 마음이 편치 않았다. 그렇지만 그들은 종업원들을 더 잘 대우해줄 수가 없었다. 만약 그랬다면 그들은 업계에서 퇴출을 당하거나 다른 악덕 고용주들에 의해 피해를 보았을 것이다.

아마 다음처럼 일이 진행되었을 것이다. 값싼 노동력은 고용주에게 더 많은 이익을 의미했을지 모르지만 결과적으로 상품 가격이 내려가는 것을 의미하기도 했다. 만약 양심적인 고용주가 종업원들에게 만족할 만한 급여를 주고 12시간, 16시간의 노동이 아닌 8시간 노동 시간을 준수한다면 상품에 높은 가격을 매길 수밖에 없다. 하지만 악덕 고용주는 같은 상품을 훨씬 저렴한 가격에 내놓을 수 있을 것이고 시장을 독점할 것이다. 결국 양심적인 고용주가 할 수 있는 일은 섀프츠베리 경을 따라, 법에 의해 모든 고용주들이 동일하게 강요되지 않는 한 양심적인 고용주들도 악덕 고용주들처럼 노동자들을 혹사시킬 수밖에 없고 결국 사업을 접을 수밖에 없다고 정부에 건의하는 것뿐이었다. 그들은 개인적인 의로움만으로는 사회 문제를 해결할 수 없다는 것을, 자본주의 체제하에서는 의회에서 만들어진 법 이외에는 사람들을 도덕적으로 행동하게 할 수 있는 길이 없다는 것을 깨달았다.

공장법의 도입을 고용주들보다 노동자들이 더 반대했다는 사실은 선뜻 이해하기가 어렵다. 고용주들은 곧 노동자들을 혹사시키는 것이 황금알을 낳는 거위의 배를 가르는 것처럼 무모한 일이라는 것을 이해하게 되었고 창의적인 방식으로 공장법의 요구 사항을 준수하면서도 더 많은 이익을 얻을 수 있다는 것을 알게 되었다. 어리석은 고용주들이라 하더라도 기계의 속도를 높이는 등의 방법으로 노동자들을 독려하여 12시간 걸려 하던 일을 10시간에 하면서도 더 많은 것을 만들어낼 수 있었다. 여행을 해본 사람들이라면 알겠지만, 가게의 영업 시간이 법으로 정해져 있지 않아 모든 사람들이 잠든 뒤까지도 가게 문을 열어놓는 지방에서는 저녁 9시에도 가게 주인들과 종업원들이 별로 피로를 느끼지 않는다. 하지만 대도시의 가게들은 저녁 6시면 문을 닫고 그곳의 종업원들은 5시면 벌써 진이 빠진다. 믿기지 않을지 몰라도 공장법이 도입되기 전 봄베이에서는 어린이들이 하루에 몇 시간이 아니라 한 번에 몇 달씩 고용이 되었다. 주야간 담당이 따로 없는 이탈리아 카페들도 있었다. 종업원들은 눈치껏 시간이 날 때마다 눈을 붙이며 일을 했다. 이렇게 대충 일을 하는 방식이 근대의 과학적 관리 시스템하에서 높은 급여를 받으며 8시간 동안 강도 높은 일을 하는 것보다 종업원들에게는 오히려 덜 힘이 들 수도 있었다. 그런 강도 높은 노동은 한창나이의 노동자들만 감당할 수 있었고 그들도 몇 달이 지나면 탈진해버렸다.

고용주들은 믿는 구석이 하나 더 있었는데, 기계의 도입이 바로 그것이었다. 싼값에 노동을 얼마든지 공급받을 수 있을 때에는 그들은 기계에 관심이 없었다. 기계의 가격도 비쌌고 관리를 하는 것도 힘들었기 때문이다. 지금 이 책을 쓰는 시점(1925년), 리스본에서는 기계가 증기선에 석탄을 싣는 힘든 일을 맡고 있다. 이전부터 기계는 그곳에 있었지만 그것을 사용하는 것보다는 여성들의 노동력이 더 저렴했고 그것을 막는 법도 없었기 때문에 기계는 사용되지 않았다. 만약 여성들의 고용을 금지하는 공장법이 포르투갈에서 통과가 되었다면(아마도 여성들을 보호하기 위해서라기보다는 남자들에게 일자리를 주기 위한 의도였겠지만) 그 기계들은 바로 가동을 시작했을 것이다. 기계들은 곧 성능이 개선되었을 것이고 증설되어서 그것들이 없이는 일을 할 수 없게 되었을 것이다. 하지만 일자리를 잃을 처지에 처한 여성들은 공장법 같은 법들의 제정에 대해 고용주들보다 더 치열하게 반대했을 것이다.

공장법이 시행되면 망할 거라던 고용주들의 항의는 곧 현실 앞에 설득력을 잃었다. 더 경영에 신경을 쓰고 기계를 사용해서 일의 속도를 높이면 그들은 이전보다 더 높은 소득을 올릴 수 있었다. 그들이 좀 더 현명했더라면 그들은 공장법이 부과하는 제한들을 자신들이 먼저 스스로에게 부과했을 것이다. 하지만 눈앞의 이익에 눈이 멀면 좀 더 멀리 볼 수가 없는 법이다. 공장법이 도입되면 그들은 계속 사업을 유지할 수 없을 것이고 영국의 산업은 망할 것이라는 그들의 호소가 무색하게 놀라운 산업 구조의 개선이 그것을 통해 이루어졌다.

아동들의 취업을 금지시켜 초과 노동, 학대를 막는 법의 시행에 대해 처음에는 고용주보다 노동자들이 더 반대했다는 사실이 당신에게는 충격으로 다가올지도 모른다. 이들 고삐 풀린 자본주의의 어린 희생자들은 처음에는 보호자들이 양육의 부담을 덜기 위해 노예로 팔아버린 올리버 트위스트 같은 존재들이었다. 하지만 나중에는 노동자들의 자녀들이 그들을 대신하게 되었다. 노동자들은 가난한 살림에 한 푼이라도 보태기 위해 아이들을 노동 시장에 끌어들였다. 매주 수입과 지출의 균형을 맞추기 위해 처절한 노력을 하는 여성에게는 1실링의 차이가 부자들에게 500파운드의 수입보다 더 크게 느껴지는 법이다. 여유가 있는 사람들은 가난한 사람들에게 '그런 환경으로 아이들을 일하라고 보내는 것은 옳지 않아요', 혹은 '그런 끔찍한 일들을 방지하는 공장법이 시행되니 얼마나 다행이에요'라고 쉽게 말을 할 것이다. 하지만 공장법의 도입으로 이전에는 하루 중 한 끼만 굶으면 되었던 아이들이 두 끼를 굶게 된다는 것을 그들은 알 수 없었을 것이다.

취업 연령을 유아에서 열네 살로, 다시 열여섯으로 올려서 특정 연령까지는 아이들이 학교에 다녀야 하도록 공장법의 법령들이 하나씩 통과될 때마다 그들의 부모들은 맹렬하게 반대했다. 그들이 투표권을 얻어 의회에 영향력을 행사할 수 있게 되었을 때 공장 지역 아이들의 부모들은 취업 연령 제한을 확대하지 않겠다는 선언을 하는 사람들만 의회에 진출할 수 있도록 표를 주었다. 부모는 아이들을 가장 잘 돌보아 줄 수 있는 존재라는 상식은 부모가 어떤 사람들인가 하는 사실뿐만 아니라 그들이 그런 자연스러운 본능을 따를 만큼 여유가 있는가와도 관련이 있는 문제였다. 일부러 자신의 아이들을 도둑이나 창녀로 키우는 부모들도 극히 일부 있을지 모른다. 하지만 자신들이 뼈 빠지게 일해도 가족을 부양하기 어려운 대부분의 부모들은 비록 푼돈이나마 아이들로 하여금 돈을 벌어오도록 할 것이다.

독자들은 물을 것이다. 왜 이들 부모들은 자신의 아이들까지 생업에 투입시켜야 할 정도로 낮은 임금을 고용주들로부터 받아들인 것일까? 그 이유는, 인구 증가로 인해 자산계급의 후손들이 중간 계층을 형성하게 되었듯 하루 벌어 하루 먹고사는 노동자들의 인구도 크게 증가했기 때문이다. 노동은 마치 물고기나 아스파라거스 같아서 부족할 때는 값이 천정부지로 올라가지만 흔해질 때는 헐값으로 대우를 받았다. 막노동꾼들의 수가 수십만 명에서 수백만 명으로 늘어나면서 그들의 임금은 떨어지고 또 떨어졌다. 19세기에는 미국과 오스트레일리아에서 일하는 노동자들의 임금이 영국과 아일랜드 노동자들의 임금보다 높았다. 미국과 오스트레일리아에 노동자들이 부족했기 때문에 뱃삯을 지불할 능력이 되는 사람들은 이민을 갔다. 아일랜드 인구의 반이 미국으로 갔는데 당시 미국은 노동자들이 모자라서 전 세계로부터 오는 노동자들을 환영하고 있었다. 하지만 지금은 미국도 노동자들이 포화 상태여서 매년 유럽 각국으로부터 올 수 있는 이민자들의 수가 정해져 있다. 오스트레일리아는 산아 제한 정책을 펴고 있으며 중국과 일본으로부터의 이민을 거부하고 있다. 미국도 일본인들을 받아들이지 않고 있다. 하지만 공장법이 실제적인 효력을 발휘하기 시작했을 때만 해도(초창기에 고용주들은 갖가지 방편을 사용해 공장법의 법령들을 회피했다) 영국으로 들어오는 이민은 제한을 받지 않았고 이주를 할 능력이 있는 사람들은 밀물처럼 쏟아져 들어왔다.

이것은 우리 노동 시장이 인력 과잉이었다는 것을 뜻한다. 수산물 시장에 공급 과잉이 벌어지면 잡힌 물고기들도 다시 바다로 던져진다. 이민은 사실상 어느 곳엔가 가둥기를 바라면서 사람들을 배에 태워 바다에 던지는 것과 같다. 뭔가 특별한 일을 할 줄 모르는 사람들의 가치는 영국에서 바닥에 이르렀다. 의사, 치과의사, 변호사, 목사는 아직 어느 정도 가치가 있다(목사의 급여는 참담할 정도로 적었다. 가정이 있는 부목사도 일 년에 70파운드를 받았을 뿐이다). 뛰어난 기술이 있고 건강한 노동자는 가장 가난한 성직자보다 높은 수입을 얻을 수 있었지만 다른 사람들의 지시를 받아야 일을 할 수 있는 대부분의 노동자들은 거의 아무런 가치도 없었다. 그들이 목숨을 부지할 정도의, 언젠가 그들의 기력이 소진해서 사용할 수 없을 때 그들을 대체할 그들의 아이들을 키울 수 있을 정도의 급여만 지급하면 얼마든지 노동력을 구할 수 있었다. 그것은 마치 누구든지 원하는 사람에게는 공짜로 줄 수 있을 정도로 제조업자들이 증기기관을 지나치게 많이 만든 것과 같다. 물론 기계를 돌리기 위해서는 석탄과 기름이 필요하지만 그것이 기계에 가치를 부여하는 것도, 그래서 사람들이 기계를 잘 돌보거나 질이 좋은 석탄과 기름을 사용해야 한다는 뜻도 아니다.

재산이 없는 사람들은 시장에서 형성된 가격대로 자신을 파는 것 외에는 달리 살아갈 방도가 없었다. 시장 가격이 거의 바닥에 이르렀을 때는 입에 풀칠만 하게 해준다면 누구에게나 가서 일을 해야 했다. 그들은 땅도 없고 또 그것을 살 여유도 없었다. 땅이 주어진다 해도 그것을 경작할 방법을 알 만한 사람은 그들 중에 거의 없었다. 여분의 돈이 없기 때문에 자본가가 될 수도 없고 누구도 그들에게 돈을 빌려주려 하지 않기 때문에 사업을 시작할 수도 없었다. 설령 돈을 빌려 사업을 한다 하더라도 필요한 교육과 훈련을 받지 못해 바로 망하게 되었을 것이다. 그들은 고용주를 만나거나 그렇지 않으면 굶어죽거나 둘 중 하나의 선택밖에 없었다. 만약 그들이 최저 생계비 이상의 것을 요구한다면 그들 말고도 일을 원하는 사람들은 얼마든지 있으니 다른 곳으로 가보라는 통명스러운, 하지만 진실에 좀 더 가까운 이야기를 들었을 것이다.

이런 형편에 이르러서도 노동자들은 모두 고용되지 못했다. 맨체스터학파의 교수들은 자본주의하에서는 적어도 생계비가 될 정도로는 모든 노동자들에게 일자리를 줄 수 있을 것이라고 말했지만 현실은 그와 달랐다. 아무 때나 경기가 좋을 때는 쉽게 일손을 구하고 경기가 나빠지면 쉽게 다시 거리로 내칠 수 있도록 '실업자들의 예비 인력'이 필요하다고 고용주들은 고백했다. 거리로 쫓겨난 노동자들은 전에 일을 하는 동안 모아둔 얼마 되지 않는 저축을 다 사용하고 옷과 가재도구를 저당잡힌 후에도 일을 구하지 못하면 거의 무급에 가까운 노동이라도 받아들일 수밖에 없었다. 납세자들은 일자리를 잃은 노동자들을 돕는 것에 반대했다. 그 결과, 납세자들은 가능한 한 치욕스럽고 잔인하고 모욕적인 빈민 구제법을 만들었고 조금이라도 자존심이 있는 노동자 가정은 무슨 수를 써서라도 그것의 혜택을 받지 않으려고 애썼다. 납세자들은 빈민 구제법을 통해 굶주리는 가정의 실직한 가장에게 사실 다음과 같은 말을 하고 있었다. '엘리자베스 여왕의 구빈법 때문에 우리는 당신이 궁핍한 처지에 처해 있다면 당신과 당신의 아이들을 먹여 살릴 것이오. 하지만 당신은 아들과 딸들을 데리고 구빈원으로 와서 인간 사회의 찌꺼기들인 알코올 중독자, 창녀, 뚜쟁이, 부랑자, 천치, 간질환자, 전과자들과 함께 생활을 해야 하오. 그런 처지에 처한 후에는, 당신은 다시는 사람들 앞에 고개를 들고 다닐 수 없을 것이오.' 그런 말을 들은 실직자는 이렇게 대답할 것이다. '고맙소. 구빈법의 도움을 받느니 차라리 아이들과 함께 굶어죽는 길을 택하겠소.'

실직자는 구빈법의 구제 대상이 되지 않기 위해서 최소한의 생계만 보장된다면 일을 받아들였다. 아이들이 공장에서 벌어오는 얼마간의 수익이 있다면 그것까지 감안해서 가장은 더 낮은 급여의 일자리도 받아들일 수 있었다. 결국, 장기적으로 보면, 아이들이 나가서 돈을 벌어오는 것도 가장의 임금을 낮추는 역할을 하게 되어서 가정에 큰 도움은 되지 않았다. 아이들이 벌어 오는 돈까지 고려해서 빠듯한 생계를 이어가는 형편에 갑자기 아이들을 공장 대신 학교로 보내야만 한다면? 노동자들이 공장법에 반대할 수밖에 없었던 이유이다.

48

노동 시장의 여성들
WOMEN IN THE LABOR MARKET

어떤 면에서 여성들은 남성들보다 노동 시장에서 더 열악한 처지에 처하게 됐다. 고용주들이 같은 값이면 남성들을 고용하지 여성들을 고용하려 하지 않았기 때문에 어떤 식으로든 일자리가 필요한 여성들은 더 낮은 임금을 부를 수밖에 없었다. 남성들은 비록 최저임금을 받는다 하더라도 자신의 생존만을 위한 것이 아니라 가족 전체의 생존을 보장하는 최저임금이었다. 그들의 임금만으로는 아내와 아이들의 생존이 불가능하다면 다음 세대 노동자들을 구할 수 없어 자본주의는 붕괴하고 말 것이다. 하지만 독신 여성은 남성들보다 더 낮은 급여를 받아도 기혼자들이나 그들의 아이들보다 형편이 나쁘지는 않았다. 이런 상황에 불만을 품은 어떤 여성 노동자가 남자들과 동일한 임금을 요구한다 하더라도('동일한 일에는 동일한 임금을!') 고용주는 두 가지 이유를 들어 그녀의 주장을 묵살했을 것이다. 첫째, '당신이 그 임금을 거부하더라도 그 임금을 받고 일할 사람이 얼마든지 있다', 둘째, '만약 내가 당신에게 남성 노

동자와 같은 임금을 지불해야 한다면 나는 당신 대신 남성 노동자를 고용할 것이다.'

아이들을 출산하고 양육하는, 여성들의 가장 중요하고 필수 불가결한 일은 직접적으로 보상을 받지 못하고 반드시 남성을 통해 보상을 받았다. 그래서 많은 어리석은 사람들은 여성들이 감당하는 일을 망각하고 남자들만을 생계부양자breadwinner라고 칭했다. 이것은 터무니없는 일이었는데, 가정에서 여성이 맡고 있던 일은 처음부터 끝까지 사회의 존속을 위해 아주 중요했다. 오히려 수많은 남성들은 아내를 부양하기 위해서는 어쩔 수 없다는 핑계를 대며 흥청망청 돈을 사용하며 사회에 해로운 일들을 했다. 하지만 남자들은 자만심, 무지, 두려움 때문에 아내들이 자신들의 일의 가치를 인정받으면 더 이상 고분고분하지 않을 것이며 가장의 자리까지 넘보려들 거라 생각하고 여성들의 일은 소득과 아무 관련이 없고 자신들만이 가정의 생계를 부양하는 존재라는 허구 의식을 만들어내기 이르렀다. 그들은 자신들이 벌어오는 급여 중에 여성들의 정당한 몫이 포함되어 있다는 것을 인정하려 하지 않았고 여성들의 모든 소유는 결혼하는 순간 법적으로 남편들의 재산이 되었다. 이런 상황은 많은 여성들의 권리 침해로 이어졌는데 급기야 자산가들이 힘을 합쳐 남편이 아내의 재산을 함부로 축내는 것을 막기 위한 정교한 법적 장치를 마련하기에 이르렀다. 그에 따르자면 여성들은 결혼하기 전 자신들이 지니고 있던 재산을 아직 태어나지도 않은 아이들에게 넘김으로써 평생 동안 재산에서 생기는 이익을 누릴 수 있게 되었지만 그것은 더 이상 그녀의 재산이 아니었으므로 남편들이 함부로 손댈 수가 없었다. 후에, 중간 계층은 의회로 하여금 기혼 여성 재산법 Married Women's Property Act을 제정하게 만들었고 그것이 오늘에까지 이르게 되었다. 결국 이런 법들은 여러 가지 혼선에 의해 여성들의 권리를 과잉보호하게 되었고 결과적으로 남성들에게 상당히 불평등한 결과를 만들었다. 하지만 그것은 다른 이야기이고, 여기에서의 논점은 자본주의 체제하에서 여성들은 남성들보다 훨씬 열악한 처지에 있었는데, 자본주의가 남성들을 체제의 노예로 만들었다면 여성들은 그런 남성들의 노예가 되어 결국 노예의 노예라는 최악의 상황에 처했다는 것이다.

어떤 고용주들은 이런 상황을 통해 드러나지 않게 다른 고용주들을 이용할 수 있었다. 그들은 다음과 같은 방법을 사용해서 그들의 사업을 유리하게 운영해나갔다. 일주일에 30실링을 가지고 부인과 딸들을 부양하며 살아가는 노동자에게 추가로 주어지는 5실링은 백만장자가 느끼는 5백 파운드보다 훨씬 큰 의미를 지닐 것이다. 일주일에 추가로 15실링이나 1파운드를 더 받는 것은 그 가정의 수입을 숙련 노동자의 임금 수준으로 끌어올린다. 이런 일이 가능한 것은 아버지와 함께 살면서 공장으로 일을 가는 딸들이 있기 때문이다. 그런 딸이 하나라면 5실링, 둘이라면 10실링, 셋이라면 15실링의 추가 수입이 생긴다. 수백 명의 소녀들을 고용해서 5실링 정도의 급여를 제공하고 일을 시키는 거대한 공장들이 생기게 되는데 이곳에서 일하는 소녀들은 자신만의 급여로 자신과 아이들을 부양해야 하는 나이 많은 여성들보다 영양 상태도 좋고 명랑하고 건강하다. 엄청난 성공적인 사업들이 —예를 들면 성냥공장 같은— 아버지와 같이 사는, 5실링의 급여를 받는 소녀들

덕분에 생겨났다. 성냥 생산자는 소녀들의 아버지의 비용으로 그들의 임금의 4분의 3을 메꿀 수 있었던 셈이다. 만약 그녀들의 아버지가 양조장에서 일하고 있었다면 양조업자는 성냥공장 노동자들에게 제공하는 임금의 상당 부분을 돕고 있는 셈이었다. 이런 식으로 한 사업은 다른 사업을 이용할 수 있었다. 고급 강아지 한 마리도 제대로 키우지 못할 급여를 받으면서도 공장에서 일하는 소녀들은 건강하고 생기가 넘쳤지만 어린 자식들이 딸린 늙은 과부들은 소녀들이 받는 임금을 감수하지 않으면 일자리를 얻을 수가 없었다.

여성들의 임금을 깎아내리는 것은 노동자들의 딸들만이 아니었다. 그들의 아내들도 이런 식으로 여성 노동자들의 임금 상승을 막았다. 도시에서 생활하는 젊은 노동자의 아내들은 아직 아이들이 많이 딸리기 전이거나 살림이 커지기 전에는 하루에 한두 시간씩 일주일에 5실링을 받고 가정의 청소부로 일할 수 있었다. 그녀들은 상황에 따라 세탁 등 기타 집안일들도 도와야 했다. 그녀와 남편에게 상당한 경제적인 여유를 허락한 5실링을 얻은 후에도 그녀들은 집에서 달리 할 일도 딱히 없었기 때문에 한나절씩 더 일을 하기도 했다. 그녀들의 수입은 10실링 이상으로 늘어나기도 했지만 돈의 구매력이 떨어졌기 때문에 상황이 달라지지는 않았다.

이런 식으로 노동 시장에는 쌈짓돈을 벌어 남편이나 아버지의 급여를 보태려는 아내나 딸들의 취업이 크게 증가하게 되었고 그 때문에 자신의 급여만으로 생활해야 하는 과부나 독립 여성들은 생활하기 어려울 정도로 임금이 낮아졌다. 이런 상황은 여성들로 하여금 결혼을 마치 꼭 가져야 할 직업이기라도 하듯 강요받게 만들었다. 그녀들은 미혼으로 빈곤에 처하기보다는 무엇이든 남편을 통해 원하는 것을 얻어야만 했다. 어떤 여성들은 쉽게 결혼을 했지만 성격이나 외모가 딸리는 여성들은 다양한 술책을 써서 결혼을 했다. 하지만 이런 기만은 여성들의 자존감에 해를 끼쳤고 단지 편의를 위해 자신들이 선택되었다는 것을 남편들이 깨달으면 행복한 결혼 생활은 물 건너가기 일쑤였다.

하지만 그게 다가 아니었다. 결혼하지 않은 채 한 남성의 급여로 사는 것은 떳떳하지 못한 일이었을지는 몰라도 가능한 일이었다. 만약 한 남성이 곤궁한 처지의 여성에게 '죽음이 우리를 갈라놓을 때까지 가난할 때나 병들었을 때나 함께하지는 않겠지만, 그리고 내 아내라는 법적인 신분도 주지 않겠지만 내일 아침까지 불법적으로 내 아내가 되어준다면 여기 6펜스와 술을 제공하겠소. 아니 경우에 따라서는 1실링, 1파운드, 10파운드, 100파운드, 빌라와 진주 목걸이, 흑담비 망토와 자동차까지도'라는 제의를 한다면 그는 항상 거절을 당하지는 않을 것이다. 여성에게 정조를 지키라고 말하는 것은 쉽지만 그것의 대가가 굶주림이라면, 그것을 포기하면 즉시 안락함이 주어진다면 그런 강요는 별 설득력이 없다.

인 중독으로 인한 피부 괴사의 위험을 감수하면서 한 시간에 2.5펜스를 받고 성냥 공장에서 일하거나 부유한 남성으로부터 귀여움을 받으며 안락하게 지내는 것 중 하나를 선택하라고 어느 예쁜 처녀에게 제안한다면 후자로 선택이 기울 가능성이 농후하다. 빅토리아 시대 고용주들은 그런 짓들을 했고 전 세계의 고용주들도, 사회주의적인 법에 의해 제동이 걸리지 않는 한, 여전히 그런 짓들을 하고 있다. 임금을 받고 고용주를 위해 일하는 대신에 남자들의 쾌락을 위해 자신을 파는 여성들은 자존심도, 더 많은 것을 배우고 경험할, 그래서 더 고상하고 교양 있는 삶을 살고 싶은 마음도 없는 것일까? 아름다움도 순간일 뿐 그런 일은 오래가지 못할 것이라고 경고를 하면 그녀들은 공장에서 일하는 여성들에게 일자리의 문이 닫히는 나이인 24세가 지나도 아름다움을 잃지 않도록 자신을 잘 관리해야겠다는 생각을 할 뿐이다. 공장에서 일하는 떳떳한 여성들은 불법적인 일을 하는 여성들보다 직업 안정성이 적은 셈이다. 노동을 파는 여성들은 경기의 부침에 따라 일자리를 잃을 수도 있지만 쾌락을 파는 여성들은 지나치게 추하지만 않으면 고객이 떨어지는 일은 별로 없다. 그런 주장에 혹해 여성들이 타락의 구렁텅이에 빠지는 것을 막기 위한 경고로 제시되는, 제대로 결혼을 했거나 엄격한 독신 생활을 하고 있는 여성들도 음주나 마약, 인격적인 파탄에 의해 역시 타락했을 수도 있었을 것이다. 성병의 위험도 안정된 결혼 생활을 한다고 해서 반드시 피할 수 있는 것이 아니다. 애인들보다는 그들의 남편에 의해 성병에 걸리는 여성들이 더 많다. 만약 자본주의의 도덕률을 받아들여 가장 많은 이익을 선택한다면 여성들은 힘든 노동의 대가보다는 소위 죄악의 대가를 선택할 것이다.

결혼이 도덕적인 표준이 되기보다는 짐이 되는 경우도 많다. 자본주의하에서는 부적절한 관계가 아주 흔해서 정부가 그것들을 다루어야만 했다. 현재의 법에 따르자면 미혼모가 아기를 출산하는 경우 그녀는 아기가 16세가 되어 밥벌이를 할 수 있을 때까지 아기의 아버지에게 매주 7실링 6펜스를 요구할 수 있다. 아기는 아버지가 아니라 어머니에게 귀속되며(만약 정상적인 결혼 관계라면 아버지에게 귀속될 것이다) 그녀는 아기의 아버지를 위해 어떤 일을 할 의무도 없다. 법정에 끌려다니는 대신 아기의 아버지는 양육비를 지불하는 것이 보통이고 만약 아이의 아버지가 재력이 있고 호의가 있는 경우라면 법적인 의무 이상으로 아이의 어머니에게 양육비를 지불할 것이다. 남자들에게 매력이 있는, 신중하고 머리가 잘 돌아가는 여성은 양심의 가책만 느끼지 않는다면 다섯 명의 사생아를 낳아서 주당 37실링 6펜스라는 안정적이면서도 합법적인 수입을 보장받으면서도 따로 일을 해서 상당한 소득을 얻을 수 있었다. 합법적인 결혼을 한 후 다섯 명의 아이가 딸린 과부가 된 여성에 비교하면 훨씬 유리한 입장이었다.

한마디로 자본주의는 기혼자이건 미혼자이건 돈을 위해 성적인 관계를 맺도록 부추긴다. 이전까지 그것을 막아온 부끄러움이라는 전통적인 가치는 빈곤 앞에서는 무력하기 짝이 없다. 단지 종교와 마음속 깊이 자리한 자존감만이 그런 유혹에 대한 최후의 보루일 뿐이다.

하지만 그것들이라고 해서 언제나 부동의 자리를 지키는 것은 아니다. 시인 올리버 골드스미스는 이미 1세기 반 전에 '상업이 흥하는 곳에서 도덕은 바닥을 친다'라고 설파한 적이 있다. 자본주의에 의한 경제적인 압박은 여성들을 더욱 강하게 유혹의 길로 이끌어왔다. 우리는 방금 아이들을 어릴 때부터 공장에 보내 가계에 조금이라도 수입을 보태게 하던 부모들의 총수입이 이전에 자신들이 혼자 일을 하던 때의 수준으로 떨어지는 것을 지켜봤다. 이제는 싫건 좋건 아이들을 공장에 보내야만 기본적인 생활을 할 수 있게 된 것이다. 마찬가지로, 이전에는 가끔 은밀한 일을 통해 가욋돈을 벌곤 했던 여성들이 지금은 은밀한 일은 물론 생존을 위해 아무리 하찮은 급여라도 마다하지 않고 일을 해야 하는 처지로 전락했다. 그 덕분에 도덕적인 삶을 살아오던 여성들조차 낮아진 임금을 받아야 했고 이에 항의라도 할라치면, 그 급여로 살아가는 다른 여성들도 있으니 알아서 하라는 대답을 들어야 했다.

어떤 직종에서는 사실 생존을 위해 매춘을 피할 수 없었다. 톰 후드의 시 「침모의 노래Song of the Shirt」*에는 남루한 옷을 걸치고 최악의 조건에서 일을 하면서도 굶어 죽을지언정 몸을 팔지 않으려는 여성들과, 나이, 외모에 상관없이 몇 펜스를 벌기 위해 손이 닿는 곳의 남자들에게 매춘을 하는 여성들의 모습이 그려져 있다. 매춘이 거의 당연시되던 직종은 반드시 최악의 환경의 열악한 일자리들만은 아니었다. 별다른 기술이 없는 미모의 여성들이 잘 차려입고 대중의 관심을 끄는 일을 하는 직종이지만 그녀들이 받는 급여를 가지고는 일에 필요한 외모를 유지할 수 없는 일자리가 그런 곳들이다. 일주일에 30실링을 받는 여성들이 비싼 자동차를 타고 출근을 하거나 진짜가 아닐지라도 가장 비싼 가짜 진주 목걸이를 하고 다녔다. 일주일에 30실링의 급여를 받으면서 어떻게 일에 필요한 비싼 옷차림을 하라는 것이냐고 신입 여직원이 고용주에게 묻는다면 으레, '당신이 아니라도 할 사람들이 줄을 서 있다'는

---

* 1843년 토머스 후드가 쓴 시로 침모로 비참한 삶을 살고 있던 미망인 비델 부인을 기리는 내용이다.

면박을 받거나, 무대나 레스토랑, 카운터, 전시장에서 그녀의 매력을 화려하게 광고하고 전시할 수 있는 데다가 30실링까지 덤으로 받으니 얼마나 운이 좋으냐는 솔직한 대답을 듣기 일쑤였다.

모든 극장, 레스토랑, 전시장 등이 이런 식으로 매춘을 조장했다는 의미는 아니다. 대부분의 그런 장소들은 능력 있고 존경할 만한 상근직 여성 직원들이 있고 그들이 아니었으면 제대로 영업을 할 수 없다. 그녀들에게 자동차와 모피, 보석을 갖다 바치는 젊은 신사들이 항상 여성들을 마음대로 할 수 있지도 않았다. 아서 윙 피네로의 희곡 『아가씨, 화장에 신경 써 *Mind the Paint, Girl*』에는 이런 상황들이 잘 묘사되어 있다. 하지만 남자들이 이용을 당한다고 해서 그런 관계들이 도덕적으로 바뀌는 것은 아니다. 그러나 적어도 확실하게 말할 수 있는 것은, 특별한 능력이 없는 여성이 타고난 외모나 매력적인 옷차림, 젊음을 이용해 고객을 유치하는 일을 맡을 때 어떤 고용주들은 그들에게 저임금을 지불했고 경쟁 관계에 있던 다른 업체들의 고용주들도 사업에서 도태되지 않으려면 자신들의 도덕성 여부와 상관없이 같은 수준의 임금을 지불할 수밖에 없었다.

하지만 남성들은 이런 극한의 상황에 몰리지 않아도 되었다. 리비에라에서는 여성들이 50프랑을 내면 하룻저녁의 춤 상대로 남성을 고용할 수 있었지만 이것은 꽤 무해한 거래였고 자본주의에 몰린 남성들이 생계비를 마련하기 위해 길거리에 나가서 몸을 파는 일 같은 것은 아니었다. 그런 일을 할 때 남자는 기본적으로 판매자가 아니라 구매자의 입장에 선다. 그러므로 자본주의하에서 최종적으로 극단에 몰리는 사람은 남성이 아니라 여성이다. 많은 양심적이고 성실한 여성들이 자본주의 사회를 사회주의화하기 위해서 일생을 바치고 있는 이유다.

남성들이라고 자본주의하에서 매춘을 피할 수 있는 것은 아니다. 몸을 팔지는 않더라도 그들은 영혼을 판다. 법정에서 '나쁜 사람들을 좀 더 낫게 보이게 만들려' 애쓰는 변호사들이 돈을 위해 사실을 왜곡하는 것이 전형적인 예이다. 무슨 일에서든 진실을 알기 위해서는 공정하고 사심 없다는 진술을 듣기보다는 이익 당사자들을 대변하거나 그들의 반대편에 선 숙련된 변호인들의 모든 가능한 주장을 듣고 평가를 하는 것이 최선이다. 개인적으로는 살릴 만한 가치가 없는 환자이지만 최선을 다해 치료해야 하는 의사처럼 사적으로는 그의 의뢰인이 죄를 지었다고 생각하더라도 변호사는 그를 위한 최선의 판결을 얻기 위해 자신의 노력을 다할 것이다. 질 나쁜 상품을 좋은 상품처럼 거짓 광고를 만들거나 발행하는 사람들, 그런 상품을 고객들에게 최고의 상품이라고 판매하는 상인, 부정 의약품과 주류 판매자, 장부를 조작하는 회계원, 순도와 무게를 조작하는 사람, 사실은 자유주의자이면서도 사회주의자인 척 글을 쓰는 사람, 무정부주의자이면서도 보수당지에 글을 쓰는 사람, 옳건 그르건 무조건 자신이 속한 당의 편에 서는 직업 정치인, 자신의 손으로 하루에 6펜스를 벌고 그만큼만 쓰면 병이 나을 건강염려증 환자들에게 필요 없는 처방을 하고 왕진을 가는 의사들, 부자들에 의해 고통을 받는 가난한 사람들을 압박하기 위한 수단으로서 법을 이용하는 법률인들, 자신의 최악의 적이라고 생각하는 나라를 위해 돈을 받고 싸우는 용병들, 부자들에게 비굴하고 가난한 사람들에게는 오만하게 행동하는 모든 계급의 사람들, 그리고 이들로부터 우리의 시선을 돌리기 위해 아무런 양심의 가책 없이 일을 하는 사람들이 변호사다. 자본주의하에서 매일같이 남성들에 의해 저질러지는 이런 일들은 성경에서 선지자들을 통해 끊임없이 통렬하게 간음과 우상 숭배라고 비난을 받아온 남성 매춘의 일부일 뿐이다.

매춘에 대해 비난을 하자면 남성과 여성, 누구도 선뜻 먼저 상대를 향해 돌을 들 수 없을 것이다. 자본주의하에서 양쪽 모두 다 오염이 되었기 때문이다. 어떻게 보면, 몸을 파는 것보다 마음을 파는 것이 더 사악하고 인간에게 주어진 신성한 능력을 오용하는 짓인지도 모른다. 적어도 몸을 파는 것은 그것을 잘못 사용하는 것은 아니기 때문이다. 사실, 누구도 넬 그윈*이 몸을 판 것과 유다가 영혼을 판 것을 같은 행위로 비난하는 사람은 없을 것이다. 양쪽 모두 잘못이 있으니 아무 문제가 없다는 주장을 하자는 것이 아니다. 하지만 신체에 가해지는 유린은 특별한 종류의 폭행이다. 신체에 대한 유린과 마음에 대한 유린 행위를 구분하지 않고 동일하게 취급하는 것은 사람의 감성을 전혀 이해하지 못하는 것이다. 예를 들자면, 영주들은 자신들에게 항거하는 농민들의 자녀들을 억지로 교회 학교에 다니게 할 수 있었다. 그들은 또한 여성들에 대한 초야권初夜權도 가지고 있었는데 혼수세 납세를 통하여 초야 의무를 면

---

* Nell Gwynne(1650~1687). 왕정복고 시대의 희극 배우로 미모와 기지가 넘친 것으로 유명했다. 찰스 2세의 오랜 정부로 사람들에게 기억된다.

제할 수도 있었다. 두 문제는 질적으로 상이하다. 첫 번째 문제는 다음 총선이 오면 해결이 가능할지 몰라도 두 번째 문제는 남편들에게는 한순간도 생각조차 하기 싫은 문제다.

49

노조 자본주의
TRADE UNION CAPITALISM

이제 우리는 자본가에 대한 프롤레타리아의 저항의 역사를 들여다봐야만 한다. 누구도 혼자 고용주에게 맞설 수 없다는 것은 명약관화하다. '당신이 그 임금을 받고 일하지 않더라도 일하겠다는 사람들이 줄 서 있다'라는 고용주들의 상투적인 대답은 적절한 생계비와 근로 시간을 얻으려는 개별 노동자들을 무력하게 만들었다. 효과적인 저항을 하기 위해서는 피고용자들이 일종의 조합을 만들어 연대해야 했다. 많은 경우에 이것은 불가능했는데 노동자들은 서로 알지 못했고 함께 모여서 통일된 행동 방침을 정할 기회도 없었기 때문이다. 예를 들자면, 가사 노동자들은 전국의 개별 가정들의 부엌에 흩어져서 그곳에 묶여 있었고 대개는 혼자, 혹은 두세 명씩, 아주 부유한 집의 경우에는 30~40명의 그룹을 지어 근무했기 때문에 조합을 세우고자 해도 불가능했다. 농업 노동자들도 마찬가지였다. 서로에게서 멀리 떨어져서 일하는 그들을 조합원으로 조직하는 것도 어려웠지만 그렇게 만들어진 조합을 일정 기간 유지하는 일은 더욱 어려웠다. 공장이나 광산, 철도에서 일하는 노동자들을 제외하면 거의 모든 노동자들에게 공통된 상황이었다.

어떤 직업에서는 급여와 지위의 차이가 너무 현저해서 구성원들을 모두 한자리에 모이게 하더라도 융합을 이루기 어려웠다. 무대에서 햄릿을 연기하는 배우는 직함이 있는 성공한 신사 계급일 수도 있었고 상대 여배우는 대영제국의 귀족이거나 숙녀일 수도 있었다. 매주 수백 파운드의 급여를 받는 그 두 사람과 같이 일하는 다른 배우들은 귀족의 복장을 하고 있더라도 대사 한마디 없이, 무대를 옮기는 목수들보다도 적은 급여를 받으며 연기를 하고 있을 수도 있었다. 곡예사와 광대가 햄릿보다 더 많은 급여를 받을 수도 있지만 무대 밖에서 그들의 태도는 무식하고 식사 예절도 엉망이어서 햄릿 역의 배우는 그들과 대화를 하거나 같은 테이블에서 식사하는 것도 피할지 모른다. 이런 이유로 배우들의 조합을 만드는 것은 아주 어렵다. 만든다 하더라도 필경, 계급에 따라 갈라질 것이다.

조합은 구성원들이 큰 무리로 같이 일하고, 같은 지역에 거주하며, 같은 계급에 속하고, 같은 급여를 받을 때에만 가능하다. 광산에서 일하는 광부들, 랭카셔의 방직공장들에서 일하는 직조공들, 미들랜즈의 제련공들과 조립공들이 최초로 쉽게 와해되지 않는 강력한 노조를 세울 수 있었던 이유다. 건설업에 종사하던 벽돌공, 석공, 목수들도 일찌감치 노조 설립을 시도했다. 견디기 힘든 압박을 받던 그들은 단합하여 고용주들이 특정한 관점에서 자신들이 처한 상황을 보도록 만들었다. 그들의 시도가 성공했거나 실패한 후에는 또 다른 비상 상황이 생길 때까지 노조는 해산되었다. 그 후 그들은 실직에 대비해 작은 보험 기금을 형성했는데 그로 인해 노조가 상설화되게 되었다. 이런 방식으로 노조는 일시적인 항거에서 출발해, 우리가 알고 있는 영구적인 노조로 성장하게 되었다.

끊임없이 잠식해오는 자본주의에 대항해 프롤레타리아들이 자신들의 생계를 지키기 위해 노조를 통해 할 수 있는 일이 무엇인지 알아보자. 우선, 충분히 완성된 노조를 구성하면 자신의 요구를 따르지 않으면 해고를 시키겠다는 고용주의 주장을 무력화시킬 수 있다. 가령, 한 지역에 있는 모든 벽돌공들이 노조를 만들고 매주 조금씩 기금을 적립한다면, 고용주들이 임금을 삭감하려 할 때 노동자들은 그동안 모아놓은 기금에 의지하여 생활하면서 몇 주, 혹은 몇 달 동안 고용주들의 사업을 멈추게 할 수 있다. 파업이라 불리는 이런 행위를 통해 노동자들은 임금 삭감에 대항하는 것은 물론 임금 인상, 근로 시간 감축을 요구하고 기타 고용주들과의 분쟁 사항을 해결하려 할 수 있다. 노조를 통한 투쟁의 성공 여부는 고용주의 사업이 어떤 상황을 맞고 있는지에 달려있다. 고용주들은 노조의 기금이 소진될 때까지 기다려 파업 행위를 굴복시킬 수도 있다. 하지만 그의 사업이 호황기를 맞고 있어서 빨리 사업을 재개해 수익을 올리는 것이 더 낫다면, 노동자들의 요구를 들어주는 편이 사업 중지보다 손실이 덜하다면, 고용주는 노조에 굴복할 것이다.

하지만 고용주들은 반격의 때만을 기다릴지도 모른다. 사업이 다시 부진해지면 그들은 임금을 삭감하고 그에 응하지 않는 노동자들을 공장에서 몰아내도 손해 볼 일이 없다. 이것이

고용주들의 파업을 공장폐쇄lock-out라고 부르는 이유다. 파업에 대해 신문을 통해 소식을 듣는 구독자들은 고용주보다는 노동자들을 비난하는 경향이 있기 때문에 신문들은 파업과 공장폐쇄를 혼동해서 사용하는 경향이 있지만 이제까지 벌어진 가장 큰 파업들 중 몇몇은 공장폐쇄라고 불리는 것이 맞을 것이다. 경기가 좋을 때는 몇 차례 파업이 벌어지기 마련이고 대부분 성공적인 결과를 얻게 된다. 하지만 경기가 침체되면 반대로 공장폐쇄가 발생하고 역시 대부분의 경우 고용주들의 뜻이 관철된다. 지루한 시소게임처럼 반복되는 파업과 공장폐쇄를 통해 노동자들과 고용주들은 상대방의 성취를 제자리로 돌려놓는다. 전쟁 후 우리는 큰 호황과 엄청난 경기 침체를 차례로 겪었고 파업과 공장폐쇄들도 경험했다. 이런 혼란을 경험한 후 당신은 아마도 파업과 공장폐쇄가 질서 있는 사회에서는 의미가 없는 짓이라고 생각할지도 모른다. 하지만 잠시만 판단을 유보하기 바란다. 우리는 아직 초기 노조를 다 살펴보지도 못했고 파업과 태업을 위해 자금을 비축하는 것 외에는 그것이 어떤 일들을 초래했는지도 알아보지 못했다.

노조의 가장 급선무는 그 업종에 종사하는 모든 노동자들을 노조에 가입시키는 것이었다. 고용주가 비노조원들을 사용하여 파업을 무력화시킬 수 있었기 때문이다. 결과적으로, 옴scab이나 뿌리 썩는 병blackleg이라고 불리던, 비노조원에 대한 극심한 증오가 생기게 되었는데 그들은 노조원들에 의해 철저히 따돌림을 당했다. 하지만 비난과 따돌림만으로는 비노조원들을 설득하기에 역부족이었다. 파업을 선포한 노조는 작업장 입구에 노조원들을 배치해서 비조합원들을 설득하여 출근을 막으려 했다. 경찰력이 현장에서 감시를 하지 않는 경우 그런 저지는 극도의 상황으로 치달을 수 있었고 비노조원은 큰 부상을 입지 않은 것을 다행으로 여겨야 했다.

결국 셰필드와 맨체스터의 제철소에서 비조합원들이 일하는 용광로에 설치된 폭탄이 폭발하여 여러 명이 사망하는 사건이 발생했다. 사용하는 사람에 위험하도록 기계류를 설정하거나 뇌산雷酸 같은 폭발물에 의해 공장 굴뚝들이 산산조각 나는 사건도 벌어졌다. 이런 사태들이 진정된 것은 범인들을 색출해서 벌을 줌으로써가 아니라 노동자들에 대한 태도를 누그러뜨리도록 고용주들을 강요했기 때문이었다. 예를 들자면, 셰필드의 톱 제조공들은 단명했고 말년에는 큰 고통을 겪었는데, 그들이 마시는 공기에 숫돌 먼지가 가득했기 때문이다. 진공청소기만 작업장에 사용하면 예방할 수 있는 문제였지만 고용주들은 이를 꺼렸다. 수익이 생기지 않는 곳에 추가 자본을 투자할 경우 그러지 않는 경쟁자들에 비해 자신들의 경쟁력이 약해지는 것을 두려워해서였다. 50세의 톱 제조공(그 나이가 되도록 운 좋게 살아남는다면)은 병들어 바싹 마른 십대 청소년처럼 보였다. 그런 살인적인 작업 환경은 수백 년째 변함이 없었고 노동자들의 항의는 전혀 심각하게 받아들여지지 않았다. 마침내 정부가 개입해서 모든 고용주들에게 공기를 빨아내는 환풍기를 설치하도록 만들었고, 이제 셰필드에서 일하는 사람들의 폐는 다른 곳에서 일하는 사람들의 폐와 다를 바가 없다.

노조가 요구하는 것보다 낮은 임금을 받는 것 외에도 노동자가 자신의 동료들에게 해를 입힐 수 있는 방법들은 더 있다. 많은 업종들에서 노동자가 해야 할 일의 양을 정하지 않는 한 그가 받을 임금을 정해놓는 것은 의미가 없다. 자본가들을 대변하는 신문들은 하루에 세 장의 벽돌만을 쌓으라는 노조의 지시를 충실히 따르는 노동자들을 희화화한다. 하지만 완성한 집을 최고의 가격에 팔려고 노력하는 고용주들의 권리만큼이나 노동자들도 세 장의 벽돌을 쌓고 일당을 요구할 권리가 있다. 어느 쪽이든 두 사람을 비판하는 사람은 볼셰비키주의자들처럼 자본주의를 비난하는 것이다. 세 장의 벽돌만을 쌓는 벽돌공은 현실을 코믹하게 과장한 것일 뿐이다. 근로자에게 얼마나 일을 시켜야 할지 알아보기 위해서 고용주들은 이례적으로 행동이 빠르고 지치지 않는 사람을 선택하여 그가 하루에 할 수 있는 일을 모든 노동자들에게 부과하려 한다. 이에 대해 노조는 모든 조합원들에게 일을 계속하기 위해 꼭 해야만 하는 일보다 더 많은 일을 하지 말 것을 명한다. 노동자들이 할 수 있는 한 가장 적은 일을 하는 행위인 태업에 대해 고용주들은 비난을 퍼붓지만 그들 자신들도 '생산량 조절'이라는 담합 행위를 통해 시장 가격을 조작하기는 마찬가지다. 그것은 자본주의가 공공연하게 기초하고 있는 원칙이다.

자본주의는 고용주들로 하여금 최악의 대우를 하도록 만들고 반면 노동자들로 하여금 고용주들을 위해 최소의 노동을 하도록 만든다. 그러면서도 자본주의는 언제나 양쪽이 최고의 노력을 하도록 동기 부여를 한다고 자랑한다. 당신은 어떻게 자본주의가 교착 상태에 빠지지 않는지 궁금할 것이다. 사실, 하루에 두 차례 정도 그들은 교착 상태에 빠진다. 의회의 개원식에서 국왕은 자신들의 이익만 생각하다가 나라의 산업을 망치는 일이 없게 해달라고 고용주들과 노동자들에게 당부

한다. 길어봤자 몇 달간, 그것도 지엽적으로 분쟁이 지속될 뿐 자본주의 시스템이 잘 돌아가는 이유는 아직 자본주의가 인간의 본성을 완전히 정복하지 못했다는 데 있다. 즉, 모두가 각자의 이익을 위해서만 행동하고 있지는 않다는 것이 그 이유이다. 국민의 대부분은 겸손에 의해서든 무지에 의해서든 고용주들이 제시하는 것을 받아들이고 자신들에게 주어진 일을 하느님의 소명이라고 생각하며 할 수 있는 한 최선을 다해 일해왔다. 그들은 자신들의 고생을 마치 날씨처럼 어쩔 도리가 없는 것이라고 생각해왔다.

19세기 말까지도 1400만 명의 임금 근로자들 중 150만 명만이 노조에 가입해 있었는데 그것은 단지 150만 명의 근로자들만이 체계적인 자본주의의 원칙에 의해 자신들의 노동을 팔고 있었다는 뜻이다. 지금은 그들 중 450만 명이 자본주의 체제로 전향을 해서 투쟁적인 노조에 가입해 있다. 노동 쟁의라고 불리는 650여 차례의 분쟁이 매년 발생하고 있고 그로 인해 연 천만 일 정도가 휴업일로 사라진다. 사실 우리에게 가장 큰 위협은 자본주의이지만 사람들은 사회주의의 확산이 우리에게 가장 큰 위협이라는 터무니없는 생각을 하고 있다. 자신들의 빈곤을 신의 뜻이라고 체념하고 받아들이던 무산계급이 이제까지의 태도를 거부하고 노조를 결성하여 자신들이 제공하는 노동에 대해 가장 비싼 반대급부를 받아내려 했던 것은, 지주들이 그들의 땅에 대해, 자본가들이 그들의 자본에 대해, 고용주들이 그들의 노하우에 대해, 금융가들이 그들의 자본 동원 능력에 대해 가장 큰 반대급부를 받으려 하던 것과 하등 다를 바가 없었다.

하지만 노조의 등장 이래 우리 모두의 생존의 근거인 이 나라의 모든 산업들에서는 갈등이 가속화되었고 결국 자산가가 노동자들을 무력으로 굴복시켜 공공연히 노예들로 만들든, 노동자들이 승리해서 지주-자본가에서 개별 고용주들로, 개별 고용주들로부터 합자회사로, 합자회사로부터 신탁회사로, 결국에는 기업가들로부터 금융가에게로 넘어간 주도권이 자본주의화된 노동자들에게로 넘어가든, 둘 중 하나로 귀결이 되어야 할 시점에 이르렀다. 지금 우리는 치열한 접전의 한가운데 있으며 온 나라가 파업과 공장폐쇄의 홍역을 앓고 있다. 수많은 실직자들이 우리들에게 부담을 주고 있는데 신사, 숙녀 계층은 이것이 모두 노동자들의 잘못이라고 비난하고 있고 노동자들도 이런 사태가 신사, 숙녀 계층의 탓이라고, 혹은 그중 좀더 분별이 있는 사람들은 자본주의 때문이라고 비난을 하고 있다. 사회주의를 탓하는 이들은 별로 없는데 그것이 출구를 제시해줄 것이라고 생각하기 때문이다.

처음 노사 간의 전쟁이 시작되었을 때, 의회를 장악하고 있던 고용주들은 노조 활동을 범죄로 처벌하려 했다. 노동조합은 사악한 공동 모의로 여겨졌고 그것에 가입하는 사람은 그에 준하여 처벌을 받았다. 하지만 이런 조처는 노조 활동을 음성화하는 결과를 가져왔고 노조들은 법을 준수하지 않는 과격한 사람들의 수중에 들어가게 되었다. 정부는 마침내 강압에 의해서는 노조를 무력화할 수 없다는 것을 깨달았다. 몇 차례 공권력이 행사되었던 경우들은 오히려 대중의 동요를 불러일으켰고 노조를 압박하기보다는 더 활발하게 만드는 결과를 가져왔기 때문이다.

고용주들은 노조원들의 고용을 거부함으로써 자체적으로 노조에 대항했다. 하지만 비노조원 노동자들을 충분히 모으는 일이 여의치 않았고 그래서 할 수 없이 고용해야 했던 노조 소속 노동자들은 비노조원 노동자들과 함께 일하기를 거부했다. 고용주들은 노조를 인정하지 않으려 했고 임금 조정에 관한 문제도 노조 임원들보다는 노동자 개개인들과 직접 해결하려 했지만 역시 성공을 거두지는 못했다. 가사를 돕는 하녀나 가게의 점원, 창고 직원 같은 경우에는 개별적으로 임금을 조정하는 것이 쉬웠지만 수백, 수천 명의 노동자들을 한꺼번에 상대해야 하는 경우에는 개별적으로 임금을 조정하는 것이 불가능했다. 그런 경우 노동자들은 고용주가 제시하는 임금을 받아들이거나 일자리를 놓치거나 양자택일을 해야 했다. 하지만 노동조합이 결성되어 노동자들이 협상을 할 수 있게 되었을 때 고용주들은 자신들의 시간을 아끼기 위해 협상의 경험이 있고 사업에 관한 토론을 할 수 있는 노동자들의 대표 한 사람을 내세울 것을 요구했다. 그렇게 노동조합은 고용주들에게 인정을 받게 되었고 그들의 기업 활동에 필요한 한 부분으로 받아들여지게 되었다. 이후 노동조합은 마침내 합법적인 지위를 얻게 되었는데 기혼 여성 재산법에서와 마찬가지로 이전의 부정의에 대한 과도한 시정을 하는 과정에서 정상적인 사회라면 주어질 수 없을 과도한 특권과 면책들이 노조에 주어지게 되었다. 고용주들은 자신들도 노동자들과 마찬가지로 조직화될 필요를 느꼈고 고용자 연맹Employers' Federation이라는 조직을 만들었다. 이제 자본가들과 노동자들의 투쟁은 노조와 고용자 연맹의 투쟁이 되었고 파업과 공장폐쇄를 통한 그들의 투쟁은 몇 개월씩 지속되었다.

비록 일부 투쟁은 희생자들을 둘러싼 것이었지만(노조에 적극적으로 가담하다 해고된 직원이나 파업이 끝난 후 열성적으로 투쟁을 했다는 이유로 복직되지 않은 직원들) 거의 모든 투쟁들은 임금이나 조업 시간을 둘러싼 것이었다. 임금은 두 가지로 나누어진다. 시간급제 임금과 개수 임금piecework wage이 그것이다. 시간급제 임금은 작업 기간 동안 얼마나 많은 일을 했는지와 상관없이 한 달, 한 주, 하루, 시간당으로 지급하는 임금이다. 개수 임금은 이루어진 작업의 양만큼 임금이 지급된다.

얼핏 생각할 때, 노동자들은 모두 시간급제를, 고용주들은 개수 임금을 옹호할 것처럼 보일 것이다. 처음에는 그것이 사실이었다. 하지만 기계가 도입된 후로 사정이 달라지게 되었다. 개수 임금은 사실 노동자들이 게으름을 피우는 것을 방지하고자 하는 시간급제와 다름이 없었다. 개수 임금을 받는 노동자는 최저 생활 수준을 유지하기 위해 필요한 작업량을 계산하고 그것을 맞추기 위해 노력을 해야만 했다. 이제 새 기계가 도입되어 그가 이전에 하던 일보다 두 배의 양을 할 수 있게 되었다고 치자. 그는 이제 토요일에나 맞출 수 있었던 작업량을 수요일이면 끝낼 수 있었다. 그는 어떤 행동을 취할까? 힘이 넘치는 독자라면 그가 변함없이 일주일간 일을 하고 두 배의 급여를 아내에게 가져다주어 그녀를 행복하게 할 것이라고 생각할 것이다. 하지만 남자들은 그렇지 않다. 그는 1실링 가치의 빵과 치즈, 혹은 그것으로 살 수 있는 아내의 새 모자보다 1실링으로 살 수 있는 여가를 원한다. 그는 이전에 받았던 급여만큼을 아내에게 가져다주고 목요일부터 금, 토요일까지 쉴 것이다. 곧 마쳐야 할 아무리 급한 납기가 있어도 마찬가지다. 그를 일주일 내내 일터에 붙들어두기 위해서 고용주는 '임금 삭감'을 단행해야만 할 것이다. 즉, 개수 임금을 반으로 줄여야 할 것이다. 그러면 노동자의 여유가 사라진다. 하지만 노조는 이에 강력하게 반발할 것이고 새 기계를 도입한 것에서 노동자가 아무런 이익을 얻지 못한다면 그들은 조업을 중단하겠다고 협박할 것이다.

기계의 도입은 성난 수공업자들에 의한 폭동과 공장 시설 파괴를 야기하기도 했다. 노조원들이 폭도들을 대체한 후 새로운 기계의 도입은 파업과 공장폐쇄를 불러일으켰다. 하지만 곧, 흥분한 고용주들과 분노한 종업원들 사이의 감정이 얽힌 분규는 고용자 연맹의 경험이 풍부한 임원들과, 마찬가지로 이전에 비슷한 분쟁들을 많이 겪었던 경험이 풍부한 노조 임원들 간의 협상으로 바뀌게 되었고 그런 협상의 과정은 개수 임금률을 조정하기 위한 의례적인 절차로 자리 잡게 되었다. 그렇게 노동자들은 기계의 도입으로 인해 생겨난 혜택을 고용주와 함께 공유할 수 있게 되었다. 남은 것은 각자가 거기에서 얼마만큼의 몫을 챙겨야 하는가라는 문제뿐이었다.

시간급제에서는 종업원들은 기계가 도입되어도 아무 혜택을 볼 수 없었다. 그의 노동 생산성은 수백 배 증가했을지 모르지만 그는 여전히 이전처럼 빈곤한 처지에 머물렀다. 그 때문에 많은 산업 분야의 종업원들은 개수 임금제를 주장했지만 그만큼 고용주들은 시간급제에서 움직이려 하지 않았다. 게다가, 기계가 도입되자 사람이 기계를 부리는 것이 아니라 기계가 사람을 부리는 형국이 되어 노동자들은 게으름을 피우는 것이 불가능하게 되었고 게으름을 피우면 바로 표가 나게 되었다.

기계의 도입은 노동자들의 발언권을 더욱 약하게 만들었는데, 기계를 돌보는 일은 여성들도 충분히 할 수 있었기 때문에 고용주들이 기존의 노동자들을 집단적으로 해고하고 여성들을 고용할 수도 있었기 때문이다. 우리는 이미 여성의 노동이 임금에 미치는 영향을 살펴보았다. 여성 노동자들 사이에서 노조를 결성하는 일은 어려웠다. 남성 노동자들이 그들의 일을 평생에 걸친 것으로 생각했던 반면, 대부분의 여성들은 취업을 결혼하기 전까지의 일시적인 활동으로 생각하고 있었기 때문에 쉽게 결집되지 않았기 때문이었다. 하지만 랭카셔의 방직 산업에서처럼 여성 노동자들이 결혼 후에도 계속 일을 하던 곳에서는 여성들의 노조 활동도 남자들만큼이나 활발했다.

존 스튜어트 밀의 주장, 즉 임금 노동자들은 기계의 도입으로 아무 이익을 보지 못했다는 말은 전적으로 사실은 아니지만 고용주들의 경제적인 여력은 노동자들의 그것보다 훨씬 컸으므로 기계의 도입으로 노동자들이 얻은 이익은 고용주들이 얻은 막대한 이익에 비하면 초라하기 그지없었다. 자본가들에 비해 그들의 입지는 오히려 퇴보했다 해도 과언이 아니었을 것이다.

50

분할하여 통치하라

DIVIDE AND GOVERN

　노동조합의 약점은 경기가 좋을 때 그들이 고용주에게서 쟁취한 양해 사항을 경기가 나빠지면 하시라도 다시 빼앗길 수 있다는 것이었다. 국가의 대부분의 여유 자금을 쥐고 있던 고용주들은 노동자들보다 오래 아무 일도 하지 않고도 굶주림 없이 견딜 수 있었기 때문이다. 노동조합들은, 문서화해서 법으로 시행되도록 만들지 않는 이상, 그들이 파업을 통해 얻은 쟁취 사항들을 공장폐쇄에 의해 틀림없이 잃게 되리라는 것을 곧 직시해야만 했다. 그들이 그것에 대해 꼭 찬성하는 입장은 아니었지만, 의회가 소년들의 노동을 영원히 폐지하는 것을 지켜본 그들은 만약 의회가 원한다면 어떤 종류의 개혁이라도 고용주들이 다시 철회하지 못하도록 법제화할 수 있다는 것을 깨달았다. 노동조합들은 당시의 끔찍할 정도로 길었던 노동 시간을 영원히 감축하기를 원했고, 8시간 노동의 요구가 시작되었다. 처음에는 그것이 이루어지기 어려운 이상으로만 보였고 완전한 성취까지는 장구한 시간이 걸렸지만 적어도 부녀

자들과 청소년들에게 하루 10시간 이상의 노동을 강요하는 것을 막는 것은 꽤 정당하고 가능한 목표처럼 보였다. 성인 남자들의 경우에는, 충분히 자기 결정을 할 수 있는 성인 영국인들이 스스로 알아서 원하는 만큼 일하는 것을 막는 것은 영국인의 자유를 유린하는 것이라는 반대에 부딪혔다. 하지만 공장의 엔진을 돌아가게 하기 위해서는 여성들과 어린이들의 노동까지 필요했으므로 그들이 퇴근하면 할 수 없이 성인 남자들도 조업을 멈추고 퇴근할 수밖에 없었다. 그래서 성인 남자들의 노동 시간도 '여성들의 치마폭에 싸여' 법적으로 단축되었다.

하지만 투표권도 지니지 못했던 노동자들이 어떻게 지주, 자본가, 고용주들로만 구성된 의회로 하여금 고용주들에 대항해 노동자들을 보호하는 법령을 채택하도록 만든 것일까?

의회의 의원들이 순전히 양심에 따라 행동했을 뿐이라고 내가 주장한다면 내 말을 믿을 사람은 아무도 없을 것이다. 무력에 의해 뒷받침되는 사리사욕 외에는 어떤 효율적인 힘도 믿을 수 없도록 자본주의가 우리들을 망쳐놓았기 때문이다. 자본주의에 관해 재미있는 것은, 사람들은 자신의 이익이 결부되어 있을 때에는 기꺼이 양심을 저버리지만 다른 사람들의 이익이 관련된 문제에 대해서는 더할 수 없이 너그럽다는 것이다. 의회의 구성원인 자산가들과 고용주들이 이 책을 읽고, 비록 그들이 하는 일과 습관, 사회적인 위치는 좀 다르지만 사실 양자의 이익은 겹치는 부분이 많다는 것을 깨닫는다면 다른 이야기가 되겠지만, 시골에 근거지를 둔 신사 계급들은 고용주들을 천박한 장사치라 경멸하고 그것을 공공연히 드러내 보였다. 고용주들은 고용주들대로 귀족과 토호라는 신분은 출생의 문제일 뿐, 사업에서 성공하기 위해서는 능력이 중요하다고 생각하며 땅을 가진 귀족 계급의 특권을 없애려 했다. 1789년의 프랑스 혁명 이후 영국의 고용주들은 비슷한 혁명의 가능성을 들먹이며 왕과 귀족들을 몰아세웠고 상당한 기간 광범위한 소요를 거친 후 1832년에 저 유명한 선거법Reform Bill을 통과시키게 만들었다. 그것은 사실상 세습 지주 출신의 귀족들에게 장악되어 온 영국 의회를 고용주들 편으로 옮겨왔다.

대중들에 의한 소요가 무슨 의미인지는 알 것이다. 논리보다는 상대편에 대한 매도가 주를 이루는 행위이다. 1832년 전에는 지방 귀족들이 소유한 작은 마을들도 의회로 대표를 보냈지만 버밍엄 같은 큰 도시들은 의회에 대표를 보낼 수 없었다는 사실에 고용주들은 분노했다. 하지만 대부분의 당시 사람들은 귀족 같은 특별한 사람들은 특권들을 가져야 마땅하다고 생각했고 버밍엄은 불량 주화가 만들어지는 지저분한 곳일 뿐이라는 인상을 지니고 있었다. 이에 고용주들은 대중의 관심을 지주 귀족들의 비행에 돌려 그들의 분노를 유발하려 했다. 양과 사슴을 키우기 위해 사람들을 몰아내는 행위, 수렵법Game Laws을 제정해 토끼나 꿩 같은 동물을 밀렵한 사람들을 흉악한 죄수들과 함께 식민지로 강제 이송시키는 일, 영지에 사는 노동자들의 끔찍한 주거 환경, 그들이 지급받는 형편없는 임금, 잉글랜드 성공회 교회를 제외하고는 비국교도들Nonconformists들에게는 어떤 예배의 장소도 허용하지 않을뿐더러 자신의 입맛대로 성직자를 임명하여 마을 학교에서 영지의 아이들에게 비국교도들은 이 세상에서 치욕을 당하고 다음 생에서 지옥에 간다는 교육을 시키는 것, 선거에서 자신들이 내세운 후보들을 지지하지 않는 상점 주인들을 보이콧하는 행위, 기타 등등 귀족들은 '영주의 눈에서 벗어나면 사형선고를 받는 것과 같다'는 속담을 가능하게 만든 많은 만행들을 저지르고 있었다.

이런 귀족들의 행위들을 반복해서 대중 앞에 끌어넴으로써 고용주들은 마침내 여론을 귀족들에 대한 반감으로 치닫게 할 수 있었고 프랑스에서 일어난 일이 영국에서 되풀이될까 두려워하던 귀족들을 압박하여 선거법Reform Bill에 무릎을 꿇게 만들었다. 윌리엄 4세가 진 빚을 갚아줌으로써 그의 마음을 산 고용주들은 의회로 하여금 법을 통과하게 만들었다. 이후, 빅토리아 여왕의 통치 기간 동안 영국의 중산 계급Middle Class은 자신들의 금력을 통해 정치적인 영향력을 행사할 수 있게 되었다.

귀족들이라고 앉아서 당하고만 있지는 않았다. 그들은 경건한 보수주의자였던 섀프츠베리 경이 주장하던 공장법Factory Acts을 지지하고 나섰는데 그는 고용주들의 새끼손가락이 귀족들의 허리보다 굵다며* 영국의 공장 노동자들의 삶이 미국과 서인도 제도의 플랜테이션 농장에서 일하는 노예들보다 더 열악하다고 지적했다. 최악의 영주 밑에서 일하는 농노들의 주거지라도 최소한 공장 지대의 협소한 빈민촌 주거지보다 공기는 더 좋고, 고용주들은 신이 아닌 마몬을 섬기기 때문에 자신의 종업원들이 성공회 신자이든 감리교 신자이든 상관하지 않을뿐더러 심지어는 그들이 감리교 신자이든 무신론자이든 신

---

* 「열왕기」 12장 10절.

경을 쓰지 않는다고 비난했다. 고용주들이 노동자들을 정치적으로 박해하지 않는 이유는 그들이 투표권을 가지고 있지 않았기 때문이며 일에 관련해서는 노조원들을 투옥하는 등 모든 압박을 서슴지 않는다는 것이었다. 농노들과 영주 간의 인간적이고 따뜻한 관계, 영주의 저택에서 일하는 여인네들이 배우게 되는 예절과 가사의 지식, 거대한 장원에 주거하는 노인과 병약자들에게 베푸는 영주의 친절 등은 고용주가 자신들의 탐욕을 만족시키기 위해 만들어 놓은, 인구 과잉으로 전염병이 창궐하는 광산과 공장 지대의 누추함와 비참함, 잔인함, 신성 모독의 폐쇄적인 환경에서는 전혀 찾아볼 수가 없다고 귀족들은 주장했다.

양측의 주장은 꽤 정확한 것이었지만 서로 비난을 퍼붓기 위한 용도였을 뿐이었다. 지주 계급 귀족들도 광산과 공장을 경영하는 고용주들이 지급하는 배당금을 기꺼이 수령했으며 랭카셔 전역의 자신들의 장원에 공장들과 빈민촌들이 들어서는 것에 반대하지도 않았다. 고용주들도 충분한 자금력이 생기면 시골의 장원을 사들였고 가장 엄격한 전통에 따라 자신들의 '가문'을 세우려 했으며 자신들의 애초의 신분을 기억하고 있던 선대들이 사라지면서 사업을 천시하기까지 했다. 하지만 이 두 진영 사이의 불화는 어떻게 지주들과 고용주들, 혹은 그들이 내세운 사람들로만 이루어졌던 의회가 프롤레타리아들을 위한 공장법을 통과시켰는지 설명해준다. 공장법은 선거법을 통과시킨 고용주들에 대한 귀족들의 보복이었다.

가난한 사람들이라고 해서 모두 투표권이 없는 것도 아니었다. 일 년에 40실링 이상의 수익이 발생하는 부동산을 실소유한 사람들은 투표권이 있었고 기타 많은 수의 참정권 특수 조항들도 상당수의 빈민들이 선거에서 영향력을 행사할 수 있도록 해주었다. 그들은 노동당원을 당선시킬 수는 없었지만(그런 것은 존재하지도 않았다) 보수당 지주와 자유당 고용주가 경합을 하고 있을 때 한쪽이 당선되도록 힘을 실어줄 수 있었다. 만약 영국의 보수당원들과 자유당원들이 자신들의 정치적인 이익이 합치한다는 것을 깨닫고 노동자들에 맞서 공통된 입장을 취했다면 노동자들은 혁명을 통해 자신들의 의사를 표현할 수밖에 없었을 것이다. 보수당원들과 자유당원들은 자신들의 상업적인 이익을 제대로 이해하지 못했다. 보수파는 자신들의 오랜 특권에 맹목적으로 매달렸고 자유주의자들은 여우들을 쫓는 사냥개들처럼 아무 생각 없이 그들의 새 이익을 좇기 바빴다. 보수주의자들과 자유주의자들은 모두 의회에 진출하기를 원했는데, 기사, 준남작, 귀족들과 합류할 수 있는 길을 열어주는 출세길이었기 때문이었다. 자유당은 자신들이 선거법Reform Bill을 통과시켰으므로 자신들을 개혁을 지향하는 당으로 스스로 생각하고 있었고, 다양한 개혁들을 절실히 필요로 하고 있었던 노동자들이 당연히 자신들을 위해 투표하리라고 생각했다.

이런 오산을 품고 자유당이 이끄는 정부는 노동자들에게 투표권을 허용함으로써 대중의 지지를 얻으려 했다. 보수주의자들은 처음에는 이런 자유주의자들의 움직임에 거칠게 항의했지만 후에 비컨즈필드 백작으로 추서된 벤저민 디즈레일리라는 아주 노련한 유대계 정치인에 의해 찬성하는 쪽으로 방향을 재정립하기에 이르렀다. 일찍이 카를 마르크스처럼 프롤레타리아를 보호하기 위해 정치에 입문했던 벤저민은 지방에서는 보수주의자들이 자유주의자들보다 더 대중에게 인기가 있다며 그들이 반대해오던 참정권의 확대를 찬성하도록 설득했다. 이렇게 얼마간의 투표권을 얻은 노동자들은 더 많은 투표권을 얻기 위해 그들의 표를 던졌고 결국 여성들을 포함한 모든 노동자들이 투표권을 얻기에 이르렀다. 물론 여성들도 자신들의 참정권을 얻기 위해 격렬한 투쟁을 벌여왔지만 결정적으로 1914~18년의 전쟁 기간에 남자들이 남긴 공간들을 채움으로써 마침내 국가로부터 참정권을 얻어내게 되었다.

이전에는 보수당과 자유당 사이에서 투표의 향방을 바꾸는 것에 그쳤지만 이제 프롤레타리아 유권자들은 두 당을 거부하고 그들 자신의 후보자들을 내세울 수 있었다. 처음에는 10여 명 정도의 노동자들로 이루어진 노동당원들을 의회에 보내는 것으로 미미하게 시작된 이들의 정치 참여는 자유주의 정권이 들어서면 공장 입법과 대중 교육에 관심이 있다고 여겨지는 온건한 중간층 교수에게 무임소장관 자리를 주는 관례로 이어졌다. 하지만 그것은 나머지 각료들에게 공개적으로 무시를 당하는 자리였다.

카를 마르크스의 유명한 자본주의의 죄악들을 알게 되거나 당시 널리 인기를 끌고 있었던 헨리 조지의 책『진보와 빈곤』을 읽은 사람들 중에서 점차 사회주의 협회들이 생기기 시작했다. 미국인이었던 헨리 조지는 그의 생애 동안 비참할 만큼 가난하지도, 사치를 일삼을 정도로 부유하지도 않았던 미국의 마을들이 땅과 자본이라는 사유 재산의 영위를 통해 어떻게 놀라운 부를 축적한 도시들로 변해가는지 목격했다. 이런 도시들에서는 대다수의 사람들이 가혹할 정도의 빈곤에 시달리는 데 비해 소수의 사람들은 주체할 수 없는 부를 누리고 있었다. 새로 생겨나기 시작한 사회주의 협회들은 노동자들에게 마르크스가 계급의식—아마 독자들은 신문에서 여러 번 이 말을 만나본 적이 있겠지만 기사를 쓴 신문사 사람들조차도 정확히 그 말이 무슨 뜻인지 모르고 있을 것이다—이라 불렀던 것을 주입함으로써 전통적으로 자유당을 지지하던 입장을 벗어나게 했다. 그때까지 사람들은 정치에는 비국교도와 국교도, 농부들과 지주들, 상인들과 자본가들을 각각 대표하는 자유당과 보수당(혹은 휘그당과 토리당)만이 존재하는 것으로 알고 있었다. 하지만 노동자의 입장에서 보면 보수당이나 자유당보다는 유산자 계급을 대표하는 당들에 맞서 무산자인 프롤레타리아를 대표하는 당이 자신들의 이익과 연관이 있다는 것을 깨닫게 되었다. 즉, 생산 수단인 땅과 자본을 차지하기 위해 유산자와 프롤레타리아가 각자 자본을 대표하는 당과 노동을 대표하는 당을 통해 벌이는 계급투쟁, 전쟁이 세상을 움직이는 것이지, 수상 자리를 두고 각축을 벌이던 보수파인 디즈레일리와 자유파인 글래드스톤, 그들의 후임이 되기 위한 정치인들의 경쟁은 프롤레타리아와는 아무 상관이 없는 것이었다. 계급의식을 지닌다는 것은 이런 사실을 깨닫는 것이다.

사회주의 협회들은 시작부터 의회를 적들의 소굴로 여겼다. 그들은 교회를 노동자들을 자본에 종속시키기 위한 마약 같은 장치라며 보이콧했고 노동조합을 잘못된 처방이라고 비난했다. 마르크스와 엥겔스, 하인드먼과 모리스에 따르면 사회주의는 자본주의의 잔인성과 부당함에 대해 역겨움을 느낀 중간 계층들, 그중에서도 교육을 받고 인간적이었던 사람들의 양심의 발로에 의한 운동이었고, 특히 윌리엄 모리스에 의하면 그 자체로서가 목적인 일상의 순수한 아름다움과 미에 대한 철저한 무시에 저항하는 것이었다. 하지만 이런 종류의 감정은 아무리 강하고 고상하다 하더라도 프롤레타리아의 삶과 주급을 받고 일하는 계층에 대한 철저한 무관심과 무지와 양립할 수 있는 것이었다. 하녀들, 정원사들, 철도 노동자들과 심부름꾼들의 현실을 잘 이해하고 그들을 가장 헌신적으로 옹호하던 중간 계층들에게 공장이나 광산, 부두에서 일하는 사람들은 신기루 같은 존재일 수 있었다.

착취를 당해왔다는 것 외에는 달리 그들에 관해 아는 것이 없는 사람들에 대해 당신이 크게 동정심을 느낄 때, 당신은 의분 때문에 착취를 당하는 사람들에게는 모든 미덕들을, 그들을 착취하는 사람들에게는 모든 악덕들을 갖다 붙이기 쉽다. 하지만 현실은, 심한 착취를 당하는 사람들은 그렇지 않은 사람들보다 더 인격이 비뚤어져 있기 쉽다. 이것이 사람들이 심하게 착취를 당하지 않도록 막아야 할 근저에 깔린 이유이다. 심하게 학대를 당한 후 훌륭한 인격을 지닌 사람이 되는 것은 애초에 불가능하다. 우리는 빈곤을 사회적인 장치로서 받아들여서는 안 된다. 빈자들이 이 세상의 소금 같은 존재들이어서가 아니라 '빈자들은 통틀어 모두 불량하기' 때문이다.

가난한 사람들이 이런 사실을 더 잘 안다. 조지 헨리 바로우의 글을 읽은 후 부랑자들을 성인들로 여기게 된 예술과 문학 애호가들, 성 프란치스코와 같은 탁발 부랑자들을 흠모했던 성직자(앙글로 가톨릭 신자)들에게서 런던의 사회주의 운동이 영향을 받았기 때문에 좋은 씨를 옥토에 심고 나머지는 자연의 힘에 맡기는 것처럼, 대중들(그들에게는 부랑자 같은 성인들의 무리로 여겨졌을 것이다)에게 사회주의를 전파하기만 하면 모든 문제가 저절로 해결될 것이라고 생각되었다. 하지만 대중들은 부랑자 같은 존재들이 아니었다. 그들이 자신들에 대해 어떻게 생각을 하고 있었는지는 모르지만 절대로 서로를 낭만적인 시선으로 바라보지는 않았다.

존 스튜어트 밀이 웨스트민스터 선거구에서 하원의원으로 입후보했을 때 그의 정적들은 그가 과거에 했던 말, 즉 영국 노동자들은 전적으로 믿을 만하지도, 전적으로 제정신이지도, 전적으로 정직하거나 도박에 대해 비판적이지도 않다고 했던 말을 트집 잡아 그를 떨어뜨리려 했었다. 하원의원으로 입후보한 사람들이 노동자들의 표를 얻기 위해 항상 그들을 '신사 여러분'이라 부르며 도덕적인 귀감처럼 말하지만 밀은 노동자들을 그렇게 생각하지 않았다는 것을 폭로한 것이었다. 하지만 밀은 정적들의 그런 주장을 부인하기는커녕 그것이 자신의 견해라고 인정했고 아마도 그 때문인지 선거에 당선되는 기염을 토했다. 임금 노동자들도 다른 사람들처럼 아첨을 좋아하고 정치인들이 아무리 아첨을 해대도 사양하는 법이 없을 테지만 그들은 그런 아첨이 아무 의미도 없다는 것을 알고 있었고 가난한 사람들을 마치 천사들처럼 생각하는 낭만적인 정치인들에게 표를 주지 않았다.

1880년대에 사회주의자들은 그들의 실수를 깨달았다. 페이비언 협회는 무정부주의자들과 바로우 추종자들을 몰아내고 하원에서 택해진 일련의 조처들을 통해 사회주의를 세상에 소개하려고 했다. 덕분에 평범하고 종교적인 점잖은 시민들도 사회주의자로 자처할 수 있게 되었고 법을 어기는 사람들이라는 의심의 눈길을 받지 않으면서 마치 보수적인 사교단체에 참여하듯 사회주의 협회에 가입할 수 있게 되었다. 페이비언 협회 지도자였던 시드니 웹은 베아트리스 포터와 결혼했는데 그녀는 노동 계급의 생활과 조직에 관해 연구했고 협동조합에 관한 책을 출간하기도 했다. 그들 부부는 노동조합에 관한 최초의 과학적인 역사를 저술했고 그것을 통해 임금 노동자들이 자신들의 정치적인 역사의 존엄성에 눈을 뜨게 만들었으며(마르크스주의의 계급의식 형성을 위해 아주 중요한 단계였다) 중간 계층 사회주의자들에게 임금 노동자들이 공익을 위해 어떤 일을 할 수 있는지를 보여주었고 짐짓 고상한 척하며 노동자들이 스스로의 방식으로 자발적으로 성취해온 것들을 무시하는 태도를 보이는 사회주의자들의 터무니없는 짓을 드러내기도 했다. 사회주의를 이미 존재하는 노동자들의 조직에 접합시킴으로써만 강력한 프롤레타리아 운동이 가능하다는 것을 보여준 것이다.

자신들을 여전히 진보를 추구하는 당이라고 생각하던 자유당 사람들은 모든 진보적인 활동들은 당연히 자유당에 접목되어야 한다고 생각하고 있었고 의회에서 자유당의 지도자들에게 채택되고 승인을 받아야 한다고 믿었다. 그런 그들의 입장에서는 헌법 의회주의를 채택한 페이비언 협회의 첫 활동이 당시의 자유당 정부에 대한 공격이었다는 것에 당혹감을 감출 수 없었다. 유명한 평론지에 기고된 글을 통해 페이비언 협회는 자유당 정부가 보수당보다 임금 노동자들에게 더 반동적이고 적대적이라고 비난을 했다. 충격을 받은 자유주의자들이 내세울 수 있는 해명이라고는 페이비언 협회가 자유주의자들의 뇌물을 받고 자신들을 정치적으로 배반하는 글을 썼다는 의혹뿐이었다. 하지만 그들은 이내 눈을 크게 뜨고 현실을 직시해야 했다. 페이비언 협회는 의회에서 자유당과 보수당을 모두 반대하는 노동당을 설립하자는 제안을 함으로써 공격을 이어갔다.

광부 출신이었던 제임스 키어 하디는 이 제안을 현실화하기 위해 독립 노동당Independent Labour Party을 창당했다. 이 새로운 당에서 지도적인 위치에 올랐던 페이비언 협회 회원들 중에는 램지 맥도널드도 있었는데 그의 교육 수준과 노동 계급 밖 세상에 대한 식견은 의회에서의 성공적인 의정 활동에 그를 제임스 키어 하디보다 더 적합한 인물로 만들었다. 독립 노동당으로부터 노동조합과 사회주의 단체들의 정치 연맹인 더욱 강력한 노동당이 갈라져 나왔는데 두 단체의 대표들이 노동당의 집행위원회에 포진하고 있었다. 당시 노동조합의 모든 회원들이 일주일에 1페니를 납부함으로써 325,000파운드 이상의 정치 기금을 마련할 수 있었는데(지금은 3배가 넘는 금액이 모여 있다) 이에서도 볼 수 있는 노동조합과의 연맹은 아주 결정적이었다.

1906년의 선거에서 충분한 수의 노동당원들이 의회에서 독립당을 구성할 수 있도록 선출되었다. 1923년에 이르러서는 의회를 잠식해 들어간 독립당 때문에 보수당이나 자유당 모두 다수당이 될 수 없었고, 램지 맥도널드는 정부를 구성해 노동당이 과연 통치력이 있는지를 보여 달라는 도전을 받았다. 그는 도전을 받아들였고 사회주의 단체들과 노동조합으로 이루어진 내각을 구성하여 영국 총리가 되었다. 노동당 정부는 이전의 보수당 정부보다 유능했는데 그 이유는 부분적으로 각료들이 빈곤이나 무명을 딛고 순전히 개인적인 능력으로 출세를 한 사람들이었기에 사람들에게 휘둘리지 않았고 오늘날의 세계가 어떤 곳인지 잘 알고 있었으며, 심지어 지금까지도 보수적인 지도자 중 가장 영리한 사람들조차 자본주의 계급에서 점점 커져가는 면화 귀족들과 허물어져가는 봉건 체제에 대한 허상을 쫓고 있지만 그들은 그런 망상에 사로잡혀 있지 않았고 굶주리고 무력하며 무지하지도, 무조건 복종적인 프롤레타리아 계급의 굴종적인 태도도 가지고 있지 않았기 때문이었다. 하지만 그런 생각은 빅토리아 여왕의 생전에 모두 사라졌다. 사실, 노동당 지도자들은 보수주의자들보다 훨씬 더 훌륭한 교육을 받았고 경험도 많았지만, 부자들은 자신들이 두 개의 귀족적인 대학들에서 공부했기 때문에 당연히 더 뛰어난 교육을 받고 있다는 어리석은 생각을 하고 있었다.

자유당과 보수당원들은 이런 결과에 혐오감을 느꼈고 비웃듯 노동당에 대해 상대적인 무능력을 증명할 수 있는 기회를 제공했다가 오히려 자신들의 무능을 증명하게 된 데 대해 유감스럽게 생각한 나머지 1924년, 맥도널드를 실각시키고자 공모를 했다. 비록 다수당이 될 기회는 아직 없었지만, 맥도널드가 노동당이 관여하기에는 너무 큰 능력이 필요하리라고 생각되어온 외무부장관 직에서 비교적 큰 성공을 거두자 의회의 금권정치가들은 두려움을 느꼈다. 그들은 유권자들에게 맥도널드가 러시아 공산주의 정부와 연루되었다며 인신공격을 가했다. 선거가 끝날 때까지 계속된 소동은 그럭저럭 성과를 거둔 노동당이 아니라 자유당을 투표에서 궤멸시켰다.

총선에 사람들이 몰려드는 것의 위험은, 평소라면 아무도 진지하게 여기지 않을 모든 종류의 정치적 미치광이가 국가가 위험에 처해 있다는 주장을 통해 선출되고, 진지한 후보자들은 치욕적인 패배를 맛본다는 것이다. 1906년, 중국 노동자들이 대거 총선에 몰려들었을 때 수십 명의 삼류 자유당 후보들이 뛰어난 능력을 지닌 보수당 후보들을 몰아내고 선출되었다. 1924년 선거에서는 공산주의 러시아의 공포로 인해 삼류 보수당 후보자들이 뛰어난 자유당 의원들을 추방할 수 있었다. 두 경우 모두에서 승리를 거둔 당의 자질이 크게 떨어졌다. 이집트 주둔 사령관이 선거 직후 암살당했을 때, 승리감에 도취된 보수당은 볼드윈 총리의 만류에도 불구하고 이집트에 물 공급을 끊겠다는 터무니없는 위협을 암살자들에게 보냈다. 맥도널드라면 유럽 전체를 놀라게 한 이 터무니없는 짓을 하지 않았을 거라고 사람들은 생각했다. 자신들의 위협을 수행할 수도 없었을뿐더러, 사방에서 비난이 쇄도하자 정부는 수치를 무릅쓰고 터무니없는 위협을 한 실수를 인정해야 했다. 유감스럽지만, 정부가 외국인을 희생양으로 강력한 보복을 실행할 때 그 정책은 인기를 끌고 사람들은 성공을 기대한다. 하지만 의기양양했던 만큼이나 실수를 인정하는 것은 치욕스러운 일이다. 결과적으로 정부는 러시아에 대한 공포를 부추겨 얻은 지지를 이집트 사건으로 상실했다. 그러나 노동조합의 총파업에 대한 무모한 위협으로 정부는 다시 한 번 체면을 잃었다. 러시아인들은 우리에게 꽤 두둑한 파업 기금을 기부했고 이에 두려움(사실 코털만큼도 두려워할 필요가 없었지만)과 분노를 느낀 정부는 그것이 어떤 위험을 불러올지조차 가늠하지 못한 채 노동조합을 불법으로 만들기 위한 도발적이지만 무모한 법안을 상정하는 한편 런던에 있는 러시아의 ARCOS(전 러시아 협동조합, All-Russian Co-operative Society) 사무소를 급습한 후 러시아와의 외교 관계를 끊으려 했다. 한편, 의회에서 노동당은 선거의 충격으로부터 회복해서 공식 야당으로 자리를 잡았다.

1927년, 현시점까지의 상황을 요약하자면, 예하 조직들을 노동조합으로 조직하여 계급 전쟁에서 방어 작전을 시작한 프롤레타리아는 자신들이 거둔 승리들을 법제화하지 않는 한 유지할 수 없다는 것을 깨달았고 자신들을 정치적으로 노동당으로 조직해서 보수당과 자유당의 자본주의 양당 체제로 구성된 하원에 충분한 수의 의원들을 진출시킴으로써 의회를 프롤레타리아와 소유주가 서로 두 가지 쟁점을 두고 대치하는 각축장으로 바꾸었다. 그 두 쟁점은 첫째, 국가가 국가의 토지와 자본 및 산업을 국가를 위해 점유하고 통제할 것인지, 또는 작은 개인 단체들이 그것들을 맡아 원하는 대로 행할 것인지, 둘째, 자본주의 체제가 지속되는 동안 자본의 제공자 또는 노동의 제공자 둘 중 누가 주도권을 쥘 것인지가 그것이었다. 첫 번째는 사회주의의 문제이다. 토지와 자본, 산업 통제가 정부에게 맡겨지기 전까지는 제품이나 그것을 생산하기 위한 노동의 분배를 균등하게 할 수 없기 때문이다.

두 번째는 노동조합 문제다. 노동당은 소득의 평등을 목표로 하는 사회주의자들뿐만 아니라 노동자들이 가장 큰 몫을 얻는다면 산업에서 자본주의적 방법이 지속되는 것에도 반대하지 않는 노동조합주의자들로 이루어져 있다. 프롤레타리아가 가장 큰 몫을 차지하고 집주인, 자본가 및 고용주는 현재보다 상대적으로 빈곤하게 된다면 지금보다는 자본주의 체제를 유지하는 것이 더 쉬워질 것이다. 노동자들과 기계공들과 그들의 아내와 딸들이 나라의 10분의 9를 형성하기 때문이다. 모든 면에서, 불만을 가진 사람 한 명당 아홉 명의 만족한 사람들이 있는 것이 불만을 가진 사람들 아홉 명마다 한 명의 만족한 사람이 있는 것보다 더 안전하고 안정적이다. 달리 말하면, 유권자 10분의 9의 지지를 받는 정부는 집주인과 자본가로부터 소득세와 세금을 징수하는 것이(그로 인해 그들이 장원들과 자동차를 그들의 소작인들과 고용인들에게 팔고 정원사의 오두막집에 살게 될지라도) 지주가 임대료를 징수하고 자본가가 자신이 사치스럽게 살 수 있는 투자처를 찾는 것보다 쉬울 것이다.

　포스 교를 설계하는 엔지니어, 또는 대성당이나 궁전을 설계하는 건축가에게 수수료를 덜 받도록 설득하는 것이 설계를 실행하는 리벳 공, 수리공, 석공, 벽돌공 및 페인트공을 설득하는 것보다 쉽다. 엔지니어나 건축가가 노동자들을 필요로 하는 것보다 노동자들이 엔지니어나 건축가를 더 필요로 하는 것이 사실이긴 하지만 노동자들이 협상에서 더 큰 우위를 지니고 있다. 재능 있는 노동자는 그의 재능을 낭비하기보다는 낮은 임금을 받더라도 리벳을 고치거나 벽돌을 쌓을 것이기 때문이다. 자신의 일에서 그는 일의 즐거움을 위해 어떤 조건으로든 일을 하지만 다른 일들은 하지 않을 것이다. 반면 마지못해 일하는 노동자는 아무 대가도 받지 못하면 일을 하지 않고 푼돈을 받으면 딱 그만큼만 일을 할 것이다.

따라서 노동조합주의에 입각한 정부는 많은 사람들을 등 뒤에 업고, 불로소득에 대한 무자비한 과세, 공장법, 임금을 조정하는 임금청, 가격을 정하는 위원회, 낮은 임금을 지급하는 산업을 보조하기 위한 소득세 사용(이 모든 장치는 이미 의회 절차에 따라 수립되어 있었다) 등을 활용하여 현재의 부자가 가난한 사람이 될 정도로, 노동자가 의기양양하게 될 수 있도록 국민 소득을 재분배할 수 있었다. 그런 상황은 많은 사람들이 가난하고 소수만 부자인 현재 상황보다 훨씬 안정적일 것이다. 그것이 지속되는 데 대한 유일한 위협은 재산 소유자가, 어차피 세금 징수원이 거의 모든 것을 압류해 갈 것이므로, 임대료와 이자의 징수를 거부하는 것이었다. 만약 당신이 일 년에 1,000파운드 정도 수익을 올리는 사업을 한다면, 때로는 70퍼센트 정도의 이익을 얻는 것만으로도 정부를 위해 돈을 벌고 있다는 생각이 들 것이다. 커미션이 25퍼센트로 축소된다고 가정하면, 지금 당신이 250파운드를 지불하고 있는 것만큼이나 어쩔 수 없이 1000파운드의 수익에서 750파운드를 지불할 수밖에 없을 것이다.

재산을 소유한 사람들이 의회를 장악하고 있을 때 그들의 권력을 사용하여 가난한 사람들에게서 최대한 돈을 갈취했듯이, 모든 사람을 위한 평등한 분배가 근본적인 헌법적 도그마가 되지 않는 한, 노동자들은 자신들의 새로 얻은 권력을 사용하여 자산가들로부터 최대한 돈을 쥐어짜낼 수 있을 것이다. 현재 자산 계급은 사회주의로부터 자신들을 구해달라고 자본주의 노동조합을 쳐다보고 있다. 하지만 자본주의 노동조합으로부터, 즉 자본화된 노동으로부터 자신들을 구해달라고 자산가들이 사회주의에 몰려올 때가 다가오고 있다. 이미 미국 노동조합은 대기업과 결합하여 잠들어 있는 파트너를 압박하고 있다. 이에 대해서는 뒤에 더 다루기로 하자.

51

국내 자본
DOMESTIC CAPITAL

자본주의에 대해 한 번에 너무 오랫동안 이야기를 했으므로, 당신이 혹시 약간의 자본을 가진 사람—자신의 계급의 사람들이 보통 생활하듯 생활 한 후에도 수입을 늘리기 위해 자본으로 사용할 여분의 돈이 있는—이라면 개인적으로 그것이 당신에게 어떤 영향을 미칠지에 대해 몇 장을 떼어 조사해 보자. 고용주가 아니라 자신의 근로로 돈을 버는 여성의 간단한 사례로 시작하겠다.

그녀의 업무는 사무실에서 고객을 받기 위해 기다리는 대신 (그녀는 의사다) 고객을 방문하여 총계를 계산하거나(그녀는 회계원이다) 또는 글쓰기(그녀는 저자 또는 대서인이다)를 하는 일이라고 가정해보자. 뻔한 일이지만, 그녀가 3명의 장부 담당자들이 하는 일을 하게 해주는 계산기(혹은 상황에 따라 재봉틀, 타자기, 자전거, 자동차 등)를 살 수 있을 만큼 돈을 모을 수 있다면, 그 기계는 당신이 매일 더 많은 일을 할 수 있게 해주므로 그것이 없을 때보다 더 많은 돈을 벌 수 있을 것이다. 아무 생각 없이 그 기계는 그녀의 자본이라고 불릴 것이다(대부분의 사람들은 경제에 관해 이야기할 때 자신들이 실수하지는 않았는지 혼란스러워한다). 그러나 자본은 기계를 지불하기 위해 저축된 돈이었고 기계를 만든 노동자들에게 지불되었으므로 더 이상 존재하지 않는다. 존재하는 것은 지속적으로 마모되는 기계이며, 절대로 새 제품이었을 때 가격으로 중고품을 팔 수 없다. 그것의 가치는 그것이 만들어진 낡은 철 덩어리의 가치에 불과할 때까지 해마다 떨어진다.

이제 그녀가 결혼하여 아내, 어머니, 가정부 등으로 직업을 바꾸는 것을 가정해보자! 또는 전차 서비스가 도입되고 거리에 택시가 많이 생겨서 그녀가 원하는 모든 여행을 자동차를 가지고 있을 때보다 저렴하게 할 수 있다고 가정하자! 그녀는 계산기나 재봉틀, 타자기 또는 자동차를 가지고 무엇을 할 수 있을까? 그녀는 그것들을 먹거나 입을 수 없다. 계산 기계로 셔츠 앞면을 다림질할 수도 없고 재봉틀로 계란 프라이를 할 수도 없을 것이다. 타자기로 가구의 먼지를 털지도 못하고 자동차의 모든 놀라운 기능으로도 아기를 씻길 수는 없다.

내가 방금 쓴 것을 스스로를 실제적인 사업가라고 여기는 남성에게 보여주면, 그는 내가 유치할 정도로 틀렸다고 말할 것이다. 계산기나 재봉틀을 먹을 수 있고 타자기로 가구에 먼지를 털 수 있으며 자동차로 백 명의 아기를 씻을 수 있다고 그는 말할 것이다. 당신이 할 일은 재봉틀을 팔아 그 대금으로 음식을 구입하는 것이다. 타자기를 팔아 진공청소기를 구입하고 자동차를 팔아서 욕조와 비누와 수건을 구입한 후 몇 명의 보모를 고용하라. 너무 많은 다른 사람들이 동시에 그 일을 시도하지 않는다면, 당신은 분명 그가 말한 이 모든 일들을 할 수 있을 것이다. 하지만 이 단서 조항을 항상 잊어버리기 때문에 실질적인 사업가는 정치적으로 절망적인 바보일 수밖에 없다. 당신이 재봉틀을 팔고 그 돈으로 음식을 구입했을 때 당신은 실제로 재봉틀을 음식으로 바꾼 것이 아니다. 재봉틀은 여전히 먹을 수 없다. 타조조차도 그것을 씹거나 소화할 수 없다. 실제로 일어난 일은 더 이상 원하지 않는 재봉틀을 가지고 있고 음식이 필요하다는 것을 깨달은 당신이 원하지 않는 여분의 음식을 가지고 있지만 재봉틀이 필요한 다른 여성을 찾는 것이다. 더 이상 원치 않는 재봉틀을 가진 당신은 굶주리고 있고 그녀는 남는 음식을 가지고 있지만 재봉틀이 필요하다. 그래서 둘은 교환을 한다. 이보다 더 간단한 것은 없다.

그러나 거래를 하려면 양자가 필요하며 두 쪽 모두 서로가 가진 것을 원한다는 점에 유의하자. 둘 다 같은 것을 원하거나 같은 것을 없애고 싶다면 어떠한 거래도 성립할 수 없을 것이다. 이제 제 딴에는 실제적인 재무부장관이 소득이 아니라 자본에 세금을 부과하여 징수하려 한다고 가정해보자. 수천 명의 여성이 약 5파운드에 판매할 수 있는 재봉틀 형태의 자본을 가지고 있으므로 각각 3파운드의 세금을 지불할 여유가 있다고 그가 생각한다고 하자. 그가 실제로 하원으로 하여금 자본 부가세Capital Levy라는 이름의 터무니없는 세금을 부과하도록 강요한다면 어떤 결과가 생길까? 그녀의 기계를 팔려고 하는 각각의 여성은 다른 모든 여성들도 자신들의 기계를 팔려고 한다는 것을 발견할 것이며 결국 아무도 그것을 사고 싶어 하지 않을 것이다. 그녀는 아마 몇 푼을 얻기 위해 고철로 팔 수 있겠지만 그것으로는 세금을 내지 못한다. 세금 징수관은 재봉틀을 압수할 것이다. 그러나 그도 재무부장관이 기대하고 있는 수천 파운드 대신 팔 수 없는 수많은 재봉틀을 재무부장관에게 넘겨주어야 할 것이다. 재무부장관은 원하는 돈을 얻지 못할 것이고 여성들은 재봉틀을 잃을 것이다. 나름 실용적인 사업가들이 재봉틀을 빵으로 만들 수 있다고 생각했기 때문에 벌어진 일이다.

조금만 생각해 보면 사적인 일들과 국무國務의 차이점은 사적인 일들은 사람들이 스스로 한 번에 하나씩 할 수 있는 일이고, 국무는 우리 모두가 법에 의해 동시에 해야 하는 일이라는 것을 알 수 있다. 집에서 당신은 개인적인 일을 다루는 사적인 사람이지만, 의회 혹은 내각에 입각을 하면 당신은 정치인이 된다. 사적인 사람으로서 당신은 '이렇게 할까 저렇게 할까' 고민만 하면 되지만 정치가로서 당신은 '모든 사람들을 이렇게 하도록 해야 할까 저렇게 하도록 해야 할까' 고려해야 한다. 이것을 칸트 테스트Kantian test라고 한다.

예를 들어, 재무부장관이 되면, 개인으로서 상식을 갖춘 당신은 집안에 있는 재봉틀이 당신 지갑에 있는 5파운드와 같다고 가정하는 것과 같은 어리석은 생각을 하지 않을 것이다. 그러나 사인으로서의 당신의 상식은 1년에 5파운드의 수입이 100파운드의 일시금과 같다고 생각하게 할 수 있다. 당신이 100파운드의 목돈이 필요하다면 당신의 주식 중개인은 1년에 5파운드의 당신의 수입을 담보로 100파운드를 얻을 수 있게 해줄 것이기 때문이다. 따라서 당신은 1년에 5파운드를 가진 모든 사람에게 30파운드의 세금을 부과하고 싶을 수도 있다.

30파운드를 세금으로 징수한 후에도 납세자에게는 70파운드나 남을 것이라고 상상할지도 모른다. 그러므로 연간 5파운드의 수입이 개인적으로는 100파운드의 가치라는 게 무슨 말인지, 하지만 왜 그것이 재무부장관에게는 공적으로 5파운드의 가치만 있을 뿐인지를 설명하겠다.

우리가 저축의 불가능성을 다룰 때 저축과 비슷하고 실제 저축이라고도 불리는 일상의 거래가 있다는 것을 지적했다. 그것은 재봉틀을 팔고 그 가격으로 음식을 구입하는 것이 재봉틀을 먹는 거라고 생각하는 것과 같은 맥락이다. 이해를 돕기 위해 다시 설명을 해보자. 당신이 100파운드를 가지고 있고 그것을 저축하기를 원한다고 가정해보자. 즉, 당신은 즉시 그것을 사용하는 대신에 나중에 소비하기를 원한다. 문제는 돈이 대표하는 것들이 즉시 사용되지 않으면 썩기 때문에 당신이 하고자 하는 일은 불가능하다. 그러나 옆집에 부모님이 유산으로 남겨준 1년에 5파운드의 소득밖에 없는 여성이 있다고 가정해 보자. 분명히 그녀는 그것으로 생계를 유지할 수 없다. 그러나 100파운드 정도의 목돈이 있다면 이민을 가거나 대서소를 개설하거나 작은 가게를 차리거나 돈을 벌 수 있는 기술을 배우거나, 보기 좋은 옷을 구입하여 괜찮은 일자리를 찾을 수 있을 것이다. 이 여성과 거래를 하는 것은 어려울 게 없다. 그녀는 당신에게 매년 5파운드를 가져갈 권리를 주고 당신은 그녀에게 한 번에 쓸 수 있도록 100파운드를 제공한다. 혹은 당신의 주식 중개인 또는 은행가가 두 사람을 만나게 할 수도 있다. 당신은 중개인에게 당신을 위해 100파운드를 5퍼센트의 이자로 투자해달라고 부탁한다. 그녀는 그에게 1년에 5파운드를 받는 권리를 목돈을 위해 팔고 싶다고 말한다. 그는 작은 수수료를 받고 거래를 성사시킨다. 그러나 주식 중개인이 사용하는 복잡해 보이는 거래의 명칭 때문에(사실 의사가 처방전에 사용하는 물과 빵 부스러기처럼 별것도 아니지만) 당신과 옆집 여성은 실제로 어떤 일이 벌어진 것인지 이해하지 못한다. 당신은 100파운드를 투자하고 100파운드 가치를 얻었고, 나라의 자본에 100파운드를 더했다는 말을 중개인에게서 듣는다. 그녀는 '자본을 실현했다'라는 말을 듣는다. 하지만 실제로 일어난 일은 다른 여자가 당신의 100파운드를 쓰도록 하는 대신, 당신에게는, 당신 역시 그 권리를 100파운드에 팔 때까지는, 매년 일하지 않고도 나라의 소득에서 5파운드를 받을 권리가 생겼다는 것이다.

이제 당신이 연간 5파운드의 수입에 30파운드의 세금이 부과되었다고 가정해보자! 또는 1년에 5파운드의 수입을 가진 사람들이 원할 때는 언제나 그 권리를 100파운드에 팔 수 있다는 것을 경험으로 알고 있는 실제적인 사업가들의 주도하에 보수당 정부가 그렇게 하고 있다고 가정해보자! 아니면 민간의 손에서 자본을 빼앗아 국가에 투자를 하고 싶은 욕망에 사로잡힌 노동당 정부가 그렇게 한다고 가정해보자! 그들은 그것을 자본에 대한 30퍼센트의 부담금이라고 부르며 그것이 실제로 무엇을 의미하는지 대부분 이해하지도 못한 채 그것에 찬성표를 던질 것이다. 반대자들도 그 본질에 대해 똑같이 무지한 상태로 반대표를 던질 것이다. 결국 그들의 주장은 아무도 설득하지 못할 것이다. 무슨 일이 일어나게 될까? 어떤 여자도 일 년에 5파운드의 수입으로부터 30파운드의 세금을 지불할 수 없을 것이다. 그녀는 일 년에 5파운드를 받을 권리를 100파운드에 팔아야 하고, 그다음에는 남은 70파운드를 다시 투자해야 할 것이다. 그러나 그녀만 혼자 세금을 내는 것이 아니기 때문에 100파운드를 다 받지도 못할 것이다. 다른 모든 자본가들도 세금 납부를 위해 주식 목돈을 마련하기 위해서 중개인에게 미래의 수입을 팔아달라고 요청하지만 그들을 위해 목돈을 제공하려는 사람들은 많지 않다는 것을 발견하게 될 것이다. 다시 재봉틀 이야기와 같은 상황이 벌어진다. 그녀는 세금을 낼 수 없다고 세무서에 말해야 할 것이고, 염병할, 가구를 압류해 가라고 말할 것이다. 세무서는 그녀와 다른 모든 자본가들로부터 압류한 가구들을 팔아야 하지만 그것을 살 수 있는 사람들은 세금이 부과되지 않을 정도로 가난한 사람들뿐이어서 치펀데일 의자는 고작 12개에 1실링, 식당 테이블은 5실링으로 값이 떨어진다. 세무서는 그녀의 가구를 팔거나 보관하는 데 더 많은 비용이 들 것이다. 세무서는 빈손이 될 것이고, 이제 정부가 할 수 있는 일이라고는 6년 4개월 동안 그녀에게서 매년 5파운드의 수입을 빼앗아 오는 것이다. 4개월은 이자를 지불하기 위한 것이다. 이 모든 것은 그녀의 수입은 진짜이지만 정부가 생각하는 자본은 상상의 결과라는 것을 보여준다.

그러나 소득세처럼 매년 세금이 부과되면, 매년 30파운드의 빚을 지고 5파운드를 지불받을 것이기 때문에, 6년이 지났을 때 그녀는 정부에 180파운드의 빚을 지게 될 것이다. 차라리 영원히 5파운드를 포기하고 전적으로 일을 통해 자신을 부양하는 것이 훨씬 더 좋을 것이다. 그리고 정부는 자본에 대한 세금이 불가능하다는 것을 인정해야 할 것이다. 이미 오래전에 그것이 사용되었기에 존재하지 않는다는 결정적인 이유 때문이다.

실제로 존재하는 자본에 대한 세금이 존재하는데, 이것은 종종 그러한 세금이 가능하다는 것을 증명하는 사례로 인용된다. 우리가 죽으면, 사망세Death Duties(공식적으로 유산세Estate Duties)라고 불리는 세금이 우리가 남기는 부동산의 가상 자본 가치에 부과된다. 사람들이 유산세를 납부하는 이유는 우리 모두가 매년 4월 5일에 동시에 죽어 다음 12월 31일에 유산세를 내야 하는 것이 아니기 때문이다. 우리는 드물게, 천천히, 1년 동안 천 명 중 20명 미만 꼴로 죽고 그들 20명 중 어떠한 형태의 자본이라도 가지고 있는 사람은 채 두 명이 되지 않는다. 흔히, 상속인들은 유산세를 지불하기에 충분한 목돈을 만들기 위해 그들의 수입의 일부를 쉽게 팔 것으로 생각된다. 그것들을 구매하는 사람들은 최근에 아버지나 삼촌이 죽지 않은 자본가들일 것이다. 그러나 흔히, 정부는 유산세를 받기 위해 오래 기다려야 한다. 유산세는 어리석은 것이다. 국가가 재산의 일부를 상속받을 수 있게 함으로써 개인의 재산을 몰수하기 때문이 아니라 그것이 잔인하고 부당하게 운영되기 때문이다. 한 세기 동안 한 상속인에서 다음 상속인으로 세 번이나 물려진 재산은 거의 세금 부담을 느끼지 못할 것이다. 1년에 세 번 상속이 되는 경우에는(예를 들어 전염병에 의해) 유산은 세금에 의해 소멸되고, 상속인은 풍요에서 빈곤으로 전락한다. 유언장을 작성할 때, 가난한 사람들에게 어떻게 귀중한 것을 남겨주어야 할지 조심해야 한다. 그들이 재산을 가지고 있으려 한다면, 그들은 그들이 감당할 수 있는 것보다 더 많은 것을 유산세로 지불해야 할 수도 있다. 아마도 그들은 세금을 내기 위해 그것을 팔아야 할 것이다.

이런 것을 제대로 이해하는 사람들은 아주 드물다. 평소에는 멀쩡한 정신을 가진 사람처럼 보이는 사람들이 전쟁 전 100억 파운드였던 나라의 총 자본이 전쟁 후 300억 파운드로 바뀐 것처럼 추정하고 있다(마치 전쟁이 국가를 더 부유하게 만들기라도 했다는 듯이). 그들은 실제로 하원에서 300억 파운드의 부에 세금을 부과하여 그것으로 전쟁 비용을 지불할 것을 제안한다. 우리 모두는 케이크를 먹으면서 동시에 그것을 계속 가지고 있을 수 없다는 것을 알고 있다. 그러나 그들은 우리가 끔찍한 전쟁에 70억 파운드를 지출했기 때문에, 그리고 그들이 계산한 바에 따르면, 광산, 철도 및 공장에 200억 파운드를 더 지출했기 때문에, 그 금액들은 영국은행의 장부와 신탁회사들의 대차 대조표에 기록되어 있고, 그래서 여전히 존재한다고 생각한다. 그들이 생각하기에 우리나라는 현재 인구 10분의 9가 처해 있는 치욕스러운 빈곤의 상태라기보다는 엄청나게 부유한 나라다.

52

머니 마켓
THE MONEY MARKET

이제 당신이 약간의 재산을 가진 숙녀라고 가정해보자. 당신이 투자하는 신비한 기관, 즉 변동성이라는 고질적 질환을 지닌 머니 마켓은 언제든 당신의 수입을 아무 문제없이 즐겁게 증가시키거나, 그것을 집어삼켜 당신을 파멸시킬 수 있지만 그것에 관해서는 어떤 남자도 결코 당신을 이해시킬 수 없을 것이다, 왜냐하면 그 자신도 그것을 이해하지 못하기 때문이다.

돈의 구매와 판매를 위한 시장이란 것은 첫눈에 보기에는 터무니없다. 당신이 '나는 5실링 어치의 연어를 원한다'고 말하는 것은 이상할 것이 없지만 '나는 5실링 어치의 돈을 원한다'고 말한다면 우스꽝스러운 느낌이 들 것이다. 5실링의 가치가 있는 돈은 그저 5실링이다. 누가 5실링을 주고 5실링을 받는 거래를 하고 싶어 하겠는가? 외국에 가는 사람들에게 외국 동전과 지폐를 파는 환전업자를 제외하고는 아무도 돈을 사지 않는다.

그러나 영국에 있는 누구도 영국 돈을 사고 싶어 하지 않지만, 우리는 종종 그것을 세내거나hire, 흔히 말하듯, 그것을 빌리고borrow 싶어 한다. 하지만 세내는 것과 빌리는 것이 항상 같은 의미는 아니다. 이웃의 프라이팬을 빌려서 사용한 후에는 나중에 감사의 인사와 함께 돌려주면 된다. 하지만 금융시장에서는 그것이 통하지 않는다. 당신은 당신이 얻는 것에 대해 돈을 지불하고, 당신이 주는 것에 대해 요금을 부과한다. 당신이 세낸 것은 즉시 소비되어서 그대로 돌려주지 않는다는 것을 모두가 잘 이해한다. 이웃에게 프라이팬이 아니라 빵 한 덩어리와 양초를 빌려달라고 부탁하면 당신이 그 빵을 먹고 초를 사용한 후 나중에 새 빵과 양초로 보상할 것이라고 사람들은 이해한다. 당신이 돈을 빌릴 때, 당신은 실제로는 그것이 살 수 있는 것, 즉, 즉시 소비를 할 수 있는 빵과 양초와 기타 모든 종류의 물질적인 것들을 빌리고 있는 것이다. 당신이 1실링을 빌린다면, 1실링의 가치가 있는, 당장 사용할 수 있는 물건을 사기 위해 돈을 빌리는 것이다. 당신은 그 물건으로 채무를 상환할 수 없다. 당신이 할 수 있는 일은 1실링의 가치가 있는 물건을 만들어 팔거나 서비스를 제공하여 1실링을 받은 후 그것으로 채무를 상환하는 것이다(물론 다른 사람에게서 다시 1실링을 빌리거나 구걸하거나 훔칠 수도 있지만, 그건 바람직한 거래가 아니다). 어떤 경우에도, 당신이 돈을 갚기 전까지는 돈을 빌려준 사람은 1실링이 대표하는 것들을 소비할 수 없다. 만약 당신이 상환을 기다려준 대가로 돈을 빌려준 사람에게 추가로 돈을 지불한다면 당신은 그녀에게서 돈을 세내고 있는 것이다.

그런 경우라면, 당신은 그녀에게 아무런 의무도 없다. 왜냐하면 당신은 그녀가 당신을 위해 해주는 것만큼이나 그녀에게 봉사를 하고 있는 것이기 때문이다. 이것을 당장 깨닫기는 힘들 것이다, 하지만 생각해 보라. 사람들은 자신들이 충분히 쓰고 나서야 돈을 빌려줄 여유가 생긴다. 때문에 그들이 빌려줄 수 있는 모든 돈은 반드시 여유돈일 수밖에 없다. 이 돈은 그들에게 남아도는 것들, 하지만 즉시 소비하지 않으면 썩어 없어질 것들—주로 음식—에 대한 일종의 편리한 권리증서일 뿐이다. 만약 이웃집에 먹다 남아 처분하기 어려운 빵이 한 덩어리 있을 때 당신이 그것을 지금 먹고 다음 주에 새 빵으로 갚겠다고 약속을 한다면 당신은 이웃에게 도움을 주는 것이다. 사실, 식구들이 먹을 수 있는 양보다 10펜스어치 더 많은 빵이 있다는 것을 깨달은 주부라면 그것을 쓰레기통에 버리기보다는 이웃집 주부에게 '다음 주에 반이라도 주시면 오늘 이 빵을 드릴게요'라고 기꺼이 말할 것이다. 다시 말해서 당신의 이웃은 썩어서 빵을 모두 버리기보다는 일부라도 보존하기 위해서 빵의 반을 비용으로 사용할 수도 있을 것이다.

경제학자들은 이런 비용을 마이너스 금리negative interest라고 한다. 즉, 당신이 필요할 때까지 당신의 돈을 보관해주는 대가로 당신의 돈을 사용하는 사람에게 돈을 지불하는 것이다. 하지만 당신의 돈을 사용하는 대가로 사람들이 당신에게 돈을 지불하는 경우도 있다. 경제학자들은 그것을 이자를 지불한다고 한다. 어느 쪽이든 다 자연스러운 일이다. 하지만 현재 아무도 당신에게 마이너스 이자를 지불하면서 돈을 빌려주려 하지 않고 오히려 당신의 돈을 사용하기 위해 사람들이 이자를 지불하는 유일한 이유는 우리의 불평등한 소득 분배 시스템하에서는 빌려줄 여분의 돈을 가진 사람들의 수는 매우 적지만 즉각적인 소비를 위해 돈이 필요한 사람들은 아주 많이 있기 때문이다. 그들은 즉시 돈을 사용하고 후에 신선한 재화들로 전액을 돌려줄 뿐 아니라 덤으로 상환을 기다려준 대가까지 지불한다.

경제학자들은 이것을 제욕制慾의 대가라고 말하지만 이건 좀 터무니없는 말이다. 저녁을 두 번 먹지 않는다든가 한 번에 여섯 벌의 양복을 입고 다니지 않는다고, 또는 십여 채의 집들에 살지 않는다고 해서 그에 대한 보상을 받지는 않기 때문이다. 오히려, 부자들은 그들을 위해서 그들에게 넘쳐나는 것들을 사용하고 그에 대한 대가로 무언가를 그들에게 지불하려는 모든 사람들에게 아주 감사해야만 한다. 만약, 수많은 가난한 사람들 중 몇 명만이 부자인 현실과 달리 세상에 수많은 부자들이 존재한다면 은행들은 당신의 돈을 보관해주는 대가로 높은 비용을 요구할 것이다 그러면 조지 프레데릭 와츠의 그림에 나오는 죽은 기사의 비석에 쓰여 있는 주장, '내가 모은 것을 나는 잃었다'는 말은 정신적으로뿐만 아니라 물질적으로도 사실이었을 것이다. 만약 당신이 가지고 있는 100파운드의 여유돈을 내년까지 저축을 해놓고 싶어 은행의 지배인에게 가져간다면 아마 다음과 같은 말을 들을 것이다, '미안합니다, 부인. 우리는 당신의 100파운드를 그대로 유지할 수 없습니다. 우리가 할 수 있는 최선은 내년에 70파운드(또는 50파운드, 20파운드, 경우에 따라서는 5파운드)를 돌려드리겠다고 약속하는 것뿐입니다. 그나마 부인은 아주 운이 좋으신 겁니다. 이렇게 여유돈이 넘쳐나는 상황에서는 저축을 하지 않는 게 낫거든요.

소비를 늘리시고 돈으로 살 수 있는 것들이 썩어 없어지기 전에 돈을 즐기세요. 지금은 은행에 돈을 맡기는 것이 의미가 없습니다.'

하지만 이런 일은 자본주의하에서는 일어날 수 없다. 왜냐하면 자본주의는 대다수의 많은 사람들은 가난하고 소수의 사람들만이 엄청나게 부유하게 되는 방식으로 국민 소득을 분배하기 때문이다. 따라서 현재는 얼마든 모든 여유돈을 빌려줄 수 있으며(투자) 차주가 빌려 간 돈을 대체할 때까지 기다린 대가로 많은 돈을 지불받을 수도 있다. 그것은 이자, 성경의 표현을 쓰자면 고리대금usury이라 한다. 간단히 말해서, 차주는 당신에게서 여유돈을 세내는 것이고 그런 거래가 부정직하거나 불명예스러울 것은 없다. 당신은 여유돈(자본)을 차주에게 넘겨주고, 차주는 당신에게 전액을 상환할 때까지 일 년, 월간, 주간 단위로 이자를 지급할 의무를 지는 것이다.

단기금융시장은 연간 소득을 팔아서 일시금을 구매할 수 있는 장소다. 가령 100파운드를 기준으로 삼는다면 그 가격에 살 수 있는 소득은 세를 놓기 위해 제공되는 여유돈과 팔기 위해 내놓는 소득의 양에 따라 매일 달라진다. 소득의 안전성과 연도별 변동 가능성도 영향을 미친다. 만약 주식 중개인에게 100파운드를 당신을 위해 투자해 달라고 부탁한다면(즉, 소득을 얻기 위해 단기금융시장에서 사람들에게 빌려주라고 부탁하면) 그는 지금 내가 이 문장을 쓰고 있는 시점(1926년)에서는 1년에 4파운드 10실링을 확실하게 제공해줄 수 있을 것이다. 약간 등락의 가능성을 허락한다면 6파운드, 아무것도 얻지 못할 가능성까지 수용한다면 10파운드 이상도 기대할 수 있다.

가난한 사람들은 단기금융시장에 별 영향을 미칠 수 없다. 전당포 외에 다른 곳에서 돈을 빌리고자 할 때 그들이 제공할 수 있는 유일한 담보는 매주 자신들의 급여에서 얼마씩 갚겠다는 약속밖에는 없다. 이것은 주식 증서나 토지 임대 계약서보다 훨씬 불확실하기 때문에 가난한 사람들은 상대적으로 엄청난 가격을 지불해야 한다. 예를 들어, 가난한 근로 여성은 일주일에 1페니를 지불하는 대가로 1실링을 빌린다. 이게 일반적인 이율이다. 아주 가난한 사람들에게는 이 이율이 상당히 적정한 것으로 보이지만, 정부가 돈을 빌리는 데 지불하는 비용보다 86배 이상 비싼 이율이다. 100파운드를 목돈으로 사용하기 위해서는 1년에 433파운드 10실링을 지불해야 하고 이것은 433.5퍼센트의 이자인 셈이다. 아무리 부유한 사람도 지불할 수 없는 이율이다. 당신이 가난할수록 돈을 못 갚을 위험이 커지니까 더 높은 이자를 내는 것이다. 따라서 신문에서 돈을 빌리는 비용이 영국은행에 의해 5퍼센트로 고정되었다거나, 4.5퍼센트로 줄었다거나, 6퍼센트로 인상되었다거나, 기타등등의 고시를 볼 때, 당신은 당신 자신이나 다른 사람들이 그 이율로 돈을 빌릴 수 있을 거라고 생각해서는 안 된다. 그것은 실제로 돈을 갚을 수 있다고 확신할 수 있는 사람들, 즉 은행과 거대 금융가, 회사들만을 위한 이율이다. 그들의 경우 금리는 상환 위험이 아니라 대출에 사용할 수 있는 현금의 양에 따라 달라진다. 얼마나 금리가 떨어지든, 파출부 일을 하는 여성은 여전히 433.5퍼센트를 이자로 지불해야 하는데, 부분적으로는 그녀가 상환을 하지 못할 위험이 크기 때문이기도 하지만 또 다른 이유는 실링 단위로 돈을 빌려주고 매주 이자를 받는 데

드는 비용이 수백만 달러를 빌려주고 6개월마다 이자를 받는데 드는 비용보다 훨씬 더 크기 때문이기도 하다. 동시에 무지하고 딱한 처지의 그녀는 자신이 가장 절친한 친구라고 여기는 빈민가의 고리대금업자가 백만장자가 내는 것보다 더 높은 이자를 그녀에게 부과하고 있다는 것도 모르고 있다.

돈의 가격은 차용 목적에 따라 다르다. 부디 당신이 차주보다는 대출자로서 단기금융시장에 관심을 갖고 있는 것이었으면 좋겠다. 대금업자라는 개념에 놀랄 필요는 없다(다시 말하지만, 거기에는 아무 불명예스러울 것이 없다). 아무도 당신의 투자를 대출이라고 부르지 않을 것이다. 하지만 대출은 대출이다. 단지 개인들에 대한 대출이 아니라 특별한 조건으로 설립된 주식회사에 대출을 해주는 것이다. 대도시의 사업가들은 항상 이런 회사들을 만들고, 그것이 거리에 있는 가게나 그 앞길을 지나다니는 버스 사업, 안데스 산맥을 통과하는 터널, 태평양의 항구, 페루의 금광, 말레이 반도의 고무 농장, 기타 무엇이 되었든 그들이 돈을 벌 수 있다고 생각하는 일을 시작하기 위해 당신에게 돈을 빌려달라고 요청한다. 하지만 그들은 돈을 갚을 때 이자까지 돌려주겠다는 단순한 조건으로 돈을 빌리지는 않는다. 대신 그들은 좀 다른 제안을 하는데, 사업체가 설립되면 그것이 당신과 당신의 모든 동료 대출자들(주주라고 불림)의 소유가 될 거라고 말한다. 기업이 돈을 벌기 시작하면 빌려준 금액에 비례하여 모두가 분배를 받을 수 있다는 것이다. 수익이 없다면? 그때는 돈을 잃게 되는 것이다. 유일한 위안이라면 투자한 돈보다 더 많이 잃는 경우는 생기지 않는다는 것이다. 당신이 빌려준 것보다 더 많은 돈을 회사가 사용했다 하더라도 그 빚을 갚으라고 요구받을 염려는 없는 것이다. 그런 의미에서 당신의 책임은 유한하다.

이것은 분명 불확실성이 따르는 일이기 때문에 당신이 소심한 사람이라면(조심스럽다는 표현을 선호할지도 모르지만) 이런 회사들은 당신의 투자를 부추기기 위해 다른 일반 대출자들이 변제를 받기 전에 6~7퍼센트의 고정금리로 당신의 이자부터 먼저 지불한다는 조건으로 여유 자금을 빌려달라고 요청할 수도 있다. 하지만 아무리 큰 수익이 나더라도 당신은 그것 외에는 더 이상 얻을 것이 없다. 이 제안을 수락하면 당신은 회사의 차입 증명서나 우선주를 가지게 되고 다른 사람들은 보통주를 가지게 된다. 우선주와 보통주 모두 몇 가지 종류가 있지만, 결국 여유 자금을 사용하는 방법이다. 유일한 차이점은 당신이 그것들을 제공하는 조건들뿐이다.

만약 당신이 소득이 생기는 주식을 한 주 가지고 있고 급전이 필요하다면 자신이 가지고 있는 여유 자금과 소득을 교환함으로써 '저축'을 하고 싶어 하는 사람에게 시장에서의 가치로 당신의 주식을 팔 수 있다. 주식을 이런 식으로 사고파는 단기금융시장의 부문을 증권거래소라고 한다. 주식을 팔려면 에이전트(주식 중개인stockbroker이라고 함)를 고용해야 하는데, 그가 거래소에 당신의 주식을 가져가 다른 에이전트(주식 매매업자stockjobber라고 함)에게 '값을 부르라고' 요구한다. 회사의 전망이나 그날 소득을 얻기 위해 금융시장에 나온 여유 자금의 양, 매도하기 위해 시장에 내놓은 소득이 발생하는 주식들의 수 등을 고려해서 해당 주식의 가치를 평가하는 것이 주식 매매업자의 일이다. 주식 매매업자들을 비하해서는 안 된다. 그들은 아주 중요한 사람들이고 자신들이 주식 중개인들보다 금융 산업에 더 정통하다고 생각한다.

증권거래소의 합법적인 사업은 이미 설립된 회사의 주식을 팔고 사는 것이다. 그곳은 또한 상상의 주식에 대해 유령 가격이 제공되는 투기라는 흥미로운 게임이 벌어지는 곳이다. 하지만 지금은 거래되는 주식이 사실상 모두 이미 상장된 기업들의 것이라는 점만 생각하기로 하자. 왜냐하면 새로운 기업의 설립, 또는 적어도 오래된 기업의 공장과 운영 확장에 여유 자금을 사용하는 것이 국가적으로 중요하기 때문이다. 하지만 증권거래소에서 행해지는 일들은 이런 사정을 잘 보여주지 않을 뿐더러 실제로 관련이 없을 수도 있다. 예를 들어, 5만 파운드의 여유 자금을 철도 주식에 투자한다고 가정하자. 그렇게 함으로써 당신은 철로를 1미터라도 더 깔거나 운행하는 열차를 한 량이라도 더하거나 기존의 기차에 추가로 발 보온 장치를 하나 더 설치할 수도 없을 것이다. 당신의 돈은 철도에 어떤 영향도 미치지 못한다. 당신의 이름이 주주 명단에 있는 다른 사람의 이름을 대체함으로써 전 소유자가 주식을 팔지 않았다면 계속 얻을 수 있었을 소득을 당신이 얻게 되는 것이 변화의 전부다.

물론, 주식을 파는 사람들은 그들이 원하는 것을 하기 위해 당신의 5만 파운드를 받을 것이다. 그들은 몬테카를로의 도박 테이블이나 경마장에서 돈을 쓸 수도 있고, 아니면 노동당의 정치자금에 그것을 보탤 수도 있을 것이다. 만약 당신이 도박에 대해 강하게 반감을 가지고 있고, 노동당에 대해 공포를 느끼는 사람이라면, '만약 내 돈이 그렇게 쓰일 줄 알았다면, 금전등록기보다 양심이 없고, 내 돈이 어떻게 쓰일지 따위에는 전혀 신경 쓰지 않는 사악한 주식 매매업자보다는 내가 잘 알고 있는 도덕적인 사람들, 어리석게 돈을 사용하지 않을 사람들로부터 개인적으로 주식을 샀을 텐데'라고 후회할지도 모른다. 하지만 당신의 후회는 아무 의미도 없다. 당신은 증권거래소에 상장되어 있는 기업의 주식을 살 수밖에 없기 때문에 당신의 돈은 주식을 발행한 회사로 가지도 않을 것이며, 그것의 최종 목적지도 당신의 의도와는 아무 상관이 없을 것이다. 명목상으로는 증권거래소에서 하루에 수십만 파운드의 여유 자금이 거래되고 그것들이 나라의 산업 자본으로 추가되었다고 뿌듯해할지 모르지만 사실은 그 돈들은 호화로운 사치품이나 파멸적인 악행을 위해 소비되거나 심지어는 해외로 보내져 당신이 산 회사의 사업을 가로챌 수 있는 기업을 설립하는 데 쓰여 결국 당신의 파산을 초래할 수도 있다.

만약 사정이 그렇다면 당신은 새로운 회사의 새로운 주식만을 사들이기 위해 각별히 주의를 기울여서 증권 중개인과 주식 매매업자가 결부되지 않도록, 투자의향서에 동봉된 양식에 기재된 대로 직접 회사의 은행 계좌에 돈을 보냄으로써 투자한 돈이 새로운 사업을 창출하고 나라의 생산적인 자원에 추가되도록 하겠다고 생각할지도 모른다. 하지만 당신이 그것에 관련된 위험에 대해 아주 잘 알고 아주 조심스럽지 않으면, 그리고 돈 문제에 있어서 아주 밝은 사람이 아니라면, 당신은 모든 것을 잃게 될 것이다. 유감스럽게도 회사들의 광고는 전혀 믿을 게 못 된다. 수많은 법들이 통과되었지만, 사기꾼들이 그럴듯한 목적을 내세우며 회사를 설립하는 것을 효과적으로 막을 수는 없다. 그들은 주식을 매각하여 가능한 한 많은 돈을 모은 후, 애초의 회사 설립 목적을 달성하려 노력하기보다는 그저 사무실들을 열고, 상품을 주문하고, 그들 자신을 이사와 관리자와 비서, 기타 급여를 받는 자리들에 임명하고, 납품업자들에게 커미션을 받아 챙기는 등(이런 행위들은 완벽히 합법적이다) 각자의 몫을 챙긴 후에는 회사를 도산하게 만든다. 당신이 할 수 있는 일이라고는 주주총회에 가서 소동을 일으키는 것뿐이다. 하지만 그들 앞에서 그들을 사기꾼들이라고 말하지 않도록 아주 조심해야 할 것이다. 바로 명예훼손죄로 고발을 당하고 싶지 않으면 말이다. 소동을 피워도 돈을 돌려받을 수는 없을 것이다. 매년 이런 식으로 무고한 투자자들이 피해를 당하는 금액은 엄청나다. 이런 일들은 얼핏 보기에도 수상한 가짜 금광 회사들만큼이나 아주 그럴듯하고 공공연하게 유용한 투자처들처럼 보이는 가짜 자동차 회사들에 의해서도 행해져 왔다.

침입한 집에서 정중하게 환영을 받고 저녁 식사에 초대를 받아 놀라는 악당처럼, 노련한 사기꾼들이 설립한 회사에 투자했다가 성공을 거두는 당혹스러운 일(!)도 있을 수 있겠지만, 당신은, 그보다는, 자신들의 계획을 믿는 열정이 넘치는 사람들에 의해 설립된 회사에 투자를 하고 싶을 것이다. 그들의 확신은 마침내 빛을 보게 되고 그래서 모든 여유 자금과 노력을 더 투자하게 된다. 하지만 그들은 거의 항상 비용을 과소평가하는 실수를 저지른다. 새로운 사업이기 때문에, 그들에게는 참고할 경험이 없다. 그들의 넘치는 열정 때문에 실수를 저지르는 경우도 많다. 최종적인 성공의 절반에도 이르기 전에, 주식으로 모은 돈은 모두 소모되고 그들은 자신들의 성과를 이용하기 위한 목적으로 설립된 새로운 회사에 헐값으로 모든 것을 넘길 수밖에 없다. 때로는 이 두 번째 회사도 첫 번째 회사의 운명을 반복하게 되고 세 번째 회사에 매각을 당하게 된다. 마지막 회사는 자금이 부족해 결국 공장을 완성하지 못한 서너 명의 선구자들이 그때까지 기울인 노력과 자금을 바탕으로 최종적인 성공을 거두게 된다.

이런 사정을 잘 알고 있는 경험이 풍부한 사업가들은 마지막 성공을 위한 결정적인 순간이 올 때까지 기다린다. '돈은 세 번째 재건축 때에 버는 것'이라는 게 그들의 주장이다. 그들에게는 아주 좋은 투자일지 모르지만 그 일이 성공을 거두리라고 애초에 예측했던 지혜로운 사람들, 그것을 사업으로 실천에 옮긴 진취적 정신이 있던 원래 주주들은 그 과정에서 깨끗이 제거된다. 그들은 그들의 꿈이 실현되는 것을 보고 자신들의 판단이 옳았다는 것을 알게 된다. 그러나 그들의 사례는 투자자들에게 좋은 본보기가 되기보다는 경고가 된다.

당신은 주식 중개인에게 새 회사는 손대지 말고 안정된 회사의 주식을 사라고 요구함으로써 이런 위험을 피할 수 있다. 물론 이런 회사들에게 당신의 투자는 큰 도움이 되지 않을 것이다. 그러나 어쨌든, 당신은 적어도 그 회사가 가짜 회사, 너무 적은 자본으로 시작하여 곧 큰 손해를 보면서 모든 것을 팔아치워야 할 회사가 아니라는 것은 확신할 수 있다. 기업 정신, 공공 정신, 양심과 미래에 대한 비전, 모두 조심해야 할 말들이다. 안전이 최고다. 소득이 적을 수는 있지만 공공 투자만큼 안전하고 유용한 투자가 없기 때문에 정부나 지자체에 돈을 빌려주도록 하라. 그리고 내가 방금 경고한 모든 자질들을 자본주의 체제가 북돋워준다면서 찬양하는 기자들을 만나게 되면 부디 노골적인 역겨움의 표현일랑 참아주길 바란다.

53

투기
SPECULATION

앞 장에서 나는 당신이 자본주의자라는 전제하에 얘기를 했다. 지금은 당신에게 약간의 도박꾼 기질이 있다고 가정하자. 당신이 도박이라면 질색을 하는 사람이라도 대부분의 도박이 어떻게 행해지는지 이해하는 것은 현대 사회 환경에 대한 교육의 필수적인 부분이다. 예를 들어, 그런 지식이 없다면 도박꾼과 결혼할 수도 있다. 물론 당신은 결혼하기 전에 치밀하게 조사를 해서 배우자가 될 사람이 평생 카드라고는 손도 대지 않았고, 룰렛 테이블에 앉거나, 경마장에 가본 적도 없고, 증권거래소에서 금융 거래만 해왔다는 것을 알아냈을 것이다. 그런 그는 당신에게 어느 때는 물처럼 돈을 쓰라고 했다가는 얼마 안 가 새 모자를 사 줄 여유도 없다며 퉁명을 떨지도 모른다. 간단히 말해서, 당신은 도박꾼 기질이 없으면서도 도박꾼의 아내가 된 비극적인 인물이 되었다는 것을 알게 되는 것이다.

몇 페이지 앞에서 증권거래소에서 벌어지는 투기라는 게임을 언급한 적이 있었다. 상상의 주식에 대해 유령 가격이 제공되는 흥미로운 게임이다. 어떤 게임인지 설명은 하겠지만 그것을 하고 안 하고는 당신의 취향과 양심에 맡기겠다. 그건 자본주의에 의해 만들어진, 가장 널리 행해지고 손에 땀을 쥐게 하는 도박이다.

이를 이해하려면 런던 증권거래소에서 주식을 산 후 바로 대금을 결제할 필요가 없고, 주식을 팔아도 바로 증서를 넘겨줄 필요가 없다는 점을 먼저 알아야 한다. 최장 2주가 될 수도 있지만, 다음 주 결제일에 정리를 하면 된다. 처음에는 그것이 어떤 차이를 만드는지 잘 알 수 없을 테지만, 2주라는 기간은 많은 일이 일어날 수 있는 시간이다. 단기금융시장에서 소득과 여유 생계비 가격이 끊임없는 변동한다는 것을 배운 기억을 떠올려보라! 먼저, 주식회사의 번창과 쇠퇴에 의해 야기된 희망과 두려움을 생각해보자. 고무, 석유, 석탄, 구리, 그리고 농산물이 얼마나 수확되느냐에 따라 기업들의 사업과 전망은 성장하거나 축소되고 주주들 사이에서 연간 소득으로 나눌 수 있는 돈, 주식을 살 수 있는 여유돈의 크기가 결정된다.

주가는 매년 변할 뿐만 아니라 매일, 시간마다, 증권 거래소가 과열될 때에는 분마다 변한다. 몇 년 전이나 몇 세기 전에 새로운 회사를 설립하는 데 100파운드의 여유돈을 투자하고 받았던 주식이 지금은 연간 5천 파운드의 수익을 가져올 수도 있고 30실링을 가져올 수도 있으며 아예 아무것도 가져오지 않을 수도, 혹은 이 세 가지를 연속적으로 가져올 수도 있다. 결과적으로, 처음 발행이 되었을 때 한 여성이 100파운드에 샀던 주식을 어느 순간 10만 파운드에 팔 수 있는가 하면 30파운드밖에 받을 수 없을 수도 있고, 전혀 팔 수 없는 주식이 되기도 한다. 아침에 신문을 펴면 그녀는 자신의 재산 상태를 확인하려 어제의 주식 시세표를 살필 것이다. 하지만 그녀가 민간 기업 대신 정부 또는 지방정부에 돈을 빌려줄 만큼 신중한 사람이 아니라면 단 한 주 동안이라도 그녀의 주식이 같은 가격에 머물러 있는 것을 발견하기 어려울 것이다.

이제 다음의 두 상황을 함께 생각해보자. 주식 가격의 지속적인 변화, 그리고 다음 정산 날짜까지 돈이나 주식을 넘겨받을 필요가 없다는 런던 증권 거래소 규칙. 당신 수중에는 여유 자금이 한 푼도 없고 (소득이 발생하는) 주식도 없다고 가정해보자. 어떤 이유로든 당신은 어떤 회사(A사)의 주식 가격이 며칠 안에 가치가 상승할 것이고 다른 회사(B사)의 주식 가격이 하락할 것이라고 생각한다. 당신의 생각이 맞는다면 돈을 벌기 위해 해야 할 일은 A사의 주식을 사고 B사의 주식을 파는 것이다. 당신은 물을 것이다. '하지만 어떻게 돈 없이 주식을 사거나 증서 없이 주식을 팔 수 있다는 거죠?' 아주 간단하다. 정산일이 될 때까지는 돈이나 증서를 내놓을 필요가 없으므로 정산일이 되기 전에 A주를 신용으로 산 것보다 더 비싼 가격에 팔고 B주를 팔려던 것보다 적은 가격에 사는 것이다. 정산일에 주식을 판매한 사람들에게서는 돈을 받고 증서를 산 사람들로부터는 증서를 받아 A주를 결제하고 B주의 증서를 넘겨주면 주식을 사고판 날의 가치와 정산일의 가치의 차이만큼 당신의 주머니에 들어가게 되는 것이다. 간단하지 않은가?

이게 투기의 게임이다. 아무도 당신이 그것을 한다고 비난하지 않을 것이다. 그러나 증권 거래소는 당신이 A주식을 구입하는 척한다면 불(황소), B주식을 판매하는 척하면 베어(곰)라고 당신을 부를 것이다. 전액을 결제하기 전에 수익을 내고 주식을 팔 기회를 얻기 위해 작은 금액을 내고 신설 회사의 주식을 배당받으려 하면 스태그(사슴)라는 이름이 돌아온다. 왜 암소나 암사슴이라는 이름은 사용하지 않느냐고 당신이 묻는다면, 증권거래소를 설립한 사람들이 남성이었기 때문이란 대답 밖에는 해줄 말이 없다.

하지만 당신은, '만약 내 추측이 틀리면 어떻게 하죠? A주가 오르는 대신 하락하고 B주가 하락하는 대신 상승하면 말이에요!'라고 물을 수도 있다. 물론 이런 일도 종종 일어난다. 회사에 영향을 미치는 예기치 못한 사건 때문에 또는 단순히 잘못 추측했기 그런 일들이 벌어진다. 하지만 이런 가능성에 너무 겁먹을 필요는 없다. 당신이 잃을 수 있는 것이라고는 가격들의 차이뿐이다. 이것은 당신이 거래한 100파운드당 5~10파운드에 불과하기 때문에 옷가지와 가구를 전당포에 맡기고 2주후 행운이 바뀔 가능성을 기대하며 다시 한 번 투기를 시도할 수 있다. 만약 당신이 황소라면 '컨탱고'(contango, 런던 증권 거래소에서의 증권 결제 유예금)를 지불하거나, 곰이라면 '백워데이션'(backwardation, 매매 주식의 수도受渡 연기금)을 지불함으로써 다음 정산일까지 계좌를 '이월'할 수 있다.

하지만 만약 많은 다른 곰들이 당신과 마찬가지로 추측하고 상상의 주식들을 투매한다면, 당신은 '궁지에 몰릴 수 있을' 것이다. 이는 곰이 실제로 존재하는 것보다 더 많은 주식을 팔았거나, 보유자들에게 미리 많은 선금을 지불하여 그들이 지니고 있는 주식을 내놓게 하지 않는 한, 그들이 팔 주식들보다 더 많이 팔았다는 것을 의미한다. 이것을 예견하고 곰들이 내놓은 주식들을 살 만큼 지략이 뛰어난 황소는 곰들이 잃는 모든 돈을 벌 수 있다. 곰을 궁지에 모는 것은 투기 게임의 일부다.

이 게임은 운뿐만이 아니라 게임을 하는 사람의 지식과 기술, 성격에 관련된 것이기 때문에 추측 능력이 뛰어난 사람 또는 주식 가격에 영향을 미칠 가능성이 있는 사실에 대한 사적인 (내부) 정보를 가진 사람은 이 게임으로 먹고 살 수 있다. 일부 투기꾼들은 이를 통해 꽤 큰 재산을 모으기도 하고 잃기도 했다. 어떤 사람들은 마치 경마장에서 말에 돈을 걸듯 이 게임을 한다. 때로는 게임에 대한 명확한 이해와 함께 정식 주식 중개인을 통해 지혜롭게 투기를 하지만 버킷 숍(장외 주식 거래소)에서 보낸 전단지를 보고 아무것도 모른 채 유혹을 당할 때도 있기 때문에 먼저 버킷 숍이 무엇인지 알려주는 게 나을 것 같다.

투기꾼은 주식 매입을 위해 그가 제시하는 가격이나 사려는 주식의 전체 가치를 잃게 되지는 않는다고 말했다. 그가 만약 돈을 잃게 된다면 그는 자신의 예상 가격과 실제로 지불해야 하는 가격의 차이만큼만 잃는 것이다. 이 난관을 해결할 수 있는 충분한 금액이 있다면 파산을 피할 수 있다. 이런 액수의 금액을 '커버'라고 한다. 버킷 숍을 운영하는 사람들은 그들에게 커버를 보내는 사람들을 위해 대신 투기를 해주는 사람들이다. 그들이 보내는 전단지에는 '10파운드를 보내세요, 최악의 경우는 보낸 돈을 잃는 것뿐이지만, 두 배로 돈을 늘릴 수도 있고, 훨씬 더 많은 액수로 늘릴 수도 있습니다. 제게 10파운드를 보내서 50파운드나 100파운드를 돌려받은 고객들을 소개해 드릴 수도 있습니다'라는 선전문이 쓰여 있다. 그런 일에 대해 전혀 이해하지 못하는 사람들은 10파운드를 보내고 싶은 충동을 느끼기도 하겠지만 대부분의 경우 돈을 날리게 된다. 그럴 경우, 그들은 만약 여유돈이 있다면 손실을 만회한답시고 10파운드를 더 투자하기도 한다. 그렇게 해서 조금이라도 돈을 찾을 수 있다면 다행일 것이다.

사실 조금 원금을 회복하는 경우도 있다. 왜냐하면 버킷 숍 운영자들이 계속 사업을 하려면 때로는 고객들이 조금 돈을 벌도록 해주어야 하니까. 하지만 일반적으로 그들은 아주 낮은 가격의 주식들을 보여주거나 당신에게 낮은 가격으로 자신들의 주식을 매도한 후 당신의 커버가 모두 소진되었다고 말할 것이다. 그들을 고소한다고 해도 그들은 도박법Gaming Act에 호소함으로써 미꾸라지처럼 빠져나갈 것이다. 그들은 증권거래소 회원이 아니기 때문에 보증금도 납부하지 않아서 증권거래소 위원회Stock Exchange Committee가 벌금을 물리거나 퇴출시킬 수도 없다. 사설 마권馬券 업자가 반드시 사기꾼들은 아니듯 버킷 숍 운영자들도 꼭 사기꾼이라고 볼 수는 없지만 그가 당신에게 사기를 치려 든다면 당신은 아무 대책이 없다. 하지만 주식 중개인이 그런 짓을 한다면 당장 일자리에서 쫓겨날 것이다.

일반 주식 중개인을 통해 투기를 할 때는, 그는 진짜 투자만을 다룰 수밖에 없다는 것을 명심해야 한다. 즉, 지불할 돈이 있는 고객의 주식을 구매해주거나, 실제로 소유한 주식들을 일시금을 받고 돈으로 교환하고자 하는 고객들의 주식을 판매하는 일만을 하는 것이다. 버킷 숍을 운영하는 사람들에게 가서 '여기 5 파운드가 내가 가진 전 재산이에요. 이 금액을 커버로 사용해서 이것의 10배의 가치가 있는 주식들을 이용해 투기를 해주세요'라고 솔직히 말하면 그들은 당신의 부탁대로 할 것이다. 하지만 당신이 주식 중개인에게 그런 말을 한다면, 그는 당신을 당장 쫓아낼 것이다. 당신은 거래하고 싶은 여유돈이나 주식을 가지고 있다고 그를 믿게 만들거나 믿는 척하도록 만들어야 한다.

이제 당신은 런던 증권 거래소에서 도박이 이루어진다는 말의 의미를 이해할 수 있을 것이다. 이 게임은 옵션 및 이중 옵션과 같은 게임들로 변형되기도 하는데 룰렛 테이블의 주사위 게임들만큼이나 쉽게 배울 수 있다. 외국의 증권 거래소들에는 영국에서만큼 곰에게 편리하지 않은 규칙들이 있다. 하지만 이러한 차이점들이 게임의 본질을 바꾸는 것은 아니다. 런던의 카펠 코트Capel court, 뉴욕의 월스트리트, 프랑스의 파리 증권 거래소Bourse 등지에서 매일 수백만 파운드에 달하는 투기들이 행해진다. 물론 실제 거래 금액이 그 정도는 아니다. 몬테카를로의 게임 테이블이나 경마가 끝날 때 마권 업자가 지불하는 금액 때문에 국가가 더 부유하게 되지는 않듯 돈이 없는 구매자, 실물이 없는 판매자의 투기 거래들로 인해 그런 투기가 벌어지는 나라들이 더 부유하게 되지는 않는다. 하지만 그런 투기를 위해 필요한 우리들의 에너지와 대담함, 교묘함을 제대로 사용하기만 한다면 우리는 자본주의가 빈민가와 전염병, 그리고 많은 감옥을 만들어낸 시간보다 더 빨리 그것들을 없앨 수 있을 것이다.

54

은행 거래
BANKING

증권거래소는 금융시장의 한 부문에 불과하다. 사업 목적으로 돈을 빌리는 가장 일반적인 방법은 은행에 계좌를 열고 필요할 때 여유돈을 그곳에서 빌리는 것이다. 은행 지배인은 당신이 상환 능력이 있다고 합리적으로 확신할 수 있다면 당신에게 돈을 빌려줄 것이다. 사실, 곧 살펴보게 되겠지만, 그것이 그의 진짜 사업이다. 그는 당신이 계좌에서 초과 인출을 하도록 해줌으로써 돈을 빌려준다. 아니면 당신과 사업을 하는 사람이 당신에게 미래의 어떤 시점에서 돈을 지불하겠다고 증서로 약속했다면(이 증서는 환어음이라고 불린다), 그리고 은행 지배인이 그 약속을 믿는다면, 그는 즉시 당신에게 돈을 빌려줄 것이다. 물론 당신의 거래처가 당신에게 돈을 지불할 때까지의 비용은 미리 공제할 것이다. 이런 거래를 '어음 할인'이라고 부른다. 그런 모든 거래는 여유 자금을 빌리는 방법들이며, 신문에 나오는 돈이 싸다거나 비싸다는 내용의 기사는 은행가에게 여유 자금을 빌리기 위해 그에게 지불해야 하는 가격이 그때 그때 낮거나 높음을 의미한다.

영국은행이 은행 금리를 인상하거나 인하했기 때문에 때때로 소동이 벌어지는 것을 볼 수 있을 것이다. 이는 영국은행이 어음 할인을 하는 데 수수료를 더 받거나 덜 받는다는 뜻으로, 여유 생계비가 더 비싸지거나 더 싸졌다는 것, 생계비로부터 생긴 여유돈이 더 부족하거나 더 흔해졌다는 뜻이다. 만약 당신이 은행에서 초과 인출을 한 상태라면 은행 금리가 인상된다는 발표는 은행으로부터 더 이상 초과 인출을 해서는 안 된다는, 가급적 초과 인출금을 하루빨리 갚아주시면 감사하겠다는 공문을 곧 받게 되리라는 것을 의미한다. 즉 생계비로부터의 여유돈이 부족해졌고 비싸져서 당신에게 계속 그것을 공급할 수 없으며 이미 공급한 것은 빨리 상환하기를 원한다는 뜻이다. 이것은 여러분에게 매우 불편할 수 있고, 사업을 확장하는 데도 지장을 준다. 그래서 은행 금리가 오르면 기업인들 사이에는 탄식이, 떨어지면 환호가 나오는 것이다. 영국은행에서 여유 자금을 빌리는 비용이 증가하면 그 외의 모든 곳에서도 비용이 증가한다. 영국은행의 이자율은 여유 자금을 빌리는 비용의 지표다.

그러면 다음과 같은 질문이 떠오를 것이다. 은행들이 거래하는 모든 여유돈은 어디서 생기는 것일까? 사업에 종사하지도 않고 은행 계좌를 가지고 있어도 그것에서 초과 인출하거나 어음 할인을 하지 않는 사람에게는 은행은 그저 그의 수표를 지불하고 그를 위해 돈을 안전하게 유지해주는 장소일 뿐이다. 그녀가 생활을 하고도 남을 만큼 충분히 돈을 가지고 있을 때는, 돈을 인출할 때는 미리 며칠 전에 은행에 통보를 한다는 조건으로 그녀에게서 돈을 빌릴 것이다(이걸 입금한다고 한다). 그녀는 종종 그들이 아무런 수수료도 받지 않고 그녀의 많은 개인적인 일들을 처리해주면서도 어떻게 그렇게 설비가 잘된 큰 건물과 제대로 복장을 갖춘 사무원들, 예의 있고 호의적인 지배인들을 유지할 수 있는지 궁금할 것이다.

그에 대한 답은 은행에 자신들이 입금한 만큼 돈을 인출하는 사람들이 거의 없다는 것이다. 인출을 할 때조차도, 그들의 돈은 은행에 잠시 남아 있다. 토요일에 수표를 발행하기 위해 월요일에 은행에 100파운드를 넣고 안전하게 보관한다고 가정해 보자. 다음 주 월요일까지 수표는 지급되지 않을 것이고 결과적으로 은행은 일주일 동안 100파운드를 지니면서 몇 실링의 수수료를 받고 일주일 동안 그것을 다른 고객들에게 빌려줄 수 있다.

그러나 예로 든 것처럼 수익성이 없는 은행 거래는 거의 없다. 대부분의 사람들은 일 년 내내 통장을 열어놓고, 매주 자신이 쓰고 싶은 액수만큼 정확히 수표로 다시 인출하는 대신, 비상시 어느 때라도 찾아 쓸 수 있기 위해서 꽤 많은 돈을 저축해둔다. 아무리 가난한 여성이라 하더라도 은행 계좌를 유지하기 원한다면 마지막 남은 몇 실링까지 찾아 쓰지는 않을 것이다. 잔고가 그만큼 낮아지면, 그녀는 이제 다시 한 파운드나 두 파운드를 더 넣어야 할 때라는 것을 알게 된다. 사실 모든 은행이 이렇게 작은 규모로 영업을 하지도 않는다. 당신이 영국은행에 그런 시시한 계좌를 열려 한다면 영국은행 총재는 경비원들에게 당신을 쫓아내라고 명령할 것이다. 그들의 사업 크기나 그들의 생활 규모에 따라 은행 고객들은 20파운드, 100파운드, 1000파운드, 그리고 수천 파운드를 항상 비상금으로 예치해둔다. 즉, 아무리 많은 돈을 은행에 예치하거나 인출하더라도, 고객들이 결코 인출하지 않는 잔액이 항상 은행에 남아 있다는 뜻이다. 이 잔액을 모두 합치면 은행에 엄청난 양의 여유 자금이 생기게 된다. 은행들이 막대한 이익을 내는 것은 이 돈을 사람들에게 빌려주는 사업을 통해서다. 은행들이 당신을 예의 바르게 대할 만한 충분한 이유가 있는 것이다.

이런 얘기를 들으면, 지금 은행 계좌를 가지고 있고, 자신의 잔고가 특정 금액 아래로 떨어지지 않도록 꼼꼼하게 관리를 하는 현명한 여성은 그러면 그녀가 필요할 때 인출할 수 있도록 은행이 항상 그녀의 잔고를 가지고 있는 것이 아니라 다른 사람들에게 그것을 빌려주는 것이냐고 놀라서 물을지도 모른다. 대답은, '그렇다'이다. 그게 바로 은행이 하는 일일 뿐 아니라, 사실 그 일을 하기 위해 은행이 설립된 것이다. 하지만, 이 똑똑한 고객은 고함을 지를 것이다. '그러면 내가 잔고를 인출하기 위해 수표를 발행할 때에, 그것을 지불할 돈이 은행에 없을 수도 있다는 뜻이잖아요?' 만약 은행의 다른 모든 고객들이 같은 날에 그들의 잔액에 대한 수표를 일제히 발행한다면 분명히 그런 일이 일어날 것이다. 하지만 그들은 결코 그렇게 하지 않는다. '그래도, 그게 가능한 일인 것은 맞잖아요?' 그녀는 여전히 주장할지도 모르지만 은행은 일어날지도 모르는 일 같은 것에 대해서는 걱정하지 않는다. 은행은 실제로 일어나는 일에만 관심이 있다. 실제로는, 예금을 받을 때 1파운드마다 3실링 정도를 금고에 보관한다면 고객들의 수표를 지불하기에 충분하다.

단지, 은행 계좌를 가지고 있는 여성은 절대로 이런 사실을 널리 알림으로써 다른 사람들을 놀라게 해서는 안 된다는 것을 기억하기 바란다. 그러면 모든 고객들이 은행에 가서 잔고를 인출하려 할 것이다. 은행이 보관하고 있던 3실링 전부를 선착순으로 지불하면, 곧 지불을 중단하고 은행 셔터를 내려야 할 것이다. 때때로 어떤 특정 은행이 신용할 수 없다는 소문이 퍼지면 이런 일이 실제로 일어나기도 한다. 뭔가 혹은 누군가가 공포를 조장하기 시작하면 '인출 사태'가 벌어지고 은행은 파산하게 된다. 그러면 고객들은 은행 이사들에게 화가 나 그들을 기소하고 감옥에 보내라고 아우성친다. 하지만 그것은 불합리한 짓이다. 그들은 은행들이 무보수로 그 모든 서비스를 제공할 수 있는 이유가 모든 고객들이 같은 날 그들의 잔액을 모두 인출하지 않는다는 것을 전제로 한다는 것을 알고 있어야만 한다.

아마도, 여러분은 항상 잔고를 전부 인출할 뿐만 아니라, 초과 인출하는 몇몇 사람들을 알고 있을 것이다. 그들은 항상 은행에 빚을 지고 있다. 그들의 주장은 매우 간단하다. 은행은 그들에게 다른 고객들의 돈을 빌려주고, 그것을 빌려준 대가를 그들에게 청구한다. 그런 종류의 사업은 은행에 매우 많은 이익을 안겨준다.

이제 당신은 은행들이 어떻게 여유 자금을 얻는지 내부 사정을 알게 되었으니, 이 여유 생계비는 살아가기 위해 필요한 물건들의 잉여, 주로 즉시 사용되어야 하는 부패하기 쉬운 물건이라는 것을 다시 한 번 상기시켜야 하겠다. 우리 시대의 가장 큰 공공의 위험 중 하나는 물건을 직접 다루거나 보관하는 일이 없기 때문에 은행가들이 이것을 모른다는 것이다. 그들이 여유분의 물건들을 모아 대여 시스템에서 판매하는 권리는 신용credit이라는 이름으로 위장되어 있다. 결과적으로 그들은 신용을 먹고 마시고 입을 수 있고 집, 철도, 공장 등으로 만들어질 수 있는 것이라고 생각하게 되지만, 실질적인 신용은 오직 차용자가 상환할 수 있을 것이라는 대출자의 의견이다.

하지만 당신은 의견을 가지고 노동자들에게 음식을 먹이거나, 집을 짓거나, 파스닙을 버터로 튀길 수 없다. 어떤 여성이 신용으로 생활을 한다거나 신용으로 집을 짓거나 신용으로 차를 몰고 다닌다는 말을 들을 때, 당신은 전혀 엉뚱한 그림을 떠올릴지도 모르지만 실제로 그녀는 식료품을 먹고 살고, 상당한 양의 식사를 하는 남자들을 시켜서 벽돌과 회반죽으로 그녀의 집을 짓고, 폭발성이 높은 휘발유가 가득 찬 강철 자동차를 타고 돌아다닌다. 만약 그녀가 그것들을 만들지도, 혹은 그것들의 대가도 지불하지도 않았다면 누군가가 그렇게 한 것이고 그녀가 그 모든 것들을 신용으로 해결하고 있다면 그것은 그녀가 미래에 은행에 그동안 기다려준 데 대한 수수료와 함께 그것들과 같은 값의 동등한 가치가 있는 상당한 상품으로 그것들을 대체할 것이라고 은행이 믿는다는 뜻이다.

하지만 은행 지배인을 찾아갈 때 그녀는 음식과 벽돌과 자동차를 요구하지 않는다. 그녀는 신용을 원한다고 말한다. 은행 지배인이 그녀에게 돈—사실은 음식과 벽돌과 자동차에 대한 요구권일 뿐이다—을 인출하도록 허락할 때, 그는 이런 것들에 대해서는 아무 말도 하지 않는다. 그는 그녀에게 신용을 제공하고 있다고 말하고 생각한다. 그리하여 모든 은행가들과 사업가들은 신용은 먹고 마실 수 있는, 실물적인 것이라고 믿게 되고, 돈을 빌려 가는 사람들이 그들에게 돈을 상환할 가능성에 대해 은행 경영자들이 더 신뢰를 하느냐 회의적이냐에 따라 실물들을 늘리거나 줄일 수 있다고 믿게 된다(그들은 이것을 신용을 공여하거나 제한한다고 말한다).

신문에 실린 기사들, 연례 주주총회에서 은행장들의 연설들, 의회에서의 재정을 둘러싼 논쟁은 마치 신용이 삽으로 다룰 수 있는 물건이기라도 하듯 그것을 공여하고, 파괴하고, 제한하는 것에 대한 터무니없는 문구들로 가득하다. 영리한 사람들은 은행원이 5천 파운드 상당의 여유 생계비를 빌려줄 때, 대출자에게 5천 파운드의 신용도 제공한다는 계산에 근거하여 멋진 제도를 내놓았다. 5천 파운드의 신용이 5천 파운드의 여유 생계비에 더해져 모두 1만 파운드가 되는 것이다!

이 영리한 사람들은 즉시 가장 가까운 정신병원으로 실려가는 대신에 의회와 대도시에서 추종자들을 만들었다. 그들은 우리의 산업들(즉, 조선업과 공장, 철도 기관차 등)을 신용으로 확장하자고 제안한다. 그들은 쉽게 나라의 상품 수량을 두 배로 늘릴 수 있다고 믿는다. 여유 생계비가 부족하여 영국은행이 은행 금리를 인상할 때마다 은행 이사들이 비열한 속임수로 자신들의 사업 확장을 막는다고 비난한다. 그런 상황에서 이자율을 계속 낮게 유지하는 것은 온도계를 낮추어 여름에 얼음이 얼게 하는 것만큼이나 불가능한 일인데도 말이다. 그들은 자신들이 '실제로 사업을 하는 사업가'이기 때문에 현실을 잘 안다고 생각을 한다. 그러나 국가의 입장에서 생각해보면 그들은 위험한 망상을 가진 미치광이들이다. 그들의 충고를 받아들이는 정부들은 곧 곤경에 처하게 될 것이다.

그렇다면, 은행에서 현금을 빌릴 때의 가격, 또는 은행에 돈을 빌려준(예금을 한) 대가로 받는, 또는 주식이나 채권을 사들여서 회사나, 정부, 지방정부들에 돈을 빌려줄 때 받는 가격을 결정하는 것은 무엇일까? 즉, 빌려 쓰는 비용, 이른바 '돈값'을 결정하는 것, 그리고 증권거래소에서 현금을 대가로 파는 수익의 가격을 결정하는 것은 무엇일까?

그것은 대출할 수 있는 여유 생계비의 양('저축된' 돈)과 얼마나 많은 사람들이 그것을 사용하고 그에 대한 대가를 얼마나 지불할 수 있을지의 비율에 달려 있다. 수입보다 적은 돈으로 생활을 하는 자산가들은 그들의 여분의 물건들이 썩기 전에 처분하기를 원한다. 새로운 사업을 시작하거나 오래된 사업을 확장하려는 사업가들은 자산가들이 소비하지 않은 잉여의 물건을 빌려다가 프롤레타리아들에게 먹임으로써 그들의 노동력을 사용하려 한다. 수입을 초과하여 사는 낭비벽이 있는 자산가들이 빚을 갚기 위해 수익(또는 그들 중 일부)을 팔기도 한다. 여유 자금과 판매를 위한 수익이 얼마나 시장에 많이 나와 있는가에 따라 그들 사이에 수요와 공급의 관계가 형성된다. 공급이 부족하거나 수요가 몰리면 가격이 올라가고 공급이 증가하거나 수요가 감소하면 가격이 떨어지게 된다.

그런데, 수요와 공급이라는 말이 나왔으니 하는 말이지만, 금융시장에서의 수요는 원한다는 사실만을 의미하지는 않는다는 것을 기억할 필요가 있다. 그것은 원하는 사람이 실제로 그것을 충족시킬 수 있는 수단을 가지고 있는 욕구만을 의미한다. 굶주린 아이의 음식에 대한 욕구는 매우 강하고 클 것이다. 그러나 아이의 어머니가 아이를 위해 음식을 살 돈이 없는 한 그것은 금융시장의 수요에 포함되지 않는다. 이러한 수요와 공급의 다소 비인간적인 관계('실제적인 수요'라 한다)가 가격이 있는 모든 것의 가격을 결정하는 것이다.

은행은 현명하게 돈을 빌려줄 때만 안전하다. 만약 그들이 잘못된 투자를 하거나, 사기꾼들을 믿거나, 투기를 한다면, 그들은 자신과 고객들을 망칠 수도 있다. 이런 일은 은행이 많았을 때 가끔 일어났다. 그러나 큰 은행들이 작은 은행들을 삼켜 버려서, 얼마 남지 않은 은행들은 아주 거대해졌고 그래서 정부를 포함해서 누구도 그들을 망하게 할 수 없을 정도가 되었다. 그래서 큰 은행에 돈을 맡기는 것은 꽤 안전하게 되었고 은행이 당신을 위해 제공하는 서비스들—가령 당신의 주식 중개인이 되거나 당신에게 이자를 제공하고 돈을 빌리거나 그보다 더 높은 이자와 담보를 받고 당신에게 돈을 빌려주는 등—을 아무런 거리낌 없이 이용할 수 있게 되었다.

왜 돈을 빌리는 가격이 시시각각 변하는지 알게 되었으니 재미 삼아 다음과 같은 일이 벌어지면 은행에 어떤 일이 벌어질지 생각을 해보자. 가령 정부가 어떤 사업가, 또는 경험 없는 이론가들의 꾐에 빠져서 자본과 신용에 세금을 부과하여 각각 3백억 파운드라는 자금을 조성한다고 치자.

신용에 세금을 부과한다는 발표는 즉시 그 부분에서 벌어지던 일을 단번에 얼어붙게 만들 것이다. 전날 손가락만 까딱해도 6, 7퍼센트의 이율로 100만 파운드를 모을 수 있었던 금융가도 자신의 집사가 옛정을 생각해서 버리는 셈 치고 그에게 쥐여주지 않는 한 누구로부터도 단돈 5실링조차 빌릴 수 없을 것이다.

세금을 납부하기 위해서 자본가들은 마지막 한 푼까지 은행에 있는 모든 것을 인출해야 할 것이고, 그들의 주식 중개업자들에게 모든 주식과 사채와 정부, 시 공채를 팔도록 지시해야 할 것이다. 세금을 내기 위한 현금의 엄청난 수요 때문에 총리와 영국은행은 11시에 만나서 약간의 망설임 끝에 은행 금리를 대담하게도 10퍼센트까지 올리기로 결정할 것이다. 하지만 점심 식사 후 그들은 서둘러 다시 소집이 될 것이고 100퍼센트로 금리를 올리기로 결정하겠지만 그것을 발표하기도 전에 그들은 이미 이런 조치가 아무 소용이 없게 되었다는 것을 발견하게 될 것이다. 그때쯤에는 모든 은행들에서 그동안 1파운드에 3실링씩 받아 모아놓은 준비금들이 바닥이 나면서 예금 지불을 중지하고 은행 문에 자신들이 투자한 것을 회수해야 고객들에게 나머지를 지불할 수 있다, 즉, 대출을 회수하고 주식과 주식을 팔아야 나머지 예금을 내줄 수 있다는 내용의 공고문을 붙였을 것이다. 그러나 주식 중개업자들은 이미 주식들이 파운드, 실링, 펜스의 가치는커녕 종이쪽에 불과하게 되었다고 알려줄 것이다. 그게 바로 모두 팔겠다고만 하고 구매할 사람이 없는 시장에서의 가격이기 때문이다.

세금 징수원이 돈을 요구하면, 납세자들은 이렇게 말할 것이다. '나는 한 푼도 지불할 돈이 없어요. 내가 가진 자본에 대해 세금을 내는 대신에, 여기에 자본 자체가 있으니 이것을 가져가요. 주식 증명서 묶음도 있으니 휴지 수집상에게 가져가면 반 페니는 받을 수 있을 거요. 여기 소지인에게 돈을 지불해야 하는 채권 뭉치도 있으니 행운을 바라요. 쿠폰들도 한 시트 있어요. 몇 년이 지나면 수집가들의 우표만큼의 가치는 있게 될 거예요. 여기 영국은행이 전시 국채 채권자 명부에 있는 내 이름을 지우고 당신 이름으로 대체해도 좋다는 동의서도 줄게요. 아무쪼록 그것들 모두가 당신에게 도움이 되기를 바라요! 내가 직접 문을 열어드리죠. 임금을 지불할 돈이 없어서 하인들이 모두 굶주린 채 거리에 나앉아 있거든요. 사실, 이브닝 가운을 전당포에 잡히지 않았다면 나도 오늘 먹을 것이 없을 뻔했어요. 그나마 몇 푼 받지도 못했죠. 이브닝 가운들이 전당포 천장까지 쌓여 있더라고요. 잘 가요.'

결국 그게 나와 무슨 상관이 있냐고 당신은 물을지도 모르겠다. 사람들 중 열 명에 아홉은 자본이 없고, 금전적인 의미에서의 신용도 없기 때문에(즉, 비록 구멍가게 주인은 주말까지 그들을 믿고 외상을 줄지 모르겠지만, 어떤 은행가도 그들에게 6펜스 동전 하나라도 빌려준다는 생각은 꿈에도 하지 않을 것이다), 사람들은 '우리가 매일 겪듯이 부자들도 무일푼이 되어보라지'라고 외치며 웃을지도 모른다. 그러나 부유층에 기대어 사는 사람들, 하인들, 사치품 거래에 종사하는 많은 사람들, 인기 있는 의사들과 변호사들은 어떻게 될까? 은행들이 문을 닫고 파산했을 때, 임금으로 지불해야 할 돈을 정부가 모두 가져가고 현금화할 수표도, 할인할 수 있는 환어음도 없을 때 생산적인 직종에서 일하는 사람들이라고 방법이 있을까? 정부가 즉각적으로 국가의 모든 사업을 인수하고 관리할 준비가 되어 있지 않다면, 즉 그러한 일을 예견하거나 생각해본 적도 없이 벼락치기로 산업의 완전한 국유화를 확립하지 못한다면 폭동과 약탈이 뒤따를 것이고, 사태는 계속 더 악화되기만 할 것이다. 그런 상황에서도 용케 살아남은 사람들은 그런 혼란으로부터 구원받을 수만 있다면 폭도들의 폭력을 조직하여 구질서를 회복하는 나폴레옹이나 무솔리니 같은 무자비한 독재자들 앞에 기꺼이 무릎을 꿇을 것이다.

55

돈

MONEY

당신은 이제 대부분의 사람들보다 금융시장에 대해 더 많이 알게 되었지만 여유 자금으로서의 주식의 가치를 매일 결정하는 것이 무엇인지 이해하기는 아직 힘들 것이다. 모든 돈이 여유돈은 아니다. 대부분의 우리들은 주식보다는 의식주를 해결하는 데 대부분의 돈을 사용한다. 여유 자금이 없는 우리들 대부분은 증권거래소에 투자하거나 투기를 하는 것보다는 돈이 생기면 스코틀랜드에 있는 사냥용 별장을 사겠다고 생각할 것이다. 하지만 우리도 돈을 사용하기는 한다. 지구에 여유 자금이 없다고 가정한다면 무엇이 돈의 가치를 정하게 될까? 돈이란 도대체 무엇일까?

금화를 예로 들어보자. 당신은 아마도 전쟁 전에 있었던, 전쟁이 그것들을 휩쓸어간 후 법정 지폐라고 불리는 종이조각들로 대체된, 금화들을 기억할 수 있을 만큼 지긋한 나이일지 모르겠다. 혹은 금화들이 언젠가 다시 사용되는 것을 볼 수 있을 만큼 충분히 젊을지도 모른다. 금화란 무엇인가? 은수저가 달걀을 먹기 위한 도구인 것처럼 물건을 사는 데 필요한 도구가 금화다. 그런 도구 없이는 사고파는 것이 불가능할 것이다. 그들이 존재하지 않는다는 가정하에 유일한 재산은 오리 20마리와 당나귀뿐인 당신이 버스를 타고 어디론가 가고 싶다고 상상을 해보자! 버스 차장이 요금을 내라고 할 때 당신은 그에게 당나귀를 주고 감자로 거슬러달라고 부탁하거나, 오리를 주고 달걀로 잔돈을 달라고 부탁할 것이다. 이것은 너무 귀찮고 거래하는 데 시간이 오래 걸려서 다음에는 버스를 타는 대신에 차라리 당나귀를 타고 가는 것이 더 낫다고 생각하게 될 것이다. 사실 교통수단이 공산화되어 버스 요금이 폐지되지 않는 한 아무도 그것을 타려고 하지 않을 것이기 때문에 버스도 존재하지 않게 될 것이다.

당나귀를 타고 다니는 것은 번거롭지만, 당나귀의 가치가 있는 금을 가지고 다니는 것은 꽤 쉽다. 이에 따라 정부는 표준금(22K)을 1개당 7.97그램이 조금 넘는 무게의 지니기 편한 모양의 형태로 만들어 물건을 사고파는 데 사용하게 했다. 금처럼 비싼 금속으로 결제하기에는 너무 작은 액수의 거래를 위해서는 동화와 은화를 제공하고, 이런 동전들이 일정 수만큼 많이 모여야 금화 하나의 값어치가 되도록 법을 만들었다. 그러면 사고파는 것이 꽤 쉬워진다. 버스 차장에게 당나귀를 요금으로 내는 대신에 당신은 그 당나귀를 그 값어치만큼의 동전으로 교환할 수 있다. 그리고 이것들을 주머니에 지니고 있으면 당신은 아무 말을 할 필요도 없이 2초 만에 버스 요금을 지불할 수 있다.

여러분은 이렇게 돈이 사고파는 데 필요한 도구일 뿐만 아니라 가치의 척도도 된다는 것을 알 수 있다. 돈이 도입된 후 우리는 당나귀가 얼마나 많은 오리나 말 반 마리의 값어치가 있는지 말하지 않고 얼마나 많은 파운드나 실링의 가치가 있다고 말한다. 이 때문에 계좌를 유지할 수도 있고 상거래도 가능하다.

이 모든 것은 ABC만큼 쉽다. 하지만 왜 당나귀가 4분의 3파운드의 가치가 있어야 하는지, 혹은 반대로 4분의 3파운드에 왜 당나귀 한 마리의 가치가 있어야 하는지를 이해하는 것은 쉽지 않다. 당신이 할 수 있는 말이라고는 이 가격에 당나귀를 사는 사람은 15실링을 가지고 있는 것보다는 당나귀를 더 원하는 사람이고, 이 가격에 당나귀를 파는 사람은 당나귀를 가지고 있기보다는 15실링을 더 선호하는 사람이라는 것뿐이다. 당나귀를 사는 사람은 비록 당나귀를 원하지만 그것을 위해 15실링 이상 주기를 원하지 않고 파는 사람은 돈을 원하지만, 15실링 이하를 받고는 당나귀를 넘겨주지 않으려 한다. 그들이 교환을 하는 이유는 그들의 각각의 요구가 15실링이라는 가격에서 균형을 이루기 때문일 뿐이다.

당나귀는 당나귀의 가치만을 나타내지만, 15실링은 당신이 좋아하는 음식, 음료, 값싼 우산 등의 일정한 가치를 나타낸다. 돈은 생활 물자를 의미한다. 생활 물자를 먹고 마시고 입을 수는 있지만, 법정 지폐와 금속 동전은 먹고 마실 수도, 입을 수도 없다는 것을 잊지 말라. 만약 당신이 2실링을 가지고 있다면, 낙농가는 분명히 당신에게 1파운드의 버터를 줄 것이다. 하지만 1파운드의 버터는 절대 둥근 금속 조각은 아니다. 만약 버터가 없다면, 당신은 수백만 실링이 있더라도 버터 없이 빵만을 먹어야 할 것이다.

게다가, 버터 가격은 언제나 2실링에 머물러 있지 않는다. 그것은 가끔 2실링 2펜스, 또는 심지어 2실링 6펜스로 바뀐다. 품질 좋고 신선한 버터를 4펜스에 사면서도 너무 비싸다고 불평하던 사람들이 지금 살아 있다. 물건이 넘칠 때는 가격이 떨어지고 부족할 때는 가격이 오르는 게 사실이다. 하지만 그것은 단지 흥정의 하나의 측면일 뿐이다. 만약 버터 10파운드가 월요일에 1파운드였다가 토요일에 1파운드 5실링으로 값이 오른다면 그게 단지 버터가 부족해졌다거나 금이 더 흔해졌다는 사실 때문만일까?

어쩌면 둘 중 하나 아니면 두 가지 다 영향을 미치는 것일 수도 있을 것이다. 만약 정부가 조폐청에서 새로 금화들을 찍어내어 유통량을 두 배로 늘린다면 우리는 10파운드의 버터를 얻기 위해 2파운드의 금화를 지불해야 할 것이다. 버터가 부족하기 때문이 아니라 금화가 흔해졌기 때문이다. 그러나 이런 일이 일어날 위험은 없다. 왜냐하면 금은 매우 희소하고 얻기 어렵기 때문에 만약 정부가 물건들을 구매하고 판매하는 데 필요한 것보다 더 많은 금을 금화로 바꾸면, 그것을 금지하는 법에도 불구하고 사람들은 남아도는 금화를 녹여서 다른 용도로 사용할 것이다. 이런 상황은 금화가 너무 부족하게 되어서 시계줄이나 팔찌보다는 금화의 형태가 더 가치가 있게 될 때까지 계속 지속될 것이다. 이런 이유 때문에 사람들은 금화를 안심하고 사용할 수 있는 것이다. 금화는 사고파는 것 외에 다른 목적을 위해서도 그 가치를 유지한다. 만약 최악의 상황이 닥친다 하더라도, 가령 대영제국이 화성에 합병되고 화성인들이 사용하는 돈만이 통화로 사용된다 하더라도, 금화는 여전히 버터나 다른 것들과 교환될 것이다. 예전처럼, 돈이 아니라 금화만큼 가치가 있는 금으로서 말이다. 즉 영국 금화는 동등한 무게의 화성 금화만큼이나 구매력이 있을 것이다.

하지만, 여러분이 부정직한 정부를 가지고 있다고 가정해보자. 가령, 나라와 조폐청이 도둑 같은 왕의 지배를 받고 있다고 가정하자. 그는 거액의 빚을 졌고, 그래서 채권자들을 속이고 싶어 한다. 그래서 납으로 만들어진, 진짜처럼 보이게 하기 위해 최소한만큼만 금을 섞은 금화를 채권자들에게 지불할 수도 있을 것이다. 그보다는 약간 덜하지만 헨리 8세는 은화의 중량을 줄여 지급한 적이 있었는데, 돈에 쪼들릴 때 이런 수법을 구사한 통치자는 헨리 8세만이 아니었다. 그런 사기 행위가 발각되면 물가는 오르고 임금도 그 뒤를 따른다. 유일하게 이익을 보는 사람들이 있다면 왕처럼 제대로 된 금화를 빌린 후 순도 낮은 금화로 갚은 사람들이었다. 그들이 이익을 본 만큼 채권자들은 손해를 입었다. 하지만 그것은, 비록 타의에 의해서이긴 했지만, 모든 영국 채무자들이 왕만큼이나 깊숙이 사기에 연루되어 있었기 때문에 그것은 왕의 신용뿐만 아니라 영국의 신용까지 손상시키는 비열한 수법이었다.

그로부터 얻을 수 있는 교훈이 있다면 부정직한 통치자는 국가가 두려워해야 할 가장 큰 위험 중 하나라는 것이다. 이러한 일들을 이해하지 못하는 사람들은 헨리 8세가 여섯 명의 부인과 결혼했지만 제대로 된 결혼 생활을 하지 못했고, 귀족들에게 교회를 약탈하도록 허용한 것에 대해서만 주목한다. 그러나 지금 우리는 그가 화폐 가치를 하락시킨 것에 대해 훨씬 더 걱정하고 있다. 그것은 지금 우리 자신의 머리 위에 위험으로 드리워져 있다. 헨리의 속임수는 이제 왕들뿐만 아니라 90퍼센트가 프롤레타리아들인 유권자들에 의해 선출된 공화정 정부들에 의해서도 행해지고 있다. 그 결과 그녀의 부모들이나 자신들이 오랫동안 힘들게 보험료를 납입한 덕분에 이제 편안한 삶을 누릴 수 있게 된 무고한 여성들이 당장 먹을 게 없는 처지로 전락하게 되고, 평생 동안 정직하게 열심히 일한 대가로 얻게 된 연금들이 가치를 잃어 연금 수급자들은 망망대해에 던져진 난파자처럼 궁핍에서 살아남으려 처절하게 애쓰고 있다. 최소한의 자격도 없는 A, B, C가 엄청난 재산을 축적하고, 반면에 최소한의 잘못도 없는 X, Y, Z는 파산을 한다. 사정이 너무 심각하고 위협적이어서 내가 더 자세히 설명하는 동안 당신은 갖고 있는 모든 인내심을 동원해야 할 것이다.

현재(1927년) 우리는 금화를 사용하지 않는다. 우리는 1파운드라는 글자가 큰 글씨로 인쇄되어 있고, 뒷면에 의회 의사당 그림이 그려져 있는, 대부분 더럽고 냄새가 나는 종이쪽을 사용하고 있다. 거기에는 또한 그 종이가 법정 지폐이고, 의회에서 제정된 법에 의해 당신이 누구에게 1파운드의 빚을 지고 있다면 그에게 그 종이를 건네줌으로써 지불할 수 있고, 그것을 받는 사람은 좋든 싫든 당신의 빚에 대한 완전한 지불로 그것을 받아들여야 한다는 고지가 인쇄되어 있다.

당신이 1파운드라고 간주하는 이 종이쪽에 아무런 종이로서의 가치가 없음은 분명하다. 그것은 너무 작고 너무 빽빽이 인쇄가 되어 있어서 1파운드어치의 상품에 대한 짧은 권리증서로서 외에 다른 용도로는 사용할 수 없다. 그러나 채권자들에게 77억 파운드를 빚지고 있는 정부가 이 1파운드짜리 법정 지폐 77억 장을 발행하여 모든 채권자들에게 그 빚을 갚는 것을 막을 법은 없다. 비록 그렇게 만들어진 지폐 천 장으로 담배 한 갑조차 살 수 없더라도 말이다.

당신은 이것이 너무 터무니없어서 실현성이 없다고 말할지도 모른다. 그러나, 나도 그로 인해 손해를 보았지만, 아주 최근에도 그런 일이 벌어졌다. 전쟁 후에 승전국들이 앙심을 품고 독일에 엄청난 배상금을 요구했을 때 독일 정부는 그런 일을 감행했다. 오스트리아 정부도, 러시아 정부도 마찬가지다. 나는 이 나라들에 내가 여생 동안 사용하기에 충분한 액수의 돈을 빌려줬다. 그들은 나에게 지폐로 지불을 했는데, 그런 돈의 40억 파운드는 영국 돈으로 정확히 2.5펜스의 가치가 있었다. 영국 정부는 독일에 전쟁을 일으킨 대가를 치르게 한다고 생각했지만, 사실은 나와 독일의 모든 채권자들이 그것에 대한 대가를 치르게 만들고 있었던 것이다. 내가 외국인이고 그들의 적이었기 때문에 독일인들은 아마 나를 그다지 불쌍하게 여기지도 않을 것이다. 그러나 독일에 대해 채권을 가지고 있는 독일인들도 똑같은 처지였다. 6개월 후에 지불하는 어음을 주고 상품을 산 상인들은 그 어음들을 마르크 지폐로 지불했고 결국 그 상품을 공짜로 샀다.

토지 및 주택에 대한 담보 대출, 모든 상환 가능한 종류의 채권과 전환 사채도 같은 방법으로 청산되었다. 그리고 이것의 매우 예상치 못한 결과 중 하나는, 영국 고용주들이 지고 있는 것과 같은 담보 대출과 대출의 부담을 덜게 된 독일 고용주들이 영국 시장에서조차 더 경쟁력을 가질 수 있게 되었다는 것이다. 온갖 기이한 일들이 벌어졌다. 우선, 아무도 돈을 저축하려 하지 않았다. 왜냐하면 돈의 가치가 시시각각으로 떨어졌기 때문이다. 500만 마르크짜리 점심을 먹으러 식당에 들어간 사람들은 식사를 마친 후 식사비를 지불하러 카운터에 왔을 때 그동안 식사비가 700만 마르크로 올랐다는 것을 알게 되었다. 누구든 돈을 한 무더기 받는 순간 그는 그것을 가지고 무언가를 사기 위해 가게로 달려가야 했다. 물건은 유용성을 유지하겠지만 돈은, 만약 그가 다음 날까지 사용하지 않고 보관한다면, 아예 아무것도 사지 못할 액수로 바뀌었기 때문이었다. 이미 프라이팬을 두 개 가지고 있더라도 아무것도 사지 않는 것보다는 천만 마르크를 내고 프라이팬을 하나 더 사는 것이 나았다. 프라이팬은 무슨 일이 있어도 프라이팬으로 남아서 음식을(만약 그럴 음식이 있다면) 조리하는 데 사용될 수 있었기 때문이다. 그러나 천만 마르크는 그날 저녁 5시쯤이면 전차 요금을 내기에 부족한 금액이 될 수도 있었다.

만약 당신이 독일인이라면 더 좋은 계획은, 가능하다면, 주식을 사는 것이다. 공장과 철도도 프라이팬처럼 가치가 유지될 것이기 때문이다. 사람들은 돈을 쓰려고 미친 듯이 서두르기도 했지만, 또한 그것을 투자하기 위해 미친 듯이 서두르고 있었다. 즉, 그것을 자본으로 사용하기 위해서였다. 그래서 남아도는 빵 한 덩어리를 5만 파운드라고 부르는 간단한 편법으로 국가 자본이 증가한 것처럼 보이게 하는 기만적인 모습도 있었지만, 실제로 생계비 중에서 소비하는 대신 투자하기를 원하는 금액의 비율도 증가했다. 그러나 돈이 어떻게 쓰이든지 간에, 가치에 변화가 없는 것으로 그것을 교환함으로써 즉시 그것을 없애는 것이 모든 사람들의 목적이었다. 그들은 곧 외화(주로 미국 달러)를 사용하기 시작했다. 이 편법은, 물물교환으로 돈을 전혀 쓰지 않는 등 할 수 있는 모든 수단을 동원하면, 정부가 기존의 지폐를 휴지통에 버리고 새로운 금화를 도입할 수밖에 없을 때까지 그들을 견디게 해줄 것이었다. 그러면 그들이 사용하던 지폐는 쓰레기로 버려지거나 프랑스 혁명정부가 발행한 아시냐 지폐처럼 50년쯤 후에 기념품으로나 팔릴 것이다.

정부가 채권자들을 기만하기 위해 통화의 가치를 떨어뜨리는 이러한 다소 이해하기 어려운 절차는 인플레이션이라는 그럴듯한 이름으로 불리며, 귀중한 금속 화폐를 다시 도입함으로써 그 과정을 뒤집는 것은 디플레이션이라고 불린다. 인플레이션이 물가 상승을 통해 채무자가 채권자를 기만할 수 있게 해준다면 디플레이션은 물가를 낮추어 채무자를 기만할 수 있게 해주기 때문에 인플레이션만큼이나 고통스럽다. 그러므로 정부의 가장 신성한 경제적 의무는 돈의 가치를 꾸준하게 유지하는 것이다. 정부가 돈의 가치를 가지고 속임수를 쓸 수 있기 때문에 그들은 정직하고 돈을 철저히 이해하는 사람들로 구성되어야만 한다.

현재 이런 의무에 완전히 일치하는 정부는 존재하지 않는다. 전쟁을 틈타 금화 대신 법정 지폐를 발행한 영국 정부, 리어카로 실어 가도 우표 한 장 살 수 없을 정도로 많은 지폐를 발행한 독일과 러시아 정부, 모두가 거기에서 거기다. 만약 차이가 있다면 영국인, 러시아인, 독일인의 상대적인 정직성 때문이 아니라 그들이 처한 상황의 압박, 그로 인한 유혹의 정도 차이일 것이다. 만약 우리가 패전하여 승전국들에게 도저히 지불 불가능한 금액을 지불하도록 강요받았거나, 러시아처럼 차르 체제의 붕괴로 인해 순식간에 파산을 했다면, 우리도 그들보다 나은 행동을 할 수 없었을 것이다. 비록 영국에서 물가가두 배로 뛴 것은 지폐의 과도한 발행보다는 상품과 노동력의부족에 의해 야기된 것 같지만, 우리는 기업들에 추가 자본을제공하는 수단으로 인플레이션을 추천한 사람들을 고위 금융당국자들로 여전히 존경하고 있다. 이 사람들이 단순히 두 배의 법정 지폐를 인쇄함으로써 우리의 부를 배가시킬 수 있다고 진정으로 믿는 것인지, 아니면 10실링의 가치밖에 없는 파운드 지폐를 발행하여 자신들의 많은 빚을 갚는 데 사용할 수있게 되어 크게 안도의 한숨을 쉬고 있는지는 추측하기 어려운 문제다. 그러나 욕먹을 각오를 하고 인플레이션을 옹호하는의회 의원을 붙들어서 그가 악당인지 아니면 멍청이인지를 물어본다면, 단지 돈 한 푼을 두 푼이라 부르기 시작함으로써 나라를 풍요롭게 할 수 있다는 환상에 빠진 그에게 충격과 함께잠시 생각할 기회를 줄 수 있을 것이다.

그리고 지금, 만약 당신이 돈의 가치를 가능한 한 같은 수준으로 유지하는 것이 정부의 의무라는 것에 동의한다면, 우리는'어떤 수준을 말하는 거죠?'라는 질문에 맞닥뜨리게 된다. 만약 돈의 가치가 조작되거나 심하게 요동하지 않는 한, 그에 대한 대답은 대부분 '기존 수준'일 것이다. 만약 돈의 가치가 심한 요동을 겪고 있는 중이라면 가장 쉬운 대답은 '어느 수준이든 요동하기 이전의 수준'일 것이다. 그러나 만약 당신이 엉성한 예상이 아니라 진정한 설명을 원한다면, 당신은 그것이 없으면 버스나 택시, 기차를 탈 수 없고 빵도 살 수 없는 유용한 존재로서의 동전과 지폐를 생각해보면 된다. 당신과 다른 모든 사람들이 물건들을 사용하기에 충분할 만큼의 돈이 있어야 할 것이다. 동전과 지폐는 바늘이나 삽과 같은 존재들이고, 그 가치도 같은 방법으로 결정된다. 만약 제조업자들이 바늘을 수요보다 열 배나 많이 만든다면, 그들의 바늘은 바늘로서 아무런 가치도 없을 것이다. 거의 공짜로 얻을 수 있는 바늘 아홉 개가 있는데, 어떤 여성도 바늘을 위해 한 푼도 더 지불하려 들지 않을 것이다. 그때 할 수 있는 일이라고는 쓸모없는 아홉 개의 바늘로 다른 것(강철 펜)을 만들어 사용하는 것뿐이다. 그러면 더 이상 쓸모없는 바늘이 없어질 것이고, 나머지 바늘은 적어도 그것을 만드는 데 들어간 비용의 가치는 가질 수 있을 것이다. 바늘이 절실히 필요한 재봉사들은 기꺼이 그 값을 지불하고 그것을 구입하기를 원할 것이기 때문이다. 사회, 국가는 바늘의 가치를 가능한 한 그 수준으로 유지하기 위해 바늘의 공급을 규제하려고 노력할 것이다. 반대로 자본주의 공동체는 바늘이 자본가에게 최대의 이익을 가져다주도록 공급을 규제하려 할 것이다. 어쨌든 바늘의 가치는 소비자들이 이용할 수 있는 양에 달려 있을 것이다.

바늘이 바느질만을 위한 것일 뿐, 다른 어떤 용도도 없는 것처럼, 동전과 지폐도 사람들이 물건을 사고파는 거래에만 사용될 뿐이다. 한 개의 바늘이 많은 손수건들의 감침질을 하는 것처럼 한 개의 동전도 손에서 손을 거치면서 많은 거래에 사용된다. 따라서 얼마나 많은 바늘과 동전이 세상에 필요할지 알아내는 것은 아주 어려울 것이다. 감침질을 해야 할 손수건이 얼마가 있으니까 그 각각을 위해 바늘을 만들어야 한다거나 매일 아침 팔아야 할 빵이 몇 개이므로 그들 각각의 가격을 지불할 수 있을 지폐를 발행해야 한다고 계산을 할 수는 없다. 지구상의 어떤 사람이나 정부도 바늘이나 동전이 몇 개면 충분할지 미리 알 수는 없다. 하지만 먹여야 할 입이 얼마나 되는지, 그래서 얼마나 많은 빵이 필요할지는 말할 수 있다. 빵 한 조각은 한 번만 먹을 수 있고, 먹으면 없어지기 때문이다. 하지만 바늘이나 금화, 혹은 법정 지폐는 계속해서 사용될 수 있다. 어떤 1파운드는 집주인에게 지불될 때까지 낡은 스타킹 안에 머물러 있을 수도 있지만, 다른 1파운드들은 하루에 50번씩 손을 바꿔가며 거래를 발생시킬지도 모른다. 그렇다면 정부는 얼마나 많은 동전과 지폐를 발행해야 할까? 바늘 제조업자는 바늘을 몇 개나 만들어야 할지 어떻게 결정을 해야 할까?

그것을 할 수 있는 방법은 하나뿐이다. 바늘을 만드는 사람들은 계속 가격을 올리며 팔다가 그것들을 모두 팔 수 없는 가격에 이르게 된다. 그때부터는 값을 내리며 더 많은 바늘을 팔아 수익을 올리려고 노력할 것이다. 하지만 어느 수준에 이르면 더 만들어봐야 수익이 떨어지게 되고 그때부터는 공급을 유지하는 데 필요한, 즉 가격을 일정 수준으로 유지하는 데 필요한 바늘 외에는 더 만들려 하지 않을 것이다. 정부는 금화에 대해서도 똑같은 입장을 취해야 한다. 처음에는 금이 다른 무엇보다 동전으로 만들어질 때 가치가 있을 것이다. 즉, 금화로 만들어진 1온스의 금은 금괴 1온스보다 더 가치가 나갈 것이다. 그러나 만약 정부가 상거래에 필요한 것보다 더 많은 금화들을 발행해서 사람들이 원하는 것보다 더 많은 금화들이 생기게 되면 금화 1온스의 가치는 금괴 1온스에 훨씬 못 미치게 되고 따라서 금괴의 가격을 포함한 모든 물건의 가격들이 오를 것이다. 보석 상인들은 금화를 녹여 시계와 팔찌, 기타 동전 이외의 다른 물건들을 만드는 게 더 돈이 된다는 것을 발견하게 된다. 하지만 그러다 보면 금화가 다시 귀해지면서 가치가 오르게 되고 결국 다른 어떤 형태보다 금화로 만들어질 때 다시금 금은 가장 가치가 있게 된다. 이렇게 돈이 금으로 만들어져 있고, 그것을 녹이는 것이 이익일 때 그것을 녹여 다른 것으로 만드는 것을 강제로 막을 수 없는 한, 화폐의 가치는 저절로 조정되고 유지된다. 대영제국 안에서는 영국 금화를 녹이는 것이 법에 어긋나지만 그것이 가령, 암스테르담에 있는 네덜란드의 금 장인이 마음대로 영국 금화를 녹이는 것을 제지할 수 없다면 그것은 별 의미가 없다.

비록 금화의 가치가 이렇게 결정되고, 모든 가격은 금을 기준으로 정할 수 있지만, 1페니는 1파운드의 240분의 1이고, 반 크라운은 1파운드의 8분의 1이어서, 그것들은 금으로 만들 수 없다. 만약 그런 작은 단위들을 금으로 만든다면 금화가 너무 작아져서 사용할 수 없을 것이다. 마찬가지로 5천 파운드의 대금을 지불하거나 받아야 할 일이 있다면 5천 파운드의 금화를 몸에 지니고 다니는 것도 쉽지 않을 것이다. 우리는 동과 은을 사용하여 1페니짜리 동전과 6펜스짜리 동전을 만들어 잔돈 문제를 해결할 수 있다. 단, 한 번에 몇 개 이상은 사용할 수 없다고 법으로 정해야 할 것이다. 5천 파운드라는 난관은 은행에서 즉시 금으로 바꿀 수 있는 5파운드, 10파운드, 100파운드짜리 약속어음을 영국은행이 발행하도록 허용함으로써 해결할 수 있다. 사람들은 이 지폐들이 '금의 가치가 있다'는 것을 알기에 상거래를 하면서 주고받을 수 있다. 스코틀랜드와 아일랜드의 일부 은행들도 어음이 제시되었을 때 지불하기에 충분한 금을 지하실에 가지고 있다는 조건과, 자신들의 빚을 자신들이 발행한 어음으로 갚지 않는다는 조건하에 마찬가지 특권을 부여받을 수 있다.

이렇게 해서 우리는 모두 동전과 은화는 물론 지폐의 사용에도 익숙해졌다. 즉, 우리는 워터마크watermark가 들어가 있는 종이쪽이 615개의 금 알갱이들 정도의 값어치가 있는 척, 은이 반밖에 들어가지 않는 금속 조각이 훨씬 큰 순은 덩어리의 값어치가 있는 척, 240개의 동 조각들이 파운드의 값어치가 있는 척 받아들이고 있다. 우리는 이 값싼 대용품들이 금화만큼 효과가 있다는 것을 알고 있으므로 굳이 금화를 가지고 있을 필요가 있느냐는 질문을 하게 된다. 종이는 교환의 도구로서 아주 효과적이며, 가벼워 다루기에도 편하다. 우리는 가격을 어림잡을 때 그에 상당하는 금의 양을 상상한다. 하지만 상상 속의 금도 실제 금만큼이나 그런 용도에 효과가 있다. 마치 집에 맥주 한 방울 없어도 맥주의 용량을 재는 데 사용되었던 파인트와 쿼트로 액체의 양을 가늠할 수 있는 것처럼 말이다. 만약 정부의 정직성을 믿을 수 있다면, 금을 돈으로 사용하는 것은, 금으로 된 옷핀과 커프스단추를 사용하는 것과 같이 실용성과는 거리가 먼 순전한 사치일 것이다.

그러나 거기에는 아주 큰 전제가 있다. 진짜 금화가 사용될 때, 돈의 구매력은 정부의 정직성에 의존하지 않는다. 금화는 귀금속으로 가치가 있기 때문에, 정부가 거래에 필요한 것보다 더 많은 금화를 발행한다면 다른 목적으로 사용할 수도 있는 것이다. 하지만 지폐의 경우에는 그것이 가치가 없어질 때까지 정부가 계속 돈을 찍어낼 수 있다. 그러면 도대체 어디쯤에서 지폐의 발행을 멈추어야 하는 것일까? 우리가 보았듯이, 그것은 전반적인 물가 상승의 징후가 있는 순간 멈춰야 한다. 돈의 가치 하락만이 전반적인 물가 상승을 야기할 수 있으니까. 어떤 물건들은 그것을 만드는 새로운 방법의 발견 때문에 값이 싸질 수도 있고, 흉작에 의해 비싸질 수도 있고, 유행이 지나 가치가 없어질 수도 있다. 그러나 모든 물건들이 동시에 이러한 원인으로 인해 함께 가격이 움직이지는 않는다.

현실에서는 어떤 물건들은 값이 오르고 다른 물건들은 떨어진다. 물건들이 모두 동시에 가격이 오르거나 내릴 때, 그것은 물건들의 가치가 변하기 때문이 아니고 돈의 가치가 변하기 때문이다. 지폐를 사용하는 국가에서 정부는 그러한 움직임을 주의 깊게 관찰해야 한다. 물건의 가격들이 함께 상승할 때는 가격이 다시 떨어질 때까지 유통 중인 지폐들을 거둬들여야 하고 모든 물가가 동시에 하락할 때는 그것들이 다시 오를 때까지 새로 지폐를 발행해야 한다. 필요한 것은 그 나라에서 모든 거래를 하기에 충분한 현금이다. 필요한 것보다 돈이 덜 발행되면 돈이 희소가치를 얻고 식료품점 주인은 당신의 돈을 받고 더 많은 물건을 줄 것이다. 반대로 더 많은 돈이 발행되면, 식료품점 주인은 더 적게 물건을 줄 것이다. 정직하고 지혜로운 정부가 할 일은 돈의 수요와 공급을 조정함으로써 그것을 안정되게 유지하는 것이다. 정부가 정직하지 못하거나 무지하거나, 혹은 둘 다에 해당될 때, 귀금속 통화를 사용하지 않는 한 물가의 안정은 기대할 수 없다.

한편, 현대 금융은 동전이나 지폐, 기타 어떤 종류의 돈 없이도 엄청난 양의 사업을 할 수 있게 해준다는 것을 기억할 필요가 있다. 도 부인과 로 부인이 사업을 하고 있다고 가정해보자. 도 부인이 로 부인에게 5백 파운드어치의 물건을 팔고, 동시에 그녀로부터 5백 파운드 1페니의 물건을 산다. 이 경우 그들은 천 파운드 1페니어치의 장사를 한 것이다. 그러나 그들이 결제할 필요가 있는 금액은 달랑 동전 하나뿐이다. 그들이 같은 은행에 계좌를 유지한다면 그나마 한 푼도 두 사람의 손을 거칠 필요가 없다. 은행원이 도 여사의 계좌에서 1페니를 로 여사의 계좌로 이체하면 계산이 끝나니까. 당신이 사업상의 빚을 갚아야 할 때, 당신은 채권자에게 직접 돈을 주지 않는다. 당신은 그에게 당신 은행 앞으로 발행된 수표를 준다. 채권자도 그 수표를 들고 당신의 은행으로 가서 현금으로 바꾸지는 않는다. 그는 그것을 자신이 거래하는 은행의 은행원에게 주고 추심해달라고 부탁한다. 그래서 모든 은행은 자신들에게 제시된 많은 수표들을 지급해주어야 할 많은 돈이 매일 필요하지만 동시에 다른 은행에 추심해야 할 수표들도 많이 지니게 된다. 이 수표들을 모두 더하면 수십만 파운드에 달하겠지만, 지불해야 할 수표와 수집해야 할 수표 사이의 총계 차이는 불과 몇 파운드 이하일 수도 있다. 그래서 은행들은 모든 수표를 합산하여 각 은행이 지불하거나 받아야 할 금액을 알아내기 위한 청산소Clearing House를 설립했다. 이것은 엄청난 금액의 거래도 은행 간에 1파운드만 주고받으면 해결할 수 있게 해주었고 결과적으로 많은 돈을 다루어야 할 필요를 없애주었다. 하지만 곧 모든 은행들이 같은 은행에 계좌를 유지한다면 1파운드를 이체하는 수고도 없앨 수 있을 것이라는 아이디어가 떠올랐다. 그래서 은행들은 영국은행에 자신들의 계좌들을 개설했고, 이제 은행들 사이의 거래는 영국은행 장부에 있는 그들의 계좌에 몇 줄을 기입함으로써 정산되고, 수백만 파운드에 이르는 거래가 동전이나 지폐를 사용하지 않고 순수하게 숫자에 의해 이루어진다.

만약 우리 모두가 은행 계좌를 지니고 있을 만큼 부유하다면 돈은 완전히 사라질지도 모른다. 이름과 주소를 서로 알 수 없는 낯선 사람들 사이의 작은 거래를 제외하면 말이다. 즉, 만약 물건에 잘못이 있다면, 언제든 가게 주인을 다시 찾아갈 수 있기 때문에 당신은 가게에서 주문을 하고 수표로 지불한다. 당신의 수표에 문제가 있다면 가게 주인도 마찬가지로 당신을 쉽게 찾을 수 있다. 하지만 만약 당신이 집에 가는 길에 택시를 탄다면 운전사가 당신의 편의를 위해 계좌를 개설해주리라고 기대하기는 힘들 것이다. 그때는 당신은 그에게 동전을 건네줌으로써 계산을 한다.

이러한 잔돈의 필요성은 국유화에 의해 크게 감소된다. 유료 도로와 유료 다리 시대에 모든 여행자들은 모든 유료 도로 진입로와 교두보에서 통행료를 지불하기 위해 잔돈을 지니고 있어야만 했다. 하지만 지금은 도로와 다리가 국유화되었기 때문에 도로 비용을 지불하기 위해 주머니에 손 한 번 넣지 않고도 런던에서 애버딘까지 도로로 여행할 수 있다. 왜냐하면 우리는 이미 자동차 면허증을 받을 때 돈을 지불했기 때문이다. 호텔 요금까지 수표로 지불한다면, 우리는 팁을 제외하고는 여행에 돈이 필요하지 않을 것이다. 그리고, 판사들에게 선물을 주던 오래된 관습이 없어진 것처럼 이런 관습도 없어지게 되면, 모든 것이 국유화된 미래에는 은행에 잔고가 있는 사람들은 문자 그대로 동전 한 푼 없이도 가장 호화로운 자동차 여행을 하는 게 가능할 것이다.

이런 식으로 실제 돈은 점점 더 계좌에 있는 돈으로 대체될 것이다. 우리는 여전히 수입과 부채를 돈으로 계산하고, 수백 파운드를 벌고, 수백 파운드를 지불하고, 수백 파운드의 가치가 있는 가구와 옷과 자동차들을 소유하지만, 그럼에도 불구하고 우리들은 푼돈 외에는 더 이상 돈을 가지고 다니지 않는다. 국민들이 거래를 할 수 있도록 국가가 동전과 지폐를 제공하는 비용은 거래되는 물건들의 가치에서 점점 더 작은 비율로 줄어들고 있다.

지폐를 만드는 일이 완전히 사라질 때, 우리가 우리의 부채를 금화, 페니와 실링으로 표시를 하든, 또는 그 단위를 수백만, 수십억, 수조로 표시를 하든 사실 아무 상관이 없다. 독일인들이 전차 요금을 내고 우표를 사기 위해 수백만 마르크를 지불할 때도, 엄청나게 큰 금액의 단위 때문에 피해를 입는 일은 없었다. 가난한 사람들은 여전히 전차를 타고 다니며 편지를 보낼 수 있었기 때문이다. 가격만 그대로 머무른다면, 그래서 그 가난한 사람들(그 점에서는 부자들도 마찬가지지만)이 자신들이 지닌 백만 마르크 지폐가 오늘만큼 내일도, 그리고 올해만큼 내년까지도 구매력을 유지할 것이라고 확신할 수만 있다면, 그들은 이전의 동전 가치밖에는 없는 지폐지만 그 지폐에 대해서 조금도 불편해하지 않았을 것이다. 독일은 이제 영국

1파운드에 대해 20마르크의 구 환율로 통화를 안정시켰다. 외형적으로 어떤 변화가 있든 장을 보는 가정부에게는 큰 차이가 없었다. 물건 가격이 수백만 마르크로 표시가 되면 그녀는 점원들과 대화를 하면서 가격에서 여섯 개의 '0'들을 떨어뜨리는 버릇이 생긴다. 우리들은 백만장자 청소부들과 파운드당 수십억 마르크에 팔리는 쇠고기에 익숙하지 않기 때문에 그러한 가격들은 우리에게 터무니없어 보인다. 160온스 버터의 가치가 있는 1파운드가 우리에게는 익숙하지만 1그램이나 10톤의 버터 가치가 있는 파운드들도 그 수준에서 가격이 안정이 된다면, 장부에 잉크로만 표시되든, 계좌에만 존재하는 돈이든, 본질적인 가치가 없는 지폐이든, 아무 상관이 없다. 만약 전차 티켓의 가격이 백만 파운드라면, 그리고 백만 파운드 지폐가 1페니 동전보다 가치가 없는 작은 종이조각일 뿐이라면, 우리는 1페니 동전보다 더 싸게 전차를 타는 것이다.

요약하자면, 돈에서 가장 중요한 것은 오늘의 1파운드가 10년 후 또는 50년 후에도 같은 가치를 가질 수 있게 안정성을 유지하는 것이다. 지폐의 안정성은 정부에 의해 유지되어야 한다. 금화의 경우에는, 새로운 광맥의 발견에 의해 자연적인 공급이 증가할 때에도, 세계의 금에 대한 수요가 사실상 무한하다는 기이한 사실 때문에, 스스로의 가치를 유지하는 경향이 있다. 금의 자연적 안정성을 택할 것인가, 정부 구성원의 정직과 지성의 자연적 안정성을 택할 것인가, 여러분들은 유권자로서 선택해야 한다. 이 신사들을 무시하는 것은 아니지만 자본주의 체제가 지속되는 한 금에 투표하라고 나는 여러분에게 충고한다.

56

은행의 국유화
NATIONALIZATION OF BANKING

　당신은 이제 은행업과 돈의 제조에 대해 충분히 알게 되었고, 그것들이 문명의 필수품이라는 것을 이해할 수 있을 것이다. 그것들은 어떤 면에서는 꽤 특이한 사업이다. 은행업은 은행가의 손에 거대한 자본을 가득 모아주지만 금고에 돈을 보관하고 은행원들을 고용하여 관리하게 하는 게 고작 그들이 하는 일의 전부다. 금속으로서의 가치 이상의 금액이 찍힌 동전이 빚을 갚는 데 사용될 수 있는 한계를 정해주고, 어떤 개인의 위조 동전 제조도 심각한 범죄로 규정하는 법규, 그리고 동전의 진품성에 대한 정부의 보장 없이는 동전은 무용지물이다.

　어떤 개인이나 회사도 돈을 제조하는 데 필요한 모든 조건들을 만족스럽게 이행하는 것은 불가능하기 때문에 화폐 제조는 국영화되었다. 구두 가게들처럼 길거리마다 조폐소들을 찾아볼 수 없는 이유다. 모든 돈은 정부의 동전 공장인 조폐청에서 만들어진다. 만약 전쟁 이후 옛 은색 실링들을 대체한 보기 흉한 백색 실링에 대한 혐오감에서 당신이 자신만의 조폐소를 따로 세운다면, 당신이 새로 만든 멋진 실링이 정부의 흉한 실링보다 더 가치가 있다는 것을 증명할 수 있다 하더라도, 당신은 위폐범으로 감옥에 보내질 것이다. 이전에는, 만약 당신이 많은 금을 가지고 있었다면 스스로 금화들을 만들 수는 없었지만 그것을 조폐청으로 가져가서 왕의 이미지를 사용하는 것에 대해 그리고 화폐 주조세로 얼마의 돈을 지불한 후 자신을 위한 금화들을 만들 수 있었다. 하지만 오늘날 조폐청은 그런 서비스를 제공하지 않을 것이다. 당신이 금을 당신의 은행가에게 가져다주면 그는 그만큼의 가치를 당신 계좌에 입금해줄 것이다. 그게 더 편하기 때문이다. 이 모든 일은 우편 사업만큼이나 엄격하게 국영화되어 있다. 우편물 배달부에게 편지를 맡기는 대신 직접 사람들에게 돈을 받고 직접 편지를 배달하면 기소될 수 있다. 동전을 만들거나 녹여도 마찬가지로 기소될 수 있고 아무도 이에 반대하지 않는다. 탄광과 철도를 국유화하자는 제안이 나오자 그것은 강도짓이고 사업을 망칠 것이라고 고래고래 소리를 지르던 사람들이 조폐청의 국영화에는 너무나 만족하고 있고 그것이 국영화되어 있다는 것조차 전혀 눈치채지 못한다. 딱한 사람들!

그러나, 민간인도 정부 화폐를 모방하는 것이 아니라면 자신만의 통화를 발행할 수 있다. 수표나 환어음을 발행함으로써 당신이 원하는 만큼 지폐로 사용할 수 있다. (1) 당신이 만든 지폐가 지불을 받기 위해 제시되었을 때 지급해줄 수 있는 충분한 정부 발행 화폐가 당신의 은행 계좌에 있고, 그리고 (2) 당신의 수표가 인쇄된 종이조각이나 교환권이 법정 지폐와 유사하지 않다면 어떤 경찰도 당신에게 손가락도 댈 수 없다. 오늘날 엄청난 양의 사업이 수표와 환어음 같은 개인 통화로 이루어지고 있다. 그러나 그것들은 돈이 아니라 돈에 대한 증서다. 돈 자체가 상품에 대한 권리증서일 뿐인 것처럼, 그것들도 돈에 대한 권리증서일 뿐이다. 만약 당신이 빚진 식료품점에 당신의 수표를 준다면 그들은 거부할 수도 있을 것이다. 그러나 만약 당신이 그들에게 법정 지폐나 금화를 준다면, 그것을 좋아하든 그렇지 않든, 그들은 그것을 받아야만 한다. 만약 당신이 거래하는 제조업자에게 6개월 후에 그의 물건에 대한 대금을 지불하겠다고 서약하는 환어음을 제안한다면 그는 그것을 거절하고 현찰을 고집할 수도 있다. 그러나 그는 법정 화폐는 거절할 수 없다.

게다가, 우리가 이제껏 살펴본 것처럼, 돈은 가치의 척도인데 수표와 지폐는 그렇지 않다. 수표와 지폐는 화폐 단위로 표시되지 않는 한 아무런 의미도 쓸모도 없다. 그것들은 모두 얼마간의 파운드, 실링, 펜스를 지급받기 위한 것이다. 만약 금액 표시가 없다면, 수표는 '엠마에게, 혹은 그녀의 지시에 따라 약간 올이 풀어진 중고 스타킹 두 켤레, 내 몫의 페키니즈 개와 달걀 반 개를 주시오' 같은 문구를 싣고 있어야 한다. 하지만 그런 종류의 지불 제시에 응하려는 은행가는 없을 것이다. 수표와 은행 업무 모두 국영화된 돈이 있어서 존재가 가능한 것이다.

은행 업무는 아직 국영화되지 않았지만, 그렇게 될 것이다. 왜냐하면 탄광 국영화로 생기는 공공 이익을 일단 사람들이 이해하면 그것을 위해 투표하게 될 것처럼 은행업에 대해서도 같은 일이 벌어질 것이기 때문이다. 몸을 따뜻하게 하기 위해 석탄을 필요로 하는 것처럼 기업인들은 사업을 시작하고 확장하기 위해 자본이 필요하다. 우리가 보았듯이, 쉽게 얻는 엄청난 이익에 의해 나쁜 버릇이 든 금융가들은 작은 기업체들은 상대하려고도 하지 않는다. 수십만 파운드가 필요한 기업가들은 그들에게 막대한 수수료를 지불하고 돈을 빌린다. 하지만 수만 파운드를 원하는 사람들은 은행으로부터 별 도움을 얻지 못하고, 수백 파운드를 빌리려는 사람들은 은행 지배인이 시간이 아깝다며 만나 주지도 않기에 종종 높은 이자율을 감수하면서 대부 업체로부터 돈을 빌려야만 한다.

만약 당신이 이 사람들에게 고객의 희생으로 이익을 내는 은행이 아니라 나라의 발전을 위해 자본을 필요로 하는 모든 사업체들에게 가능한 한 싸게 그것을 분배하는 은행을 보여줄 수 있다면 그들은 그 은행으로 몰려갈 것이고 자신들의 이익만을 챙기는 금융업자들에게 손가락질을 할 것이다. 국가나 지역 은행이 바로 그런 은행들이다. 그들은, 석탄 광산의 국영화가 부당 이득자들을 제거함으로써 석탄의 가격을 떨어뜨린 것과 마찬가지로, 자본 가격을 떨어뜨릴 것이다. 돈으로 부당 이득을 취하는 자들(은행가, 재정 전문가)을 제외한 모든 부당 이득자들은 국영이나 지역 은행으로 거래처를 바꿀 것이다. 왜냐하면 그들은 당신이 쇼핑을 할 때는 당신에게서 가능한 한 많은 이익을 남기려 하지만 다른 사람들이 그들로부터 얻을 이익은 결단코 최소화하려 하기 때문이다.

그러므로 은행화의 국영화는 중산층에게 그것을 추천하기 위해 사회주의자들의 도움을 받을 필요가 없다. 결국 보수당 정부에 의해 그것이 이루어질 가능성이 노동당 정부에 의해서 이루어질 가능성만큼이나 높기 때문이다. 그 증거로는 버밍엄에 첫 번째 지역 은행이 설립되었다는 것을 들 수 있다. 버밍엄은 12명의 의원들을 의회에 보냈는데, 그중 11명은 보수당원이고 그것도 아주 열렬한 보수당원들이다. 그 은행의 예금자들은 연간 500파운드까지만 예금을 할 수 있고, 수표를 발행하는 것은 허용되지 않는다. 그러나 이러한 족쇄는 곧 깨질 것이고 제조 공업 지역 전체에 지역 은행들을 발전시킬 것이다. 비록 다양한 방식으로 전문화되고 제한되어 있기는 하지만 모두 같은 문제점에서 출발한 여러 가지 방안들이 이미 시도되고 있다.

한편 은행가들과 금융업자들은 그들의 사업이 너무나 불가사의하게 어려운 사업이라 어떤 정부나 지방 정부 부처도 그것을 성공적으로 처리할 수 없을 거라고 계속해서 우리를 납득시키려 하고 있다. 그들의 일이 복잡하고 어렵다는 그들의 말은 옳은데, 이는 그들이 자신의 사업을 반쯤만 이해하고 있고, 그들의 고객들은 그것을 전혀 이해하지 못하기 때문이다. 지금까지 이 책을 읽어온 당신은 지금쯤은 보통 은행원보다 훨씬 더 그들의 일을 잘 이해하리라고 생각한다. 그들의 일이 어렵다는 주장은 모두 말도 안 되는 헛소리다. 은행이 무슨 일을 하는지 다시 살펴보자.

단지 고객들의 돈을 안전하게 보관하고, 고객이 수표에 지명한 사람에게 지불을 하고, 그것을 위해 간단한 당좌 계좌를 유지함으로써 은행은 고객들의 요구에 따른다고 공언하지만 그 모든 활동은 은행에 막대한 여유 자금을 쌓이게 만든다. 은행은 어느 때라도 고객들의 요구에 대응하기 위하여 이 자금들을 보유하고 있노라고 주장하지만 그들은 파운드당 16실링 정도의 예금을 대출에 이용할 수 있다는 것을 경험으로 알고 있다. 고객들은 항상 잔고를 유지하려 하기 때문이다. 이런 것에 대해서는 새롭거나 어려운 내용이 아무것도 없다. 이런 일은 우체국이나 저축은행에서 우편환이나 우표들을 가지고 하는 소액 은행 업무처럼 정부나 지역 은행들도 쉽게 할 수 있다.

그중 약간 어려운 부분은 돈을 빌려주는 일이 유일할 뿐이다. 판단력이 나쁜 은행 지배인들은 새로운 사업에 의해 대체되고 있는 사업, 또는 사업주들이 너무 정직하거나, 충분히 정직하지 않거나, 사치스럽거나, 알코올중독이거나, 게으르거나, 사업상의 수완 부족으로 형편이 좋지 않은 사업체들에 돈을 빌려줌으로써 곧 은행을 곤경에 빠뜨릴 것이다. 하지만 너무 신중해서 돈을 전혀 빌려주지 못하는 지배인은 은행에 더 큰 골치거리다. 우리는 은행에 있는 여분의 돈으로 대표되는 음식들이 오래 유지될 수 없다는 것, 그래서 만약 그해 수확에서 5백억 파운드 상당의 식량을 절약해 국영 은행(또는 다른 은행)에 예치했을 때 미래의 수확을 위한 시설을 건설하는 노동자들에게 그것을 빨리 먹이지 않는다면 그것은 아무 가치가 없게 될 것이라는 것을 끊임없이 기억해야 한다. 은행의 지배인은 누구에게 은행의 여유돈을 빌려주어야 할지 선택할 수 있다. 하지만 그는 그것을 전혀 빌려주지 않기로 결정할 수는 없다. 제빵사가 판매한 후 남은 빵들을 누군가에게 빌려주거나 아니면 쓰레기통에 던져 넣어야 하는 것과 마찬가지다.

단지, 제빵사와 은행원 사이에 차이가 있다면, 제빵사는 그가 팔 수 있을 만큼의 빵만을 구울 수 있지만 은행가는 자신이 대출할 수 있는 것보다 훨씬 많은 돈을 쌓아놓고 있을 수 있다. 그러면 그는 위험을 감수하면서 낮은 이율을 제시하여 사업자들을 유혹해야 한다(신문에서는 '은행들이 신용을 여유 있게 제공하고 있다'라고 말을 할 것이다). 반면에 자금이 부족할 때에는 대출을 해줄 사람들을 까다롭게 고르고 높은 이자를 부과한다('은행들이 신용을 제한하고 있다'). 그렇기 때문에 제과점을 운영하는 것보다 은행을 관리하는 데 더 많은 지식과 비판적 판단이 필요한 것이다.

결과적으로 엄청난 수익을 올리는 은행가들이 은행 국영화에 의한 자신들의 수익 절감을 가장 두려워하고 있으며, 마치 자신들만이 대출 업무를 이해할 수 있는 것처럼, 그래서 어떤 정부도 돈을 빌려주는 어려운 일을 할 수 없으므로 자신들만이 그 일을 맡아야 한다고 선언하는 것은 당연한 일이다. 하지만, 우선, 그들도 그 일을 이해하지 못하고 스스로 그 일을 하지도 않는다. 자신들의 사업의 기초도 제대로 이해하지 못하는 그들의 방향감각을 잃은 충고는 전쟁 후 유럽에 광범위한 파산을 초래했지만 그들은 이미 사용된 자본이 여전히 존재하고 신용은 먹고 마시고 입을 수 있고 그 안에 들어가 살 수 있는 실체가 있는 것이라는 주장을 고수하고 있다. 은행에 있는 여유돈을 사업가들이 사용하도록 제대로 대출해주는 사람들은 은행가들이 아니라 단지 직원일 뿐인 지배인들이다. 하지만 그들의 위치는 돈이나 사회적 지위에 있어서 고위직 공무원보다 더 높지 않으며, 많은 면에서 훨씬 못하다. 그들은 민간 분야의 종업원을 벗어나 공무원이 되는 것을 아주 기뻐할 것이다. 일반 상인과 사업가들에 대한 소매 금융과 구별되는 은행 도매

금융의 방향에 대해서 말하자면, 이런 일들을 재무부나 현대의 공공 금융 부서들은 해낼 수 없다는 은행가들의 허세는 헛소리에 불과하다. 런던 미들랜드와 스코틀랜드 철도가 전직 공무원을 회장으로 영입했듯 영국은행도 전직 재무부 관리들을 직원으로 기꺼이 고용할 수 있다.

57

국영화를 위한 보상
COMPENSATION FOR NATIONALIZATION

그런데, 당신에게 은행 국영화의 필요성을 설명할 때 나는 당신이 은행 주주일지도 모른다는 것, 그래서 은행이 국영화되었을 때 당신이 지닌 은행 주식이 어떻게 될지 근심하느라 당신의 주의가 산만해졌을지도 모른다는 것을 잊지 않았다. 이 문제는 나 스스로도 좀 더 면밀히 고려해야 했는데, 왜냐하면 공교롭게도, 내 아내 역시 은행 주식을 소유하고 있기 때문이다. 만약 모든 사람들이 그녀의 은행 대신 국립 은행이나 지방 은행을 이용한다면 우리 부부는 씀씀이를 줄여야 할지도 모른다. 사실, 은행을 국영화하면, 위조화폐 제조나 개인 우편업처럼 민간 은행 사업도 아마 범죄가 될 것이다. 그러므로 우리는 정부가 은행을 국영화할 때 민간 주주들의 주식을 사들여야 한다고 주장해야 할 것이다.

정부는 모든 자본가의 수입에 세금을 부과하여 돈을 마련하는 탁월한 방법을 쓸 수 있으므로 민간인들이 지니고 있는 은행 주식들을 기꺼이 매수할 것이다. 만약 내 아내가 이 나라에서 유일한 자본가라면 그 거래는 서로 상쇄될 것이다. 즉 정부는 한 손으로는 내 아내의 주식을 매입하고 다른 한 손으로는 그녀에게 준 돈을 세금으로 거둬 갈 것이다. 다행스럽게도 그녀에게는 함께 세금이 부과될 다른 자본가들이 많이 있다. 그래서 국가가 민간인들의 주식을 사기 위해 필요한 모든 돈을 혼자 제공하는 대신에 그녀는 약간의 돈만 제공하면 된다. 다른 자본가들이 제공해야 할 모든 작은 조각들은 그녀의 주머니로 들어간다. 이것을 보상이라고 한다.

아주 공정하면서도 평범해 보이는 이 기이한 과정을 이해하는 것은 매우 중요하다. 그것은 정부가 어떻게 실제로 보상하지 않으면서도 보상하는지, 그러한 보상을 위해 국가가 아무런 대가도 치르지 않는지, 그런 보상이 사실은 어떻게 수용收用의 방법이 되는지를 설명해준다. 생각해보라. 만약 정부가 토지나 철도, 은행, 탄광을 구입한 후 세금을 사용해서 지불한다면, 정부는 그것들을 공짜로 얻는 것임이 분명하다. 사실은 납세자가 대가를 치르는 것이다. 그리고 만약 그 세금이, 국민의 대부분이 완전히 또는 부분적으로 면제되는 소득세와 같은 세금이라면, 혹은 자본가 계급에만 부과되는 부유세와 상속세라면, 정부는 자본가 계급에게 자신들 중 한 사람의 재산을 사게 한 후 그들에게 어떠한 보상도 하지 않고 그것을 국가에 내놓도록 강요하는 것이다. 소위 보상이라고 하는 것은 정부가 원하는 토지나 은행 주식 또는 그 밖의 재산을 가진 특정 구성원에게 전적으로 비용을 부담시키는 대신에 전체 자본가 계층이 손실을 분담하게 하는 조정일 뿐이다. 심지어 해당 재산을 가진 사람도 그녀 몫의 세금을 내야 한다.

어떤 숙녀들은 사례를 하나 예로 들어 수치로 표현해주면 더 쉽게 이해할 수 있을 것이다. 시가 1천 파운드의 땅을 원하는 정부가 국민 전체에 세금을 부과하는 것이 아니라, 토지의 소유자를 포함한 백 명의 부유한 지주들의 소득에 각각 10파운드를 과세함으로써 자금을 마련한다고 가정해보자. 정부는 그 땅을 수용하고 주인에게 1천 파운드를 건네준다. 1917년 볼셰비키가 러시아 지주들로부터 토지를 빼앗듯이 혁명을 통해 강제로 빼앗는 대신 그는 토지의 시장 가치를 모두 지불받았기 때문에 불평할 것이 없다고 땅 주인에게 말하면서 말이다. 이보다, 더 합리적이고 헌법적이며 관례적인 일도 없을 것이다. 가장 보수적인 정부도 이런 일을 할 수 있다. 사실 보수 정부들은 이런 일을 반복해서 해왔다. 어쨌든, 그런 거래를 통해 한 토지가 사유지에서 국유 재산으로 바뀌고, 백 명의 지주들은 그들의 소득을 매년 10실링씩(10파운드를 연리 5퍼센트로 은행에서 빌릴 때의 이자 금액) 줄였다. 이러한 거래가 충분히 반복되면 국가가 모든 땅을 갖게 되고, 모든 땅들이 시장 가격으로 소유주로부터 매입되었음에도 불구하고 지주들의 수입은 무로 줄어들게 될 것이다. 이 과정은 땅만큼이나 쉽게 은행 주식, 혹은 다른 주식들에도 적용될 수 있다.

반복해 말하지만 이것은 행해질 수도 있는 일이 아니라 이미 행해졌고 행해지고 있는 일들이다. 그래서 이전에 민간이 소유했던 엄청난 양의 재산을 지금은 정부와 자치 단체, 즉 국가가 소유하고 있고, 반면에 과세는 계속 증가하여 이제 부유층은 그들이 지닌 1파운드의 실질 가치가 단지 13실링 4펜스에 불과하다는 것을 부단히 기억해야 한다. 나머지 6실링 6펜스는 소득세와 부유세로 국가가 가져갈 테니까. 13실링 4펜스 중에서도 그들의 집이 있는 곳의 자치체들(부자들은 2~5채의 집을 보통 소유하고 있다)이 상당한 액수를 세금으로 가져갈 것이다. 현재 그들은 인플레이션과 전쟁으로 큰돈을 벌었던 투기꾼과 건설업자들에게 닥치는 대로 그들의 집을 팔고 있다. 그러나 이 신흥 부자들은 지금 신 빈곤층이라고 불리는 이전의 부자들이 그랬던 것처럼 차례로 서로를 도태시킬 수밖에 없을 것이다.

이런 식으로 사유 재산의 국유화를 위한 헌법적 원칙을 얻게 되는데, 이것은, 국유화되는 모든 재산에 대해 항상 소유주에게 시장 가격 이상을 지불해야 한다는 것이다. 부동산에서 파생된 소득에 세금을 부과하여 그 비용을 지불하는 것이다(물론 세금에 대한 보상은 없다). 유권자로서 독자들이 해야 할 일은, 자신을 사회주의자라고 부르든 공산주의자라고 부르든, 결코 보상 없는 토지 수용을 옹호하는 후보에게 투표해서는 안 된다는 것이다. 그런 주장을 하는 사람들은 자신의 정치적 입장을 제대로 이해하지도 못하는 사람들이고, 혹은 자유주의자일 뿐이다. 자유주의자들은 거의 항상 누군가를 매도하여 파멸시키려 한다. 즉, 토지 소유자들을 인류의 적으로 매도하고 도덕적인 분개에 도취해서 그들을 파멸시키려 한다. 그러나 자유주의자들은 자본가들에게는 그렇게 적대적이지 않으며 실제로 그들의 관리들과 상상 속의 봉건 지주들 외에는 누구에게도 적대적이지 않다. 보수주의자들은 물론 항상 부동산 소유주들에 대한 보상에 찬성한다. 그런 그들의 주장은 옳지만 그들은 당신과는 달리 그것의 속임수를 꿰뚫어 보지 못한다.

어쨌든, 국유화에 반대하지 않는 한, 보상을 하지 말자고 주장하는 후보에 당신은 항상 반대표를 던져야 한다. 사실 국유화를 반대하는 가장 확실한 방법은 아무 보상 없이, 소유주들에 앙심을 품고 그것을 수행하자고 주장하는 것이다.

그러나 보상을 통해 민간 산업을 국유화하는 일의 대안도 존재한다. 정부는 국유화하고자 하는 산업에서 자신의 사업체를 차리고 민간 경쟁자들을 물리칠 수도 있다. 대형 복합 상점들이 물건들을 저렴하게 판매하는 등의 경쟁적인 방안들을 동원해서 소규모 상점들을 몰아내는 것처럼 말이다. 버밍엄 시 당국은 길거리에 시 은행을 열고 영업을 시작함으로써 기존의 민간 은행들에 대해 아무 신경도 쓰지 않고 은행 국유화를 시작했다. 소포 배달업은 민간 운송업체에 대한 아무런 보상 없이 시작되었고 우편 주문업도 대체될 중간업자들에 대한 고려 없이 시행되었다. 민간 고용주들은 항상 이런 식으로 경쟁적인 원칙에 따라 사업을 진행해 왔다. 국가도 공공 고용주로서, 그들과 똑같이 해서는 안 될 이유가 대체 무엇인가?

그 이유는 경쟁적인 방법이 극도로 낭비적이기 때문이다. 빵집 한 곳이면 충분할 지역에 두 개가 차려지거나, 우유 배달업자 한 명이면 충분할 거리에 두 명의 배달업자가 일을 하면서 각각 상대방의 고객들을 빼앗으려 할 때, 군더더기인 한 사업체의 운영은 그야말로 낭비를 의미한다. 어떤 여자가 모자가 다 닳아서 모자를 사려 할 때, 아니, 오히려 50개의 모자 가게들이 그녀에게 새 모자를 살 마음이 들게 하기 위해 새로운 패션의 모자를 만들 때, 과잉 생산이 이루어지고 그로 인해 실업이 발생할 수 있다.

이제 이것을 철도 국유화에 적용해보자. 정부는 의심의 여지 없이 기존의 철도에 더해 국영 철도의 네트워크를 구축할수 있을 것이다. 그러면 여러분은 런던에서 펜잔스까지 그레이트 웨스턴 철도나 그것과 나란히 달리는 새로운 국영 철도로갈 수도 있다. 그다음 정부는 민간 회사들보다 싼 요금을 책정해서 모든 여행객들을 빼앗을 수 있을 것이다. 그것이 경쟁적인 방법일 것이다. 그러면 그 과정에서 펜잔스와 서소, 브리스톨과 크로머로 가는 두 개의 철도가 생겼을 것이고, 그중 한 철도가 거의 모든 여행객을 실어 나르지만, 또 다른 한 철도는 나머지 손님들이나 휴일 여행객들만을 실어 나르다가 절망적이고 위험한 파멸에 이를 것이다.

이보다 더 바보 같은 낭비를 상상할 수 있을까? 기존 철도와 경쟁하는 국영 철도를 만드는 데 막대한 비용이 들어갈 테지만, 결국 쓸모없는 비용이 될 것이다. 민간 철도의 파괴는 그자체로 막대한 비용이 들었던 유용하고도 충분한 운송 수단의파괴일 뿐이다. 철도를 하나 더 만드는 데 들어가는 토지도 낭비다. 이미 설명한 방식으로 국가가 주주들에게 보상한 후, 즉비용을 자산 계급에 나누어 부과함으로써 국가 전체에 조금의비용도 부과하지 않고 기존 철도를 인수하면 되는데 제정신인어떤 정부가 그런 일을 벌이겠는가?

국가가 기존의 은행들을 인수할 때도 마찬가지다. 버밍엄모델의 지자체 은행들은 경쟁 방식을 사용했지만, 국영 은행서비스는 기존의 민간 은행을 국영화하는 방법으로 도래할 것이다.

경쟁 방식에는 또 다른 부정적 이유가 있다. 개인 기업과 경쟁하려면 국가는 개인 기업들이 국가와 경쟁할 수 있도록 허용해야 한다. 하지만 국영화에서 기대할 수 있는 이익을 얻으려면 이것은 실제적이지 않다. 국가가 운영하는 우체국은 전국의 모든 마을에 편지 배달 서비스를, 그리고 대부분의 마을에는 전화와 전신 서비스를 제공할 수 있다. 그러나 부당 이득을 꾀하는 사람들이 자신들이 처리하기 쉬운 일감만을 떼내어 사업을 할 수 없다는 조건에서만 그것은 가능하다. 체신청장은 폭리를 취하는 사람이 하려고 하지도 않고 할 수도 없는 일들을 국가를 위해 한다. 따라서 그의 사업은 국민 전체를 대상으로 하지 않으면 의미가 없다.

국영은행 총재도 같은 규칙을 주장해야 할 것이다. 그는 말그대로 모든 곳에 은행을 설립할 것이다. 그랜드 오페라 하우스 같은 큰 건물을 짓는 것보다는 민간 은행들이 감히 개설을 꿈조차 꾸지 않을 수백 군데 열악한 지역에, 정 형편이 허락지 않으면 매주 하루만 여는 사무소라도 말이다. 그렇게 하기 위해서는 그 역시 이렇게 말해야 한다. '모두를 내 고객으로 허락하지 않으면 나는 영업을 할 수 없습니다. 나는 어느 영리한 유대인이나, 그의 사무실에서 일을 배운 탐욕으로 가득 찬 그리스도교인이 내 푸딩에서 자두만 골라 먹는 일을 허락할 수 없습니다.'

그러나 모든 국가의 활동이 국가의 독점 사업이어야 한다고 결론을 내릴 필요는 없다. 실제로 은행을 국영화하면 모든 면에서 민간 활동의 가능성이 확대될 것이다. 하지만 대규모 공공 서비스는 사실상 모든 곳에서 행해져야 하기 때문에 지역에 따라서는 서비스의 요금이 비싸거나 쌀 수 있다. 그 때문에,

그들은 특정 지역에서만 영업하는 민간 업자들과의 경쟁으로부터 보호받아야 한다. 그렇지 않으면 현재 공영 건설업에 만연해 있는 일들이 계속될 것이다. 부자들의 집과 자본가들의 사무실, 교회와 기관 등의 수익성 있는 모든 계약들은 민간 업자들이 다 가져가서 공영 건설은 손해를 보면서 가난한 사람들을 위한 주거만을 건설할 수밖에 없다. 그래서 그들은 토지의 가치에 관해 가상의 수치를 사용해 자신들의 손실을 납세자들로부터 숨긴다. 공영 건설은 항상 부실하다. 만약 공영 건설이 독점으로 일을 한다면, 이 땅의 모든 마을을 납세자와 세입자들의 낙원으로 만들 수 있을 것이다.

여기에서 다시 한 번 산업이나 서비스의 모든 국영화는 국가에 의한 토지 수용을 수반한다는 것을 상기시켜야 할 것 같다. 수용되는 땅은 항상 매입과 보상을 통해 국영화되어야 한다. 왜냐하면 단순히 토지 주인으로부터 임대를 한다면 ─유감스럽지만 때로 벌어지고 있는 일이기도 하다─ 국민에게 부과되는 요금을 모아 임대료로 내야 하기 때문에, 땅 주인에게 국영화의 모든 금전적 가치를 제공하게 된다. 이제까지 나는 한 산업을 매입하는 대신에 경쟁으로 퇴출시키는 일의 끔찍한 효과에 대해서는 아무 말도 하지 않았다. 근본적으로 말하자면 대체되는 사업에 종사하는 사람들은 점진적인 빈곤과 퇴락을 겪게 된다. 자본주의는 이런 점에 있어 무자비하다. 그것의 원칙은 '무능한 사람이야 망하든 말든 결국 각자도생各自圖生!'이다. 하지만 국가는 승자뿐만 아니라 패자도 고려해야 하며 어느 누구도 피폐하게 만들어서는 안 된다. 이를 위해서는 매입과 보상 외에는 다른 방법이 없다.

국영화의 사전 단계
PRELIMINARIES TO NATIONALIZATION

이제 여러분은 국영화와 공영화가 우리 모두가 필요로 하는 것들의 가격을 떨어뜨리기 위한 수단으로서 매우 바람직하다는 것을 알 수 있을 것이다. 그런 이유로 가장 반사회주의적인 의회와 자치 단체들도 과거에 사업들을 국영, 시영화해왔고, 앞으로도 보수주의 유권자들의 압력에 의해서 그렇게 할 가능성이 상당히 높다. 영국의 탄광을 국영화하는 것이 불가능한 이유로 석탄 위원회가 주장해온 민간 소유자들에 대한 막대한 보상 비용도 헛소리라는 것을 이제 알 수 있을 것이다. 왜냐하면 탄광 소유자들은(나도 그들 중 한 명이다) 충분히 보상받을 것이고, 유산 계급 전체가 그들의 불로소득으로부터 그것에 필요한 비용을 지불할 것이기 때문이다. 그 거래로 인해 국가는 더 가난해지기는커녕 더 부유하게 된다. 이제까지는 모든 게 좋다. 이론적으로 국영화는 더할 나위 없이 이상적이다.

현실적으로는, 사람들이 정확하게 지적하듯, 국영화를 위해서는 많은 일들이 필요하다. 이러이러한 산업이 국영화될 거라는 단순한 선언은 그저 산업을 중단시킬 뿐이다. 어떤 산업이나 서비스가 효과적으로 국영화되기 전에, 그것을 실행하기 위한 정부의 공무원으로 구성된 부서가 새로 만들어져야 한다. 육군성을 설립하고 난 뒤에야 우리는 군대를 유지할 수 있었다. 그렇지 않았다면 어떤 병사도 그의 봉급, 군복, 무기를 얻을 수 없었을 것이다. 해군도 마찬가지다. 해군성이 만들어지고 난 후에야 해군이 존재할 수 있었다. 중앙우체국과 체신청의 총재가 없으면, 우리는 매일 아침마다 편지를 받지 못할 것이다. 왕립 조폐청과 조폐청장이 없으면 화폐도 존재하지 않을 것이다. 런던에 있는 경시청Scotland Yard과 지역의 공안 위원회 없이는 경찰력을 유지할 수도 없다. 이런 사정은 미래도 현재와 마찬가지일 것이다. 재무부의 대폭적인 확장 없이는 은행업도 국영화될 수 없을 것이고, 기존의 산림부보다 훨씬 큰 규모의 광산부를 만들지 않고는 석탄업도 국영화할 수 없으며, 중앙우체국과 체신청 총재의 위상을 갖춘 철도 위원회와 철도청장이 존재하지 않는 한 철도도 마찬가지일 것이다.

이러한 기관들은 안정적이고 고도로 조직화된 국가들에 의해서만 설립될 수 있다. 즉, 여기에서 찾을 수 있는 정치적 교훈은, 혁명이든, 급조된 독재자이든, 심지어 미국처럼 여전히 일부 공무원들이 공짜로 사용할 수 있는 금고를 얻은 사람들로 간주되고 야당이 권력을 얻을 때마다 이전 정부의 관리들을 갈아치우는 국가들에 의해서든 이런 기관들을 설립할 수 없다는 것을 의미한다. 국영화를 위해 혁명이 할 수 있는 것은 국영화에 반대하는 계급의 정치력을 파괴하는 것이다. 그러나 그러한 혁명 자체는 국영화를 할 수 없고, 그것이 수립한 새 정부는 기존의 국영화된 서비스조차 지속할 수 없어서 민간 기업에 그것을 위양해야만 할 것이다.

국영화를 시행하는 정부는 또한 재정적으로 정직해야 하고, 국영화를 성공시키기 위한 굳은 결심이 있어야 한다. 일반 세입을 늘리기 위해 그것을 이용해서도 안 되고 국영화된 서비스를 다시 폭리를 꾀하는 민간업자들에게 돌려줄 구실을 찾기 위해 일부러 그것의 평판을 떨어뜨리거나 망가뜨려서도 안 된다. 국영 철도는 때때로 국가 경영이 최악일 수 있는 모습을 보여주는 대표적인 예이다. 역대 정부들은 철도를 제대로 정비하지도 않고 대중이 운임과 화물료로 지불하는 모든 돈은 일반 과세를 보조하는 데 사용했으며 역과 기차들을 방치하여 세계 최악의 철도라는 평판을 듣게 만들었다. 그 결과 다시 철도를 민영화해야 한다는 말들이 나오게 됐다. 폭리를 취하는 민간 기업들도 같은 방식으로, 그리고 더 심하게 망가지지만 그들은 자신들에게만 책임이 있기 때문에, 그들의 실패와 사기는 사람들의 눈길을 끌지 않는 반면 정부의 실패와 사기는 엄청난 대중의 불만을 불러일으키고 심지어 혁명까지 초래하게 된다.

정부의 잘못은 공공연하고 눈에 띄지만, 민간 업자들의 잘못은 눈에 잘 띄지 않는다. 따라서 정부가 민간 업자들보다 덜 정직하고 비효율적이라는 착각이 생기지만 그것은 단지 환상일 뿐이다. 어쨌든, 정직과 선의는 민간 사업에서만큼이나 국영화된 사업에서도 필요하다. 영국 국영화 서비스는 청렴의 모델로 생각된다. 그러나 체신청장은 우편 요금을 일반인들에게 조금 과하게 부과해서 그 이익을 소득세 인하의 형태로 자산 계층의 호주머니에 넣어주고 있다. 그리고 해군성도 과세를 낮추려는 추세에 대항하기 위해 해군들에 대한 처우를 개선하지 않고 있다. 이런 사소한 약탈 행위들은 별 영향을 미치지 못하고 있지만, 유권자들이 경계를 늦추고 내용을 잘 파악하고 있지 못할 때 어떤 일들이 일어나는지 잘 보여준다.

59

보상 없는 몰수
CONFISCATION WITHOUT COMPENSATION

보상 또는 균등 몰수에 의해 국영화를 이루어야 한다는 우리의 주장은 틀림없이 많은 이들의 불안을 해소해 주었을 것이다. 그러나 아직도 자유주의의 혁명적 전통에 사로잡혀 목소리를 높여 고결한 주장을 쏟아놓는 정치 집단이 있는데, 이들은 보상에 반대한다. 만약 부동산 소유자가 사실상 도둑이라면, 재산을 몰수하여 그의 악행을 멈추고 제대로 된 삶을 살게 해주는 것으로 충분하지 왜 보상까지 해주어야 하냐고 그들은 주장한다. 과세를 통해 전체 자본가 계급이 탄광 소유주에게 지급할 돈을 추렴해 내게 만들 수 있다면, 그래서 탄광업을 국가 소유로 전환할 수 있다면 그들의 나머지 재산을 국가에 양도시키는 것도 가능하지 않을까?

우리의 주식회사들은 누가 주주라도 잘 돌아간다. 사실 그들의 주식은 금융시장에서 계속 주인이 바뀌기 때문에 단 하루도 똑같은 주인들이 유지되지는 않는다. 만약 영국의 모든 철도 지분이 월요일에 파크 레인의 주민들에 의해 소유되었다가 화요일에 영국 정부로 귀속되어도 철도는 변함없이 이전과 똑같이 운영될 것이다. 그것은 현재 주식회사 형태로 소유된 다른 산업적 서비스들도 마찬가지일 것이다. 만약 어떤 지주가 대여섯 개의 농장과 거리 하나를 재무부장관에게 넘겨주어야만 하더라도, 귀족에게 임대료를 지불하든 공무원에게 임대료를 지불하든 그들에게는 아무 영향도 없을 것이므로, 농부들은 계속 농장에서 농사를 짓고, 세입자들도 그들이 살던 거리에서 계속 생활을 할 것이다.

은행 업무도 소유주들이 수익에 대한 그들의 소유권을 재무부장관에게 넘기기 전과 마찬가지로 순조롭게 진행될 것이다. 그렇다면 자본가 납세자들이 납부할 돈이 없어서 그들의 주식 증명서, 전시 국채 이자 그리고 부동산 권리증들을 정부에 넘겨야 할 정도로 그들의 자본에 세금을 한꺼번에 부과하면 어떨까? 그들의 주식 증명서들은 주식 거래소에서 한 푼의 가치도 없을 것이다. 매도자들만 있고 매수자가 없을 것이기 때문이다. 그러나 그 증서들은 땅에 대한 권리증들처럼 국가의 미래 수확물로부터 나오는 수익에 대한 권리를 가지고 있다. 정부가 즉시 그 수익을 국가를 위해 사용할 수 있다면 증서들을 액면가로 수용하는 것은 매우 가치 있는 일일 것이다.

심지어 그것은 관대함을 베푸는 행위로 여겨질 수도 있다. 정부는 자본가에게 '당신은 세무서에 1천 파운드의 빚이 있소. 하지만 당신의 재산을 압류해서 팔기보다는, 우리는 세무서로 하여금 완제 영수증—돈에 대한 영수증이 아니라 100파운드가 찍혀 있는 열 장의 증서를 받은 것에 대한 영수증—을 당신에게 주도록 허락할 거요. 런던의 가장 유능한 증권 중개인이라 하더라도 그것들을 2펜스에도 팔지 못하겠지만.' '하지만,' 궁지에 몰린 자본가가 외칠 것이다, '내 수입은 어떻게 되죠? 나는 어떻게 먹고살아야 하나요?' '남들처럼 일을 해요'가 그에 대한 답일 것이다. 요컨대, 사회주의 옹호자들의 입장에서 볼 때, 자본에 대한 과세는, 정부 비용을 위한 자금을 조달하는 수단으로서는 비록 터무니없지만, 토지, 광산, 철도와 기타 자본가들이 지금 사유 재산으로 가지고 있는 다른 모든 산업들의 소유권을 보상하지 않고 몰수하는 방법이다. 계획은 충분히 그럴듯하다.

60
기생하는 프롤레타리아트의 봉기
REVOLT OF THE PARASITIC PROLETARIAT

그러나 이에 대한 반대 주장도 있다. 당신 주위의 어리석은 여성들은 부자들이 일자리를 주기 때문에 그들의 재산을 빼앗으면 안 된다고 말할 것이다. 이제껏 우리가 살펴보았듯이, 근본적으로 아무런 생산성도 없는 부자가 일자리를 준다고 말하는 것은 미치광이가 자신 때문에 정신병원에 일자리가 생긴다고 주장하는 것만큼이나 말도 안 되는 소리다. 부유하고 게으른 사람들은 어떤 생산적인 일자리도 줄 수 없다. 그들이 주는 일자리는 비경제적이다. 물론 비경제적이든 아니든, 그들은 일자리를 주고 급여를 지급한다. 그들이 지불하는 돈을 직접 벌지 않았을지는 모르지만, 그럼에도 그 돈은 가장 정직하게 번 돈만큼이나 좋은 빵과 옷을 살 수 있다.

부자들은 기생충 같은 존재다. 그리고 그들이 고용하는 사람들은, 그들이 아무리 근면하더라도, 역시 기생충에 기생하는 기생충들일 뿐이다. 하지만 우리가 기생충을 궁핍하게 만들면 기생충에 기생하는 기생충들 역시 궁핍하게 될 것이다. 그리고 만약 그들에게 생산적인 일자리를 준비해주지 않는다면 그들은 굶거나 도둑질을 하거나 반항할 수밖에 없을 것이다. 그들은 분명히 굶는 것을 선택하지는 않을 테니까 나머지 두 가지 대안(아마도 둘 다 할 가능성이 높다) 중 하나를 선택할 것이고 그들의 수가 많다면 그들의 선택은 정국을 혼란스럽게 만들 것이다. 그리고 사실, 그런 선택을 하는 사람들은 수는 매우 많다. 모든 총선에서 전적으로 또는 부분적으로 기생적인 직군에 종사하는 사람들이 보수당에 던지는 표를 세어보면 알 수 있다. 자본가들이 프롤레타리아들을 약탈할 수 없다면, 본드 스트리트[고급 쇼핑가] 미술상이나 보석상에서부터 본머스[휴양지]의 심부름꾼들을 구성하고 있는 프롤레타리아들과 중산층 상인들은 자본가들에 기대어 살 수 없을 것이다. 그렇기 때문에 본드 스트리트나 본머스에서 일하는 사람들을 보상 없는 수용에 투표하도록 설득할 수 없고, 만약 투표 대신 투쟁을 하게 된다면 그들은 강제 수용에 맞서 투쟁에 나서게 될 것이다.

문제는 국유화된 산업이 아니라 다른 산업들에서 시작될 것이다. 앞서 살펴본 바와 같이 이미 영업 중이고 주주들의 투표에 의해 선출된 이사들에 의해 관리되는 광산, 은행, 철도들은 주주들에게 무거운 세금을 부과함으로써 그들의 지분을 정부에 이전하게 하는 방식으로 몰수할 수 있다. 이러한 주식들에서 발생하는 수익은 주주의 주머니가 아니라 정부의 주머니로 들어가게 되고 따라서 주주들의 구매력도 정부로 넘어가게 된다. 그러면 주주들에 의존해온 모든 상점이나 공장은 직원들을 해고하고 문을 닫아야 할 것이다. 주주들의 저축력, 즉 지금 우리가 알고 있는 바와 같이, 새로운 산업적 사업을 시작하거나 시대에 흐름을 따르기 위해 낡은 사업을 확장하는 데 필요한 여유돈을 공급하는 힘도 정부로 넘어가게 될 것이다. 이러한 힘은 잠시도 중단됨이 없이 실행되어야 하며, 지속적인 지출(주로 가계 지출)과 총 개인 소득의 지속적인 투자에 의해 유지되어야 한다.

정부는 그 돈으로 무엇을 할 수 있을까? 만약 국가가 그것을 국가 금고에 넣어놓고 방치한다면, 그것의 대부분은 자연적인 부패로 사라질 것이고 그로 인해 닥쳐오는 파산과 실업이라는 엄청난 전염병에 의해 많은 사람들 또한 사라질 것이다. 독재를 선포하고 인구의 3분의 1을 충동질해서 3분의 1을 파괴하면서 나머지 3분의 1은 노동력으로 사용하여 필요한 비용을 만들지 않는 한 정부는 파국을 맞을 것이다. 이를 피하기 위해 정부가 무엇을 할 수 있을까? 몰수된 재산을 원 소유주들에게 돌려주고 바보처럼 군 것에 대해 사과하는 일밖에는 없을 것이다.

61

안전밸브

SAFETY VALVES

정부는 돈을 실업수당으로 분배할 수 있다. 그러나 그렇게 되면 정부가 수용을 통해 파괴하려던 바로 그 악, 즉 불로소득을 더 퍼뜨리게 될 뿐이다. 훨씬 더 건전한 계획은(다음에 당신이 당신의 계좌에 예치하는 대신에 거지에게 5파운드의 여분의 지폐를 주고 싶을 때 이것을 잊지 말라) 모든 돈을 몰수된 은행에 던져 넣고 그것을 고용주들에게 전례 없이 싼 가격에 빌려주는 것이다. 또 다른 편법은 압수된 기업들에서 일하는 노동자들의 임금을 두둑이 올려주는 것이다. 가장 절박하지만, 그렇다고 결코 가장 가능성이 적지만은 않은 방안은 전쟁을 일으켜서 이전에 부자들 사이에서 낭비되었던 수익을 군인들에게 사용하는 것이다.

이러한 편법들은 서로 배타적이지 않다. 실업수당, 정부 소유 은행에서 제공하는 값싼 자본, 높은 임금들은 구매력과 고용력을 재분배하기 위해 동시에 같이 사용될 수 있다. 실업수당과 연금은 직업을 잃었지만 다른 직업을 구할 수 없는 하인들과 망한 부자들이 남은 세월을 견딜 수 있게 해줄 것이다. 은행들의 값싼 자본은 고용주들이 새로운 사업을 시작하거나 기존의 사업을 변경할 수 있게 해주고, 그를 통해 임금이 인상된 노동자들의 구매력에 부응할 수 있게 하며, 그를 통해 본머스나 본드 가에서 일자리를 잃은 노동자들에게 다시 일자리를 제공할 수 있게 해줄 것이다. 미술품 판매상들은 국립 미술관과 지방 시립 미술관에 그림을 팔 수 있게 될 것이다. 위기가 올 수도 있지만 말이다. 어떤 위기? 자본주의는 종종 많은 시민들에게 구매력과 생계의 손실을 가져다주었다. 실업자들이 폭동을 일으키고 부자들의 창문을 깨기 시작하면 자본주의는 압력을 완화하기 위해 맨션 하우스 펀드[구호 기금]와 같은 실업수당을 지급했다. 이제껏 해왔던 것처럼 그런 식으로 그럭저럭 해나가면 안 될 이유가 있을까?

글쎄, 그렇게 할 수도 있을 것이다. 그러나 자본주의가 이제껏 심각한 위기들을 맞아오긴 했지만 강제 수용을 당할(그들은 수적으로 너무 열세여서 큰 문제를 일으킬 수 없다) 유산 계급들뿐만 아니라 그들의 사치품을 생산해온 거대한 기생 프롤레타리아층에 즉각적으로 제공할 일자리도 준비하지 않은 채 유산계급 전체의 재산을 정부가 몰수하는 것에 뒤따라올 만큼 큰 위기는 겪어본 적이 없었을 것이다. 그때 실업수당 같은 안전밸브가 충분히 빠르고 널리 작동할까? 판단을 내리기 전에 그것들을 좀 더 면밀히 검토해야 할 것이다.

문명국은 살아 있는 동물이 혈액 순환에 의존하듯 돈의 순환에 의존한다. 사유 재산과 그것의 수익을 몰수하면 국가 재무부가 있는 런던에 전례 없는 금융 과잉이 초래될 텐데, 이 쌓인 돈을 얼마나 재빨리 이 땅의 말단까지 다시 퍼내느냐가 정부로서는 생사의 문제가 될 것이다. 런던에 몰린 돈은 자본주의 체제하에서보다 훨씬 더 클 것이라는 것을 기억해야 한다. 자본가들은 그들의 수익 중 저축하는 것보다 훨씬 많은 금액을 소비했는데 몰수된 재산에서 생기는 수익과 함께 이 금액이 추가로 절약되어 정부 세입에 추가되기 때문이다.

이제 안전밸브에 대해 말해보자. 런던에 집결되는 돈의 많은 부분은 도시와 시골의 몰수된 땅 임대료에서 나올 것이다. 현재의 소유주들은 임대료가 나오는 곳에서 그것들을 소비하는 대신 그들이 원하는 곳에서 이 임대료를 소비한다. 도시에서 살 수 있는데 시골에 사는 부자들은 많지 않다. 결과적으로 임대료를 내는 주민들은 그것이 지출될 때 아무 혜택을 받지 못한다. 임대료는 이스트 런던과 전 세계의 휴양지, 스포츠 경기장으로 간다. 임대료가 나오는 마을에서 최고급 부츠와 승마용 바지, 폴로 타구봉을 생산한다면 아마도 약간의 돈이 그곳으로 돌아올 것이다. 마을의 거주자들은 상당한 수준의 공동체 공산주의를 누릴 테지만 그 대가로 가혹한 임대료를 지불해야 할 것이다. 만약 정부가 지방 자치 단체에 교부금 지급을 하지 않는다면, 그것은 더욱 가혹할 것이다.

세금 납부자들에게 인기 있는 안전밸브는 재무부가 보조금을 크게 늘려 세금을 지불해주는 것이다. 만약 당신이 세금을 내는 임대주택 거주자인데, 집주인이 갑자기 앞으로는 세금을 대신 내주겠다고 한다면 당신은 얼마나 기쁘겠는가? 재무부장관의 비슷한 발표도 똑같이 환영을 받을 것이다. 그렇게 되면 재무부에 쌓인 돈도 줄일 수 있고 썰물처럼 심장에서 온몸의 사지로 돈이 빠져나가게 될 것이다.

몰수한 은행을 통해 모든 산업으로 흘러 들어간 싼 자본으로 수용된 기업들 직원들 임금을 인상해 줄 수도 있을 것이다. 임금 인상으로 인해 배당금이 줄면 재무부로 흘러 들어가는 수익의 흐름이 줄어들 것이고 자본의 조달이 쉬워져서 새로운 기업들이 생기고 기존의 기업들은 임금이 늘어난 노동자들과 부담이 줄어든 납세자들의 늘어난 구매력(여유돈)에 부응하기 위해 새로 설비를 갖출 수 있을 것이다.

도로 건설, 해안지 간척, 조림, 강을 가로지르는 다리들의 건설, 계곡을 가로지르는 거대한 댐을 건설하여 터빈 엔진에 물의 흐름을 집중시키는 것, 이렇게 얻어진 전력의 분배를 위한 발전소의 건설, 슬럼가를 철거하고 적절히 계획된 건강하고 아름다운 정원 도시들로 대체하는 것 등 그 혜택을 상업적 이익으로 계상計上 하는 것이 불가능하기 때문에 자본주의로서는 결코 꿈도 꿀 수 없는, 그래서 공공 지출로 행해져야 할 많은 일들이 있다. 그러한 일들에 의해 창출된 노동의 수요는 노인과 병자들만 실업수당을 받도록 남긴 채 고용 가능한 모든 실업자들을 흡수할 것이다.

이 모든 것은 매우 고무적으로 들리고, 탁상에서 계획하는 데도 거의 돈이 들지 않는다. 그러나 잠깐만 생각해보면 모든 기존 주식과 권리증들을 보상 없이 수용함으로써 즉시, 저절로 이런 일들이 일어나리라는 희망이 부질없음을 알 수 있을 것이다. 보건부는 도시들에 대한 교부금을 위한 거대한 계획을 만들어야 할 것이고 의회는 그것을 두고 몇 달 동안 논쟁을 벌일 것이다. 기존 은행들이 정부의 간섭을 받지 않고 마음대로 빌려줄 여분의 돈을 뭉텅이로 쌓아놓고 있으면, 그 결과로 기업들의 과잉 자본화, 과잉 생산이 이루어질 것이고 경험이 없거나 어리석거나 경솔하거나 이 모든 자질을 갖춘 사람들이 우후죽순처럼 발전 가능성 없는 점포들과 사업들을 시작할 것이다. 요컨대, 호황 후 경기 침체가 따라올 것이고 통상적인 실업, 파산 등이 벌어질 것이다. 그런 일들을 통제하기 위해서는, 재무부에 새로운 부서를 설치하여 현재의 탐욕적인 회사 이사회들을 대체하고, 우체국이 이미 사업을 하고 있는 곳이면 어느 곳이든 은행을 개설하고, 특별하게 훈련된 공무원들을 새 은행들에 직원으로 배치할 필요가 있을 것이다. 그리고 그 모든 일들에는 시간이 필요할 것이고 결국 몰락한 시민들이 굶어 죽고 난 후에야 실행이 될 것이다.

이윤을 없앤다는 목표로 산업 노동자들의 임금을 올리고 상품의 가격을 낮추는 것은 우리 산업의 기존 경영자들이 추구해온 정책과는 너무나 정확하게 반대되는 것으로, 은행에서와 마찬가지로 기존의 경영자들을 공무원으로 교체하는 일이 필요할 것이다. 그러한 교체는 긴 사전 심사숙고와 수많은 새로운 공공 부서들을 설립하는 등의 실질적인 준비가 있을 때만 시행될 수 있다.

모스크바에서 페테르부르크로 가는 철도로 갈 노선을 지시해 달라는 요청을 받자 자를 들고 모스크바에서 네바까지 지도에 일직선을 그은 니콜라이 1세 황제의 태도처럼 공공사업은 즉흥적으로 실행될 수 없다. 니콜라이 황제조차도 각자 주장들이 다른 사람들과 일을 하다 보면 노동자가 첫 삽을 뜰 수 있기까지는 오랜 시간을 허비해야 할 것이다.

여러 사례를 들어 당신을 피곤하게 할 필요는 없을 것이다. 보상 없는 전면적인 국유화는 재앙이다. 치료제가 작용하기도 전에 환자가 사망하는 꼴이 될 것이다. 기계적인 은유를 들자면 안전밸브가 막혀 보일러가 터지는 것에 비교할 수 있다. 국영화를 시도하면 혁명이 일어날 수도 있는 것이다. 여러분은 말할지도 모른다, '글쎄요, 그러면 왜 안 되죠? 이 책에서 읽은 결과 나는 혁명을 간절히 원하게 되었어요. 어떤 조치라도 혁명을 일으킬 수 있다면 그것은 기꺼이 추천을 해야 할 것 같은데요.'

만약 여러분이 그렇게 생각한다면 여러분의 감정만은 칭찬받을 만하다. 많은 훌륭한 시민들도 같은 생각을 해왔다. 하지만 여러분이 그 문제를 철저히 연구하면 혁명은 어떤 것도 국유화하지 않는다는 것을 깨닫게 될 것이고 종종 혁명이 없었을 때보다 오히려 국영화를 어렵게 만든다는 것을 알게 될 것이다. 만약 목소리 크고 끈질긴 자본주의자들의 반대에도 불구하고 미숙한 사회주의에 의해 혁명이 일어난다면(현재 의회의 모든 당들은 위험할 정도로 미숙하다), 그것은 진보 대신에 반작용을 일으켜 자본주의에 새로운 기회를 줄 것이고 사회주의란 이름은 한 세대 동안 사람들에게 고약한 냄새로 기억될 것이다. 일시에 모든 재산을 국영화하려는 시도가 불러일으킬 혁명의 모습은 그런 것이다. 그러므로 우리들은 아무런 보상도 해주지 않는 성급하고 전체적인 국영화는 배제하고 치밀한 준비를 거쳐 한 산업, 한 산업 보상을 해주면서 국영화하는 방향을 택해야 한다.

나중에 혁명이 할 수 있는 것과 그들이 할 수 없는 것에 대해 조금 더 자세히 설명하겠다. 어쨌든, 모든 국영화는 준비되고 보상되어야 한다는 국영화의 정석에 주목하라. 이것은 한 번에 너무 많은 국영화를 시도하는 것에 대한 효과적인 안전장치가 될 수도 있다. 우리는 한 번에 한 개 이상의 국영화를 시도하는 것에 반대해야 할지도 모른다. 하지만 우리는 산업들이 국영화되기 적당한 규모가 되기 전에 전에 이미 다른 산업들과 너무 합병이 되어서 어떤 산업을 국영화할 때 그것과 불가분하게 뒤섞여 있는 대여섯 개의 산업들을 같이 국영화할 수밖에 없다는 것도 잊지 말아야 한다. 여러분은 철도 회사가 열차 운행 외에 얼마나 많은 일을 하는지 알면 놀랄 것이다. 만약 여러분이 대형 여객선을 타고 바다에 간 적이 있다면, 그것을 조선업이라고 불러야 할지, 아니면 호텔업이라고 불러야 할지 혼란스러울 것이다.

62

강제 수용이 이제까지 성공적이었던 이유

WHY CONFISCATION HAS SUCCEEDED HITHERTO

이제껏 나는 의회가 소유주들에게 항상 보상을 해야 하고 단순히 세금만으로 국영화를 꾀해서는 안 된다는 원칙을 강조해왔지만 사실은 꼭 그렇지만도 않다. 왜냐하면 몰수를 통한 사유 재산에 대한 직접적인 공격, 즉 정부가 자본가들의 돈을 강제로 빼앗아 공적자금으로 삼는 일이 반동 작용이나 혁명을 촉발시키지 않은 채 이미 보수당이나 자유당 정부들에 의해 이루어져왔기 때문이다. 그것도 글래드스톤과 같은 19세기 정치가들이 봤다면 믿을 수 없었을 정도로 말이다. 이것은 여러분이 적당한 이름만 사용을 한다면 사회주의나 공산주의의 거의 모든 수단들을 도입할 수 있다는 것을 증명해준다. 만약 부자들의 소득에 대해 사회주의적 몰수를 감행한다고 발표하면 나라 전체가 그런 러시아식 방식의 사악함에 대항해서 봉기할 것이다. 하지만 그것을 소득세, 부유세, 재산세라는 이름으로 부르면 당신은 아무 문제 없이 유산 계급의 주머니에서 수억 파운드를 끌어낼 수 있을 것이고 러시아는 질투로 얼굴이 파랗게 질릴 것이다.

한두 가지 경우를 예로 들어보자. 글래드스톤은 소득세를 파운드당 2펜스로 줄인 것이 재무부장관으로서 그가 성취한 뛰어난 업적들 중 하나라고 생각했고, 그것마저 완전히 폐지할 수 있기를 희망했다. 그 대신에 소득세는 1920년에 6실링까지 올라갔다가 멈추었는데, 그 이유는 더 큰 소득에 대한 부유세를 새로 받기 시작했고 상속을 부분적으로 철폐해서 사망자들의 재산의 상당 부분을 국가가 상속받게 했기 때문이다. 사회주의자 총리가 예언자 마르크스의 공산주의 원리에 따라 상속 재산의 징발, 수용, 국유화를 실시한다고 발표했다면 일어났을 소동을 한 번 상상해보라! 하지만 우리는 아무 저항 없이 그것들을 순순히 받아들였다.

당신은 아마도 이 세금이 현재 의회에서 어떤 상태에 있는지 관심을 기울이지 않았을지도 모른다. 재무부장관은 한 해 동안 나라 살림을 주관해야 하는 장관으로 나라 살림에 필요한 자금을 국민에게 세금으로 부과하는 것에 대해 비협조적인 하원으로부터 동의를 이끌어내야 하는 사람이다. 왜냐하면 수에즈 운하와 전쟁 동안에도 보조를 해주어 명맥을 유지시켰던 10여 개 회사의 주식으로부터 생기는 미미한 이자 외에는 국가는 별다른 수입이 없기 때문이다. 그가 누구에게 세금을 부과할지는 의회에 진출한 의원들이 누구인지에 달려 있다. 그들의 승인 없이는, 재무부장관의 예산—그의 과세 제안의 다른 이름이다—은 법이 될 수 없고 그때까지는 아무도 세금을 내도록 강요받을 수 없다.

글래드스톤이 살던 시대에는 의회는 실질적으로 지주, 자본가, 그리고 고용주들로 구성되어 있었고, 노동 계급의 표는 다른 세 구성원들, 아니 심지어는 그들 중 어느 한 구성원들보다 표가 부족했다. 이들 각 부문은 당연히 자신들 외의 다른 사람들에게 가능한 한 많은 세금 부담을 시키려고 노력했고, 노동 계급을 제외한 세 구성원들은, 다음 선거에서 너무 많은 노동 계층의 표를 잃지 않는 한에서, 가능한 한 많은 세금을 서민들에게 전가하는 것에 대해 한마음이었다. 당연히 그들은 마지막 순간까지 소득세를 승인하려 하지 않았는데, 소득이 적은 임금 근로자들은 그것을 피할 수 있었지만 재산이 있는 사람들은 꼼짝없이 그 세금을 내야만 했기 때문이었다. 따라서 소득세는 일종의 잔여세殘餘稅,* 또는 정부가 사용할 수 있는 최후의 수단이었다. 글래드스톤이 6펜스에서 4펜스로, 그리고 4펜스에서 2펜스로 소득세를 내린 후, 최종적으로는 그것을 모두 폐지하겠다는 의사를 표명했을 때, 그는 실로 매우 위대한 재무부장관으로 여겨졌다. 이를 위해 그는 음식, 음료, 담배는 물론 일반적인 영수증과 수표, 계약서, 환어음, 주식 증명서, 결혼 합의서, 임대 등 다양한 종류의 법률 문서 등에 세금을 부과함으로써 돈을 모아야 했다.

해외에서 영국으로 보내진 물품에 대해 부과하던 관세도 있었다. 대량으로 원자재 수입을 하던 산업주들은 값싼 음식이 곧 저임금을 의미했기 때문에 음식값이 떨어지기를 원했고, '자유롭게 물건들이 들어오게 하고, 세금은 지주들에게 부과하

---

* residual tax. 지방 자치 단체가 다른 수입으로 충당하지 못한 예산을 채우는 역할을 한다.

라'고 주장했다. 반대로 시골 신사 계급들은 '수입품, 특히 농업 장려를 위해 옥수수에 세금을 부과하라'고 주장했고 이것은 토리당원들이 오랜 세월 동안 자유당원들과 싸웠던 자유무역에 관한 큰 논쟁을 야기했다. 그러나 양당은 다른 모든 모금 수단이 소진될 때까지는 소득세를 부과해서는 안 되며, 그 후에도 가능한 한 가장 낮은 금액으로 낮춰야 한다는 데 의견을 같이했다.

사회주의가 페이비언 협회화되어 새로이 프롤레타리아 노동당을 통해 의회에 영향을 미치기 시작했을 때, 예산 편성은 새로운 국면을 맞이했다. 노동당은 자본가들이 마지막이 아니라 제일 먼저 세금을 지불해야 하며, 근로소득보다 불로소득에 대한 과세가 더 높아야 한다고 요구했다. 그들은 정부의 지출과 세금을 가능한 한 가장 낮은 수준으로 낮추어야 할 필요성도 부정했다. 세금을 통해 불로소득자들로부터 돈을 빼앗아 학교들, 더 나은 집, 개선된 도시, 공공 서비스를 제공함으로써 그것을 실제 소득자에게 되돌려준다면 분명 세금이 많이 걷힐수록 국가에 더 좋을 것이다. 글래드스톤이, '나는 우리나라의 소득세 납부자들에게 100만 파운드를 절약하게 해주었소. 만세!'라고 외쳤다면 한 노동당 출신 장관은 '나는 부유세를 내는 게으름뱅이들로부터 100만 파운드를 더 짜냈고, 그것을 우리 국민들의 복지에 사용했소! 만세!'라고 외쳤을 것이다.

지난 15년 동안 국회에서 자본주의를 옹호하는 당과 노동당은 계속 투쟁을 벌여왔다. 전자는 소득세, 부유세, 상속세, 공공지출 등을 전반적으로 줄이려고 노력했고 후자는 이를 늘리려고 노력했다. 예산에 대한 연례 토론은 결국 이 지점에서 의견이 갈리지만 양측은 그것을 솔직히 인정하지 않는다. 1920년대에 들어서 자본주의자들은 지금까지 조금씩 입지가 좁혀졌다. 글래드스톤의 파운드당 2펜스의 소득세가 6실링으로 늘었고, 2천 파운드를 초과하는 소득에 대해서는 금액에 따라 18펜스에서 6실링의 부가세가 부과되기에 이르렀다. 재산 소유자가 사망시 상속자들은 상속 재산이 100파운드를 조금 넘을 때는 1퍼센트, 수백만 파운드 이상일 때는 40퍼센트가 넘는 재산의 일부를 정부에 넘겨야 한다.

즉, 당신의 삼촌이 일 년에 5기니의 수익을 남기면 당신은 정부에 73일치의 수입을 지불해야 한다. 만약 그가 당신에게 일 년에 10만 파운드를 남겨준다면, 당신은 8년 동안의 수입을 국가에 지불해야 하는데, 당신이 미래의 수입을 저당 잡혀 그 돈을 만들 수 없거나, 국가를 위해 비싼 보험료를 내고 생명 보험을 들어 그 돈을 제공하지 못한다면 그 8년 동안 꼼짝없이 굶어야만 할 것이다.

장교로서의 군 복무가 의무인 귀족 가문이 일 년에 10만 달러의 수익을 얻는다고 가정해보자. 전쟁 중에 그러한 재산을 소유한 미혼의 소유자와 그의 두 형제가 몇 주 안에 살해될 수도 있다. 그런 경우 토지 세입위원회 직원들이 그 집안의 수익으로부터 7만 8천 파운드를 몰수하지 못하도록 특별 면제 조치가 취해져야 한다. 사고나 전염병으로 그들이 사망한 경우에는 그러한 면제는 허용되지 않는다. 만일 우리가 〈모닝 포스트〉지에서 러시아 공화국이 한 푼의 보상도 없이 일 년에 7만 8천 파운드를 한 가족으로부터 빼앗아갔다는 기사를 읽게 된다면 우리들은 그런 끔찍한 일이 벌어지는 공산주의 국가에 살고 있지 않다는 것에 대해 하늘에 감사할 것이다. 그러나 사실 자유주의적이든 보수적이든, 사회주의와 거리가 먼 영국의 정부들은 그런 일을 일상적으로 하고 있다. 그러면서도 그들의 재무부장관들은 마치 러시아 밖에서는 누구도 그런 짓을 꿈꿔본 적도 없는 것처럼 사회주의적인 몰수에 반대하는 연설을 하고는 한다.

그게 지금 우리가 하는 짓이다. 우리는 늘 공산주의를 범죄라고 비난하지만 모든 가로등, 포장도로, 수도꼭지, 경찰의 존재는 우리가 공산주의 없이는 일주일도 존재할 수 없다는 것을 증명해준다. 부자들의 소득을 사회주의적으로 몰수하는 것은 강탈이며 붉은 혁명을 야기할 것이라고 외치고 있는 동안에도 실제로 우리들은 그것을 다른 안정된 나라들보다 훨씬 더 널리 실시하는 중이어서 영국의 많은 자본가들은 그것을 피하기 위해 일 년 중 7개월을 프랑스 남부에 가서 생활한다. 그들은 그곳에서 일요일마다 예배 순서로 국가를 부름으로써 고국에 대한 헌신적 사랑을 표하지만 고국에 있는 재무장관은 납세자들이 '그들의 악랄한 속임수'로 세무서 직원들을 따돌릴 수 없는 방법을 생각할 수 있게 해달라고 신에게 간청한다.

그러나 빅토리아 시대의 관점에서 보면 놀라울지 몰라도, 부자들로부터 매년 받는 금액은 총액으로 따지면 그들의 수익에서 현금으로 지불할 수 있는 금액을 초과하지 않았고, 정부가 즉시 소비함으로써 다시 유통시킬 수 있는 금액 이상도 아니었다. 그런 세금은 구매력을 부자들로부터 가난한 사람들에게 이전시켜, 여기저기에서 작은 상업적 위기를 초래했고, 종종 오랜 부자들을 심각한 빈곤에 처하게 만들었지만 동시에 자본주의의 발전을 동반했고 그래서 어느 때보다도 더 부유한 사람들이 많이 생겼다. 사치품 거래는 축소되는 대신에 확장되어야만 했고 더 많은 일자리를 만들어냈다. 그런 현상은 즉시 재분배할 수만 있다면 재산에서 파생된 수익을 안전하게 몰수할 수 있다는 것을 증명했다. 하지만 단 한 번의 치명적인 세금 부과로 모든 것을 망쳐서는 안 된다. 실패하지 않고 얼마나 멀리 그리고 얼마나 빨리 갈 수 있을지를 항상 신중하게 고려해야 한다.

정부가 징수한 돈을 즉시 사용할 수 있기 전에는 세금을 결코 부과해서는 안 된다는 규칙은 기본 중에도 기본이다. 그것은 모든 경우에 적용된다. 이미 확립된 산업이나 서비스를 국유화하기 위해 세금을 사용하는 경우, 정부에는 사업을 인수할 준비가 된 새로운 부서가 있어야 하며, 산업의 소유주들에게 보상을 해야 한다는 규칙도 무시해서는 안 된다. 그 목적이 국영화가 아니라 구매력을 한 그룹에서 다른 그룹으로, 대개 부유한 그룹에서 더 가난한 그룹으로 옮겨서 상점들에서의 수요를 귀중한 사치품에서 비교적 싼 생필품으로 변화시키는 것일 때, 즉, 자본주의 체제 내에서의 소득의 재분배일 때, 그 과정은 자본주의적인 상점들이 이 변화에 적응하는 것보다 더 빨리 진행되어야 한다. 그렇지 않으면 그것은 많은 파산을 초래해, 다음 선거에서 정부를 아주 인기 없게 만들 수도 있다.

불로소득이라는 무거운 부담을 초래했던 선정적인 예를 하나 연구해 보자. 그것은 국민의 큰 분노의 대상이어서 노동당이든 보수당이든 간에 정부는 그것의 재분배에 대한 요구를 오랫동안 거부할 수 없을 것이다.

63

전쟁 비용은 어떻게 치러졌나
HOW THE WAR WAS PAID FOR

1914년에 우리는 전쟁을 시작했다. 전쟁은 엄청나게 비싸고 끔찍하게 파괴적이다. 돈에 관한 한 치명적인 손실을 초래하게 된다. 모든 것은 현찰로 지불되어야 한다. 약속어음이나 담보 대출이나 국가 부채로 독일인을 죽일 수 없기 때문에 우리들은 음식, 옷, 무기, 군수품, 병사들과 간호, 자동차 운전, 군수품 제조를 담당할 젊은 여성들이 있어야 한다. 이를 위해서 1914년부터 18년까지 정부는 막대한 부채를 떠안았다. 정부는 젊은이들의 피와 사업의 희생을 당연한 일로 받아들였고, 그들이 좋든 싫든 나라에 봉사하도록 강요하면서, 어떤 종류의 보상도 없이 그들의 사업을 해체시켰다. 그러나 당시의 자본주의 정부는 필요한 모든 준비금을 자본가들로부터는 같은 방법으로 조달하지 않았다. 세금으로 얼마를 걷기는 했지만 주로 빌려서 사용했다.

당연히 노동당은 가난한 사람들의 삶과 생계와 신체에 무자비하게 적용된 강제 징발로부터 부자들의 돈은 면제를 받는 것에 매우 강력하게 반대했다. 하지만 그런 항의는 무시되었고 군인들과 그들을 위해 식량과 군수품을 생산하는 노동자들을 부양하기 위해 필요한 여분의 생활 물자는 징발되는 대신 대부분 자본가들로부터 빌려졌다. 자본가들은 빌려준 100파운드의 여유 생활 물자에 대해 국가의 미래의 수익으로부터 5파운드를 받는 것으로 가격을 책정했는데, 일하지 않고 가져갈 수 있는 적정한 가격이자 그들이 빌려준 돈을 완전 상환받을 때까지 기다려주는 비용이라고 주장했다.

대략적인 수치로 볼 때, 1914년 이전 전쟁으로 인해 생겼던 6억 6천만 파운드의 국가 부채가 새로운 전쟁에 의해 70억 파운드 이상으로 증가했다. 이것을 완전히 상환할 수 있을 때까지 우리는 돈을 빌려준 사람들에게 1년에 3억 5천만 파운드 이상을 지불해야 한다. 공무원들을 위한 현재 지출(3억 파운드)에 군대, 해군, 공군 그리고 다른 국가 기관들에 들어가는 비용이 더해지면 그 이상의 금액에 이르게 되어 재무부장관은 이제 하루에 200만 파운드 이상을 사용하는 예산을 세워야 하고, 그것을 최대한 우리의 호주머니에서 끄집어내려 할 것이다. 하지만 100만 명 정도의 프롤레타리아들이 실직 상태이고, 세금을 내기는커녕 지원을 받아야 하는 상황이므로 그들에게 돈을 요구하는 것은 불가능하기 때문에 그는 유산 계층에게 소득세, 부유세, 상속세 등으로 1년에 3억 8천만 파운드 이상을 내도록 해야 한다. 즉, 하루에 105만 파운드 혹은 전체 세액의 반을 상회하는 금액이다. 가히 처절할 정도의 몰수라 할 수 있다.

뭔가 웃기지 않은가? 원금을 상환할 때까지 3억 2천 5백만 파운드의 이자를 지불하기로 약속하고 70억 파운드를 자본가들로부터 빌린 후 그들에게 지급할 이자뿐만 아니라 외국인 대출자들에게 지불하기 위해 연간 3억 8천 2백만 파운드라는 금액을 다시 그들에게 세금으로 부과하니 말이다. 자본가들은 자신들이 받는 것보다 5천만 파운드 정도를 더 국가에 내고 있고, 따라서 계급 전체로 볼 때는 정부와의 거래로 인해 손해를 보고 있다. 정부는 한 손으로 돈을 지불하고, 다른 한 손으로는 17퍼센트가 넘는 이율로 그 돈을 다시 그들에게서 돌려받고 있는 셈이다. 자본가들은 왜 그렇게 얌전하게 당하고 있는 걸까?

설명은 어렵지 않다. 만약 정부가 전시 국채의 각 소유자들로부터 그들이 상환받은 금액에 파운드당 3실링 6펜스를 더해 다시 빼앗아간다면 모든 채권자들은 즉시 항의를 할 것이다. 그러나 그런 일은 일어나지 않는다. 전시 국채 소유자들은 거의 유산 계급이었다. 모든 유산 계급은 소득세와 상속세를 내야 했고 수입이 2천 파운드 이상일 때는 부유세도 내야 한다. 그들 중 정부에 돈을 빌려주지 않은 사람들은 정부로부터 아무것도 돌려받지 못했지만 전시 국채를 산 사람들은 3억 2천 5백만 파운드란 금액을 돌려받았다. 하지만 그 돈을 만들기 위해 정부가 부과한 세금은 다른 유산 계급 구성원들도 모두 납부해야 했으므로 전체적으로 보자면 유산 계급이 손해를 보는 거래였지만 전시 국채를 지닌 사람들은 그것을 사지 않은 사람들의 덕을 보게 되었던 셈이다. 정부는 자본가 피터에게 돈을 빼앗아서 다른 자본가 폴에게 돈을 갚지만 폴에게 지불할 금액보다 더 많은 돈을 폴과 피터에게서 빼앗는다. 피터나 폴 두 사람을 합쳐 보자면 더 가난해지기는 했지만 폴 혼자만을 생각해보자면 형편이 더 나아진 것이다. 그래서 폴은 정부 정책의 지지자가 되지만 피터는 과세 부담을 견딜 수 없노라고 불만을 품게 된다.

예를 들자면, 내 아내와 나는 자본가지만, 나는 전시 국채를 가지고 있고, 그녀의 돈은 모두 은행, 철도 그리고 다른 주식에 들어가 있다. 우리 둘 다 전시 국채에 대한 이자를 지불하기 위해 동등하게 세금이 부과되고 있지만 정부가 그 이자를 내게만 지불하고 그녀에게는 아무것도 지불하지 않으므로 나는 그녀의 희생 덕분에 이득을 얻는 셈이다. 만약 우리가 부부라는 공동의 기반 위에 서 있지 않았다면, 우리는 결코 그것에 대해 동의하지 않았을 것이다. 대부분의 자본가들은 그 거래를 이해하지 못하고, 사실상 그것에 의해 사기를 당하고 있다. 하지만 그것을 이해하는 사람들도 결코 만장일치로 그것을 반대하지는 않을 것이고 결과적으로 그것은 총선에서도 큰 문제가 되지 않는다.

이런 기이한 상황은 노동당으로 하여금 국가 채무를 탕감하기 위해 유산 계층에게 돈을 지불하겠다는 주장을 실천할 수 있게 해주며 사실상 대부분의 돈을 스스로에게 빚지고 있는 상황에서 가혹한 부채 부담을 견딜 수 없다고 불평하는 한 나라의 이상한 상황에 종지부를 찍을 수 있게 해준다. (외국인에게 빌린 얼마 안 되는 금액은 제외하고) 부채를 없앤다는 것은, 국가 전체로 볼 때, 국가는 한 푼의 비용도 들이지 않는 국민들 간의 소득 재분배에 불과하다.

공금을 직접 세금으로 징수하는 대신 자본가들로부터 돈을 빌려서 조달하는 계획을 자금 조달funding이라고 하고, 정부에 돈을 빌려주는 것을 국가 펀드에 돈을 넣는다고 한다. 정부에 돈을 빌려준 후 원금 상환까지 기다려주면 손쉽게 수익을 얻을 수 있기 때문에 돈을 빌려준 사람들이 돈을 되돌려 받기를 갈망하기는커녕 그것을 두려워하는 이상한 현상을 보게 된다. 그래서 실제로 정부는 돈을 빌리기 위한 조건으로 특정일까지는 돈을 갚지 않겠다고 약속해야 한다. 날짜가 더 멀리 떨어져 있을수록 더 좋다. 자본주의의 도덕에 따르면, 이자(상환까지 기다려주는 대가) 대신 자본을 사용하는 것은 낭비를 하는 것이다. 자본가는 나중에 다시 굶주림을 당하지 않기 위해서라도 여분의 생활비를 소비해서는 안 된다. 그는 돈을 벌기 위해 그것을 사용해야 한다. 만약 그의 돈을 빌려간 사람이 이자를 더 이상 지불하지 않고 원금을 갚는다면 그는 원금을 쓰지 말고 즉시 그것으로 다른 수익원을 사야, 일반적으로 표현하자면 투자해야 한다.

이것은 단지 신중함의 문제가 아니다. 그것은 필수적인 문제이다. 투자 자본은 그것이 썩어 없어지기 전에 소비되도록 빌려주는 것을 의미하기 때문에, 그것은 결코 투자자에게 원상태로 돌려질 수 없다. 우리가 이제껏 본 것처럼, 그것을 투자한다는 것은, 노동자들이 철도나 공장 같은 수익을 만들어내는 설비를 만드는 동안 그것을 먹어 치우는 것을 허락한다는 것을 의미한다. 그리고 그것이 한번 소비되면, 어떠한 세상의 힘도 그것을 다시 존재하도록 만들 수 없다. 만약 여러분이 올해 여러분이 여분으로 가지고 있는 것을 사용하도록 어떤 한 사람이나 회사 또는 정부에게 덕을 베푼다면 그 사람이나 회사, 정부는 20년 후 여유가 생겨 당신에게 돈을 지불할 수 있게 될 때 그동안 변제를 기다려준 것에 대한 대가를 포함해서 당신에게 동등한 것으로 돌려주는 덕을 베풀 것이다. 그러나 그것은 여러분이 빌려준 것을 원상태로 돌려주는 것은 아니다.

전쟁은 우리의 여유돈을 생산적인 일이 아니라 파괴적인 일에 사용했다. 영국은행의 장부에는 모두 70억 파운드의 가치를 나라에 빌려준 자본가들의 이름이 기록되어 있다. 그들은 보통 '70억 파운드 가치'를 가지고 있다고 말해진다. 하지만 현재 그들은 사실 아무 가치도 가지고 있지 않다. 그들의 70억 파운드는 오래전에 전 세계의 전쟁터에서 다른 많은 귀중한 자산, 귀중한 생명들과 함께 먹거나 마셔서 없어졌거나, 닳았거나, 또는 산산조각이 되어 날아간 지 오래다. 그런데도 터무니없게 우리는 나라가 70억 파운드라는 가치만큼 더 풍요로워진 척하고 있다. 사실은 나라를 위해 손가락 하나 까딱하지 않은 사람들, 아무것도 생산하지 않으면서도 엄청난 부를 사용하는 사람들에게 일 년에 3억 5천만 파운드라는 돈을 이자로 지급을 해야 하니까 나라는 더 가난해졌는데도 말이다. 마치 파산한 사람에게 어떠한 자산이라도 있느냐고 묻자, 당당하게 '아뇨, 저는 제 모든 재산을 탕진했어요, 그뿐만 아니라 엄청난 빚을 지고 있죠'라고 대답하는 것과 같은 처지다. 영국은행에 주주들의 명의로 기탁된 70억 파운드의 자본은 부가 아니라 부채다. 만약 우리가 그것의 지불을 거절한다면, 국가는 일년에 3억 5천만 파운드 정도 더 부유해질 뿐만 아니라 수입이 끊긴 주주들이 자신들을 부양하기 위해 해야 일을 해야 할 것이므로 그만큼 더 부유해질 것이다. 그런 일을 하지 않는 이유는 그것이 나라를 더 가난하게 만들어서가 아니라 그것이 계약 위반으로 보일 것이고 후에는 아무도 정부에 돈을 다시 빌려주지 않을 것이기 때문이다. 게다가 우리에게 1억 파운드를 빌려준 미국이 무력으로 우리 자산을 압류할 수도 있다. 그러므로 우리는 어떤 경우에도 자신의 이익만 생각하는 부정직한 행동을 해서는 안 된다. 그러나 그것이 우리 자본가들에 대한 채무인 경우에는 우리는 한 손으로는 정직하게 갚고 다른 한 손으로는 그 돈에 17퍼센트의 이자를 더해 강제로 돌려받는 일을 하고 있다.

누군가가 이 수치가 부정확하고, 내가 믿을 수 없는 사람이라고 주장하기 전에 나는 미리 다음 사실들을 알려주는 게 좋을 것 같다. 이런 수치는 대략적인 금액이고 일부 상환과 가치의 등락으로 매년 달라지며, 미국에서 빌린 1억 파운드는 다시 동맹들에게 빌려주었는데 그들 중 일부는 상환할 형편이 못 되고 다른 나라들은 가능한 한 상환액을 줄이려 우리를 설득하고 있다. 나머지 돈은 은행들을 통해 마련했는데 분노한 통계학자들이 증명한 바에 따르면 실제로 빌린 돈의 거의 두 배에 달하는 돈을 갚는 조건으로 빌려온 돈이다. 여유돈을 빌리는 시장 이율의 상승은 전쟁으로 인한 과세에도 불구하고 자본가들을 부유하게 만들어 주었다. 요컨대, 설명보다 혼란을 주는 것이 목표일 때는 아주 단순한 사안도 백 가지 지엽적인 상황에 의해 혼란스럽게 만들 수 있다는 것이다. 내 목표는 명료하게 설명을 하는 것이다. 나는 지엽적인 것들을 모두 제외했다. 울타리가 아니라 둥지를 독자들에게 보여주기 위해서이다.

요점은 전쟁이 엄청난 자본을 소비했다는 것이다. 그리고 이 소비로 인해 공장들과 통신 수단과 부의 생산을 늘리기 위한 다른 장치들이 생기기도 했지만 그러한 것들을 대량으로 파괴하기도 했다. 그래서 세계에는 분배할 수입이 더 적어지게 되었다. 전쟁이 세 개의 제국을 쓸어버리고, 유럽의 지배적인 정부 형태로서 군주제 대신 공화제를 채택하게 만들어서 유럽을 미국과 일맥상통하게 만들었다는 사실은 전쟁에 그만큼의 돈을 들인 가치가 있는 것처럼 보일 수도 있을 것이다. 혹은, 전쟁이 영국이나 다른 어떤 적국에 의해서도 의도된 것이 아니므로 끔찍한 재앙으로 보일지도 모른다. 그러나 그것은 정서의 문제이지 경제에 관한 것은 아니다.

정치적 결과를 만족스러운 것으로 보든 실망스러운 것으로 보든 간에 전쟁의 비용은 그대로이며, 그것을 지불하는 우리의 방식이 우리의 국민 소득 분배에 미치는 영향도 마찬가지다. 우리 모두는 전시 국채에 투자한 자본가 계급이 우리의 노동의 결실로부터 5퍼센트의 이자(안전성을 고려할 때 상당히 높은 이자율이다)를 가져가게 하기 위해 하루에 백만 파운드라는 무거운 세금을 부과받고 있다. 물론, 우리는 자본가 계층 전체에 대한 과세를 통해 그만큼을 돌려받는다. 그래서 실제로 일어나는 일은 자본가들 사이의 소득의 재분배이다. 프롤레타리아 편에서는 형편이 약간 나아지기는 하지만 불행하게도 소득의 평등을 조장하거나 게으름을 수치스럽게 만드는 재분배는 아니다. 그러나 이것은 이 장의 요점, 즉, 수억 파운드의 자본을 몰수하는 일은 정부가, 심지어 파괴적인 일이라도, 수많은 프롤레타리아 남녀들을 고용할 준비가 되었을 때 완벽하게 실현 가능하다는 것을 잘 보여준다. 유혈 사태만 제외한다면 아주 완벽한 시절이었던 셈이다.

64

국가 부채 경감을 위한 추가 부담금
NATIONAL DEBT REDEMPTION LEVIES

자본에 대한 과세는 상식에 맞지 않는 것 같지만, 그런 제안들이 반드시 실행 불가능한 것은 아니다. 만약 정부가 현금을 원한다면 소득을 몰수하는 것만으로도 그것을 얻을 수 있다는 것은 사실이다. 하지만 정부는 꼭 현금이 필요하지 않아도 그런 일을 할 수 있고 소유주의 소득뿐만 아니라 그의 소득원, 즉 그의 재산을 빼앗는 일도 할 수 있다. 경험상 사실이 될 수 있을 가능성이 상당히 높은 예를 들어보자면, 정부가 국가 채무, 또는 그것의 일부분을 상환하지 않고 없애야 한다는 결론에 이르렀다고 가정해보자. 그것에 이자를 지불하기 위해 필요한 과세가 자본주의 기업들의 활동을 방해하기 때문에(보수 정부의 주장일 것이다), 혹은 소득을 좀 더 균등하게 분배하기 위해서(사회주의 정부의 이유일 것이다)가 그런 조처의 이유일 것이다.

우리가 미국이나 혹은 다른 국적의 외국인들로부터 빌린 국가 부채를 그저 일방적으로 부인하는 것은 해외에서 우리의

신용을 떨어뜨리고 우리를 혼란스러운 압류 전쟁에 휘말리게
할 것이다. 하지만 우리가 스스로에게 진 빚은 자본에 대해 세
금이나 추가 부담금(그것이 매년 부과될 세금이 아니라 일회성 세
금이라는 것을 나타내기 위해)을 부과함으로써 한 푼의 현금 없
이 사라지게 할 수 있다. 전쟁 부채를 완전한 청산의 가능성을
보여주는 사례로 들어보겠다. 쉽게 설명하기 위해 정부가 국민
에 빚진 국가 채무가 100파운드인데 메리 앤이라는 한 여성에
게서 그 모두를 빌렸다고 가정해 보자. 물론 그녀에게 빌린 돈
은 오래전에 다 쓰이고 산산조각이 나서 메리 앤에게 매년 5파
운드 이자를 지불해야 하는 정부의 의무 외에는 아무것도 남
기지 않았다. 나라에는 오직 한 명의 또 다른 자본가, 사라 제
인이 있다고 치자. 그녀의 재산은 주식과 토지 100파운드로 구
성되어 있고 연간 5파운드의 소득을 산출한다. 사라 제인은 나
라의 전체 산업을 소유하고 있고, 메리 제인은 유일한 국내 채
권자이다. 재무장관은 자본에 대해 100퍼센트의 세금을 도입
하고, 사라 제인에게 100파운드를, 메리 앤에게 100파운드를
요구한다. 두 사람 모두 5파운드의 수익으로는 100파운드를
지급할 수 없어서, 사라 제인은 모든 주식 증명서를 정부에 넘
기고, 정부는 100파운드의 메리 앤의 전시 국채를 자신에게 양
도한다. 가난하게 된 메리와 사라는 그들의 생계를 위해 일을
해야 한다. 이렇게 나라의 모든 산업 시설은 정부의 손에 넘어
갈, 즉 국유화될 것이다.

이 거래에서는 물리적으로 불가능하거나, 존재하지 않는 현
금을 위해 가치가 없는 주식을 파는 일도 없고, 은행 금리의 급
등도 없고, 그저 단순한 수용밖에 없다. 실제로는 200파운드의

돈이 사실은 수억 파운드이고, 수많은 메리와 사라가 있어서 규모도 커지지만, 원칙은 달라지지 않는다. 그런 일은 이루어질 수 있다. 갑작스럽고 포괄적인 수용으로 인한 충격이 너무 크다면, 원하는 규모의 분할로 나누어 이루어질 수도 있다. 자본에 대한 100퍼센트 세금은 50퍼센트, 5퍼센트, 혹은 10년마다 2.5퍼센트 등 원하는 비율로 조정될 수 있다. 만약 100퍼센트가 파국을 의미하고, 10퍼센트가 단지 쥐어짜는 것을 의미한다면, 정부는 쥐어짜는 것으로 만족할 것이다.

그러한 추가 부담금에 의해 정부는 이전에 전시 채권 이자를 지불하기 위해 부과했던 세금을 없앨 수 있고, 몰수된 주식의 배당금은 미국에 대한 전시 부채 이자를 지불하는 데 사용할 수 있다. 그러면 지금 그 이자를 지불하기 위해 부과하던 세금도 없앨 수 있다. 만약 그것이 보수당 정부라면 그들은 소득세, 부유세, 초과이득세, 사망세, 그리고 부동산과 대기업에 대한 기타 세금의 감소의 형태로 그것을 없앨 것이다. 노동당 정부는 이러한 세금들에는 손대지 않고, 음식에서 세금을 줄이거나, 실직 기금에 대한 기여를 늘리거나, 공공사업을 위해 자치 단체에 대한 보조금을 늘리거나, 기타 프롤레타리아에게 혜택을 주며 소득의 평등을 도모할 것이다. 따라서 추가 부담금은 일반적인 복지를 증가시키는 것만큼이나 쉽게 부자들을 부유하게 만들기 위해 이용될 수 있다. 그리고 이것이 바로 노동당 정부뿐만이 아니라 보수당 정부에 의해 전쟁 부채의 청산이 —거부란 말은 좀 꺼림칙하니까— 행해질 가능성이 높은 이유다.

추가 부담금이 그렇게 실행 가능함에도 사람들이 그에 반대하는 이유는 그것들이 사유 재산을 질서 정연하고 점진적인 방식으로 공공 재산으로 전환시키기보다는 그것에 대한 공격에 가깝다는 것이다. 그것은 여분의 돈을 가진 사람들이 돈을 절약하여 안심하고 투자하려는 마음을 파괴함으로써 저축을 저해하고 무분별한 지출을 부추긴다. 만약 당신이 천 파운드의 여분을 가지고 있고, 그것을 투자함으로써, 소득세만 제외하고, 연간 50파운드의 미래 수입을 확보할 수 있다는 것을 조금도 의심하지 않는다면 당신은 투자를 할 것이다. 하지만 당신이 여유돈을 투자하면 정부가 바로 그것을 가져가거나 부채 탕감 추가 부담금이라는 핑계로 그것의 상당 부분을 빼앗아 갈 것이라고 생각한다면 당신은 아마도 그것을 소비하는 것이 낫다고 결론지을 것이다. 정부가 당신의 재산을 가져갈 때 당신에게서 시장 가격으로 그것을 사갈 것이라고 확신할 수 있다면, 혹은 그것이 실행 불가능할 때는 다른 방식으로 그에 대해 충분히 보상해줄 거라고 믿을 수 있다면, 그것은 국가와 당신 자신에게 훨씬 더 좋은 일이다. 우리가 보상의 문제를 살펴볼 때 알게 된 것처럼, 정부는 재산에 세금을 부과하여 구매 자금이나 보상금을 마련하기 때문에, 이런 보수적인 방법조차 몰수적인 방법이다. 그 과정을 통해 자산가들은 서로를 퇴출시키기 때문에 결국 자산가 계급 전체로 볼 때는 보상을 받는 것이라 할 수도 없다.

투키디데스가 아테네에서 발생했던 역병을 묘사한 것을 읽으면 이해할 수 있겠지만, 사유 재산의 공격에 의해 야기된 불안감은 사기를 저하시킨다. 모든 병리학적 또는 재정적인 역병도 마찬가지다. 역병은 삶의 안전감을 파괴한다. 사람들은 아마도 주말까지는 자신들이 죽을 것이라고 느끼게 되고, 자본가들이 더 이상 안전하지 않을 때 돈을 던져버리는 것처럼 당장의 쾌락을 위해 그들의 인격을 내던진다. 재산에 대한 공격은, 정기적인 연례 소득세와는 달리, 이 점에서 역병과 같다. 그것은 나쁜 선례를 형성하고 사유 재산을 공격하는 습관을 만든다. 따라서 국내 부채 탕감 추가 부담금은 물리적으로 실행 가능하기는 하지만 매우 유해하다.

65

건설적 문제 해결
THE CONSTRUCTIVE PROBLEM SOLVED

　당신은 마침내 한마디로 수입의 평등이라는 사회주의의 목적뿐만 아니라 그것이 달성될 수 있는 방법들을 알게 되었기 때문에 이제 한숨을 돌리고 있을지도 모른다. 당신은 이제 왜 탄광과 은행을 국유화해야 하는지, 그리고 개인이 부당하게 피해를 입지 않고 안심하고 여유돈을 자본으로 계속 투자하기 위해서 어떻게 광산 소유자와 은행가에게 보상을 해주어야 하는지 알게 되었다. 이제 당신이 육체노동에 의지하는 물질적 산업과, 앉아서 머리를 써서 일하는 서비스업을 국유화하는 두 가지 방식을 가지고 있다면, 모든 것들에 대한 국유화 방식을 가지고 있는 것이다. 그리고 당신이 석탄 소유자와 은행가들에 대해 세금에 의한 헌법적인 보상 수용 방식을 가지고 있다면, 당신은 모든 자산가들에 대한 수용 방식을 가지고 있는 것이다. 산업을 국유화하는 방법을 알고 있다면 산업에서 생산되는 수익의 분배를 정부가 통제하도록 하는 방법을 알고 있는 것이다. 우리는 이러한 방식들을 발견했을 뿐만 아니라 의심할 여지가 없을 만큼 충분히 우리의 기존 기관들에서 실제로 시험해 봤기 때문에 내년 예산이 제대로 집행될 것이라는 사실보다 이 방식들에 대해 더 확신을 할 수 있다. 그러므로 우리는 더 이상 사람들이 건설적인 프로그램이라고 부르는 것을 찾을 필요가 없다. 그것들은 이미 존재한다.

놀라운 점은 그것들이 단 하나의 새로운 것도 포함하고 있지 않다는 것이다. 사람들이 상상하는 것처럼 그런 사업의 실제적인 부분이 —사실 꽤 평이한 과정으로 드러났다— 어렵거나 새로운 것이 아니다. 어렵거나 새로운 것은 형이상학적 부분, 즉 평등에 대한 우리의 의지다. 우리는 국민 소득의 분배를 개인 자산가들의 손에서 빼앗아 정부의 관리하에 두는 방법을 알고 있다. 그러나 정부는, 그렇게 하기로 그들이 결정한다면, 그것을 불공평하게 분배할 수 있다. 기존의 불평등을 파괴하는 대신에 정부는 그것을 강화시킬 수 있다. 그들은 막대한 수입과 특권을 가진 게으름뱅이 계층을 유지할 수 있고, 그들에게 그런 소득의 지속을 약속할 수 있다.

이 가능성은 아마도, 아니 이미 어느 정도까지, 소득 재분배의 수단으로서의 국영화나 수용을 위한 과세, 기타 사회주의를 건설하기 위한 모든 정치 수단에 관해 가장 확고한 반대자들을 만들어냈다, 왜냐하면 그들이 목표로 하는 재분배가 공평한 배분이 아니라 국가가 보장하는 불평등한 분배이기 때문이다. 존 버니언은 좀 별나지만 깊은 통찰력으로 오래전에 천국의 문에서도 지옥으로 가는 길이 있다고, 따라서 천국으로 가는 길은 지옥으로 가는 길이기도 하며, 그 길을 통해 지옥으로 가는 신사의 이름은 무지라고 지적했다. 무지에 기반해 추구된 사회주의의 길은 우리를 결국 국가 자본주의에 이르게 만들지도 모른다. 그 둘이 같은 도상에 서 있음은 틀림없다.

이것은 버니언의 영감에 미치지 못하는 레닌이 페이비언식 방법을 국가 자본주의라고 비난했을 때 미처 보지 못한 것이다. 게다가, 국가 자본주의와 자본주의 독재 정권(파시즘)은 임금 인상, 사망률 감소, 재능 있는 사람들에게 일자리를 제공하고 과감하게 비효율성을 없애는 현재의 가장 불만스러운 상황들을 정리함으로써 사람들의 인정을 받기 위해 사회주의와 경쟁할 것이다. 그러다가 결국 이제까지 어떤 문명도 대항할 수 없었던 불평등이라는 독毒에 굴복하게 될 것이다.

그게 바로, 비록 여러분이 사회주의 건설 계획들, 실용적인 프로그램들, 헌법적인 입법 절차 등에 관해 질문하는 사람들에 대해 완전한 대답을 가지고 있지만 아직도 이 책의 상당 부분이 남아 있는 이유다. 우리는 여전히 사회주의 건설 방법에 대해 나름의 근거를 가지고 불안해하는 대신에, 빨간 넥타이를 맨 더러운 러시아인이나 머리도 빗지 않은 채 화염병을 든 여자에 의해 하루아침에 세상이 뒤집힐 수 있다고 확신하는 사람들에게 여러분을 속절없이 남겨두지 않기 위해서는 내가 방금 경고한 사이비–사회주의뿐만 아니라 다른 몇 가지 것들에 대해서도 논의를 계속해야 한다. 이 가련할 정도로 공포에 질린 존재들은 혁명에 대해서, 결혼, 아이들, 섹스에 대해 당신에게 질문을 퍼부을 것이다. 그들은 사회주의가 우리의 모든 제도들을 뒤엎고 현재의 양 떼 같은 대중을 미친 개 떼 같은 무리들로 바꿀 것이라고 생각하기 때문이다. 의심할 여지 없이, 여러분은 그들에게 꺼지라고 말할 수도 있고, 그들이 이해할 수 있는 그런 문제들에 대해서는 설명을 해줄 수도 있을 것이다. 하지만 여러분은 그것들이 아주 흔한 정신 상태의 극단적인 사례에 불과하다는 것을, 여러분들의 가장 현명한 친구들조차 사회주의와 관련하여 이러한 주제에 대해 토론하기를 원할 뿐만 아니라, 여러분 자신도 그들만큼 그 주제에 대해 관심이 있다는 것을 깨닫게 될 것이다. 이제 우리는 사회주의가 무엇을 목표로 하고 있고 어떻게 그것이 이루어질 수 있는지를 정확히 알게 되었으므로 그 모든 것은 해결된 것으로 치고, 그 주제에 관한 일반적인 대화를 해보도록 하자.

66

사이비 사회주의
SHAM SOCIALISM

전쟁은 정부가 분배의 균등화나 산업이나 서비스의 국유화를 실행할 생각 없이 한 계층의 소득을 몰수하여 다른 계층에게 넘겨주는 것이 얼마나 쉬운지를 보여준다. 만약 어떤 계급이나 상인들, 또는 파당이 의회를 장악할 수 있다면, 그들은 자신들의 힘을 이용해서 다른 계급이나 상인들이나 파당들, 급기야는 국가 전체를 자신들의 이익을 위해서도 약탈할 수 있다. 물론 그러한 공작들은 항상 이런저런 종류의 개혁이나 또는 정치적으로 꼭 필요한 조처들로 위장된다. 하지만 그것들은 사실은 이기적인 목적을 위해 국가를 이용하려는 음모일 뿐이다. 꿍꿍이가 있는 악당들은 그들에게 사적인 이익을 줄 수 있는 법안을 의회에 상정하기 위해 대중을 위한 개혁을 미끼로 이용하여 필요한 표를 얻는다.

모든 개혁은 누군가에게 이익이 된다. 예를 들어, 도시의 지주들은 거리 환경 개선에 대해, 주민들과 관광객들에게 도시를 더 매력적으로 만들기 위한 모든 공공사업에 대해 가장 열렬한 지지자들일 수 있다. 왜냐하면 그들은 그런 개선의 전체적인 금전적 가치를 인상된 임대료로 바꿀 수 있기를 희망하기 때문이다. 공원이 생기면 그 공원을 조망권으로 가진 모든 집들의 임대료가 오른다. 한 독지가 훌륭한 공립학교에 돈을 기부하여 그곳에서 값싸게 교육을 받을 수 있도록 하면 그는 본의 아니게 학교에 가까운 집들의 가격을 오르게 만든다. 결국, 장기적으로는 땅의 소유주들이 어떤 형태로든 우리에게 중요한 모든 것들을 임대료의 형태로 가져간다.

파우스트가 메피스토펠레스에게 그의 정체가 무엇인지 물었을 때 메피스토펠레스는 항상 기꺼이 악을 의도하지만 선을 행하는 힘의 일부라고 자신을 설명했다. 우리의 지주들과 자본가들이 항상 악이나 선을 행하려 하는 것은 분명 아니지만, 자본주의는 선행을 하게 하는 이기적인 동기를 제공하고, 인간은 이기적인 동기가 없으면 아무것도 하지 않을 것이란 근거에 의지해 스스로를 정당화하면서 경제적 원리로 채택되었다. 우리들 중 몇몇이 말하는 것처럼, 신의 더 큰 영광을 위해, 또는 다른 이들이 말하는 것처럼, 삶의 확대와 인간성의 향상을 위해, 만약 당신이 공공 기관이나 의회나 시가 박애주의적인 조처를 취하기를 원한다면, 악당들에게 그런 일을 하기 위한 동기를 부여해주는 편이 박애주의자들의 마음을 움직여 일을 하게 만드는 것보다 빠를 것이다. 자신들을 위한 무언가를 얻지 않는 한 아무것도 하지 않을 사람들을 여기에서는 악당이라고 불렀지만 이들은 종종 매우 효과적으로 행동하는 사람들이고 이상주의적인 떠버리들은 단지 바람을 심어 다음 세대의 행동가들이 폭풍을 거두게 할 뿐이다.

공익 때문에 일부 산업들을 국가가 운영해야 한다고 주장하는 것은 자본주의의 기본적인 주장 중의 하나다. 이것 때문에 바람직한 일들이 이루어져왔다. 예를 들어, 우리의 현대적인 정원 도시*와 교외 주택가들은 조합원들이 200파운드 미만의 자본만을 지닌 가난한 사람들이었기에 산업 공제 조합법 Industrial and Provident Societies Act은 주택 건설업자들이 정부로부터 대부분의 자금을 빌릴 수 있게 해주었고 그 덕에 건설될 수 있었다. 그러나 이러한 제한은 환상에 지나지 않는다. 왜냐하면 비록 그 회사들이 개인들에게는 200파운드가 넘는 주식을 발행하지 않을지라도, 소위 '전환 사채'라 불리는 것을 만들어서 무제한의 금액을 빌릴 수 있고, 200파운드가 넘는 주식을 소유할 수 없는 사람들이, 그 회사가 사용할 수만 있다면, 2천만 파운드를 전환 사채로 가지고 있을 수 있기 때문이다. 결국, 그들 방식으로는 가장 훌륭한 성과들 중의 하나인 이 정원 도시들도 부유한 자본가의 재산인 것이다.

나도 그와 관련된 많은 주식을 가지고 있기 때문에 그들이 자발적으로 그들의 자본을 가장 큰 이익을 가져다줄 곳이 아닌 선한 효과가 생길 곳에 투자한 박애주의적이고 공공심을 가진 사람들이라고 주장하고 싶은 유혹을 느낀다. 그러나 그들은 불멸의 존재가 아니며, 그들의 상속자가 그들의 청렴한 정신을 상속받을 것이라는 보장도 없다. 한편, 그들이 주로 공적

---

* garden city. 1898년에 영국의 에버니저 하워드 경이 제창한 도시 형태. 자족 기능을 갖춘 계획도시로서, 주변이 그린벨트로 둘러싸여 있고 주거, 산업, 농업 기능이 균형을 갖추도록 했다.

기금—즉 지역 사회의 나머지 구성원들에 세금을 부과하여 모은 돈—으로 재산을 쌓아왔다는 사실은 변함이 없다. 하지만 이것이 국가가 정원 도시의 소유주가 되거나 심지어 그것의 주주가 되게 하지는 못한다. 정부는 결국 돈을 상환받을 채권자일 뿐 도시들은 그들의 자본주의 소유주의 손에 맡겨진다. 세입자들은 도시의 잉여 수익에서 자신의 몫을 기대하겠지만, 그러한 수익은 실질적으로는 항상 신규 투자자들을 위해 사업을 확장하는 데 사용된다.

정원 도시와 교외 주택가는 아무런 지원을 받지 못하던 민간 건설 회사들이 만들어낸 공장 지역 거주지들에 비하면 엄청난 발전이다. 그러나 그런 곳들이 지주들에게 빈민가보다 더 많은 돈을 지불하지 않기 때문에, 미래의 지주들은 마을이 슬럼가가 될 때까지 빈 공간이 없게 집들로 그곳을 빽빽이 채워 넣을 수도 있다. 개선이 지속되도록 보장하기 위해서는 정부가 주주들의 주식을 매수하는 것이 주주들이 정부에게 돈을 갚는 것보다 나을 것이다. 하지만 정부가 자본주의의 원칙에 따른답시고 최고 입찰자에게 도시를 매각하려 한다면 그런 시도는 실패할 것이다.

자본주의와 노동조합에 의한 국가 착취의 더 의심스러운 사례는 정부가 파업을 피하기 위해 1925년에 탄광 소유주들에게 지불한 천만 파운드의 보조금이다. 광부들은 자신들이 제시한 임금을 받지 않으면 일을 하지 않겠다고 말했고 이에 대해 고용주들은 광부들이 그보다 적은 임금을 받아들이지 않는 한 광산을 계속 운영할 수 없다며 과도한 임금으로 나라가 망할 위기에 처해 있다는 것을 사람들에게 설득하기 위해 엄청난 언론 홍보를 시작했다. 하지만 사실 그 이전 상당 기간 동안 경제 상황은 꽤 좋았다. 마침내 정부는 국가의 주요 산업을 마비시킬 파업을 막기 위해, 고용주들이 주는 임금에 세금으로 보조금을 더해서 노동자들이 요구하는 임금을 주거나 아니면 광산을 국유화해야 할 갈림길에 서게 되었다. 어떤 것도 국유화하지 않겠다고 맹세한 바 있던 자본주의 정부는 세금으로 임금을 보충하는 길을 선택했다. 하지만 천만 파운드가 소진되자 다시 말썽이 시작되었고 정부는 더 이상 보조금을 지급하기를 거부했다. 고용주들은 광부들이 하루에 7시간이 아닌 8시간씩 일하지 않는 한 임금 지급을 거부했고 광부들은 더 오래 일하는 것이나 더 적은 임금을 모두 거부했다. 결과적으로 큰 파업이 일어났고 처음에는 몇몇 다른 산업의 노동자들도 연대 참여를 했지만 파업 수당을 지불하느라 노동조합의 기금을 다 써버림으로써 그들이 광부들을 돕기보다는 방해하고 있다는 것을 깨달았다. 그리고 많은 지도자들은, 그런 경우에 늘 그렇듯이, 혼비백산해서 나라가 혁명 직전에 처해 있다는 확신을 가지게 된다. 여기, 그들을 위한 해명이 있다. 완전히 발달된 자본주의 문명은 항상 혁명의 위기에 처해 있다. 우리는 베수비우스 화산 지척에 있는 별장에 살고 있는 것이다.

파업 기간 동안 납세자들은 더 이상 자산 계급에 의해서 착취당하지 않았지만 노동자들에게 착취를 당했다. 파업 중인 남자는 (사회사업 시설에 수용되지 않는 사람들을 위한) 원외 구제를 받을 권리가 없었지만, 그의 아내와 아이들은 구제받을 권리가 있었다. 결과적으로 두 자녀를 둔 기혼 광부는 그가 일을 거부하는 동안 지방세 납부자들의 세금으로부터 일주일에 1파운드를 받아 생활할 수 있었다. 이러한 한정적인 공산주의의 등장은 기아나 끔찍한 구빈원의 환경에 프롤레타리아들을 처하게 함으로써 무자비하게 일을 강요하는 자본주의 체제의 밑바닥을 허물어지게 만들었다. 우선 정부가 납세자들의 희생으로 자산가들에게 원외 구제(천만 파운드의 급여 보조금)를 해주었고, 그다음에는 지방정부들이 지방세 납부자들의 희생으로 프롤레타리아들에게 원외 구제를 제공했다. 정부는 주로 자본가들로 구성이 되었지만 지방 당국에는 프롤레타리아들이 자리를 차지하고 있었기 때문에 가능한 일이었다.

포플러Poplar 같은 런던의 프롤레타리아들 거주 지역에서 먼저 빈민구제위원들은 모든 실직자들이 최저 생계비에 해당하는 원외 구제를 받을 권리를 주장하여 무산 계급 유권자들을 '기아의 채찍'으로부터 해방시키고 그들이 받을 수 있는 가장 높은 임금을 받을 수 있을 때까지 버틸 수 있게 해주었다. 1926년 석탄 파업 때 광산 지역이 그 뒤를 이었다. 정부는 이런 권리에 이의를 제기하고 중앙의 보건성으로 지방 당국들을 대체하려 했다. 보건성은 공금 감사를 통해 빈민구제위원들에게 과도한 원외 구제의 일부분을 보상하라고 청구했지만, 그런 절차가 실패하지 않았더라도 빈민구제위원들에게 다시 돈을 받아낼 수는 없었을 것이다. 정부는 필요한 법을 통과시켜 빈민 구제법의 운용권을 지방 당국들에게서 빼앗아 갔다. 이것은 본질적으로 자본가들의 손에서 프롤레타리아 지방 당국이 빼앗아 온 기아라는 무기를 자본주의 중앙 정부가 되찾기 위한 시도였다. 하지만, 나도 잘 기억하고 있는 바이지만, 기아를 가장 큰 사망 요인으로 당연하게 포함시키던 19세기의 초자본주의 구제법은 이미 지난 일이 되었다. 정부가 제안했던 변변찮은 수준의 구제안조차 1854년 디킨스가 소설 『힘든 시절*Hard Times*』에서 비난한 그라드그라인드와 바운더비 같은 인물들에게는 엄청나게 사치스러우면서도 비도덕적인 것처럼 보였을 것이다.

그런 조처가 비도덕적이라는 것은 크게 틀린 말은 아니었을 것이다. 만약 광산 소유주들, 또는 다른 종류의 소유주들이 게으르거나, 무지하거나, 너무 탐욕스럽거나, 시대에 뒤처지거나, 또는 네 가지 모두에 의해 어려움에 처했을 때, 정부를 부추겨 그들이 어려움에서 벗어날 수 있도록 납세자들의 수입을 몰수하여 보조금을 지급하게 할 수 있었다면, 그들의 상황은 걷잡을 수 없었을 것이다. 광부들, 또는 다른 종류의 노동자들도, 그들이 일을 하지 않으면 지방 당국이 지방세 납부자들의 수입을 몰수하여 그들에게 생계비를 지급할 것이라는 것을 알게 된다면 자신들의 노동을 통해 생활을 하려는 의욕은 눈에 띄게 느슨해질 것이다. 그러나 이러한 몰수를 거부하는 것은 아무 소용이 없다. 국가가 개인 소유주의 손에서 산업들을 빼앗지 않는 이상, 그들이 급여를 지불할 수 있든 없든 간에 산업을 계속 유지할 수 있도록 해주어야 한다. 소유주들이 최저 생계 급여를 지불하지 않는다면, 국가가 지불해주어야 한다. 빅토리아 여왕 시대에는 어리석게도 그렇게 해도 된다고 생각했지만, 국가는 어린이들을 영양 결핍 상태로 두거나, 사회적, 군사적 힘을 약화시켜서는 안 되기 때문이다. 보조금과 실업수당은 고용주와 프롤레타리아 모두의 도덕을 떨어뜨리지만 그것들은 사람들이 빈곤으로 인한 파산보다 더 나쁘게 생각하는 —도

대체 왜 그런 생각을 하는지 알 수 없지만! — 사회주의를 막아주고 있다.

하지만 보조금에 관한 한 정부들이 그렇게 대놓고 비능률적일 필요는 없다. 보조금을 지급하는 관행은 전쟁 중에 영국 정부에 의해 시작되었는데, 그때 특정 기업들의 존재는 필수불가결한 것이었기 때문에 이윤을 남기든 그렇지 않든 어떤 대가를 치르고라도 계속 지속되어야만 했다. 그것은 모든 자본주의 원칙에 반하는 것이었다. 그러나 전쟁 중에는 경제적 원칙이 그리스도교의 원칙만큼이나 내동댕이쳐지고, 전쟁으로 생긴 관행은 휴전이 되었다고 즉시 사라지지 않는다. 1925년, 정부가 광산 소유주들의 협박에 의해 일반 납세자의 돈(당신의 돈과 나의 돈)으로 천만 달러를 선선히 내주었을 때, 우리들은 적어도 광산에 대해 광산주와 동등한 권리를 확보할 수도 있었을 것이다. 혹은 소유주들이 조업을 계속할 수 있는 수단을 마련하기 위해 상업적인 방법으로 돈을 모으려 했더라면 그랬을 것처럼, 그들의 재산을 국가에 저당 잡히게 해야 했을지도 모르겠다. 광부들에 대해서 말하자면 그들은 아무런 책임도 느끼지 않았는데, 왜냐하면 광산주들이 갱목을 사듯 시장에서 노동을 샀기 때문에, 광부들에게 정부 보조금에 대해 책임을 지라고 요구하는 것은 갱목 판매상들에게 보조금 지급에 대한 빚을 인정하라고 요구하는 것만큼이나 설득력이 없었기 때문이다. 정부는 자본주의의 원칙을 철저히 준수하여, 간섭하기를 거부하거나, 표준 근로일에 대해 표준 임금을 지불할 여유가 없었던 상대적으로 척박한 광산들은 망하도록 내버려두었어야 했다. 그것도 아니라면 그것은 채무를 불이행하는 광산의 쓸모없는 담보가 아니라 형편이 좋건 나쁘건 모든 광산들을 담보로 잡고 수백만 파운드의 선금을 내주었어야 했다.

그 경우에 담보 대출에 대한 이자는 형편이 좋은 광산에 의해 국가에 지불되었을 것이고, 그렇게 해서 형편이 나쁜 광산의 적자를 메울 수밖에 없었을 것이다. 만약 이자가 지불되지 않는다면, 정부는 최종적으로 구매에 의해서가 아니라 압류에 의해서 광산을 국유화할 수 있었을 것이다.

그러나 자본가들은 결코 국가와의 거래에서 자본주의 원칙이 자신들에게 적용되는 것에 찬성하지 않는다. 게다가, 상환 능력이 있는 광산을 소유한 운 좋은 소유주들이 왜 부실 광산의 소유주들에게 보조금을 지급해야 하는가? 만약 정부가 부실 광산에 보조금을 지급하기로 결정한다면 정부는 그런 광산의 담보로 만족해야 할 것이다. 정부가 그런 광산 소유주들에게 천만 파운드를 주는 것으로 끝날 문제다. 광산주들은 그것을 임금으로 광부들에게 넘겨주어야만 했다. 이게 그 돈의 용도였고 사실 대체로 그렇게 쓰였다. 그러나, 우리가 그것을 광부들이나 광산 소유주들에 대한 보조금으로, 혹은 양쪽 모두에 대한 보조금으로 간주하든 그렇지 않든 그에 상관없이 그것은 일반 납세자들로부터 몰수되어서 구호금으로 수혜자들에게 건네졌다.

그러한 보조금을 폄훼하기 위해서든 아니면 권장하기 위해서든 그것을 사회주의적이라고 말하는 사람들은, 찰스 2세가 그의 사생아들에게 부여한 평생 연금을 사회주의적이었다고 말하는 편이 나을 것이다. 그것은 파산한 자본주의와 그것에 의존하는 프롤레타리아들이 납세자들을 착취하는 것이다. 선동가들은 그러한 보조금을 지지하기는커녕, 당신이 광부들의 임금의 일부를 지불하고 있지만 광산 소유주들이 모든 이윤을 차지하고 있으며, 당신이 그런 것을 참는다면 당신은 어떤 것에도 분노해서는 안 될 것이고, 정작 국영화를 위해 돈을 지불하고 있지만 국영화는 얻지 못하고 있다고 지적할 것이다. 선동가들은 또, 부자들을 위한 막대한 원외 구제 시스템 외에도 그들의 임대료, 배당금, 그들이 버려둔 직원들을 위한 실업수당까지도 당신이 짊어지고 있다고, 자본가들이 토지, 자본, 노동 등 다른 모든 것을 약탈하고 나서 지금은 재무부를 약탈하고 있다고, 당신이 구입하는 모든 물품에 대해 과다하게 세금을 부과하는 것에 만족하지 못하고 그들은 이제 세금 징수원들을 통해 당신에게 세금을 징수하고 있다고, 그리고 그들이 이렇게 당신으로부터 가져가는 것의 일정한 몫을 임금으로서 넘겨주어야만 하기 때문에, 노동조합은 노동당이 의회에서 보조금을 지원하도록 하기 위해 세심한 주의를 기울이고 있다고 주장할 것이다.

한편 당신은 포플러리즘*에 대해 분노에 찬 비난을 사방에서 듣는다. 그것은 종종 당신의 집값 1파운드에 대해 24실링의 비율로 당신이 힘들여 번 돈을 지방세 징수관을 통해 빼앗아다가 당신의 가정보다 더 빠른 속도로 소비를 하는 게으른 육체노동자들에게 제공한다.

이 모든 것은, 약간의 수사가 붙기는 했지만, 사실이다. 실패

---

* Poplarism. 증세에 의한 극단적인 빈민 구제책.

할 수밖에 없는 시스템을 보조금과 포퓰러리즘으로 연명시키는 것은 초의 양 끝에 불을 붙이는 것으로 산업 파산으로 직행하는 길이다. 그러나 당신이 현명하다면 화를 내느라 힘을 낭비하지는 않을 것이다. 자본가들은 당신을 강탈하려고 의식적으로 시도하지는 않는다. 그들은 그들 자신도 잘 이해하지 못하는 체제의 수레바퀴에 들러붙은 하루살이 같은 존재들이다. 그들이 아는 것이라고는 노동조합주의가 자본주의자들을 상대로 유리한 게임을 하고 있다는 것, 그래서 이전에는 기업의 이익으로 갔던 과금(당신으로부터의)이 현재는 점점 더 임금으로 많이 가고 있다는 것이다. 그들은 정부에 그들을 구해달라고 외치고, 정부는 대규모 파업을 두려워하기 때문에, 가능한 한 오랫동안 국유화라는 대안을 사용하지 않기 위해, 다음 총선에서의 프롤레타리아 표를 의식해서, 하지만 가장 큰 이유는 더 나은 것을 생각해 낼 능력이 없기 때문에 납세자들을 희생시켜 그들을 구해준다.

영국 고용주들, 노동조합주의자들, 영국 정부는 아무도 제대로 된 계획을 가지고 있지 않다. 그저 하루살이처럼 하루하루를 넘길 뿐이다. 그들에게 도덕적 분노를 낭비할 필요가 없다. 그에 반해 미국의 고용주들과 금융업자들은 우리의 사업가들과 노동자들과는 달리 분명한 자의식을 가지고 있다. 미국인들은 우리 국민들에게 그들의 방법을 가르치고 있다. 현대의 과학적 발견은 그들로 하여금 엄청나게 늘어난 생산력을 꿈꾸게 했다. 그리고 그들은 세상이 머리든 손으로든 일하는 사람들에 달려 있기 때문에 그들이 힘을 합치면 게으르고 무능한 지주들과 자본가들이 증가한 생산의 너무 많은 몫을 차지하는 것을 방지할 수 있다는 것을 발견했다. 그들은 자신들의 머리로는 꿈을 실현할 수도 없고 적절히 연대할 수도 없다는 것을 알고 있기 때문에 그들을 위해 일할 브레인들을 많은 급여를 지불하며 고용하고 있다.

당신이 대기업의 경영 책임자이고, 당신의 회사에서는 노동조합을 용인할 수 없기 때문에 노동자들이 노동조합의 필요성을 느끼지 않도록 충분히 그들을 잘 대우하고 있다고 가정해보자. 영국에서는 그런 회사는 '쥐 굴rat house'이라고 불리지만 미국에서는 그저 무노조 회사일 뿐이다. 어느 날 자신이 뛰어난 능력이 있다는 것을 알고 있는 사람들 특유의 유연함을 갖춘 잘 차려입은 여성이나 신사가 당신을 찾아온다. 그녀는 자신의 방문 목적이 당신으로 하여금 회사의 모든 노동자들에게 노동조합—그녀가 비싼 급여를 받으며 위해서 일하고 있는—에 가입하도록 명령하게 하기 위해서라고 말한다. 당신은 당장 꺼지라고 말하고 싶지만 그렇게 당당하고 능력이 있는 사람에게 그런 반응을 보이기는 쉽지 않다. 당신이 그녀를 노려보고 있는 동안에도 그녀는 설명을 계속할 것이다. 그녀는 자신의 조합이 당신의 사업에 새로운 자본을 투입할 준비가 되어 있고, 당신이 그토록 반대하는 다양한 조업 제한에 대해 당신과 우호적인 합의를 볼 수 있을 것이라고 말한다. 게으른 주주들의 이익을 증가시키기 위해 일하는 대신에, 그들에게 적당히 배당을 해주고 나머지 이익을 당신을 포함하여 실제로 일을 하는 사람들의 상황을 개선하는 데 사용한다면 사업은 신선한 자극을 받게 될 것이고 당신을 포함한 모든 진짜 효율성이 있는 사람들이 돈을 더 벌게 될 것이라고 지적한다. 그녀는 당신이 꿈에도 생각하지 못했던 방법을 제안하는 것이다. 바보 같은 보수주의자 외에 그런 제안을 거절할 사람이 있을까?

이것은 그저 공상이 아니다. 그것은 실제로 미국에서 노동조합이 일류 두뇌들을 그들을 위해 일하도록 고용하고, 십여 명의 노동자들의 임금과 맞먹는 급료를 아끼지 않고 지불한 결과 일어나는 일이다. 영국 대기업이 미국화되면서 영국 노조가 미국화되면 그들도 그렇게 할 것이다. 이미 우리의 대기업들은 대학과 공공 서비스 부문에서 그런 일을 할 똑똑한 사람들을 뽑고 있다. 대기업과 숙련된 노동력 둘 다 이전처럼 아무런 상상력 없이 무겁게 같은 궤적을 따라 움직이는 대신 곧 그들의 일을 과학적으로 관리할 것이다. 이런 일이 이루어지면 그들은 미숙하고 조직적이지 못한 프롤레타리아를 노예로 만드는 것은 물론 돈벌이에 적성이 없는 중산층, 그다음에는 정부까지도 노예로 만들 것이다. 그들은 대부분 사회주의적 방법에 의해 그런 일들을 할 텐데 그것은 대중들의 생활 여건에 아주 명백한 개선 효과를 가져오기 때문에 그들을 막는 것은 비인간적인 것처럼 보일 것이다. 조직된 노동자들은 빈민가가 아니라 포트 선라이트Port Sunlight, 본빌Bourneville, 가든 시티Garden City 같은 곳에서 살게 될 것이다. 포드 씨, 레버헐메 경Lord Leverhulme, 캐드베리Cadbury 씨 같은 고용주들이 예외가 아닌 주류가 될 것이고 개인의 모험심이 사라지는 대신 그들에 대한 무력한 의존감이 커질 것이다. 높은 지방세와 건강한 도시를 요구하던 옛 공동체의 외침은 높은 임금과 막대한 이익을 추구하는 포드 씨의 외침으로 바뀌게 될 것이다.

그런 이익은 번영의 걸림돌이 될 것이다. 만약 그것이 불평등하게 분배된다면, 그것을 생산해낸 시스템이 파괴될 것이고, 국가는 재앙을 맞을 것이다. 사업의 효율성 증가라는 명백한 성취에도 불구하고, 사회주의자들은 여전히 분배에 대한 공공의 통제와 소득의 평준화를 주장해야만 할 것이다. 그렇게 하지 않으면, 자본주의 대기업은 귀족 노동조합과 결탁하여 사적목적을 위해 정부를 지배하려 할 것이다. 유권자들은 기업들을 공공 소유로 바꾸려는 진정한 사회주의와, 일부 시민들의 돈을 아무 보상 없이 몰수하여 다른 시민들에게 넘겨주는, 그럼으로써 소득을 더 평등하게 하기보다는 이미 너무 많은 것을 가진 사람들에게 더 많은 것을 주려는 엉터리 사회주의를 구별하기가 어렵게 될 것이다.

67

영구 운동하는 자본주의
CAPITALISM IN PERPETUAL MOTION

이제까지 책을 읽어온 독자들은(지금쯤 독자들은 웬만한 자본주의자 수상들보다 우리나라와 세계의 중요한 역사와 현재 사회 문제에 대해 훨씬 더 많이 알게 되었을 것이다), 우리 모두를 먹고 입히고 머물 곳을 제공해주는, 심지어 우리들 중 일부에게는 호사를 가능하게 하는 이런 끊임없는 활동에서 아무것도 영원한 것은 없다는 사실을 알아차렸을 것이다. 인간 사회는 빙하와 같다. 마치 움직이지 않는 영원한 얼음의 들판처럼 보이지만 실제로는 강물처럼 흐르고 있고, 그 유리처럼 보이는 경직성과 끊임없는 운동이 그것을 크레바스들로 갈라놓지만 흰 눈이 그것들을 아름답게 덮고 있어서 그 위를 걷는 것을 한층 더 공포스럽게 만든다. 당신 아버지의 파산, 남편의 파산, 혹은 당신 자신의 파산이 어느 순간이라도 당신을 작은 크레바스 틈새로 밀어 넣을지도 모른다. 1918년에 세 개의 제국들이 겪은 것처럼, 갑자기 벌어진 큰 파산은 제국들을 통째로 집어삼킬 수도 있다.

당신은 마그나 카르타, 인신 보호법, 사도신경, 십계명에 영원히 기반을 두고 있는 영원한 통치 체제, 안정된 제도들, 모든 존경할 만한 사람들이 믿고 순응하는, 변하지 않는 신념의 장소로 세상을 믿도록 양육되었을지도 모른다. 여기에서 알게 된 지속적이면서 예상치 못한 혼란스러운 사회 질서의 변화, 한 계급에서 다른 계급으로 권력의 이양, 19세기 초에는 번영과 명예와 경건함으로 갈채를 받았던 것이 19세기 말에는 탐욕스러운 악행으로 배척받게 되고, 조지 4세 치하에서 범죄 음모로 기소된 일들이 조지 5세 치하의 의회에서는 합법화되고 면책적인 결사結社가 되는 변화들은 당신으로 하여금 회의에 빠지게 만들지도 모른다. 이 책을 다 읽을 때쯤이면 또다시 모든 것이 변해 있을지도 모르는데 힘들여 이 모든 묘사와 설명들을 읽을 필요가 있을까? 하지만 나는 단지 지금 일어나고 있는 변화를 이해하는 방법은 이전에 일어난 변화를 이해하는 것이며, 많은 사람들이 그것들을 제대로 이해하지 못함으로써 자신들의 삶을 망치고 그들의 아이들을 잘못 이끌어왔다고 경고할 수 있을 뿐이다.

게다가 내가 묘사해온 것들이 완전히 사라지지도 않았다. 아직도 시골에는 그들의 조상들이 수백 년 동안 해왔던 것처럼 군림하면서 자신들의 쾌락을 위해 사용될 양이나 사슴을 기르기 위해 주민을 몰아내기도 하는 구식 귀족들이 있다. 크고 작은 규모의 농부들도 여전히 존재하고, 소규모 사업체를 단독으로 운영하거나 또는 두세 파트너를 가진 회사들에서 일하는 소규모 고용주들도 많이 있다. 트러스트로 합병되지 않은 주식회사들도 여전히 존재하고 아직도 노동조합에 소속되어 있지 않은, 그래서 누더기를 입고 앉아 「침모의 노래」를 부르던 여자들처럼 과중한 노역에 시달리는 많은 종업원들도 있다. 공장과 작업장에만 미치는 의회 법 때문에 여전히 잔인할 정도로 과중한 업무에 시달리는 아이들과 젊은이들도 아직 존재하며, 이 세상에는 비록 런던과 파리, 뉴욕같은 도시들도 존재하지만 알프레드 왕의 시대만큼이나 가스, 전등, 수돗물과 배수구가 뭔지 알지 못하는 원시적인 마을들도 있다. 우리의 유명한 대학과 도서관, 미술관은 야만족과 식인종 부족과 야만적인 제국들을 방문할 수 있는 거리 내에 있다. 따라서 독자들은 내가 설명한 모든 자본주의 시스템의 단계들에 대한 살아 있는 예들을 주위를 둘러보면 직접 찾아볼 수 있다. 실제로, 만약 여러분이나, (내 경우처럼) 여러분의 부모님이 12명 이상의 아이들이 있는 집안의 차남 출신이라면, 여러분은 부모님, 형제자매, 삼촌과 이모, 사촌들, 심지어는 자신에게서 아마도 지난 2세기 동안 자본주의가 그 계급 안에서 만들어낸 모든 상황의 국면들을 찾을 수 있을 것이다. 존경할 만한 여성들을 포함한 대부분의 여성들이 여전히 처해 있는 그 이전의 반 중세주의적인 국면들은 말할 것도 없고 말이다.

변화하고 있는 것과 변화한 것 외에도 아직 변하지 않은 것들도 있다. 우리는 매일 이 세 가지 것들을 모두 다루어야 한다. 이미 변한 것들에 무슨 일이 일어났는지 알게 될 때까지는 아직 변경되지 않은 것들에 무슨 일이 일어날지 이해할 수 없고, 그것은, 비록 우리들이 최선의 의도를 가지고 있더라도, 해로운 변화를 일으키거나 유익한 변화들을 반대하고 파괴하도록 만들 수도 있다. 만약 우리가 (모두 부당 이득을 꾀하는 사람들의 광고 수입으로 살아가는) 당보黨報에 실린 기사나 정당 정치인들의 연설, 혹은 정치적으로 무지하고 계급적 편견에 치우친 이웃과 친척들의 한담으로부터 지침을 찾는다면 ―불행하게도 우리들 대부분이 하는 일이지만― 우리는 틀림없이 잘못되거나 타락하거나 분노하게 될 것이다.

내가 37장에서 개요를 설명했던, 이익을 추구하기 위한 자본주의의 모험들과 다음 몇 가지 모험들을 경고로 받아들여야 한다. 그런 모험들은 고국에서는 문명을 한층 발전시키고 해외의 이교도들 사이에서는 그곳에 문명을 정착시키기 위해 찬란한 덕목과 재능을 과감히 발휘하는 영국 민족, 프랑스, 위대한 독일이나 라틴 혈통의 역사로서 항상 책과 신문에서 묘사된다. 자본주의는 책으로만 보자면 아주 훌륭해 보인다. 하지만 그렇다고 환멸감 때문에 혐오와 냉소적인 불신에 빠지지 않도록 조심해야 한다. 국가적 자화자찬과 상호간의 찬양을 담은 흥분되는 글들을 단순한 허풍으로 치부해서는 안 된다는 것이다. 위대한 발견자, 발명가, 탐험가, 위대한 경영자, 기술자, 군인, 거칠고 저돌적인 선원, 위대한 화학자와 수학자, 헌신적인 선교사와 죽음을 무릅쓴 모험가가 없었다면, 우리의 자본가들은 그린란드나 티베트에 있는 편이 더 나았을 것이다. 그러나 자신들의 공적으로 자본가를 부유하게 만든 비범한 사람들은 자본가가 아니었다. 그들 중 최고의 사람들도 자본가들로부터 거의 또는 전혀 아무런 지원을 받지 못했는데, 왜냐하면 그들의 노동과 모험으로부터 즉각적인 이익을 얻을 가능성이 거의 없었기 때문이다. 그들 중 다수는 가난했을 뿐만 아니라 심지어 박해를 받기까지 했다. 대부분의 경우 그들의 사후에 그들이 발견한 것들, 성취한 것들을 일상적으로 사용할 때가 오면, 그 일은 배고픈 자들에 의해 이루어졌다. 자본가들은 그들이 뿌리지도, 거두지도 않고, 굽거나 양조하지도 않은, 그저 굶주린 자들로부터 집세나 이자로 거둬들인, 혹은 자본주의 입법자들이 그런 목적을 위해 만들어 놓은 법을 이용해 그들로부터 빼앗아온 여분의 음식을 노동자들에게 제공할 뿐이다. 영국의 두뇌, 영국의 재능, 영국의 용기와 결의는 영국이 위대한 평판을 얻게 만들었다. 하지만 자본가들은 그런 자질들 중 어떤 것도 제공하지 않는다. 그들의 공헌은 뛰어난 재능을 갖춘 사람들이 생활을 할 수 있게 여분의 음식을 제공한 것뿐이다. 하지만 그 것도 자본가들이 생산한 것이 아니라 굶주린 자들로부터 굶주린 자들로 옮겨가는 음식을 가로챘을 뿐이다.

한 사람이 자본가이면서 천재일 가능성은 한 사람이 동시에 천재와 멍청이가 될 가능성과 같을 것이다. 자연은 돈에 대해 전혀 신경 쓰지 않는다. 자본가로 태어난 사람(즉, 재산의 상속자)이 천재이기는 쉽지 않다. 왜냐하면 천재로 태어나는 것은 흔한 일이 아니니까. 하지만 때때로 왕자들이 천재로 태어나듯 자본가들에게 그런 일이 일어날 수도 있다. 엘리자베스 여왕은 장관들에게 만약 그들이 속옷 바람으로 그녀를 거리에 내놓아도 그녀는 누구 못지않게 잘 살 수 있다고 말했다. 하지만 스코틀랜드의 메리 여왕은 1억 파운드의 돈과 5만 명의 군인을 거느리고 거리에 나앉더라도 결국 모든 것을 엉망으로 만들고 끝이 안 좋았을 것이다. 그런 차이를 만든 것은 그들이 여왕이었다는 것과는 아무 상관이 없었다. 그것은 여성으로서의 그들의 개인적 자질이었다. 이와 같이 자본가로 태어난 사람이 우연히 천재가 되거나 낭비가가 되는 것은 자본과는 상관이 없다. 자본은 능력이나 무가치함, 어느 것도 생산하지 못한다. 그들에게서 자본을 빼앗아도, 그들은 똑같은 사람으로 남는다. 그들의 자본을 두 배로 늘려주어도 그들의 능력이나 무능함이 두 배로 늘어나지는 않는다.

이 나라에서 가장 어리석은 사람이 가장 부자일 수도 있고 가장 지혜롭고 위대한 사람이 다음 끼니를 어디에서 해결해야 할지 모르는 처지일 수도 있다. 반복하지만, 자본가는 특별한 능력이 필요 없고 능력이 부족하다고 해서 아무것도 잃지 않는다. 그들이 노동자인 피터에게 음식을 줄 수 있는 것처럼 보인다면, 그것은 그들이 농부 폴에게서 음식을 가져왔기 때문인데, 이것마저도 그들은 자신들의 손으로 하지 않는다. 그들은 대리인인 매튜에게 돈을 주고 일을 시키고 가게 주인 마크로부터 임대료를 받아 그에게 월급을 준다. 피터가 해군, 폴이 엔지니어, 매튜가 트러스트 회사의 지배인, 마크가 은행가라 해도 상황은 근본적으로 변하지 않는다. 피터와 폴, 매튜와 마크가 모든 일을 하고 자본가는 그들이 굶어죽지 않는 한에서(황금알을 낳는 거위의 배를 가르면 안 되니까) 그들로부터 최대한 많이 가져가는 것 외에는 아무것도 하는 일이 없다.

그러므로 여러분은 우리 역사의 모든 영광을 자본주의자들의 덕과 재능의 산물이라고 주장하는 자본주의 논문이나 우리 역사의 모든 수치와 불만을 자본가의 탐욕에 귀속시키는 반자본주의자들의 논문을 모두 무시해도 좋다. 감탄하거나 분개하며 시간과 기운을 낭비하지 말라. 시스템을 이해하면 할수록 가장 독실한 개인적인 의로움조차도 시스템을 피해 갈 수 없다는 것을 알게 될 것이다. 온 나라를 시스템으로부터 구제할 방법은 정치적 변화 외에는 없다.

비록 자본가는 돈을 투자하는 것 외에는 아무것도 하지 않지만 자본주의는 많은 일을 한다. 국민들이 받은 임금으로 구입할 모든 일상적인 상품들과 부자들이 구매할 모든 사치품들로 국내 시장을 가득 채운 후 자본주의는 새로 적립한 여유돈을 좀 더 새롭고 위험한 사업들에 사용해야 한다. 그래야 자본주의가 모험적이고 실험적이 되고, 위대한 발명가나 화학자나 기술자들의 계획을 경청하게 되고, 전화, 버스, 항공 서비스, 무선 콘서트 등과 같은 새로운 산업과 서비스를 확립하게 되는 것이다. 새로운 양조장을 더 만들 여지가 있는 동안에는 생각하지 않았던, 항구를 건설하는 문제도 다시 고려하기 시작할 수 있을 것이다. 현재 한 영국 회사가 대서양에 있는 포르투갈의 섬에 100만 파운드를 들여 항구를 건설하기로 했는데, 그들이 관세를 징수할 수 있도록 섬 정부가 허락한다면 그 항구를 화물 입출항료를 받지 않는 무료 항구로 만들 것이다.

자본가들은 굶주린 사람들이 정부에 어떤 종류의 도움이든 요청을 하면 매우 화를 내지만, 그들 자신을 위해 정부에 도움을 요구하는 것에 대해서는 일말의 양심의 가책도 느끼지 않는다. 철도업계는 정부에 배당을 보장해줄 것을 요구하고, 항공사는 항공기를 유지하고 영업을 할 수 있도록 정부로부터 거액의 지원금을 요청한다. 석탄 소유주와 광부들은 파업을 무기로 정부로부터 보조금을 갈취한다. 정부는 거래 촉진법을 명분으로 아무런 국가 지분을 확보하지도 않은 채 민간 자본가들에게 대출을 보장해주는데, 그 덕분에 그들은 저렴한 자본을 제공받지만 자신들의 상품과 서비스에 대해 폭리에 가까운 가격을 요구한다. 결국, 배당을 받을 수 있는 한, 여유돈을 가진 자본주의가 손을 대지 않을 사업은 없다. 그리고 그것이 여의치 않을 때에는 정부로부터 돈을 뜯어내려 한다. 즉, 정부는 무능해서 아무것도 제대로 하지 못하기 때문에 국민들로부터 세금을 강제로 징수하여 항상 자본가들에게 상당한 이익과 배당, 임대료를 지불하며 일을 맡겨야만 한다고 자본가들은 사람들을 설득하려 한다. 그런 사업들은 매우 거대해서 우리가 우리나라라고 부르는 것의 크기와 의미를 변화시킬 정도다.

정부는 자본가들의 무역 회사들에 면장을 주어서 보르네오 같은 크고 인구가 많은 섬들, 인도와 같은 제국들, 그리고 로데시아 같은 나라의 큰 지역을 점령한 후 가능한 한 많은 돈을 벌기 위해 그들을 통치하고 군대를 유지할 수 있도록 만들었다. 무역 회사들은 영국 납세자들의 희생으로 운영되는 영국군과 해군을 자신들의 사업을 보호하기 위해 직간접적으로 이용하기 위해 영국 국기를 앞세워 게양하는 등 신경을 썼다. 결국 영연방British Commonwealth은 무역 회사들의 책임을 떠맡아 그들이 점령한 섬과 국가들을 소위 대영제국에 추가해야만 했다. 그 결과 대영제국의 중심이 지금의 대영제국이 아닌 동쪽으로 옮겨갔고 우리 국민들 100명 중 오직 11명만이 백인이거나 그리스도교인들인 전혀 의도치 않은 결과가 생겼다. 자본주의는 국내외에서, 우리가 통제할 수도 없고, 원하지도 않는 모든 종류의 사업들을 우리에게 가져왔다. 그런 게 반드시 나쁜 것만은 아니어서 그들 중 몇몇은 꽤 성공을 거두었다. 하지만 중요한 것은 주주들에게 돈벌이만 된다면 자본주의는 그런 사업들이 우리에게 좋은 것인지 해로운 것인지 상관하지 않는다는 것이다. 우리는 자본주의가 다음에 무슨 사업을 벌일지 결코 알 수가 없다. 진실이 인기가 없을 것 같은 상황하에서 그들의 신문들이 그들의 행동에 대해 무엇을 보도하든 우리는 그것을 결코 믿을 수 없다.

당신이 어느 날 아침에 일어나 펼쳐본 신문에서 의회와 국왕이 콘스탄티노플이나 바그다드, 혹은 잔지바르로 이주했고 이 보잘것없는 본토 섬은 오직 기상 관측소, 조류 보호 지역, 미국 관광객들을 위한 순례의 장소로만 남게 되었다는 것을 알게 될 가능성은 거의 없을 것이다. 하지만 만약 그런 일이 일어난다 하더라도 당신은 무엇을 할 수 있을까? 그것은 자본주의의 완벽한 논리적 진행 과정일 수 있다. 강대한 로마 제국의 수도를 로마에서 콘스탄티노플로 이전하는 것이 가능했다면 영국의 수도를 옮기는 일도 불가능한 일은 아니다. 당신이 유행을 따르기를 원한다면, 혹은 당신이나 남편의 사업이 대도시에서만 행해질 수 있다면, 당신은 왕과 의회의 뒤를 따라 동쪽으로 가거나, 아니면 서쪽 미국으로 가서 영국인이기를 그만두는 수밖에 없을 것이다.

아직 짐을 꾸릴 필요는 없다. 하지만 여러분이 진정으로 해야 할 일은 여러분이 자라온 낡은 방식과 제도에 대한 사랑을 의미하는 일반적인 의미에서의 보수주의가 자본주의에 어떤 쓸모라도 있을 것이라는 생각을 없애는 것이다. 은행을 설립하거나 전신줄을 까는 것처럼 무감각하게 자본주의는 끊임없이 투자처를 모색하면서, 여분의 빵이 상하기 전에 그것을 먹게 할 굶주린 사람들을 찾고, 그러는 와중에도 모든 국경을 휩쓸고, 모든 종교를 삼키고, 자본주의를 방해하는 모든 제도들을 평정하고, 그것을 촉진하는 것은 어떤 것이든 도덕규범으로 삼는다. 당신은 그것을 인정하고 순응하든 아니면 망하든, 또는 심지어는 수감되거나 처형되든 선택을 해야 할 것이다.

68

폭주하는 자본주의

THE RUNAWAY CAR OF CAPITALISM

자본주의는 우리를 영구적으로 움직이게 만든다. 움직임은 나쁜 게 아니다. 그것은 정체, 마비, 죽음과는 반대에 위치하는 생명이고 단조로움의 반대에 위치하는 참신함이다. 우리에게 참신함은 너무나 필요한데, 그것이 무엇이든 당신 주위에 있는 최고의 것(최고의 음식, 최고의 음악, 최고의 책, 최고의 마음 상태 등등)을 취해서 오래 지니고 있으면 당신은 그것을 혐오하게 되기 때문이다. 예를 들어, 변화무쌍한 반려자들은 단조로운 사람들보다 더 견딜 만하다. 그들의 변화가 아무리 불쾌할지라도, 그들은 버려지지는 않는다. 결혼 생활을 그나마 견딜 만하게 하는 것은 그것에 부침이 있기 때문이다. 끊임없이 요동하는 시대에 사는 것이 환멸스럽다는 사람들에게 그럼 아무 변화가 없이 정지해 있는 세상에서 살고 싶은 것인지 물어보라. 자동차를 사는 사람은 '속도가 느릴수록 좋다'라고 말하지 않는다. 우리가 그것을 통제할 수 있을 때, 그것을 이끌 수 있을 때, 그리고 그것이 우리를 위태롭게 할 때 그것을 멈출 수 있다면 움직임은 즐거운 것이다.

걷잡을 수 없는 질주는 끔찍하다. 사방이 절벽으로 둘러싸인 바위투성이 섬에서 연료 탱크에 기름을 가득 채운, 방향 조종도 안 되고 멈출 수도 없는 차에 몸을 싣고 시속 50마일로 질주하는 것을 상상해보라! 자본주의하에 사는 것은 그런 느낌이다. 자본은 우리와 함께 마구 달리고 있다. 그리고 우리는 자본이 항상 결국에는 승객들을 벼랑 너머, 제국의 폐허가 흩어져 있는 바닥으로 추락시켜왔다는 것을 알고 있다. 현재 모든 정부에 절실한 문제는 어떻게 하면 이 폭주를 통제하고, 그것을 위해 안전한 고속도로를 만들고, 고속도로를 따라 달리게 하는가이다. 차분하게 앉아서 생각하면서 그것을 멈출 수만 있다면 얼마나 좋을까! 그러나 그럴 가능성은 없다. 자동차는 멈추지 않을 것이다. 오히려 자본이 점점 더 많이 축적될수록, 그리고 사람들의 수가 늘어날수록 움직임의 속도는 점점 더 빨라진다.

정치인들, 왕들, 독재자들, 민주 국가의 행정수반들, 위원회와 소비에트들이 번갈아가며 핸들을 잡은 후 권위 있는 태도로 우리에게 조용히 앉아서 기다리기만 하면 곧 모든 것이 괜찮아질 거라고 안심을 시키기 때문에 우리는 그들에게 상황을 통제할 능력이 있을지도 모른다고 생각하며 희망 어린 눈길로 그들을 바라본다. 그러나 자본은 그들 모두와 함께 질주를 하고 우리는 통제 불능의 자동차가 우연히 평탄한 골짜기를 통과할 때는 잠시 마음을 놓지만 절벽 밑에서 울부짖는 파도 소리가 멀리서부터 점점 크게 들려오면 절망감을 느낀다. 무지하고 생각도 없는 사람들이 복 받은 상황이다. 그들에게 인생은 참고 견뎌야 하는 몇 가지 불쾌한 사건들만 제외하면 즐거운 여정이다. 그런 사람들은 때로는 최고의 통치자 감이 되기도 한다. 자신의 책임이 얼마나 막중한지 절감한 나머지 겁을 집어먹는 사람은 최고의 철도 신호수가 될 수 없으니까. 장기적으로 문명은 우리의 정부들이 자본주의와 함께 질주하는 힘들에 대해 얼마나 지성적 통제력을 얻느냐에 달려 있다. 그러기 위해서는 그들에 대한 이해가 필요하다. 인격과 추진력은, 비록 좋은 덕목이긴 하지만, 지성과 지식이 동반하지 않으면 화가 될 수 있다.

우리의 현재의 어려움은 별로 읽히지도 않는 책들을 쓴 몇몇 학자들, 언론이 무시하거나 괴짜라고 업신여기는, 황무지에서 외치는 선지자들 외에는 아무도 그것을 이해하지 못한다는 것이다. 우리 정치가들은 1년에 5파운드의 수입을 100파운드로 계산하는 금융시장의 환상에 빠져 있다. 우리 유권자들은 10명 중 9명은 그 정도까지는 아니다. 자신의 등에서 자라는 털이지만 양모 공장에 대해서는 아무것도 알지 못하는 양처럼 그들도 자본에 대해서는 아무 경험이 없기 때문이다.

그러나 다스리는 자들과 다스림을 받는 사람들 사이에는 매우 중요한 차이가 있다. 다스리는 자들은 어떻게 통치해야 할지 잘 모르지만 그들이 필요한 존재이고 다스리는 대가를 받아야 한다고 생각한다. 유권자들은 정부를 개인의 자유에 대한 전제적인 간섭으로 여기고, 과세는 전제적인 국가의 관리들이 사적 시민에 대해 행하는 약탈로 간주한다. 이전에는 이것이 큰 문제가 되지 않았는데, 그때는 사람들에게 투표권이 없었기 때문이었다. 예를 들어 엘리자베스 여왕은 평민들에게, 그리고 심지어 그녀 시대에 의회를 구성한 배심원들과 샤이어스의 기사단*에게까지도, 국사는 그들의 일이 아니며, 그러한 문제에 대해 의견을 갖는 것은 가장 주제넘은 짓이라고 말했다. 그들이 그녀와 말다툼을 하려 한다면 그녀는 조금도 주저하지 않고 그들을 감옥에 던져 넣었다. 그러나 그녀조차도 그녀의 정치적 성공을 뒷받침할 만큼 충분한 세금을 징수할 수는 없었다. 그녀는 평민들과 기사들의 무능함에 대해 꽤 옳게 판단을 했고, 자기 자신이 그 시대의 가장 유능한 사람이 됨으로써 간신히 자신을 유지할 수 있었다. 이 두 가지 장점 때문에 그녀는 다른 폭군들이 자신들을 지키기 위해 유지했던 상비군을 두지 않아도 되었다. 그녀는 백성들의 삶에 도움을 주었기 때문에 그들의 충성심에 의존할 수 있었다. 그녀의 뒤를 이은 사람들이 제 역할을 제대로 하지도 못하면서 그녀처럼 전제적인 행보를 보이려 하자 그들 중 한 명은 참수당하고 다른 한 명은 국외로 쫓겨났다. 그녀만큼 능력이 있었던 크롬웰은 의회주의자였음에도 마침내 의회에 폭력을 행사할 수밖에 없었고 무력으로 통치를 해야 했다.

평민에 대해서 말하자면, 그들의 가난과 정치적 무지 때문에 정부 내에서 어떤 자리도 차지할 수 없다는 견해가 내 시대까지도 받아들여졌다. 한 세대 전만 해도 모든 남자들에게(여

---

* Knights of the shires. 의회의 의원을 지칭하는 칭호로 이 말의 기원은 중세로 거슬러 올라간다. 19세기 영국 행정구역의 변화로 결정적으로 낡은 단어가 되었지만, 다선 의원이나 기사 작위를 받은 보수당의 실세들을 가리킬 때 현재도 언론에서는 쓰이고 있다.

자들에게는 말할 것도 없고) 투표권을 주는 것은 말도 안 되는 일이었고, 만약 그런 일을 행동에 옮기려 하면 위험하다고 생각되었다. 이런 생각은 제1대 웰링턴 공작 아서 웰즐리 같은 토리당원들뿐만 아니라 젊은 시인 셸리와 같은 극단적인 혁명가들에게도 당연하게 여겨졌다. 윈스턴 처칠이 노동당은 통치하기에 적합하지 않다고 선언한 게 엊그제 같다.

당신은 엘리자베스 여왕, 크롬웰, 웰링턴, 셸리 그리고 윈스턴 처칠의 말에 동의할지도 모른다. 그런 경우라면 당신의 의견은 꽤 옳다. 왜냐하면 자유당이나 보수당 정부들만큼 노동당 정부도 나라를 통치할 수 있다고 램지 맥도널드가 국민을 설득시켰음에도 불구하고 사실은 그들 중 누구도 제대로 통치할 수 없다. 누구도 자본주의의 질주를 막을 수는 없다. 우리가 남성들에게, 그리고 다음에는 여성들에게까지 참정권을 부여하며 꿈꾸었던 희망은, 자본주의에 관한 한, 아니 실제로는 대부분의 다른 측면에서도, 부질없는 꿈이었다. 여성들이 그들의 투표권을 사용해서 한 첫 번째 일은 램지 맥도널드를 의회에서 쫓아내고 카이저를 교수형에 처하게 하는 한편 독일로 하여금 전쟁의 비용을 치르게 하는 것이었는데, 모두 다 남성 유권자들에게도 불가능한 일들이었다. 여성들은 주로 그들이 남자들만큼 정치적으로 유능하다는 주장을 통해 투표권을 얻었지만 그것을 얻자마자 즉시 자신들 역시 무능한 존재들임을 증명하기 위해 그것을 사용했다. 그들이 선거에서 유일하게 증명한 것이 있다면 레스터에서 투표로 맥도널드를 패배시킴으로써 그들의 정적들이 주장했던 것처럼 여성들은 남자들의 외모만 보고 투표하지는 않는다는 것을 보여준 것이었다.

자본주의의 나락을 향한 돌진을 막기 위해서는 정부와 세제의 확대밖에는 방법이 없을 때에 공동체 전체에 정치력을 확장시킴(소위 민주주의)으로써 정부와 세제에 대한 대중의 저항이 오히려 강화되었다. 그리고 이것은 여성 참정권 운동가들과 참정권론자들이 전혀 꿈꾸지 않았던, 만약 그들이 꿈꿨다면 지지했을 만한 경향을 만들어 냈다. 즉, 정치적 의식과 뚜렷한 의견을 가진 소수자들(다수자들은 어떤 정치적 견해를 가지고 있다고도 말할 수 없었다)이 의회 정치를 포기하고 대신 독재적인 성향의 지도자들을 등용하여 약탈적인 자본가, 인플레이션 금융가, 부패하고 게으르며 속물적인 관료들을 몰아내자고 주장하는 것이다. 민주주의에 염증을 느낀 사람들은 규율이 필요하다고 부르짖는다.

프랑스는 레몽 푸앵카레를 지지하고 있는데 비록 그가 국가 부채의 80퍼센트를 부인하고 있지만, 그가 현재로서는 가장 독단적인 정치가이기 때문이다. 이탈리아는 의회를 무너뜨리고, 민주주의와 관료주의를 타파하여 일종의 질서와 효율성을 얻기 위해 무솔리니에게 채찍을 넘겨주었다. 스페인에서는 왕과 군 통수권자가 더 이상 민주주의적인 헛짓거리를 참지 않고 법을 자기들 손아귀에 틀어쥐었다. 러시아에서는 소수의 헌신적인 마르크스주의자들이 순전히 무력으로 반항적인 농민들에 맞설 수 있는 정부를 유지하고 있다. 영국에서 우리는 또 다른 크롬웰이 나타나기를 희망하지만 두 가지 고려 사항이 있다. 첫째, 지금 우리에게 크롬웰 같은 인물이 없다는 사실이다. 둘째, 역사를 살펴보건대, 우리에게 만일 크롬웰 같은 인물이 하나라도 있다면, 그래서 모든 종류의 의회를 시도해보지만 갈수록 악화일로로 치닫자 다시 무력통치를 시작한다면, 그는 몇 년 후에는 지쳐 떨어지거나 죽을 것이다. 그러면 우리는 암퇘지처럼 다시 진흙탕에 뒹구는 상태로 돌아가고 부당 이득을 추구하는 자들이 다시 등장해서 지쳐 죽은 지도자의 시체에 그의 생전에는 감히 표현하지 못했던 앙심을 풀 것이다.

우리가 스스로를 다스릴 수 없다는 사실은 우리를 엉망인 상태로 만들고 그래서 그 일을 떠맡을 만큼 강한 어떤 사람에게 권력을 넘겨주게 만든다. 하지만 지배당하지 않으려는 우리의 본성은 다시 우리를 크롬웰이나 무솔리니 같은 사람들에게서 등을 돌리게 만들고 그들이 권력을 잃거나 죽자마자 존 버니언이 말한 무지, 나태, 교만*의 상태로 다시 돌아가게 된다. 무정부 상태의 고통을 벗어나기 위해 전제적인 질서를 희구하지만 그것을 얻으면 소위 우리가 자유라고 부르는 것을 위해 법과 질서의 엄격한 규율에서 벗어나려고 아우성친다. 이렇게 한 극단에서 다른 극단으로 맹목적으로 돌진할 때마다 우리는 우리의 경험으로부터 아무것도 배우지 못한 채 권력의 남용과 자유의 참상의 사례들만을 만들어낸다. 그야말로 목욕물을 버리면서 그 안의 아기까지 버리는 형국이다.

우리가 인류를 정치적 희망이 없는 존재들로 포기하기 전에 통치 대 자유라는 문제가 정녕 해결할 수 없는 것인지 잠시 살펴보기로 하자.

---

* 『천로역정*Pilgrim's Progress*』에서 주인공이 만나는 사람들.

69

자유의 자연적 한계
THE NATURAL LIMIT TO LIBERTY

일단 우리는 자유롭게 태어나지 않으며, 결코 자유로울 수도 없다. 모든 인간의 폭군들이 살해되거나 퇴위되어도 자연이라는 최고의 폭군은 살해되거나 퇴위될 수 없다. 사시사철 따뜻한 햇볕이 있고 몸을 굽히기만 하면 먹을 것이 널려 있는 남태평양의 섬들에서도 자연은 인자하지만은 않다. 그곳에서도 사람들은 거주할 움막을 지어야 하고, 여자들은 온갖 고통과 어려움을 겪으며 아이들을 낳고 길러야 한다. 사랑을 나누는 것 외에는 할 일이 거의 없는 남자들은 잘생겼지만 다투기를 잘하고 시기심이 강해서 서로를 죽이는 일로 운동과 스포츠를 삼는다. 그곳에서 살아남으려면 스스로의 힘으로 자신을 방어해야 한다.

그러나 우리의 위도에서는 자연은 가혹한 주인이다. 원시적인 상황에서는 아침 일찍부터 밤늦게까지 열심히 일을 해야 충분한 식량, 의복, 거처를 마련하여 가혹한 기후 속에서 살아남을 수 있었다. 우리는 종종 기근과 홍수, 늑대, 때 아닌 비와 폭풍우에 의해 고통을 당했고, 여성들은 아이들의 높은 사망률을 만회하기 위해 출산을 거듭해야 했다. 그들은 요리뿐만 아니라 가족의 옷을 만들고 빵을 구워야 했고, 현대의 여성들이 누리는 여가는 그녀들에게는 비난받아 마땅한 것이 아니라 불가능했다. 추장은 법을 집행하는 사람으로서의 권력과 특권을 유지하기 위해 열심히 일해야 했고, 심지어 다른 여성들에 비해 가장 형편이 좋은 그의 아내가 지금의 수많은 여성들처럼 게으르고 낭비를 일삼으려 했다면 그는 틀림없이 엄지손가락만큼 두꺼운 회초리로 그녀의 행실을 교정했을 것이다. 그러면서도 그는 아무 죄책감을 느끼지 않고 오히려 그의 명백한 사회적 의무를 이행했다고 칭송을 받았을 것이다. 여자들도 딸들을 그런 식으로 양육했는데, 유용한 일을 하는 것은 수치스러운 일이며, 만약 꼭 해야 한다면 종을 울려 하인을 불러 시켜야 하고, 직접 그것을 해서는 안 된다고 가르치는 빅토리아 시대의 여성들과는 전혀 다른 상황이었다.

상업 문명은 근본적으로 적은 노동력으로 자연의 일을 하는 방법의 발명에 지나지 않았다. 과학자는 자연의 비밀을 발견하고 싶어 발명을 한다. 그러나 활과 창, 삽과 쟁기, 바퀴와 아치와 같은 인기 있는 발명품들은 야외에서 일을 더 쉽게 만들고자 하는 욕망에서 비롯된 것이다. 물레와 베틀, 프라이팬과 부지깽이, 솥과 비누, 바늘과 안전핀은 집안일을 쉽게 만들었다. 어떤 발명들은 일을 더 어렵게 만들지만 훨씬 더 짧고 지능적이게 만들거나, 아니면 전에는 불가능했던 운영을 가능하게 만든다. 예를 들어, 알파벳, 아라비아 숫자, 계산 조견표, 로그, 대수 등이 그런 것들이다. 인력을 사용하는 대신 말이나 소의 힘을 사용하고, 나중에는 증기와 폭발력, 전기를 투입하여 사람들이 필요 이상의 일을 하지 않아도 되는 상태에 도달하게 되었다. 바늘은 재봉틀이 되고, 바닥을 쓰는 빗자루는 진공청소기가 되었으며 그것들은 모두 벽의 스위치를 올리기만 하면 몇 마일 떨어진 곳에서 보내오는 전기를 사용하여 작동한다. 42장에서 우리는 간략하게, 재료와 그것의 구매와 판매에 대한 낡은 수작업 기술과 지식이 처음에는 노동력의 분업(매우 중요한 발명이었다)을 통해, 그다음에는 기계를 통해 어떻게 사라지게 되었는지 살펴보았다. 엘리베이터나 에스컬레이터 같은 가장 현대적인 모든 가정용 기계는 능숙하게 작동시키고 이용할 수 있을지는 몰라도 계단을 걸어 오르내리지는 못하는 하녀들을 볼 날이 점점 다가오고 있다.

그러나, 우선은 이 모든 것이 유한 계층의 단골 주제인 개인적 자유에 어떤 영향을 미치는지 살펴보기로 하자.

자유란 무엇인가? 여가를 말한다. 여가란 무엇인가? 자유다. 하루 중 언제라도 '다음 한 시간 동안은 내가 원하는 대로 할 수 있다'고 말할 수 있다면, 그 한 시간 동안 당신은 자유로운 것이다. 만약 당신이 '내가 좋든 싫든 나는 이제 다음 한 시간 동안 이러이러한 일들을 해야 한다'고 말한다면, 당신은 마그나 카르타, 권리 장전(또는 독립선언), 기타 당신의 자유에 대한 모든 정치적 소유권 증서들에도 불구하고 그 시간 동안은 자유롭지 못하다.

당신의 일상을 한 번 따라가 보자. 당신은 하인이나 신경을 건드리는 끔찍한 자명종 소리에 의해 싫든 좋든 아침에 잠에서 깨어난다. 일어나서 불을 밝히고 씻고 옷을 입고 아침을 준비하고 먹어야 한다. 여기까지는 자유가 없다. 단지 해야만 하는 일들이다. 당신은 간단하게 당신의 침대를 정리해야 하고 아침 설거지를 하고 방을 정리한 후 몸단장을 한다. 즉, 당신이 밖에 나가서 신선한 음식을 사거나 다른 필요한 쇼핑들을 할 수 있을 만큼 다른 사람들에게 흉잡히지 않도록 더 많이 씻고 옷을 다시 고쳐 입어야 한다는 것을 의미한다. 당신이 먹는 모든 식사는 요리를 포함한 준비와 그 후의 설거지 과정을 포함한다. 이러한 활동들을 하면서 집 안 이곳저곳을 돌아다녀야 하고 종종 계단을 오르락내리락해야 한다는 것을 의미한다. 가끔씩 좀 쉬어야 하고 마지막으로 8시간 동안 잠자리에 들어야 한다.

이 모든 것에 더해서, 당신은 쇼핑을 하고 집세와 세금을 내기 위해 돈을 벌어야 한다. 이것은 크게 두 가지 방법으로 할 수 있다. 어떤 회사에서 적어도 하루에 8시간 동안 일할 수 있고, 집에서 일하는 곳까지 출퇴근을 해야 한다. 또는, 당신이 여성이라면, 결혼을 할 수도 있는데, 그 경우 남편이나 자녀의 모든 식사 준비와 장보기를 해야 하고, 아이들이 스스로 씻고 옷을 입을 수 있을 때까지 씻기고 옷을 입혀야 하며, 가계 수입의 대부분을 관리하는 것을 포함한 아내와 어머니의 일에 속하는 기타 모든 일들을 해야 할 것이다. 만약 당신이 이런 식으로 보내도록 강요된 모든 시간을 합쳐서 자연이 당신에게 허락한 하루 24시간에서 빼면 나머지는 여러분의 매일의 여가, 즉 자유가 될 것이다. 역사학자들과 언론인들과 정치 연설가들은 아마 여러분에게 무적함대Armada의 격퇴, 찰스 1세의 처형, 네덜란드의 오렌지 공 빌럼이 제임스 2세를 퇴위시키고 월리엄 3세로 즉위한 것, 기혼 여성 재산법의 통과와 여성 투표권을 주장한 여성 참정권자들의 승리가 당신을 자유롭게 해주었다고 단언할 것이다. 이런 주장에 고무되어 당신도 순간적으로 가슴이 벅차올라 영국인들은 결코 노예가 되지 않을 거라고 노래를 할지도 모른다. 그러나 이 모든 사건들이 당신이 고통받고 있을지도 모르는 어떤 불만들을 없애버렸을지 모르지만 그것들은 당신의 여가에 아무것도 추가하지 않았고 따라서 당신의 자유에 아무것도 더하지 않았다. 여성의 자유를 늘린, 즉 그녀의 여가 시간을 더해준 의회의 유일한 법들은 그녀의 산업 노동 시간을 줄인 공장법, 7일마다 상업 업무를 금지하는 주일 준수법Sunday Observance Acts, 그리고 공휴일법이 있을 뿐이다.

즉, 자유를 설명할 때 우리 모두가 자유인이냐, 혹은 노예냐를 따지는 것은 어리석은 일이다. 자연은 우리 중 어느 누구도 완전히 자유로워지는 것을 허락하지 않는다. 자유를 얻기 위해 모든 것을 내버린 가장 구제 불능의 부랑자들도 먹고 마시고 씻고 옷을 입고 잠을 자야 하는, 육체 생활에 필요한 모든 일들을 위해 적어도 하루에 열 시간 내지 열한 시간 동안은 노예가 되어야 한다. 거의 전적으로 지시된 삶을 살아야 하는 입헌 군주들도 예외는 없다. 하루에 6시간씩 자유 시간을 가지는 흑인 여자 노예는 세 시간밖에 여가 시간이 없는 '자유로운' 백인 여성보다 더 많은 자유를 가지고 있다. 하지만 백인 여성은 파업할 자유가 있지만 흑인 여자 노예는 그렇지 못하다. 그러나 흑인 노예는 자살할 수 있는 자유(기본적으로 백인 여성의 파업과 거의 같은 것이다)가 있다는 것을 통해, 그리고 자신보다 자유가 훨씬 적은 영국 여성을 동정할 수 있다는 사실을 통해 위안을 삼을 수 있다. 왜냐하면, 영국 여성은 자유의 면에서는 결국 쓰레기 같은 백인일 뿐이다.

이제 우리는 자유를 열망하다가 부랑자에게 공감을 하고 있다. 하지만 그와 우리가 다른 점은 노예처럼 잔혹한 강요 아래 억지로 해야만 하는 일들을 하는 게 아니라, 우리들 중 몇몇은 좋아하는 일을 더 열심히 할 수 있기 위해 여가를 원한다는 점이다. 부랑자는 여가를 낭비하며 비참한 처지에 있다. 우리는 여가를 사용하며 행복하기를 원한다. 왜냐하면 여가는 휴식이 아니기 때문이다. 수면과 마찬가지로 휴식은 필수적이다. 진정한 여가란 우리가 하고 싶은 것을 할 수 있는 자유지, 아무것도 하지 않는 게 아니다.

내가 글을 쓰는 이 순간, 광부들과 광산주들의 격렬한 싸움은 광부들의 하루 근무 시간이 7시간에서 8시간으로 늘어나면서 절정에 이르고 있다. 광부들은 하루 7시간만 일하기를 원한다고 한다. 이것은 잘못된 표현이다. 광부들이 원하는 것은 7시간 일하는 것이 아니라 17시간 쉬는 것이다. 17시간 중 적어도 10시간은 생리적인 문제를 해결하기 위해 사용되어야 하고, 한 시간은 출퇴근을 위해 필요하다. 엄격하게 시간을 관리하고 시간을 절약하고, 빈둥거리는 시간을 없애고, 날씨와 계절의 운만 따르면 광부들은 24시간 중 6시간의 실질적인 여가를 가질 수 있을 것으로 생각할 수 있다. 그가 늘리고 싶어 하는 것은 7시간 일하고, 11시간을 잠, 레크리에이션, 출퇴근에 사용한 후 남는 6시간의 자유다. 근무 시간 단축을 외쳐대는 그의 속마음이 8시간 일하면서 마지막 한 시간 동안은 초과근

무수당(1.5배)을 받겠다는 것일지라도 그의 최종 목표는 여가에 쓸 돈을 더 많이 버는 것이다. 도급 일을 하는 사람들도 급여가 올라 일주일 동안 벌던 것을 삼사일 만에 벌 수 있게 되면, 그들은 이전보다 두 배 많은 돈을 벌기 위해 일주일 내내 일하는 대신에 이삼일을 쉴 가능성이 높다. 그들은 돈보다 여가를 더 원하기 때문이다.

그러나 결정적인 예는 재산이다. 재산은 최대한의 여가를 보장해주기 때문에 사람들은 재산이 있는 사람이 되고 싶어 한다. 재산이 있는 여성이라면 불을 지피기 위해 아침 6시에 일어날 필요가 없고 남편의 아침식사도, 그녀 자신의 아침식사도 준비할 필요가 없다. 세탁을 하거나 요강을 비울 필요도 없고, 잠자리를 정리할 필요도 없다. 장을 볼 필요도, 개인적으로 즐기는 종류의 쇼핑 외에는 어떤 쇼핑도 할 필요가 없고 자식들에 대해서도 신경 쓰고 싶은 것만큼만 신경을 쓰면 된다. 그녀는 자신의 머리를 빗을 필요도 없고 여전히 해야만 하는 일들, 즉 먹고 자고 씻고 이동하는 일들은 가능한 한 호화롭게 행해질 것이다. 그녀는 매일 적어도 12시간의 여가를 기대할 수 있다. 새로운 드레스를 입어보고 사냥, 춤, 방문, 영접, 브리지 게임, 테니스, 등산, 기타 다른 취미들을 시도하는 것은 노동자의 아내가 의무적으로 집안일을 하는 것보다 더 힘들지만, 그녀는 자신이 좋아하는 일을 하는 것이지 꼭 해야만 하는 일을 강제로 하는 것은 아니다. 그렇게 자유를 충분히 누린 후에는 그녀는 대개 자신의 특권을 보호하기 위한 모든 정치 운동의 열렬한 지지자가 되어 자신의 여가를 줄이거나 마음대로 사용할 수 있는 돈의 양을 줄이겠다고 위협하는 모든 정치적 움직임에 격렬한, 때로는 폭력적인 모욕을 퍼붓는 반대자가 된다. 그녀는 자신의 신분을 고수하려 노력한다. 그것이 그녀에게 최대한의 자유를 주기 때문이다.

그녀의 가장 큰 불만은 가사 노동자들을 구하고 유지하는 것이 어렵다는 것이다. 비록 그녀가 시세보다 높은 임금과 더 나은 숙식, 환경을 그들에게 제공하지만 그들에게 더 적은 자유를 주기 때문이다. 가사 노동자들의 시간은 가끔 저녁 외출하는 것을 제외하고는 결코 자신들만의 시간이 아니다. 예전에는 모든 여성들이 가정교사부터 잡역부까지 남의 집에서 일을 하고는 했는데, 그것의 유일한 대안은 견딜 수 없을 정도로 힘들게 회사에서 일을 하는 것이었기 때문이었다. 비교적 온화한 성격의 그녀들은 대부분 문맹자였고 무지한 사람들이었기 때문에 할 수 있는 일들이 많지 않았다. 지금은 적어도 9년 동안 매일같이 학교에 갇혀 있어야 하는 그녀들은 더 이상 문맹자가 아니고 이전에는 남성들만 가능했던 많은 직업들(가령 도시의 사무실들에서 일하는)의 문호도 그녀들에게 열려 있다. 회사 일들도 예전처럼 험하지는 않고 게다가 얌전하게 자란 여성들도 더 이상 빅토리아 시대의 여성들을 환자처럼 만들던 복장과 관습에 의해 신체적으로 구속받지 않는다. 백 년 전 가정부는 청어를 손질하는 여성들이나 헌옷 장사 여성들과는 너무 달라서 전혀 다른 종의 존재들 같았다. 하지만 오늘날 그들은 모두 여가 시간에는 '젊은 아가씨들'일 뿐이다. 가정부가 산업체에서 일하는 직원보다 여가가 적다는 단 한 가지 사실 때문에 공단 도시나 항구에서는 멀쩡한 하녀를 구하는 것이 불가능할 정도다.

남자도 마찬가지다. 그러나 모든 여자와 남자가 모든 것보다 자유를 원한다고 단정하지는 말라. 어떤 사람들은 그것을 매우 두려워한다. 그들은 사업상으로나 도덕적으로나 자율적으로 처신할 수 없다. 그들에게 안전한 상황은 그들에게 무엇을 해야 하는지, 어떻게 행동해야 하는지를 항상 말해줄 후견인을 갖게 되는 것이다. 이런 부류의 사람들은 자유를 상실함에도 불구하고가 아니라 바로 그 이유 때문에 군인이나 가사도우미 일을 택한다. 이런 요인이 없었다면 하인과 군인을 구하는 것이 지금보다 더 힘들 것이다. 그러나 하인과 군인이라고 해서 끝없이 감독을 받고 일하기만을 원하는 것은 아니다. 그들은 때때로 한바탕 신나게 노는 것으로 긴장을 푼다. 그런 때는 할 수 있는 한 자유로워지기를 원한다. 다시 말하지만, 평범한 남성 근로자가 가장 꺼리는 일은 항상 자신의 일에 대해 궁리하는 것이다. 그것은 지배인이 할 일이다. 그가 생각하고 싶은 것은 어떻게 재미있게 여가를 보낼까라는 문제다. 이를 위해 그는 자신의 근무 시간은 최대한 짧고, 여가는 가능한 한 길어지기를 원한다. 불가피한 가사들과 관습 때문에 여성들은 남성들보다 자신의 일에 대해 더 생각을 한다. 주부는 일과 관리를 병행해야 하기 때문이다. 그럼에도 그녀 역시 일이 끝나면 기뻐한다.

그렇게 국민 소득 분배라는 큰 문제는 동시에 필요한 일의 분배와 여가, 자유의 분배의 문제가 된다. 이러한 여가나 자유는 우리 모두가 원하는 것이다. 이곳은 로맨스의 영역이고 무한한 가능성의 영역이지만 노동 시간은 무미건조한 현실의 의무적인 영역이다. 노동을 더 생산적으로 만드는 모든 발명품들과 방법들은 사람들에 의해 열광적으로 환영을 받고, 진보라고 불리는데 그것은 그것들이 우리에게 더 많은 자유를 가능하게 하기 때문이다. 하지만 불행하게도 우리는 기계들의 발명으로 얻어진 여가를 상상할 수 있는 가장 터무니없는 방법으로 분배하고 있다. 24시간 중 15시간의 여가를 가지고 있는, 우리가 방금 논의한 부유한 여성을 예로 들어보자. 그녀가 그런 여가를 얻을 수 있는 이유는 그녀가 어떤 것을 발명해서가 아니라, 다른 사람이 발명한 기계를 소유하고 그것들이 생산하는 모든 여가를 혼자만의 것으로 차지하기 때문이다. 실제로 기계를 다루는 사람들에게는 이전보다 더 많은 여가가 주어지지 않는다. 그녀를 탓하지 말라. 그녀도 어쩔 수 없으니까! 그것은 자본주의의 법칙일 뿐이다.

이것을 전체 국가라는 더 광범위한 관점에서 바라보자. 생산의 현대적 방법은 각 사람이 스스로 생존하고 번식하는 데 필요한 것보다 더 많은 것을 생산할 수 있게 해준다. 그것은 현대적인 방법들이 부뿐만이 아니라 여가 시간 또는 자유를 생산한다는 것을 의미한다. 현재 부가 몇 사람에게만 편중되게 배분되고 나머지 사람들은 이전과 다름없이 빈곤할 삶을 살고 있는 것처럼 여가도 같은 방식으로 배분되어 몇 사람들만 하루에 15시간의 자유를 누리고 나머지 사람들은 전과 다름없이 겨우 4시간의 여가 시간을 가질 수도 있다. 이게 바로 사유 재산 제도가 해낸 일이다. 그 때문에, 사회주의의 기치 아래, 그것을 없애고 국가 전체의 여가와 자유를 동등하게 분배하자는 요구가 생기게 되었다.

여가와 그에 따른 생산적인 일이 균등하게 분배된다면 어떨지 대략적인 그림을 그려보자. 만약 우리 모두가 35년 동안 하루에 4시간씩 일한다면, 현재 적어도 일 년에 천 파운드를 버는 사람들 정도의 삶을 살 수 있다고 가정해보자. 그에 더해, 이런 전반적인 상황은 단지 2시간만 일하고 5백 파운드로 살려는 사람들과 4시간 일하고 2배 더 급여를 받으려는 사람들 사이의 합의의 산물이라고 치자.

우선, 어떤 종류의 일은 하루에 4시간씩 할 수 없다는 어려움이 발생한다. 사업을 하고 있는 남자라면 아무 문제가 없다. 그는 지금 토요일에 근무하는 것처럼 매일 4시간만 일을 하면 된다. 하지만, 예를 들어 당신이 기혼 여성이라고 가정해보자. 당신의 일은 어떨까? 세상에서 가장 중요한 일은 아이를 낳고 기르는 일이다. 그렇게 하지 않으면 인류는 멸종될 것이기 때문이다. 모든 여성의 특권은 그 사실에 근거한다. 하지만 하루에 4시간 동안만 임신을 하고 나머지 시간 동안은 정상일 수는 없다. 아기가 아프다면 4시간 동안만 아기를 간호한 후 다음 날 아침까지 아이를 방치할 수도 없다. 임신은 그 기간 동안 다른 모든 생산적 활동들을 완전히 할 수 없는 상태도 아니다. 사실, 경험에 의하면, 임신을 그렇게 취급하려는 어떤 시도들만큼 병적이고 위험한 것도 없다. 일부 작가들의 촌스러운 표현처럼 그것은 풀타임 잡도 아니다. 아이들을 돌보는 일이 훨씬 더, 그리고 지속적으로 힘이 든다. 무지한 사람들이 주장하는, 아이들에게 필요한 최소한만큼의 관심을 받는 시설에 위탁된 아이들은 대부분 사망을 하지만, 초라한 옷 몇 벌뿐이고 방 하나뿐인 진흙 바닥 초가집에 살더라도 같이 놀아주고 쓰다듬어주고, 상냥하게 다루어지고 노래를 불러주는 아이들은 살아남는다.

4시간의 근무가 모든 사람이 오전 9시에 일을 시작하고 오후 1시에 퇴근할 수 있다는 것을 의미하지는 않는다. 임신과 간호는 사이렌 소리로 일을 중단하거나 다시 시작할 수 없는 중요한 일들의 두 사례일 뿐이다. 공장에서는 24시간 동안 6교대 근무자가 서로 이어서 일하게 함으로써 연속적인 과정을 유지하는 것이 가능하므로, 각 교대 근무자의 근무 시간은 4시간 이하가 될 수 있다. 그러나 직장이자 집의 역할을 하는 선상생활은 6교대 승무원들을 운용할 수 없다. 우리가 5천 명과 그들을 위한 식량을 실을 수 있을 만큼 큰 군함을 건조한다 하더라도, 해전 중에 4시간의 일을 마친 근무조들이 퇴근하는 일은 있을 수 없기 때문이다. 또한 선상에서 가능한 여가는, 무료함을 달래기 위해 바보 같은 갑판 게임들을 하거나 운동을 한답시고 불편하게 갑판을 앞뒤로 뛰어다니는 부유한 승객들이 이미 알고 있듯, 해변에서의 레저와는 같지 않다.

동일한 사람의 최대의 인내력을 일하는 내내 필요로 하기 때문에 교대로 할 수 없는 직업들도 있다.

실험을 관찰하는 화학자나 물리학자, 일식을 관찰하는 천문학자, 위중한 환자를 지켜보는 의사나 간호사, 전쟁 중 전황을 지켜보는 내각의 장관, 좋지 않은 일기 예보를 듣고 건초를 저장하는 농부, 눈을 치우는 청소부들은 필요할 경우 그들이 지쳐 떨어질 때까지 계속 일을 해야 한다. 헨델이 〈오라토리오〉를 작곡하던 방식은 작곡이 끝날 때까지 밤낮으로 작업하면서 할 수 있는 한 깨어 있는 것이었다. 오랜 노력과 인내로 인해 많은 사람들이 탈진해 죽는 탐험가들은 죽지 않으면 다행이라고 생각하며 탐험을 한다.

따라서 4시간 근무는 현재의 8시간 근무, 혹은 가장 최근의 주장인 5일 근무와 마찬가지로 실현 가능하기는 하지만 실제로는 계산을 하기 위한 근거일 뿐이다. 공장과 사무실에서 그 것은 실제로 실행될 수 있다. 짧지만 잦은 휴일이나 길지만 한참 만에 돌아오는 휴일을 의미할 수 있다. 당신은 어떨지 모르지만 그러나 나 자신의 경우, 일에 좀 더 질서를 부여하려는 굳은 결심에도 불구하고, 그리고 한 작품이 보통은 매일의 일정한 분량으로 쉽게 나누어질 수 있다는 사실에도 불구하고, 대개는 완전히 탈진 상태까지 일하다가 몇 주 동안 손을 놓고 쉬어야만 한다. 8, 9개월의 과로 후에 3, 4개월의 휴식을 취하며 게으름을 부리는 것은 전문직 종사자들 사이에서 매우 흔한일이다.

일상 작업과 창조적 또는 독창적 작업이라고 불리는 것 사이의 중요한 차이도 있다. 어떤 사람이 하루에 16시간씩 30년 동안 같은 일을 함으로써 명성을 얻었다는 말을 들으면 당신은 분명히 감탄할지도 모른다. 그러나 단언하건대 그는 다른 종류의 능력을 가지고 있지는 않을 것이다. 즉, 이전에 행해지지 않았던 어떤 새로운 일을 그가 새로운 방법으로 행하거나하는 일은 결코 없을 거라고 나는 자신 있게 말할 수 있다. 그에게는 생각하거나 발명할 필요가 없고 그에게 오늘의 일은 어제의 일의 반복이다. 예를 들어 그를 나폴레옹과 비교해보자. 만약 당신이 그러한 사람들의 삶에 관심이 있다면, 당신은 아마도 나폴레옹이 얼마나 오랫동안 열정적인 에너지를 가지고 일을 계속할 수 있었는지 신물이 나도록 들었을 것이다. 그의 평의회 회원들은 너무 지쳐서 깨어 있을 수 없을 때에도 그는 넘치는 열정으로 일을 계속했다고 한다. 그러나 만약 당신이 그의 비서 부르리엔이 쓴 덜 유명한 회고록을 읽어본다면, 나폴레옹은 종종 아이들과 놀거나 잡문을 읽거나 시간을 낭비하면서 일주일 정도 빈둥거리곤 했다는 것을 알게 될 것이다. 세인트헬레나 섬에서 주어진 강제적인 여가 동안 —그는 아마도 알렉산더 셀커크가 말한 것처럼, '이 끔찍하게 무료한 곳에서 군림하는 것보다 공포의 한복판에서 사는 것이 훨씬 낫겠어'라고 외치곤 했을지도 모른다— 나폴레옹은 장군의 유효 기간이 얼마나 되는 것 같으냐는 질문에 6년이라고 대답을 했다. 미국 대통령은 4년이 유효 기간이라고 생각되는 것 같다. 노망한 노인네라도 수상이 되는 것을 막는 법이 없는 영국에서, 글래드스턴처럼 영향력 있는 인물도 그가 1870년대에 이미 힘에 부치는 듯 보이는 정치 지도자의 역할을 1890년대까지 계속하려고 했을 때 사실상 연금을 주고 퇴직을 시켜야 했다.

보다 일반적인 예를 들자면, 비록 그들이 모두 산술적인 노동력을 요하는 일을 하고 있음에도 불구하고 회계사가 장부 담당자만큼 오래 일하거나 역사가가 서기나 타이피스트처럼 계속 일을 할 수는 없다. 회계사나 역사학자는 3시간 정도 일을 한 후에 피곤함을 느끼겠지만 장부 담당자나 서기, 타이피스트는 간식이나 차 한 잔의 휴식을 취하면 눈 깜짝 하지 않고 8시간 정도 일을 할 수 있다. 그런 차이점을 고려할 때 시간의 양으로 작업을 균일하고 균등하게 분배한다는 것은 불가능하다. 당신이 할 수 있는 것은 휴식과 요양은 여가가 아니라는 것, 아주 긴 시간 동안 특별한 수고 끝에 지친 사람들에게는 가끔 게으르게 보내는 회복 기간도 일의 일부, 그것도 편하기만은 하지 않은 짜증나는 일의 일부로 여겨져야 한다는 것을 명심하고 노동자들에게 전체적으로 평등한 여가를 주려 노력하는 것이다.

요약해서 말하자면 전체적이고 완벽한 의미에서의 자유란 자연 속에는 본질적으로 존재하지 않는다는 것이다. 실제로 이에 관련해서 일어날 수 있는 질문은 첫째, 우리는 얼마나 많은 여가를 가질 수 있는가, 그리고 둘째, 우리가 여가를 가질 때 우리가 좋아하는 것을 어디까지 할 수 있을까이다. 예를 들어, 우리는 다트무어 고원의 사슴들을 사냥해도 될까? 우리들 중 몇몇은 아니라고 말할 것이다. 그들의 의견이 법으로 정해지면, 다트무어 사냥의 자유는 그렇게 한계가 정해질 것이다. 일요일마다 교회에 갈 시간에 골프를 치는 것은? 엘리자베스 여왕은 안 된다고 말할 뿐만 아니라, 교회를 의무적으로 다니도록 만들었을 것이고, 그렇게 일요일을 온전한 휴일이 아닌 한나절 휴일로 만들었을 것이다. 하지만 요즘 우리는 일요 골프의 자유를 즐긴다. 찰스 2세 치하에서는 여성들이 퀘이커파 회합에 참석할 수 없었고, 참석하면 채찍질을 당했다. 사실 잉글랜드 성공회를 제외한 어떤 종류의 종교 예배에 참석하는 것은 처벌할 수 있는 범죄였다. 비록 이 법을 로마 가톨릭교도와 유대교도에 대해 완전히 강요할 수는 없었고, 찰스 왕 자신이 그들을 동정했음에도 불구하고, 조지 폭스*와 존 버니언은 무자비하게 처벌을 받아야 했다. 그나마 '양심의 자유'를 확실히 얻기 위해서는 혁명이 필요했고, 이제 우리는 크리스천 사이언스 교의 멋진 사원을 짓고 예배에 참석할 수 있으며, 필요하다면 몇십 명의 교인들을 데리고 그럴듯한 분리주의 종파를 창시할 수도 있다.

반면에 이전에 우리가 자유롭게 했던 많은 것들을 지금은 못할 수도 있다. 이탈리아에서는 지금도 그렇지만, 아주 최근까지도 영국에서는 결혼 후에는 여성의 모든 재산은 남편의 것이 되었다. 술주정뱅이 불한당은 아내와 아이들을 부양하지 않고 방치한 후 집으로 돌아와서는 그녀가 소유하고 있는 모든 것을 빼앗아 술과 방탕으로 낭비할 수 있었다. 그는 그 짓을 몇 번이고 할 수 있었다. 원만한 결혼 생활을 하는 사람들은 이것을 바로잡으려는 시도들을 신성한 부부 관계에 대한 공격이라고 비난했고 변화를 주창하는 여성들은 여성답지 못하다고 욕을 먹었다. 그러나 마침내 양식이 통하는 세상이 된 영국에서는 결혼한 여성이 남편의 약탈로부터 철저히 보호를 받을 수 있게 되었고 지금은 유부남들이 자신들의 권리를 보호받기 위한 운동을 시작해야 할 정도가 되었다.

집 밖에서 공장 주인은 아무런 벌도 받지 않고 어린아이들을 죽도록 일을 시킬 수도 있었고 공장에서는 맘에 내키는 대로 무엇이든 할 수가 있었다. 하지만 지금은 그가 웨스트민스터 성당에서만큼이나 자신의 공장에서도 마음대로 행동할 수 없다. 그는 싫든 좋든 법률상 그가 해야 할 일들과 하면 안 되는 일들의 긴 목록을 눈에 띄는 곳에 비치해야만 한다. 여가를

---

* 퀘이커파로 알려진 종교 친우회의 창시자이자 비국교도.

보낼 때도 그는 여전히 자유를 제한하고 의무와 준수를 강요하는 법의 적용을 받는다. 자동차를 시속 20마일보다 더 빨리 운전하면 안 되고(물론 실제로는 언제나 더 빨리 운전하지만), 영국에서는 길의 오른쪽으로, 프랑스에서는 왼쪽으로 통행을 해야 한다. 공공장소에서 일광욕을 할 때에도 최소한의 복장을 갖추어야 하며 일 년 중 특정 계절 외에는 야생 조류를 사냥하거나 물고기를 낚을 수 없고 스포츠를 위해 아이들을 쏘는 일 같은 것은 전혀 할 수 없다.

이러한 점에서는 여성의 자유도 남성의 자유처럼 제한되어 있다. 그에 대해서는 더 사례를 들 필요도 없을 것이다. 당신 스스로 수십 개라도 생각할 수 있을 테니까. 일단 여기에서는 여가가 없으면 자유도 없고, 법이 없으면 안전한 여가도 없다는 말만으로 충분할 것이다. 이상적인 자유 국가에서는, 어떤 사람이든 여가 시간에 동료 시민들이나 혹은 심지어 자신에게 해로울 것 같은 일을 하려고 할 때마다 경찰관에 의해 제지를 받는다. 하지만 아무리 그들의 행동이 이상하게 보이든 그것이 해로운 것만 아니라면 사람들은 자신들이 원하는 대로 행동할 수 있다는 게 더 근본적으로 전제되어 있다.

일상에 없던 일을 하려 할 때마다 어머니한테 와서 허락을 구하는 아이처럼, 명시적으로 허락되지 않은 일을 해서는 안 된다고 생각하는 것은 자유를 파괴하는 정반대의 전제다. 영국인의 인간성에는 물론, 일반적으로 인간의 본성에는 아주 강한 억제 본능이 있다고 나는 감히 말할 수 있다. 금지는 권력의 행사다. 우리 모두는 사회적 자유에 대한 의지와 상충되는 개인적인 권력에 대한 의지를 가지고 있다. 그것이 무책임한 압제

행위로 이어지려 할 때는 철저하게 저항해야 하는 것이 옳다. 그러나 그 한계를 이해하지 못한 채 자유를 외치고, 자유뿐만 아니라 새로운 법을 수반하기 때문에 사회주의나 다른 문명의 발전을 새로운 노예제라고 부르는 사람들은 여가와 자유의 확장에 장애가 된다. 그들은 할 수만 있다면 누군가에게 코를 맞는 위험을 감수하기보다는 모든 사람에게 미리 수갑을 채우려는 사람들이다.

70

능력의 렌트
RENT OF ABILITY

'우리와 함께 질주하는 자본'의 사색에서 곁길로 벗어나 자유의 문제를 살펴본 지금(분명히 약간의 휴식이 되었을 것이다), 사람들 사이의 능력 차이라는 역시 혼란스러운 문제를 잠깐 살펴보는 것도 괜찮을 듯싶다. 아직 얻지도 못한 자유를 잃게 될까봐 끊임없이 공포에 휩싸여 있는 사람들은 대개 이런 차이점에 대해서도 많이 염려한다. 몇 년 전에 나는 『사회주의와 탁월한 두뇌들*Socialism and Superior Brains*』이라는 제목의 작은 책을 썼는데, 이 책은 지금도 구입이 가능하기 때문에 여기서 내용을 반복하지는 않겠다. 다만 그 책은 고 윌리엄 허렐 말록의 말, 즉 국가의 수입에서 더 큰 몫을 얻기 위해 어리석은 사람들을 이용해먹는 것이 영리한 처세라는 주장에 대한 대답이었다. 파렴치한 생각이기는 하지만 그것은 무시하기에는 너무 흔하게 벌어지는 일이다. 부당한 몫을 차지하는 것이 아니라 분배될 부의 총량을 늘리는 것이 두뇌를 적절하게 사용하는 것이다. 우리 치안의 가장 어려운 문제들 중 하나는 이런 착복을 막는 것인데, 땅과 자본뿐만 아니라 교활함까지도 이용해서 가능한 한 많은 돈을 벌어야 한다는 것이 자본주의 원리이기 때문이다. 자본주의는 그렇게 머리를 쓰는 것 외에는 영리한 사람들에게 다른 방안을 제공하지 않으므로 그들로서도 어쩔 수가 없다.

먼저 우리에게 아주 유리한 예들을 들어보자. 즉, 돈벌이가 되는 재주를 가진 사람들의 경우다. 목소리가 멋진 여성은 공연장을 빌려 노래를 부를 수 있고, 입장료를 내지 않는 사람은 아무도 그곳에 들어오지 못하게 할 수 있다. 인기 있는 그림을 그릴 수 있는 사람은 돈을 지불해야 입장할 수 있는 화랑에 그것을 걸어 놓을 수 있다. 위험한 수술에 숙달된 외과의사는 환자에게 사실상 '돈과 목숨, 둘 중 하나를 선택하라'고 말할 수 있다. 거인, 난쟁이, 샴쌍둥이, 머리가 두 개인 가수들은 돈을 벌기 위해 자신들을 구경거리로 전시한다. 매력적인 여성들은 남성들의 찬조를 받아 평범하거나 정숙한 여성들보다 부유하게 지낼 수 있고 매력적인 남자 댄스 파트너들도 마찬가지다. 인기 여배우들은 때로 그녀들의 독특한 매력을 유지하기 위해서라는 이유로 온갖 종류의 어리석은 짓들과 사치를 저질러도 대중으로부터 관대한 처분을 받는다.

이런 경우들은 걱정할 필요가 없다. 매우 드문 경우들이니까. 만약 그들이 흔한 존재들이라면 돈을 버는 능력은 사라질 것이다. 그런 것들은 더 이상 산업 권력이나 정치적 특권을 부여하지 않는다. 프리마돈나와 화가들, 샴쌍둥이와 유명한 외과의사들은 금융가와 기업 경영자들만큼 세상을 지배하는 힘이 없다. 천재들과 기이한 모습으로 태어난 사람은 엄청난 돈을 벌지도 모르지만 그들은 그러기 위해 일해야만 한다. 나 자신도 운 좋게 돈벌이가 되는 재주를 타고 나서 어떤 해에는 아버지가 일 년 동안 벌었던 돈의 백 배 이상을 벌기도 했지만, 아버지는 고용주로서 다른 사람들의 삶에 나보다 더 많은 영향력을 가지고 있었다. 내가 정치를 한다고 나서면 나의 작가로서의 경력은 단번에 끝나게 될 것이다. 나를 포함해서 돈벌이가 되는 재능이나 매력을 가진 사람들은 여유 자금으로 땅과 수익원을 살 수 있고 그렇게 지주나 자본가가 될 수 있는 것도 사실이다. 그러나 만약 그런 자원이 사회주의나 사회의 체제 변화에 의해 단절된다면, 아무도 우리에게 여유 자금을 주려는 사람이 없을 것이다. 우리를 평범한 인간 수준으로 만들기 위해 우리의 재능에 세금을 부과하려는 정부의 시도는 아마도 매우 인기가 없을 것이다, 왜냐하면 우리가 주는 기쁨은 즐겁고 널리 퍼지는 반면, 우리가 자만하고 짜증을 내고 질투하고 방자하게 행동해 생기는 해악은 우리와 개인적으로 연관된 불행한 소수의 사람들에게만 국한되기 때문이다. 길이 10피트의 진주 목걸이와 다이아몬드가 박힌 왕관을 지닌 프리마돈나는 가짜 유리 목걸이를 가진 소녀의 삶을 더 비참하게 만들지 않는다. 소녀는 5실링짜리 공연 티켓을 구입함으로써 프리마돈나가 진주 목걸이를 사는 데 도움을 주지만 프리마돈나는 그녀를 매혹시킴으로써 그녀의 삶을 더 견딜 만한 것으로 만들어준다.

게다가, 우리는 프리마돈나뿐만 아니라 실업계 백만장자들을 지켜본 결과 지역 사회에서 가장 부유한 계층도 평범한 개인이 지출하는 것보다 자신의 소득에 비례해 훨씬 더 많은 금액을 지출하기가 어렵다는 것을 알고 있다. 세실 로즈, 앤드류 카네기, 알프레드 노벨처럼 부유한 사람들은 그들의 수입을 다 쓸 수 없어서 수백만 달러를 들여 화려한 수집품들로 가득 찬 갤러리나 박물관들을 만들어 대중에게, 또는 대학, 교회에 기증하고, 또는 상들이나 장학금, 기타 자신들의 마음에 드는 공공시설들을 만들 수밖에 없었다. 만약 소득의 평등이 일반적이라면, 여기저기의 특이한 소득 때문에 그것의 소유자가 다른 사람들과 다르게 사는 일은 없었을 것이다.

인기 있는 소프라노는 1인당 1기니나 되는 입장료를 받고 100일 동안 계속해서 로얄 앨버트 홀의 좌석을 꽉 채울 수 있을지 모르지만 하녀라는 사회 제도가 없으면 하녀를 구할 수 없을 것이다. 상속이라는 사회적 제도가 없으면 자녀들에게 많은 것을 남길 수도 없고, 자본주의가 사회적 제도가 아닌 한 불로소득이나 미실현 이익을 매입할 수도 없다. 그러므로, 비록 정부가 부유세를 부과하거나 그녀의 재능의 사용을 직접적으로 금지시킴으로써 그녀의 이웃보다 더 부자가 되려는 시도를 좌절시키는 것은 꽤 쉬운 일이지만, 인기 있는 개인적 재능의 행사를 막는 것은 별로 그럴 만한 가치가 있을 것 같지 않다.

하지만 우리가 다른 사람들의 재능을 이용해서 돈을 버는 재능에 관해 이야기를 하자면 문제는 심각하게 달라진다. 클레오파트라가 그녀의 매력을 이용해 돈을 벌 수 있도록 허락해주는 것과 한 상인이 일주일에 10파운드씩 주고 클레오파트라 5백 명을 고용한 후 하루에 10파운드를 받고 고객들과 시간을 보내게 함으로써 엄청난 부자가 되도록 허락해주는 것은 전혀 다른 문제다. 도둑의 기술과 배짱에 감탄해서 그를 용서할 수 있을지는 몰라도 도둑의 장물을 10분의 1 가격으로 구입하여 돈을 버는 장물아비에 대해서는 동정을 느낄 수 없다. 존경할 만한 여성들과 정직한 남성들도 같은 방법으로 착취당하고 있다는 것을 우리는 알고 있다.

문명은 노동의 분화를 의미하기 때문에 이 점에서 문제를 더 악화시킨다. 바늘을 만드는 사람들과 기계를 생각해보자. 원시적인 사회의 환경에서는 어떤 물품의 제조자는 재료를 구입하기 위해 돈을 절약하고, 재료를 고르고, 구매하고, 재료를 사용하여 물건을 만든 후 사용자나 소비자에게 판매한다. 오늘날은 재료를 사기 위한 자금의 조달은 별개의 일이고, 선택과 구매도 또 다른 별개의 일이다. 제조도 여러 명의 노동자들 사이에 일이 나누어져 있거나 젊은 노동자 한 명이 관리하는 기계에 의해 이루어진다. 물론 마케팅은 여전히 또 별개의 사업이다. 사실은 그것보다 훨씬 더 복잡하다, 왜냐하면 재료를 구매하는 것과 상품 마케팅 사업들 자체도 몇 개의 분리된 사업들로 다시 나누어지기 때문이다. 그래서 자연의 품으로부터 원재료를 얻어 카운터를 가로질러 손님에게 상품을 내주기까지의 과정 사이에는 수십 명의 중간 상인들이 있을 수 있는데 그들이 각각 통행세를 받아 가격을 올리기 때문에 당신은 불평을 하게 된다. 그리고 물건을 만드는 과정에서 얼마나 많은 사람들이 정말로 필요한 요소인지, 얼마나 그저 단순한 침입자나 기생충 같은 존재인지 당신으로서는 판단하기가 불가능하다.

같은 문제가 세계의 많은 부분에서 발견되는데, 제품 생산이 아닌 서비스 분야에서다. 남편이 방금 양에게서 깎은 양털을 받아온 여성들이 자신의 손으로 옷으로 만들어 팔거나 그것을 옷감으로 바꾸어 입히거나, 가족에게 입혔던 과정이 이제는 금융가, 하송인荷送人, 양털 중개상, 직조 공장 주인, 도매상, 가게 주인, 가게 점원, 기타 수다한 다른 직능들로 갈라졌고 각각의 사람들은 자신들의 과정에 대해서만 알 뿐 다른 부분들에 대해서는 무지하며, 다른 모든 과정들이 동시에 제대로 역할들을 수행할 때까지는 자신들의 일도 할 수 없다. 다른 사람들이 없다면 그들 각각은 모두 대포가 없는 포병이나 아무것도 팔 것이 없는 가게 점원과 마찬가지 처지다.

이제 당신이 어떤 산업이나 서비스에 필수 불가결한 사람들을 하나하나 살펴본다면, 당신은 가장 절박하거나 위험한 형태로 나타나는 뛰어난 능력에 대한 우리의 질문에 직면하게 될 것이다. 예를 들어, 여러분은 신체 건강한 보통 여성이 유능한 점원이나 속기사, 계산기 조작자(요새는 계산을 기계로 한다), 공원이나 교사로 훈련받을 수 있지만, 그들 100명 중 5명만이 사업을 경영하거나 부동산이나 큰 자본을 관리할 수 있다는 것을 알게 될 것이다. 시키는 대로 일을 할 수 있는 사람들의 수는 다른 사람에게 무엇을 하라고 지시할 수 있는 사람들의 수를 항상 크게 초과한다. 만약 교육을 받은 여성이 회사에 일주일에 4, 5파운드 이상을 급여로 요구할 때 아무도 그녀가 좋은 여자인지 나쁜 여자인지 묻지 않는다. 문제는, 그녀가 차지하고 앉아서 결정을 내려야 할 자리가 있는가, 그리고 만약 그렇다면, 그녀가 그것을 할 수 있다고 믿을 만한가가 문제일 뿐이다. 만약 그렇다가 답이면 그녀는 최소 생계비를 넘어서는 보수를 받게 될 것이고 그렇지 않다면 그런 급여를 받지 못한다.

독창적인 결정을 내릴 필요 같은 것은 없고, 할당받은 일을 열심히 하도록 다른 사람들을 감독하고 규율을 지키도록 하는 것조차도, 예외적인 재능이며 특별한 가치를 지닌다. 그것은 다른 사람의 감정에 대해 데면데면한 무관심과 동물적인 에너지만 있으면 수행할 수 있는 일일지도 모른다. 그러나 그런 능력에 가치가 있다는 것은 의심의 여지가 없다. 그런 능력을 가진 사람은 공장의 십장, 교도소의 교도관, 훈련소의 하사관, 군의관, 학교에서의 교무부장 같은 사람들이 된다. 관리자들과 규율을 유지하는 사람들은 모두 혐오의 대상이 될 수도 있고 실제로 그렇게 대접을 받는다. 하지만 그들은 너무 필요한 존재여서 소위 통솔자라고 부를 만한 존재가 없이 남겨진 평범한 사람들의 모임은 즉시 그들을 선출한다.

해적선의 선원들은 자연의 법칙을 제외하고는 어떤 법도 따르지 않는 존재들이지만 그들에게 명령을 내릴 갑판장을 자발적으로 선출하고 그들을 통솔하고 배를 이끌어갈 선장을 뽑는다. 물론 둘 다 견디기 힘들 정도의 가장 포악한 악당들이긴 할 것이다. 나폴레옹 혁명군의 기마 원정대 지휘관이 겁에 질려 꾀병을 부리자 그들은 자신들 중 가장 어린 열여섯의 소년에게 지휘권을 맡으라고 강권했다. 그가 귀족이었기 때문이었는데, 기마대원들은 귀족들이 자신들을 대신해 생각하는 존재라고 믿었기 때문이었다. 소년은 후에 마르보 장군이 되었다. 당신은 그의 회고록에서 그런 내용을 확인할 수 있을 것이다. 모든 여성들은 집안에서 가장 굳센 정신력을 갖춘 여성이 가정을 폭정으로 이끌 수 있다는 것을 잘 알고 있다. 방향을 정하는 사람이 없다면 우리들 대부분은 붐비는 거리에서 기수를 잃은 말 처지가 될 것이다. 철학자 허버트 스펜서는 비록 매우 영리한 사람이었고 상냥한 성격이었지만 타인에게 강요하는 것을 끔찍이 싫어했다. 그는 심지어 자신의 말도 제대로 제어할 수 없었고 결국 그는 말을 팔고 걸어 다녀야만 했다. 왜냐하면 강제되지 않은 그의 말은 멈춰 서서 풀만 뜯으려고 했기 때문이다. 그와 마찬가지로 인도주의자임을 공언한 톨스토이는 가장 거친 말들을 길들이고 다루었다. 그는 말이 그의 말에 복종할 때까지 말을 힘들게 만드는 일반적인 방법을 사용했다.

말과 인간은 방향을 제시받는 데 대해 거의 반항을 하지 않는다는 점에서 비슷하다. 대개의 경우 그들은 스스로 생각하고 계획하는 수고를 면하게 되어 기뻐한다. 통치가 불가능한 사람들은 예외적인 존재일 뿐이고 대부분의 사람들은 그렇지 않다. 권위가 남용되고 복종이 굴욕스럽게 되면 사람들은 분노하게 되고, 반란에서 혁명까지 어떤 것이든 일어날 수 있다. 그러나 유익하고 재치 있게 행사된 권위가 어떤 반작용을 유발했다는 기록은 없다. 우리의 정신적 나태함은 우리를 다스리기 쉽게 만든다. '어떻게 감히 허락도 받지 않고 나가니?'라고 질책을 하는 어머니가 곧 '모든 것을 내게 묻는 대신 스스로 생각을 좀 할 수 없니?'라는 말을 한다. 만약 어떤 무례한 자동차 정비사가 그녀에게 '나에게 문제를 해결해 달라고 오는 대신에 스스로 차를 좀 만들지 그래요?'라고 말한다면 그녀는 당황할 것이다.

나는 독창적인 사상가라고 불리는 직업을 가지고 있다. 모든 확립된 신념과 윤리 규범들이 얼마나 여전히 유효한지, 그리고 얼마나 낡았는지 혹은 대체되었는지를 알기 위해 질문하고 시험하는 한편 심지어는 새로운 신념과 윤리 규범들을 기초하는 일에 종사하고 있다. 그러나 종교와 윤리 규범은 좋은 삶을 만드는 수백 가지의 유용한 것들 중 두 가지에 불과하다. 다른 모든 것들에 대해서는 나는 그것들을 이해하는 사람들의 권위를 인정하고 그대로 받아들인다. 그래서 비록 확립된 신념과 윤리 규범을 흔드는 것을 참을 수 없는 많은 사람들이 나를 위험한 혁명가, 가장 반항적인 사람으로 여기지만, 나는 대부분의 문제에 있어서 당신이 만날 수 있는 가장 온순한 존재일 것이다. 철도 승무원이 나를 10번 승강장으로 가라고 안내할 때 나는 '폭정은 그만!'이라고 외치며 그를 때려눕히고 1번 승강장으로 거칠게 돌진하지 않는다. 나는 그의 지시를 받아들인다. 왜냐하면 나는 안내를 받고 싶고, 올바른 열차에 타고 싶기 때문이다. 만약 승무원이 나를 괴롭히고 학대를 한 후, 그리고 내가 그것을 고스란히 당한 후, 내 목적지인 버밍엄으로 가는 기차가 사실은 7번 승강장에서 출발했고, 10번 열차를 탄 나는 포츠머스에 도착하고 말았다는 것을 알았다면 분명 나는 그 승무원에 맞서서 그를 몰락시키기 위해 내가 할 수 있는 모든 것을 할 것이다. 하지만 그가 충분히 예의가 있고 내게 올바른 지시를 내렸다면 나는 그를 몰아내려는 어떤 시도에든 맞서 그를 변호할 것이다.

나는 내가 익숙지 못한 모든 종류의 상황에서 아이처럼 보살핌을 받고, 치료를 받고, 일반적으로 아이처럼 다루어져야 한다. 그리고 그런 보살핌을 받는 동안 그것을 원망하기는커녕 그것을 받을 수 있어 너무 기뻐할 것이다. 내가 처음으로 안내원이 조작하는 엘리베이터가 아닌, 승객들이 스스로 조작하는 엘리베이터를 타게 되었을 때 나는 거의 혼비백산했고, 무사히 그것을 벗어났을 때 엄청난 안도감을 느꼈다.

당신은 내가 주제에서 벗어나고 있다고 생각할지도 모르겠다. 하지만 나는, 권위와 굴종에 저항하는 것이 우리의 본성이고, 오직 가혹한 강요만이 우리들을 현상태로 유지할 수 있다는 생각이 당신의 마음 한구석에 있다는 것을 경험을 통해 너무 잘 알고 있다. 이제껏 내가 한 말은 오늘날 세상의 비참함이 단지 나쁜 정부 때문만이 아니라, 그것에 전혀 지배당하지 않으려는 우리의 반감에 상당 부분 기인한다는 것이었다. 그것을 구별해야 한다. 우리가 무엇을 해야 할지 알고 있을 때, 혹은 그렇다고 생각할 때, 우리는 간섭받는 것을 싫어하고, 우리가 원하는 대로 하고 싶어 한다. 그러나 분명히 해야 할 일이 있을 때, 그리고 우리들 백 명 중 다섯 명만이 어떻게 해야 하는지를 알고 있을 때, 아흔다섯 명은 그저 다섯 명에게 이끌리는 것이 아니라, 그들을 지도자로 나서라고 요구하고, 필요하다면 그들을 방해하는 자를 죽일 것이다. 그래서 야심만만한 사기꾼들이 지도자로 받아들여지기 쉬운 것이다.

의심할 여지 없이 매너가 나쁘고 모든 것에 대해 잘난 척하는 지도자들은 인기가 없게 될 수도 있고, 모욕감을 느끼게 하는 복종은 견디기 어려울 수 있다. 이런 결과를 만들어내는 지도자들은 아무리 다른 면에서는 유능하더라도 가차 없이 자리에서 축출해야 한다. 왜냐하면 그들은 사람들의 자존심과 행복을 파괴하고 그들이 이끄는 사람들의 능력을 떨어뜨리고 그들을 분개하게 만드는 위험한 적의의 콤플렉스를 만들기 때문이다. 그러나 당신은 권위와 복종이 그 자체로는 결코 인기가 없지도 않으며, 가장 격렬한 사회적 혼란을 겪은 후에는 다시 두

드러지게 나타난다는 것을 확신해도 좋다. 두려워해야 할 것은 그것들의 등장이 아니라 권력을 성공적으로 행사하는 사람들을 우상화하는 것이다. 넬슨 제독은 그의 부하들에 의해 우상화되었고 레닌은 혁명 러시아에서 성자로 안장되었다. 무솔리니는 이탈리아에서 최고 통치자를 뜻하는 두체Duce로 사랑받고 있다. 그러나 권위에 대한 저항을 설파하는 어떤 무정부주의자도 결코 인기를 누린 적이 없었고 앞으로도 없을 것이다.

불행하게도, 자연적인 권위와 복종에 꼭 필요한 사회적 평등을 파괴하는 것이 자본주의 체제의 최악의 악습들 중 하나다. 조정co-ordination이라는 뜻이 더 적절할 곳에 '복종'이라는 말을 쓰는 것이 이런 왜곡을 잘 드러낸다. 지휘하는 능력은 마치 캐비어처럼 만나기 어렵기 때문에 귀하다. 지시를 받는 사람보다 지시를 하는 사람에게 더 많은 돈을 지불하는 것은 그들 사이에 계급의 차이를 만들어낸다. 그리고 계급의 차이는 즉각적으로 지시나 명령―원래는 분노의 대상이 아니라 절실히 필요했던―을 통해 계급의 차이를 확연히 느껴지게 만드는데, 그것은 사람들을 분개하게 만든다. 스미스 대령이 텐카운티 공작 중위에게 명령을 내릴 때 '감히 누구한테 명령을 하는 거야? 나도 너만큼 잘해'라는 반응은 절대 일어나지 않는다. 그러나 그것은 슬럼가에 사는 힉스 부인이 고급 주택지에 사는 하워드 부인으로부터 사람을 깔보는 듯한 태도로 명령을 ―비록 그것이 힉스 부인 자신에게 도움이 되는 것일지라도― 받을 때 자주 그녀의 입에 맴돈다(비록 타고난 공손함이나 결과에 대한 두려움에서 입 밖으로 내지는 못할지도 모르지만). 하워드 부인도 가끔, 이웃에 사는 억만장자 여사가 그녀에게 눈길조차 주지 않을 때, 이웃의 계급은 허울에 불과하며 그녀의 남편 하워드야말로 그 모든 것을 능가하는 존재라고 자기 위안을 한다. 그녀에게는 그 콧대 높은 이웃의 기세가 꺾이는 것을 보는 것보다 더 기쁜 일은 없을 것이다. 하지만 힉스 부인과 하워드 부인, 억만장자Billionham 부인이 모두 동등한 수입을 가지고 있고, 그들의 명예에 손상을 입지 않고 서로의 자녀들이 결혼을 할 수 있다면, 그들은 그들(또는 그들의 남편)이 익숙하지 않은 상황에 처했을 때 상대가 충고를 한다고 해서 결코 말다툼을 벌이지는 않을 것이다. 무엇을 해야 할지 지시를 받는 것은 그 결과에 대한 책임을 면제받는 것이다. 같은 계급의 사람들에게 그런 지시를 하면 싫어하리라고 생각하는 것은 인간의 본성에 대해 거의 알지 못한다는 뜻이다.

가장 나쁜 것은 자본주의가 그들의 비참한 상황에 의해 퇴락한 사람들을 만들어내어 정중하게 주어진 지시에는 반응하지 않고 꾸짖거나 욕을 하고 폭력을 행사해야 일을 한다는 것이다. 거꾸로 이런 비참한 존재들은 가혹하게 기강을 유지하는 방법밖에는 알지 못하는 노예 감독관들이 필요하게 만든다. 유일한 해결책은 애초에 그런 사람들을 만들지 않는 것이다. 그들은 가난에 의해 만들어진 미완의 존재들이며, 빈곤이 사라지면 함께 사라질 것이다.

명령을 내리는 입장에 서지 않으려는 것은 더 심각한 어려움을 만든다. 두 명의 병사가 어떤 임무를 같이 수행해야 할때, 그들 중 한 명은 지휘관이 되어야 한다. 결정을 내리고 그것에 책임질 누군가가 있어야 하기 때문이다. 대개의 경우 둘다 그런 자리를 거절하고 다른 사람에게 짐을 떠넘기려 한다.

이런 경우 플라톤적인 규칙은 꺼리는 사람을 선택하는 것이다. 왜냐하면 야심만만한 사람은 책임을 제대로 이해하지 못하는 자만심에 찬 바보일 가능성이 높기 때문이다. 추가로 급여를 더 준다고 해도 마음을 바꾸기는 힘들다. 그때는 일반 배심원들의 임무를 수행할 때처럼 단순한 강요에 의해 상황을 해결할 수 있다. 만약 당신이 납세자라면, 당신은 소환되어 배심원으로 일하며 사람들에게 누명을 벗겨주거나, 투옥, 석방, 심지어는 그들의 생사여탈에 관한 결정을 내릴 수 있을 뿐만 아니라, 자신들의 생각을 고집하려는 법관들에 맞서 배심원단의 권리를 주장할 수도 있다. 당신은 이런 일을 돈을 받고 하지 않는다. 당사자의 의사에 반하여, 혹은 그들의 기질에 맞지 않지만, 군인으로 징집을 당하거나 의회에 앉도록 강요받는 것과 마찬가지다.

시민들이 꺼리는, 하지만 그들에게 부여된 직무를 수행하게 하기 위한 최후의 수단으로서 강제력은 언제든 동원될 수 있지만, 어떤 사람에게 특별한 종류의 일에 대한 적성이 있는 경우, 심지어 심각한 물질적 불이익이 따라오는 경우에도, 그는 그것을 행사하려는 욕구를 가지고 있는 경우가 대부분이다. 모차르트는 역사상 가장 위대한 작곡가들 중 한 명으로서보다는 시종으로서 일을 했더라면 훨씬 더 많은 돈을 벌 수 있었을 것이다. 그럼에도 불구하고 그는 시종이 아닌 작곡가가 되기를 선택했다. 그는 자신이 제대로 된 시종이 되지 못하리라는 것을 알고 있었고, 그보다는 훌륭한 작곡가가 될 수 있다고 믿었다. 그리고 이것이 그에게 있어서 모든 금전적 고려를 물리치게 만들었다.

나폴레옹이 위관급 장교였을 때 그는 결코 뛰어난 인물이 아니었다. 넬슨이 선장이었을 때, 그는 너무 무능력해서 몇 년 동안 배를 맡지도 못했고 봉급도 반밖에 받지 못했다. 하지만 나폴레옹은 위대한 장군으로 넬슨은 위대한 해군 제독으로 역사에 남았다. 나폴레옹과 넬슨에게 같은 보수를 받는다는 조건하에서 각각 북 치는 소년과 장군, 사환과 제독 중에서 하고 싶은 일을 선택하게 했어도, 그들은 자신들의 천재성을 충분히 발휘할 수 있는 영역을 직업으로 선택했으리라고 우리는 조금도 의심하지 않을 것이다. 심지어는 돈을 덜 받더라도 그들은 자신들이 원하는 일을 선택했을 것이다. 우리는 이미 6장에서 자본주의 체제가 아무 능력도 없는 사람들이나 탐욕스러운 돈벌이꾼들을 엄청난 부자로 만들면서 비범하고 널리 이로운 재능을 가진 사람들을 가난하게 만드는 방식에 대해 이미 살펴보았다.

그러므로 우리는 예외적인 능력을 가진 사람들이 그 능력을 최대한 발휘하게 하기 위해서는 특별한 유인책이 필요할 것이라는 걱정일랑 떨쳐버려도 된다. 경험에 의하면 아무리 심한 좌절과 처벌도 그들이 자신들의 능력을 발휘하는 것을 억제할 수 없다. 이제 진정한 사회적 문제로 다시 돌아가 보자. 세상에 꼭 필요하지만 상대적으로 찾기 어려운 재능을 사용하여 과도한 수입을 갈취하는 것을 어떻게 하면 막을 수 있느냐 하는 문제이다.

사회화된 서비스에서는 별다른 어려움이 일어나지 않는다. 공무원, 판사, 해군 선장, 육군 원수, 대주교는 아무리 특별하게 능력이 뛰어나더라도 그의 계급과 연공서열에 해당하는 평범한 다른 사람들 이상의 보수를 받지 못한다. 진정한 신사는 가장 높은 입찰자에게 자신을 팔지 않는다. 그는 국가에 그가 제공할 수 있는 최고의 일에 대한 대가로 충분한 보수와 존엄한 지위를 요구할 뿐이다. 진정한 숙녀도 마찬가지다. 그러나 자본주의 사회에서는 둘 다 비열한 인간들이 될 수밖에 없다. 즉, 그들의 서비스가 꼭 필요한 사람들에게 최고의 몸값을 요구하여 그들의 희생으로 부자가 되는 것이다.

규율을 유지하는 능력은 그리 희귀하지 않기 때문에, 단지 그런 능력으로는 크게 돈을 갈취할 수 없다. 그러나 경영자와 금융가는 아주 유리한 위치에 있다. 큰 회사의 경영자는 종업원들이 회사의 생산물 중 최저 생계비 이상을 자기들 몫으로 요구하면, '글쎄, 지금이 만족스럽지 않으면 나를 빼고 당신들 스스로 경영을 해봐요'라고 언제나 말할 수 있다. 물론 그들은 그런 일을 할 수 없다. 직원들이 소속되어 있는 노동조합은 그의 말대로 하고 싶어 할 수도 있지만, 곧 그런 경영은 자신들의 영역이 아니라는 것을 알게 된다. 경영자는 사실상 이렇게 말을 하는 것이다, '당신들을 나 없이는 일을 해나갈 수 없소. 그러므로 내 조건에 따라 일을 해야 되오.' 종업원들도 역시 완벽한 진실을 대답으로 제시한다. '당신도 우리 없이는 일을 할 수 없소. 경영할 대상도 없이 어떻게 경영을 하나 두고 봅시다.' 그러나 승자는 경영자이다. 그 이유는 그가 종업원들을 필요로 하는 것보다 종업원들이 그를 더 필요로 하기 때문이 아니라 그가 자신의 능력을 흥정하는 대상은 종업원들이 아니기 때문이다. 그가 사용하고 있는 땅의 지주들과 그가 사업을 하도록 그에게 자본금을 빌려준 자본가들이 바로 그의 흥정의 대상들이다.

 '나 없이는 당신들은 아무것도 할 수 없소'라는 그의 주장에 대해 그들은 아무 반박도 할 수 없다. 아니, 그들은 '아니, 우리들은 견딜 수 있소. 우리는 노동자들에게 최소한의 생계를 유지하면서 다음 세대의 노동자들을 기르기에 충분할 만큼만 제외하고 우리의 땅과 자본으로부터 만들어 낼 수 있는 모든 것을 내놓지 않으면 굶어죽게 될 거라고 말할 거요. 그들은 땅과 자본 없이는 아무것도 생산할 수 없고, 우리는 그 두 가지를 모두 소유하고 있으니까 말이오'라고 말할지도 모른다. '그건 사실이긴 해요.' 유능한 경영자와 금융가는 대답할 것이다. '하지만 그들의 노동을 정교하게 과학적으로 경영하지 않으면 그들의 생산량은 주말농장을 소유한 사람들이나 10세기 영지의 농노들보다도 적을 것이라는 점을 기억해야 해요. 하지만 내가 그들을 산업적이고 재정적으로 당신을 위해 경영한다면 나는 그들의 생산을 천 배 더 늘릴 수 있어요. 당신이 초과 생산분 중 상당한 몫을 내 능력에 대한 대가로 지불한다고 해도, 당신은 내가 없었을 때보다 훨씬 더 부자가 될 거요.' 지주와 자본가들은 이에 대해 할 말이 없을 것이다.

 이와 같이 자본주의하에서는 토지 및 자본의 렌트(이자라고 함)뿐만 아니라 능력의 렌트(이익이라고 함)가 발생하며, 소득의 평등을 확보하기 위해서는 토지와 자본의 국유화가 필요하듯 능력의 국유화가 필요하다. 우리는 이미 이익에 세금을 부과함으로써 부분적으로 이것을 실행하고 있다. 그러나 우리는 공공서비스에서처럼 그것을 국가 또는 지방에서도 직접적으로 시행할 때만 그것을 완전히 실행할 수 있다.

능력의 렌트는 노동력의 렌트의 한 형태라는 점에 유의해야 한다. 렌트rent는 꼭 이해해야 할 필요가 있는 말이지만 아주 소수의 사람들만이 그것을 이해하고 있다. 사람들은 렌트가 집 주인에게 지불해야 할 돈일 뿐이라고 생각한다. 그러나 엄밀한 의미에서 렌트는 특정한 부의 산출량에 차이가 있을 때마다 발생하는 가격이다. 한 밭과 다른 밭, 또는 한 탄광과 다른 탄광의 생산량, 또는 한 건물 부지와 다른 건물 부지의 이익 사이에 자연적인 차이가 있을 때, 사람들은 나쁜 곳보다 더 나은 곳에 더 많은 돈을 지불할 것이다. 그 추가의 가격이 렌트다. 마찬가지로, 한 사람과 다른 사람의 사업 능력 사이에 차이가 있을 때, 그 차이의 가격도 렌트다.

당신은 렌트를 폐지할 수 없다. 왜냐하면 당신은 한 옥수수밭과 다른 옥수수밭, 그리고 한 탄광과 다른 탄광, 한 사람과 다른 사람의 자연적인 차이점을 폐지할 수 없기 때문이다. 국가의 토지, 광산과 노동력은 직접 국유화하거나 세금에 의해 그들의 생산물을 국가적으로 전용轉用함으로써 그것을 국유화할 수 있다. 하지만 후자의 방법에는 우리가 이미 살펴보았듯이 한계가 있다. 어쨌든 이것이 이루어질 때까지는 능력의 렌트는 폭리를 취하고 그것을 소유한 사람들의 자식들을 게으른 지주들과 자본가들로 만들어서 경제적 평등을 파괴할 것이다.

위대한 천문학자들, 화학자들, 수학자들, 물리학자들, 철학자들, 탐험가들, 발견자들, 교사들, 설교자들, 사회학자들과 성인聖人들은 너무 빈곤해서 그들의 아내는 최소한의 체면을 유지하면서 수입과 지출을 맞추기 위해 애쓰다가 지쳐 쓰러질지도 모른다. 반면 기업 경영자들이 주체할 수 없을 만큼 축적한 돈은 그들의 딸들로 하여금 다이아몬드와 모피 코트로 부모님의 부를 과시하며 칵테일을 마셔대다가 속이 안 좋아져 외과의들에게 큰돈을 지불하고 무엇이 문제인지 알아내기 위해 수술을 하게 만든다. 만약 당신이 경영자들의 이러한 과도한 소득을 비난한다면 ─그리고 그들이 자신들이 처한 상황을 이해하고 그것을 이해할 수 있게 표현할 능력이 있다면─ 그들은 자신들이 버는 모든 돈은 다른 사람들을 위해 돈을 벌어주는 과정에서 만들어지는 것이라고 말할 것이다. 자신들이 번 돈을 한 푼이라도 쓰기 전에 그들은 지주에게 지대를, 자본가에게 이자를, 노동자에게 임금을 먼저 지불해야만 한다고 말할 것이다. 그들이 없었다면 불가능했을 규모로 말이다. 지금 영국은 백 년 전보다 다섯 배 많은 사람들을 부양할 수 있게 되었는데 그것은 자신들 같은 사람들이 기업들을 더 잘 경영하고 더 많은 자금이 투여되게 하기 때문이라고 경영자들은 주장한다. 이것은 사실이다. 그러나 그들의 말을 듣고 무안해질 이유는 없다.

우리들 중 누구든 자신을 위해 한 푼이라도 쓰기 전에 집주인에게 임대료, 자본가에게 이자, 노동자에게 임금을 먼저 제공하지 않는 사람은 없으니까. 그런데 왜 우리도 경영자와 금융가들에게 협력하여 우리들 각자의 재능을 발휘하고, 그런 우리의 도움이 없으면 그들은 빵 한 덩어리나 우유 한 잔도 생산을 하지 못하는데, 왜 그들만 특별한 재능에 대해 더 많은 보상을 받는 것일까? 자본주의 체제에 의해 그가 경쟁적인 상거래의 난장亂場 속에서 노동자들보다 더 많은 것을 낚아채는 것은 반드시 불가피한 일은 아니다. 이런 일이 지속되는 동안 금융가의 딸은 '곧 귀족이 될 내 아버지가 없었다면 네 더러운 평민 아버지가 무엇을 할 수 있겠니?'라고 청소부의 딸에게 말을 하고 이에 대해 청소부의 딸은 '내 아버지가 거리를 깨끗하게 하지 않는다면 탐욕스러운 강도 같은 네 아버지는 잘 지낼 수 있을 것 같아?'라고 되받아 칠 수도 있을 것이다. 물론, 여러분은 숙녀나 젊은 청년들이 그런 식으로 말하는 것을 들어본 적이 없을 것이고, 아마 결코 들을 수 없을 것이다. 그들은 너무 공손하고 각자 자신들의 아버지의 입장을 논할 수 있을 만큼 생각이 깊지도 않을 것이며 서로 말을 할 기회조차도 없다. 그러나 만약 그들이 만나게 되고, 무엇 때문인지 서로에게 분노하게 된다면, 치고받는 육탄전에 돌입하기 전에 던질 마지막 말은 내가 상상한 그대로일 것이다.

의심스럽다면, 자본주의 신문들이 무역 연합주의자들과 사회주의자들에 대해 어떤 기사들을 쓰는지, 그리고 프롤레타리아 신문들이 지주들과 자본가들과 회사 경영자들에 대해 뭐라고 쓰는지 읽어보라. 평생 동안 어떤 금융가보다 열심히, 치열하게 살아왔지만 결국에는 그녀의 물통과 빗자루 외에는 자신의 딸에게 남겨줄 것이 없는 청소부 여성이 자본가인 아버지로부터 막대한 수입을 물려받은 억만장자 여성에 대해 생각을 할 때 과연 그녀가 물려받은 돈에 대한 정당한 권리가 있다고 생각하겠는가? 혹은, 당신의 아버지가 상대성이론을 발견했고, 뉴턴 이후 세계에서 가장 위대한 과학자로 인정받고 있지만 단벌 신사인 그의 처지를 면하게 하기 위해 시카고 양돈업자로부터의 청혼을 거절할 수 없는 자신의 처지를 만족스럽게 여기겠는가?

만약 순수 과학에서 당신 아버지와 같은 사람의 업적이 없었다면 현대의 엄청나게 다양한 기계들은 아예 작동조차 하지 못했을 것이고, 외판원들도 마르코 폴로 시대보다 더 빨리 여행할 수 없었을 것이다. 사유로 전용된 렌트는 그것이 토지, 자본, 능력, 어느 것을 위한 것이든 원한을 만든다. 문명이 멸망하는 이유가 바로 이것 때문이다. 그래서 경영자가 아인슈타인보다 더 많이 보수를 받지 않고 그들 중 누구도 청소부 여성보다 더 보수를 많이 받지 않도록 만드는 것이 긴급한 일이다. 사람들의 능력을 평등하게 할 수는 없지만, 다행히도 우리는 그들의 수입을 평등하게 할 수 있다. 그런 면에서 그들을 평준화시키면 그들의 아들딸은 통혼을 할 것이고, 그것은 그들에게 매우 좋은 일이면서 우리 인류의 자질의 향상으로 이어질 것이다.

71

정당 정치
PARTY POLITICS

이제 사회주의와 자본주의에 대한 충분한 지식을 가지고 있게 된 당신은 산업적, 정치적으로 이 세상에 무슨 일이 일어나고 있는지 이해할 수 있다. 하지만 이런 문제들을 당신의 친구들과는 이야기하지 않는 게 좋을 것이다. 그들은 고통스러운 표정으로 침묵하면서 당신의 말에 귀를 기울이고 나서 이웃들에게 당신이 볼셰비키인 것 같다고 말할 테니까.

그러나 당신은 지금의 정당 정치에 관심이 있을 수 있고 심지어는 당의 집회들에 참석을 하거나 정당 후보들을 지지하고 당의 득표를 위해 유세를 하면서 열정, 충성심 같은 감정들을 느끼고, 상대 당과 그 후보가 인류의 적이라는 확신을 가지게 될지도 모른다. 그럴 경우를 위해 나는 당신에게 경고를 해야만 한다.

사회주의가 사회주의 정당에 의해 이룩될 것이고 반사회주의 정당에 의해 공격을 받을 것이라고 섣불리 결론을 내리지 말라. 야당일 때는 자유당이 제안한 조치를 맹렬히 반대하며 비난하던 보수당이 자유당을 물리치고 집권했을 때는 같은 조치를 좀 더 발전된 형태로 통과시키는 짓을 나는 평생 동안 보아왔다. 자유당도 마찬가지인데, 사소한 문제들이 아니라 자유무역, 노동자 계급의 선거권 부여, 지방 정부의 민주화, 아일랜드 지주들로부터의 토지 매수 등과 같은 사회에 큰 영향을 미치는 중요한 문제들에 관해서 그런 행태들을 보여왔다. 현재는 자본주의 정당이 집권을 하고 있고 노동당이 야당이지만 사회주의에 반대하는 정당이 집권하는 동안 오히려 친 사회주의적인 입법적 조치들이 받아들여질 가능성이 꽤 있으며, 적어도 그런 조치들의 절반 정도가 그렇게 될 거라고 나는 확신한다. 그런 조치들이 자본주의 정부에 의해 제안될 때 그들은 오히려 노동당의 반대에 부딪힐 것이고, 노동당 정부에 의해 제안이 될 때는 자본주의 정당의 반대에 부딪힐 것이다. '반대를 위한 반대를 하는 것이 야당의 일'이기 때문이다.

당신의 기대를 실망시킬 수 있는 또 다른 가능성이 있다. 지금 노동당은 공식적인 야당으로서 급속히 세력을 키우고 있지만 20년 전만 해도 의회에 공식적으로 존재하지도 않았다. 이대로 계속 성장한다면 하원을 실질적으로 완전히 장악할 시기도 그리 멀지는 않은 것 같다. 잔존하는 자유당과 보수당은 연정을 해도 효율적인 야당을 구성하기에는 너무 적지만 정부를 구성하기에는 더 수가 모자란다. 그러나 그 결과가 노동당 정부가 모든 것을 차지하는, 만장일치 하원이 될 것이라는 가정은 하지 않는 게 좋다. 노동당이 보수 진영과 진보 진영의 두 진영으로 분열될 것이라고 가정하지도 말라. 만약 그렇게 된다면 그나마 가장 행복한 결과일 것이다.

문제는 그것이 6개 이상의 서로 화합할 수 없는 집단들로 분열되어 의회 정치가 불가능해질 수도 있다는 것이다. 그게 바로 17세기에 장기 의회*에서 일어난 일이었다. 전화나 비행기가 없는 것을 제외하고는 지금과 똑같은 상황이었다. 처음에는 그들은 국왕에 대한 반대라는 입장으로 단결했다. 그러나 왕의 머리를 자른 후 의회는 곧바로 사분오열이 되어서 오늘날의 무솔리니처럼 크롬웰이 군사력으로 그들의 불화를 진압하고 그때까지 어느 왕이 했던 것보다 더 폭압적인 정치를 해야 했다. 크롬웰이 죽자 의회는 다시 이전 어느 때보다도 더 심하게 이합집산을 하다가 결국 절망적인 교착 상태를 초래하게 되었고 거기에서 벗어나기 위해 죽은 왕의 아들을 데려와 선왕의 직함 아래, 낡은 왕권을 모두 행사하고 크게 확장하는 금권 과두정치의 명목상의 수장으로서 그를 이용할 수밖에 없었다.

　만약 6백 명의 노동당원들이 다음 총선거에서 의회에 입성한다면 역사는 다시 되풀이될지도 모른다. 사회주의자들, 사회주의자가 아닌 노동조합주의자들, 공산주의자가 아닌 사이비 볼셰비키주의자들, 공화당원들, 입헌군주제주의자들, 순전한 기회주의자인 국회통들, 타협하지 않는 이상주의자들, 교인들과 교권 반대자들(영국성공회 신자들과 분리주의자들), 이신론理神論자들과 무신론자들이 일시에 서로 반목을 시작할 것이다. 내가 볼 때, 사회주의가 무엇을 의미하는지 정말로 잘 알고 있고 그들의 모든 전통적인 정치적, 종교적 차이점을 사회주의의

---

* Long Parliament. 1640년 소집되어 1653년에 해산된 잉글랜드 의회.

정립에 종속시킬 준비가 되어 있는 다수의 사회주의자들의 등장을 제외하고는, 17세기에 우리가 겪었던 재앙, 현대 이탈리아와 스페인인들이 겪고 있는 재앙이 이 땅에서 다시 반복되는 것을 피할 수 있는 방법은 없다.

불행하게도 현재 스스로를 사회주의자라고 부르는 대부분의 사람들은 사회주의가 무엇을 의미하는지도 모르고, 그것과 무관한 온갖 유행과 믿음과 증오와 어리석은 짓들에 그 이름을 갖다 붙이고 있다. 노동당 선거의 승리는 또 다른 크롬웰이나 나폴레옹 3세, 무솔리니 또는 프리모 드 리베라 장군 중 한 명이 집권하는 사태로 끝날 수도 있고, 혹은 어떤 정당이든 —양 같은 어리석음이나 공포에 찌든 반동의 결속력일지라도— 함께 뭉치고 같은 방향으로 투표를 할 수 있을 만큼 결속력이 있는 정당에게 권력을 이양할 수도 있다. 이에 관한 한 어리석음과 비겁함은 큰 이점이 있다. 당신의 지인들 사이에서도 아주 인습적인 사람들은 거기서 거기인 구닥다리 의견들을 견지하면서 새로운 의견들은 전혀 받아들이려 하지 않지만, 반면에 관습에 얽매이지 않는 사람들은 온갖 종류의 의견들로 가득 차 서로 격렬하게 반대하고 경멸한다는 것을 눈여겨본 적이 있을 것이다. 그렇기 때문에 변화를 원하는 비인습적인 사람들 때문에 모든 진보가 일어남에도 불구하고 그들의 정치적 영향력은 그렇게 크지 않다. 그들은 힘껏 당기지만, 같이 잡아당기지 않고, 서로 다른 방향으로 당긴다. 반면, 그들의 우둔함에 짜증이 나서 당신이 벽창호라고 부르는 사람들은 모두 같은 방향으로 끌어당기거나(보통은 뒤쪽으로), 어떤 방향으로든 움직이기를 거부하면서 견고하게 함께 서 있다. 어리석음에 맞서 싸우는 일은 신들조차도 할 수 없다고 실러는 말했다. 그보다 훨씬 전에는 솔로몬이 말했다, '새끼들을 빼앗긴 암곰을 만나는 것이 어리석은 짓을 하는 바보를 만나는 것보다 낫다.' 옳은 말이다.

그러나 어리석은 사람들은 자기들끼리 다투지 않는다는 이유로 그들에게 표를 주는 것은 잘못이다. 보수주의의 한계 내에서 그들은 오히려 비교적 영리한 사람들보다 더 타협의 여지가 없을 정도로 싸운다. 그들은 기본적으로 비합리적인 사람들이기 때문이다. 그래서 우리가 그들을 벽창호라고 부르는 것이다. 만약 다음 총선거에서 6백 명의 보수파들이 의회에 진출한다면, 그래서 더 이상 노동당이나 자유주의나 기타 두려워할 것이 없게 된다면, 그들을 프롤레타리아들처럼 하나로 뭉치게 하는 것은 그만큼 불가능할 것이다.

1924년 온 나라를 휩쓸었던 우스꽝스러운 러시아 공포로 인해 2대 1 이상의 비율로 사회주의에 반대하는 사람들이 다수당의 지위를 얻게 되었다. 그 결과는 아주 안정된 정부가 아니라 매우 지리멸렬한 정부의 출현이었다. 그들은 곧 무모할 정도로 강압적인 정치론자들, 소심한 타협주의자들, 신중한 기회주의자들, 저교회파低敎會派 신도들, 성공회 가톨릭교도들, 중부 지방 출신의 보호무역론자들, 항구에서 온 자유무역주의자들, 시골 신사들, 도시 사장들, 제국주의자들, 소小 영국주의자들,* 그리고 독사의 소굴 같은 노동조합을 몰살시켜야 한다

---

* 영국이 국제적인 문제에 관여하지 말아야 한다고 믿는 영국인들.

고 생각하는 단순한 사람들, 자신들 없이는 대기업이 굴러갈 수 없다는 것을 잘 아는 경험 많은 사업가들, 보험 삼아 대영제국의 무력을 증강하자고 주장하는 사람들, 세금이라면 무조건 반대하는 사람들, 통화 팽창론자들, 황금충들(Gold Bugs, 금본위제 지지자들), 어디에나 정부가 간섭하게 하려는 전통 보수주의자들, 가능하면 정부의 역할을 줄이려는 자유방임주의자들, 기타 등등의 다양한 사람들로 갈라져 각각 내각을 자신들의 방향으로 끌어당기고 마비시키면서, 서로를 무력화시켰다. 그러는 동안에도 운전석이 빈 채 질주하는 자본주의라는 자동차는 항상 그들을 새로운 장소와 위험한 상황으로 몰아넣었다.

내 생애 전반기, 즉 19세기 후반기에 보수당과 자유당은 현재보다 훨씬 더 균형을 이루고 있었다. 집권 여당이라 해도 야당보다 압도적인 의석을 얻지는 못했고, 그 때문에 함부로 행동하는 일은 없었다. 하원은 존경받았고 강력했다. 하지만 남아프리카 전쟁과 함께 다수당이 비대해지기 시작했고 하원은 즉시 이전에 누리던 위상에 비하면 가히 모멸적이라 할 만한 처지로 전락하기 시작했다. 강력한 다수당에 기대어 모든 정부들은 자신들이 원하는 대로 마음대로 할 수 있다고 생각했다. 영국 정치가들이 자신들을 정직하게 유지하기 위해 고안해 낸, 여론이라 불리던 양심은 우상으로 타도되었고, 유권자의 무지와 건망증과 어리석음은 냉소적으로 이용이 되었다. 소수의 사상가들이 나타나 정치 지도자들의 연설을 읽고 그 안에 담겨 있는 공약과 진술들이 얼마나 말뿐인지, 국민들이 얼마나 뻔뻔한 사기를 당하고 있는지 깨닫고 그것을 문제 삼기 시작했을 때까지는 말이다. 독일과의 구체적인 전쟁 준비는 국민들에게 은폐되었고, 의혹이 극심해지자 정부는 그것을 부인했다. 마침내 1914~18년의 공포 속으로 빨려 들어갔을 때 잉글랜드 성공회는 망신을 당했고, 위대한 유럽 제국들은 고군분투하는 공화국들(전쟁을 획책한 자들이 절대로 의도하지 않았을 결과였다)로 산산조각이 났다. 세상은 의회 정치에 신뢰를 잃은 나머지 이탈리아, 스페인, 러시아에서는 독재 정권이 들어섰지만 사람들은 시큰둥하게 어깨만 으쓱했을 뿐 별 저항도 하지 않았다. 옛 의회 민주주의자들은 입을 다물지 않는 뛰어난 이야기꾼들이었다. 그러나 대다수의 국민들이 이해하고 또 그들에 의해 요구될 때까지는 어떤 정치적인 행위도 해서는 안 된다는 그들의 비현실적인 이론은 그들을 행동하지 않는 사람들로 무력하게 만들었을 뿐이었다. 행동력은 있지만 조급하고 무책임한 프롤레타리아 단체들이 마구잡이로 나타나 통치의 본질이나 필요성도 제대로 이해하지 못한 채 아무런 대책도 없이 자본주의를 분쇄하려 하자 무솔리니가 의회의 무능과 민주주의의 무질서에서 이탈리아를 구할 최고 통치자Duce로 자리 잡을 수 있는 시대적인 분위기가 형성되기 시작했다.

그러나 사회주의는 이러한 정치적 폭풍과 변화 속에서도 사라지지 않는다. 사회주의자들은 민주주의에 구애를 했고, 그 둘이 불가분의 관계임을 널리 보여주기 위해 사회주의를 사회민주주의라고까지 불렀다. 하지만 그들은 사회주의와 민주주의가 결코 양립할 수 없다는 것도 그 못지않게 설득력 있게 주장할 수 있을 것이다. 사회주의는 어느 쪽으로든 자신의 입장을 정립할 수가 없다. 사회주의는 소득의 평등이 없으면 안정되고 번영하는 국가를 만들 수 없다는 흔들리지 않는 주장을 하며 황제들과 노농勞農 평의회 의원들, 대통령들과 대주교들, 영국의 내각들과 이탈리아의 독재자들 또는 교황, 귀족 과두정치 지도자들과 평민 지도자들과 대치하고 있지만 그들은 그러한 평등이 터무니없다고, 그것이 불평등의 결과로부터 자신들을 구할 수 없을 거라고 주장할지도 모른다. 하지만 평등하게 되거나 망하거나 둘 중 하나일 뿐이다. 목을 보존하고 싶은 폭군이나 자신들의 자유를 걱정하는 군중이나 똑같이 이에 관련이 되어 있다. 만약 카톨릭*이라는 이름이 많은 교회들에 의해 별 의미도 없이 그렇게 빈번히 받아들여지지만 않았다면, 그래서 사람들이 내 말을 제대로 이해할지 모르겠지만, 나는 사회주의를 민주주의가 아니라 카톨릭적이라고 부르고 싶다.

---

* catholic이란 단어는 형용사로 쓰일 때는 '포괄적' '종합적'이란 의미로 쓰인다.

72

정당 체제
THE PARTY SYSTEM

우리의 정당 체제는, 많은 사람들이 생각하는 것처럼, 사람들이 항상 의견의 차이로 당파로 나뉜다는 것을 의미하지는 않는다. 의견의 차이는 정당 체제가 생각되기도 훨씬 전에 존재했다.

정당 체제의 의미는, 우리의 왕들이 나라를 통치하는 데 있어서 그에게 조언을 할 내각 장관들을 마음대로 선택하는 대신('정부'를 구성한다고 말할 수 있다), 하원에서 어떤 당이 다수당이든 간에, 그리고 아무리 그들이 그의 마음에 들지 않거나 그들의 능력을 믿을 수 없을지라도, 혹은 양당 중에서 가장 유능한 사람을 뽑아서 더 능력 있는 내각을 구성할 수 있다는 것이 명백할지라도, 다수당에서 장관들을 뽑아야 한다는 뜻이다.

이 시스템은 약간의 기이한 결과를 수반한다. 국왕은 자신이 개인적으로 구제 불능의 바보라고 간주하거나, 그가 싫어하는 정치적, 종교적 신념을 가진 사람들을 고위 공직자로 임명을 해야 할 수도 있었다. 의회의 평의원들과 일반 유권자도 비숫한 곤경에 처하게 되었는데, 하원이나 의회 선거에서 던져진 모든 표는 집권당이 그 자리에 남아 있을지 말지를 결정하는 국민투표가 되기 때문이다. 예를 들어, 당신이 의회의 보수당 의원이고, 여성이 남성과 같은 나이에 투표할 수 있도록 하거나, 독신남에게 세금을 부과하거나, 과부를 위한 연금을 제정하거나, 10척의 전함을 더 건조하거나, 이혼을 폐지하거나 연장하거나, 의무교육 연령을 올리거나, 세금을 증감하거나 기타 등등에 관련된 법안을 보수당 정부가 제출했다 치자. 당신은 그것이 가장 혐오스럽고 해로운 법안이라고 생각할지도 모른다. 그러나 당신이 반대표를 던져서 법안이 부결되면 보수당 정부는 더 이상 다수당이 되지도 못할 것이고 소위 '의회의 신임'을 잃게 된다. 그러면 반드시 국왕에게 가서 사임을 해야 하고, 국왕이 의회를 해산시키면 다시 총선거를 치러야 한다. 당신은 의원 자리를 얻기 위해 다시 출마를 해야 한다(그 과정에서 당신은 많은 재원을 사용해야 하고 결국은 의원 자리를 잃을 수도 있다). 만약 당신이 훌륭한 보수주의자라면 당신이 특정 법안을 아무리 싫어할지라도, 그 법안을 통과시키는 것이 보수당 정부를 전복시키고 노동당을 권좌에 올리는 것보다는 낫다고 항상 생각할 것이다. 그러므로 당신은 씁쓸한 얼굴로 그 법안을 받아들이고, 원내총무가 당신에게 알려준 방향으로, 당신의 신념과는 전혀 맞지 않는 쪽으로 투표를 한다.

그러나 당신이 대신 노동당의 일원이고, 그 법안을 좋은 것으로 생각한다 해도 당신은 똑같은 처지에 놓이게 될 수 있다. 당신이 개인적으로 그 법안을 아무리 좋다고 생각할지라도 정부를 패배시키고 노동당이 다시 집권할 수 있는 기회를 얻는 것이 그 법안을 통과시키는 것보다는 낫다고 생각하기 때문이다. 게다가, 그 법안이 그렇게 마음에 든다면, 노동당이 과반수를 얻었을 때 그것을 다시 상정해서 통과시킬 수도 있으니까 말이다.

만약 당신이 유권자일 뿐이라도 역시 난처한 상황에 처하게 된다. 당신이 지지하는 당의 후보가 정치적 얼간이, 거만한 속물, 천한 떠버리, 교만한 이기주의자, 기타 당신이 싫어하는 그밖의 어떤 성향의 인물이고 그의 상대는 정직하고 지적인, 공적인 정신을 가진 사람이라는 것이 분명할 때가 있을 것이다. 그래도 당신은 당을 보고 후보를 선택해야 하는데, 그렇지 않으면 당신이 지지하는 당이 패배하고 상대 당이 집권할 수 있기 때문이다. 게다가, 당신의 후보가 개인적으로 아무리 불쾌한 인물이더라도 일단 의회에 진출한 후에는 그는 당의 원내총무가 시키는 대로 투표해야만 할 것이다. 따라서 그의 개인적 자질은 별문제가 되지 않을 것이다.

이 제도의 장점은 십여 명의 유능한 장관들과 그 반대자들, 즉 많아야 스물다섯 명의 정예 의원들과 원내 총무들이 일러준 자리로 가서 자신의 이름을 대기에 충분할 정도의 지능이 있는 590명의 바보들로 이루어진 하원이 한 나라의 정부를 꽤 순조롭게 이끌 수 있다는 것이다. 반면 자신만의 의견과 신념을 가지고 있는 615명의 무소속 의원들이 그러한 의견과 신념에 따라 투표를 한다면 정당 정치는 불가능할 것이다. 그러나 정당 체제가 도입된 것은 이런 이유에서가 아니었다. 물론 그것이 유지되어온 이유의 일부가 될 수는 있을 것이다. 정당 정치는 영광스럽고 경건하고 영원히 기억에 남을 우리의 네덜란드 왕 윌리엄 3세가 프랑스의 태양왕Le Roi Soleil 루이 14세와의 전쟁에서 자신이 그의 상대가 될 수 없다는 것을 발견했기 때문이었다. 하원은 왕에게 군비 물자를 공급하려 하지 않았고 의원들은 자기들 마음대로 군대를 줄였다. 당시 탁월한 정치가였던 로버트 스펜서 선덜랜드 제2백작은 윌리엄 3세에게 하원에서 가장 세력이 강한 당으로부터 장관들을 등용한다면 그 당은 전쟁 동안 그를 지지할 수밖에 없을 것이고 당의 추종자들도 마찬가지일 것이라고 조언을 해주었다. 자신이 토리Tory였던 윌리엄 왕은 휘그당을 싫어했고, 선덜랜드의 충고도 마음에 들지 않았지만 그는 그것을 받아들였고 결국 지금의 정당 체제를 수립했다.

정당 체제에 대해 실행 가능한 대안이 있을 수 있을까? 예를 들어, 대안이 없이 바보나 멍청이 둘 중에 하나에게 투표를 해야만 하는 것에 대해 역겨움을 느낀 대중이 모든 정당 후보들에게 등을 돌리고 무소속 후보들을 모두 당선시키거나, 그것이 너무 지나치다고 생각한다면, 무소속 후보들이, 마치 옛 아일랜드 국민당처럼, 의회에서 어떤 정부라도 물리칠 수 있을 만큼 충분한 숫자로 의회에 돌아왔다고 가정을 해보자. 유권자들의 그러한 반발은 이미 존재하며 또 앞으로도 항상 존재할 것이다. 총선 결과는 옳고 그름에 상관없이 항상 자신이 지지하는 정당에 투표하는 유권자들이 아니라 자신의 이익과 선호에 따라 선거 때마다 다른 정당에 투표를 하는 부동하는 무소속 유권자들에 달려 있다. 어느 정당이 통치할 것인가를 결정하는 기묘한 방법을 터득한 것은 어느 쪽에도 연고가 없는 이 사람들이었다. 그들은 정당 체제에 대해 아무것도 모르거나, 정당 체제에 대해 경멸을 표하면서 자신들이 원하는 대로 투표한다. 무소속 유권자들이 정당을 지지하는 유권자들보다 더 수가 많은 경우에도 단지 기존 정당 구성원들에게 투표를 하는 이유는 정당 기구들이 무소속 의원들을 그들의 후보로 공천하는 경우는 없기 때문에 표를 줄 수 있는 무소속 후보들이 많지 않아서이다.

왕이 언젠가는 어느 정당도 과반수를 차지하지 못한 상태의 하원을 만나게 될 수도 있을 것이다. 그때에는 어느 정당에도 속하지 않는 의원들이 실제로 결정을 내리는 사람들일 것이다. 그럴 경우 왕은 각 당의 지도자들에게 연합해서 정부를 구성하라고 하소연할지도 모른다. 이러한 상황은 최근 프랑스에서 몇 차례 일어난 적이 있다. 프랑스 내각에 존재하는 아주 많은 군소 정당들 중 몇 개의 정당들이 한 정치 지도자의 설득에 의해 잠정적으로 뭉쳐 정부를 구성하고는 했는데 이를 블록이라고 한다. 그러나 이런 일이 항상 쉬운 것은 아니다. 그리고 심지어 그것이 성취되어 블록이 정부를 구성하더라도 그것을 유지하는 것은 아주 어려워서 아무도 블록이 우리의 정당 정부처럼 5년 동안 지속되리라고 생각하는 사람은 없다. 그것의 수명은 고작 일주일에서 6개월 정도다. 최근 프랑스에서는 아리스티드 브리앙, 에두아르 마리 에리오, 폴 팽르베, 또는 레몽 푸앵카레 등, 도대체 누가 수상인지 알 수 없을 정도로 블록이 자주 바뀌었다. 프랑스에서처럼 압도적인 당내 다수파 때문에 당이 적대적인 다수의 집단들로 분열되어 정당 체제에 필요한 두 정당 대신 모두가 소수당인 대여섯 개의 정당으로 대체되거나, 어떤 정당 정부든 일을 하기 위해서는 무소속 의원들에게 의존해야 할 만큼 그들의 수가 많이 생기는 일이 영국에서도 일어날지도 모른다. 그러므로 의회가 정당 체제 이외의 다른 어떤 것을 통해 일할 수 있을지 대안을 묻는 것은 충분히 정당한 질문일 수 있다.

사실 이 나라에서는 하원 이외에 시 자치 단체들, 도 의회county councils, 자치구 위원회borough councils, 자치구 의회district councils에서부터 마을 단위의 행정 교구회의Parish meetings에 이르기까지 수많은 크고 작은 의회들이 있다. 그들 중 어느 것도 정당 체제에 의해 일을 하지 않지만 아주 잘 운영이 된다. 하지만 만약 당신이 이것을 언급한다면, 당신은 곧바로 자기모순에 봉착하게 될 것이다. 왜냐하면 실제로는 이러한 단체들 중 많은 곳에서 당파심이 강력하게 존재하기 때문이다. 구성원들은 당별 모임을 가지며 선거전에는 각 당의 구호가 등장하고 당에 따라 표들이 집계되고 소수당 회원들은 위원회의 의장직에 —장관직에 가장 가까운 자리들이다— 앉을 수도 없다. 하지만 그게 전부다. 크고 작은 각각의 의회들에는 총리도 내각도 존재하지 않고 왕도 그들 중 가장 뛰어난 사람을 찾아서 그들에게 정부를 구성하라고 요구하는 등 그들의 일에 간섭하지 않는다. 하원에서 구성되는 정부 같은 조직을 그런 위원회들에서는 찾아볼 수는 없지만 시나 도는 잘 운영이 되고 있고 종종 하원을 부끄럽게 만들 정도로 효율적으로 운영이 되고 있다. 모든 구성원은 자신의 당이 권력을 잃거나 총선을 다시 치러야 할 위험 없이 그가 생각하는 대로 투표할 수 있다. 동의안이 부결되어도 누구도 사임할 필요가 없고 동의안이 채택되더라도 누구의 처지도 바뀌지 않는다. 일들이 처리되는 방식이 정당 체제에서처럼 그렇게 복잡하지 않다.

아니, 사실은 아주 간단하다. 지방의회council의 임기는 3년이고, 3년이 지나기 전까지는 총선이 치러질 수 없다. 의회는 공중 보건 위원회, 전기 조명 위원회, 금융 위원회 등 다양한 위원회를 통해 일을 한다. 이 위원회들은 별도로 회의를 하고, 일련의 결의안을 통해서 위원회가 그들의 부문에서 어떤 일을 해야 하는지에 대한 결의안을 제시한다. 총의회가 열리면, 이러한 일련의 결의안들이 각 위원회들의 보고서로 작성되고 전체 투표에 의해 확정되거나 거부되거나 수정된다. 하원의 많은 노동당원들은 이렇게 단순한 체제하에서 운영되는 지방 단체에서 그들의 정치 생활을 시작해 왔다.

이 두 시스템은 오늘날에는 크게 다르지만 같은 뿌리에서 싹을 틔웠다. 선덜랜드가 윌리엄 3세에게 정당 체제를 도입하도록 촉구하기 전에 왕은 정부의 다양한 부처들의 업무를 다루게 하기 위해서 캐비닛Cabinet이라고 불리던 위원회들을 임명했다. 이 캐비닛들은 그의 의회에 설치되었던 위원회들이었다. 그것들이 내가 방금 설명한 지방 자치 위원회들의 모델이었다. 장관이라 불리던 캐비닛의 간사들은 그들의 활동을 조율하기 위해 모임을 가졌고 이렇게 협의된 활동들은 그들의 정책을 형성했다. 그리고 그들 자신들이 모두 캐비닛의 장관들이었기 때문에 그들의 모임은 내각THE Cabinet이라고 불리게 되었고, 그 후 다른 단체들에는 더 이상 캐비닛이란 말을 사용하지 않았다. 이전의 캐비닛들은 부(내무부Home Office, 육군부War Office, 외무부Foreign Office 등), 위원회Boards, 공관Chanceries, 재무부Treasuries 등 캐비닛을 제외한 다양한 명칭으로 불리고 있다.

우리가 보았듯이, 정당 체제의 경직성은 정부가 의회의 표결에서 패배할 때마다 '국가에 책임을 져야 한다'는 관습 때문에 생긴 것이다. 즉, 그럴 때마다 내각 장관들은 사임을 해야 하고, 국왕은 의회를 해산하고 총선을 실시해야 했다. 때문에, 문제의 안건이 그리 중요하지도 않은 것이고 많은 의원들이 자리를 비웠을 때 행해진 투표의 경우 터무니없는 결과를 초래하고는 했다. 평의원들은 비참한 투표 기계로 전락했고 좀처럼 표결이 나지 않을 때에는, 주주들이 주주총회에서 행하듯, 의원들이 집에 머물면서 대리인을 통해 원내총무에게 엽서를 보내 대리 투표까지 해야 할 지경이 되었다. 이러한 노예 상태는 당의 지도자들은 물론 평의원들도 참고 견딜 수 없는 수준이었다. 결과적으로 정부는 때때로 논의 중인 정책이 '당의 운명에 관련되지 않은', '원내총무의 견제를 받지 않는' 것이라고 선언함으로써 추종자들에게 어느 정도 자유를 허용해야만 했다. 이는 의원들이 당권을 빼앗기고 총선을 치러야 하는 두려움 없이 그들이 원하는 대로 투표할 수 있다는 것을 의미했다.

이러한 관행은 의원들이 더욱 독립적이 되어가면서 당이 소수 집단으로 분열되었기 때문에 더욱 확대될 수밖에 없었다. 이미 정부도 그들이 역점을 두어 추진한 안건이 부결되거나 의회의 신임을 상실했을 때에만 사퇴하는 경향이 나타났다. 단, 정책의 핵심 사항에 대한 표결의 결과가 정부에 반대하는 것으로 드러나면 어찌 되었건 국가에 책임을 져야 했다. 의심할 여지 없이 원내총무들은 계속해서 마음 약한 평의원들에게 그들이 조금이라도 자의적으로 투표를 하면 정부를 망칠 것이라고 위협했고 정당 자금을 지원받아 선거 비용을 지불한 사람들은 원내총무가 부르는 장단에 맞추어 춤을 춰야만 했다. 하지만 지금은, 몇 명의 콧대 높은 솔리스트들이 노래를 할 때 그들을 둘러싸고 백코러스를 넣어주어서 주연들이 숨을 쉴 수 있도록 해줄 때 외에는 결코 자신들의 입을 열지 않는 합창단 같던 하원의 모습이 점점 바뀌고 있다고 생각해도 무방하다. 의회에 여성들이 많아질수록 정당 방침을 밀어붙이는 것이 더 어렵게 될 것이고, 당의 본질에 관련된 질문들은 예외적인 것이 되며, 의견의 자유로운 표명을 구하는 안건들이 대세를 이루게 될 것이라는 것이 이미 명백해졌다.

그러나 여기서 나는 또 다른 가능성을 경고해야 하겠다. 현대 공동체의 공공사업들을 수행하기 위한 도구로서 의회의 양원은 합승마차만큼이나 시대에 뒤떨어졌다. 1920년에 두 유명한 정치학 교수인 시드니 웹과 베아트리스 웹은 영국 사회주의 연방 헌법을 발표했다. 그 헌법에서는 웨스트민스터에 있는 우리의 오래된 정치 체제를 계속 사용하는 것을 비실용적인 것이라고 폐기했고, 그것이 현재 서서히 마비되는 상태에 있다고 묘사했다. 그 헌법은 우리가 정치, 산업과 관련된 두 개의 의회를 가져야 하며 정치적 의회는 내각제를, 산업 관련 의회는 지방제를 유지해야 한다고 제안했다. 여기에서는 그러한 변경의 세부 사항들을 자세히 다룰 수 없다. 당신이 원한다면 그런 내용을 다룬 책을 찾아 볼 수 있을 것이다. 나는 단지 당신이 그런 일들에 대처할 수 있도록 그것을 언급하는 것뿐이다. 웨스트민스터에 있는 우리의 낡은 엔진을 자본주의의 현대적 발전에 대처하도록 내버려두면 자본주의는 그것을 폭파시킬 것이고, 그러면 우리가 좋든 싫든 간에 더 적절한 것을 고안하고 세워야 할 것이다.

73

노동당의 내부 분열
DIVISION WITHIN THE LABOR PARTY

이제 여러분은 노동당이나 다른 집권당의 정부하에서 의회가 제대로 작동하기 위해서는 하원의 다른 당들을 투표수로 압도할 수 있는 단합된 정당이 내각을 지지해야만 한다는 것을 알 수 있을 것이다. 이것을 간신히 할 수 있을 정도 크기인 정당은 패배에 대한 두려움 때문에 함께 단합하는 반면, 하원 전체가 속해 있다 할 수 있을 정도로 큰 당은 틀림없이 분열해서 작은 그룹들로 나뉠 것이기 때문에 내각이 구성되고 정부가 실제적으로 일을 할 수 있기 위해서는 그 그룹들이 다시 어느 정도 크기의 덩어리들로 뭉쳐야만 한다. 19세기에 우리 모두는 이런 일이 결코 일어날 수 없을 거라고 확신했다. 하지만 20세기에 들어선 지금, 프롤레타리아들이 의회를 완전히 정복할 때까지 계속 공격을 확대하리라는 것이 명백하다. 그러므로 우리는 노동당의 외관상의 만장일치가 상당히 기만적이라는 점을 보여주는 몇 가지 문제를 검토해보는 것이 좋을 것 같다.

당신의 흥미를 끌기 위해 나는 특정 직업에서 사실상 여성들이 배제되고 있는 문제부터 시작하고 싶다. 오늘 아침 나는 펀자브에 있는 라호르 정부 대학으로부터 다음과 같은 문구가 적힌 편지를 받았다. '인도의 우르두어를 사용하는 사람들의 수는 약 9천 6백만 명입니다. 이들 중 4천 6백만 명은 여성들로서 주로 집안에서만 생활을 하고 밖으로 나오지 않습니다.' 얼마나 많은 노동당원들이 여성들을 위한 적절한 장소가 집안이라고 믿는지 나는 알 수 없다. 하지만 남녀 간의 인위적인 구분을 없애려는 사람들과 상당히 만만치 않은 싸움을 시작하기에는 충분한 숫자일 것이다. 그러나 나는 이 문제는 그냥 지나쳐야겠다. 그것이 중요한 문제이기는 하지만 노동당을 이전의 정당들처럼 분열시킬 만한 문제는 아니기 때문이다. 남성들이 법적으로 여성들의 노예이거나 또는 여성들이 남성들의 노예라도(기혼 여성이 법적으로 그랬듯이), 그것은 자본주의에서 사회주의로의 변화에 영향을 미치지 않을 것이다. 여기서는 그것에 영향을 미칠 수 있는 경우들에만 국한해 살펴보기로 하자.

어떤 조건에서도 게으름을 용납하지 않는 것은 사회주의의 기본 정신이다. 한편, 그들의 요구가 충족될 때까지 노동자들이 언제라도 도구를 내려놓고 더 이상 일하는 것을 거부할 권리를 지니는 것은 노동조합주의의 기본 정신이다. 둘 사이에 존재하는 것보다 더 완전한 모순을 상상하는 것이 불가능할 정도이다. 파업권에 대한 문제는 매년 더욱 첨예해지고 있다. 우리는 작은 기업들이 어떻게 대기업으로 성장하는지, 대기업들은 어떻게 전체 산업을 지배하는 트러스트로 바뀌는지를 보아왔다. 노동조합도 이러한 성장에 보조를 맞추어 왔다. 작은 노동조합들은 큰 노동조합으로 성장했고, 큰 조합들은 거대한 연맹으로 뭉쳤다. 결과적으로 작은 파업들이 엄청나게 큰 파업들로 바뀌었다. 전기 기사들의 파업, 철도 파업이나 석탄 파업은 이들 산업과 그들에 의존하는 수십 개의 다른 산업들을 멈추게 하여 온 나라에 견딜 수 없는 불편과 고통을 줄 수 있다.

파업을 보다 효과적으로 하기 위해, 오래된 직능별 조합craft unions과 구별되는 산업별 조합industrial union이라고 불리는 새로운 종류의 노동조합이 생겼다. 직능별 조합은 목수, 석공, 무두장이 등 특정한 공예나 일을 통해 생활을 하는 모든 사람들을 하나로 묶었다. 그러나 한 가지 산업에도 십여 개의 다양한 공예를 업으로 삼는 사람들이 있을 수 있다. 예를 들어, 건축 산업은 사무 업무를 보는 직원들은 물론 목수, 석수, 벽돌공, 소목장이, 배관공, 슬레이트공, 도장공 등 다양한 노동자들을 고용하고 있다. 이들 모두가 별개의 조합에 속해 있다면, 그들 중 한 조합의 파업은 그들 전체가 하는 파업의 효과를 만들어 낼 수 없다. 따라서 직능에 관계없이 산업 전체를 아우르는 노조가 결성된 것이다.

우리는 현재 수십 개의 서로 다른 일자리에서 온 노동자들이 모여 있는 운송노동조합과 전국철도노동조합과 같은 단체들을 가지고 있다. 그들은 파업으로 전체 산업을 마비시킬 수 있다. 19세기에는 일반 대중에게 많은 주목을 받을 만큼 큰 규모의 파업이나 직장폐쇄가 거의 없었다. 하지만 20세기에 들어서서는 이미 여러 차례 국가적 재난이라 할 만한 실력 행사들이 있었다. 정부는 분쟁자들을 보조금으로 매수하려 하거나, 고용주와 파업 참가자들을 설득하여 합의에 이르도록 노력하는 수밖에 없었고 노동자들에게 일터로 돌아가라고 강제하거나 고용주들에게 그들의 요구를 들어주도록 강요할 힘이 없기 때문에 정부의 개입은 그다지 효과적이지 못했고, 결국 큰 재난들을 겪어야 했다. 마침내 정부는 1927년에 동조 파업과 직장폐쇄를 금지하는 노사 분규 및 노동조합법Trade Dispute and Trade Union Ac을 발효시켜서, 파업의 규모를 제한하려 시도했다. 하지만 이 법은 산업별 조합의 형성을 금하지 않았고, 불만 거리가 확인이 될 때는 파업이나 직장폐쇄의 권리를 제한하지 않았기 때문에 문제의 해결책보다는 무기력한 분노의 표시에 지나지 않았지만 큰 파업을 용인하지 않으려는 국가적인 분위기가 점차 형성되고 있음을 보여주는 의미가 있었다. 파업과 직장폐쇄는, 그로 인해 온 나라가 고통받는, 자본과 노동 사이의 내전이었다.

이 위험한 골칫거리에 대한 사회주의의 치료법은 분명하다. 전쟁 기간 동안 일정 연령의 모든 남자들에게 강제 병역이 부과된 것처럼 모든 봉사가 가능한 시민들에게 사회봉사 의무를 부과하는 것이다. 전쟁 중일 때는 어느 누구도 자기는 일 년에 천 파운드의 수입이 있으므로 생계를 위해 군인으로 일하지 않아도 된다고 주장할 수 없다. 그가 5만 파운드의 수입을 가지고 있어도 마찬가지다. 그는 나머지 사람들과 함께 자신의 몫을 감당해야 한다. 자신은 신사 계급이므로, 평민인 병사들과 어울리거나 그들과 같이 분류되고 싶지 않다고 주장해도 소용이 없다.

만약 그가 훈련받은 장교가 아니라면 사병으로 복무해야 하고, 아마도 그의 상관인 하사관이 그의 하인이었다는 것을, 그를 지휘하는 소령, 대령, 그리고 준장이 각각 그의 재단사, 그의 제화업자, 그의 사무 변호사 그리고 그가 자주 들르던 호텔의 지배인이라는 것을 알게 될지도 모른다. 끔찍한 부상을 당하거나 몸이 산산조각 날 위험에 처하더라도 정확하게 자신의 임무를 수행하지 않으면 사형을 당할 수도 있다. 병역의 정당성이 너무나 의심스러운 나머지 양심적으로 그것의 수행을 거부하는 사람은 철학자 칸트가 제시한 테스트를 통해 자신을 정당화할 수 있다. 즉, 모든 사람이 자신과 똑같이 행동한다면 세상은 훨씬 안전하고 행복하며 더 나아질 것이라고 주장하는 것이다.

사회봉사를 거절하는 것은 그런 변명의 여지도 없다. 모두가 일하기를 거부하면 영국 주민들의 10분의 9가 한 달 안에 죽을 것이고, 나머지도 너무 쇠약하여 사망한 사람들을 매장하지도 못한 채 곧 그들과 운명을 같이하게 될 것이다. 어느 숙녀가 자신은 일하지 않고도 살아갈 만큼 충분한 돈이 있다고 주장해봤자 소용없다. 누구라도 자신의 음식과 의복, 거처를 스스로 마련하지 않는다면 다른 사람들이 그녀를 위해 그것들을 생산해야 하고, 그녀가 다른 사람들을 위해 그에 상당한 서비스를 감당하지 않는다면 그녀는 그들을 강탈하는 것이다. 근면했던 할머니의 저축 덕분에 자신이 지금 잘 살고 있는 척해도 마찬가지다. 그렇게 하는 것은 원래 불가능한 일일 뿐만 아니라, 도대체 할머니가 근면하게 쌓은 선을 그녀의 나태함으로 허물도록 내버려둘 이유가 없기 때문이다.

강제적인 사회봉사는 너무나 정당하기 때문에 정부의 제일 중요한 의무는 모든 사람들이 자신에게 필요한 것을 공급받을 만큼 충분히 일하고 그에 더해 국가의 이익과 세상의 개선을 위해 무언가를 더 남길 수 있을 만큼 일을 하도록 만드는 것이다. 그러나 그것은 어떤 정부든 가장 마지막으로 미루고 싶은 의무이기도 하다. 지금 당장 정부가 하는 일은 무력에 기대어 인민들을 자본가들을 위해 일을 하게 하거나 그렇지 않으면 굶어 죽어야 하는 상태로 전락시켜서 자본가들을 그런 의무로부터 해방시켜주는 것이다. 그렇게 한가하게 된 자본가들은 생산적인 산업에서 노동력을 빼내어 그들의 게으름이나 허영심을 채우는 데 사용함으로써 인위적인 인구 과잉을 생산해낸다. 우리의 자본주의 정부는 이런 일을 재산을 보호하고 개인의 자유를 유지하는 것이라고 주장하지만 사회주의자들은 그런 의미에서의 재산은 도둑질이며 개인들의 자유가 살인할 수 있는 권리를 포함하지 않는 것만큼이나 게으름을 피울 권리도 포함하지 않는다고 생각한다.

따라서, 노동당이 장악한 하원이 엄청난 영향을 지닌 전국적 규모의 파업을 다루어야 할 때, 노동당의 사회주의자들은 모든 신체 건강한 사람들로 하여금 강제적인 사회봉사를 하게 하는 것을 그에 대한 대책이라고 주장할 것이다. 남아 있는 구정당 세력들과 노동당 내의 비사회주의적인 노동조합주의자들은 즉시 한목소리로 그 제안에 반대하면서 그보다는 파업을 하고 있는 사람들을 매수하기 위해 보조금을 지급하자고 주장할 것이다. 하지만 심지어 공기업들의 노동조합원들조차도 보조금이 있건 없건 간에 파업의 권리를 포기하지 않을 것이다. 파업은 노동조합이 가진 유일한 무기이기 때문이다. 마찬가지로 고용주들도 그들의 직장폐쇄권을 포기하지 않을 것이다. 지주나 자본가들은 큰 낭패감을 느낄 것이다. 그들은 고용주와 금융가보다 훨씬 더 걱정을 하게 될 텐데, 왜냐하면 고용주와 금융업자는 노동자이기 때문이다. 일을 해야만 하더라도 그들은 힘들게 없다. 그러나 일이란 것을 모르고 자란 탓에 생산적인 일이라는 말을 들으면 먼저 사회적으로 열등한 사람들, 사무실과 공장에 꼼짝 못 하고 잡혀 있는 것, 강제적으로 아침에 일찍 일어나야 하기, 가난, 천박함, 무례, 거칠고 더러움, 그리고 고된 일을 떠올리는 신사, 숙녀 계급이라면 강제적인 사회봉사에서 자신들과 자신들 계급의 종말을 보게 될 것이다.

어떤 의미에서는 그렇게 되는 것이 정말로 행복한 일일 것이다. 그들 중 다수는 자신들의 상태가 너무나 불쌍하다고 생각해서(적어도 그렇다고 상상할 것이다) 그들이 죽을 때까지 장애인 증명서를 받아야 할 것이다. 결국 그들이 게으르고 사치스럽고 쓸모없는 존재들로 키워진 것은 그들의 잘못이 아니기 때문이다. 그리고 그런 생활 방식이(그런데, 그들은 종종 그것을 아주 놀라울 정도로 공들여서 힘들게 만든다) 폐지될 때 법에 의해 직업을 잃은 다른 사람들과 같은 대접을 해달라고 나름 합리적인 주장을 할 수도 있을 것이다. 우리는 그들에게 그 정도의 친절은 베풀 수 있다.

그러나 그렇다 쳐도, 쓸모없는 계층들은 노동조합 운동가들과 합류하여 강제적인 사회봉사에 미친 듯이 반대할 게 분명하다. 만약 사회주의자인 노동부장관이 강제 사회봉사 법안을 제출하려고 시도한다면, 그들은 이 무리에 의해 패배할 수도 있는데, 이 경우 그 문제를 두고 총선거가 치러질 것이다. 그리고 그 총선거에서 경합은 노동당과 자본주의자들 사이에 벌어지는 것이 아니라, 우파라고 불릴 보수당이나 노동당의 노동조합주의자들, 그리고 좌파라고 불릴 사회주의자들 사이에 벌어질 것이다. 그래서 현재의 보수당이 국회에서 전멸하더라도 여전히 권력을 다투고 있는 두 정파가 있을 것이고, 현재 투표용지를 들고 보수당과 노동당을 놓고 고민하듯이, 여러분은 우파나 좌파, 또는 어쩌면 백White 편과 적Red 편에게 투표해달라는 선거 운동을 보게 될 수도 있다.

74

종교적 분열

RELIGIOUS DISSENSIONS

어찌됐든, 두 정파의 존재는 하원에 해가 되지 않을 것이다. 의회는 정부를 지지하는 의원들과 정부를 비난하고 타도한 후 자신들이 정부를 장악하려는 두 편으로 갈라져 돌아가기 때문이다. 이러한 이분할 체제는 두 쪽이 서로 다른 정책을 대변한다는 점에서 사실상 양당 체제와는 다르다. 자리에 대한 욕망에서 이 둘은 구분된다. 프롤레타리아의 입장에서 보자면 1832년 이후 자유당과 보수당의 차이는 도토리 키 재기의 차이였다. 그런 구도의 본질은 가능한 한 정부의 모든 흠집을 들추어내기로 결심한 한 무리의 정치인들로부터 정부가 인정사정없이, 끊임없이 비난을 받는 것이다. 정부와 야당을 실행가와 비평가라고 부를 수도 있을 것이다. 비평가 쪽이 옳다고 국민들이 확신할 때마다 실행가와 비평가들은 자리를 바꾼다.

하원을 서로 다른 정책을 가진 두 정당으로 나누는 것은 이런 상황에 매우 잘 맞는다. 그러나 대여섯 개의 정당으로 분열되는 것은 전혀 상황에 적합하지 않으며, 우리가 살펴보았듯이, 의회 정부를 완전히 교착시킬 수도 있다. 영국의 프롤레타리아들에게는 십여 개의 당들이 존재할 수 있는 충분한 이유들이 있다. 의회에서 공립 초등학교 교육의 문제를 논의할 때 불가분하게 얽히게 되는 종교를 예로 들어보자. 하원의 프롤레타리아 세력은 종교를 빙자하여 자본주의와 제국주의 윤리를 아이들에게 가르치는 것을 참을 수 없을 것이다. 그럼에도 불구하고, 어떤 이유로 그 주제를 건드리는 순간, 의회는 벌집을 뒤쑤셔 놓은 것처럼 될 것이다.

부모들은 자신들의 종교를 아이들에게 물려주려 한다. 그들은 아이들이 어떤 종교를 가져야 할지 지정할 권리가 당연히 자신들에게 있다고 생각한다. 부모가 무신론자라고 공언하지 않는 한 아이들이 모두 그리스도교 사립학교나 국가 종교를 기반으로 하는 공립학교나 대학에 진학하더라도 사실상 별 논란의 여지가 없었다. 지금은 부모들과 후견인들은(학생들의 의견과는 상관없이) 유니테리언교 학교, 퀘이커교 학교, 로마 가톨릭 학교, 감리교 학교, 신지학 협회theosophist 학교, 그리고 심지어 공산주의 학교까지, 자신들의 사적이고 별난 종교적 요구에 맞게 학교들을 선택할 수 있다.

그러나 학교 교육이 국가의 일이 되고, 정부가 전국에 학교를 설립하여 공립학교 외에는 자녀들을 학교에 보낼 수 없는 부모의 아이들에게 매일 출석을 강요할 때 아이들의 영혼을 두고 갈등이 발생하게 된다. 공립학교에서는 어떤 종교가 가르쳐져야 할까? 가톨릭교도들은 그들의 자녀들을 공립학교에 보내지 않기 위해서 돈을 기부함으로써 공립학교 바깥에 가톨릭 학교를 따로 유지한다. 잉글랜드 성공회 등 다른 종파들도 같은 노선을 취한다. 하지만 정부의 원조가 ―그것은 모든 시민들에게 무차별적으로 세금을 부과함으로써 만들어진 돈이다― 없는 상황에서는 그런 학교들은 모든 아이들을 받아들이거나 받아들인 아이들에게 일정한 수준 이상의 제대로 된 교육을 시킬 수가 없다. 세금과 지방세에서 그런 학교에 지원을 하자는 안건이 나오는 순간부터 문제가 생기기 시작한다.

비국교도 프로테스탄트들은 아이들을 로마 가톨릭 교도나 영국 가톨릭 신자들로 만드는 데 들어가는 세금을 내기보다는 법정에 끌려 나가 동산을 압류당하는 편을 택할 것이다. 타락한 음녀 같은 로마 가톨릭 교회에 한 푼이라도 돈을 보태고, 그래서 아이들이 영원한 지옥으로 향한 첫 발을 떼도록 만드는 것보다는 자신들이 화형을 당하는 편이 낫다고 말하면서 말이다. 개신교와 가톨릭 교도가 서로를 영원한 지옥의 유황 불구덩이에 던져질 존재들로 믿는 것은 비단 아일랜드에서만이 아니다. 성공회의 광신자들은 비국교도인들이 지옥불에 들어가리라고 로마 가톨릭 교도들보다 더 확신하고 있었다.

한때 직접 학교를 운영함으로써, 또는 다른 학교들에 보조금을 지급함으로써 보편적인 의무 교육을 하려 했던 정부는, 당파들 사이의 의견이 융화하기 어려울 정도로 다르고, 그들의 적대감이 너무나 격렬한 나머지, 모든 사람들이 받아들일 만한 일종의 중립적인 종교를 고안하려고 애썼다. 그게 아니면 모든 학교에서 종교라는 주제를 아예 엄금하는 수밖에 다른 방법이 없었다. 첫 번째 편법의 예로는 1870년 제정된 교육법의 쿠퍼-템플Cowper-Temple 조항을 들 수 있는데, 이 조항은 학교에서 성경을 읽을 때 '어느 한 교파'에 특유한 신조나 교리를 언급하지 않도록 규정했다. 전면 금지라는 편법은 세속 교육Secular Education으로 알려져 있으며 오스트레일리아에서 널리 시도되어 왔다.

쿠퍼-템플 계획은 성경을 함부로 이용하는 것을 허용하지 않는 로마 가톨릭 신자들, 그리고 신약성서를 종교적인 가르침으로 받아들이지 않는 유대인들에게는 받아들이기 힘든 대안이었다. 게다가 아이들은 3R* 이상의 것을 배우려면 코페르니쿠스 천문학, 전자 물리학, 진화론 등도 배워야 했는데, 아침 10시 수업에는 아이들에게 땅이 평평하고 움직이지 않으며, 그 위에 하늘이 왕의 궁전처럼 차려져 있는 천장이 있다는 종교적인 내용을 가르치고, 11시가 되면 땅이 축을 중심으로 회전하며 다른 많은 천체들과 함께 영원히 태양을 도는 둥근 구라고 가르치는 것은 별로 상식에 맞는 일은 아니었다. 마찬가지로, 종교 수업 시간에는 아이들에게 남자의 갈비뼈로 성인 여성을 만들었고 모든 형태의 생명체가 6일 이내에 창조되었다고 가르친 후 다음 시간에는 수백만 년의 세월에 걸쳐서 엄청난 공룡들부터 눈에 보이지 않을 정도로 작은 생물들까지 다양한 생명 형태들이 실험적으로 만들어지다가 결국 매우 복잡하며 절대 만족스럽다고는 할 수 없는 '여성'이라고 불리는 형태를 만들었고 그녀가 다시 자신의 변형 중 하나인, 남성이라고 불리는, 어떤 면에서는 심지어 덜 만족스러운 존재를 분화시켰다고 가르치는 것은 이치에 맞는 일이 아니었다.

---

* The three Rs. 독해reading, 작문writing 산수arithmetic를 가리킴.

학생들의 교사가 성경의 천문학이나 생물학은 시대에 뒤떨어졌으며 지금 우리는 그것보다 더 잘 알고 있고 그런 지식들은 지금은 이스라엘 왕들의 야만적인 도덕처럼 버려졌다고 설명한다면 아무 문제가 없을 것이다. 하지만 그러한 설명은 쿠퍼-템플 조항에 어긋나므로 아이들은 그들 스스로 종교와 세속적인 가르침 사이의 모순에 대해 알아서 정리를 하도록 내버려두어져야 했다. 그들의 부모가 그 문제에 대해 아이들을 혼자 내버려둔다면, 아이들은 대개 그것에 대해 전혀 생각하지 않는 것으로 문제를 해결하는데, 항상 일이 그렇게 돌아가지는 않았다.

종교적인 가르침은 모두 제외한 채, 학교 교육을 소위 세속 또는 실제적인 교육에 국한시키는 대안에 대해서 말하자면, 그것은 실제로 가능한 대안은 되지 못한다, 왜냐하면 아이들은 산술뿐만 아니라 어떻게 처신을 해야 하는가도 가르쳐야 하고, 그것의 궁극적인 옳고 그름은 형이상학적인 것이기 때문이다. 이런 거창한 말을 사용하는 이유는, 순전히 실제적인 관점에서만 보자면, 일터에서 하루 종일 빈둥거리며 시간을 보내는 것과 정직하게 열심히 일하는 것, 무지에 만족하며 사는 것과 지식 그 자체를 목적으로 추구하는 삶, 습관적으로 거짓말을 하는 것과 진실을 말하는 것은 아무 차이가 없다. 모두 각각의 선택이 제공하는 쾌락이나 물질적 이익에 따라 어떤 활동을 하느냐, 하지 않느냐의 문제일 뿐이다.

아이들이 흔히 (그들의 부모들처럼) 세속적으로 행동하고, 거짓말을 하거나 도둑질을 하거나 나태하게 빈둥거릴 때, 우리들은 그들에게 나쁜 짓을 그만두고 제대로 행동하는 법을 배워야 할 순전히 현실적인 이유나 그게 아니면 종교적 이유를 주어야 한다. 현실적인 이유는 쉽게 만들 수 있다. '네가 또 그런 짓을 하다 들키면 네 머리를 때려주거나, 볼기를 치거나, 저녁을 굶긴 채 잠자리에 들게 하거나, 어떤 식으로든 네 마음에 들지 않는 고통을 줄 거야'라고 말하면 된다. 불행히도 이러한 세속적인 이유들은 만들기도 쉽고 이행하기도 쉬우며, 만약 당신이 가학적인 인간이라면, 위협을 실행하면서 기쁨을 느낄 수도 있을 테지만 아이들이 숨기거나 추가적으로 거짓말을 하면 그런 행동을 찾아내기 어렵다. 당신이 등을 돌리는 순간 당신이 채찍질을 통해 유지하는 사이비 도덕에 어떤 일이 생길지 당신도 잘 알고 있을 것이다. 게다가, 손에 회초리를 들고 자식들을 염탐하며 시간을 보내야 한다면 당신 자신의 삶에는 무슨 의미가 있겠는가? 혹시 당신이 아이들을 회초리로 때리면서 이상한 쾌감을 느끼는 사람이 아니라면 아무 의미가 없는 일이다. 물론 그런 경우라면 당신은 아동 학대 방지 협회에 넘겨져 당신의 도덕적인 허울이 벗겨질 것이다. 어떤 경우든, 아이들이 올바르게 행동하게 함으로써 그들에게 이익이 돌아가게 하기 위해서가 아니라 당신 스스로의 편의를 위해 행동하도록 아이들을 때리고 싶은 강한 유혹을 느낄 때가 있을 것이다. 하지만 그 두 가지는 절대로 다른 문제다.

마지막으로 당신이 이기적이고 잔인한 사람이 아니라면, 아무도 그들을 지켜보지 않을 때, 발각될 위험이 없을 때, 심지어는 매를 맞더라도 금지된 것을 하고 싶어 하는 아이들에게 올바른 행동을 할 이유를 알려주어야 한다. 당신은 아이들에게 하느님이 항상 그들을 지켜보고 계시며, 나중에 죽으면 반드시 벌을 받을 것이라고 말할 수 있다. 그러나 배짱이 두둑한 아이들에게는 사후 처벌의 협박이 그들의 마음을 돌릴 만큼 실감이 나거나 현실적이지 않다는 것을 당신은 알게 될 것이다. 결국 당신은 그것의 존재를 어떤 물리적인 시범으로도 보여줄 수 없는, 아이의 영혼이라고 불리는 것이 망가진다는 위협을 해야만 한다. 당신은 영혼이라는 단어를 사용할 필요도 없다. 그저 아이에게 '명예'를 지키라고 말할 수 있다. 그러나 이제껏 어떤 해부학자도 아이들의 교육을 위해 보여주기 위해 사람의 몸에서 명예라는 기관을 떼어내어 알코올 용액에 보존하는 데 성공하지 못했다.

아이들이 나쁜 짓을 할 때 당신은 아이를 못돼먹고, 더럽고, 탐욕스러운 놈이라고 꾸짖을 수도 있다. 혹은 '핀을 훔치는 것은 죄악'이라는 등의 엄숙한 말로 설교를 할 수도 있다. 그러나 전적으로 눈에 보이는 사실만을 믿는 괴물 같은 아이를 만난다면 그는 '그래서 뭐가 문제라는 거죠? 못되고 탐욕스럽다는 게 무슨 의미예요?'라고 반문하며 꾸중과 설교를 모두 귓등으로 넘겨들을 것이다. 아이는 말할 것이다, '나는 더러운 게 뭔지 알아요. 그러나 내가 더러운 것에 전혀 개의치 않는다면 왜 손을 씻어야만 하죠? 욕심이 뭔지 이해는 하지만 내가 초콜릿을 좋아한다면 왜 반을 제인에게 주어야 해요?' 당신은 아이에게 '너는 양심도 없니?'라고 쏘아붙일 수도 있지만, 눈에 보이는 사실만을 생각하는 아이는 '양심이 뭐예요?'라고 다시 물을 것이다.

이런 순전한 현실에 기초한 아이의 회의에 직면할 때 당신은 순수한 형이상학으로 향할 수밖에 없고, 당신의 자녀에게 어떻게 행동해야 하느냐는 사실의 문제가 아니라 종교적 의무라는 것을 가르쳐야 한다. 좋은 행동은 설명하기 어렵지만 그 아이가 스스로에게 보이는 존경심이라는 것을, 얼마나 그런 자존심을 가지고 있느냐에 따라 다른 사람들과 어울려 살 수 있는 가능성이 결정된다는 것을 말이다. 성인을 꾸짖을 때는 '당신은 자존심도 없나요?'라고 말을 할 수 있지만 아기에게는 그런 말을 하지 않는다. 만약 아기가 거짓을 말한다면 당신은 '넌 스스로에게 진실을 말할 책임이 있어'라고 말하지 않을 것이다. 나중에 어른이 되면 몰라도 지금은 그런 말을 들어도 아기는 아무런 책임감을 느끼지 못할 것이다. 만약 당신이, '거짓말을 하면 안 돼. 네가 계속 거짓말을 하면 결국 아무도 너를 믿지 않을 거야'라고 말을 한다면 당신은 그 말을 하면서도 자신이 눈에 뻔한 거짓말을 하고 있다는 것이 의식될 것이다.

당신이 너무 잘 알고 있듯 대부분의 거짓말들은 아주 효과가 있고 많은 선의의 거짓말이 없었다면 인간들이 모여 사는 일은 불가능할 것이다. 아이로서는 이해할 수 없는 진실이겠지만, '너는 거짓말을 해서는 안 돼. 네가 거짓말을 하면 사람들이 네가 하는 말은 무엇이든 믿을 수 없게 될 거야'라고 말하는 게 훨씬 진실에 가까울 것이다. 당신은 그 문제에 관한 궁극의 진실을 말해주는 게 나을지도 모른다. 즉, 우리 안에는 영혼이라고 불리는 신비한 것이 있는데 고의적으로 악한 짓을 하면 그것이 죽는다는 것을 말이다. 영혼이 없으면 어떤 물질적인 이익도 삶을 견딜 만한 것으로 만들어 주지 않는다는 것도 함께. 장난꾸러기 아이가 어떻게 그런 말을 이해할 수 있을지는 모르겠지만 말이다. 만약 아이에게 '네가 사랑하는 부모가 슬퍼할 테니까 거짓말을 해서는 안 된다'고 말한다면, 그들이 슬퍼하는 것에 아이가 얼마나 신경을 쓰느냐에 따라 그 말의 효과가 달라질 것이다.

어떤 경우든, 대부분의 어린아이들에게 그들의 부모는 신처럼 위대한 존재들이어서 슬픔 따위로 고통받는 존재로 생각하지 않는다. 동시에 사랑과 두려움의 대상이 되는 것은 쉽지 않은 만큼 자녀에게 신적인 위엄을 내세우는 부모는 애정 어린 친근함으로 아이들에게 다가가서는 안 되며, 그 경우, 자녀가 끔찍하게 그들을 미워하지나 않으면 다행이라고 생각해야 할 것이다. 따라서 모든 사람의 거대한 아버지 같은 존재를 상정하여 그것을 신이라고 아이에게 소개하는 것이 더 안전하고 편하다. 그 신은 반드시 아이들이 상상할 수 있는 신이어야만 한다. 그것은 추상적인 개념, 원리, 생명의 충동, 생명력이어서도 안 되고 몸도, 수족도, 열정도 없는 잉글랜드 성공회의 신이어서도 안 된다. 그것은 진짜 아빠처럼, 정식으로 옷을 차려입은 어른처럼, 매우 훌륭하고, 강하며, 모든 것을 꿰뚫어볼 수 있어야 한다. 즉, 아무도 보지 않을 때 아이들이 무엇을 하고 있는지 볼 수 있는 존재라는 뜻이다. 이렇게 해서 너무 어려서 충분히 발달된 자존심과 지적인 명예 의식―즉, 양심―을 가질 수 없는 아이에게 인공적이고 잠정적이며, 상당히 허구에 가까운 양심이 주어지는 것이다. 그것이 아이들이 좀 더 나이가 들어 신이라는 관념에 진지한 의미들을 부여할 수 있을 때까지 그들을 지탱해줄 것이다.

볼테르가 말하기 훨씬 전에 아이들을 기르는 과정에서 이미 '신이 없다면 그를 발명할 필요가 있다'라는 말의 의미가 확인된 셈이다. 볼테르가 죽은 후 프랑스 혁명은 프랑스 정부를 그런 일에 대한 경험이 없는 고도로 원칙주의자들인 중산층 신사들의 손에 넘겨주었다. 그들은 처음에는 신의 존재를 인정하지 않고 통치하려 했는데, 아이들에게 들려주는 신에 대한 대부분의 이야기들이 사실이 아니었고, 교회, 아니 성직자들이 혁명에 반대했기 때문이었다. 그들은 원칙만 고집하며 모든 사람들을 처벌하려 하다가 결국 자신들의 목을 서로 베는 사태로 끝이 났고 나머지 잔당들도 얼마간의 상식을 지니고 있던 나폴레옹이라는 군사 모험가에 의해 역사의 쓰레기통으로 쓸어 넣어졌다. 그들 중에서도 가장 원칙주의자이자 혁명 세력의 수석 웅변가였던 굉장히 존경할 만한 법률가인 로베스피에르는 신 없는 통치가 불가능하다는 것을 깨닫고 신을 강하게 내세웠지만 그들은 그의 목까지 벤 후 매력적인 젊은 아가씨를 이성의 신전에 자유의 상징으로서 세우고는 무엇인가를 숭배하고 싶다면 차라리 그녀를 숭배하는 것이 나을 거라고 제안했다. 그러나 그런 시도는 실패로 돌아갔는데, 그녀가 여신(로마 가톨릭을 믿는 아이들에게는 모든 사람의 어머니인 거대한 어머니의 존재가 있어 그들을 다루기 쉽게 만든다)이어서가 아니라 선한 행동은 이성이 아닌, 이성을 초월하는 신성한 본능에 의해 좌우되는 것이기 때문이다.

이성은 가장 짧은 길은 발견하게 해줄지는 모르지만 목적지를 찾아주지는 못한다. 만약 당신이 당신의 이웃보다 돈을 더 좋은 목적을 위해 잘 사용할 수 있다고 확신한다면 이웃의 돈을 훔치는 것은 꽤 합리적인 일일 것이다. 하지만 왠지 그것은 영예로운 일처럼 들리지 않는다. 왜냐하면 영예는 신성의 영역이기 때문이다. 그것은 형이상학, 종교의 문제다. 언젠가 그것은 과학 심리학의 문제가 될지도 모르지만 현재 심리학은 아직 유아기에 있으며, 그것이 발전하면 난해한 다른 과학들처럼 어린이들은 물론 많은 성인들도 이해하기에 너무 어려울 가능성이 아주 높다.

우리는 우리의 믿음이 형이상학적 그리고 신화적인 단계에서 과학적인 단계로 계속 옮겨가고 있다는 것을 명심해야 한다. 중국에서는 일식이 일어날 때, 모든 여성들이 태양을 집어삼키는 악마들을 놀래 도망가게 하기 위해 부지깽이와 삽, 쟁반과 냄비 뚜껑을 들고 문밖으로 뛰쳐나와 그것들을 서로 부딪쳐 요란한 소리를 냈다. 이것은 한 번도 실패하지 않고 항상 완벽한 성공을 가져왔기에 그들에게는 그것이 올바른 일임이 증명되었다고 할 수 있을 것이다. 그러나 일식에 대한 모든 것을 알고 있는 우리들은 스테인드글라스 조각을 통해 그것을 관찰하며 차분히 관망을 한다. 왜냐하면 일식에 대한 우리들의 믿음은 과학적인 것이고 형이상학적인 것이 아니기 때문이다. 여러분은 아마도 중국에서 냄비를 두드리는 여성들이 어리석다고 생각할지 모르지만 만약 여러분이 천문학이 아직 형이상학적 단계에 있는 나라에 산다면 여러분도 똑같을 것이다.

그들의 행동이 우스꽝스러워 보이기 때문에, 또는 악마가 존재하지 않는다는 것과 실제로 해가 사라지는 일은 없다는 것을 알고 있다는 이유로 섣부른 결론을 내리지 않도록 주의해야 한다. 당신은 아무도 그런 실수를 저지를 수 없을 거라고 말할지도 모른다. 신성에 대한 개념에 결부된 수많은 유치한 우화와 우스꽝스러운 의식들의 존재를 깨달은 후 많은 사람들은 서둘러 신성과 같은 것은 존재하지 않는다는 결론을 내렸다. 신이 흰 수염을 기른 노인이라는 믿음에서 벗어나면서 그들은 아직 유치했던 그들의 마음에 노신사가 표상했던 모든 것을 제거했다고 생각하지만 사실 그들은 그것에 대한 진실에 약간 더 가까워졌을 뿐이다.

현재 영국은 수백만의 부모들과 자녀들로 구성되어 있지만 어떤 두 가정도 선행이 무엇인가를 이해하는 데 있어 똑같지 않다. 많은 부모들이 아직도 초보 단계에 머물러 있는 데 비해 많은 아이들은 상대적으로 과학적인 단계에 있다. 대부분의 사람들은 그런 문제에 대해 별로 신경 쓰지 않은 채, 자신들은 단지 이웃들이 하는 대로 행동하고, 이웃들이 믿는 것을 믿는다고 말한다. 그러나 그런 문제에 대해 신경 쓰는 사람들은 광범위한 면에서 치열하게 의견을 달리한다. 잉글랜드 성공회의 제1조를 거부하면서, 신이라는 말에 인간의 육체와 열정을 지닌, 하지만 무한한 지식과 힘을 가진 우주의 통치자의 개념을 결부시키는 사람들을 예로 들어보자. 적어도 이런 입장에 있는 사람들은 의견의 일치를 이루고 있다고 당신은 생각할지도 모른다. 하지만 그렇지 않다. 이런 믿음에는 매우 뚜렷한 두 입장이 있다. 우선, 순종하지 않으면 상상할 수 없을 정도로 끔찍한 지옥에 영원히 던져 넣겠다는 협박으로 우리에게 선행을 강요하는 분노의 신을 믿는 사람들이 있다. 반대로, 사랑의 신을 믿으면서, 지옥이 내포하는 잔인함을 지닌 신을 믿도록 강요를 받는다면, 그런 신의 얼굴에 침을 뱉을 것이라고 공공연히 선언하는 사람들도 있다. 그들은, 행동은 구원을 받는 것과 아무 관련이 없고, 비록 지옥이 존재하지만, 아무리 악한 사람이라도 신이 자신의 아들의 비참한 죽음을 통해 그의 비행을 씻어 주었다고 믿으면 지옥을 피할 수 있다고 주장한다. 아무리 덕이 많은 사람이라도 이 점에 대해 조금이라도 의심을 품으면 지옥을 피할 수 없다는 것이다. 모든 사람은 태어날 때부터 지옥에 떨어지거나 천국에 오르도록 예정이 되어 있기 때문에 행동이나 믿음도 중요하지 않다고 생각하는 사람들도 있다. 그들은 사람들이 하는 말, 행동, 믿고 믿지 않는 것이 그들을 도울 수 없다고 선언한다. 볼테르는 우리 영국인을 30개의 종교를 가지고 있지만 소스는 단 하나만을 가진 민족이라고 묘사했다. 그 말은 우리의 정신적 활동성과 자립에 대한 큰 찬사였지만, 우리가 종교에 대해 한 가지 생각을 품을 수 있다는 희망은 더 요원해 보이도록 만들었다.

세속적 교육의 주창자들이 의미하는 것처럼, 비록 우리가 종교적인 가르침을 형이상학적 단계에서 과학적 단계로 넘어간 주제들에 국한시킬 수 있다 하더라도, 우리는 획일화된 결론에 도달해서는 안 된다. 국교와 비국교만큼 치열하게 서로 의견이 다른, 과학 만능을 주장하는 편협한 사람들은 무자비한 박해를 가할 수 있는 권력을 정부로부터 얻으려고 노력하지만 그들의 소위 형이상학에서 과학으로의 발전은 종종 조악한 마법, 고대의 점, 아프리카의 '주술' 등의 이전 단계로의 퇴행을 가리기 위한 껍질에 지나지 않는다.

대략적으로 말하면, 국민들에게 교육을 강요함에 있어 정부는 세 가지 광신적인 믿음에 대처해야 한다. 첫째, 분노의 신을 믿고 모든 지진, 질병, 전쟁, 한마디로, 끔찍한 규모의 모든 재앙에서 신의 끔찍한 힘의 증거와 죄인들에 대한 경고를 찾는 믿음. 둘째, 악마로 의인화된 악의 힘과 대치하는 사랑의 신을 믿는 믿음, 셋째, 신도, 악마도 믿지 않으며, 지식의 추구는 ―그 수단이 아무리 잔혹할지라도― 절대적으로 도덕률에서 자유로우며, 우리들의 몸을 자신들에게 절대적으로 맡기기만 하면 인류를 질병으로부터 면역 시켜주는 (삶과 죽음의 열쇠를 지닌 과학의 경이라고 그들이 부르는) 기적을 일으킬 수 있는 척하는 마술사와 그를 믿는 얼간이들에 대한 믿음이 그것들이다.

많은 삶들은 여전히 종교적인 문제에 있어서 매우 초보적이고 개인적이기 때문에 종교적인 토론을 들을 때 그들이 느끼는 첫 번째 충동은 그들의 믿음만이 유일한 진정한 믿음이며, 모든 다른 사람들도 그들의 믿음을 가져야 하고 기타 다른 믿음들은 끔찍한 신성 모독으로 처벌되어야 한다고 선언하는 것이다. 그들은 여호와, 알라, 브라흐마를 하느님의 다른 이름으로 여기지 않는다. 만약 그들이 브라흐마를 신으로 믿는다면, 그들은 알라와 여호와의 존재를 가증스러운 우상이라고 여기며, 제대로 된 사람이라면 모든 그리스도교도와 모슬렘을 상종해서는 안 될 사악한 우상 숭배자라고 간주한다. 여호와를 신으로 섬기는 사람들은 모슬렘과 인도 사람들을 이교도로 분류하고, 선교사를 보내 그들을 개종시키려 한다. 이런 유치한 자만심에 우리의 통치자들이 호응을 해준다면 대영제국은 파멸할 것이다. 영국인의 약 11퍼센트만이 그리스도교 신자일 뿐이고 대부분은 알라 또는 브라흐마를 믿는 사람들이다. 그들은 예수를 다른 예언자들 중의 한 사람이라고 생각하거나 그에 대해 들어본 적이 없다. 따라서, 중앙 또는 지방의 의회에 진출하는 사람들은 자신의 종교의 종파적인 부분을 뒤로하고, 이름이야 어떻든 모든 종파와 교회에 공통적인 부분만을 고려해야 할 것이다. 불행히도 대부분의 선출직에 임명된 사람들은 절대로 이런 일은 꿈조차 꾸지 않는다. 그들은 모두 그들의 지역적 관습, 이름, 제도 그리고 심지어 언어까지도 학생들에게 강요하려 노력한다.

현재 아이들에게 주입되는 것보다 더 고귀한 믿음과 더 나은 제도들을 아이들에게 강요하는 것이 발전이라고 생각하는 입장도 있다. 예를 들어, 모든 사회주의자들은 공산주의가 사유 재산이나 경쟁 시스템보다 더 이념적으로도 고상하고 실제적인 면에서도 우월하다고 믿기 때문에 의회에 진출하여 그런 믿음을 공립학교의 아이들에게 가르치도록 제도화하려고 한다. 그들은 아이들이 공산주의가 정상적이고 명백한 진실이며 자본주의는 끔찍한 우상 숭배라고 믿으며 자라기를 원한다. 현재 그들을 반대하는 정치가들은 러시아 정부가 사회주의 정부라는 이유로 그들에 대한 군사 공격을 보조하는 데 수억 파운드의 공금을 사용한 정치가들이다. 그런 정치가들에게는 사회주의자, 공산당원, 볼셰비키는 악당, 도둑, 암살자의 동의어다. 이에 대해 사회주의자들은 지주들과 자본가들에 의해 착취당하는 노동자들을 두 도둑 사이에서 십자가에 못 박힌 예수에 비교한다. 그들은 모두 자신들이 더 이상 종교의 이름으로 사람들을 박해하지 않는다고 말한다. 하지만 이것은 그들이 박해하고 있는 신념들을 종교라고 부르지 않는다는 것, 그들이 종교라고 부르는 믿음은 상대적으로 그들에게 무의미하게 되었다는 것을 의미할 뿐이다. 그들에게는 선동, 반란, 사유 재산에 대한 공격을 진압하거나, 그와는 반대로 가난한 사람들의 수탈을 끝내고, 후안무치한 게으름을 억제하고, 신이 우리 모두를 위해 만든 땅을 온 국민에게 돌려주려는 조처들은 그저 도덕률의 집행일 뿐 박해가 아닌 것처럼 보일 것이다. 우리가 박해를 받지 않는다는 것을 증명하기 위해서 그들은 우리 모두가 원하는 대로 교회에 갈 수 있다는 것, 우리의 기호에 따라 성변화聖變化를 믿거나 불신할 수 있다는 것을 지적한다. 하지만 신앙의 자유에 대한 그런 선언에 현혹되지 말라. 사람들은 아직도 튜더 자매가 개신교 신자들을 화형장으로 보내고 예수회 신자들을 형틀과 교수대로 보내던 때, 재산과 노예를 옹호하는 사람들이 대로를 따라 세워놓은 십자가 위에서 검투사 노예 스파르타쿠스를 추종하던 사람들이 수천 명씩 죽어가던 로마 시대, 성스러운 토르케마다 수도사가 경건하게 묵주 기도를 하면서 눈에 띄는 대로 유대인을 산 채로 태우던 때 이후로 별로 변한 게 없다.

사회주의 대 자본주의 논쟁, 유대인 대 그리스도교 논쟁, 또는 로마 가톨릭 대 그리스도교 논쟁의 차이점은 현대의 편견이 옛날보다 더 관대하거나 덜 잔인하다는 것도 아니고 프롤레타리아들이 너무 많아져서 혹은 자산가들이 너무 강력해져서 박해를 할 수 없다는 것도 아니다. 만약 그들 사이의 논쟁이 어느 한쪽이 상대방을 박멸하는 것으로 해결될 수 있다면, 그들은 모두 그런 식으로 문제를 해결하려 모든 노력을 다할 것이다. 역사는 우리에게 이 점에 대해 어떤 선의의 환상도 품을 여지를 남기지 않는다. 1871년 파리 코뮌의 진압 후에 발생한 대규모 학살에서부터, 1914~18년의 전쟁 이후, 주일학교 교사들도 아무 거리낌 없이 할 수 있을 법한 말을 했다는 이유로 소녀들이 무거운 징역형을 선고받는 등, 미국에서 벌어진 러시아인에 대한 터무니없을 정도의 박해에 이르기까지 현대의 원칙주의자들이 중세 광신자들과 다를 바 없다는 증거는 차고도 넘칠 정도이고, 만약 그들이 옛날처럼 세상을 피와 고문의 홍수로 덮을 수 없다면 그것은 관용이나 인간성의 어떤 진보 때문은 아닐 것이다.

이 순간(1927년) 우리의 유산 계급은 러시아 소비에트 정부와 동조자들을 무자비하게 몰살시켜야 할 해충으로 생각하며, 러시아 공산주의자와 그것의 서구 동조자들도 그들이 '부르주아'라고 부르는 유산 계급과 그들의 정치적 지지자들을 공공연히 인류의 적이라 생각한다. 1792년의 유명한 브런즈윅 선언문에서 브런즈윅 공작은 유럽의 군주들의 이름으로 프랑스 공화국 정부를 말살하고 그것을 용인하는 도시들을 군사적으로 완전히 파괴시킬 것을 선언했는데 그런 정신은 몇 년 전 영국 프롤레타리아 유권자들의 반대에 부딪쳐 무산된, 자본주의자들의 십자군 전쟁이라 할 만한 러시아 원정 계획을 지지하던 정치인들의 연설에도 정확히 반영되어 있다.

이제 이쯤에서 노동당이 반대파를 몰살함으로써 사회주의를 확립할 수도, 반대파가 사회주의자들을 몰살함으로써 사회주의를 회피할 수도 없는 이유를 설명해야 할 것 같다.

75

혁명들
REVOLUTIONS

우선 혁명과 사회 변화의 차이를 알아야 한다. 혁명은 정복이 한 국가나 인종에서 다른 국가나 인종으로 정치권력이 이전되는 것처럼 한 정당에서 다른 정당으로, 한 계급에서 다른 계급으로, 또는 심지어 한 개인에서 다른 개인으로 정치권력을 이전시킨다. 그것은 종종 폭력이나 폭력의 위협에 의해 실행될 수 있다. 영국의 정치권력이 왕위에서 하원으로 넘어가도록 만든 17세기의 두 번의 혁명 중에서 첫 번째는 내전을 치러야 했지만 두 번째는 왕이 도망가는 바람에 피를 흘리지 않았다. 1832년의 19세기 혁명은 폭력의 위협만으로 충분했다. 이 혁명으로 인해 정치권력은 대규모 농지 소유주들로부터 산업 도시 고용주들로 옮겨졌다. 남미에서는 한 정당이나 대통령을 다른 당이나 대통령으로 대체하는 혁명이 총선에 의해 이루어지는데 투표 대신 총으로 그 결과가 결정된다.

자본가들로부터 프롤레타리아로의 정치권력 이전은 형식적으로나마 이미 이루어졌다. 그렇지 않았다면 정부는 사회주의 선전을 폭동을 선동하는 것으로 탄압했을 것이고 사회주의적인 입법도 불가능할 것이다. 프롤레타리아들은 원하면 모든 투표에서 압도적으로 자본가들을 이길 수 있다. 사회주의 대 자본주의 문제에 대해 모든 프롤레타리아들이 사회주의를 지지하고 모든 자본가들이 자본주의를 지지한다면 자본주의는 오래전에 프롤레타리아들의 압도적인 투표수에 굴복했어야 했을 것이다. 그러나 자본가들의 재산을 지키기 위해 설립되어 무장을 하고 급여를 받는 군대를 비롯해, 그들을 위해 일하는 하인, 상인, 호화 상품점 종업원, 변호사, 의사 등은 자본가들보다도 더 지독하게 보수적이다. 하지만 나는 물론, 로버트 오웬이나 윌리엄 모리스 같은 많은 자본가들은 열렬한 사회주의자들이다. 워릭 백작 부인*도 유명한 사회주의자이다. 사회주의자인 백작 부인은 존재하지만 백작 부인의 옷을 만드는 사람이 사회주의자인 경우를 본 적은 없을 것이다. 만약 자본가들이 그들에 대한 의회의 결정을 거부하고 찰스 1세처럼 무기를 들고 봉기한다면, 많은 프롤레타리아들이 그들의 편에 설 것이다.

우리 자본가들이 그렇게 위헌적으로 행동할 것이라는 생각이 충격적이라면 30년 동안 의정 활동을 거쳐 의회에 의해 자치법Home Rule의 문제가 최종적으로 타결이 된 후에도 아일랜드 자유국Irish Free State을 수립하기 위해서 폭동과 살육이 자행된 것을 기억하라.

---

* Countess of Warwick, 'Daisy' Greville. 에드워드 7세의 세 번째 정부.

의회 입헌주의는 의회에서의 투표 결과를 사람들이 받아들이느냐가 그 한계다. 타협의 여지가 없거나 큰 이해가 걸려 있는 문제들은 의회의 투표에서 자신들이 승리할 것이라고 생각될 때만 의회에 결정이 맡겨진다. 만약 의회가 자신들에게 불리한 결정을 내리고, 그것에 대해 성공적으로 저항할 가능성이 있다면, 그들은 의회를 둘러엎고 끝까지 싸울 것이다. 아일랜드 자치법을 관철하기 위한 의회에서의 30년에 걸친 의정 활동 중에도, '영국 의회에 가는 것은 소용이 없어. 통합론자들은 무력을 쓰기 전까지는 결코 아일랜드에서 손을 떼지 않을 테니 우리들은 끝까지 투쟁을 하는 것이 나을 거야'라고 말하는 행동가들이 항상 있었다. 비록 무모한 선동가라고 비난받았지만 결국에는 이 사람들이 옳았다는 것이 판명되었다. 프랑스인들은 왕비가 입헌 혁명constitutional revolution을 받아들이지 않았을 뿐만 아니라, 유럽의 다른 왕들을 꼬드겨 프랑스로 군대를 보내 그녀를 위해 자유주의자들을 학살하게 하려는 시도를 중단하지 않았고 그런 왕비를 왕이 통제할 수 없기 때문에 왕과 왕비의 머리를 모두 잘라야만 했다. 영국에서도 우리는 왕을 참수했다. 왜냐하면 그는 자유당 다수 의회에서 싸워 패한 뒤에도 신의를 지키지 않았기 때문이었다. 지금 이 순간 스페인에서는 왕과 군대가 의회를 진압한 뒤 신의 권위에 의지하여 무력으로 통치를 하고 있는데, 찰스 왕의 머리를 자른 후 크롬웰은 바로 그런 통치를 했다. 사회주의자인 무솔리니는 이탈리아 의회를 해산했고 그의 추종자들은 순전히 폭력에 의지하는 공포의 통치 시대를 시작했다.

스페인과 이탈리아에서 벌어진 이러한 입헌주의의 배척은

어떤 뚜렷한 사회 변화를 일으키기 위해서가 아니라 그들의 정부가 참을 수 없을 정도로 비효율적이어서 공공질서를 회복하는 가장 손쉬운 방법은 일부 추진력이 있는 개인들이 법을 집행하면서 질서를 어지럽히는 사람들을 무력으로 처벌하는 것이었기 때문이다. 이 나라에서 사회주의의 입헌 완성을 위해 필요한 가장 완벽한 페이비언 법령들이 적법하게 선출된 국민의 대표들에 의해 의회를 통과하고, 상원이 마지못해 통과시킨 후 마침내 왕의 동의를 얻어 법령집에 올려지더라도 무솔리니와 같은 자본가들은 의회를 비애국적이고, 유해하고, 부패했다고 비난하고, 페이비언 법의 집행을 강제로 막으려 할지도 모른다. 그러면 틀림없이 우리는 내전을 치를 텐데, 의심할 바 없이, 아일랜드에서처럼, 통상적인 파괴와 살육 이외에, 자본주의 세력은 협동조합 상점을 불태우고 프롤레타리아 세력은 시골의 대저택들을 불태울 것이다.

우리가 보아온 바와 같이, 자본가들은 프롤레타리아들로 구성된 병사들이 넘칠 것이다. 그 전쟁은 계급전쟁에 대해 마르크스 교조주의자들이 생각하는 것 같지 않을 것이다. 불평등한 소득 분배의 효과를 살펴보면서 우리는 부자들만 가난한 사람들에게 의존하는 것이 아니라, 부자들에 의존해 사는 하인들, 부자들이 쓰는 돈으로 먹고사는 상인들도 있고, 그들이 다시 고용하는 하인과 상인도 있다는 것을 알게 되었다. 부유한 교외 지역과 멋진 대도시 중심가, 그리고 대저택들이 가장 쾌적한 시골 지역들에 즐비하게 흩어져 있는 영국 남부 전역에서는 노동당 후보를 의회에 진출시키는 것이 옥스퍼드 대학교에서 노동당 후보를 찾는 것만큼이나 어렵다. 부자들의 불로소득이 사라지면, 본머스와 같은 곳은 니느웨와 바빌론의 도시들처럼 쇠퇴하거나 그렇지 않으면 그곳에 사는 사람들은 다른 계급 사람들을 돌봐야 할 것이다. 어쨌건, 그들 중 많은 수는 새로운 환경에 적응하기도 전에 사라질 것이다.

어떤 종류의 변화도 두려워하거나, 신문에 속아 사회주의자들을 악당이라고 생각하는 사람들, 일자리가 없어 후한 급여를 제공하는 사람이라면 누구를 위해서든 싸울 용의가 있는 청년들, 이런 책을 읽기에는 너무 어리석어서 싸구려 신문밖에는 읽지 않는 사람들을 고려하면 당신은 부유한 고객에 의존해서 살고 있는 사람들과 가난한 고객에 의존해 살고 있는 사람들을 구분하는 선, 다시 말해서 자본주의의 유지에 관심이 있는 사람들과 그것을 사회주의로 대체하는 것에 관심이 있는 사람들을 구분하는 선은 부자와 빈자, 자본가와 프롤레타리아 사이에 그려진 선이 아니라 프롤레타리아들의 정중앙을 지나 가장 가난한 사람들의 구획에 그려진 선이라는 것을 알게 될 것이다. 내전이 벌어지면 자본가들은 지역 사회의 모든 계층에서 자본주의 체제 유지를 원하는 많은 지지자들을 찾을 수 있을 것이다. 이런 사정을 알기 때문에 노동당의 지도자들은 자본주의와의 전쟁이 마치 계급전쟁이기라도 한 것처럼 떠벌리는 극단주의자들을 미워하는 것이다. 선거 때마다 자신들에게 투표하는 많은 가난한 사람들 때문에 자본주의자들도 이런 사실을 알고 있다. 직접 행동을 주장하는 프롤레타리아들에 대해 지금 자본주의자들이 비난을 퍼붓는 것을 보면 조만간 의회에서 노동당에 의해 그들이 패배하는 날이 오면 그들이 어떻게 나올지 짐작할 수 있을 것이다.

그러나 국가의 정부가 자본가의 손에서 사회주의 프롤레타리아들의 손에 넘어가도, 그리고 그런 정권의 이양이 평화로운 의회 절차를 통해 이루어지든, 가장 피비린내 나는 내전을 통해서 이루어지든, 살아남은 생존자들은 실질적인 공산주의에 관한 한 그들이 원래 있던 자리에 여전히 있게 될 것이다. 사회주의 다수당을 의회에 만드는 것만으로는 나라 전체 경제 체제를 소득의 평등을 만들어내는 방식으로 재구성할 수 없다. 건물들을 불태우고 파괴하거나 사회주의의 적들을 여러 명 살해하고 그 과정에서 몇 명의 사회주의자들이 죽어 봐야 별 수 없다. 나라를 향해 마술 지팡이를 휘두르며 '사회주의로 변해라, 얍!' 하고 말하는 것만큼이나 부질없는 일이다.

러시아의 사례는 이런 사정을 잘 보여준다. 1917년의 위대한 정치 혁명 후에 마르크스 공산주의자들은 큰 승리를 거두어 제정 러시아 때보다 훨씬 더 강력한 정부를 구성할 수 있었다. 하지만 제정 러시아는 페이비언 협회 같은 곳들이 설립되어 법체계 안으로 수용되는 것을 허락하지 않았기 때문에 새로운 정부는 무엇을 어떻게 해야 할지 알 수 없었고 모든 종류의 아마추어 같은 실험들을 시도해 보았지만 별 성과를 거두지 못한 채 공산주의가 자리 잡은 척 시늉만 하고 있었을 뿐 사실은 난파된 자본주의에 지나지 않았다. 그들은 농민들에게 땅을 나누어 주었지만 농민들은 즉시 그것을 다시 사유 재산으로 바꾸려 했다. 결국 마르크스주의자들은 그들의 이상을 저버리고 땅을 차지한 농부들이 프랑스나 영국 농부들처럼 그들의 생산물을 팔도록 허용하는 한편 마치 우리의 도시 대지주들이 그들의 상점을 임차인들에게 맡기듯 나라의 산업을 개인 고용주들에게 맡겨야 했다.

이것은 러시아 혁명이 실패했다는 것을 의미하지는 않는다. 러시아에서는 자본이 인간을 위해 만들어진 것이지 인간이 자본주의를 위해 만들어진 게 아니라는 것이 공공연한 사실이 되었다. 아이들은 자본주의의 물신주의 도덕 대신 공산주의라는 그리스도교 도덕을 배운다. 부호들의 궁전과 위락 시설들은 더 이상 사치를 일삼는 사람들이 무기력하게 시간을 보내는 곳이 아니라 노동자들의 휴식지로 사용되고 있다. 게으른 신사 숙녀 계급은 무시를 당하지만 노동자들의 작업복은 정당한 존중을 받는다. 우리가 중국에서 벌인 약탈과 영국 내에서의 성상 파괴, 문화 예술 훼손 행위를 수치스럽게 만드는 문화적 성실성과 양심성으로 러시아는 귀중한 예술품들을 존중하며 보존하고 있고 누구나 그것들에 쉽게 접할 수 있다. 정교회正敎會도 용인되지만(볼셰비키는 우리가 윌리엄 로드 대주교의 머리를 자른 것처럼 그들의 대주교의 머리를 자르지 않았다) 잉글랜드 성공회처럼 어린아이들에게 종교적인 가르침이라는 평계하에 성경에 대한 거짓말을 하거나 단순히 부유하다는 이유로 사람들을 존경하라고는 가르칠 수 없다. 그런 종류의 교리는 공식적으로, 그리고 적절하게 마약으로서 금지되고 있다.

이 모든 이야기들은 너무 이상적이어서 사실처럼 들리지 않을 정도다. 이런 이야기들은 좋은 의미에서 생각하자면 소련 정부를 문화적인 문명의 최전선에 위치시킨다. 하지만 소련은 사회주의가 아니다. 장기적으로는 그 공산주의 공화국이 이룬 업적을 프랑스와 미국의 옛 자본주의 공화국 수준으로 격하시키기에 충분할 만큼 불평등한 소득을 보이고 있다. 요컨대, 그것은 살육과 공포를 통해서였기는 하지만 혁명의 목적인 정치 권력의 이양을 이루어냈고, 이 정치적 이양은 러시아의 자존심을 높이고 러시아의 도덕적 태도를 친자본주의에서 반자본주의로 변화시켰음에도 불구하고 실제적인 공산주의에 관해서는 아직 영국만큼도 확립되지 않았고 심지어 임금도 영국 수준으로 오르지 않았다.

이런 일이 벌어지는 것에 대한 설명을 하자면, 자본주의가 확산된 것만큼만 공산주의가 확산될 수 있다는 것이다. 즉, 기존의 경제 문명 양식의 갑작스럽고 전체적인 전복이 아니라 그것의 발전으로서 공산주의가 등장한다는 것이다. 공산주의는 자본주의로부터 물려받은 물질적 효용을 파괴하자는 것이 아니라, 그것들을 관리하고 그것들이 창출하는 부를 분배하는 새로운 방법이다. 사회주의화를 위한 전제로서의 자본주의의 성숙이 러시아에서는 이루어지지 않았다. 결과적으로 1917년 승리를 거둔 공산주의 볼셰비키는 그들이 토대로 삼을 수 있는 어떤 고도로 조직화된 자본주의 산업도 발견할 수 없었고 그들이 손에 지니게 된 것은 무지하고, 미신적이고, 잔인하고, 땅에 굶주린 미개한 농부들로 이루어진 거대한 농경 국가였다. 보잘것없는 산업들을 ―그나마 대개는 외국인들에 의해 관리되고 있던― 지니고 있던 몇 군데 도시들에서는 부와 여가의 잘못된 분배에 의해 도시 프롤레타리아들이 반기를 들고 있었다. 그러나 그들은 사회주의를 시작하기 위해 조직화되기는 너무 시기 상조였고 아주 제한적인 의미에서만 도시 문명을 시작했다고 말할 수 있었다.

러시아에는 포트 선라이트나 본빌스* 같은 마을들도 없었고, 노동자들이 주 5일 근무만 하면 충분한 임금을 벌고, 자동차도 가질 수 있는 포드 공장도 없었다. 전국적인 규모의 어떤 산업 트러스트도, 공공 도서관도 없었다. 엄선되고 시험을 통과한 공무원들에 의해 운영되는 훌륭한 공공 부서들도 없었다. 그뿐만이 아니었다. 일자리를 잃은 산업 경영과 사무 업무에 숙련된 많은 사람들, 수많은 유능한 공무원을 지닌 국영화되거나 시영화된 서비스, 국민 보험, 철도를 멈추고 석탄 공급을 끊겠다는 협박을 통해 자본주의 정부로부터 보조금을 갈취할 수 있는 능력을 지닌 수백만의 노동자를 대표하는 거대한 노동조합 조직, 50년에 걸쳐 시행된 의무교육에 더해 40년간 끊임없이 행해져 온 페이비언 협회와 기타 강사들의 정치 선전, 개인별 농업에 대한 조직화된 산업의 압도적인 우위, 전쟁의 무게로 인한 자본주의의 명백한 붕괴, 무능과 관료주의의 대명사였던 공공 부서조차 그들을 조롱하던 상업적 모험가들보다 훨씬 더 효율적이었음을 보여주는 사회주의의 의기양양한 승리, 이 모든 것들도 존재하지 않았다.

아마도 트로츠키는 러시아 자본주의 문명에 대한 러시아 프롤레타리아 혁명의 승리는, 사실상 타도할 자본주의 문명이 없었고, 러시아 민중은 그들을 타락시킬 수도 있었을 부르주아 사상을 채 접할 기회도 없었다는 점에서 더 완전한 것이라고, 러시아인들이 부르주아적인 사상들의 오염으로부터 구원을 받은 것은 마르크스가 철학자 헤겔에게서 물려받은 저 유명한

---

* 포트 선라이트와 본빌스는 모두 고용주가 노동자들의 주거를 위해 지은 시범 마을들이다.

형이상학적 변증법을 통해서가 아니라 러시아가 아직 중산층의 사상조차도 불가능할 정도로 원시적이었기 때문이었다고 말할지도 모른다. 영국에서 사회주의가 완성된다는 것은 이미 건설된 피라미드 구조물 꼭대기에 붉은 깃발을 꽂는 일일 것이다. 그러나 러시아에서는 모래 위에서부터 모든 것을 새로 세워야 한다. 그들은 먼저 자본주의를 건설하고 그것을 사회주의로 변화시켜야 한다. 하지만 그동안 그들은 자본주의가 그들의 사기를 꺾고, 학살하고, 망치기 전에 그것을 통제하는 법을 배워야 한다. 우리의 무지 때문에 우리는 그런 일들을 겪어왔다.

마르크스가 영국 자본주의를 비난하기 위해 사용했던 구절들을 사용하여 그렇게 맹렬히 자본주의와 부르주아 기업을 비난하던 소련이 혁명 후에 그것들에 부분적으로 의지해야만 했다는 사실은 영국에서도 자산 계급들과 그들의 추종 세력으로부터 사회주의 프롤레타리아들에게 정치권력 이양을 완료했을 때 소련 같은 전철을 밟아야만 한다는 것을 의미하지는 않는다. 러시아 정부가 용인할 뿐만 아니라 장려하고 있는 자본주의는, 심지어 지금 자본주의 체제하에 있는 우리에게조차, 시간을 되돌리기 위한 시도일 뿐이다. 영국에서는 시간을 돌리려 시도한다 하더라도, 기계를 부수고, 우리의 산업 조직을 해체하고, 그것들을 재건할 수 있는 모든 계획과 문서들을 불태우지 않는 한, 그리고 18세기의 인구들로 20세기 인구들을 대체하지 않는 한, 그것은 불가능하다.

이 모든 것의 교훈은, 사회주의에 반대하는 세력들이 의회에서 개혁을 통해 사회주의로 옮겨가는 것을 거부하고 파시즘이나 쿠데타를 조직함으로써 자본주의자들의 독재 정권을 확립하려 한다면 그들의 힘을 꺾기 위해 정치 혁명이 필요할 수도 있지만 과격한 혁명이든 평화적으로 받아들여지는 의회에서의 일련의 개혁이든 그 자체로는 사회주의를 만들어낼 수 없다는 것이다. 사회주의 건설은 정치적 슬로건도 선거 때의 표어도 아니고, 우리 모두의 수입이 균등할 수 있는 방식으로 부의 생산과 분배를 정교하게 조정하는 것의 문제다. 이것이 사회주의를 제대로 이해하는 사람들이 항상 유혈 사태에 반대하는 이유다. 이들이라고 다른 사람들보다 온건하지는 않지만, 그들은 유혈 사태로 그들이 원하는 일을 할 수 없으며, 내전에 으레 따르는 무차별적인 파괴가 사회주의를 지연시키게 될 뿐이라는 것을 알고 있다.

자주 인용되는 시드니 웹의 말, '필연적인 점진성inevitability of gradualness'은 많은 사람들의 조롱을 받기도 하지만 거스를 수 없는 엄연한 사실이다. 하지만 불행히도 그것은 평화의 필연성을 의미하지는 않는다. 우리가 정말 어리석다면 우리는 점진적인 과정의 모든 단계에서 투쟁을 할 수도 있다. 자본주의에 기생하는 프롤레타리아의 친자본주의 지도자들이 의회와 헌법을 전복시키고 투표에 의한 해결 대신에 무력에 의한 해결을 선언한다면 그들과 사회주의 프롤레타리아 사이에 정치 권력을 두고 무력 투쟁이 벌어질 수도 있다. 하지만 투쟁이 끝나면 우리는 더 피폐해져 있을 것이고, 이전보다 더 현명하지도 못할 것이며, 우리들 중 몇몇은 죽었을 것이다. 사회주의자들이 이기면 사회주의로 가는 길의 장애물들은 제거될지도 모른다. 그러나 우리는 찢긴 길을 더 오래 걸어야 목적지에 도달하게 될 것이다.

모든 역사적 선례가 이것을 보여준다. 만약 변화를 선호하는 사람들이 다른 사람들을 위협하기 위해 그것에 반대하는 사람들을 충분히 살해한다면, 군주제가 공화정으로 바뀔 수도 있고, 과두정치가 민주주의로 바뀔 수도, 또는 다른 과두정치로 대체될 수도 있다. 그런 변화가 이루어졌을 때, 투표로 권력과 명예를 배정하는 대신 그것들을 차지하기 위해 싸우는 파벌들이 생기고 폭력적인 혁명들이 너무 흔해져서 다른 나라들은 그런 혁명들이 발발한 사실조차 채 인지하지도 못했던 19세기 남아메리카 같은 상황이 될 수도 있다. 하지만 어떤 극단적인 투쟁과 살육도 부와 생산 수단의 분배를 바꿀 수는 없다 프랑스 혁명 당시 18개월 동안 4천 명을 단두대로 보냈지만 그 결과 사람들은 전보다 더 빈곤하게 되었을 뿐이었다. 후에, 4천 명 중 대부분을 단두대에 보냈던 푸키에 탱빌* 자신이 형장을 향할 때 그는 자신에게 욕을 퍼붓는 백성들에게 '이 바보 같은 사람들아, 이렇게 한다고 해서 내일이면 당신네 빵값이 더 싸게 될 것 같소?'라고 말했다. 그런 것은 프랑스 혁명을 일으킨 자본주의자들에게는 아무 상관이 없었다. 그들은 가난한 사람들의 빵을 더 싸게 만들고 싶어 하지 않았기 때문이었다. 그들은 프랑스의 정부를 왕과 귀족들의 손에서 중산층으로 옮기기를 원했다. 하지만 그들이 사회주의자들이었고 그래서 인간의 목숨을 제외한 모든 것을 훨씬 싸게 만드는 것을 목표

---

* Antoine Fouquier-Tinville. 프랑스 혁명기의 공포 정치 때 설치된 혁명
재판소의 검사.

로 했더라도, 그들은 푸키에 탱빌의 말이 옳았다는 것을 인정해야만 했을 것이다. 그리고 만약 윌리엄 피트*와 유럽의 왕들이 프랑스 혁명을 내버려두었더라도, 그리고 그것이 1832년의 영국 선거법 개정안The Reform Act만큼 평화롭고 의회적이었더라도, 사람들의 경제적인 형편을 나아지게 하는 것에 있어서는 큰 효과가 없었을 것이다.

실업으로 고통을 받고 있던 도시의 프롤레타리아들이 (예를 들어, 실업수당이 생기기 전인 1885년경) 부자들의 집을 불태우겠다고 위협할 때마다, 사회주의자들은, '그건 아니오. 만약 당신들이 어리석게도 집을 태워 문제가 해결될 거라고 생각한다면 적어도 부자들의 집이 아니라 당신들의 집을 태울 수 있을 만큼 분별력을 가지기를 바랍니다. 어차피 대부분의 여러분들의 집은 사람이 살기에 부적합하니까요. 부자들이 사는 좋은 집들은 얼마 없잖아요'라고 말렸다. 자본주의는 빈민굴만 만들어낸 것이 아니라 궁전과 멋진 빌라를 생산해냈고, 가혹한 노역장뿐만 아니라 일류 공장, 조선소, 증기선, 해양 케이블, 국내외의 다양한 서비스 등등의 많은 것들을 만들어냈다. 자본주의는 또한 상당한 정도의 공산주의를 채택하도록 만들었는데 그것이 없다면 단 하루라도 자본주의는 존재할 수 없을 것이다(도로와 다리 등 이미 전에 예로 들었던 모든 사례들을 여기서 다시 논할 필요는 없을 것이다).

어떤 제정신인 사회주의자가 내전을 환영할 것인가? 내전은

---

* William Pitt. 영국의 정치가. 1793년 프랑스 혁명에 대항해 대불 동맹의 결성을 주도했다.

모든 것을 파괴하고, 그의 당이 설령 승리한다 하더라도 검게 그을린 폐허와 미어터지는 공동묘지만을 넘겨받게 될 것이다. 자본주의는 나라의 산업을 영세한 소유주들에 의해 행해지던 작은 사업체들로부터 거대한 부지 위에 세워진, 수백만 파운드의 자금으로 운영되는 공장들에 고용된 프롤레타리아들이 수많은 노동자들을 지휘하는 거대한 트러스트로 성장시킴으로써 사회주의의 토대를 만들었다. 간단히 말해서 자본주의는 항상 산업을 발전시켜 공적인 사업의 규모로 성장하게 하여 다음 단계인 공적인 운영으로 넘어가게 만드는 경향이 있다. 그것들을 파괴하는 것은 미래의 사회주의를 망치는 것이다. 그런 이양移讓이 강도짓이라고 생각하는 소유주들은 빼앗아가는 측도 그런 재산들을 자신들만큼이나 귀중히 여기기 때문에 적어도 자신들이 빼앗긴 재산이 의미 없이 파괴되지는 않으리라는 데서 얼마간의 위안을 얻을 수 있다. 관리직들에 관해 말하자면, 사회주의는 훨씬 더 많이 그들을 필요로 할 것이고, 그들이 자본주의하에서 바랄 수 있는 것보다 더 큰 직업 안정성과 높은 사회적 지위를 제공할 것이다.

이제 우리는 절대 다수의 사회주의자들이 국회에 진출할 때 자본가와 그 지지자들이 위헌적인 폭력을 사용할 것인가에 대한 의문을 일축할 수도 있다고 생각한다. 만약 분쟁이 일어난다면 그들의 소유물이나 목숨을 잃게 될 입장에 있는 사람들에게 그것은 큰 문제일 것이다. 그러나 구호와 살육, 방화가 끝나면, 생존자들은 어떤 형태의 정부로든 정착을 해야 할 것이다. 이 혼란은 나폴레옹 3세, 알폰소 왕, 크롬웰, 나폴레옹, 무솔리니 또는 레닌과 같은 독재자들에 의해 해결되어야 할지도 모른다. 그러나 독재자들은 곧 죽거나 힘을 잃고 왕, 장군 그리고 프롤레타리아 독재자들도 어떤 식으로든 대중을 대표하는 협의회나 의회 없이는 오래갈 수 없다는 것을 알고 있다. 왜냐하면, 영국이 아일랜드에서 경험한 것처럼, 시민들이 경찰력에 협력하지 않는 한 가장 강력한 정부도 무너지기 마련이다.

결국 (요즘은 여기까지의 기간이 아주 짧아졌지만) 우리는 의회와 안정된 헌법을 다시 되찾아야 한다. 그리고 사회주의의 긍정적이고 건설적인 일들을 생각하자면 모든 유혈 사태와 방화, 처형들이 따르는 폭동들과 쿠데타들은 생략하는 편이 나을 것이다. 따라서 우리는 싸울 수도, 안 싸울 수도 있을 모든 전투들일랑 잊어버리고, 만약 현재의 헌법적인 발전이 지속되어 국회에서 사회주의자들이 절대 다수가 되어 정부를 구성하고, 1923~24년처럼 두 개의 자본주의 정당의 용인하에 사실상 그들의 통제를 받는 것이 아니라, 프롤레타리아 정책을 실행할 수 있는 전권과 함께 사회주의를 영국에서 확립된 헌법 질서가 되게 하기 위해서 현재 노동당이 무엇을 해야 할지에 생각을 집중해야 한다.

변화는 의회에서 이루어져야 한다
CHANGE MUST BE PARLIAMENTARY

조만간 반드시 그렇게 할 수밖에 없지만, 자본가들과 사회
주의자들이 어쩔 수 없이, 그들 사이의 분쟁을 의회에서 해결
하는 방안을 받아들였다고 가정해 보자. 참고로 말을 하자면,
나는 사람들의 본성을 고려해볼 때, 별다른 어려움 없이 이런
일이 일어날 것이라는 어떠한 보장도 할 수 없다. 가능한 모든
잘못되고 사악한 방법들이 시도된 후에야 우리는 다시 올바
른 길로 돌아올지도 모른다. 제정신인 사람들이라면 모든 폭력
적인 강압을 통해서라도 막으려 할 수밖에 없는 총파업은 일
종의 국가적인 자살의 시도로서 노동당 정부이든 자본주의 정
부이든 계엄령을 선포하게 만든다. 과격한 폭도 진압, (더블린
에서 그랬듯이) 도시들에 대한 테러리스트들의 폭탄 공격, 시골
대저택들의 방화와 약탈, 제복을 입은 경찰들을 인민들의 적으
로 여기고 눈에 보이는 대로 총격을 가하는 등 증오와 싸움과
살육이 삶과 죽음을 가치 있게 만드는 영광스러운 스포츠라고
생각하는 사람들의 시기가 뒤따른다. 하지만 군대의 기관총,

폭격기, 독가스 포탄 등에 맞설 수 없다는 것을 사람들이 깨닫거나, 총파업에 의한 작업장 봉쇄와 불매 운동은 자신들을 제일 먼저 희생자로 만들기 때문에 좋은 전술이 아니라는 것을 프롤레타리아들이 깨닫는다 하더라도, 의회는 여전히 대립하는 집단으로 나뉘어서 기능을 수행할 수 없게 되고 결국 국가는 다시 독재 정권의 수중으로 떨어질지 모른다. 그 독재자는 왕실 인사의 이름으로 통치를 하는 또 다른 비스마르크이거나 무함마드나 브리검 영, 무솔리니 같은 계층에서 올라온 강력한 개인일 수도 있고, 카이사르나 나폴레옹, 프리모 드 리베라 같은 장군일 수도 있다.

이런 사회적 격변이 일어나는 동안 다른 사람과 마찬가지로 여러분과 나도 유린을 당하고, 총에 맞고, 가스를 맡고, 방화로 집을 잃고, 재정적으로 망하게 될지도 모른다. 우리는 홍역과 같은 전염병을 체념하고 받아들여야 하는 것과 마찬가지로 인간의 호전성과 이기주의라는 전염병도 어쩔 수 없이 받아들여야 한다. 차라리 홍역은 우리에게 덜 고통스러운데, 왜냐하면 우리는 적어도 그것들을 부추기기 위해 아무 짓도 한 적이 없기 때문이다. 반면에 우리는 우리의 아이들에게 호전성을 미화하고 가난한 사람들을 억누르고 부자들을 떠받들면서 가문과 명예를 존중하도록 가르쳐왔고 이것이 불가피하게 폭력과 계급 증오의 역병을 주기적으로 불러오는 불건전한 공중도덕을 형성해왔다.

조만간, 화해할 수 없는 사람들은 킬케니 고양이들*처럼 서로를 몰살시킨다. 왜냐하면 다른 파벌들을 모두 몰살시킨 거친 파벌은 곧 스스로를 자멸시키기 시작하기 때문이다. 독재자들은 크롬웰이 그랬던 것처럼 죽거나, 늙어서 비스마르크처럼 야심찬 젊은 군주들에 의해 역사의 쓰레기통으로 보내진다. 독재자들과 야심찬 군주들은 모두 독재 정치가 오늘날 브리검 영의 모르몬교도 무리와 같은 작은 집단들을 제외하고는, 아니, 심지어 그곳에서도, 완전하고 실제적인 형태의 정부가 아니라는 것을 알게 된다. 지금 그것에 가장 가까운 것은 미국의 대통령직이다. 독재자이지만 대통령은 4년 동안 내각과 함께 일해야 하고, 의회와 상원을 상대해야 하며, 보통선거의 결과를 따라야 한다. 결국 우리 모두는 이런 의회의 형국에 이르러야만 한다.

모든 잘난 척하는 멍청이들은 스스로를 타고난 지배자로 생각하고 모든 속물들은 사회가 유지되려면 보통 사람들이 현재의 처지에 머물러야만 하며 그렇지 않으면 처형해야 한다고 생각하고 자신의 위치에 불만인 모든 프롤레타리아들은 자본주의 체제보다 더 취약한 어떤 것 또는 누군가를 공격하고 싶어 한다. 그들의 광기가 한바탕 휩쓸고 지나가면 서로 주먹질을 하지 않고도 의견을 주고받을 수 있을 만큼의 분별력과 공동체의 일을 꾸려나가기에 충분한 경영 능력을 가진 여성들과 남성들이 살해당한 시체들을 매장하고, 불태워진 집들을 재건하며, 남겨진 수많은 난장판들을 정리한다. 이러한 분별 있는 사람들도 항상 분별력이 있었던 것은 아닐 것이다. 그들 중 일부는 쓰라린 경험이나 그들이 만들어낸 무정부 상태의 결과에

---

* Kilkenny cats. 아일랜드 킬 케니 카운티의 전설에 나오는 고양이들로 서로의 꼬리만 남을 때까지 격렬한 싸움을 했다고 한다.

대한 끔찍한 자각에 의해 제정신이 들기 전에는 역시 끔찍한 일들을 저질렀을지도 모른다. 하지만, 그 이전의 분쟁에서 문명이 완전히 파괴되어 고민할 만한 나라가 남아 있지 않는 한, 원래부터 분별이 있는 사람들과 깨달음으로 분별이 생긴 사람들 사이에 마침내 어떤 종류의 의회가 존재하게 될 것이다. 이것은 종종 발생해온 일이다.

하지만, 우리는 당분간 모든 불쾌한 가능성을 머리에서 지워버리고, 지위와 권력을 다투는 두 주요 정당의 존재에 의해 기능하는 의회에서 사회주의가 어떻게 발전할 수 있을지 생각해보자. 한 정당은 그것의 진행을 억제하고 다른 하나는 조장해야 한다고 공언하지만 두 정당 모두 폭주하는 자본주의란 자동차를 통제해야만 한다. 그래야 그들은 자신들이 야당의 입장일 때 통렬한 비난을 퍼붓던, 하지만 결국은 국가 수익의 공평한 재분배와 토지 및 산업 조직의 사유 재산을 공공 재산으로 바꾸는 데 기여하는 많은 조처들을 취할 수 있다.

내가 당신에게 어떤 완전한 프로그램을 강요할까봐 두려워할 필요는 없다. 설령 내가 그것을 예측할 수 있다고 해도, 당신을 그것으로 지루하게 하지는 않겠다. 나는 단지 어떤 법령이 제정될 수 있을지, 또 그것이 어떤 반대를 야기할 수 있을지 당신에게 알려주어서 다음 선거에서 어느 쪽에 투표해야 할지, 혹은 지역이든 중앙이든 의회에 당신이 자리를 얻기 위해 직접 출마할 때 더 잘 판단할 수 있게 하고 싶을 뿐이다. 나는 당신을 소위 열성 당원으로 만들려는 생각이 없다. 그보다는 오늘은 이 당, 내일은 저 당에 투표할 준비가 되어 있는 열린 마음을 가진 유권자의 부동층에 당신을 속하게 하고 싶다. 만약 당신이 선택한 당의 양식과 실용적인 능력의 균형이 (아마도 지도부가 나이 들면서) 무너졌다고 생각한다면 또는 제안된 중요한 정책에 있어서 여러분의 이전 선택이 잘못된 방향으로 흘렀다고 생각한다면 얼마든지 당을 바꿀 수 있도록 말이다.

열성 당원은 그런 열린 마음을 충성심이 없다고 생각할 테지만, 정치에서는 공익만이 충성의 대상이어야 한다. 하지만, 만약 당신이 어떤 일이 있더라도 매번 같은 쪽에 투표하기를 원한다면, 반대당을 지지하기 위해 역시 당신과 같은 행동을 하는 사람을 찾아보는 것은 어떨까? 그리고 나서, 두 사람 모두 절대 다시는 투표하지 않기로 동의할 수 있을 것이다. 이것은 두 사람이 상대 당을 반대하기 위해 투표하는 것과 같은 효과를 가져온다. 이제 두 사람 모두 다시는 투표하는 수고를 겪지 않아도 된다.

정부가 우리의 산업들을 제대로 보상해주며 하나씩 차례로 국영화하는 일련의 수용 과정을 통해 실질적 사회주의가 진행되어야 한다는 것에 우리는 동의한다. 그렇게 국영화된 산업들은 주로 그곳에서 일하던 일군의 경험 많은 직원들이 행정을 담당하게 될 텐데 그들은 평균적인 능력과 훈련, 사회적 자긍심에 있어서 상업적 이윤을 추구하는 무리들이나 금융 도박가들—현재 우리들의 생계를 이들이 쥐락펴락하고 있다—보다 훨씬 뛰어난 능력을 지닌 공무원들이 일하는 다양한 부서들이 통제를 하고 자금 지원을 해줄 것이다.

이제 이러한 사전 준비와 국영화는 유권자들이 최소한 정부가 하는 일에 대한 대략적인 이해를 가지고 있고, 그것에 찬성하지 않는 한 거의 불가능할 것이다. 그들은 사회주의를 전체적으로 이해하지는 못하겠지만, 탄광의 국유화에 대해서는 국가적인 복지를 위해서가 아니라 저렴하게 석탄 공급을 받을 수 있다는 이유만으로 그것을 원할 만큼, 그래서 그것을 지지하는 사람들에게 투표를 할 만큼은 꽤 잘 이해하고 있을 수 있다. 철도 및 운송 서비스도 일반적으로 마찬가지다. 가장 편견이 심한 보수주의자들도 더 싼 여행과 국내 생산물의 합리적인 운임을 위한 예외적인 조처로서 철도와 운송의 국영화에 투표할 것이다. 이런 종류의 대중적 지지에 의해 만들어진 몇 개의 큰 국영화는 현재 노령 연금과 마찬가지로 우리의 사회 정책의 일부로서 국영화를 평범한 것으로 받아들여지도록 만들 것이다. 비록 그러한 연금이 순전한 공산주의―사실 맞는 말이다―라고 비난받았던 것이 불과 얼마 전처럼 보이지만 말이다.

러시아 국민은 공산주의자가 아니었고, 강제가 아닌 한 공산주의를 받아들이려 하지 않았기 때문에 토지를 다루는 문제로 소련이 어려움을 겪었다고 해서 그곳에서 자본주의에 대한 희망을 찾아볼 수는 없다. 하지만 노동력을 가진 사람들의 반이 총을 들고 나머지 반을 감시해야만 유지되는 체제는 전혀 실제적이지 않으므로 바로 포기하는 것이 나을 것이다. 그러나 제대로 준비된 일련의 국영화는 사회주의와는 전혀 관계없는 사람들도 이해하고 그것을 위해 찬성표를 던질 수 있을 뿐만 아니라, 얻을 수 있는 한 빵을 그저 가져갈 뿐 결코 그것의 공공성에 대해 생각하지 않는 대중의 습관에도 완벽하게 들어맞을 것이다. 사회주의로의 변화는 그들에게는 단지 주인들이 바뀌는 것일 뿐이고 그런 변화에 익숙한 그들에게는 변화로 느껴지지도 않을 테지만, 사실 그것들은 그들이 항상 갈망해온 보상, 존엄성, 고용의 안정성에서의 변화이기도 하다. 이것은 모든 개혁가들이 잘 알고 있는 어려움을 해결하는 데 도움이 되는데, 앞으로 영원히 득이 되는 좋을 일일지라도 사람들에게 새로운 체제를 받아들이게 하는 것보다는, 끔찍스러울 정도로 나쁜 일일지라도 그들에게 익숙한 방식으로 일을 하도록 유도하기가 훨씬 더 쉽다는 것이다.

사회주의적인 법률은 단순히 사람들이 부자가 되는 것을 금하고, 그런 법을 어겼을 때 경찰을 부르는 문제가 아니다. 그것은 국가가 소득의 생산과 분배에 적극적으로 간섭하는 것을 의미하며, 그것의 모든 단계에서 그것을 실행하고 관리할 새로운 공무원의 부서나 업무들이 필요할 것이다. 만약 우리가 가난한 집이든 그렇지 않은 모든 아기들이 충분한 빵과 우유를 공급받고 추위를 피할 좋은 집이 있어야 한다는 법을 제정할 정도로 양식이 있다 하더라도 모든 필요한 빵집과 유제품 공장, 집을 지을 땅들이 준비될 때까지는 그 법은 죽은 문자로 남을 것이다. 만약 우리가 모든 신체 건강한 어른들이 국가를 위해 매일 일을 하도록 법을 만들더라도, 모두를 위한 일자리를 만들 때까지는 그 법을 실행할 수 없을 것이다. 모든 건설적이고 생산적인 법률은 십계명과는 아주 다르다. 즉, 그것은 많은 사람들의 고용, 사무실과 일터의 설립, 일을 시작하기에 필요한 많은 자원의 조달, 그리고 그것을 지도할 특별한 능력을 가진 사람들의 서비스를 필요로 한다. 이것들이 없다면, 실제적인 사회주의의 확립에 관한 한, 모든 왕실 또는 독재자의 선언, 모든 십계명, 그리고 모든 공산당 선언들은 휴지조각에 지나지 않는다.

그러므로 당신은 소득의 불평등에서 평등으로의 변화가 비록 다른 어떤 방법이 아닌 법에 의해 시행되더라도 모든 사람들이 모든 경우에 산술적으로 동일한 소득을 갖도록 명령하는 법을 의회에서 통과시킴으로써 이루어지지는 않을 것이라고 생각해야 한다. 수십 개의 민관 및 시정 서비스의 증설, 수십 개의 연속된 국영화, 수십 개의 연간 예산들, 이 모두가 이런저런 이유를 근거로 치열한 경쟁을 벌일 것이고 그런 과정을 통해서 잔존할지도 모르는 사소한 불평등의 악폐들이 더 이상 신경 쓰이지 않을 정도가 될 때까지 우리를 소득 평등에 더 가까이 이르게 만들 것이다. 한 아기가 1년에 10만 파운드를 받고, 다른 백 명의 아기들은 불충분한 영양분으로 죽어가고 있는 현재, 소득의 평등은 투쟁의 대상이고 죽기를 각오하고 성취해야 할 어떤 것이다. 하지만 모든 아기들이 배부르다면, 어떤 아기의 아버지나 어머니가 추가로 5실링이나 5파운드를 더 얻는다 해도 그것을 막기 위해 어떤 행동을 해야 할 만큼 중요한 문제는 아닐 것이다.

모든 사회 개혁은 절대적인 논리적 완전성이나 산술적 정확성에 이르렀을 때가 아니라, 충분히 일을 해낸 시점에서 중단된다. 가난한 여성에게는 일주일에 1파운드[20실링]와 1기니[21실링]의 차이는 매우 심각할 수 있다. 1실링은 그녀에게 큰 돈이기 때문이다. 그러나 일주일에 20파운드를 받는 여성은 다른 여성이 20기니를 받는다고 해서 내전을 일으키지는 않을 것이다. 그녀는 그 차이를 거의 느끼지 못할 것이다. 그러므로 우리는 누군가가 길에서 노래를 부르거나 관상용 국화를 팔아서 —비록 사람들이 그런 행위를 매우 천하게 생각해서 아무리 뻔뻔한 사람이라도 감히 그런 짓을 선뜻 할 수는 없지만— 여러분의 돈을 벌었다고 경찰을 부르는 사회를 상상할 필요는 없다. 우리 모두가 똑같이 잘 사는 한, 그래서 누구의 딸이 다른 사람의 아들에게 밑지며 시집을 갔다거나 팔려갔다는 소리가 들리지 않을 때에는, 국민 소득의 분배에서 반 펜스를 누가 더 가져야 할 것인지를 두고 사람들은 다투지 않을 것이다. 그럼에도 불구하고, 소득의 평등은 근본적인 원칙으로 남아 있어야 하며 눈에 띄게 그것을 벗어나는 것은 시샘의 눈으로 감시되어야 하며 혹여 인정을 받는다 하더라도 모든 사람들의 인지하에 용인되어야 한다. 그것이 얼마나 엄격하게 시행되어야 할지는 정해진 제한이 없다.

그렇다고 해서 어떤 사회주의 장치, 예를 들어 산업을 국영화하고 민간 기업 직원을 공무원으로 만드는 과정에 제한이 없다는 뜻은 아니다. 우리가 국영화에 미쳐 모든 것을 국영화하고 싶어 하더라도 그렇게 할 수는 없다. 신문에 '지난 수요일, 붉은 스카프를 맨 여왕이 코민테른*으로부터 카를 마르크스의 초상화와 그의 유명한 구호, "온 땅의 프롤레타리아들이여, 단결하라"가 새겨진 루비 왕관을 수여받음으로써 영국이 본격적으로 사회주의 국가가 되었다'라고 보도되는 일 같은 것은 결코 없을 것이다. 그보다는, 국영화된 기업들이 원칙이고 민간 기업이 예외가 될 때쯤에는 사회주의(상황과는 별로 어

---

* the Third International, 제3인터내셔널이라고도 한다. 1919년 3월 러시아 공산당의 주도로 설립되어 1943년 스탈린에 의해 해체되었다.

울리지 않는 명칭이다)라는 말은 별로 쓰이지도 않을 것이고 혹시 사용되더라도 암흑시대인 19세기에 어떤 광신적인 종파에 의해 행해진 미친 종교였다고 말해질 가능성이 높다. 사실, 이미, 나는 사회주의는 한물갔고 그것에 대해 허튼 소리일랑 집어치우고 탄광들을 국영화하고, 국가적인 전기 공급 계획을 완성하는 것처럼 실제적인 일을 서두르는 게 더 나을 것이라는 이야기들을 듣고 있다. 그리고 사회주의자들이 없었다면 우리들은 벌써 사회주의를 이루었을 것이라고 나는 이미 40년 전에도 말한 바가 있지만, 지금이라도 사회주의라는 이름을 버리는 것이 일을 진행하는 데 도움이 된다면 나는 당장이라도 그렇게 할 용의가 있다.

내가 1880년대의 사회주의자들에게 험담을 한 이유는 한 번에 모든 것을 해낼 수 있다고 생각하는 사람들은 결국 아무것도 행할 수 없고 아무것도 예방할 수 없기 때문이다.

77

보조금을 받는 개인 기업들
SUBSIDIZED PRIVATE ENTERPRISE

큰 산업과 도매업을 국영화하더라도 많은 비공식 소매상들은 그들이 현재 하는 것처럼 소규모 유통의 일을 하도록 내버려두어야 할지도 모른다. 단, 우리는 트러스트들이 하는 것처럼 가격 문제에서는 그들을 통제해야 할 것이다. 그럼에도 그들은 지주나 자본가들이 그들에게 허락했던 것보다 더 나은 삶을 살 수 있을 것이다. 그들은 현재의 시스템에 불가피한 도산의 공포로부터도 자유로워질 수 있을 것이다. 우리는 광산을 국영화하고 난 후에야 마을의 대장간을 국영화하고 대장장이를 공무원으로 만들어야 한다. 진공청소기를 다루는 가정부들에 대해서는 말할 것도 없고, 전기로 작업을 하는 개별 예술가들과 장인들과 과학자들의 일에 간섭하기에 앞서 집집마다 국영 또는 시영의 전력 공급을 해야 할 것이다. 우리는 토지와 대규모 농업의 국영화와 동시에 취미로 하는 과일 재배와 텃밭까지 국영화하려 하지는 않을 것이다. 우리가 알고 있는 바의 자본주의가 사라진 지 오랜 뒤에도 그들의 자신의 사업에서 사적으로 일을 하는 남녀가 현재의 우리의 비참한 노예 같은 상황하에서 그렇게 일하는 사람들보다 더 많을 수도 있다.

사회주의 체제에서 은행을 국유화하면 민간 기업들이 일하기 상당히 쉬워질 것이며, 실제로 크게 활력을 얻을 것이다. 이들이 얻는 소득이 과한 경우 그것에 세금을 부과함으로써 금액을 줄일 수 있다. 그러나 실제로는 그 반대가 될 가능성이 더 높다. 즉, 지금도 마찬가지지만, 대부분의 민간 사업체에 근무하는 사람들은 공공 부문에서 일을 할 때보다 더 적은 급여를 받게 될지도 모른다. 오늘날 민간 사업체에서 만들어지는 막대한 부는 고용된 노동자들을 통해 만들어진다. 노동자들은 토지와 자본의 생산물 없이는 살 수 없기 때문에 자신들이 창출하는 것보다 훨씬 적은 것을 대가로 받고 지주들과 자본가들을 위해 일하기로 동의하거나 굶어 죽어야 한다. 그러나 모든 사람들이 국영화된 산업들 중 하나에 일자리를 얻고, 국영화된 토지의 임대료와 자본에 대한 이자들로부터 자신의 몫의 수입을 얻을 수 있다면, 그 어떤 민간 고용주도 그와 비슷한 임금을 제공하지 않는 한 그를 위해 일하도록 노동자를 설득할 수 없을 것이다.

그런 이유로 민간 기업에서 일을 하더라도 빈곤에 빠지는 일은 없게 될 것이다. 민간 고용주들은 그들의 상품이나 서비스에 대해 만족한 대중들이 충분한 돈을 지불하도록 만들 만큼 영리하고 쓸모 있지 않다면 파산할 것이다. 혹은 그들은 자신이 하고 싶은 일을 하는 것으로만 만족하고 국영 기업에서 일을 하는 것보다 적은 급여로 만족할 수도 있을 것이다. 그들의 수입을 국가의 수준만큼 유지하기 위해서 그들 중 몇몇은 정부로부터 보조금을 요구하고 받을 수도 있을 것이다. 간단한 예를 들자면, 운송업자에게 충분한 일거리가 없는 외딴 마을의 경우, 정부나 지방 당국이 그곳의 농부나 상점 주인, 여관 주인에게 그 지역의 물류를 맡긴다는 조건으로 트럭을 유지하는 비용을 지불해주는 것이 가장 경제적이고 현명한 계획이다.

우리가 본 바와 같이, 대기업에서는 이런 과정이 실제로 시작되었다. 노동조합이 생산성이 낮은 탄광들이 계속 조업을 할 수 없을 정도로 석탄 광부들의 임금을 높이자 탄광 소유주들은 사회주의에 대한 철저한 반대자들임에도 불구하고 사업의 수지를 맞추기 위해 보수당 정부로부터 1천만 파운드의 보조금을 요구해서 받아냈다. 그러나 광산들은 전반적으로 꽤 괜찮은 수준의 임금을 지불할 수 있었지만 몇 개의 부실한 광산을 계속 운영하게 하기 위해서 일반 대중에게 세금을 부과하면서 동시에 엄청나게 높은 석탄 가격을 유지하는 것은 너무나 우스꽝스러운 일이었다. 하지만 그게 노동조합의 요구였다. 보조금 지급이 중단되었고, 뒤이어 끔찍한 직장폐쇄가 뒤따랐다. 이 모든 것은 탄광의 국유화를 통해 막을 수 있었고, 그것을 통해 임금을 유지하고 동시에 석탄 가격을 낮추는 것도 가능했을 것이다. 하지만, 그것은 현재 우리의 요점이 아니다. 여기서 말하고자 하는 것은 중요한 민간 기업이 그것에 종사하는 사람들을 부양할 만큼 충분한 이익을 거두지 못할 때 그들에게 보조금을 지급하는 사회주의적 관행을 자본가들 스스로가 확립했다는 것이다. 일반 산업들에 보조금을 주는 것이 여기에서 색다른 점이다. 과학 연구, 교육, 종교, 희귀 서적과 사진들을 대중들이 이용할 수 있게 하는 것, 탐사, 해외 우편물 수송 등의 분야들은 이미 부분적으로 정부 교부금에 의존하고 있는데, 이것은 보조금의 다른 이름이다.

자본가들은 이제 공공연히 민간사업을 시작할 수 있도록 보조금을 요구하고 있다. 예를 들어, 항공업은 전쟁 기간 동안 정부가, 나중에 후회하기는 했지만, 염료 산업에 도움을 주었던 것처럼 그들도 돕는 것이 당연하다고 주장한다. 이 새로운 자본주의자들의 사업 방식에 당신의 주의를 기울여보라. 왜냐하면, 그것에 의하면, 당신은 경쟁력 있는 민간 기업들에 우리 산업의 유지를 맡긴다는 자본주의적 원칙을 저버려야 할 뿐만 아니라 자본가들이 모든 이익을 취하고 가격을 가능한 한 높게 유지하는 동안 그것에 따른 모든 위험을 당신의 세금으로 벌충해줌으로써 양쪽으로 강탈을 당하기 때문이다. 그런 처지임에도 정부가 고용주들의 이익과 가격을 유지해주듯이 자신들의 생활 임금을 보장해달라고 근로자들이 요구하면 자본가들은 이에 반대한다.

사회주의가 대세가 되면 이러한 자본가들의 납세자들에 대한 착취는 실험적인 민간 기업이나 발명, 새로운 방식들을 정부가 보조하는 선례가 될 것이고, 마을 운송업자의 경우와 마찬가지로 아직 국영화 단계에 이르지 못한, 하지만 필요한 서비스들을 누군가에게 담당시키고 보조금을 제공하게 만들 것이다. 사실 이것이 영리한 사업가들에게는 사회주의의 가장 흥미로운 부분이 될 것이다. 직접적이고 완전한 국영화는 대부분 잘 확립된 일상적인 서비스들에 국한될 것이다.

사회주의 정부가 민간 기업들을 용인할 뿐만 아니라 그들에게 자금을 지원해야 한다는 생각에 충격을 받을 교조적인 사회주의자들이 있다. 그러나 사회주의 통치자들의 일은 민간 기업을 억압하는 것이 아니라 소득의 평등을 달성하고 유지하는 것이다. 민간 기업을 공공 기업으로 대체하는 것은 그 목적을 위한 몇 가지 수단 중 하나일 뿐이며, 어떤 예외적인 경우라도 민간 기업에 의해 그 목적이 가장 잘 실현될 수 있다면 사회주의 정부는 민간 기업을 용인하거나, 민간 기업에 보조금을 지급하거나, 심지어 민간 기업을 시작할 것이다. 사실 사회주의는 자본주의보다 더 융통성 있고 아량이 있는데, 어떤 지역이라도 민간 운송업자에게 돈을 지불할 수 없다고 해서 운송 서비스를 받지 못하게 되는 일 같은 것은 없을 것이다.

그러나 사업에서의 실험적 민간 기업이 국가의 자금 지원을 받아 일부 새로운 산업이나 방법이나 발명을 일상적인 국가 생산과 서비스로 안착시키는 데 성공한 후에는 그것은 지금처럼 더 이상 실험적이지 않은, 뒷전에서 막대한 이익을 누리는 기업이 되는 대신에 국영화되고 그 기업은 다시 새로운 실험을 하고 새로운 서비스들을 발견하는 본연의 일로 돌아가게 될 것이라는 점에 유의하라. 예를 들어, 지난 몇 년 동안 철도를 국영화하지 않고 몇몇 민간 기업의 손에 맡겨온 것은 어리석은 일이었는데, 특히 편협한 관료들은 아주 반동적이고 창의성이 없었으며 철도 회장들 못지않게 허식적이었기 때문이다. 국영화를 위해 철도업에 대해 알 필요가 있는 것은 이미 모든 것이 알려져 있다. 그러나 항공 서비스는 여전히 실험 중이며 그들의 일이 철도 업무처럼 잘 확립되고 획일화되기까지는 국가의 지원을 받는 민간 기업 대접을 받을 수 있을 것이다.

불행히도 자본가들이 그들의 대리인인 고용주와 금융업자

들을 통해 현재의 보수당 정부를 설득하여 납세자들의 이익은 고려하지도 않은 채 그들의 비용으로 자금을 조달하려 하고 있다는 사실을 알고 있는 사람들은 많지 않다. 예를 들어, 탄광 소유주들에게 지급한 1천만 파운드의 보조금은 광산을 저당 잡은 후 제공되어야 했다. 민간 기업에 지급한 100파운드마다 정부는 주식을 한 주씩 받아야 한다. 그렇지 않으면, 후에 그 기업을 국영화할 때, 그것의 소유주들은 자본의 몰수에 대한 보상을 요구할 것이다. 우리가 보상에 대한 연구를 통해 살펴보았듯이, 이것은 실제로 별문제가 되지 않지만, 국가가 최소한 한 주주로서의 지배력도 갖고 있지 못한 것은 매우 심각한 일이다. 민간 모험 기업가들에게 무조건 공금으로 선물을 주는 것은 재무부와 납세자를 약탈하는 짓이다.

자본주의 정부와 사회주의 정부의 차이는 국영화를 용인하느냐의 문제가 아니다. 국영화가 없이는 둘 다 얼마 버티지 못한다. 그것은 어느 정도로, 얼마나 빨리 국영화가 추진되어야 하느냐의 문제이다. 자본주의 정부는 국영화와 시영화는 상업적으로 수익성이 없는 사업에만 국한해야 할 악으로 간주하고 수익성 있는 모든 것들을 폭리를 취하는 사람들에게 맡긴다. 그들은 어떤 일시적인 공공 목적을 위해 토지를 취득하여 사용한 후에는 그것을 개인에게 팔고, 그 돈을 소득세를 줄이기 위해 사용한다. 그 결과 국유 재산이었던 토지가 사유지가 되고, 세금의 완화로 소득세 납부자의 불로소득은 증가한다. 반면 사회주의 정부는 자본가들을 희생시키며 국유화를 위한 토지 매입을 가능한 한 열심히, 그리고 최대한 빨리 추진하며, 민간인에게 전매하는 것을 격렬하게 반대한다. 그러나 그들은 종종 마치 소비에트 평의회가 그랬던 것처럼 제지를 당하기도 하고 심지어 후퇴해야 했는데, 땅과 자본을 항상, 그리고 효율적으로 사용해야 할 엄정한 필요성 때문이었다. 만약 정부가 1에이커의 비옥한 땅이나 1톤의 여유 식량(자본)을 국영화했지만 즉시 경작하거나 생산적인 노동을 위해 공급할 준비가 되어 있지 않다면 좋든 싫든 간에, 정부는 그것을 다시 개인들에 매도함으로써 충분한 준비가 되지 않은 채 취한 사회주의를 향한 발걸음을 그만치 다시 되돌려야 한다.

전쟁 중에 민간 기업이 처참하게 무너지고, 포탄이 부족해서 플랑드르에 있는 우리 젊은 병사들이 처참하게 학살당하는 사태가 벌어졌을 때, 국영 공장에서는 군수품들을 만들어야만 했다. 전쟁이 끝나자, 1918년의 자본주의 정부는 노동당의 반대에도 불구하고 이 공장들을 헐값에 가능한 한 빨리 매각했다. 몇몇 공장들은 팔 수 없었는데, 그 이유는 그들이 폭격을 피하기 위해 아주 외딴곳에 세워졌기 때문에 민간 기업들이 기피했기 때문이거나, 아니면 민간 기업이 너무나 경영 능력이 부족했기 때문이다. 그러나 노동당 정부가 취임했을 때도, 그것은 또한 평화를 위한 목적으로 공장들을 사용할 만큼 충분한 능력 있는 새로운 공기업들을 조직할 수 없었기 때문에 남아 있는 국영 공장들을 팔려고 노력해야 했다.

이것은, 그것들을 생산적으로 사용할 준비도 되어 있지 않은 채, 단지 그렇게 하는 것이 사회주의적이라는 이유로, 지주들로부터 땅을, 자본가들로부터 자본을 넘겨받는 것이 터무니없는 일이라는 것을 보여주는 또 하나의 객관적 교훈이었다. 그렇게 한다면 모스크바 소비에트처럼 그것들을 다시 돌려줘야 할 것이다. 당장 쓸 수 있을 때만, 그래서 다음 날 아침 일을 시작할 준비가 되어 있을 때에만 그것들을 취해야 한다. 만약 사회주의자들의 선전에 몰려 자본주의 정부가 자신들이 관리할 수 있는 것보다 더 많은 재산을 몰수해야만 한다면 그들은 곧 다시 사기업들에게서 몰수했던 재산들을, 이전보다 더 국가에 불리한 조건으로, 원주인들에게 돌려줘야 할 것이다. 그때 자본주의 정부는 사회주의자들에게 모든 시행착오의 책임을 돌릴 수 있을 것이다.

78

얼마나 오래 걸릴까
HOW LONG WILL IT TAKE

변화의 속도에 대해 살펴보자. 만약 그것이 너무 길게 지연되거나 너무 느리게 일어난다면, 폭력적인 혁명이 일어나서 살아남은 사람들에게조차 암울한 평등을 만들어낼지도 모른다. 그런 식으로 만들어진 평등은 지속되지 못한다. 강력한 정부와 정교한 법령이 있는 안정되고 고도로 문명화된 사회만이 소득의 평등을 달성하거나 유지할 수 있다. 지금은 압도적인 무력을 가진 정부가 강력한 정부가 아니며 그것은 오히려 공황 상태에 빠진 정부의 특징일 것이다. 강력한 정부는 압도적 다수 국민의 도덕적 승인을 얻은 정부다. 좀 더 구체적으로 말하자면, 경찰과 정부의 다른 고급 공무원들이 필요할 때는 항상 시민들의 공감과 협조를 얻을 수 있는 정부가 강력한 정부이다. 충격적일 만큼 도덕적으로 타락한 정부는 지속될 수 없으며, 오랜 사업 준비와 공공 서비스의 확장이 필요한 사회주의로의 변화와 같은 변화를 수행할 수 없다. 그런 준비는 조금씩 신중하게 이루어져야 하며, 우리의 우편 제도나 도로, 다리, 경찰,

배수 시설, 고속도로 가로등처럼 정부가 바뀌어도 바꾸기 힘들 정도로 확고히 자리 잡을 수 있을 만큼 대중들의 지지를 얻어야 한다.

사회주의로의 변화가 더 빨리 이루어질 수 없다는 것은 매우 유감스러운 일이다. 그러나 우리는 모세가 이집트 사람들의 속박으로부터 이스라엘 자손들을 구출했을 때, 그는 그들이 자유를 얻기에는 너무 부족하다는 것을 알게 되었고, 이집트에서 속박된 삶을 경험했던 세대들이 대부분 죽을 때까지 40년 동안 광야를 떠돌게 해야 했다는 것을 기억해야 한다. 이집트와 약속된 땅까지의 물리적인 거리가 그들의 문제는 아니었다. 40주면 넉넉하게 걸어서 도착할 수 있었을 거리였으니까. 처한 상황의 변화에 따라 습관, 마음을 바꾸어야 하는 문제, 그리고 노예로서의 삶을 살아오던 그들이 자유로운 모험가로서의 위험과 고난을 기꺼이 받아들이지 못하는 것이 문제였다.

만약 우리가 사회주의를 받아들이지 않은 사람들에게 일괄적으로 그것을 강요하려 한다면 우리는 똑같은 어려움을 겪어야 할 것이다. 그들은 그것을 이해할 수도 없고 그것의 제도에 맞추어 살 수도 없기 때문에 그것을 파괴할 것이다. 그들 중 몇몇은 그것을 무턱대고 싫어할 것이다. 진실은, 우리는 현재 낡은 상업주의와 새로운 사회주의 사이의 사막에서 헤매고 있다는 것이다. 우리의 산업과 우리의 인격들, 우리의 법과 종교는 부분적으로 상업화, 국영화, 시영화, 공산화되어 있다. 변화의 완성은 그것이 시작될 때처럼 일어날 것이다. 즉, 어리석은 사람들은 무슨 일이 일어나고 있는지 알지 못하거나, 삶의 어떤 방식들이 더 나아졌다거나 더 힘들어졌다는 것을 제외하고는 아무것도 알아채지 못할 것이다. 마크 트웨인은 '고치는 데 너무 늦은 때는 없다, 서두르지 마라'라는 말을 한 적이 있다. 변화를 두려워하는 사람들은, 비록 게으름을 피울수록 더 많은 고통이 따를 테지만, 변화가 너무 빨리 오기보다는 너무 늦게 올 위험이 더 크다는 말에서 위안을 얻을 수도 있다. 사회주의에 적합하지 않도록 양육된 우리가 영원히 살지 못할 것이라는 점은 다행이다. 만약 우리가 다음 세대들을 타락시키는 것을 멈출 수 있다면 우리의 정치적 미신과 편견은 우리와 함께 사라질 것이고, 다음 세대는 여리고의 성벽을 무너뜨릴 수 있을 것이다. 다행히도 프롤레타리아가 사회주의에 의해 얻을 수 있는 많은 이점이 있고 프롤레타리아 부모들이 유권자들 중 대다수라는 사실은 도덕 교육을 점점 더 사회주의 운동에 유리한 쪽으로 기울일 수 있을 것이다.

나는 경제적 이기주의에 반대하는 여론이 도덕적인 압력이 되는 상황을 애써 기대하지는 않는다. 자본주의 체제에서 아이들이 인생에서의 성공이란 일하지 않으면서도 다른 누구보다 더 많은 돈을 가지게 되는 것이라고 교육받듯이, 그런 도덕적 압력이 사회주의하에서 국가적인 양심의 일부가 될 것임에는 의심의 여지가 없다. 하지만 여론이 그렇게 완전히 바뀔 수 있다고 믿는 게 당신에게 얼마나 어려울지 나는 안다. 현재도 모든 사람들이 항상 가장 많은 돈을 벌 수 있는 직업을 선택하지는 않으며, 경제적으로 어렵더라도 그들에게 맞는 직업을 선택하기도 한다. 하지만 일단 그들이 직업을 선택했을 때는, 그들은 더 많은 급여를 받으려 노력할 것이고, 더 많은 급여를 받을수록 그들은 더 직장에서 훌륭한 사람으로 여겨진다. 하지만 미래의 사회주의 사회에서는 전체 사회의 경제적 이익을 추구하기보다 자신의 이웃보다 더 많은 경제적 이익을 추구하려는 태도는 아주 예의가 없는 행동으로 여겨질 것이고 그런 행위를 하는 사람은 지금 도박장의 타짜들이 그렇듯 사회적인 입지를 잃게 될 것이다.

79

사회주의와 자유
SOCIALISM AND LIBERTY

사회주의를 이해하지 못하는 사람들은 사회주의는 너무 많은 법들을 강요할 것이고, 우리 삶의 모든 행위를 경찰력을 통해 규제할 것이라는 두려움을 느끼고 있다. 사실 이것은 사회주의가 모든 법의 종말을 의미할 것이라고 생각하는 무지한 사람들이 느끼는 공포보다는 그럴듯하긴 하다, 왜냐하면 자본주의 체제에서는 프롤레타리아들이 몰살되는 것을 막기 위해서, 또는 적어도 그들이 반란을 일으킬 수밖에 없었을 극단으로부터 그들을 구하기 위해서 강제적인 제한들을 가해야 했는데 그런 제한은 사회주의 체제에서는 터무니없는 것들이기 때문이다.

여기 작은 예를 하나 들어보겠다. 내 친구 중 한 명은 몇 명의 처녀들을 고용하여 예술 관련 사업을 하고 있었는데 아주 경쟁이 치열한 분야는 아니어서 종업원들을 가혹하게 부리지 않아도 되었다. 그는 강가에 오래된 고택을 하나 구입해서 고급 벽지로 아름답게 장식을 하고 설비를 갖추어 일하는 처녀들이 작업실에서 마치 집에서처럼 안락하게 차를 마실 수 있도록 했다. 모두가 만족하게 생활하던 어느 날 공장 조사관이라는 남자가 방문을 했다. 주위를 둘러보던 그는 어리둥절해하며 직원들이 어디서 일하냐고 물었다. '여깁니다.' 내 친구는 조사관이 이전에 그렇게 훌륭한 공장을 본 적이 없을 것이라고 확신하며 자부심을 가지고 대답했다. 그러나 조사관은 '법에 규정되어 있듯, 당신의 직원들이 모두 볼 수 있도록 벽에 붙여 놓아야 할 공장 규정은 어디에 있죠?'라고 물었다. '당신은 이렇게 응접실처럼 꾸며놓은 방에 그런 흉물스러운 규정을 붙여놓으라는 말인가요? 저 최고급 벽지 위에다가요? 플래카드를 붙여서 그것을 훼손할 수는 없어요.' 친구의 주장에 조사관은 '당신은 그것에 관한 규정을 어겼을 뿐만 아니라 법에 규정된 기간마다 공장 벽에 석회 칠을 하는 대신 벽지를 붙인 것에 대해서도 엄중한 처벌을 받을 수 있습니다'라고 대답했다. '나는 이곳을 가정처럼 아름답게 만들고 싶어요. 우리 직원들이 여기에서 언제나 일만 하는 것은 아니에요. 그들은 이곳에서 차도 마셔요.' 내 친구가 항변하자 조사관은 기다렸다는 듯 '직원들이 일하는 곳에서 식사를 하게 만든 것에 대해 당신은 추가적인 제재를 받을 겁니다. 그것은 중대한 공장법 위반이에요'라고 대답했다. 그가 집을 떠날 때 내 친구는 마치 현행범으로 잡힌 범죄자처럼 수치를 느껴야 했다.

다행히 조사관은 분별 있는 사람이었다. 그는 벌금을 부과하지는 않았다. 고급 벽지는 떼어내지 않아도 되었고 작업장에서 차를 마시는 불법행위는 계속될 수 있었다. 그러나 그 사례는 자본주의 체제에서 나쁜 일은 물론 좋은 일의 경우에도 개인들의 자유가 얼마나 많이 억압되는지를 보여준다. 여성들의 경우, 남성들이라면 불필요한 정도의 보호를 받아야 한다고 생각된다(그렇다고 남성들이 여성들보다 공장에서 더 자유롭지도 않지만 말이다). 결과적으로 남성들이라면 쉽게 얻을 수 있는 일자리를 여성들은 얻을 수 없게 된다. 공장 조사관 외에도, 당신의 수입을 조사하고 많은 액수를 토해내도록 하는 내국 세입 감독관, 당신의 아이들을 마음대로 데리고 가는 학교 출석 감독관들, 당신이 원하는 대로 집을 짓지 못하게 하고 그들이 명령하는 대로 짓게 하는 지방정부 조사관들, 빈민 구제법에 관련된 공무원들, 실업 보험사 직원, 예방접종을 담당하는 공무원, 기타 지금 다 생각이 나지 않는 많은 사람들이 당신의 자유를 구속한다. 그리고 이러한 경향은 자본주의 체제의 남용에 대한 우려가 커지면서 점점 더 강화되는 추세이다. 하지만 이러한 자유에 대한 간섭을 자세히 들여다보면 충분히 부유한 사람들의 경우에는 사실상 그런 간섭을 받지 않는다는 것을 알게 될 것이다. 예를 들어, 출석 감독관들은 일정 금액 이상의 가치를 지닌 집들은 결코 방문하지 않는다. 비록 그런 집들에서 양육되는 아이들도 잘못된 교육을 받거나 방치되지만 말이다. 빈민 구제법을 담당하는 공무원들은 가난한 사람들이 없다면 존재하지 않을 것이고 실업 보험 담당관도 취업 중이든 일자리를 잃었든 우리가 수입을 얻는다면 존재하지 않을 것이다. 만약 가혹한 노동으로 이익을 얻거나, 불편하고, 안전하지 않은 비위생적인 공장에서 노동자들이 일하는 일이 없다면 현재의 많은 공장 관련 규제들은 불필요할 뿐만 아니라 참을 수 없을 정도로 거추장스럽게 느껴질 것이다.

정직한 사람들에게는 친구지만 도둑, 부랑자, 사기꾼, 폭도, 신용 사기범, 술꾼, 매춘부들에게는 적인 경찰도 마찬가지다. 군인들과 마찬가지로 오늘날의 경찰관들은 노동자의 생산적인 노동에 의해 창출된 부가 임대료나 이자로 게으름뱅이나 게으름뱅이에 기생해 사는 사람들 주머니로 옮겨지는 합법화된 강탈을 지키는 일에 종사하고 있다. 그들은 심지어 땅주인에게 허락을 받지 않고 '노숙하는' 사람들을 체포할 수 있는 권한까지 부여받았다. 그들의 임무 중 이런 부분들과 그것들이 단속하는 빈곤을 없애면, 비위생적이고 지저분한 환경이 천연두와 발진티푸스를 생산하듯, 그런 것들로 인해 파생되는 부패, 도둑질, 폭동, 사기, 매춘의 대부분도 제거될 것이다. 당신은 현재 경찰 활동에서 가장 불만족스러운 부분과 함께 감옥, 형사 법원, 배심원 의무 등 그에 관련된 모든 것들도 없애버리는 것이다.

가난을 없앰으로써 우리는 그것이 야기하는 불행과 걱정을 없앨 것이다. 이것들로부터 자신을 방어하기 위해 여성은, 남성과 마찬가지로, 고통스러운 수술을 받아야 할 때 마취제에 의지하는 것처럼, 인위적인 행복에 의지한다. 술은 가짜 행복, 가짜 용기, 가짜 쾌락, 가짜 자기만족을 만들어주어서, 그것이 없으면 자신들의 처지를 견디지 못할 수백만 명의 삶을 견딜 만하게 만들어 준다. 그들에게 술은 축복이다. 불행히도, 그것은 양심과 자기 통제 그리고 신체의 정상적인 기능을 파괴하기 때문에, 범죄, 질병, 타락을 초래하며 그로 인해 현재 미국 전역에서는 주류의 제조와 판매가 법으로 금지되어 있다. 영국에도 금주법을 도입하려는 움직임이 강하게 일고 있는 실정이다.

인위적인 행복을 폐지하려는 이런 시도들에 대한 격렬한 저항은 그것이 자본주의 체제에서 얼마나 필요불가결한 것이 되었는지를 보여준다. 한 유명한 미국 금주주의자가 런던 거리에서 대낮에 의대생들에게 폭행을 당해, 한쪽 눈을 실명하고 등이 크게 다친 채 가까스로 빠져나간 적이 있었다. 만약 그가 다른 면에서 유명한 사람이었다면 미국 정부는 그의 폭행범들에 대해 더 많은 배상, 사과, 그리고 응분의 처벌을 주장했을 것이다. 그리고 만약 이러한 요구가 즉시 관철되지 않거나 무시된다면 미국의 열혈 지도자들은 전쟁을 들먹였을 것이다. 그러나 가난한 사람들의 비참함과 부자의 권태를 몽롱한 도취의 즐거움으로 바꾸어주어 견딜 수 있게 만들어주는 마취제에 반대하는 사람들을 제외하면, 그의 조국도, 우리나라의 공공의 양심도 경찰에 대한 가벼운 견책 이상을 요구할 마음이 없었다. 그가 팔다리가 뜯어졌더라도 대중은 아주 고소하다는 반응을 보였을 것이다.

그러나 술은 현대의 가장 효과적인 도취제들에 비해 매우 가벼운 약이다. 이것은 당신에게 단순히 몽롱한 자기만족과 도취를 주는 것에 그치지 않고 황홀감을 제공한다. 물론 술에서 깨어나면 끔찍한 고통이 뒤따르므로 점점 더 많은 술을 마셔야 하고 결국 주위의 모든 사람들에게 끔찍한 존재가 될 때까지 복용량을 늘려간다. 당신이 죽으면 그제야 사람들은 큰 안도의 한숨을 쉴 것이다. 인위적인 건강과 행복을 거래함으로써 생계를 유지하도록 교육받는, 금주주의자를 폭행한 의대생들조차도, 그들이 그것을 합법적으로 처방할 수 있는 한 약물에 대한 엄격한 금지에 감히 항의할 생각을 하지는 않는다. 그럼에도 불구하고, 돈은 많지만 할 일이 없는 계급의 약물에 대한 요구는 항상 높기 때문에, 가장 무거운 벌칙에도 불구하고, 약물의 밀거래를 아주 손쉬운 돈벌이로 만든다. 인위적인 행복의 거래를 억제하려는 노력으로 인해 개인의 자유는 극도로 간섭을 받게 되었고, 순수한 목적을 위해서도 먼저 의사에게 돈을 지불하지 않는 한 많은 유용한 약들을 처방받을 수 없다.

　더 강력한 약물의 금지는 여론의 지지를 받지만 알코올의 금지에 대해서는 대중이 강하게 반발한다. 음주를 금하면 물질적 행복이 증가한다는 압도적인 증거에도 불구하고 가장 강력한 정부들조차 그것에 손을 대지 않으려는 이유가 그 때문이다. 당신은 사람들에게 술을 끊으면 자가용과 은행 계좌를 가질 수 있고, 수명이 10년 더 늘어날 것이라는 사실을 증명할수 있지만 그들은 화를 내며 그것을 부인할 것이다. 당신이 다시 반박의 여지가 없는 미국 통계를 그들에게 내밀면 그들은 이 모든 것들을 지니고 40년 동안 불행하게 살기보다는 차라리 30년 동안 자가용도 은행에 넣어둘 한 푼도 없이 초라한 집에서 행복하게 살겠다고 딱 잘라 말할 것이다. 술을 마시며 가정을 돌보지 않는 남편들 때문에 심란한 아내들이 있다. 그러나 당신이 그녀들의 남편들에게 금주 서약을 받아들이도록 만든다 하더라도 얼마 가지 않아 아내들은 남편들을 다시 술을 마시게 만든다. 술을 마시지 않는 남편들이 너무 우울해서 그들과 함께 사는 것을 견딜 수 없기 때문이다. 이내 남편의 주정을 견디기 위해 아내도 술을 마시기 시작하고, 그들은 둘 다 술로 인해 죽을 때까지 퇴락 속에서 행복하게 살아간다.

게다가, 대부분의 현대 술꾼들은 그들이 금주를 함으로써 더 얻을 수 있을 얼마간의 추가적인 효율성을 원하지 않기 때문에 술 마시는 것을 나쁘게 생각하지 않는다. 극소수의 사람들만이 그들의 직업에서 그들의 능력의 최고치까지 일을 해야 한다. 정원사든, 회계원이든, 타이피스트든, 점원이든, 그녀가 항상 눈에 띄게 취하지만 않는다면, 그녀들이 금주를 하든, 아니든 누가 상관하겠는가. 약간의 취기가 삶과 죽음의 차이를 만드는 것은 운전사나 비행기 조종사일 뿐이다. 당구 점수를 집계하는 사람에게는 술 몇 잔이 아무 문제도 없겠지만 프로 당구 선수에게는 경기에 치명적인 영향을 미칠 것이다. 일을 할 때는 일상적으로 몇 잔의 술을 마시던 사람들이 '건강을 위해' 골프를 칠 때면 퍼팅을 망친다는 이유로 술을 멀리하는 경우가 있다. 노동자에게 더 많은 여가를 줌으로써 술을 부분적으로 또는 완전히 포기하도록 만들 수 있을 것이다. 실수 없이 자신들의 일을 할 수 있을 만큼만 음주를 하던 사람들이 더 완벽한 경기를 하기 위해 술을 끊는 것이다. 일을 하기 위해서건 놀이를 위해서건 사람들이 자신의 능력을 최고치로 끌어올릴 필요가 있는 순간 그들은 알코올로 인해 손해를 보는 조금의 효율성이라도 아까워하게 된다. 비록 얼마 안 되는 효율성일지라도 그것이 일류와 이류의 차이를 만든다는 것을 그들은 알기 때문이다. 내가 알코올이나 기타 약물의 도움을 받으며 지금 이 책을 쓰고 있다면 여러분을 더 재미있게 만들어줄 테지만 그것은 지적으로 비양심적인 행위일 것이고 결과적으로 여러분의 정신에 해를 끼치게 될 것이다.

이런 모든 사정을 종합해보면, 빈곤을 퇴치하고 평범한 노동자들의 여가를 늘려주는 어떤 사회 변화든 그것은 인위적인 행복의 필요성을 없애주고 자극적인 약물에 의해 능력이 저해되는 상황들을 기피하게 만든다. 심지어 지금도 우리는 운동선수들에게 훈련 중에는 음주를 삼가라고 주문한다. 모든 사람들이 항상 훈련을 받는 세상에 가까이 갈수록 대부분의 사람들은 금주를 하게 될 것이고, 행복을 찾기 힘들어 유해한 인공 대체물에 의존해야 했기에 가해지던 개인의 자유에 대한 제한들도 사라질 가능성이 높아진다.

의무적인 백신 접종과 군인들과 국경에서 이민자들에게 강요되는 일련의 위험한 예방접종들처럼 어처구니없는 개인의 권리 침해 문제들에 관해 말하자면, 그것은 열악한 위생과 주거 환경에 처해 있는 사람들을 건강할 때 질병에 감염시킴으로써 그들이 쇠약해질 때에도 병에 걸리지 않도록 자연적인 저항력을 자극하여 기르려는 필사적인 시도일 뿐이다. 가난한 우리의 의사들은 모든 경험과 객관적인 과학을 거스르며 그러한 관행을 지지할 수밖에 없다. 하지만 가난한 의사들이 없어지고 비위생적인 주거들이 없어진다면, 우리는 이런 기괴한 마녀 의식 같은 관행들로 우리를 내모는 질병들을 제거할 수 있을 것이다. 그리고 어떤 여성도 그녀의 아기가 융합성 천연두에 걸릴까봐 예방접종을 시킨 후 차라리 천연두에 걸렸을 때보다 서서히 끔찍한 죽음을 당하게 되는 일이 없게 될 것이다.

지옥에 대한 두려움이 신앙의 시대에 성직자들의 전횡을 가능케 했듯 전염병과 조기 사망에 대한 두려움은 사이비 과학의 횡포를 만들어냈다. 의사들도 함부로 할 수 없었던 여성인 플로렌스 나이팅게일은 의사들에게 우리 병사들에게 있어서 문제는 불결한 환경, 형편없는 음식, 더러운 물이라고 말했다. 한마디로 야전의 상황과 빈민가의 가난이 야기한 환경이 문제인 것이다.

인간성을 희생하여 재산을 보호하고, 양이나 사슴이 더 수익성이 높기 때문에 많은 자산가들로 하여금 많은 사람들을 그들의 땅에서 몰아낼 수 있도록 하는 억압적이고 부당한 법률들에 대해서 우리는 이미 충분히 설명했다. 우리가 사유 재산을 없애면 그것들은 당연히 없어질 것이다.

그러나 이제 나는 지금을 기준으로 삼아도 심할 정도로 개인의 자유에 대한 공식적인 간섭이 사회주의하에서 행해질 한 가지 측면에 대해 설명해야겠다. 주머니에 돈만 있으면 우리는 얼마든지 한가할 수 있고, 평생 하루도 일을 하지 않았고 앞으로도 그럴 의향이 없는 것처럼 보일수록 우리들은 만나는 모든 관리들로부터 더 많은 존경을 받고, 더 많은 사람들에게 부러움과 구애를 받고 주도권을 얻게 된다. 우리가 마을 학교를 방문하면 아이들은 우리를 맞이하기 위해 모두 공손하게 자리에서 일어서지만 배관공이나 목수가 방문하면 아이들은 미동도 하지 않는다. 부자집 게으름뱅이를 딸에게 남편감으로 안긴 어머니는 자랑스러워하고, 많은 돈을 버는 아버지는 자신의 자식을 부자집 게으름뱅이로 만드는 데 그것을 사용한다. 일을 저주로 생각하는 것은 우리들에게 종교 같은 신념의 일부이고 일을 수치로 여기는 것은 우리들의 사회적 관습의 중요한 항목이다. 짐 꾸러미를 길거리에서 들고 다니는 것은 힘들 뿐만 아니라 자신의 계급을 훼손하는 짓이다. 남아프리카에서처럼 흑인들을 시켜 그것들을 운반할 수 있는 곳이라면, 백인들이 그런 일을 하는 광경을 보는 것은 사실상 불가능하다. 런던에서 우리는 이러한 식민지 속물근성의 극단적 사례들을 비난한다. 그러나 5월 오후에 일류 상점들이 늘어선 본드 가街 대로에서 여성들이 우유 한 병이라도 나르는 것을 찾아볼 수 있는가?

인간의 게으름을 생각해볼 때 사회주의 체제에서도 누군가(가령 그녀의 남편)에게 짐을 운반하도록 시킬 수 있다면 어떤 여성이든 소포나 주전자를 들고 다닐 것 같지는 않다. 하지만 짐을 운반하는 것이 노동이기 때문에 그것을 운반하는 것이 수치스럽다고 생각할 사람은 아무도 없을 것이다. 게으름뱅이는 불량배와 부랑자로 취급될 뿐만 아니라, 도둑들 중에서도 가장 비열한 도둑인 국가 자금 횡령자로 취급될 것이다. 경찰은 그러한 범법자들을 쉽게 적발할 수 있을 텐데 모든 사람들이 '자신의 책임을 다하지 않고' 자기의 몫을 챙기는 게으름뱅이들을 비난할 것이기 때문이다. 참된 시민은 자신의 책임보다 더 많은 일을 하고, 그렇게 함으로써 더 부유한 나라를 만드는 데 도움이 되는 사람일 것이다. 오늘날에는 아무도 진정한 시민이 무엇인지 모른다. 하지만, 할 수 있는 한, 거의 아무것도 주지 않으면서 최대한 많은 것을 취하는 사람들이 가장 큰 존경을 받고 있다.

현재 노동자들 사이에 존재하는 속물근성도 사라질 것이다. 육체노동과 정신노동 사이, 도매업과 소매업 사이의 우스꽝스러운 차별은 사실 사회적 차별이다. 만약 의사가 방에서 방으로 석탄을 운반하는 것을 그의 품위에 맞지 않는다고 생각하지만, 고통스럽고 불편한 수술을 하는 그의 능력은 자랑스러워한다면 그것은 석탄을 나르는 일이 더 힘들어서가 아니라 외과 수술은 혈통, 즉 자산 계급의 자손들 중에서 유산 상속 대상이 아니었던 막내아들들이 주로 택해온 직업이라는 사실과 관련이 있다. 물론 석탄을 운반하는 일은 프롤레타리아의 혈통과 관련이 있다. 만약 철물 소매상의 딸이 제철업자의 아들과 결혼하기에 처진다고 생각한다면 그것은 한 사람은 온스 단위로, 다른 사람은 톤 단위로 강철을 팔기 때문이 아니라, 철물 소매상들은 대개 가난하고 제철업자들은 주로 부자이기 때문이다. 부자도, 가난한 사람도 없고 자산 계급의 후손들이 '범죄 전력이 있는 사람들'로 묘사되는 세상에서는 사람들은 닥치는 대로 일을 할 것이고 그들에게서 육체적 운동의 기회를 앗아가는 노동의 분화에 저항할 것이다.

나 자신도 지나치게 앉아서 일을 하다 보면 잠깐이라도 도로 공사장의 인부가 되고 싶을 때가 있다. 나는 척척 일을 잘하는 우리 정원사에게 내가 글을 쓰다 지쳤을 때 일을 할 수 있도록 몇 가지 힘든 일을 남겨달라고 간청하고는 한다. 왜냐하면 밖에 나가서 노동자들의 일을 할 수는 없기 때문이다. 그렇게 하면 내가 가난한 사람들의 입에서 빵을 빼앗는 결과가 될 것이다. 또한 내가 그들과 어울려 일을 하게 되면 우리는 서로의 다른 습관과 말투, 자라온 환경의 차이로 서로 불편함을 느끼게 될 것이다. 모두 우리 부모들의 수입과 계급의 차이 때문에 벌어진 일이다. 하지만 이런 모든 장애물들이 사회주의에 의해 휩쓸려 나가면 나는 내 힘과 능력 범위 안에서 어떤 일에서건 도움을 줄 수 있을 것이고, 동료들에게 상처를 주는 대신 그들을 도울 수 있을 것이다. 지금 내가 전문직 종사자나 부유한 사람들과 편하게 어울리는 만큼이나 그들과도 편하게 어울리게 될 것이다. 실제로 지금도 건초를 만드는 일의 상당 부분이 재미있지만, 사회주의 체제에서는 남녀를 막론하고 많은 사람들이 부탁을 받지 않아도 자원해서 야외로 작업을 하러 올 것이다. 참견하는 것을 막기 위한 법이 만들어져야 할지도 모른다. 모든 것이 활동을 조장하고 나태함을 억제할 것이고 실제로 현재 소매치기가 되는 것보다 사회주의 체제에서 게으름뱅이가 되는 것이 훨씬 더 어려울 것이다. 어쨌든, 게으름은 범죄 행위일 뿐만 아니라 신사, 숙녀답지 않은 저열한 행위로서 누구도 그것을 억제하는 법을 천부의 자유에 대한 침해라고 비난하지 않을 것이다.

자본은 부를 증가시키기 때문에 사람들은 일하지 않고도 자본으로 살아갈 수 있다는 뿌리 깊은 망상에 현혹되는 것을 막기 위해서 잠시 자본이 어떻게 생산적일 수 있는지 살펴보자.

자본이 전쟁처럼 파괴적인 목적이 아니라 생산을 늘리기 위해 사용되는 경우, 즉, 미래의 작업에서 시간과 수고를 절약해 주는 예를 들어 보자. 한 나라의 모든 상품들이 포장마차나 수레에 실려 험한 길을 통해 제조업자들로부터 사용자까지 배달이 된다면 시간과 인간과 짐승의 수고와 노동이 너무 크기 때문에 대부분의 물건들은 현장에서 만들어지고 소비되어야 한다. 한 마을에서 다른 마을로 식량을 보내는 것이 어렵기 때문에 한 마을에는 기근이 들 수도 있지만 백 마일 떨어진 다른 마을에는 식량 과잉이 생길 수도 있다. 만약 도로 건설 인부들과 엔지니어, 그리고 다른 노동자들이 전국을 철도와 운하, 쇄석을 깐 도로로 덮고 항공기는 말할 것도 없고 엔진과 기차, 바지선과 자동차들을 만들어서 그 위로 운행하게 만드는 동안 그들을 먹여 살릴 충분한 여유 생활물자(자본)가 있다면 모든 종류의 상품들이 장거리 운송의 경우에도 빠르게, 저렴한 비용으로 보내질 수 있다.

이전에는 백 마일 떨어진 곳에서 한 수레의 빵과 우유조차 가져올 수 없었던 마을들이 이제 러시아나 미국에서 재배된 곡물과 독일이나 일본에서 만들어진 가정용품들을 상당히 싸게 살 수 있게 되었다. 여유 생활 물자는 그 과정에서 완전히 소모되어 전쟁을 위해 빌려준 자본만큼이나 남는 것이 없을 테지만 노동력의 생산성을 크게 높이는 도로와 수로, 그리고 기계들을 남겨줄 것이다. 이렇게 노동에 도움을 주는 수단들을 파괴하는 것은 우리가 매년 세금으로 국채를 줄이는 것과는 매우 다른 문제일 것이다. 그것은 우리를 훨씬 더 가난하게 만들고 우리의 문명을 후퇴시킬 것이다. 사실 우리 대부분은 굶주림을 피할 수 없을 텐데 왜냐하면 현대의 거대한 인구는 정교한 기계들과 철도 없이는 지탱할 수 없기 때문이다.

그래도 도로와 기계만으로는 아무것도 생산할 수 없다. 그들은 오직 노동을 도울 수만 있을 뿐이다. 게다가, 그것들은 노동에 의해 지속적으로 수리되고 갱신되어야 한다. 공장들과 기계로 가득 차 있고, 도로, 전차길, 철도가 사방으로 나 있고, 항공기와 비행선과 자동차로 가득 찬 비행장, 격납고, 차고로 점철되어 있는 나라라 해도 주민들이 일을 하지 않는다면 파괴와 녹과 부패 외에는 전혀 아무것도 생산하지 못할 것이다. 우리는 모든 문명의 이기들 속에서 굶주려야 한다. 왜냐하면 우리는 아침식사를 위해 철도 레일을 먹거나, 삶은 비행기나 구운 증기 망치로 점심과 저녁을 해결할 수 없기 때문이다. 자연은 우리에게 노동 없이 살거나 그것의 가장 중요한 생산물을 비축할 수 있는 가능성을 철저히 차단한다. 과거의 노동으로 인해 도움을 받을 수는 있지만, 우리는 현재의 노동으로 먹고 살아야 한다.

한 무리의 노동자들에게 그들이 소비하는 것보다 더 많이 생산하도록 명령하고, 다른 무리에게는 그들이 도로와 기계를 만드는 동안 다른 이들이 만든 잉여를 먹고살도록 명령함으로써 우리들은 우리의 노동을 훨씬 더 생산적으로 만들 수 있으며, 근로 시간의 경감이나 같은 시간의 노동으로부터 전보다 더 많은 수익을 올리는 형태로 이익을 얻을 수 있다. 하지만 손가락 하나 까딱하지 않은 채 주저앉아서 도로와 기계들이 우리를 위해 생산물을 만들고 운반하는 것을 지켜볼 수 있는 방법은 없다. 우리는 노동 시간을 하루에 2시간으로 줄이거나, 수입을 10배 늘리거나, 심지어 두 가지를 한꺼번에 할 수도 있을 것이다. 하지만 지구상의 어떤 마법도 우리를 양심적인 게으름뱅이가 될 수 있게 해줄 수는 없다. 어떤 생산적이거나 쓸만한 일도 하지 않는 사람을 보게 되면, 당신은 그가 다른 사람의 노동에 기생해서 살아가고 있다는 것을 확신할 수 있다.

특정인에게 이런 특권을 잠시 허용하는 것은 상황에 따라 적절할 수도 있고 그렇지 않을 수도 있다. 노동을 절약해주는 기계를 발명한 사람에게 소위 특허권이 상으로 주어지는 것에 대해 앞에서 설명했다. 그것은 노동자들이 그 기계의 도움으로 생산한 것의 일부 몫을 14년 동안 얻을 수 있는 권리를 말한다. 어떤 사람이 책이나 연극을 쓰면, 그는 저작권이라고 불리는 것을 통해 그의 책을 읽거나 연극을 보는 모든 사람들에게 그가 살아 있는 동안 그리고 그의 사후 50년 동안 그와 그의 상속자들에게 소정의 대가를 지불하도록 할 수 있다. 이렇게 해야 사람들은 새 기계를 발명하고 책과 연극을 쓸 동기 부여를 얻게 된다. 우리들은 오래된 예술품이나 성경, 셰익스피어의 작품들만 감상하고 살 수는 없기 때문이다. 우리는 엄정한 시각으로 확실한 목적을 가지고 특허권이나 저작권을 관리하고 있으며 그런 특권들이 원래의 목적들을 넘어서 유지되지 않도록 하고 있다. 하지만 제임스 1세 시대에 뉴 리버 워터 회사에 몇백 파운드를 투자한 사람의 후손들이 런던 주민들의 노동에 의지하여 언제까지나 게으르게 살도록 허용하는 것은 비상식적이고 해로운 일이다. 만약 그들이 실제로 매일 런던에 물을 공급하는 일을 한다면, 그들은 엘리자베스 시대의 물 공급업자보다 더 적은 시간 동안 일하거나 더 많은 보수를 달라고 요구할 수는 있을 것이다. 하지만 전혀 일을 하지 않는 것에 대해서는 아무런 변명의 여지가 없다. 모든 사람에게 세상의 일상적인 일을 분담하도록 강요하기 때문에 사회주의를 폭정으로 간주하는 것은 머리에 아무 생각이 없다는 것, 놀고먹는 부랑자의 본성을 자신이 가지고 있다고 고백하는 것에 지나지 않는다.

일반적으로 말해서, 법의 부재가 곧 폭정의 부재를 의미한다고 가정하는 것은 잘못이다. 예를 들어 패션의 횡포를 보자. 이것과 관련 있는 유일한 법은 우리 모두가 다른 사람들 앞에서 무언가를 입어야 한다는 것이다. 그것은 여성들이 무엇을 입어야 하는지를 규정하지 않는다. 단지 공공장소에서 그녀는 나체가 아닌, 옷을 입은 상태여야 한다고 말할 뿐이다. 하지만 이것은 여성들이 자신들이 원하는 대로 옷을 입을 수 있다는 것을 뜻할까? 법적으로는 그렇게 할 수 있다 하더라도 사회적으로는 패션에 대한 그녀의 노예 상태가 어떤 사치 금지법보다 더 효력을 미친다. 그녀가 여종업원이거나 식사 시중을 드는 하녀라면 그녀는 유니폼을 입거나 아니면 직장을 잃고 굶어야 한다. 만약 그녀가 공작 부인이라면 그녀는 유행에 따라 옷을 입거나 아니면 사람들의 조롱을 당해야 한다.

취업을 해서 생계를 꾸려나가야 하는 여성이라면 직업을 유지하기 위해서는 외모에도 신경을 써야 하는데, 이것은 그녀에게 전혀 어울리지 않을 때에도 유행에 맞게 옷을 입어야 한다는 것을 의미하며, 그녀의 옷장에는 아직 충분히 입을 수 있지만 몇 년 유행에 뒤진 옷들이 들어 있다는 것을 의미한다. 그리고 그녀의 직업이 좋은 것일수록 그녀의 옷에 대한 속박은 더 견고해진다. 넝마주이 여성은 호텔에서 일하는 지배인들보다 작업복에 관한 한 자유로울 수 있다는 우울한 특권을 가지고 있지만 항상 복장에 신경을 써야 하는 호텔 지배인의 자리를 얻을 수 있다면 뛸 듯이 기쁘게 받아들일 것이다. 사실 이런 점에서 가장 편안한 여성들은 수녀나 여경인데, 그들은 저녁 파티에 참석하는 신사들과 사열을 하는 장교들처럼, 규율과 관습에 의해 입을 복장들이 이미 정해져 있기 때문에, 무엇을 입어야 할까 생각할 필요가 없다.

이런 의복 문제는 오늘날 민간 회사들이 법과 상관없이 우리에게 얼마나 규제를 가하는지를 보여주는 하나의 친숙한 예일 뿐이다 개인 고용주들은 실업에 따르는 빈곤의 고통을 담보로 이런 규제를 시행하고 있다. 공공 분야에서 일하는 사교성이 있는 남성은 민간 업체에서 일하는 사교성 없는 남자보다 훨씬 더 자유롭다. 그는 삼등석을 타고 여행하고, 편한 정장과 부드러운 모자를 쓰며, 교외에 살면서 일요일은 자신이 하고 싶은 일을 하며 보낸다. 반면에 민간 업체에서 일하는 남자는 일등석을 타고 여행하고, 프록코트와 실크햇을 쓰고, 고급 주택가에서 살며, 교회에 꼬박꼬박 출석해야 한다. 그들의 아내들도 그들이 하는 대로 해야 한다. 그리고 가정의 구속을 벗어나 독립적인 생활로 탈출한 독신 여성들은 공공 분야의 일자리와 민간 분야의 일자리 사이에서 마찬가지의 차이점을 발견한다. 공공 분야에서 일할 때는 민간 회사에서처럼 무책임한 개인이 그녀의 일을 자기 마음대로 휘두를 수 없다. 민간 업체에서 여성들이 때때로 그들의 고용주들을 기쁘게 하기 위해 어쩔 수 없이 해야 하는 일들은 공공 분야에서 일하면서 저질러야 하는 사소한 부정행위보다 훨씬 더 혐오스럽다.

영지를 소유한 사람들이 아무런 법적 제재도 받지 않으면서 그들의 소작인들에게 부과하는 부동산에 관한 규제들도 있다. 이것들은 종종 영지 내에 성공회 교회를 제외한 어떤 예배 장소나 술집의 건축을 금지하며 현재 의료협회에 등록되어 있지 않은 많은 종류의 치료사들이 그곳에 사는 것도 거절한다. 만약 왕들이 이런 짓들을 시도했다면 혁명을 초래했을 폭정이 민간 부동산 소유자들에 의해 행해지고 있는 셈인데, 우리들은 실제로 17세기에 그런 일 때문에 흥분해서 왕의 머리를 잘랐다. 우리에게 일자리나 땅을 이용할 권리를 거절할 수 있는 사람들은 우리의 생사를 결정할 힘을 가지고 있기 때문에 우리는 이러한 폭정들에 복종해야 하며, 법에 상관없이 그들은 마음대로 우리들을 부릴 수 있다. 사회주의는 이 생사를 결정하는 힘을 사적인 개인들에게서 헌법 기관들로 옮겨 공법으로 관리를 할 것이다. 그 결과는 독립심, 자존감, 우리의 취향과 생활방식에 대한 간섭으로부터의 자유, 그리고 일반적으로 우리가 진정으로 관심을 가지는 모든 자유가 크게 증가하게 될 것이다.

우리가 본 미성숙한 사람들은 남들이 그들의 모든 삶을 그들을 위해 규제해주기를 원하고, 그에 따른 무료함을 덜기 위해 휴일에 몰아서 방종을 일삼는다. 우리는 신체 건강한 사람들이 훌륭한 군인, 진득하지만 진부한 종업원이 된다는 것을 인정한 바가 있다. 그들은 무엇이든 원하는 대로 할 만큼 충분히 재력이 있더라도 정신적인 주체성이나 독립심이 없기에 간섭을 안 하고 내버려두면 패션, 관습, 예절 등에 관한 규칙들을 만들어내고 '다른 사람들이 어떻게 생각할지'에 얽매인다. 이들에게는 돈도 자유의 수단으로서의 구실을 하지 못한다. 그들이 종종 사회주의는 그들이 무엇을 먹고 마시고 입어야 할지에 대해 선택의 여지를 주지 않고 강제할 터이므로 견디기 힘들 것이라고 주장하는 것은 우스운 일이다. 왜냐하면 그들은 이미 식사, 의복, 일과, 종교와 정치를 무자비하게 규제하는 사회적 폭정 아래 움츠러든 채 살고 있으며, 차라리 발가벗고 거리를 활보하다 경찰에 잡혀갈지언정 유행에 뒤떨어진 모자를 쓰고 거리로 나서는 일 같은 것은 감히 생각도 못하기 때문이다.

그들은 법의 테두리 안에서 청결하고 편안하기만 하면 무엇을 입을지 신경 쓰지 않고 그들의 자유 시간을 자신들이 원하는 대로 과감하게 보내는 자유로운 영혼들을 두려워하고 혐오한다. 그럼에도 관습적인 사람들의 소극적인 지혜를 과소평가해서는 안 된다. 누구도 관습 없이 사회에서 살 수는 없다. 분별 있는 사람들이 극도로 관습적인 사람이 되는 이유는 관습이 시간과 생각, 문제, 사회적 갈등을 아주 많이 덜어주기 때문에 관습에 얽매이지 않을 때보다 훨씬 더 많은 여가 시간을 남겨주기 때문이다. 관습에 얽매이지 않도록 설파하는 것을 평생에 걸친 직업으로 삼지 않는 한, 어리석고 굴종적일 정도로 관습을 따르는 비참한 삶이 되지 않는 한, 관습을 따라 살수록 당신의 삶은 더 쉬워질 것이다. 개혁을 직업으로 삼는 사람이라도 한 번에 한 가지씩만 관습을 벗어나는 일을 설파하는 것이 나을 것이다. 예를 들어, 하이힐에 반대하고자 한다면, 유행하는 모자를 쓰고 그렇게 하도록 하라.

80

사회주의와 결혼
SOCIALISM AND MARRIAGE

새로운 자유를 약속할 때, 사회주의자들은 사람들이 새로운 법보다 새로운 자유에 훨씬 더 강하게 반대한다는 것을 잊기 쉽다. 만약 한 여성이 평생 쇠사슬에 묶인 삶에 길들여졌다면, 그리고 다른 여성들도 그런 삶을 사는 것을 보아왔다면, 그녀의 사슬을 벗겨주겠다는 제안은 그녀에게 섬뜩하게 느껴질 것이다. 사슬이 없으면 그녀는 마치 벌거벗은 기분이 들 것이고, 자신처럼 느끼지 않는 뻔뻔한 여자들을 경찰이 체포해야 한다고 아우성칠 것이다. 중국에서는 만주족 부인들만이 감히 전족에 도전했다. 사슬이 멋있어 보이면 사람들에게서 사슬을 벗기는 것보다 사슬을 채우는 것이 더 쉽다.

제정 러시아에서 결혼은 끊을 수 없는 사슬이었다. 이혼은 있을 수 없었지만, 우리처럼 불법임에도 일부다처제가 널리 행해지고 있었다. 여자는 결혼하지 않고도 남자와 함께 살 수 있었고 각자 여러 명의 파트너를 가질 수 있었다. 공산주의 소비에트 통치하의 러시아에서는 이러한 상황이 역전되었다. 만약 결혼한 부부가 마음이 맞지 않는다면, 그들은 영국의 신교도들처럼 스스로 수치를 감수하는 척하지 않고도 이혼을 할 수 있다. 그것은 결혼을 했든 미혼이든 공통 기도서의 문구들을 문자 그대로 받아들이는 많은 영국 여성들에게는 충격적이다. 그러나 소련은 내연 관계는 용인하지 않는다. 만약 한 남자가 어떤 여성과 남편과 아내로 살고 있다면, 그는 그녀와 결혼해야 하고 그가 이미 다른 여성과 결혼을 한 상태라면 먼저 다른 아내와 이혼을 해야만 한다. 여자는 아내로서의 신분을 지닐 권리를 가지고 있으며, 그것을 주장해야 한다. 이것은 많은 영국 신사들에게는 참을 수 없는 폭정처럼 보일 것이다. 그들은 소련 입법자들을 이런 식으로 남성의 자유를 방해하는 괴물들로 간주한다. 재미있는 것은 많은 여성들도 남자들에게 동조한다는 것이다.

일부다처제가 합법적인 국가들과 종교들에서 한 남자로 하여금 그의 모든 아내들에게 동등하게 관심을 기울이도록 강요하는 법은 영국 남편들에게는 너무 큰 부담인데, 그들은 이전이나 지금이나 법적으로 그의 유일한 아내에게 어떤 관심을 기울여야 할 의무도 없고 그것은 아내도 마찬가지다.

결혼 제도는 사회주의에 속하지 않는다. 우리가 마치 전 세계에 걸쳐 모두 동일한 것처럼 말하는 결혼은 종파마다, 국가마다 너무나 다르기 때문에 로마 가톨릭 신자나 사우스캐롤라이나 주에 사는 사람들에게는 결혼은 이혼의 가능성이 없는 엄격한 일부일처제를 의미지만 인도의 고위 카스트 계급이나 솔트레이크시티의 모르몬교들은 얼마든지 많은 아내들을 취할 수 있다. 이 두 극단의 사이에 많은 형태의 결혼들이 있다.

교황에 의한 무효 선언이나 죽음 이외에는 어떤 것도 깨뜨릴 수 없는 결혼도 있고, 샴페인 병이나 자동차처럼 호텔 방에서 주문할 수 있는 이혼도 있다. 영국식 결혼, 스코틀랜드식 결혼, 아일랜드식 결혼, 모두가 다르다. 종교적인 결혼과 민간 결혼도 있는데, 민간 결혼은 격렬한 투쟁 끝에 교회로부터 최근에 얻어낸 제도이며, 여전히 많은 신앙심이 깊은 사람들은 그것을 효력이 없는 죄악으로 여기고 있다. 수녀들, 사제들, 그리고 특정 공산당 종파들은 결혼을 부정하고 독신주의를 택한다. 사회주의는 이 모든 것들과 직접적인 연관이 없다. 소득의 평등은 모든 종파, 모든 국가, 모든 공동체, 일부일처주의자, 일부다처주의자, 독신주의자, 결혼을 할 수 없는 유아와 그것을 이미 거친 노인들에게 공평하게 적용된다.

그렇다면 왜 사회주의가 결혼을 폐지하지는 않더라도 어떤 식으로든 결혼을 변화시킬 것이라는 뿌리 깊은 믿음이 존재하는 것일까? 1917년 러시아 혁명 이후 비중 있는 영국 신문들은 왜 소련이 땅과 자본을 국유화했을 뿐만 아니라, 사회주의 논리의 일부로서, 계속해서 여성을 국유화할 것이라고 진지하게 추론했던 것일까? 의심의 여지없이 그 말도 안 되는 추론은 그 신문들이 여전히 여성을 다른 재산들처럼 국유화할 수 있는 대상으로 생각했기 때문이었고, 이 매우 남성 중심적인 견해가 공산주의자들에게는 상상도 할 수 없는 일이라는 것을 그들이 이해할 수 없었다는 것이다. 그러나 그러한 모든 허튼소리 밑에 있는 진실은 사회주의가 결혼과 가정에 틀림없이 엄청난 영향을 미칠 것이라는 점이다. 현재 유부녀는 남자 노예에 사슬로 묶여 있는 여자 노예이고, 여자아이는 집과 부모의 손에 잡혀 있는 죄수이다. 당사자들 사이의 개인적인 관계가 애정이 있고, 그들 사이에서 권력이 잘못 쓰이지 않을 때에는 그런 관계는 그것을 당연하게 여기도록 양육된 사람들이 견딜 수 있을 만큼 충분히 잘 작동한다. 그러나 당사자들이 이기적이고, 압제적이며, 질투심에 차 있고, 잔인하고, 서로에게 적대적인 취미와 믿음을 가지고 있을 때, 그래서 서로를 이해할 수 없을 때 ―한마디로 교감을 느끼지 못하고 서로 맞지 않을 때― 그것은 말할 수 없는 인간의 불행을 낳는다.

문이 잠겨 있는 것도 아니고, 피해자들이 어느 순간이라도 집 밖으로 나갈 수 있는데 그들은 왜 이런 불행을 견디고 있는 것일까? 그들의 문 밖에는 굶주림이 그들을 기다리고 있기 때문이다. 서약과 주입된 의무감은 대안이 없는 불행한 아내와 반항심 있는 딸들을 집에 가두어 두는 데 효과적일 수 있다. 그러나 아내와 남편, 소녀와 소년들이 집을 나와도 단 한 끼의 식사도 놓치지 않고 하루라도 한데에서 자지 않고, 결과적으로 그들의 사회적인 위상을 해치지 않는다면, 틀림없이 입센의 유명한 연극, 『인형의 집』에 나오는 노라처럼 집 밖으로 뛰쳐나오는 아내와 남편들, 아들과 딸들이 엄청나게 많을 것이다.

사회주의는 그들에게 이런 안전망을 제공하기 때문에 분명히 불행한 결혼들과 가정들을 깨뜨릴 것이다. 이것은 명백히 바람직한 일로 우리는 그것을 개탄하는 척할 필요가 없다. 그러나 우리는 일어날 가능성이 있는 것보다 더 많은 가정의 해체를 기대해서는 안 된다. 어떤 부모도 아이들이 즉시 가정에서 떠날 수 있다는 것을 안다면 그들에게 폭압적으로 굴지 않을 것이다. 집을 나간 아이들의 부모들은 사과와 자신들의 태도를 바꾸겠다는 약속, 혹은 뇌물을 제공함으로써 아이들의 마음을 돌이켜야 할 것이다. 부모들은 더 엄격하게 자기 통제를 하는 한편 아이들에게는 덜 엄격한 부모의 모습을 보임으로써 아이들이 가정을 떠나지 않도록 노력해야 할 것이다.

남편과 아내들은 그들의 결혼이 두 사람 모두에게 행복할 때만 지속될 수 있다는 것을 안다면, 그들이 지금 감히 상상할 수 있는 것보다 서로에게 훨씬 더 잘 행동해야 할 것이다. 가정 내 예절이 크게 개선될 것이므로 사회주의 체제에서는 현재보다 훨씬 더 적은 가정들이 해체될 것이라고 충분히 예상할 수 있다. 그래도 분명, 대개는 좋은 쪽으로지만, 차이는 있을 것이다. 아내가 남편을 떠나는 것이 일단 실현 가능해지면, 부부 싸움 후에 잠시 며칠이나 몇 주 동안에 떨어져 지내는 것이 아니라 합칠 의사가 없을 때에는 좋든 싫든 간에 신속하게, 거의 자동적으로 이혼이 이루어져야만 한다. 현재 버려진 아내나 남편은 단순한 복수나 질투심에서, 또는 신앙을 근거로 이혼을 거부함으로써 상대가 다시 결혼하는 것을 막을 수 있다. 우리는 그런 상황을 용납하지 않는 러시아의 모범을 따라야 한다. 남편이나 아내, 쌍방은 모두 기혼이거나 미혼이어야 한다. '내가 너를 가질 수 없다면 다른 누구도 너를 가질 수 없어'라고 말할 수 있는 중간 과도기는 분명 공공의 도덕성에 반하는 것이다.

세속주의 국가가 교회와 가장 요란하게 충돌할 가능성이 높은 문제는 결혼이다. 교회는 결혼이 신에 의해 주어진 절대적 옳고 그름의 형이상학적인 문제이며, 따라서 국가는 상황에 관계없이 그러한 가치를 지켜야 한다고 주장한다. 그러나 성직자들의 생각이 세속적인 통치자들의 생각과 같거나 조화되지 않는 한 국가는 그런 생각에 결코 동의하지 않을 것이다. 국가에게 결혼은 단지 두 시민에게 아이를 가질 수 있도록 허락하는 자격증이다. 국가가 얼마나 많은 사람들로 그것이 구성되어야 하는지, 어떤 인구 변화가 필요한지, 얼마나 인구가 빨리 증가하거나 감소해야 하는지에 대해 관심을 갖지 말아야 한다고 주장하는 것은 강을 건네줄 뱃사공에게 아무 생각도 하지 말라는 것만큼이나 정신 나간 짓이다. 만약 뱃사공의 배가 열 명의 승객만 태울 수 있는데 배에 타고자 하는 사람이 천 명이라면, 그런데도 당신이 그에게 배에 타고 싶은 사람은 모두 태우라는 것이 신의 뜻이라고 말한다면, 사공은 당신과 구태여 말싸움을 하지 않은 채 열 명의 승객만을 배에 태울 것이다. 만일 당신이 그의 배를 억류하고 더 많은 승객을 태우려 하면 그는 들고 있던 노로 당신을 때릴 것이다. 이미 배에 탑승한 열 명의 승객도 그들 자신의 안전을 위해 뱃사공 편을 들 것이다.

우리가 보아온 것처럼 자본주의는 노동자들을 생산적인 고용에서 낭비적인 고용으로 옮김으로써 인위적으로 인구 과잉을 조장한다. 하지만 사회주의가 이런 현상을 없애버리면, 국가는 마침내 진정한 인구 문제 즉, 얼마나 많은 사람들이 국가의 적정 인원인가라는 문제에 직면하게 될 것이다. 자본주의 체제하에서 일자리를 찾지 못했던 백만 명 정도를 없애기 위해, 국가는 높은 (특히 유아들의) 사망률, 전쟁, 이민에 의존하고 있다. 영국으로부터 아프리카, 미국 그리고 오스트랄라시아로 수백만 명의 사람들이 벌떼처럼 몰려갔다. 그러나 시간이 지나면 인기 있는 이민 장소들이 사람들로 차게 되고 오늘날의 미국이나 오스트레일리아처럼 더 이상의 이민을 받아들이지 않게 된다. 이 모든 방법들에도 불구하고 만약 우리의 인구가 여전히 증가한다면, 우리는 고양이 개체 수를 줄일 때처럼 불필요한 아기들을 양동이에 넣어 강에 던져야 할지도 모른다. 그것은 지금도 충분히 줄일 여지가 있는 유아 사망률과 현재 행해지고 있는 외과적 낙태보다 더 심한 일은 아닐 것이다. 그런 일을 막기 위해서는 기혼 부부들이 규정된 수 이상의 아이를 갖는 것을 엄하게 처벌할 수 있는 범죄로 만드는 것이다. 그러나 부모들을 처벌한다고 해도 원치 않는 아이들이 생기는 것을 완전히 막을 수는 없다. 사생아를 낳은 여성들에 대한 심한 박해, 그리고 그로 인해 대부분의 사생아들에게 불명예와 가난이라는 악덕과 도덕적 결함이 결부되어 더욱 기피의 대상이 되었음에도 사생아들은 계속 태어났다. 한 가정에 허용된 아이의 수를 제한하는 어떤 국가도 피임을 용인해야 할 뿐만 아니라 그것을 주입 교육하고 여성들에게 방법을 가르쳐야만 할 것이고 이것은 즉시 교회와 갈등을 일으킬 것이다. 그러한 상황에서 국가가 그저 교회를 무시해야 할지, 혹은 설교자들을 반란죄로 기소할 수 있는 법을 통과시켜야 할지는 상황의 엄중함에 달려 있는 것이지, 전혀 상황이 전혀 달랐던 18세기 영국에서 그렇게 떠들썩하게 주창되었던 자유, 관용, 양심의 자유 등의 원칙에 관한 문제는 아니다.

현재 프랑스는 국가 차원에서 인구를 늘리려고 힘쓰고 있다. 프랑스는 약속의 땅에 도착한 이스라엘과 1843년 일리노이 주에서 조지프 스미스와 그의 모르몬교도들이 처한 상황, 즉, 인구가 급격히 증가해야만 적에 대한 수적 열세로부터 벗어날 수 있는 절박한 상황에 처해 있다. 조지프 스미스는 아브라함처럼 일부다처제에 의지했다. 그런 위험에 처해 있지 않은 우리는 일부다처제를 어리석고 외설적인 농담의 소재로밖에는 보지 못한다. 하지만 가능한 한 많은 아내를 취하는 것이 하느님의 뜻이라는 조지프의 계시를 받았을 때 브리검 영이 느꼈던 경악감을 묘사한 글보다 더 감동적인 정치적 기록도 찾아보기 힘들다. 그는 일부다처제를 치명적인 죄악으로 여기도록 길러졌고, 진심으로 그렇게 여겼다. 그런데도 그는 조지프 스미스의 계시가 신으로부터 온 것이라고 믿어야 했다. 당혹스러웠던 그는 길거리에서 장례식 행렬이 지나가는 것을 보고 그들이 떠메고 가는 시체를 부러워했을(이것은 또 다른 치명적인 죄악이었다) 정도다. 우리에게는 그가 진실했다는 것을 의심할 이유가 전혀 없다. 자신에게 20명의 부인들이 맡겨지게 되리라는 전망에 대해 일부다처제에 대한 도덕적 또는 종교적 거부감을 가진 사람만이 경악감을 느끼지는 않을 것이다. 그러나 브리검 영은 그의 공포를 극복했고, 30번 이상 결혼했다. 그리고 남자들보다 더 편견이 심했던 경건한 모르몬교 여성들도 브리검 영처럼 효과적이고 쉽게 일부다처제를 받아들였다.

이것은 서구 문명이 필요할 때는 동양만큼 일부다처제에 취약하다는 것을 증명하지만 프랑스 정부는 감히 그것을 프랑스 인구 부족을 해결하기 위한 방법으로는 사용하려 하지 않았다. 그에 대한 대안은 대가족의 부모들에게 상과 훈장을 주고(15명으로 이루어진 가족은 신문에 사진이 실리고 애국자로 칭찬을 받았다) 포상금, 세금 면제의 혜택을 제공하며, 피임을 비도덕적이며, 이혼—사실상 동시에 벌어지는 것은 아니지만 연속적인 일부다처제를 조장하는―을 쉽게 만드는 수단이라고 맹렬하게 비난하는 것이다. 이 모든 것은 국가가 양육 보조금을 제공하는 방향으로 이끌어가는데 이것은 바람직한 자원들의 국내 이민을 추진하는 것과 함께 모든 나라에서 당연한 정책들이 될 것이다. 독신주의가 구원의 조건이라고 생각하지 않는 한 어떤 교회도 이러한 조치들에 대해 반대하지 않을 것이다. 의무적인 양육은 의무적인 군 복무처럼 가능할 수 있다. 하지만 의무적으로 복무하는 병사의 비용을 국가에서 부담하는 것처럼, 어머니가 되도록 강요된 여성에게도 국가가 그에 따른 비용을 부담해야 할 것이다.

그러나 일부일처제가 유지되기 위해서는 기본적으로 남성과 여성의 수가 비슷해야 한다. 만약 전쟁이 남성 인구를 70퍼센트, 그리고 여성 인구를 겨우 1퍼센트만 감소시킨다면, 일부다처제가 즉시 시행될 것이고, 강제로 아이들을 낳아야 할 것이다. 모든 교회들도 이런 정책에 열렬한 지지를 보내게 될 것이다.

따라서, 자본주의건 사회주의건 국가는, 교회들이 뭐라고 주장하든 간에, 결혼이 어떠해야 할지를 결정할 것이다. 사회주의 국가는 자본주의 국가보다 이 문제에 간섭할 가능성이 더 높다. 왜냐하면 사회주의는 자본주의가 혼란스럽게 만든 인구 문제를 해결해야 할 것이기 때문이다. 그때에야 국가는 실제로 인구 문제에 직면하게 될 것이지만 아직은 아무도 진짜 인구 문제가 어떤 것일지 알 수가 없다. 왜냐하면 아무도 에이커당 얼마나 많은 사람들의 존재하는 것이 가장 쾌적한 삶의 가능성을 제공할지 결정할 수 없기 때문이다. 보어인들은 이웃의 굴뚝이 보이지 않을 정도로 멀리 떨어져 살아야 한다고 주장하지만 배스 섬Bass Rock 사람들은 지탱할 수 있는 한 많은 사람들이 지구에 살아야 한다고 주장한다. 인구가 얼마나 될 때 사회가 조화롭게 운영될 수 있는지에 대해 후세들이 어떤 결정을 내릴 것인지는 당신이나 나나 누구도 전혀 짐작할 수가 없다.

81

사회주의와 아이들
SOCIALISM AND CHILDREN

　아이들에 관해 말을 하자면, 우리는 로마 시대부터 아이들에 대한 부모의 권리에 심각한 간섭을 해왔다. 9년이라는 긴 기간 동안 아이들은 하루의 대부분을 부모의 손에서 벗어나 가정이 아닌 국가가 운영하는 학교의 아이로 만들어진다. 아동학대방지협회의 기록은 부모로부터 아이들을 보호하는 것이 얼마나 필요한지 충분히 보여줄 만큼 여전히 역겨운 내용들을 보여준다. 하지만 그런 사례는 드물고, 아이들을 학대하는 부모들이 학교 출석 관리자, 교사 그리고 경찰들의 시선을 오랫동안 피하기도 어렵다. 하지만 불행히도, 그로 인해 처벌을 받은 부모들이 감옥에서 나올 때 아이들은 여전히 그들의 손에 다시 맡겨진다. 잔인한 짓을 했다는 이유로 고양이에게 매질을 한 후 그 고양이에게 다시 쥐를 돌려주는 것과 마찬가지다. 그러나 우리는 이제 양부모들이 친부모들의 모든 권리를 갖는 의회법을 통과시킴으로써 올바른 방향으로 한 걸음 나아갔다. 당신은 이제 자신들의 필요에 따라 아이들을 다시 찾으러 오는 친부모에 대한 걱정 없이 아이를 입양할 수 있다. 그들의 모든 권리는 입양에 의해 당신에게 넘어간다. 아이들을 학대하는 친부모들은 양부모들로 완전히 대체될 수 있다. 강제 입양은 빈민 구제법 후견인들의 경우 이미 실행해온 제도다. 올리버 트위스트는 강제적으로 입양된 아이였다. 그의 친부모는 냉혹한 양부모로 대체되었다. 다행히도 범블 씨 같은 후견인들의 존재는 폐지되고 있지만 여전히 올리버 같은 아이들을 입양할 누군가가 있어야만 할 것이다. 소득의 평등이 그를 입양함으로써 생길 수 있는 사회적 불이익을 없앨 때, 양부모가 되겠다고 나서는 자원자들이 넘쳐날 것이다.

우리의 학교 시스템에서 교육이란 부모들이 자녀들을 학교라는 미명으로 불리는 감옥으로 아이들을 보내 그들을 돌봐야 하는 수고를 없애는 구실에 불과하다는 사실을 우리는 점점 더 깨닫고 있다. 우리는 또한 아동들을 기관에 맡기는 것이 유아에게는 살인적이고 아이들에게 해롭다는 것을 알고 있고 혹은 알아야만 한다. 부모가 없는 유아는 입양으로 구원받을 수 있다. 하지만, 나이 든 아이들의 경우에는, 우리가 여성들에게 헌법상의 권리를 주어야만 했던 것처럼 그들에게도 헌법상의 권리를 주고, 그들을 학교라고 부르는 바스티유 감옥에 집어넣거나 우리가 여자들을 남편의 소유물로 만들었듯이 아버지들의 (사생아들의 경우에는 어머니들의) 소유물로 만듦으로써 아이들의 삶에 대한 우리의 의무를 회피해서는 안 된다. 그렇게 아이들의 삶을 구성하는 것의 시작은 이미 걸 가이드와 보이 스카우트에서도 볼 수 있다. 그러나 국가가 정해야 할 자유에 대한 한계와 의무는 어른들에게서와 마찬가지로 아이들에게도 필수적이다. 그들은 좋든 싫든 간에 특정한 것들을 획득함으로써 성인 시민권의 자격을 얻어야 한다. 그것이 학교가 존재하는 이유다. 그들은 교육을 받아야 한다.

교육은 많은 것을 대신하는 말이다. 현재 우리는 서서히, 마지못해, 입을 불쑥 내민 채, 그중에서도 가장 지독한 용례에서 벗어나고 있다. 그중 하나는 학습이라는 의미인데, 그것이 아이들만을 위한 것이며, 성인이 되면 중단한다는 뜻에서이다. 나는 칠십대지만 우리의 기능이 쇠할 때까지 능력이 되는 한 배우는 것을 멈추어서는 안 된다고 자신 있게 말할 수 있다. 우리가 학교와 대학에서 배운 것에 대해서 말하자면, 그중에서 아주 작은 부분만이 진실이고 대부분은 틀렸거나 오류라는 것을 우리들은 평생에 걸쳐 깨닫게 된다. 따라서 '교육을 가장 적게 받은' 사람들이 때로는 가장 많은 것을 안다는 것은 놀라운 일이 아니다. 그들이 마음속에 가지고 있는 어떤 인위적인 동기 때문에 배움에 대한 간절함이 있지 않는 한 천부적 소질이 없는 과목을 공부하도록 강요받는 것은 어린이와 어른 모두에게 심각한 해를 끼친다. 이런 식으로 야기되는 정신 장애는 시험을 통과하는 것에 초점을 맞춘 현대의 교실에서 흔히 볼 수 있다. 디킨스의 소설에 나오는 투츠 씨Mr. Toots는 그저 웃기는 인물이 아니라 우리의 공립학교와 대학이 만들어낸 결과물들에 위험할 정도로 만연한 일종의 얼간이들의 정확한 사례다.

타고난 적성이 있다 해도 강압적인 가르침으로 인해 생기는 혐오감에 의해 사라질 수 있다. 더욱이, 음악적인 소양이 없는 소녀에게 베토벤 소나타를 가르치려는 시도는 그녀 자신과 그녀의 선생님들에게 고문일 것이고 부모님이 집을 찾아온 손님들에게 솜씨를 보여주라고 명령할 때 말할 것도 없이 그녀의 청중에게도 큰 고통을 안겨줄 것이다. 하지만 음악에 관심이 없는 소녀들은 귀머거리 소녀들만큼이나 흔치 않다. 보통의 음악적인 소양을 지닌 소녀들이 음악에 대한 뿌리 깊은 혐오감을 느끼고 베토벤이 영원한 고통 속에서 생전의 악행을 회개하고 있기를 바라게 되는 흔한 이유는, 그녀들이 매혹을 느낄 만큼 아름다운 소나타나 다른 곡들의 연주를 듣기도 전에, 차가운 방에서 음계를 연습하도록 강요당했기 때문이다. 잘못된 음을 낼 때마다 그녀는 손가락 마디들에 매를 맞으며 〈비창 소나타〉를 실수 없이 칠 수 있을 때까지 꾸중과 괴롭힘을 당한다. 자녀들이 성공하기를 원하는 부모들에 떠밀려 학교에서 음악을 배운다는 것은 많은 불운한 여학생들에게 여전히 그런 의미를 뜻하며 부모들은 역시 이런 식으로 교육을 받은 사람들에게 돈을 지불하여 아이들에게 주입식으로 교육을 시킨다. 만약 이 불행한 희생자들이 사회주의하에서는 아마도 강제로 음악을 배워야 할 게 틀림없다고 생각한다면 그들은 그것에 대항하여 최후의 항전을 벌일 것이고 그들의 생각은 옳을 것이다.

만약 내가 지금 남자들을 위해 책을 쓰고 있다면, 나는 음악을 다루어서는 안 된다. 그보다는 문예 라틴어(말하는 용도로는 아무도 사용하지 않는 라틴어의 일종이다)나 그리스어로 쓰인 글들이나 대수학을 다루어야 한다. 베르길리우스, 호라티우스, 호메로스를 읽을 만큼 충분히 라틴어와 그리스어를 독학했거나, 데카르트, 뉴턴, 아인슈타인을 영웅으로 여길 많은 불행한 청년들은 신문이나 탐정소설을 제외한 인쇄된 모든 페이지를 혐오하며, 대수 기호나 힘의 평행사변형의 다이어그램을 보면 마치 범죄자가 감옥을 볼 때처럼 위축된다. 이것이 우리가 교육에 열광적으로 매달린 결과다. 이튼 스쿨이 설립되었을 때, 소년들은 아침 6시에 일어나 잠자리에 들 때까지 잠시도 놀지 않고 라틴어를 열심히 공부해야만 했다. 지금은 반대로 열심히 놀도록 내버려두는 경향이지만 그들의 상태는 조금도 더 나아 보이지 않는다.

어느 쪽이든, 자신의 어린 시절을 기억하는 현명한 여성은, 아이들의 일반적인 인권이 완전히 무시된 채 부분적으로는 그들이 길들여져야 할 동물로 분류되는 것에 대해 경악을 금할 수 없을 것이다. 물론 아이들을 길들이는 방법들이 동물을 다루는 조련사의 방식이 아니라면, 여기에는 긍정적인 면도 있기는 하다. 일부의 경우 아이들은 주둥이까지 학문을 부어 넣어야 할 자루로 여겨지기도 하는데 종교재판 중 물고문을 당하는 희생자들의 배가 터질 때까지 목구멍으로 물이 부어 넣어졌던 것을 연상시킨다. 그러나 이 광기가 지속되는 데에는 이유가 있었다. 이미 당신도 아주 잘 알고 있겠지만 아이들은 움직이지 않고 제자리에 조용히 앉아 있도록 강요당하지 않는 한, 집에서 너무 말썽을 피우는 존재들이기 때문에 아무리 아이들을 억누르지 않는 관대한 부모들일지라도 그들을 교육하겠노라고 공언하는 사람에게 그들을 기꺼이 넘겨줄 것이다. 반면, 장자가 아니어서 유산을 받지 못하는 상류 계층의 자제들은 생계 수단을 찾기 위해 필사적으로 노력을 하고 그들 중 많은 사람들이 역시 그럴듯한 구실하에 아이들을 양육하는 일을 기꺼이 맡는다.

사회주의는 사람들에게 덜 혐오스러우면서도 이전에 못지 않게 훌륭한 직업을 제공함으로써 이 계층을 폐지할 것이다. 가르치는 일을 진정한 천직으로 여기지 않는 사람들은 가르치는 일을 직업으로 삼을 수 없을 것이다. 아무 처벌도 받지 않고 아이들을 괴롭히기 위해 아이들을 맡는 사디스트들, 그리고, 잘 보살피지도 않으면서, 말이나 개를 좋아하는 것처럼 아이들을 좋아해서 사설 고아원을 시작하지만 종종 그들을 끔찍하게 대하는 소아성애자들(때로는 사디스트와 동일인들이다)은 만약 아이들에게 그들이 쫓겨나온 집을 제외하고 다른 피난처가 있다면 무력해질 것이다.

이 글을 쓴 지 며칠이 지나지 않아 나는 딸꾹질을 했다고 매질을 당한 한 아이의 어머니가 학교 교장을 고소한 사건을 뉴스로 읽었다. 딸꾹질을 했다고 회초리질을 했지만 아이가 자신의 체벌을 대수롭지 않게 여기자 분노한 교사가 8일이 지난 후에도 자국이 남을 정도로 아이에게 매질을 했다고 한다. 치안 판사들은 대개 아내에 대한 남편의 폭행과 마찬가지로 이러한 폭행에 대해 관대한 태도를 보인다. 사실 그들은 보통 이런 사건의 피해자들을 남자답게 벌을 받아들이지 못하는 겁쟁이라고 오히려 힐난한 후 사건을 종결시키지만 이번에는 처벌이 심했음을 인정하고 학교 교장에게 아이의 치료비를 어머니에게 지불하라고 명령했다, 하지만 이 경우에도 아무도 그가 맡은 임무를 수행하는 데 부적절했다고 생각한다는 암시는 없었다. 그리고 공평하게 말하자면, 그 교사가 야만인이나 사디스트라고 추정할 이유도 없다. 서로를 맹렬하게 공격하는 부부들이 원래 선천적으로 살인마의 성향을 가지고 있다고 주장할 수 없는 것처럼 말이다. 사실은 아직 아이들이 없을 때라도 단 칸방에서의 결혼 생활은 인간의 본성상 견디기 힘들 때가 있고, 우리가 학교라고 부르는 감옥 같은 환경 안에서 어쩔 수 없이 일을 하는 선생님이 말도 듣지 않고 적대적이며 소란스러운 아이들 무리들과 함께 갇혀 있다 보면 때때로 증오심이 폭발하여 딸꾹질은 물론 수업 중에 떠들거나 속삭이거나 창밖을 내다보거나, 심지어는 자리에서 움직였다는 이유만으로 회초리질을 할 때가 있다.

현대의 심리학적 연구는, 다소 기괴한 프로이트 학파에서조차, 한쪽의 도발과 다른 쪽의 억압, 공포, 반동적인 비행에서 생기는 영구적 상해가 얼마나 심각한지 인정하도록 강조하고 있다. 심리학을 공부하지 않은 사람들조차도 개를 사슬로 묶어 두는 것은 그들을 위험하게 만들고, 개들에게 잔인한 행위라는 것을 깨닫고 있다. 그들은 곧 사슬에 묶인 아이들에 대한 불안을 느낄 것이고, 그들을 때리고 재갈을 물리는 것이 적절한 대응책일지 고민하게 될 것이다.

일반적으로 결과 면에서 볼 때 우리는 교육이라고 부르는 것이 실패라는 것을 안다. 딱한 아이들은 자신들의 언어를 읽고 쓰고 말하는 법을 배운다는 핑계로 9년 ―사실은 1년이면 족할 일이다― 동안 학교에 수감된다. 하지만 9년이 지난 후에도 아이들은 이런 일들을 제대로 하지 못한다. 26년간 의무 교육이 실시된 후인 1896년, 수학 기구 제조 연합의 의장은 그의 회원들 대부분이 글을 쓸 수 없어 기호로 서명을 한다고 말했다.

부유한 집안의 남자아이들은 세 개의 연속된 감옥, 즉, 예비 학교, 사립학교public school(공적 기금을 유용하여 극소수의 특권층만을 가르치는 사립학교private school), 그리고 대학에서 12년 내지 14년간의 투옥 기간 동안 고전 언어와 고등 수학을 포함한 과목들을 배운다. 부유한 집안의 여자아이들은 이전에는 가정교사라고 불리는 교도관 밑에서 가족의 지하감옥에 수감되었지만 이제는 그녀의 남자 형제들처럼 학교로 보내진다. 그 결과 아이들은 글을 읽고 쓰는 것을 조금 더 잘하게 되고, 부유한 유한 계층의 습관과 말버릇을 습득하게 되지만 도덕적이고 지적인 면에서는 천치와 같은 상태에 이르게 된다. 그 결과 그들은 잘난 척하는 모사꾼이나 말만 번지르르한 사기꾼들에게 정치적으로 놀아나기 쉽게 되고 중세나 자본주의 시대 초기 악덕 자본가들의 도덕적인 수준에 머문다. 학교에서 기가 많이 꺾였음에도 불구하고 그들이 활기 있고 의욕에 차 있을 때, 그들은 공공의 위험이다. 그렇지 않을 때는, 그들의 계급이 그들에게 기대하는 대로 행동을 하며, 적극적인 리더라면 아무라도 무턱대고 따라가 자신과 전체 공동체를 파괴하게 될 것이다. 다행히도 인류는 매우 회복력이 있어서 억압과 왜곡의 어떤 체계도 그것을 완전히 망칠 수 없다. 하지만 우리의 여성들과 신사들의 표준적인 교육에 관해 말하자면 그것을 거친 대부분의 사람들은 차라리 그것을 받지 않았다면 더 나았을 것이다.

그럼에도 그것은 부수적으로 유익을 줄 수도 있다. 공부에는 전혀 뜻이 없는 대학생도, 그곳의 공동생활로부터 사회적인 위상을 얻을 수 있다. 그것은 그전까지 그가 생활을 해온 한정된 중산층 가정의 공간—훨씬 나이 든 두 명의 어른과 서너 명의 형제자매들 사이에서 버릇없이 생활하던—에서는 얻을 수 없는 것이었다. 그가 만날 수 있던 아이들은, 너무 가난해서 그와 어울릴 수 없거나 너무 부유해서 그의 집에 오려고 하지 않는 아이들을 제외한, 그와 비슷한 양육 환경의 아이들과 이른바 사교 예절(최소한의 기본적인 정중함 외에는 어떤 바람직한 특질도 찾아볼 수 없는 허례)을 지키며 만나던 아이들이 다였다. 아들들을 대학을 보낼 여력이 없어서, 15세 전후가 되면 노동자로 내보내야 하는 중산층 가정들은 대학물을 먹은 사람들과 비교할 때 아주 천박해 보인다는 것을 부인할 수 없다. 중산층 가정 출신의 여자는 자신의 아랫사람이라고 여기는 많은 사람들에게 모욕감을 줌으로써 사회적 지위를 유지한다. 그녀는 자신처럼 사회적 벼랑의 작은 난간에 매달려 있는 극소수의 사람들에게게만 예의를 차린다.

소득의 불평등은 인간 사회의 대부분을 벼랑으로 내몰기 때문에 모든 사람들이 필사적으로 자신들의 좁은 난간에 매달려 할 수 있는 한 다른 많은 사람들을 발로 차 떨어뜨리려 한다. 그녀는 그녀에게 기회를 줄 수 있는 높은 계급의 사람들에게는 비굴한 태도를 취해야 하지만, 대학에서는 동등한 조건의 수백 명의 다른 젊은 여성들을 만나며, 적어도 모든 사람들에게 일반적으로 예의 바르게 대해야 한다. 대학 매너가 가장 좋은 매너가 아니라는 것은 사실이며, 옥스퍼드와 케임브리지가 배타성의 온상이고, 대학 속물들이 아마도 모든 속물들 중에서 가장 구제 불능이라는 주장에는 충분한 근거가 있다. 그럼에도 불구하고 대학의 속물근성은 중산층 가정의 속물근성만큼 사람들을 망가뜨리지는 않는다. 대학을 다니는 여자들은 신분이 높든 낮든 온갖 종류의 사람들과 갈등이나 어색함 없이 지낼 수 있지만 중산층 가정에서 가정교육을 받은 여자들은 다른 사람들과 교류를 하지 못한다. 하지만 이것은 대학 커리큘럼과는 아무런 관련이 없는 문제다. 오히려 공부에만 집중하는 학생들은 인간관계에 젬병이지만 겨우겨우 시험만 통과하는 엉터리 학생들은 그것을 완벽하게 마스터한다. 또한, 중산층 가정의 틀을 벗어나 모든 종류의 클럽과 비공식 문화들의 더 넓은 사회로 탈출하는 젊은이들도 넓은 인간관계를 형성할 수 있다. 대학가의 예절이 중산층 가정의 예절을 넘어섰다면, 정원 도시와 여름학교의 예절은 이미 대학가의 틀에 박힌 예절보다 월등하게 여겨지고 있다. 우리의 속물적인 사회에서 문란이라는 단어보다 더 사악하고 끔찍한 함축성을 가진 단어는 없다. 하지만 그것이 암시하는 모든 상상 속의 성적 문란이라는 의미를 배제한다면, 당신은 사회적 문란, 무질서가 좋은 인간관계의 비결임을 알게 될 것이다. 대학이 중산층 가정들보다 더 문란하고, 신지학神智學이나 사회주의의 여름학교가 대학보다 더 문란하기 때문이다.

사회주의는 완전한 사회적 문란, 무질서를 의미한다. 그것은 이미 매우 진척이 되어 있다. 웰링턴 공작이 병에 걸렸을 때, 그는 마치 이발사를 부르기라도 하는 것처럼 '약사를 데려오라'고 말했고, 약사는 당연히 매우 비굴한 태도로 그를 대했다. 사실 나도 마치 팁을 받는 집사처럼 왕진료를 받아가던 유명한, 심지어 작위가 있던 늙은 의사들을 기억한다. 17세기에도 귀족들은 때때로 배우를 친한 친구로 인정하기도 했지만, 그에게 편지를 쓸 때 그들은 '나의 친애하는 아무개'가 아니라 '배우 베터튼에게'라고 편지를 시작했다. 오늘날 그런 행동을 계속한다면 그 공작은 거만한 인물로 조롱당할 것이다. 이제 영국의 모든 사람들은 지저분한 다른 승객들에게 혐오감을 느낄 걱정 없이 모두 삼등석을 타고 여행할 수 있다. 나는 지금은 사라졌지만 이등 객차가 중산층들의 필수 여행 수단이었던 때를 기억한다.

공작과 의사 또는 배우들 사이의 사회적 관계를 수평적으로 만든 과정은 공작 부인과 목장에서 일을 하는 처녀도 수평적인 관계로 만들 수 있고, 그보다는 덜 극적이지만 의사 부인과 목장 처녀 사이도 수평적으로 만들 수 있다. 사회주의는 이런 종류의 사회적 관계의 문란함을 만들지만, 사귀고 싶은 사람들만 사귈 수 있도록 인간관계에도 도움을 줄 것이다. 현재 목장 처녀와 점잖은 공작 부인의 차이는 뚜렷한데, 공작 부인이 농부의 아내를 대하는 것과 다른 공작 부인들을 대하는 태도의 차이 때문이 아니라, 농부의 아내가 공작 부인을 대하는 것과 다른 농부의 아내를 대하는 것의 매우 뚜렷한 차이 때문이다. 점잖은 공작 부인들은 누구에게나 정중하지만, 그녀가 친밀한 우정을 나누며 어울리는 사람들은 매우 제한적이다. 예의 바르게 사람들을 대하는 것과 친하다는 것은 별개의 문제이다. 현재 공작 부인의 불만은 그녀가 자신의 사회적, 정치적 위치 때문에 자신의 취미와 지적인 관심을 공유하지 않는 수많은 사람들을 집안에 들이고 그녀의 식탁에 앉힌 후 끔찍한 지루함을 느껴야만 하는 것이다. 그녀는 많은 가난한 사람들과 교제를 하며 훨씬 즐거움을 느낄 수 있겠지만 가난한 이들은 그녀의 호사스러운 취미들을 따라갈 수가 없다.

관계의 평등은 공작 부인에게 자신이 친하게 지내고 싶은 이들을 선택할 수 있는 축복을 줄 것이다. 그녀가 과학이나 문학, 의상 제작이나 정원 가꾸기에 대해 이야기하거나 심지어는 심리분석의 괴기함에 대해 논하고 싶을 때도 여우 사냥이나 정치밖에는 모르는 남자들의 이야기를 싫증을 내며 듣고 앉아 있을 필요가 없을 것이다. 사회주의는 계급 구분(사실은 수입의 차이)을 철폐함으로써 우리를 집단, 파벌, 그리고 혼자 지내는 것을 좋아하는 사람들로 갈라놓을 것이다. 공작 부인은 어떤 가사 도우미와도 골프를 치고(사람들이 여전히 그들의 여가를 보낼 더 흥미로운 일을 찾을 수 없다면), 그 후에 그녀와 점심을 함께할 것이다. 그러나 공작 부인과 그 가사 도우미의 친밀한 서클은 지금보다 더 배타적이고 신중하게 사람들을 들일 것이다. 따라서 사회주의는 가장 가닿기 쉬운 모임들과 그러면서도 가장 사적인 모임들을 가능케 할 것이다. 동시에 우리는 우리의 공적 관계들에 있어서 훨씬 덜 격식을 차릴 것이고 우리의 사적인 관계에서는 서로의 영역을 침범하지 않도록 훨씬 더 주의를 기울일 것이다.

당신은 아마도, 이 모든 것이 교육과 무슨 상관이 있느냐며, 주제에서 너무 벗어난 게 아니냐고 물을지도 모르겠다. 결코 그렇지 않다. 사회적인 교류가 우리 교육의 많은 부분을 담당한다. 우리는 서로를 교육한다. 만약 우리 중 절반이 나머지 절반의 사람들을 충분한 대화 상대로 생각하지 않는다면 불가능한 일이다. 하지만 이 이야기는 이 정도로 충분하다. 어른들과 마찬가지로 아이들이 주변 환경과 그들이 가까이하는 무리로부터 얻게 되는 사회적 자질들을 떠나 국가가 강제로 그들에게 부과하는 지식의 습득으로 돌아가 보자. 이를 위해 국가는 교사와 학교와 조직을 제공하고, 학습의 성취도를 테스트하고, 시험을 통과한 사람들에게는 자격증을 준다.

문명화된 모든 국가들에 사는 시민들에게는 맡겨진 역할을 수행하기 위해 반드시 알아야 할 것들이 있다. 여기에는 배워야 할 기술적인 것들과 이해해야 할 지적인 개념들이 있다. 예를 들어, 당신이 구구단을 알지 못한다거나 법을 어기는 사람들을 당신이 직접 처벌하려 한다면 현대 도시에서 살기에 어려울 것이다. 그 정도의 기술적이고 인문적인 교육은 불가결한데, 왜냐하면 요금 지불, 잔돈 계산을 하지 못하거나 의견이 다르다는 이유로 사람들을 죽이려고 하거나 눈알을 뽑으려는 야생 고양이 같은 사람은 문명화된 삶을 살 수 없기 때문이다. 우리의 거대한 도시에서는 서면으로 일들이 이루어지기 때문에 글도 읽을 수 있어야 한다. 조그만 마을이나 시골에서는 경찰관, 철도 관리인, 역장, 우체부에게 다가가서 무엇을 해야 할지, 어디로 가야 하는지 물어보는 것으로 문제를 해결할 수 있다. 그러나 런던에서 그런 식으로 일을 한다면 5분 안에 비즈니스와 교통이 마비될 것이다. 이미 외국인들과 시골에서 올라온 사람들의 질문을 받기에도 벅찬 경찰과 철도 공무원들에게 모든 사람들이 질문을 퍼붓는다면 그들은 미쳐버릴 것이다. 신문, 체신청 및 기타 관공서에서 발행하는 안내서, 무수한 게시판과 이정표가 시골 경찰이나 가게 주인이 마을 사람들을 위해 즐겨 하던 일을 런던 시민들에게 해준다. 지구의 자전 외에는 별다른 일이 일어나지 않는 곳에서는 낯선 사람과의 대화는 거의 신나는 사건처럼 느껴질지도 모른다.

가장 큰 도시들이라 봐야 우리 시골 마을보다 크지 않았고,

모든 교양 있는 삶들이 소위 마을의 경계들 위에서 행해지던 때에는 읽고 쓰는 능력이 꼭 필요하지는 않았다. 그것은 순전히 개인적인 차원에서 정신적인 교양을 확장하는 수단이었고, 꽤 예외적인 능력이었다. 이런 생각은 아직도 우리 마음속에 남아 있다. 우리가 소녀에게 읽기를 배우도록 강요하고, 그것을 핑계로 그녀를 학교에 가둘 때, 우리는 그것이 그녀를 교양인으로 양육하고 그녀에게 문학이란 보물함을 열어 보여주는 것이라고 생각한다. 그것이 우리가 아주 절실하게, 오랫동안 시간을 들여 교육을 하는 이유이다. 하지만, 실내의 딱딱한 자리에 꼼짝도 하지 못한 채 앉아 선생님 외에는 다른 어떤 것에도 주의를 기울이지 않는 것이 그녀가 그 때문에 포기해야 하는 다른 어떤 자유로운 행위들보다 그녀의 교양을 높일 수 있다고 우리가 주장한다 하더라도, 과연 그렇게 그녀의 의지에 반하는 특정한 방식으로 그녀의 교양을 양성할 수 있는 권리가 우리에게 있는 것인지는 명확하지 않다. 읽기와 쓰기, 일상적인 구매와 판매에 충분할 정도의 산술 능력을 얻도록 그녀에게 강요하는 유일하고도 타당한 이유는 그것들이 없이는 현대 문명 생활이 불가능하기 때문이라는 것이다. 그녀는 수유를 받고 젖을 떼고 걷는 것을 배울 천부적인 권리가 있는 것처럼 그것들을 배울 천부적인 권리를 가지고 있다고 말할 수도 있다.

이 문제에 대해서는 논쟁의 여지가 없다. 그녀에게 글을 쓰는 법을 가르치면 그녀는 수표를 위조하고 악의에 찬 익명의 편지를 쓸 수도 있을 것이다. 그녀에게 글을 읽도록 가르치는 것은 읽을 가치가 없는 소설들(100권 중 99권은 그런 책들이다)

로 마음을 더럽히고 시간을 낭비하는 방법을 가르치는 것일 수도 있다. 하지만 이러한 모든 반대는 현대 생활을 가능하게 하는 그런 능력들의 엄연한 필요성 앞에서 아무런 힘을 가질 수 없다. 식사를 위해 나이프를 사용하는 방법을 가르치면 언젠가 아기 목을 벨지도 모른다는 이유로 그것에 반대하는 것과 마찬가지다. 유익한 목적을 위해 얻는 모든 기술적 능력은 악을 행하는 능력이 될 수도 있다. 그러나 그 이유로 우리 시민들에게 현대적 삶에 필요한 아무런 기술적 능력 없이 지내라고 말할 수는 없는 것이다.

하지만 그렇다고 해서 그것이 어떤 결과를 가져올지 아무런 생각도 하지 않고 아이에게 기술적인 교육을 가르쳐도 좋다는 것은 아니다. 함부로 사람들을 다치게 해서는 안 된다는 것을 먼저 가르치지 않고 소녀에게 사격 기술을 가르친다면 부모와 불화가 있을 때 소녀는 주저하지 않고 총질을 할 것이다. 형장에서 그녀는 요새 많은 사람들이 흔하게 하는 변명을 할지도 모른다. '왜 아무도 내게 그러면 안 된다는 말을 해주지 않은 거죠?' 이런 이유 때문에 의무 교육은 기술 교육으로만 끝나서는 안 된다. 읽기나 쓰기처럼 현대 생활에 필요한 인문 교육이 의무 교육에 포함되어 있다. 하지만 그것을 넘어서 국가가 아이들의 자유로운 동의 없이 그들의 몸과 마음에 어느 정도까지 간섭을 해야 할지 결정하는 것은 쉬운 일이 아니다.

우리는 거기에 여러 가지 조건들을 붙일 수 있을 것이다. 가령, 측량 기사들은 삼각법을 배워야 하고 선장은 항해술을, 외과의사는 적어도 도축업자 이상으로 뼈와 근육들을 톱과 칼로 잘 자르는 능력을 가져야 한다고 주장할 수 있다. 이것은 분명 모든 사람에게 유능한 측량 기사나 항해사, 외과의사가 되라고 강요하는 것과는 다른 이야기다. 우리가 고려해야 할 것은 현대 도시에서 생활하기 위해 필요한, 그래서 국가가 강요할 수 있는 최소한의 능력이 무엇인가이다. 만약 국가가 어느 주부에게 라틴어로 작문을 하는 능력을 요구한다면 그것은 그녀에게 절대 필요하지 않을 능력의 습득을 강요하는 것이다. 만약 어떤 이상한 호기심에서든 그녀가 그런 능력을 원한다면 그녀는 몇 달 안에 스스로 그것을 습득할 수 있을 것이다. 미적분학을 배우도록 강요하는 것도 마찬가지다. 읽고 간단한 계산을 하는 능력의 습득과 라틴어로 작문을 하고 미적분을 푸는 능력의 습득 중간 어디쯤에 의무 교육의 한계가 정해져야 한다. 문제는 과연 어느 곳에 그런 한계가 그어져야 하는가이다.

진보적인 입장에서 보자면, 도덕은 각자의 내면의 빛에 맡기더라도 최소한의 법, 헌법사, 경제학을 가르치는 의무 교육은 유권자로서의 자격을 갖추기 위한 최소한의 지식이다. 어린 아이들의 경우에는, 살인, 절도, 그리고 이것들보다는 분명 더 흔할 테지만, 제대로 지도를 받지 않은 사회적 의사소통을 방지하기 위한 엄격한 금지가 필수적인 교육이다. 이에 대해서는 치열한 논쟁을 예상해야 할 것이다. 이 부분의 교육을 무시하거나 이에 대한 우리의 태만함을 세속 교육Secular Education이라고 호도하는 것이 얼마나 터무니없는 일인지 반복할 필요는 없을 것이다. 지구가 둥근지 평평한지에 대해 논란의 여지가 있다는 이유로 어떤 아이에게 스스로 알아보라고 내버려둔다면 아이는 그것이 평평하다고 생각을 할 것이고 이후 여러 실수와 오해를 거친 후 자신이 제대로 가르침을 받지 못한 것에 대해 분노해서 성인 유권자가 되는 대로 자신의 아이들은 그 문제에 관한 한 타협의 여지없이 확실한 교육을 받도록 요구할 것이다.

형이하학에서 통하지 않는 것은 형이상학에서도 통하지 않는다. 사회주의적이든 반사회주의적이든 중립적이든 어떤 정부도 모든 시민이 고도로 인위적인 현대적 양심을 가지지 않는 한 고도로 인위적인 현대적 국가를 통치하고 관리할 수는 없을 것이다. 현대적 양심은 원시적인 여성에게는 결코 떠오르지 못할 신조나 신념의 체계, 혹은 그녀가 품고 있다면 그녀의 부족에게 보이지 않는 힘의 분노가 내릴 불경이라고 생각했을 의혹 또는 부정적인 신조의 체계이다. 그러므로 현대 정부는 이러한 믿음과 불신을 설파하거나, 어떻게 해서든지 모든 시민에게 교묘히 주입해야 한다. 그렇지 않으면 그들은 존속할 수 없다. 현재 우리가 이렇게 엉망인 이유는 우리 정부가 과거의 과학과 멸종된 문명에 속하는 일련의 믿음과 불신을 유지시키려고 하기 때문이다. 현대 금융시장을 규제할 규율을 얻기 위해 모세나 무함마드를 찾아가는 것을 상상해 보라!

만약 우리 모두가 같은 믿음과 불신을 가지고 있다면, 우리는 파멸이든 아니면 끝없는 번영의 시대를 향해서든 순조롭게 나아갈 수 있을 것이다. 그러나 모순된 믿음들 사이의 갈등과 다양한 발전 단계의 다양한 유형의 인간들이 있는 한 계속될 진보주의자들의 믿음의 거부는 분명 종교 교리와 진보적 교육을 위해 공립학교에서 무엇을 가르쳐야 하는가에 대한 문제를 둘러싼 의견 충돌을 일으킬 것이다. 현재로서는, 불타는 유황 호수에서 영원히 기괴하고 무서운 고통을 당하지 않도록 구원받기 위해서는 아이가 물로 세례를 받는 것이 절대적으로 필요하다고 주장하는 사람들이 많은데, 왜냐하면 아이들은 신의 저주 아래 있는 분노와 죄의 자식이기 때문이라는 것이다. 자라면서 아이는 하느님의 아들 그리스도의 희생에 의해 죄가 속하여졌다는 것, 그것을 믿는 자에게만 그런 속죄가 유효하다는 것을 포함해 이런 믿음에 감동받아야 한다. 그런 믿음을 가지지 못하면 세례의 효험은 무효가 되고, 영원한 지옥의 멸망 아래 다시 놓이게 된다. 이것이 오늘날 영국의 공식적인, 국가가 부여한 종교다. 그리고 여전히 법령집에는 그것의 타당성을 부인하는 사람에 대한 중징계를 명하는 법이 있는데, 어떤 내각도 감히 그것을 폐지하지 못한다.

완전한 사회주의 국가가 아이들에게 이러한 믿음을 심어주거나, 아이가 법률적으로 동의할 수 있는 연령에 도달하기 전까지는 그런 가르침을 받도록 허락할 가능성은 거의 없다. 국가는 아이들의 육체뿐만 아니라 그들의 영혼도 보호해야 한다. 현대 심리학은 유황불로 고통받는 지옥 이야기로 어린아이들을 놀라게 하거나 어떤 성자나 위대한 인물들도 지키기 어려울 덕을 유지해야만 그런 지옥에서 벗어날 수 있을 작은 악마들이라고 자신들을 생각하게 만드는 것은 어떤 육체적 폭력보다 깊은 상흔을 아이들에게 평생토록 남기게 된다는 사실을 확인해준다. 솔직히 말하자면, 내가 추측할 수 있는 한, 사회주의 국가는 아이에게 구구단을 가르칠 테지만, 교리문답은 가르치지 않을 것이고, 역사적 문서에 대한 호기심의 차원이라면 모르지만 다른 목적으로 부모들이 아이들에게 교리문답을 가르쳤다는 것을 국가가 알게 된다면 부모는 경고를 받을 것이다. 그럼에도 그들이 계속 아이들에게 교리문답을 가르친다면 국가는 그들의 손에서 아이를 빼앗아 대법관의 판단에 맡길 것이다. 셸리의 장인이 사위를 무신론자라고 비난했을 때 셸리의 아이들이 처했던 상황처럼 말이다.

또한 사회주의 국가는 아이들에게 일부다처제, 전쟁 포로 학살, 인간을 제물로 바치는 것을 포함한 피의 희생이 신성한 제도라고 가르치지 못하게 금지할 것이며, 이것은 마르코 폴로의 『동방 견문록』, 괴테의 『파우스트』, 토마스 칼라일의 『과거와 현재 *Past and Present*』, 『의상 철학 *Sartor Resartus*』 그리고 러스킨의 『티끌의 윤리학 *Ethics of the Dust*』 등과 같은 위치의 오래된 연대기, 시, 신탁과 그리고 정치적인 비난의 모음집으로서만 학교에서 성경이 가르쳐질 것이라는 것을 의미한다. 또한 이 세상에서의 우리의 삶은 내세에 다가올 중요한 삶을 준비하기 위한 짧은 예비 에피소드일 뿐이고, 우리가 인내심을 가지고 고통을 감수한다면 다음 생에서는 화려하게 보상받을 것이기 때문에 이 세상에서 우리가 얼마나 가난하고 비참하고 고통스러운지는 중요하지 않다는 교리는 불경스러운 선동으로 기소될 것이다.

그러한 변화는 우리들 중 일부가 우려하는 것만큼 크지는 않을 것이다. 비록 우리들이 지금 진정으로 이러한 교리들에 대해 관용의 정신을 가지고 있거나 진실된 자세로 그것들을 가르치고 있다면 대격변으로 느껴질 테지만 말이다. 다행스럽게도 우리들은 그렇지 않다. 그런 교리들을 진지하게 받아들이는 사람들, 혹은 심지어 그것들을 표현하는 단어들에 확실한 의미를 부여하는 사람들은 너무나 예외적이어서 그들은 대개

광적인 작은 종파들의 구성원으로 분류된다. 자기 자신을 잉글랜드 성공회의 일원으로 묘사하고, 자녀를 세례나 견진성사를 받게 하거나 성경 학교에 보내고, 정기적으로 예배에 참석하는 사람들 중에서 그들이 믿는 교리를 알거나 관심을 가지는 사람들, 또는 조간신문처럼 그것들을 읽거나 믿는 사람들이 1퍼센트나 될지 의문이다. 아마도 웨스트민스터 신앙 고백에 대해 알고 그것을 받아들이는 비국교도들의 비율이 약간 더 클 수 있다. 왜냐하면 비국교도들에는 극단적인 종파들도 포함되어 있기 때문이다. 하지만 이러한 종파들은 교리문답의 교리들을 가장 자의적으로 변형시키기 때문에, 비국교도들의 신앙 안에는 잉글랜드 성공회에 의해 신성모독과 무신론이라고 핍박되어 온 견해들이 모두 포함되어 있다.

나는 당신이 이 주제에 대해 특별한 연구를 해오지 않은 한 그리스도교라는 광범위한 범주 안에 존재하는 영국 종교들의 다양성과 불화합성不和合性에 대해서 별다른 의문을 품지 않을 것이라고 확신한다. 어떤 정부도 그들 모두를 만족스럽게 할 수는 없다. 엘리자베스 여왕은 모든 사람들이 그것을 통해 자신의 신조를 확인하거나 다른 사람의 신조를 비난할 수 있도록 논쟁의 소지가 있는 교리들을 확인하거나 부정함으로써 39개조 신조를 작성했지만 다치기 쉬운 양심들과 세심한 지성들을 교회 안으로 들어오지 못하도록 막은 것을 제외하면 완전한 실패였다. 일반 성직자들은 서품을 받지 못할까봐 할 수 없이 이 교리에 따른다. 한 사람이 일시에 모두 그런 교리들을 믿을 수 있다고 생각하는 사람은 없다. 그리고 심지어 그런 교리들이 무엇인지, 혹은 무엇을 의미하는지 아는 사람도 거의 없다. 그들 모두는 우리 대부분의 진정한 믿음에 아무런 해도 끼치지 않고 조용히 무시될 수 있다.

자본주의 정부가 서민들을 순종적인 임금 노예로 만들기 위해 도움이 되는 교리라면 어떤 것이든 사람들에게 주입시키듯 사회주의 정부도 마찬가지로 주권자들을 좋은 사회주의자로 만들 어떤 교리이든 사람들에게 주입시켜야 한다. 어떤 정부도, 어떤 정책을 취하든, 그 나라의 국민들에게 주입되는 공통적인 신조의 형성에 무관심할 수는 없다. 일상의 행위들에 대해 무엇이 옳고 그른지 같은 믿음을 구성원들이 지니지 않는 한 사회는 존재할 수 없다. 그들은 사도신경, 니케아 신조, 아타나시오스 신경, 기타 다른 모든 종교적 선언들에 선행하는 공통의 신조를 가지고 있어야 한다. 메리 튜더 여왕과 엘리자베스 여왕, 제임스 2세와 윌리엄 3세는 그리스도의 실재*에 대해 동의할 수 없었지만, 그들은 모두 도둑질을 하거나 살해하거나 이웃의 집에 불을 지르는 것은 잘못이라는 데는 동의했다. 버킹엄 궁전의 문을 지키는 경비병들은 내각의 제국주의 정책이나 기도서의 개정에서부터 경마에서 어떤 말에 돈을 걸어야 할지에 이르기까지 많은 점에서 왕실과 의견이 일치하지 않을 수 있다. 그러나 그의 소총과 총검 사용의 적절한 한계에 대해 그들 사이에 완벽한 의견의 일치가 이루어지지 않는 한 그들 사이의 사회적 관계는 유지될 수 없다. 즉 왕도 보초도 존재할 수 없을 것이다. 우리 모두는 편견을 반대한다. 하지만 만

---

* Real Presence. 성찬에 있어서 그리스도의 살과 피가 실재한다는 설

약 우리 모두가 생명이 불어넣어진 편견 덩어리들이 아니라면, 그리고 적어도 그런 편견의 10분의 9는 우리들의 존재에 깊숙이 뿌리박힌, 동일한 편견들이어서 우리들이 그것을 편견이라기보다는 상식이라고 여기지 않는다면, 우리가 사는 곳은 공동체보다는 뱀들이 우글거리는 소굴에 불과할 것이다.

이러한 상식이 모두 선천적인 것은 아니다. 일부만 그렇다. 예를 들어, 여성은 자신의 아기를 잡아먹으면 안 된다는 말을 듣지 않았어도 그런 일을 하면 안 된다는 것을, 아기를 먹이고 어떤 위험이 따르더라도 아이를 양육해야 한다는 것을 알고 있다. 하지만 그녀는 세금을 지불하는 것에 대해서는 같은 생각을 가지고 있지 않다. 비록 그것이 유아들을 양육하는 것만큼이나 사회가 존속하는 데 필요하지만 말이다. 내 친구 중에 고학력자이자 런던 북부의 유명 대학 학장이었던 여성은 지방당국의 공공 위생 검사관이 대학의 하수구를 검사할 권리에 대해 격렬히 반대했다. 그녀의 신조는 사생활을 중시하는 가정에서 자란 철저하게 사적인 여성이 지닐 수 있는 것이다. 그녀에게는 자신과 왕래하는 사이도 아니고 초대하지도 않은 남자가 학교 내의 사적인 공간에 법적으로 들어올 수 있는 권리가 있다는 것은 언어도단이었다. 그러나 학교 공동체의 건강은 그런 특권이 보건에 유익하고 합리적이라는 일반적인 믿음에 달려 있다. 사회적 신조를 그 정도로 확대하는 것만이 콜레라 전염병을 없앨 유일한 방법이다. 하지만 이 매우 유능하고 고도로 교육받은 여성은 아직 한창때이긴 하지만, 그런 것을 배우기에는 너무 나이가 많았다.

사회적 신조는 우리가 어렸을 때 부과되어야 한다. 왜냐하면 그것은 승마나 악보를 보는 것과 같기 때문이다. 성인이 되어 그것을 배우려는 사람들에게는 그것은 결코 제2의 천성이 될 수 없다. 사회적 신조도 정말로 효과적이기 위해서는 우리에게 제2의 천성이 되어야 한다. 아무리 부자연스러운 것이라도 제2의 천성을 만들기는 꽤 쉽다. 어린 시절에 주입되고 아이들이 듣기에 모순되지 않는다면 아무리 괴상하고 심지어 악한 것이더라도 인간 본성의 일부가 될 수 있다.

이미 성인인 당신에게 동물처럼 민첩하게 움직이는 것은 숙녀답지 않다는 이유로 고통스럽지만 어린 시절에 전족을 해서 모든 여성을 평생 동안 절름발이로 만드는 것이 옳다고 설득할 수 있는 방법은 없다. 만약 당신이 장군이나 제독의 아내라면, 왕이 죽었을 때 군주와 함께 저승길에 동행하기 위해 남편과 함께 명예로운 자살을 하라고 설득할 수도 없을 것이다. 마찬가지로, 남편의 시체와 함께 산 채로 화장되는 것이 모든 과부의 의무라고 설득할 수 있는 방법도 없다. 하지만 만약 여러분이 충분히 일찍 주입식 교육을 받기 시작했다면 여러분은 중국, 일본, 인도 여성들처럼 이 모든 것들을 믿고 실행하도록 만들어질 수 있었을 것이다.

이 사람들은 이교도 동양인 여성들일 뿐이고, 당신은 그리스도교를 믿는 서구인이라고 항의할지도 모르겠다. 그러나 나는 그리스도교인인 당신의 할머니가 길에서 발목을 노출시키거나 심지어는 (진짜 숙녀라면) 혼자 길을 걸어 다니는 것이 가문에 먹칠을 하는 것이라고 믿었던 시절을 기억한다. 당시에는 유부녀가 되면 더 이상 남자들에게 매력적으로 보여서는 안 된다는 것을 세상에 알리기 위해 모자를 썼고 혹여 과부가 되면 완전한 절망과 비애를 나타내기 위해 검은 크레이프 상장喪章을 착용하고 다녔다. 그런 여성들의 모습을 당신이 보았다면 서구의 여성들이 전족이나 순사殉死, 할복을 하지 않는 것은 순전히 운이 좋아서일 뿐 서양 여성들이 동양 여성들보다 어느 면에서든 우월하기 때문은 아니라는 것을 알게 되었을 것이다. 아직도 의심스럽다면, 그것이 그들의 의무라고 믿고 남성들이 전쟁에 나가 끔찍한 잔학 행위를 저지르는 것을 살펴보라. 남성들이 그런 의무를 거부하면 여성들은 그들의 얼굴에 침을 뱉을 것이다. 이런 모든 일들은 그들이 어릴 때부터 주입되어 온 가치들로서 그 덕분에 정부는 여론을 형성하여 자원입대자들로 이루어진 군대를 일으킬 수 있고 대량 살인과 파멸을 애국적인 미덕으로 받아들일 수 없는 소수의 독립적인 사고의 사람들에게 무거운 벌을 가해 군 복무를 하도록 강요할 수 있는 것이다.

모든 여자아이들의 마음이 빅토리아 여왕의 마음처럼 유아기에 형성된다면 사회주의 국가는 존립할 수 없을 것이다. 프롤레타리아가 의회를 정복한 후에, 틀림없이 정부는 가능한 모든 수단을 동원하여 아이들의 마음이 그렇게 형성되는 것을 막으려 할 것이다. 아이들은 대지주들과 그들의 일족들을 축복하고 우리를 우리의 분수에 맞게 처신하게 해달라고 신에게 간구하거나, 남들은 굶지만 자신들은 먹을 수 있고 남들은 비탄에 잠겨 있지만 그들은 노래할 수 있기에 신을 찬양하는 게 당연하다고 생각하도록 양육되지 않을 것이다. 교사들이 그러한 태도를 주입하다 들키면 그들은 해고될 것이고, 보모들이면 그들의 자격증이 취소되어 어린아이들을 상대하지 않는 직업을 찾아야 할 것이다. 빅토리아 시대의 부모들은 셸리의 운명을 함께할 것이다. 성인들은 독자적으로 생각할 수 있지만, 다만, 지나치게 비사회적인 생각을 한다면 정신병원에 갇혀야 할 것이다. 그러나 우리가 말하는 사회 조직에 필요한 요점들에 관해서는 유아 학교에서 어떤 타협의 여지도 주어지지 않을 것이다. 아이가 가장 최근에 얻게 된 제2의 천성이 공식적인 제2의 천성이 될 것이다. 우리가 공립학교와 대학에서 주입받은, 지금은 쓸모없는 제2의 천성처럼 말이다.

아이가 사회적 신조와 기본적인 지식들을 배우고, 읽고 쓰고 계산하고 손을 사용할 수 있을 때, 한마디로 현대 도시에서 일상적이고 유용한 일을 할 능력이 생겼을 때, 더욱 고매한 인격의 도야를 위해 어느 방향으로 나가야 할 것인지는 스스로 생각하는 것이 좋다. 만약 그것이 뉴턴이나 셰익스피어의 길이라면, 아이는 미적분학이나 연극에 관한 공부를 자발적으로 하게 될 것이다. 필요한 것은 책, 선생님 그리고 극장에 출입할 수 있기만 하면 된다. 정신적으로도 밭을 묵히는 것은 경작을 하는 시기만큼이나 중요하다. 혹사를 하면 몸도 지칠 수 있다. 모든 사람들을 운동 경기의 챔피언으로 만들려는 것은 모든 사람들을 대학자로 만들려는 것과 마찬가지의 바보짓이다. 이튼과 해로우, 옥스퍼드와 케임브리지, 그리고 스퀴어즈*를 만들어낸 체제보다 사회주의 통치가 더 바보 같은 짓을 저지를 이유는 없다.

---

* 찰스 디킨스의 소설 『니컬러스 니클비』에 등장하는 악당 교장.

82

사회주의와 교회

SOCIALISM AND THE CHURCHES

사회주의 국가가 상식이란 관점에서 교회를 얼마나 용인할 것인가 하는 것은 꽤 어려운 질문이다. 교회와 국가 간의 다툼은 오래된 것이다. 그것에 대해 고려할 때 우리는 잠시 자신이 개인적으로 교회에 출석하는 것이나 그것이 속한 교파 등은 잊고 마치 동양의 종교를 들여다보듯 제삼자의 시선으로, 학문적으로 그리고 객관적으로 문제를 들여다봐야 한다. 지금 한 여성이 런던 시내에 상담실을 열고 이상한 옷을 입고 앉아서 카드나 수정 구슬, 혹은 혼령에 의지해서 미래를 알려준다고 주장하면 그녀는 사기 혐의로 기소당할 것이다. 그러나 어떤 사람이 이상한 예복을 입고 교회를 세운 후 자신이 천국과 지옥의 열쇠를 쥐고 있고, 우리의 죄로부터 우리를 용서해줄 수 있으며, 무엇이든 그가 땅에서 묶으면 하늘에서도 묶일 것이고 또 무엇이든 땅에서 풀면 하늘에서도 풀릴 것이며 연옥에 있는 영혼들의 벌을 감할 수 있다고, 자신은 하느님의 음성을 듣는다고, 무엇이 죄이고 죄가 아닌지 온 세상에 알려줄 수 있다고 주장하면(객관적으로 생각해볼 때 카드나 차잎을 가지고 점을 치는 점쟁이들보다 훨씬 위험할 수도 있는 주장이다) 그는 경찰로부터 존경을 받고 누구도 감히 그를 사기꾼으로 기소하려 하지 않는다. 그가 면책을 받는 객관적인 이유는 단 한 가지, 많은 사람들이 그를 사기꾼으로 생각하지 않는다는 것이다. 그들은 그가 주장하듯 이 모든 것들을 할 수 있다고 경건하게 믿는다. 그리고 이것은 돈, 유권자들의 수, 그리고 그것을 지키기 위해 죽을 결의를 지닌 수백만 명의 시민들에 힘입어, 그와 그의 동료 성직자들이 스스로를 교회라고 불리는 강력하고 부유한 단체를 조직할 수 있게 해준다. 성직자들은 일반 점쟁이들이 할 수 없는 일, 즉 경찰에 저항하는 일을 할 수 있을 뿐 아니라, 그 것이 자신의 신성한 사명이라고 충분히 많은 사람들에게 납득시키면 정부를 밀어낼 수도 있고 그가 손을 더럽히기 싫은, 그래서 세속적인 기구에 맡기려는 것들을 제외한 모든 중요한 기능들을 유지할 수도 있고 생사여탈, 구원, 파문의 권력을 스스로에게 부여할 수도 있으며 우리가 무엇을 생각하고 읽어야 하는지도 명령할 수 있고 그가 생각하는 대로 우리들이 생활하는지 감찰하기 위해 모든 가정에 감시자들을 둘 수도 있다.

이것은 그저 공상이 아니다. 눈 속에 무릎을 꿇은 채 밤새도록 교황의 용서를 빌었던 황제나, 자신이 죽게 만든 성직자의 성당에서 자신에게 채찍질을 해야 했던 영국 왕의 사례가 역사 속에 엄연히 존재하기 때문이다. 시민들은 성직자들에 의해 모든 재산을 빼앗기고, 고문당하고, 불구가 되고, 산 채로 화형을 당했다. 성직자들의 분노는 죽은 사람들에까지 미쳤다. 세속적인 군주들은 자신의 손해를 감수하면서까지 상식에 역행하는 성직자들의 광적인 광신주의를 지지할 수밖에 없었다.

당신은 이것이 카노사나 중세의 캔터베리, 15세기의 스페인, 피의 메리Bloody Mary라 불린 메리 튜더나 토르케마다 수도사처럼 까마득히 오래전 이야기들을 새삼 꺼내고 있다고, 영국 의회 정부가 자신들에게 한 행동 때문에 로드 대주교의 머리를 자른 이후 영국에서는 그런 일들은 일어나지 않았다고, 지금은 정치가들이 파문을 당하는 것보다 황제와 공화주의자들에 의해 교황들이 감옥에 갇히거나 사제들과 수도사들이 추방될 위험이 더 크다고 말할지도 모른다. 당신은 영국 정부가 이단자들을 다루는 성직자들도 쓰지 않은 지 오래된 잔인한 처형 방법들을 사용했다고 덧붙일 수도 있을 것이다. 그들은 돈을 위조하거나 반란을 꾀했다는 혐의로 여성들을 산 채로 화형에 처하거나 아내와 아이들을 위해 중죄에 대해 항변하기를 거절한다는 이유로 남자들을 무거운 돌로 압살壓殺했다.

그러나 오늘날 미국에서 폭도들이 흑인들에게 무자비하게 사형私刑을 가하듯 여성들이 산 채로 화형을 당한다 하더라도 교회와 국가는 그들 중 누가 화형을 시킬 권리와 힘을 가졌는지에 대해서 여전히 다툼이 있을 것이다. 문명이 유지되기 위해서 현대 문명국가의 정부가 보유해야만 하는 거대한 권력을 누가 행사하도록 허용될 것인가? 왕들은 귀족들을, 의회는 왕들을 예속시켰고, 민주주의는 금권정치에 예속되었으며, 금권정치는 프롤레타리아 국가를 세우고 자본주의 과두정치를 종식시키기 위해 그것에 예속된 군중을 맹목적으로 자극한다. 그러나 이러한 모든 변화를 통해 지속되어왔고 앞으로도 지속될 경쟁적인 권력이 있다. 그들의 권위가 신으로부터 온다고 공언하는, 교회로 조직된 사제들의 권력인 신정神政이다. 한 형태의 신정이 무너지면 다른 형태의 신정이 생긴다. 로마 가톨릭교회로 조직된 신정의 폐해는 영국과 북유럽의 종교개혁을 일으켰고 프랑스에서는 볼테르의 분노와 프랑스 혁명을 불러일으켰다. 두 경우 모두 로마 가톨릭은 국가를 거스를 권력이 없어질 때까지 무장 해제되었고, 그것은 금권정치의 도구로 전락했다.

하지만 그 뒤에 어떤 일이 일어났는지 주목하라. 성직자들에 대한 반발은 영국, 스위스, 네덜란드, 미국에까지 퍼져갔고 '로마 가톨릭 거부No Popery' 폭동에 모든 로마 가톨릭 신자들과 성직자들은 재산과 목숨을 잃을까봐 두려워했다. 그러나 영국의 윌리엄 로드 대주교와 성실청,* 제네바의 칼뱅 아래에서 신정은 그 어느 때보다도 강했다. 칼뱅은 로마 가톨릭보다 더 보수적인 신앙을 강조했고 스코틀랜드의 존 녹스는 교황의 치하에서보다도 귀족들을 두려움에 떨게 만들었다. 그러나 아마도 여러분은 다시 이렇게 말할 것이다. '그것은 오래전 일이지. 그 이후로 우리는 많은 발전을 이루어 왔어.' 하지만 내가 기억하는 것들만 해도 나와 동시대의 사람들 중에서 우선 나는 브리검 영, 크루거,** 에디 부인***을 떠올릴 수 있다.

조지프 스미스는 내가 태어나기 12년 전에 순교했다. 여러

---

* Court of Star Chamber. 성실재판소(星室裁判所)라고도 한다. 영국의 제임스 1세와 찰스 1세 시절 유명했던 형사 법원. 1641년 의회법에 의해 폐지되기까지 고문과 불공평한 심의를 하는 법원으로 악명 높았다.

** Paul Kruger. 1883년에서 1900년까지 남아프리카 공화국의 대통령.

*** Mary Baker Eddy. 1879년에 크리스천 사이언스를 설립한 인물.

분은 조지프 스미스에 대해 들어본 적이 없을지도 모른다. 하지만 그의 경력은 그가 순교하던 날까지 신기하게도 여러 가지 면에서, 그의 추종자들이 세계의 절반을 정복했고 여전히 아시아에서 대영제국의 지위를 매우 어렵게 만들고 있는, 아랍인 무함마드의 경력과 유사하다. 조지프는 하느님으로부터 직접적인 계시를 받았다고 주장하며 신정을 세웠고 모르몬교의 모세라 할 만한 유능한 지도자 브리검 영이 그것을 계승했다. 하지만 미국의 세속적인 정부는 모르몬교의 신정 사상이 민주주의와 양립할 수 없다고 판단하고 모르몬교의 일부다처제에 대한 대중들의 반감을 이용해서 그것의 세력을 꺾었다.

모르몬교는 아직 사라지지는 않았지만 한때 날카로웠던 이빨이 뽑힌 상태이고 그런 와중에 그것이 차지했던 위치를 에디 부인이라는 미국 여성이 세운 크리스천 사이언스교가 차지하고 있다. 나는 종종 런던에 있는 그녀의 멋있는 교회 두 곳을 지나친다. 내가 알지 못하는 그 밖의 교회들도 더 있을지 모른다. 혹시 여러분이 모르몬교도나 크리스천 사이언스 교인이 아닌 이상 여러분은 2세기 로마의 여성들이 예수의 어머니에 대해서 생각한 것처럼 에디 부인을 생각하고, 중세 영국의 여성들이 저주받은 무함마드에 대해 생각하듯 조지프 스미스에 대해 생각할 수도 있을 것이다. 그런 생각은 옳을 수도 있고 틀릴 수도 있다. 하지만 천 년 후에 에디 부인은 수백만 명의 문명인들에 의해 신성한 여성으로 숭배를 받을 수도 있고, 조지프 스미스는 이슬람교에서의 무함마드와 같은 존재가 될 수도 있다. 그것이 어찌 될지 누가 알겠는가? '이 사람은 목수의 아들이 아닌가?'*라고 묻던 사람들이 후에는 '보라, 하느님의 어린 양이로다!'**라고 말하게 되었으니 말이다.

현재와 과거의 정부들과 마찬가지로 미래의 세속 정부들이나 국가들은 현재 어떤 세속적인 정부도 주장하지 않는 권력이나 특권을 신권 정체政體로서 주장하는 신구 교회들의 요구에 계속해서 부딪히게 될 것이다. 새로운 교회가 새로운 정치 또는 사회 제도를 도입하거나 구식 제도를 부활시키려 할 때 문제가 심각해진다. 조지프 스미스는 성경의 나머지 내용들이 새겨진 금판이 땅에 묻힌 곳으로 천사가 자신을 인도했다고, 그리고 신으로부터 직접, 필요한 경우에는 매일 계시를 받는다고 주장을 하도록 허용이 되었고 그래서 그는 절대 무류無謬의 입법자로 자처할 수 있었다. 돈 있는 많은 여성들과 남성들이 그를 믿기 시작했을 때 미국 정부는 조지프 스미스의 법이 국가의 법과 조화를 이루는 한 그들의 믿음은 그들이 알아서 할 바이며 그들의 권리라고 주장했다. 그러나 조지프가 솔로몬 왕의 일부다처제를 부활시켰을 때, 일부일처제를 주장하는 세속 정부는 그와 대결을 해야 했다. 정부의 우세는 몇 년 가지 못했고 그것의 적수는 아직 죽지 않았다.

에디 부인은 그 반대의 길을 갔다. 그녀는 새로운 제도를 도입하지는 않았지만, 세속 정부가 지니고 있던 기존의 한 제도에 도전했다. 세속 정부는 병원病原성 접종을 질병의 예방법으로, 의사와 외과의사가 투여하고 수행하는 약과 수술을 치료로

---

* 「마태복음」 13장 55절.
** 「요한복음」 1장 29절.

규정했고, 돌봐야 할 책임이 있는 아동이나 병약자를 의사의 치료를 받게 하지 않고 방치한 사람은 형사상 태만죄로 엄벌에 처했다. 일부 국가들은 예방접종을 받지 않은 사람들이 그들의 영토에 들어오는 것을 거부했다. 에디 부인은 신약성서에서 성 야곱이 제자들에게 약과 접종을 멀리하라고 충고한 대로 살아야 한다고 주장했고 이에 세속 정부는 즉시 크리스천 사이언스교와 전쟁을 벌이며 그들의 치료자들을 박해하기 시작했다.

이 사례는 새로운 교회가 때로는 그들이 교회라는 사실을 부정함으로써 세속적인 정부의 허를 찌른다는 사실을 잘 보여주고 있기 때문에 흥미롭다. 에디 부인과 세속 정부 사이의 갈등은 사실은 크리스천 사이언스교와 제너와 파스퇴르 등의 과학자들의 새 교회 간의 갈등이었다. 로마 가톨릭이 샤를마뉴 대제를 좌지우지했듯 과학자들의 새 교회는 세속 정부들을 등에 업고 있다. 그것은 또한 모든 교회가 어린이들이나 개종자들을 받아들이기 위한 특정한 의식을 행하려는 경향을 가지고 있음을 부가적으로 보여준다. 유대인들은 다행히도 심각하거나 해롭지 않은 할례라는 외과적인 절차를 사용한다. 그리스도교 교회는 역시 무해한 물 세례와 기름 부음을 사용한다. 그런 의식들을 행할 때 아기들은 큰 소리로 울며 항의하지만 그들은 자신들이 치르는 의식을 예상하지도 않고 기억하지도 못하기 때문에 별로 나쁜 일은 아니다. 그러나 자신들이 과학이라 공언하고, 과학이 가져온 기적들의 목록과 뛰어난 과학자들로 이루어진 성자들의 전기를 지니고 있으며, 반항할 경우 무서운 재앙과 끔찍한 고통을 받을 것이라 위협하며 무자비하게 박해를 하고, 인간의 삶과 죽음의 열쇠를 쥐고 있다고 주장하며 희생의 예식들과 예언을 행하고, 그들의 연구가 모든 도덕적 법칙으로부터 면제를 받고 그들의 의료 행위가 모든 법적 책임에서 자유로울 것을 요구하는 과학이라는 새 교회의 접종은 사제들과 예언자들을 무색하게 만들며 때로는 아주 위험하고 치명적이다. 그리고 오늘날 박해와 광신은 이런 위장된 교회를 중심으로 벌어진다.

새로운 교회들이 계속 생겨나면서 세속적인 정부들은 항상 그들을 다루기 위한 법을 만들고 집행해야 했다. 왜냐하면 그들 중 일부는 합리적이고 고상해서 참견할 필요가 없고, 또 다른 일부는 의회와 유권자들에게 너무 강하게 연결되어 있어서 간섭할 수 없지만 아주 많은 경우에 이제까지 들어보지도 못한 새로운 교회들은 당국이 억압하지 않을 경우 국민들이 그들을 공격할 정도로 개인의 예의에 어긋나고 혈족 관계를 위반하는 위법 행위를 일삼기 때문이다. 그것이 종교재판소나 성실청 같은 재판소가 세워져야 했던 이유다. 그러나 이것들이 실제로는 세속적인 재판소라기보다는 경쟁 관계에 있는 기성 교회들의 도구였기 때문에 그들의 권력은 남용되었고 새로운 예언자들과 그 추종자들은 세속적인 법에 저촉되는 범죄자로서가 아니라 이단자로서 ―즉, 종교재판의 경우 로마 가톨릭이, 성실청의 경우 영국 국교회가 그랬던 것처럼, 세속적인 정부를 지배하게 된 교회들에 대한 반대자로서― 억제되거나 처벌되었다.

어려운 점은, 교회와 국가들 사이에 정부의 권력을 차지하기 위한 지속적인 투쟁이 있지만, 세속적인 의회와 내각의 구성원들은 모두 이런저런 종류의 교회 신자들이기 때문에, 국가는 교회로부터 자신을 분리시킬 수 없다는 것이다. 영국에서의 이러한 혼란은 잉글랜드 성공회의 주교들이 상원에서 자리를 차지하고 있는 반면 하원에서는 제외된다는 우스꽝스러운 사실에 의해 설명된다. 의회는 교회의 라이벌이지만 여전히 그들의 도구가 되고 있다. 그래서 그들 사이의 투쟁은 교회가 세속적인 군대를 불러들여 그들의 결정을 의문의 여지 없이 집행할 것인지 아니면 그들이 다른 사회에서의 시민들처럼 최종적인 결정을 국가에 맡기는 의회의 구성원에 불과한 것인지에 관한 것이다. 그러나 어떤 특정한 교회가 자신의 신도들만이 의회, 왕좌, 사법부, 공공 서비스 또는 모든 직업에 종사할 수 있다고 주장할 만큼 충분히 강력하다면 그 교회는 이론 면에서는 어떨지 몰라도 실제적으로는 세속주의 국가와는 별도로 통치를 하는 신정정치보다 더 강할 수도 있다.

잉글랜드 성공회는 그런 권력을 쟁취했지만 영국인들이 한 교회에 남아 있으려 하지 않았기 때문에 무너졌다. 그들은 잉글랜드 성공회에서 사방으로 이탈하여 자유교회들을 결성하였다. 이들 중 하나인 퀘이커교도들은 성직자들을 사기꾼으로 매도하고, 미리 정해진 기도문은 하느님을 모욕하는 것('하느님을 인간적인 방식으로 대하는 것')이라고 주장했으며 교회 건물들을 '첨탑 집'이라고 부를 정도로 잉글랜드 성공회의 교리주의를 부정했다. 퀘이커교도들은 순전히 인격의 힘으로 모진 박해를 견디며 가장 존경받고 정치적으로 영향력이 있는 단체로 성장했다. 자유교회의 의회 진출을 더 이상 막을 수 없게 되었지만 잉글랜드 성공회가 그들 중 누구에게도 특별한 특권을 부여하려 하지 않자 결국 어떤 교파의 그리스도교 신자든 모든 그리스도교 신자들을 인정하는 것 외에는 다른 방도가 없게 되었다. 하지만 여전히 유대인과 무신론자들의 정계 진출은 허락되지 않았다. 그러나 유대인들은 곧 길을 찾아냈고, 마침내 유명한 무신론자인 찰스 브래들로가 이신론자理神論者 선서 대신 세속적 맹세Affirmation를 하원이 받아들이도록 만듦으로써 마지막 장벽을 무너뜨렸다. 이것은 무신론자들이 왕과 왕좌 앞에서 거짓 선서를 하지 않아도 되도록 만들어주었다. 우리는 이제 유대인 수상들을 봐도 아무렇지도 않고 비유대인 수상들이 무신론자인지 아닌지도 모른다. 왜냐하면 그런 질문을 할 필요가 없기 때문이다. 국왕만이 대관식 선서를 통해 그의 많은 백성subject들이 속한 교회와 절연을 할 의무가 있다. 비록 그는 제국의 일부 지역에서 그 교회를 비롯한 몇몇 다른 교회들을 ―심지어 그리스도교 교회들도 아닌 것들도― 보존해야 할 의무가 있지만 말이다.

의회가 무신론자 교회들(엄격한 복음주의 또는 근본주의 관점에서 보자면 실증주의자 협회Positivist Societies, 윤리협회Ethical Societies, 불가지론자들, 유물론자들, 다윈 자연선택주의자들, 창조적 진화론자, 심지어 범신론자들도 모두 신앙심이 없는 무신론자들이다)을 포함한 모든 교회에 열려 있을 때, 우리의 제도들에 종교적인 의식을 붙이는 것은 불가능하다. 왜냐하면 그들 각각의 단체들은 모두 자신들의 의식 외에는 어떤 것도 법적인 의무 조항으로 만드는 데 동의하지 않을 것이기 때문이다. 그러므로 의회는 아이들의 명명命名, 결혼, 그리고 장례에 있어서 종교적인 절차의 대체물로 순수하게 비종교적인 의례들을 제공할 수밖에 없다. 오늘날 호적 담당자는 대주교나 추기경만큼이나 합법적으로 당신을 결혼시키고 당신의 자녀들에게 이름을 붙일 수 있으며 장례의 경우 의사가 정식으로 사망 증명서를 발부했으면 당신이 원하는 어떤 종류의 의식으로든, 혹은 어떤 의식도 생략하고 시체를 화장할 수 있다.

 게다가, 당신이 원하지 않는 한 당신은 교회에 아무런 세금을 지불할 필요가 없듯, 우리는 우리의 삶의 한 끝에서 다른 끝까지, 우리가 시골 지주이거나 종교적인 예배에 참석하거나 기타 어떤 식으로든 종교와 연관되어 있지 않는 한, 한 푼이라도 성직자에게 지불하도록 법으로 강요받지 않을 수 있게 되었다. 여론에 의한 강박이나 우리의 고용주나 지주들에 의한 압박은 다른 문제지만, 여기서 우리는 국가의 강박만을 다루고 있다. 이 모든 것에서 자유로워진 우리는 스스로를 '과학'이라고 부르는 믿음의 체계와 직면해 있다. 전 세계에 퍼진 이것은 이제까지 어떤 교회들이 이루었던 것보다 더 보편적이며 더 많은 것들을 요구하고 있고, 몇몇 국가들에서는 어린이와 군인 그리고 이민자들에 대한 의무적인 접종, 우생학적으로 열등한 성인들의 강제적인 거세, '정신적 결함'이 있는 사람들에 대한 강제 격리 및 보호, 주택의 의무적인 위생 관리, 도시에서의 위생적인 공간과 배치 등 이전의 교회들은 꿈에도 생각하지 못했을 다른 강제들을 의사들과 '과학계 사람들'의 요청으로 실행하고 있다. 영국은 아직 낡은 방식들에 사로잡혀 있어서 이런 방향으로는 별 진전을 보이지 않고 있다. 그러나 만약 의회가 구식 성직자들이 하는 말을 믿지 않고 그들의 타고난 유치한 믿음을 아낌없이 과학 교수들에게 다 줄 때 어떤 일이 벌어질지 알고 싶다면 당신은 미국 의회, 우리 영연방의 입헌군주제 국가들, 남미 및 동유럽의 새로운 민주 국가의 법을 공부해야 한다. 모든 국가가 자유와 평등이라는 이름으로 프롤레타리아에게 장악될 때, 의학 연구(스스로를 과학이라고 칭하는)에 비하면 종교는 아무것도 아니었다는 탄식이 들릴지도 모른다.

구식 종교를 그토록 강력하게 만들었던 것은 최선의 상태일 때(즉 제일 훌륭한 신자들이 그것을 믿고 있을 때) 그 안에 많은 긍정적인 선善이 있고, 정의와 자비가 결국 최종적으로 승리를 하게 될 것이라는 삶에 대한 어떤 설명이나 확신 없이는 자연의 잔인함을 견디지 못하는 사람들에게 그것이 큰 위안이 된다는 것이다. 이것은 과학의 힘도 마찬가지다. 과학 역시, 이상적인 경우, 엄청난 긍정적인 선을 행해 왔다. 그것 또한 가장 높은 차원에서 격려와 기쁨 그리고 강렬한 관심으로 삶을 채운다. 옛 설명과 새로운 설명, 둘 중 어느 것이 진실인지에 대해 고민할 수도 있겠지만, 상황을 객관적으로 보기 위해서는 절대 진리의 문제는 제쳐두고, 국가가 비교적 적은 수의 종교 광신자나 과학 광신자들, 그리고 그런 문제들에 대해서는 별로 관심이 없고 적당히 주위의 같은 계층의 사람들을 따라가는 것으로 만족하는 대다수의 사람들로 이루어져 있다는 사실을 받아들여야 한다. 어떤 의미에서는 중립적인 입장을 취하는 사람들이 가장 중요한 사람들인데 왜냐하면 유아기에는 어떤 신조든 주입될 수 있기 때문이다. 반면에 자주적으로 생각하는 신자들과 불신자들은 그들 자신의 양심을 제외한 다른 어떤 권력에 의해 부과되는 신조에 순응하기보다는 화형을 당하는 편을 선택할 것이다. 앞에서 논의한 바 있는 공식적인 제

2의 본성을 형성하기 위한 주입식 교육에 관해 국가는 교회들과 마찰을 빚고 있다.

대표적인 예를 한두 가지 들어보자. 자신들을 교회라고 부르든 아니든 어느 성인들의 모임에서 최후의 심판을 받기 위해 모든 신체들이 부활할 것이라는 오래된 교리를 설교한다면 지방 자치 단체가 그것을 반대할 가능성은 없다. 그러나 어느 종파, 개인을 막론하고 시체를 관에 넣어 교회 경내에 묻어야만 부활이 가능하고 화장을 하면 부활이 불가능하다고 가르친다면 지방 자치 단체는 이러한 설교를 학교에서 몰아낼 뿐만 아니라 화장이 죽은 사람들을 처리하는 적절한 방법이라고 아이들에게 가르치고, 경건한 부모들이 그것을 찬성하든 반대하든 강제로 교회 경내 매장을 막을 것이다.

만약 어떤 교회가 동물들을 영혼이 없는 존재들로서 단지 인간들을 위해 창조되었을 뿐 아무 권리가 없고 인간들은 그들에게 아무런 의무도 없다고 가르친다면 그런 가르침은 학교에서 축출될 것이고 그 교회는 세속적인 권위에 의해 동물학대로 기소될 것이다.

만약 어떤 교회가 인도적인 방식으로 도축되는 대신에 잔인한 방법으로 동물을 죽이는 도살장을 설립하려 한다면, 또 그것을 아이들에게 가르치려 한다면 그 자치 단체를 통제할 만큼 충분한 표를 얻지 않는 한 그것은 허락되지 않을 것이다. 그리고 만약 그 교회의 신자들이 인도적으로 도축된 고기를 먹는 것을 거부한다면 그들은 나처럼 채식주의자가 되어야 할 것이다.

조만간 한 특정 교회의 설교를 위해 우리 성당들을 사용하는 것이 옳은지에 대한 의문이 제기될 때, 그것은 어느 교회가 종교적 진리를 독점적으로 지니고 있느냐를 따지는 방식으로는 해결되지 않을 것이다. 현재는 잉글랜드 성공회의 예배는 모든 사람들을 기쁘게 해야 한다는 엘리자베스 시대의 전제하에 타협을 보고 있다. 즉, 만약 잉글랜드 성공회의 예배들이 지독한 종파적 미신으로부터 정화되어서 종교적인 의식으로부터 위로나 힘을 얻기를 원하는 사람들에게 거부감이 없는 예배의 형태에 도달했다면 국가는 그런 예배들을 위해 영국 국교회가 성당들을 독점적으로 사용할 수 있도록 해줄 수도 있을 것이다.

물론 현재와 같이 성당들은 대부분의 시간 동안 사람들이 자유롭게 개인적인 명상과 기도를 할 수 있도록 문을 열어두고 있어야만 한다. (당신은 어떤 유대인, 이슬람교도, 불가지론자, 기타 어떤 믿음을 가진 사람들이건 자신들의 영혼을 도야하기 위해 예배가 없는 시간에 성당을 사용할 수 있다는 것을 알지 못했을지도 모른다.) 모든 교회들의 의식을 위해 성당을 개방하는 것은 물리적으로 불가능하다. 비록 잉글랜드 성공회는 돈을 받고 교회들을 팔아왔지만 국가가 자본주의 정신에 입각해, 가장 비싼 가격을 부르는 사람들에게 성당을 사용할 권리를 파는 것은 도덕적으로 불가능한 일이다. 성당 건물들을 스톤헨지처럼 돈을 받고 보여주는 전시 시설들로 만드는 것은 의식의 도움 없이는 예배를 드릴 수 없는 사람들에게 성당의 가치를 파괴할 것이다.

또한 국가가 국교회의 물질적 재산을 형식적으로 점유한 다음, 이전과 같은 방식으로 계속 신앙을 영위하게 하는 러시아식 방식도 있는데, 그것을 관리하는 정치인과 관리들이 영국에 서처럼 독실한 교인인 척하는 대신 신앙이란 가난과 노예 제도를 참을성 있게 견디면 사후에 행복을 얻게 될 것이라는 약속으로 그것을 믿는 사람들을 도취시킴으로써 그들을 순종적인 노예로 만들기 위한 미신적인 헛소리라는 것을 국민들에게 엄숙히 경고한다는 점에서 차이가 있다. 그러나 그들의 이런 주장은 지속될 수 없다. 그것은 승리한 프롤레타리아트들이 이전에 존재했던 압제자들과 교회 사이의 추잡한 동맹에 대해 보인 반응일 뿐이었다. 그것은 단지 교권에 반대하는 것일 뿐, 우리가 알고 있는 교권주의가 사라지고, 교회가 자본주의의 영적 요새로서가 아니라 오직 인민의 교회로서만 스스로 존재할 수 있을 때 반교권주의적인 태도는 사라질 것이다.

러시아 정부는 종교에 대한 순전히 부정적인 태도는 정치적으로도 불가능하다는 것을 알고 있다. 그래서 그들은 아이들에게 마르크스주의라고 불리는 새로운 신앙을 가르친다. 심지어 종교에 대한 첫 번째 반응에서도 소련은 우리들이 반란을 일으켰을 때보다 더 관대했다. 우리는 교회가 가진 모든 것을 강탈하고 그 약탈물을 지주들에게 주었다. 나중에는 우리는 대주교의 목을 베기까지 했다. 분명히 소련도 러시아 대주교에게 혁명을 받아들이고 이전에 그가 차르에게 바쳤던 충성을 소련 정부에 바치지 않으면 총살할 것이라는 점을 상당히 분명히 했다. 그러나 대주교가 그에 따라 매우 현명하고 적절하게 결심을 했을 때 그는 풀려났고, 지금은 캔터베리 대주교보다 훨씬 더 자유롭게 그의 직무를 수행하고 있을 것이다.

지금까지 나는 주관적으로 종교를 다루는 대신 객관적으로 교회를 다루었다. 교회가 가까울수록 신으로부터 멀어진다는 오래된 속담에도 불구하고 우리는 한두 단락, 교회에 대해서 더 말을 해야겠다. 살아 있는 종교만이 사람들로 하여금 큰 사회적 변화에 대한 두려움을 극복하도록, 충치를 뽑아내는 것처럼 죽은 종교를 그들의 삶에서 축출할 수 있도록 용기를 줄 수 있다. 모든 용기는 종교적이다. 종교가 없으면 우리는 겁쟁이다. 여성들은 아동들을 양육하는 존재들로서 위험으로부터 보호받았지만 남자들은 싸움과 사냥에 특화되어 왔기 때문에 전쟁의 잔인함과 스포츠 경기에서의 대담한 경쟁들을 용기의 대용물로써 받아들이게 되었고, 여성들에게도 어느 정도 그러한 사기를 받아들이게 만들었다. 그러나 여성들은 남성들의 용기를 찬양하는 척할 때에도 공동체는 살육과 담대한 죽음에 의해서가 아니라 생명을 창조하고 그것을 최대한의 가능성으로 키워냄으로써만 존재할 수 있다는 것을 본능적으로 알고 있다.

입센이 여자들과 노동자들에게 세상의 희망이 달려 있다고 말했을 때 그는 감상에 빠져서, 혹은 선동을 하기 위해 그런 말을 한 것이 아니었다. 입센이나 독자들만큼 나도 여자들이 천사가 아니라는 것을 알고 있다. 그들은 온갖 면에서 남자들만큼 어리석지만, 남자들은 죽음에 전념해온 반면 그들은 삶에 전념해 왔다. 그것은 남자들과 여자들의 종교에 중대한 차이를 만든다. 남자는 무모한 용기를 강요받아왔지만 여자는 두려움을 강요받아왔다. 영웅적인 여성들은 생명을 간호하고 보호하지만 영웅적인 남자는 생명을 파괴하고 죽음을 자초한다. 그러나 살인을 밥 먹듯 하는 영웅들이 종종 새로운 아이디어들 앞에서는 비참한 겁쟁이들이 되며, 생각하라는 요청을 받으면 도

망치기 바쁘다. 그들의 영웅주의는 정치적으로 해롭고 쓸모가 없다. 만약 그들이 자신들이 하는 일에 대해 생각하기 시작한다면 그것을 할 수 없을지도 모른다는 것을 본능적으로 알고 있기에 그들은 생각하는 것을 두려워한다. 그렇기 때문에 여주인공은 종종 자신을 위해 생각할 시간이 없을 정도로 남자들을 위해 생각해야 하는 것이다. 그녀는 남자보다 더 많은 용기를 필요로 한다. 이것은 이성적인 사고를 허락하는 신앙으로부터 나와야만 한다.

이제 당신이 종교를 가지고 있다고 가정해 보자. 당신이 사회주의에 대해 물어보고 싶을 가장 중요한 질문은 그것이 당신의 종교를 적대시할 것인가이다. 대답은 꽤 간단하다. 만약 당신의 종교가 소득이 불평등해야 한다고 요구한다면, 사회주의는 가능한 모든 힘을 다해 그것을 박해할 것이고, 1830년 인도에서 브리티시 인디아 정부가 폭력배들을 대했던 것처럼 당신을 대할 것이다. 만약 당신의 종교가 수입의 평등이란 개념과 양립할 수 있다면 사회주의 정부가 당신이나 당신의 종교를 다른 어떤 종류의 정부보다 더 가혹하게 대하리라 두려워할 이유가 없다.

그러나 당신이 경계해야 할 위험이 있다. 사회주의는 광범위한 경제 개혁이 아니라 새로운 예언자를 통해 계시된 하느님의 뜻에 기초한 새로운 교회로서 설파될 수도 있다. 사실 현재 그렇게 전파되고 있다. 사회주의의 선교사들이 하느님이라는 단어를 쓰지 않고, 그들의 조직을 교회라고 부르지 않으며 그들의 집회 장소를 첨탑으로 장식하지 않는다는 사실에 현혹되지 말라. 그들은 우주의 질서에 있어서 필연적이고 최종적이며 최고의 범주를 설파하며, 그 범주에서는 이전의 하위 범주의 모든 모순들이 해소될 것이라고 주장한다. 그들은 헤겔의 변증법을 설파하며 성령이나 보혜사는 조롱을 위해서만 언급한다.

그들의 예언자는 예수도 무함마드도, 루터도, 아우구스티누스도, 성 도미니크도, 조지프 스미스도, 메리 베이커 글러버 에디도 아닌 카를 마르크스다. 그들은 스스로를 가톨릭교회가 아니라 제3인터내셔널, 코민테른이라고 부른다. 그들의 형이상학적 경전은 독일의 철학자 헤겔과 루트비히 포이어바흐로부터 시작되었으며, 영감에 넘치고, 무류無謬하고, 전지全知한, '노동 계급의 성경'으로 묘사되는 마르크스의 걸작인 『자본론』에서 절정을 이룬다. 그들의 교의 중 두 가지는 잉글랜드 성공회 28조의 처음 두 단락처럼 서로 정면으로 모순된다. 하나는 자본주의에서 사회주의로의 진화가 예정되어 있다는 것으로, 우리들은 앉아서 그것이 일어나기만 기다리면 된다는 것을 암시한다. 이것은 잉글랜드 성공회의 신앙에 의해서만 구원을 받는다는 교의의 사회주의적 버전이다. 다른 하나는 사회주의가 프롤레타리아 독재 체제를 수립하는 혁명에 의해 달성되어야 한다는 주장이다. 이것은 잉글랜드 성공회의 행위에 의한 구원이라는 신조의 사회주의 버전이다.

러시아 혁명의 성공은 열렬한 마르크스주의자들의 지도력 때문이었다. 그러나 그 이후의 실수들도 역시 같은 원인을 가지고 있었다. 마르크스주의는 통치의 실제에 대한 지침으로서는 무용지물을 넘어서 파멸적이었다. 자본주의의 모순이 해소되고, 정치력이 프롤레타리아에게 넘어간다는 헤겔의 범주가 그나마 그것이 사회주의에 가장 근접한 곳이었다. 독일인들은 그러한 추상적인 생각에서 정신적 위안을 찾을지 모르지만 그것은 영국인들에게는 이해할 수 없고 혐오스러우며, 레닌도 곧 깨닫고 솔직하게 고백했듯이 그 자체로는, 영국인, 스코틀랜드인, 독일인, 기타 누구에게도 현대 국가를 통치하기는커녕 5분 동안 좌판을 운영할 능력도 제공하지 못했다.

그러나, 헨리 2세나 카노사까지 교황을 찾아가는 굴욕을 당하면서도 신성로마제국 황제가 로마 교회로부터 영국과 중세 제국을 해방시킬 수 없었던 것과 마찬가지로, 레닌과 그의 후계자들은 이 새로운 러시아 제3인터내셔널이라는 교회로부터 그들이 세운 새로운 러시아 민족 국가를 떼어놓을 수 없었다. 어떤 위기가 닥치면 러시아의 정책이 소비에트 평의회에 의해 세속적이고 민족적인 근거에서 결정될지 마르크스주의에 근거한 제3인터내셔널의 관점에서 결정될지 지금은 아무도 예측할 수 없다. 스페인의 펠리페 2세를 이 세상의 왕으로는 대하겠지만 가톨릭 신권정치의 대리인으로는 인정하려 하지 않았던 엘리자베스 여왕처럼 우리들도 소련을 대하고 있다.

영국이나 다른 개신교 국가들이 로마 교회의 속세의 권력을 무너뜨린 후 프랑스와 이탈리아 국가들이 훨씬 더 극적으로 그들의 전례를 따라온 것과 마찬가지로 러시아에서 국가는 조만간 마르크스주의 교회의 속세의 권력을 깨고 그것의 손아귀에서 정치를 빼앗아 올 것이다. 그러나 그때까지 마르크스주의 교회, 제3인터내셔널은 공산주의와 사회주의라는 이름으로 이전의 교황들만큼이나 많은 문제를 제기할 것이다. 자본가들뿐만 아니라, 공산주의와 사회주의는 국가가 다룰 문제이지 교회가 다룰 문제가 아니라는 것을 이해하는 공산주의자와 사회주의자들은 이에 대해 저항할 것이다. 존 왕이 자신의 영토에서 어떤 천주교 신부들도 십일조를 부과하고 세금을 거두어서는 안 된다고 했을 때, 존 왕은 교황 못지않게 그리스도교인이었다. 우리 노동당 지도자들도 제3인터내셔널의 어떠한 내정과 외정의 간섭을 거부하고 마르크스의 신성을 인정하지 않고도 철두철미한 사회주의자나 공산주의자일 수 있다.

그럼에도 불구하고 마르크스주의 교회의 권위에 대한 신교도적인 배척이 마르크스주의 성경을 의회 전술의 지침으로 삼아서는 안 된다는 주장으로까지 이어져서는 안 된다. 그런 경우 혁명적인 성격을 지닌 다른 문서인 복음서에 대해서도 같은 주장을 해야 할 것이다. 우리는 그런 이유로 복음서를 불태우고 산상수훈의 설교자에게서 우리가 배울 것이 아무것도 없다고 결론 내리지 않는다. 마찬가지로 우리는『자본론』을 불태우고 마르크스를 아무도 읽어서는 안 되는 가치 없는 작가로서 금지해서는 안 된다. 마르크스는 아무 이유도 없이 그렇게 큰 명성을 얻은 것이 아니다. 그는 위대한 교사였고 그를 공부하지 않은 사람들은 가장 위험한 정치가들이 되는 위험에 빠질 수 있다. 그를 맹목적으로 무류無謬의 예언자로 숭배하지 않고 그를 진정으로 공부한 사람들은 마르크스주의자가 아니다. 마르크스 자신도 마르크스주의자로 불리길 거부했을 것이다.

나 자신도『자본론』을 읽고 사회주의자가 되었고 그 이후 나는 마르크스의 추상적인 경제학의 오류, 책임 있는 위치에서 공적인 분야를 관리해보지 못한 그의 경험 부족, 그리고, 자세히 살펴보면, 프롤레타리아나 부르주아에 대한 그의 전형적인 묘사가 실제 노동자들이나 자산가들과 일치하지 않는다는 점 등을 지적해왔지만 나는 카를 마르크스에 대해 경멸적으로 말하는 사람들은 그의 글을 읽어보지도 않고 허세를 떨거나 그의 위대한 정신적 범위를 가늠할 수 없는 사람이라고 자신 있게 말할 수 있다. 그런 사람들에게는 표를 주지 말라. 그러나 레닌처럼 약간의 경험 후에 마르크스주의에서 벗어날 수 있을 만큼 충분히 젊고 예민한 사람이 아니라면 마르크스주의 광신자에게도 투표하지 말라. 사회주의와 자본주의를 제외하면, 모르몬교, 파시즘, 제국주의, 그리고 기타 모든 주의들과 마찬가지로 마르크스주의도 본질적으로 새로운 신정 정치에 대한 요구다. 분명 사회주의와 자본주의는 둘 다 신의 섭리로 돌아가는 우주의 질서를 대변하기 위해 최선을 다하지만 그들이 허세를 부리기에는 사실의 압박이 너무 강하다. 그들은 결국 동등한 소득 분배를 옹호하거나 자유로운 계약에 기반을 둔 사유 재산을 옹호함으로써 인간의 복지를 확보하려는 순전히 세속적인 조처로서 그들 자신을 제시할 수밖에 없다.

83

현재의 혼란들
CURRENT CONFUSIONS

나는 이제 독자들이 사회주의와 자본주의 사이의 투쟁을 지적으로 이해할 수 있을 만큼 충분히 설명했다고 생각한다. 자신이 무엇에 관해 글을 쓰는지도 모르는 사람들이 쓴 신문 기사를 읽거나 자신이 무엇을 말하고 있는지도 모르는 사람들의 진부한 대화를 듣는 것은 짜증나는 일이다. 때로는 문제를 바로잡기 위해 신문사에 충고의 글을 보내거나 대화에 개입하려는 충동을 억제하기 힘들 것이다. 그러나 한번 그런 일을 시작하면 끝이 없기 때문에 당신은 반드시 참아야 한다. 당신의 주위에 있는 사람들이 그들이 싫어하는 사람들을 사회주의자, 볼셰비키, 급진적 노동조합주의자, 무정부주의자, 공산주의자라고 비난하거나 그들의 대척점에 있는 자본가, 제국주의자, 파시스트, 반동주의자, 부르주아로 매도하는 동안 당신은 평온한 얼굴로 예의를 지키며 앉아 있어야 한다. 물론 그들은 이런 단어들에 대해서 눈곱만큼도 아는 게 없을 것이다.

백 년 전이었다면 이들은 서로를 자코뱅파나 급진주의자들,

차티스트들, 공화주의자들, 이교도들, 심지어는 가장 모욕적인 협동조합주의자들이라고 부르거나, 혹은 반대로 토리당, 폭군, 거만한 귀족, 자금 보유자들이라고 불렀을 것이다. 하지만 지금은 이 이름들 중 어떤 것도 모욕적이지 않다. 자코뱅과 차티스트는 잊었고 공화국은 미국과 유럽에서 대세가 되었으며 협동조합주의자들은 퀘이커교도들만큼이나 존경받고 있다. 거만한 귀족들은 신빈곤층이 되었고 수백만 달러를 저축 채권이나 예금으로 가지고 있는 프롤레타리아는 자금 보유자들이라고 불리는 것에 전혀 구애되지 않을 것이다. 파벌들의 입에서 거론되는 명칭들은 아무 의미도 없다. 그것들은 단지 선거 운동을 위한 독설들일 뿐이다.

프랑스에서는 선거 때면 야당 포스터는 항상 유권자들에게 암살자와 도둑들(내각을 의미한다)에게 반대표를 던지라고 촉구하지만 여당의 포스터들도 정확히 같은 명칭들을 사용한다. 후보들도 집에서 그들의 애완견을 꾸짖을 일이 있을 때는 그들을 '도적'이라고 부른다. 모두 아무 의미도 없다. 그들은 차라리 훨씬 알아듣기 쉬운 평범한 욕들을 서로에게 사용하는 게 나을 것이다. 대부분의 사람들은 볼셰비키, 무정부주의자, 공산당 등의 단어가 무엇을 의미하는지 잘 알지 못하며 그런 명칭을 들으면 그것들이 폭력과 절도, 강간, 살인 등 상상할 수 있는 모든 끔찍한 일들을 의미한다고 생각하고 겁을 먹는다. 그렇게 무섭게 들리는 러시아어 볼셰비키라는 단어도 말 그대로는 의회 다수당 의원이라는 의미를 지닐 뿐이다. 하지만 영어의 욕으로서 그것은 단지 끔찍한 존재, 불한당 또는 흔히 쓰이는 '염병할'이란 표현의 정치적인 형태일 뿐이다.

하지만 우리가 우리 자신에게 붙이는 이름들은 훨씬 더 혼란스럽다. 예를 들어, 대부분 아주 상냥하고 온건한 꽤 많은 사람들이 스스로를 공산주의적 무정부주의자라고 부르는데 보수주의자들은 이런 호칭을 '철천지 악당'이란 의미로 해석한다. 하지만 이것은 마치 스스로를 로마 가톨릭 개신교 신자, 그리스도교도 유대인, 왜소한 거인, 갈색 머리 금발, 결혼한 처녀 등등 모순적인 명칭들로 부르는 것과 마찬가지다. 왜냐하면 무정부주의는 법령의 폐지와 정부와 국가의 폐지를 주창하는 반면 공산주의는 국가의 모든 사업들이 공공 단체에 의해 행해지고 공법에 의해 규제되어야 할 것을 주창하기 때문이다. 논리적으로 보자면, 어느 누구도 양쪽 모두를 동시에 지지할 수는 없다.

　하지만 그런 혼란에도 불구하고 그런 명칭은 뭔가 의미하는 것이 있다. 사실 공산주의적 무정부주의자가 의미하는 것은 공동체를 건강하게 유지하는 데 필요한 모든 일을 수행하는 것과 공법의 준수에 관해서는 공산주의자일 용의가 있지만 그 후에는 아무의 간섭도 받고 싶지 않다는 뜻이다. 업무와 책임뿐 아니라 여가와 자유도 필요하다는 게 그들의 주장이다. 즉, 내가 들은 것이 맞는다면, 그들은 '일벌'이 되고 싶어 하지 않는다. 그것은 모든 능력 있는 사람들의 태도다. 그러나 공산주의적 무정부주의자라는 용어를 그런 태도에 적용하는 것은 혼란을 초래하고, 종종 원래의 취지를 왜곡하려는 사람들에 의해 그릇되게 이용당하는 경우가 많다. 그들은 자유를 원하기 때문에 법과 공기업에 얽매이기를 싫어하지만 계약의 자유는 프롤레타리아를 착취하기 위한 자본주의 장치라며 반대한다. 그런 이들은 사회주의와 자본주의를 모두 반대하며 세월을 보내지만 아무런 성취도 얻지 못한다. 내가 당신이라면 나는 스스로를 공산주의적 무정부주의자라고 부르지 않을 것이다.

사실 우리는 명칭들의 혼동 때문에 사회적 건설을 완수할 수 없는 바벨탑에 살고 있다. 로마 교회가 가르치는 것을 알지 못하는 가톨릭 신자들, 잉글랜드 성공회의 39개조 신앙 고백이라는 것을 알려주지 않고 내용을 읽어주면 그중 몇 가지를 부정할 잉글랜드 성공회 신도들, 맨체스터학파의 원칙들은 들어본 적도 없고 들었어도 이해를 못했을 자유주의자들, 드 퀸시의 정치 경제 논리에 관해서는 아는 것이 전무한 토리당원들이 있고 역시 그들만큼이나 혼란에 빠진 사회주의자들, 공산주의자들, 생디칼리스트들, 무정부주의자들, 노동자들이 있는데 이들은 입으로는 자본주의와 중산층의 도덕을 비난하지만 사실은 그것들에 매몰된 삶을 살고 있다.

지적인 여성들은 신문을 읽을 때 이런 것을 반드시 기억해야 한다. 사회주의자라고 공언하는 모든 사람이 반드시 노동조합주의자는 아니고, 논리적으로 무정부주의자가 될 수도 없지만, 그들 중 일부 사람들은 사회주의자로서의 정체성이 아주 희박한 나머지 혹여 공공 업무라도 맡게 되어서 자신들이 줄곧 비난해온 보수당이나 자유당 지도자들과 실제로 얼굴을 마주할 기회를 얻게 되면 그 저명한 사람들도 자신과 생각이 다를 바 없다는 것을 깨닫고 우쭐해하며 매번 열성적으로 그들을 위해 투표한다.

공산주의라는 명칭은 현재(1927년), 페이비언주의자들이 주장하는 것처럼 자본주의가 헌법적인 의회에서의 조치들에 의해 폐지되는 일은 결코 없을 것이므로 무장 혁명에 의해 타도된 후 러시아식 마르크스주의교로 대체되어야 한다고 믿는 사람들을 가리키거나 그들에 의해 채택되었다. 그들은 이것을 '직접 행동Direct Action' 정책이라는 그럴듯한 말로 부르지만 자본가들이 강제로 정부 권력을 탈취해야 한다고 주장하는 완강한 보수주의자들은 그것을 쿠데타라고 부른다. 그러나 프롤레타리아들은 공산주의자가 아니라도 직접 행동을 옹호할 수 있다. 그들은 광산이 광부들 소유여야 하고, 철도는 철원들, 군대는 군인, 교회는 성직자들, 배는 선원들의 소유여야 한다고 생각할 수도 있다. 그녀는 심지어 가정부들이 그들이 일하는 집의 주인이어야 한다고 믿을지도 모른다. 사회주의는 이런 주장에 동조하지 않는다. 그것은 산업이 공동체 전체의 소유여야 하며, 소비자(고객)들이 누구에게도 이익을 지불하지 않고 원가로 상품을 살 수 있어야 한다고 주장한다. 예를 들어, 가게는 점원들의 소유가 되어서는 안 되며, 그들의 이익을 위해 이용되어서도 안 된다. 한 가게의 점원은 동시에 다른 가게의 고객이고 그의 가게의 고객들은 다른 가게에서 일하는 점원들이므로 각 점원들은 자신의 고객들의 이익을 위해 일을 해야 스스로 희생되는 것을 막을 수 있다.

소득이 평등하고 모든 사람이 동시에 생산자와 소비자일 때, 생산자와 소비자는 자기애自己愛 때문에라도 서로를 공정하게 대해야만 할 것이다. 그러나 그런 일이 이루어질 때까지는 어떤 산업이든 그것을 그 안에서 일하는 노동자들의 재산으로 만드는 것은 단지 기존의 게으른 공동 출자 주주들을 노동자 주주들로 대체하는 것에 지나지 않을 것이다. 이들은 자신들의 산업에서 생기는 지대를 모두 차지하면서도 국가의 이익을 위해 중앙 재정에 전혀 기부하지 않기 때문에 기존의 주주들에 비해 훨씬 더 큰 규모로 폭리를 취한다. 게다가, 가장 부유한 광산의 광부와 가장 척박한 토양의 농부들 사이의 소득의 불평등은 끔찍할 정도일 것이다. 그러나 나는 쓸데없는 논쟁으로 여러분을 괴롭히지는 않겠다. 어쨌든 그런 일이 현실화될 가능성은 없기 때문이다. 다만 노동조합주의, 생산자협동주의, 근로자 관리Workers' Control, 농민 소유권 등을 주장하는 일부 프롤레타리아들, 그리고 생디칼리슴과 사회주의에 대한 조악한 오해에서 그런 주장을 하는 경우가 있지만 종전 후 그런 움직임이 이탈리아에서는 프롤레타리아 운동을 파괴하고 무솔리니의 독재를 초래했다. 그런 주장들이 종종 사회주의에 속하는 것처럼 그럴듯한 사이비 사회주의적인 변장을 하기 때문에 여러분들은 그것에 조심할 필요가 있다. 그것은 단지 가난한 사람의 통풍처럼* 가난한 자들의 자본주의일 뿐이다.

부정적인 면에서 프롤레타리아적인 주의들Isms은 매우 비슷하다. 그들은 모두 자본주의에 대해 같은 비난을 한다. 자본주의도 그들이 모두 자본주의에 대한 적개심으로 뭉쳐 있기 때문에 그들 사이에 어떠한 구별도 두지 않는다. 하지만 긍정적인 해결책의 면에서 살펴보자면 그들 사이에는 엄청난 차이점들이 존재한다. 사회주의를 위해 투표한다는 생각으로 생디칼리슴이나 무정부주의, 공산주의로 포장을 한 직접 행동주의에

---

* 통풍은 보통 영양 과다 섭취로 인해 부자들이 잘 걸리는 병으로 여겨져 왔다.

무차별적으로 투표를 하는 사람은 사회주의에 반대를 한답시고 보수주의나 자유주의, 제국주의나 영국 국기, 왕, 나라와 교회를 위해 무차별적으로 표를 던지는 사람만큼이나 심각한 실수를 하고 있는 것이다.

그 때문에 사회주의자들—원칙적으로는 모두 공산주의자들인—이 이끄는 의회의 노동당이 공산주의의 전면적인 확장을 지지하면서도 소위 공산당을 몰아내려 하고 공공 장소에서 그들과 같은 연단에 서는 것을 거부함으로써 공산당에 의해 부르주아 반동주의자들로 비난받는 희한한 일이 벌어지고 있는 것이다. 영국에서 라이벌 관계에 있는 프롤레타리아 정당들은 사회주의와 공산주의가 아니라 페이비언주의라고 불려온 합헌 행동주의자들과 독재로 이어지는 경향이 있는 직접 행동주의자들이다. 파시스트들에 의한 쿠데타를 시도하고 싶은 충동에 사로잡힌 극단적인 자본주의자들과 자유주의적 합헌 자본주의자들로 갈라진 보수주의 진영도 혼란스럽기는 마찬가지다. 우파 극단주의자들과 좌파 극단주의자들은 둘 다 제도로서의 의회에 대해 참을 수 없는 혐오감을 선전, 선동하고 있다. 좌익 중에도 좌익이 있는 것처럼 우익 중에도 우익이 있고 헌법을 지키려는 중도파는 자본주의와 사회주의로 갈라져 있다. 당신은 당신이 어디에 위치하는지 알기 위해, 그리고 다가오는 변화 동안 그곳을 지키기 위해 당신의 모든 지혜가 필요할 것이다.

프롤레타리아 정당은 파업이 프롤레타리아 노동의 고전적인 무기이자 유일한 안전장치라는 생각을 노동조합주의로부터 계승했다. 여기저기에서 벌어지는 석탄 파업과 철도 파업, 수시로 벌어지는 레스토랑 웨이트리스들과 성냥 공장 여공들의 기습 파업 대신 모든 직종의 노동자들이 동시에 그리고 동조해서 파업을 하면 자본주의의 무릎을 꿇릴 수 있으리라는 망상이 프롤레타리아 정당을 사로잡기 쉽다. 이런 총파업 General Strike의 망상에 따르는 것은 마치 여객실 청소부 소년의 선동에 따라 선원들이 고급 선원들과 그들의 친구들, 승객들이 익사할 때까지 배를 침몰시킨 다음 배의 지휘권을 장악하려는 것과 같다. 고급 선원들은 물론 선원들 자신들도 익사할 것이라는 반대가 모의를 하는 예비 단계에서 묵살되었기에 배의 지휘권을 장악한 다음에 항해사 없이 어떻게 배를 운항할 것인가의 문제는 그들에게는 안중에도 없다. 육지에서 벌어지는 총파업에서는 생산직에 근무하는 프롤레타리아들은 여분의 식량 비축량을 가지고 있을 고용주, 자본가, 그들에 기생하는 프롤레타리아들보다 먼저 굶어 죽을 것이다. 그것은 국가적인 자살 행위일 것이다.

분명한 사실이지만, 총파업은 수없이 시도되어 왔고, 특히 한 번은 스웨덴에서 아주 철저하게 시도된 적도 있었다. 비록 그것이 항상 실패했지만, 노동력을 프롤레타리아의 자본(즉, 여분의 돈이 없는 사람들의 여윳돈)으로 취급하고, 자본가들이 지금까지 프롤레타리아를 위협해온 것처럼, 기아를 가지고 자본가들을 위협하는 것이 자본주의에 대한 해결책이라고 상상하는 사람들이 있다. 그들은 자본가들이 아직 전체적인 직장폐쇄처럼 터무니없는 짓을 저지른 적은 없었다는 것을 잊고 있다. 그보다는 다른 모든 파업들을 철회함으로써 특정 파업을 지지하는 것이 훨씬 더 현명할 것이다. 그렇게 특정 고용주들을 고립시키고 다른 모든 노동자들은 파업 기금에 기부하도록 하는 것이다. 그러나 우리는 이미 전반적인 타격은커녕 최종적으로는 특정한 파업이나 직장폐쇄도 끝내 관철할 수 없는 불가능성에 대해 논의했다. 그들은 결투라는 관습이 사라졌듯 세상에서 사라질 것이다. 총파업을 선동하는 사람들을 경계하라. 요새는 일간지에서 둘 이상의 업체와 관련된 파업에 총파업이라는 말을 남발하고 있다는 것도 명심하라.

총파업 옹호론자들이 자주 하는 주장들 중 그것이 전쟁을 예방할 수 있으리라는 것이 있다. 총파업에 대한 두려움 때문에 정부가 인기 없는 전쟁을 선포하는 것을 어느 정도 억제할 수 있다는 것이 사실일지도 모른다. 하지만 불행하게도, 일단 국민들 중 한 사람이 살해를 당하거나 아기 한 명이 폭격에 희생을 당하는 일이 생기면 인기 없는 전쟁이라는 것은 존재하지 않게 된다. 반대로, 예카테리나 황후라는 러시아의 영리한 여성이 잘 알고 있었듯 국민들이 반항적이 될 때, 그들을 다시 왕좌에 대한 충성의 애국적 황홀감에 종속시키는 데에는 '멋진 작은 전쟁'만한 것이 없다는 것을 자본주의 정부들도 잘 알고 있다. 모든 사람들이 즉각적으로 일을 중단하면 국가가 즉시 망하게 될 것이라며 총파업에 반대하는 사람들의 주장은 임금 삭감에 대한 반대뿐만 아니라 전쟁에 반대하는 것에도 치명적으로 적용된다. 호전적인 국가에서 군인들을 비롯한 모든 사람들이 양심적 병역 거부자가 되고 노동자들이 모두 야전 현장에서든 보급, 군수, 수송에서든 어떤 종류의 병역도 거부한다면 선전 포고는 실행될 수 없다는 것이 사실이다. 평화주의가 이렇게 세상을 정복하는 것은 우리 중 많은 사람들에게 영원히 바람직한 일처럼 보일 것이다. 그러나 이러한 조건들의 단순한 진술만으로도 그것들이 총파업을 구성할 수 없다는 것을 알 수 있으며, 제정신인 사람들이라면 그런 일들이 실현될 가능성을 거의 기대하지 않으리라는 것을 보여주기에 충분하다. 한 소년 군국주의자가 비행기에서 어린이들에게 폭탄을 투하한다면 그 지역의 평화주의는 즉각 종식될 것이다. 폭파범과 그를 사주한 사람들에게 유능하면서도 준엄한 재판소에서 확실하게 책임을 묻지 않는 이상은 말이다. 한편 전쟁 반대를 위한 총파업 실시에 대한 두려움도 어떤 호전적인 정부가 젊은 조종사들을 준비시키고 임무를 부여하는 것을 막지 못할 것이다. 그러나 그런 정부도 그들이 충분히 강한 다른 나라들의 연맹에 의해 봉쇄될 것을 안다면 감히 그들을 보낼 수 없을 것이다.

그런 연맹의 형성이 국제 연맹League of Nations의 공공연한 목표였다. 비록 아직까지는 군사 강국들이 그것을 준수하거나 지지하기는커녕 그에 대해 고려하려는 기미조차 없지만, 그들이 어떤 중대한 군사적 이해관계가 걸려 있을 때 조만간 그들은 국제 연맹을 진지하게 고려해야만 할 것이고 현재의 국제 무정부주의를 초국가적 도덕, 법과 행동으로 대체할 것이다. 지금까지 발견된 전쟁을 예방하는 다른 방법들은 주목할 가치조차 없다. 지난 전쟁 동안 우리가 묵인했던 양심적 병역 거부 같은 기이하고 비논리적인 행위가 계속될 일은 아마 없을 것이다. 전쟁의 예방 수단으로서 그것의 무의미함이 증명되었기 때문이다. 참호 안의 병사는 고국에는 전장에 나오는 것조차 거부하는 같은 또래 젊은이들이 있는데 왜 자신은 돌격 명령을 거부하면 총살을 당해야 하는지 따질 것이다. 총파업은 더 부질없는 일이다. 전쟁은 개인들이나 모든 기업들의 참여 거부로 멈출 수 없다. 세계의 이익, 아니 최소한 연맹의 이익을 위해 소위 주권적 권리를 그것에 종속시키는 국가들의 결합만이 전쟁을 멈출 수 있다.

민족주의의 이러한 종속은 초국가주의라고 불리며, 만약 카톨릭catholic이란 단어를 잘못된 역사적 의미에서 해방시킬 수 있다면 카톨릭주의라고 부를 수 있을지도 모른다. 그것은 이미 미국에 존재하는데, 그 나라는 통화와 팍스 아메리카나처럼 특정한 목적을 위해 연방을 이루고 있다. 유럽이 잘못되기를 바라지 않는다면 유럽 국가들이 미국과 같은 목적을 위해 같은 정도로 연합하지 말아야 할 이유가 없다. 제국들은 공통된 인간의 목적을 위해 자발적인 연방으로 변화하고 있다. 지역적인 반애국주의 파업이 아니라 이런 움직임에 평화의 진정한 희망이 있다.

사회주의가 요구하는 사회 기강 강화와 이른바 '민주주의'라고 부르는, 공권력에 대한 질투심과 우리가 하고 싶은 대로 하고자 하는 욕구 사이에서 계속되는 충돌은 헌법의 변경을 특히 성가시게 느껴지게 만들 것이다. 민주주의는 노동 조직에 매우 강한 영향력을 미치고 있다. 노동조합에서는 노조 전체의 투표에 최고의 권위를 부여하기 위해 모든 장치가 동원된다. 대의원들이 노조 연맹 총회에서 투표할 때, 그들은 자신들의 조합의 조합원들을 위해 투표할 수 있다. 그리고 가능한 한 그들이 수십만 표를 어디에 던질 것인가라는 문제는 조합원들의 투표에 의해 조합에서 미리 결정된다. 그래서 대의원들이 연맹 총회에 갈 때 그들은 대표가 아니라 노조의 결정을 대변하는 사람들이 된다. 그러나 이러한 세련되지 못한 민주적 예방책들은 오히려 애초의 목적을 좌절시킨다. 실제로 노조 연맹 사무총장은 지구상에서 가장 종신 독재자에 가까운 존재다. 거대 노동조합들(즉, 조합원들이 수백만 명에 이르는 조합들)의 대표들이 작은 조합들의 대표자들을 투표로 누를 수 있는 문제들에 대해서만 '카드 투표'*가 실행되고 노동당의 간부들과 마찬가지로 '능력이 있는 사람들에게만 노동조합의 일자리가 열려' 있을 뿐만 아니라 미미한 존재들에게는 철저히 일자리가 막혀 있기 때문에 노동조합의 지도자들은 상원에서의 지도자들보다 훨씬 자의적이다. 상원에서는 세습 귀족들은 평균 또는 평균 이하의 능력을 가진 사람들을 포함할 수도 있다. 하지만 아무리 초라한 노조 대표라 해도 업무 능력과 사람을 관리하는 능력이 탁월해야 하고, 혹여 조합장 외에 누가 국회로 가는 대표의 자격을 얻는다면 그는 최소한 자기 권리를 주장하는 데 밀리지 않을 말발이 있어야 한다. 그는 모든 면에서 멍청할 수도 있지만 그는 꽤 뻔뻔한 멍청이여야만 하고, 많은 이들이 그처럼 멍청이여야만 한다. 그렇지 않으면 그는 자신의 동료들에게 자신을 뽑도록 설득할 수 없을 것이다.

가장 경계심 많은 민주주의의 결과가 관료와 선동 정치가들로 이루어진 지금의 이 과두정치이기에 노동계의 과두 지도자들은 자신들에게 권력을 안겨준 체제를 무슨 일이 있어도 유

---

* 노동조합 등의 대표자가 조합원 표수를 대표해서 하는 투표.

지하려 하고 있다. 한순간도 자신에 대한 반대를 참지 못하며, 남편, 딸, 하인들에게 폭정을 가하는, 그래서 집안의 어느 누구도 주체성을 지닐 수 없을 정도로 전제적인 여성들 중 일부가 여성 권리의 가장 단호한 반대자였다는 것을 여러분은 눈여겨보았을 것이다. 그 이유는 남자들이 세상을 통치하는 한 그녀들은 그 남자들을 마음대로 주무를 수 있다는 것을 알고 있었기 때문이다. 노동조합의 지도자들 중 가장 유능하면서도 자의적인 많은 사람들이 노동 정치에서 아주 민주적이다. 왜냐하면 그들은 노동자들이 투표를 할 수 있는 한 자신들이 원하는 대로 그들을 투표하게 만들 수 있다는 것을 잘 알고 있기 때문이다.

그들은 민주주의자들인데, 그것은 대중의 판단과 지식, 진취성을 믿기 때문이 아니라, 자신들의 경험과 무지하고, 잘 속고, 양처럼 잘 끌려다니는 군중의 성향을 이용해먹기 위해서이다. 국민의 목소리가 신의 목소리라고 믿는 것은 재산과 교양이 있는 중산층 이상주의자들일 뿐이다. 전형적인 프롤레타리아 지도자는 이런 문제에 있어 냉소적이며 노동자들이 스스로 어설프게라도 공적인 문제들을 다룰 수 있기 위해서는 다시, 그리고 지금과는 달리 태어나야 할 것이라고 은밀히 믿고 있다. 사실 지도자들이 사회주의자인 것은 이런 재탄생을 가능하게 하기 위해서다. 그들은 종종 강력한 반사회주의자였다. 냉소주의자와 이상주의자들은 모두 민주주의를 완강히 옹호하는 사람들이며, 1867년 개혁법으로 시작하여 여성 참정권 운동에서 절정에 이른 일련의 국민의 참정권 운동을 인류가 폭정과 억압으로부터 해방된 역사의 영광스러운 한 페이지로 간주한다.

그들의 정치적 권리를 지킬 수 있도록 노예들에게 투표권을 주는 것이 그들의 잘못을 바로잡는 것이라고 생각한다.

하지만 적나라한 진실은 이렇다. 모든 사람의 투표를 통해 민주주의, 즉 국민에 의한 정부가 완전하게 현실화된 적은 없었다. 그리고 그것이 부분적으로라도 현실화된 경우 그것은 성공적이지 못했다. 그것의 모든 연장선에 붙어 있던 과도한 희망들은 실망으로 끝났다. 백 년 전의 위대한 자유주의 개혁 법안은 마치 그 법안이 통과되면 지상천국이 이루어지기라도 할 것처럼 지지를 받았다. 여성들이 죽음을 무릅쓰고 투쟁해서 얻은 참정권은 정치를 고귀한 차원으로 끌어올리고 삶을 정화시킬 것으로 기대되었다. 그러나 그다음 선거에서 여성들은 독일 황제를 교수형에 처하자고 투표했고 최악의 남성 후보들을 열광적으로 옹호했으며 능력, 성실성이 검증된 헌신적인 여성 후보들을 모두 정치에서 축출하고는 막대한 부를 소유한 여성 선동가를 선출했다. 그녀는 나중에 그들의 선택이 옳았음을 보여주긴 했지만, 당시에는 정치를 막 시작한 신인에 불과했다.

요컨대 여성 유권자가 남성 유권자보다 정치적으로 더 총명하거나 더 온화하다는 생각은 사업가가 시골 귀족 계층보다, 또는 육체노동자가 중산층보다 정치적으로 더 현명하다는 망상만큼이나 큰 망상임이 증명되었다. 만약, 거듭된 실망에도 불구하고 민주주의자들이 마지막 희망을 걸 수 있는, 선거권을 박탈당한 계층이 남아 있다면 틀림없이 민주주의자들은 유토피아에 이르기 위한 마지막 도랑을 뛰어넘는 수단으로 그들을 이용하기 위해서 그들에게 투표권을 부여하라고 떠들어댈 것이고, 민주주의의 인기는 얼마간 지속될지도 모른다. 아마도 민주주의의 구조를 완성하기 위해 어린이들, 또는 동물에게까지 투표권이 제공되기를 기대하는 미치광이들조차 있을지도 모른다. 그러나 대부분의 사람들은 이만하면 충분하다는 뜻을 내비치고 있다. 모든 사람을 규제하고 아무에게도 투표권을 제공하지 않는 것이 스페인과 이탈리아에서 유행하고 있다. 지난 몇 년 동안 러시아 프롤레타리아 정부는 인도 제국이 인도 배심원의 평결을 무시한 것처럼 그들에게 불리한 투표에 대해 신경을 쓰지 않았다. 비스마르크나 크롬웰 방식으로 다수당을 문밖으로 내칠 때를 제외하고는 말이다.

민주주의에 대해 혐오감을 보이는 이러한 반응은 자본주의가 거대한 프롤레타리아 계급을 만들어낸 후, 경영이나 책임 또는 막대한 자금의 관리 같은 것에 대해서는 어떤 훈련도 받지 못했을뿐더러 정치학 같은 것의 존재조차도 알지 못하는 그들을 이용해서 대중의 지지라는 명분하에 당의 이익을 챙기려던 행태를 생각하면 당연한 것이다. 프롤레타리아들이 대부분 노예였고 소위 중상류층만이 투표를 했던 고대 그리스에서도 같은 상황이 벌어졌는데, 아테네 민주주의의 유명한 위업 중 하나가 그것의 어리석은 행동들을 폭로한 소크라테스를 처형한 것임을 생각할 때 별로 놀랄 일도 아니다.

그럼에도 불구하고, 나는 당신이 할 수 있는 한 열심히 투표에 임할 것을 충고한다, 왜냐하면 비록 그것의 긍정적인 효과는 당신에게 득보다 더 많은 해를 끼칠 수 있지만, 그것의 부정적인 영향은 당신에게 큰 가치가 있을 수 있기 때문이다. 한 후보가 소크라테스 같은 사람이고 또 다른 후보는 당신의 어리석음, 허울뿐인 애국심과 도덕적인 분개심에 호소하는 바보라면, 이전에 소크라테스를 처형한 사람들처럼 당신도 바보에게 투표를 할지도 모른다. 그리고 그것은 분명 좋지 못한 방향이다. 그러나 수천 명의 유권자들 중 한 명에 불과하지만 당신의 표가 선거의 향방을 바꿀 수 있다는 사실은 의회가 당신을 무시할 수 없도록 만든다. 소득의 불평등으로 인해 당신의 의사가 정부의 구성원에 의해 올바로 반영될 수 없는 한, 당신이 그것을 포기한다는 것은 미친 짓이고 비겁한 생각일 것이다. 그러므로 아무리 당신이 그것을 현명하게 이용할 능력이 없더라도 모든 수단을 동원해 그것을 고수하라.

노동당은 이 문제에 관해 계속 딜레마에 빠져 있다. 1918년 선거에서 여성 참정권의 강력한 지지자였던 노동당 대표는 교외 지역에 거주하는 여성들의 투표에 의해 그가 자신의 선거구에서 패배하리라는 것을 잘 알고 있었고 결국 그렇게 되었다. 소수 그룹들도 충분히 의회에 진출시켜 의회가 좀 더 충실하게 여론을 대변하게 만들자는(비례대표라 불리는) 주장에 대해 노동당은 의회가 다수의 정쟁을 일삼는 집단들로 분열되어 의회 정치가 불가능하게 될 것을 우려해 반대하지 않을 수 없었다. 민주주의를 권력의 디딤돌로 삼는 모든 개혁자들은 애초의 목적지에 도달하면 그것을 성가신 존재로 여긴다. 국민들에게 더 많은 권력이 주어질수록, 어떤 합리적이고 모든 것에 정통한 초권력이 그들을 지배하고 국제적 살인과 국가적 자살에 대한 그들의 뿌리 깊은 찬사를 무력화시키는 게 긴급한 과제가 된다.

볼테르는 '아무나 부인Mrs Anybody'보다 더 현명한 사람이 한 명 있는데 '모두 부인Mrs Everybody'이 그녀라고 말했다. 그러나 볼테르는 현대 민주주의가 작동하는 것을 보지 못했다. 영국에서 그가 찬양했던 민주주의는 매우 배타적인 과두정치였다. 프랑스에서 그가 혐오를 느꼈던 신정주의와 세습 독재 정치의 혼합은 귀족주의나 엘리트들에 의해 이루어진 정부를 알아보는 공정한 테스트가 아니었다. 우리는 '모두 부인'이 그녀의 신발이 어딘가 발에 끼는지 안다는 것을, 그래서 그 점에 관해서 말할 수 있다는 것을 알지만 그녀는 신발을 만들 수도, 누가 훌륭한 제화공인지도 알지 못한다. 정부는 통치 능력을 요구한다. 그것은 '아무나 부인'이나 '모두 부인'의 일이 아니라 '어떤 부인Mrs Somebody'의 일이다. 하지만 '어떤 부인'은 '백치 부인', '양심불량 부인', '텅 빈 수레 부인', '국수주의 부인', '계급전쟁 부인', '가정 중심 부인', '자선가 부인', '교회 지상주의 부인', '모든 사람의 사랑이 필요해 부인'들과의 경쟁으로부터 보호를 받지 못한다면 결코 선거에서 승리를 거둘 수 없을 것이다.

우리들이 민주주의 때문에 망하지 않으려면 우리는 선거에 나서는 후보자들의 자격을 시험하는 어떤 믿을 만한 방법을 찾아야만 한다. 그런 후에도 우리는 올바른 사람들이 선거에 나서도록 설득하는 데 큰 어려움을 겪을지도 모른다. 정부의 책임이 얼마나 무거운지, 그리고 그 일이 얼마나 힘에 부치는지를 완전히 이해하는 사람들은 자발적으로 그런 일들을 떠맡을 가능성이 극히 적으므로 우리는 심지어 그들에게 강요해야 할지도 모른다. 플라톤이 말했듯이 이상적인 후보는 마지못해 나서는 사람이다. 그러한 테스트를 실시한 후에도 우리는 몇 명의 '어떤 부인'들을 후보로 가질 수 있을 것이고 그녀들은 모두 당신의 선택을 존중할 것이다. 당신은 '백치 부인'이나 그 무리들에게 속을 일이 없을 것이다. 그녀들은 선거에 참여할 자격이 없을 것이기 때문이다. 그런 일이 가능하기까지는 ―신이여, 우리를 도우소서!― 우리는 우리가 할 수 있는 최선을 다해야 한다.

84

소비에트주의
SOVIETISM

이 책이 집필되고 나서 10년이 지난 후, 놀라운 사건 하나가 이 책의 주장들을 혹독한 시험에 들게 했다. 1억 7500만 명 이상의 인구에 지구 표면의 6분의 1을 덮고 있는 세계에서 가장 거대한 단일 국가가 자본주의를 팽개치고 공산주의를 나라의 정책과 원칙으로 대체했다. 그것의 예언자는 카를 마르크스인데, 그의 저서들이 공산주의의 교과서와 복음서였다. 마르크스 이후의 영국 사회주의 문헌은 알려지지 않았거나 무시되었다.

첫 번째 결과는 끔찍했다. 그 변화는 1917년에 일어났지만 약 1920년까지 현재 소련으로 불리는 구 러시아 제국의 상태는 사회주의의 사악함과 불가능성에 관한 전 세계에 대한 경고로 보일 만큼 절박했다. 그러나 거의 20년이 지난 지금, 러시아는 경제, 사회, 정치적으로 사회주의가 자본주의에 대해 압도적으로 우월하다는 것을 전 세계에 보여주는 본보기가 되고 있다. 이런 성공은 소련의 매우 유능하고 헌신적인 지도자들의 능숙한 행정과 사업 능력에 의한 것이 아니며, 그들의 경험 부족이 초래할 수 있는 모든 실수에도 불구하고, 기술적 지식이 없는 이상주의 때문에 발생하는 모든 어리석음에도 불구하고 이루어진 것이다. 그들의 무능함은 실제보다 더 심각해 보이는데, 왜냐하면 자본주의 사회에서의 관행처럼 자신들의 잘못을 숨기고 국민을 우롱하는 대신 그들은 그들 자신의 가장 요란하고 준엄한 비판자였고, 자신들의 실수를 알아내기가 무섭게 모든 확성기로 그것을 세상에 알리고 그들의 방향을 바꾸었기 때문이다. 그들은 심지어는 우리 하원으로서는 상상할 수 없는 신속한 속도로 방향을 180도 틀기까지 했는데, 그것보다 훨씬 더 작은 변화를 만드는 데만도 우리 하원은 몇 년이란 시간을 사용한 후 결국 변화의 시늉에 그쳤을 것이다.

카를 마르크스를 우상화하고, 그들 자신도 부르주아였으면서 마르크스의 페이비언 추종자들을 부르주아들이라고 경솔하게 비하한 것은 부분적으로 그들의 잘못이었다. 마르크스는 예언자 중 한 명이었고 아마도 그들 중 가장 위대한 예언자였을 것이다. 그러나 예언자들은 사업을 운영하는 기술에 대해서는 매우 무능한 조언자들이다. 무함마드는 강력한 예언자였지만 그가 만든 달력은 한 해를 음력 12월로 나누어서 봄 캐러밴을 한겨울에 출발하게 만들었지만 날씨는 불경스럽게도 그가 만든 달력대로 움직이지 않았다. 산이 왜 존재하는가란 질문을 받았을 때 땅이 바람에 날아가는 것을 막기 위해 하느님이 땅 위에 올려놓은 위대한 추라고 그는 설명했다.

예수는 또 하나의 위대한 예언자였다. 예수가 이스카리옷 유다와의 관계로 곤란을 겪은 것처럼 그의 사도들에게는 아나니아와 삽비라가 있었다. 새로운 도덕적 세상에 대한 예언적인 비전을 가지고 있던 로버트 오웬은 박애주의 정신에 입각해서 공장을 운영하여 큰 재산을 모은 성공적인 사업가였지만 그와 그의 추종자들이 최악의 자본주의 체제 대신 도입하려 했던 노동 교환제와 사회주의 식민지는 실패로 끝났다.

카를 마르크스의 가장 가까운 친구였던 프리드리히 엥겔스는 현재 러시아에서 마르크스 못지않게 존경받고 있는데, 맨체스터에서 공장을 운영했던 그는 자신은 물론 마르크스 집안까지 돌볼 수 있을 만큼 성공적인 사업가였다. 두 사람은 현대의 가장 중요한 경전들 중 하나인 『공산당 선언』의 공동 저자였다. 그들은 둘 다 오웬을 '비과학적 사회주의자'로 분류했고 그것은 분명 타당한 분류였지만 두 사람은 정작 그들 자신이 얼마나 비과학적인지 깨닫지 못했다.

여러분은 이 책에서 정부가 아무리 사유 재산의 폐해를 확신하고 사기업이 폭리를 취한다고 하더라도 관련된 모든 사람들을 고용할 준비가 될 때까지는 그것들을 몰수하거나 사업을 중단시켜서는 안 된다는 내용을 본 적이 있다. 그렇지 않으면 실업과 국가 빈곤 외에는 아무것도 성취하지 못할 것이다.

관리자들에 대해서는 각별한 주의를 기울여야 한다. 이미 살펴보았듯이, 근대적 조건하에서 산업은 무엇을 해야 할지 지시를 받고 재료와 기계와 공장을 제공받아야 비로소 일할 수 있는 많은 노동자들에 의해 수행된다. 하지만 지휘를 받는 많은 노동자들뿐만 아니라 타이피스트와 평범한 관리자들부터 과학적인 소양이 높은 수학자, 화학자에 이르기까지 조직을 운영하고 사무적인 일을 관리하는 직원들이 있어야 한다. 공장의 일꾼들은 선체에 갇혀 육지를 볼 수 없는 선원과 같다. 그들은 수학적 기구를 사용하고 천문학적인 관측을 할 수 있는 선장과 항해사들이 없으면 어느 쪽으로 배를 나아가게 해야 할지 알 수 없다.

　선장과 항해사 같은 사람들이 지주나 폭리를 취하는 사람들을 위하여 그들의 특출한 능력을 사용할 때, 그들은 그들이 지휘하는 노동자들을 열등한 계급으로 취급하며, 무자비한 잔인함과 무례함으로 그들을 대한다. 결과적으로 혁명이 성공한 후에 사람들은 그들을 민중의 적으로서 길거리로 내쫓고 싶은 강한 유혹을 느낀다. 횡포를 부리던 속물적인 사제들도 같은 위험에 처하게 된다. 그러나 혁명 정부가 그런 사람들을 대신할 수 있는 유능한 대체 인력들을 확보하지 못하는 한 그런 유혹은 억제되어야 한다. 만약 선원들이 공해상에서 반란을 일으켜 항해사들을 모두 죽인다면 배와 선원들은 모두 난파나 기아로 죽을 때까지 표류하게 될 것이다. 탐욕스러운 농부와 그의 아내에 의해 성공적으로 운영되고 있는 5천 에이커의 농장에서 노동자들이 반란을 일으켜 그들을 쫓아낸다면 그것은 탐욕과 잔인함에 대한 응분의 결과처럼 보일 테지만 농장은 놀랄 만큼 짧은 시간 안에 황폐해질 것이고 노동자들은 일자리를 잃게 될 것이다.

　정부가 간과해서는 안 될 또 다른 고려 사항이 있다. 정부가 대중을 위해 일을 하도록 어떤 사람에게 급여를 줄 때, 그 사람은 대중이 다만 얼마간의 팁이라도 더 줄 때까지 자신의 일을 게을리할 것이다. 운동장을 사용하고자 하는 축구 선수들에게 몇 펜스의 돈을 기대하는 공원 관리인부터 급히 돈을 받고자 하는 계약자에게 수십만 파운드를 강요하는 장관급 출납 공무원까지 이런 종류의 부패는 자본주의에 의해 길러진 사람들에게 너무나 상습적이어서 흔히 공무원들은 바로 아래 직급 공무원들을 착취함으로써 살아간다는 말이 있을 정도다. 이런 부패의 순환 고리는 바로 아래 부하 직원들이 없이 대중을 직접 접하는 공무원들에게까지 이어진다. 그리고 마지막으로, 공무원은 한직閑職이고, 대중에게 매우 무례해도 아무 문제가 없으며, 봉급을 받는 대가로 가능한 한 아무것도 하지 않아도 괜찮다는 오랜 인식이 있다.

1917년 자유주의 혁명에 의해 러시아에서 차르 전제가 폐지되고 의회 정부로 대체되었다. 늘 그렇듯이 이런 변화는 현재의 문제를 개선하기보다는 수많은 주장의 홍수로 세상을 채웠다. 러시아 농민들은 1914~18년 전쟁에서 프랑스와 영국의 지원군으로 징집되어 싸웠다. 그들은 '러시아 불도저'라고 불렸지만 1917년 무렵까지는 그들이 처음에 지녔던 모든 국가적 열정을 상실했다. 영국에서는 자원해서 병사로 입대하는 사람들이 줄어들었고 남자들은 강제적으로 참호 안으로 투입되었다. 영국에서 징병된 사람들은 충분한 장비를 갖추었고 많은 경우 사회에 있을 때보다 더 규칙적으로 음식을 제공받았으며, 그들의 아내들은 수당을 받게 되어서 오히려 평화로웠던 시절보다 더 나은 삶을 살게 되었다. 정전 이후 11년이 지나서야 그들은 전쟁이 가져온 경제 파탄의 결과를 고스란히 겪어야 했다.

하지만 러시아 병사들은 더 참혹한 상황에 처해 있었다. 많은 병사들은 무장도 하지 못했고 대부분 굶주리고 있었다. 그들에게 그 전쟁은 이해할 수 없는 것이었다. 그들이 그 전쟁에 대해 아는 것이라고는 그들에게는 아무 의미도 없는 보스니아라는 곳에서 어느 외국의 대공이 살해됨으로써 시작됐다는 사실뿐이었다. 1917년까지 그들은 잘 조직된 독일군에 의해 모든 방면에서 학살에 가까운 패배를 당하고 있었다. 절망에 빠진 그들은 대거 탈영을 하다가 용기를 내어 자신들의 장교들을 대체하거나 통제하기 위한 위원회들을 조직했지만 그것들도 패배와 굶주림을 막는 데는 아무 도움이 되지 않았다. 마침내 반란을 일으킨 병사들은 그들이 소유했던 농장으로 귀환했고 돌아갈 농장이 없는 사람들은 농장 일꾼이 되었다. 하지만 대부분은 페테르부르크의 거리를 가득 메운 채 평화와 땅을 요구하는 무질서한 실업자 무리가 되었다

한편 새 자유주의 정부가 말만 무성할 뿐 아무런 변화도 없다는 듯 전쟁을 멈추지 않자 독일 정부는 러시아를 최대한 혼란에 빠뜨리기 위해 레닌이라 알려진 마르크스 공산주의자를 파견했는데 그는 곧 자신이 단순한 선동가에 그치지 않고 당대의 뛰어난 정치가임을 증명해 보였다. 레닌은 병사들에게는 평화를, 대부분 병사 출신이었던 농민들에게는 땅을 약속함으로써 우상 같은 존재가 되었고 그들의 지지를 등에 업은 그는 케렌스키라는 뛰어난 웅변가가 이끌었지만 무기력했던 의회의 자유주의적 반대파들을 정부에서 몰아낸 뒤 국외로 추방했다. 그는 러시아 폴란드와 발트 지방들이 독립 공화국을 세울 수 있도록 허락함으로써 독일과 브레스트-리토프스크 조약을 맺어 평화를 가져왔고 그렇게 그의 국민과의 첫 번째 약속을 지켰지만 연합군, 심지어는 그중 가장 혁명적인 국가들로부터도 유럽 공동의 적인 독일 제국에 붙은 변절자라는 비난을 받

아야 했다.

이로 인해 레닌과 그의 소수의 마르크스 공산주의자들이 처하게 된 곤경에 주목해보자. 그들은 오직 공산주의에만 관심이 있었다. 하지만 공산주의에 대해 전혀 아는 것이 없었던 농민들과 군인들의 지지에 의해 권력을 잡았고 그의 지지 세력들은 공산주의와는 아무 상관도 없는 평화를 요구했을 뿐 아니라 가장 강력하고 편협한 사유 재산의 한 형태인 자소작농(自小作農, peasant proprietor)제의 도입을 요구했다. 소수에 불과했지만 대중의 지지를 힘입은 그들은 세계에서 가장 큰 군대 그리고 집단농장을 주된 내용으로 하는 농업 시스템을 러시아에 정착시킬 수 있었다. 가장 고답적이고 구제 불능인 농부들조차 자신의 자식들이 자신들 세대와는 전혀 다른 사람들로 양육되고 교육받는 것을, 더 이상 자신들처럼 돼지 우리 같은 곳에서 지내면서 사냥개나 경주마처럼 살지 않아도 되는 것을 목격할 수 있었다.

현대 기계 산업의 자본주의적 발전을 받아들이기까지 영국이 겪었던 굶주림의 과정보다는 훨씬 더 짧고 덜 혹독했지만 이런 결과를 얻기까지 러시아가 겪었던 시행착오의 과정은 꽤 힘들었다. 전쟁의 여파로 꽤 오랫동안 많은 아이들이 버려졌고 그들은 무리를 지어 러시아를 돌아다니며 계절을 따라 구걸과 도둑질을 하면서 철새처럼 지냈고 겨울에는 아스팔트 포장을 위한 선박의 온기를 이불삼아 잠을 잤다. 하지만 아이들은 언제나 그들의 소득을 나이에 상관없이 공평하게 나누었다. 교육관료들은 이 작은 도적떼들을 붙잡아 교화하려는 노력을 멈추지 않았지만 아이들은 끊임없이 도망을 쳤고 마침내 떠돌이의

삶보다 규율과 질서가 있는 삶이 더 자유로운 삶이라는 것을
받아들인 후에도 그들은 방랑 기질 때문에 이동을 필요로 하
는 일에 투입되어야 했다. 그들은 기지가 있었고 일부는 고위
공직에 올랐다. 그러나 이들은 질병, 노출, 기아로 비참하게 목
숨을 잃은 수많은 아이들의 일부에 불과했다.

　현재 러시아의 소비에트 연방 지역에는 배고픈 아이, 누더
기를 걸친 아이, 받을 수 있는 모든 교육을 받지 못하는 아이는
없다. 레닌은 공산주의는 세계가 이전에 일찍이 보지 못했던
새로운 세대에 의존해야 한다는 것을 알고 있었다. 그리고 그
가 세운 제도 아래에서, 비록 처음에는 어른들이 허리띠를 졸
라매고 매일 검은 빵 덩어리와 배추국을 먹으며 열심히 일해
야 했지만(영양가 있는 음식들이기는 했지만 무미건조했고 그것도
정량만 지급을 받았다. 사실 러시아인들은 그들의 음식보다는 희망을
먹고 살았다.) 아이들은 귀족처럼 먹었고, 비용에 관계없이 양
육되었다. 그 결과, 최근의 통계와 전제 정치 시대의 통계를 비
교했을 때, 공산주의 체제하에서 자란 16세 소년과 소녀들은
과거 같은 나이의 아이들보다 2인치 더 크고 4파운드 더 체중
이 나간다.

　내가 이 글들을 쓰는 동안 회의를 위해 모인 영국 학교 교장
들은 그들이 가르쳐야 하는 소년들의 상태에 대해 암울한 묘
사를 하고 있다. 경제적인 침체를 겪고 있는 지역의 난방도 되
지 않은 학교에서 공부하는 아이들은 제대로 먹지 못해 성장
이 위축된 여러 가지 지표들을 보여준다. 그러나 우리의 잘난
신문들은 학교장들의 모임이나 의회에서의 항의에 대해서는
신경 쓰지 않고, 지난주 수출이 2퍼센트 증가한 것, 자유로운

영국이 그렇게 번영을 이루어 가는 반면에 러시아인들은 끔찍한 노예 제도에 짓밟히고 있다는 믿음만을 끈질기게 선전하고 있다. 그러나 내가 말했듯이 그것은 볼셰비키들의 실수였다. 만약 우리가 이곳을 러시아식 제도로 전환한다면 —우리의 문명을 구하려면 정황상 그렇게 해야만 할 것이다— 우리의 처지를 소련의 경험에 비추어 연구하지 않는 한 우리도 러시아와 똑같은 실수들을 되풀이하게 될 것이다. 아니, 그보다 더 심각한 실수들을 저지르게 될지도 모른다. 그나마 볼셰비키들은 마르크스를 공부했고, 제대로 실천에 옮기지는 못했지만, 자신들이 무슨 일을 하는지는 알고 있었다. 그에 비해 우리의 지도자들은 어떤 것도 공부하지 않은 정치적 기회주의자들이기에 어려움에 봉착해서도 고집을 부리며 허둥대다가 결국 권좌에서 쫓겨날 것이다. 하지만 그렇게 교체된 사람들도 학연에 의한 정치라는 실수를 저지르지는 않을지언정 모든 마르크스주의자들의 실수를 저지를 것이다.

볼셰비키들은 이익을 얻기 위한 사적인 거래를 폐지해야 한다는 마르크스주의 원칙을 분명히 알기 때문에 예수가 환전상들을 예루살렘 성전에서 몰아냈듯이 모든 장사꾼들의 가게를 몰수하고 상품들을 빼앗아 크렘린 궁전에 쌓아두었다. 조각가 클레어 셰리던이 레닌과 그의 동료들의 흉상을 만들기 위해 오토바이를 타고 겨울에 모스크바로 갔을 때 레닌은 그녀에게 압수한 상품들 중 하나인 털가죽 망토를 건네주었다. 결과적으로 모스크바에는 문을 연 가게들이 없었다. 거리가 포장된 도로라는 의미라면 그곳에는 거리라고 할 만한 것도 없었지만 사람들은 물건들을 팔고 사야 했기 때문에 거리나 시장에 나왔다. 귀족 여성도 다른 행상꾼들과 함께 빈민가에서 지니고 있던 보석을 팔아야 했고 그 후에는 프롤레타리아들이 일부 점거를 한 집으로 돌아가야 했다. 프롤레타리아들은 방만 크다면 한 방에서 열 명씩 자는 것도 아무렇지 않게 생각했고 이제는 더 이상 집을 수리할 책임이 있는 소유자가 없었기 때문에 집의 상태는 금방 처참한 지경에 이르렀다. 승강기는 작동을 멈췄고, 전등은 켜지지 않았다. 위생은 말로 표현할 수 없을 정도였다.

H. G. 웰스는 당시 러시아 수도를 방문했는데 그나 클레어 셰리던 등은 그들이 본 일부의 모습(그나마 그들의 주거와 접대는 당시 소련 당국이 그들에게 제공할 수 있는 최선이었다)만을 묘사했지만 그들이 보지 못한 나머지 부분들에 대해서도 우리는 충분히 상상할 수 있다. 나도 윌리엄 랜돌프 허스트 씨로부터 러시아로 가서 그곳 상황을 묘사해달라는 멋진 제안을 받았다. 그러나 나는 내가 보아야 할 것이 폐허가 된 자본주의와 최상의 상태가 아닌 공산주의임을 너무나 잘 알고 있었기에 그 제안을 거절했다. 1931년이 되어서야 나는 소련을 방문했고 그때쯤에는 상황이 바뀌어 있었다. 열흘 동안 나는 완벽한 안락함을 느끼며 여행했고(그들은 나를 마치 카를 마르크스가 온 것처럼 대했다) 자본주의 국가들의 낙후 지역들과 빈민가에서 발견할 수 있었던 끔찍한 상황들을 그곳에서는 발견하지 못했다. 물론 그럼에도 소련 정부는 아직도 자신들의 잘못을 부단히 찾고 있다.

다행히도 러시아에서는 실수들을 덮지 않는다. 그것들은 흔들림 없이 공격을 받고 교정된다. 회유해야 할 자본주의 기득권이 없기 때문이다. 러시아는 처음 몇 년 동안 말로 표현할 수 없는 경제적 파탄과 혼란을 겪었지만, 그동안에도 자본주의 체제하의 늙은 프롤레타리아들의 미지근한 체념이나 냉소적인 절망과는 뚜렷하게 대조되는 희망과 자존심을 노동자에게 계속 채웠다. 레닌은 그의 동지들에게 비록 그들의 혁명적인 원칙이 아주 고귀한 것들이기는 하지만 그들은 실질적으로 사업을 하는 문제에 있어서는 자본가 사무실에서 급사로 일하는 소년보다 무지하다고 말했다. 그는 영국 페이비언들이 프티부르주아로 취급당하는 대신 마르크스의 경전에 포함되었더라면 그들로부터 배울 수 있었을 것을 —즉, 공공 무역에 의해 대체될 수 있을 때까지는 사적 이윤의 추구를 폐지하지 말아야 한다는— 쓰라린 경험을 통해 배우고 있었다. 그는 유명한 NEP, 또는 '소련 신경제정책'을 발표해야 했는데, 이 정책을 통해 네프맨으로 알려진 민간 무역업자들은 추후 통지가 있을 때까지 계속하여 영업을 할 수 있도록 허락을 받았다. 러시아의 이런 움직임을 공산주의의 붕괴, 자본주의로의 회귀로 오해한 자본주의 국가들은 크게 기뻐했다.

이전에 러시아의 상황이 최악일 때, 자본주의 열강들은 전복된 자유주의 의회가 러시아의 진짜 정부이고 소련은 도둑들의 무리인 것처럼 여겼고 왕정주의자들의 폭동에 무기와 자금 지원을 함으로써 그곳에서 자본주의를 회복시키려 했다. 영국은 유럽 전쟁 때보다 더 많은 1억 파운드를 지원함으로써 그런 움직임의 선봉에 섰는데 당시 전쟁 국무장관이었던 윈스턴 처칠은 그가 영국의 모든 정직하고 훌륭한 국민들의 열렬한 지지를 받고 있다고 확신하면서 돈을 건네주었다. 후에 러시아의 내정 간섭에서 손을 떼라는 운동 'Hands off Russia'에 직면한 처칠은 공산주의에 대한 그의 분노를 전체 유권자들이 공유하지 않는다는 것을 깨닫고 정말 놀랐을 것이다. 러시아, 아니 어느 나라에도 공개적인 전쟁을 시작하는 것은 불가능했다. 열강들은 1914~18년의 전쟁에 너무 지쳐 새로 전쟁을 시작할 여력이 없었다. 그들이 할 수 있었던 일은 옛 러시아 왕조의 장군들과 제독들이 이끄는 왕정주의자들의 공격을 후원하는 것이었다. 처음에는 소련이 틀림없이 무너질 것처럼 보였다. 공격군(백군이라 불렸다)에게 카잔이 함락된 후 볼셰비키들의 처지는 절박해 보였고 페테르부르크의 함락도 시간문제로 보였다. 그러나 2년이 지난 후 공격군은 완전히 패배했다. 승리한 붉은 군대는 영국군의 군화와 군복을 입고, 처칠이 그들의 파괴를 위해 공급했던 영국 무기로 무장했다. 어떻게 이런 일이 일어났는지 이해하기 위해서 우리는 다시 토지 문제로 돌아가야 한다.

레닌이 농민과 군인들에게 땅과 평화를 약속하고 권력을 잡았을 때, 그는 독일군에 무조건 항복을 하고 전장에서 철수함으로써 국민들에게 평화를 제공할 수 있었지만 토지의 문제는 더 까다로웠다. '땅은 이제 국유화되었다. 그것을 취하고 필요하면 지주들을 교수형에 처하라. 소비에트 평의회가 당신들을 끝까지 지켜줄 것이다'라고 말하는 것은 쉬운 일이었다. 농민들은 지주들을 쫓아내거나 죽였고, 장원들을 약탈하거나 불태웠다. 그들은 소비에트라는 노동자 평의회들을 결성하고 땅을 나누어 가진 후 식량 생산이라는 중요한 일을 계속했다. 그러나 철저한 개인주의자들인 농민들은 중앙정부가 그들에게 필요한 것 이상의 모든 생산물을 국가에 내놓기를 원한다는 것을 알게 되자 반발했다. 그것이 그들이 경멸하고 증오하는 도시 프롤레타리아들을 먹이기 위해서라는 것을 안 그들은 자신들에게 필요한 것 이상으로 농산물을 생산하는 것을 거부했고 국가가 공출하지 못하도록 자신들의 가축들을 죽였다. 그들을 강제하는 것은 불가능했다. 모스크바 경찰의 모든 최종적인 협박—추방, 광산으로의 유배, 또는 '청산(총살 처형)'—은 반혁명군과의 투쟁에 필요한 물자들이 부족한 상황에서 제대로 알을 낳지 않는다고 황금알을 낳는 거위의 배를 가르는 것과 다르지 않았다.

하지만 그렇게 마르크스주의를 받아들이지 않는 농민들이었지만 그들이 쉽게 떨쳐버리지 못하는 두려움이 하나 있었는데, 바로 그들의 옛 지주들이 그들을 압제하기 위해 다시 돌아올지도 모른다는 가능성이었다. 모스크바의 지도층이 쉽게 이해할 수 없었던 미스터리 중 하나는 추방된 황제 시대의 지주들이 사망하는 경우 중앙 정부가 그 소식을 듣기도 전에 그들이 통치했던 마을 사람들이 먼저 알고 있었다는 것이다. 반혁명 내전이 발발하자 농민들은 그것이 구체적으로 무엇을 의미하는지 이해하지 못했지만 지주들이 다시 그들에게로 돌아오기 위해 벌인 투쟁이라는 설명만으로 그들에게는 충분했다. 불같은 웅변가일 뿐 아니라 군사적 천재였던 트로츠키가 혁명을 방어하기 위해 신병들을 모집하자 모든 마을들은 마치 폭발하는 화산처럼 지원병들을 보냈고, 장비 부족은 포로들의 물자를 탈취하여 해결했다. 트로츠키는 18개월 동안 철도 차량에서 전투를 이끌었다. 하지만 현지 지휘관들은 모두 트로츠키의 체스판 위에서 움직이는 그의 말들이 될 생각은 없었다. 특히 스탈린은 트로츠키의 계획을 무시하고 닥치는 대로 적들과 싸웠지만 그를 갈아치울 수는 없었다. 그의 작전들이 훌륭하게 성공했기 때문이다. 마침내 트로츠키는 레닌에게 자신과 스탈린 중 어느 한쪽을 선택하라고 압박을 해야 했다. 레닌은 가까스로 문제를 해결했지만 이 사건은 트로츠키와 스탈린 사이의 균열의 시작을 의미하기 때문에 주목할 만하다. 트로츠키는 얼마 지나지 않아 추방되었고 그것은 다시 일부 볼셰비키들이 처형되어야 했던 음모들을 낳았다. 혁명적인 습관은 바뀌기 어렵고 잘 사라지지 않기 때문에 혁명에 성공한 후 첫 번째 해야할 일이 혁명가들을 제거하는 것이라는 것은 여전히 유효했다.

소련의 승리는 역사상 유례가 없는 고난에도 불구하고 너무나 완전해서 그것을 향한 자본주의의 십자군 원정은 당분간 포기해야만 했다. 그것은 중상과 악의라는 무혈 전쟁으로 바뀌었는데 영국의 족벌주의자들이 그들의 상상 속에서만 존재하는 영국 전복의 음모를 찾는답시고 러시아 협력자들의 런던 사무소를 강탈한 것이 가장 수치스러운 사건이었다. 그러나 러시아가 느낀 부담은 엄청났다. 마침 볼가 지구에 끔찍한 기근이 닥쳤지만 열강들은 러시아가 스스로에게 벌이고 있는 전쟁을 돕지 않겠다며 돈을 빌려주지 않았다. 게다가 러시아의 공채는, 그 후 유럽에서 단연 최고라는 것이 증명되었지만, 그 당시 최악으로 여겨졌다. 자본주의 국가에서는 가장 먼저 희생되었을 다음 세대의 양육과 교육에 대한 부담을 소련은 조금도 주저하지 않고 떠맡았으며 근본적으로 전투보다 더 중요한 것으로 생각했지만 그것은 전쟁 비용에 엄청난 부담을 추가했다.

러시아의 교육은 매우 비용이 많이 들었다. 그들의 교육은 우리처럼 학교라는 감옥에 아이들을 가둬놓았다가 9년 후에 자기 나라말도 제대로 말하거나 그럴듯한 글도 쓰지도 못하는 상태로 방출시키고, 그들 중 소수의 학문적 적성이 있는 부류에게만 장학금을 제공하여 대학교로 보내 자본주의의 틀에 찍어 새로운 계급으로 만드는 것이 아니었다. 비록 기존의 대학 교육은 사회주의 국가 교육에 방해가 될 뿐이었겠지만 그나마 러시아 대학들은 수백만의 러시아 아이들 중 1퍼센트도 수용할 수 없었을 것이다. 러시아가 필요로 했던 대학은 집단농장과 과학·기술 전문학교들polytechnics이었다. 그러나 집단농장은 수많은 트랙터들을 갖추어야 했고 폴리테크닉들은 값비싼 장비들로 가득한 실험실을 갖추어야 했지만 어느 강대국 정부도 러시아에게 어떤 조건으로든 필요한 자금을 빌려주려 하지 않았다. 어떻게 해서든 소련 정부는 스스로 장비들을 만들어 문제를 해결해야 했다. 그러나 러시아의 어느 누구도 어디서부터 일을 시작해야 할지 몰랐다. 그들이 관리해야 할 거대한 땅덩어리에 비해 러시아 산업은 규모가 매우 작았다. 게다가 그들은 생디칼리슴*이라 불리는 정책으로 인해 크게 피해를 입었는데 그에 의해 공장에서 부당 이익을 취하던 사람들이 추방되고 공장들은 몰수되어 그곳을 운영하는 사람들의 손에 맡겨졌지만 바로 조업을 중단할 수밖에 없었다. 그런 공장들은 이전의 관리자들을 이런저런 핑계로 다시 불러오거나, 그들을

---

* 공장·사업체 등은 그곳에서 일하는 사람들이 소유하고 경영해야 한다는 주의.

대신할 새로운 관리자들이 공산당에 의해 파견될 때까지 기다려야 했다.

러시아는 철도 사정이 좋지 않았다. 철도를 몰수한다는 소식이 발표되는 순간 정부의 직업은 놀고먹을 수 있는 일자리라는 생각이 퍼지기 시작했다. 시골 역장들은 사람들의 활동을 유지하기 위해 최선을 다해야 할 때에 긴장을 늦추기 시작했다. 그들이 중앙으로부터의 긴급한 명령들을 무시하고 게을리 하는 바람에 제르진스키 교통부장관은 절망에 빠졌다. 그는 직접 태만과 비위를 저지른 사람들 중 한 명을 찾아내어 그와 그의 비서를 총살했다. 그러나 장관들은 그렇게 처형할 대상들을 찾아 돌아다니는 것 말고도 할 일이 많이 있었으므로, 제대로 일을 하지 않는 게으름뱅이들을 상대하기 위해 경찰력을 편성할 필요가 있었다. 이것이 처형권을 가진 유명한 체카가 생긴 이유였다. 오늘날 그것은 러시아판 런던 경시청Scotland Yard의 평범한 부서지만, 그 당시에는 그것이 실제로 수행하는 일보다 훨씬 더 끔찍하다는 평판을 얻고 그러한 평판을 유지하는 것이 그 부서의 주요한 일이었다.

체카는 국가의 업무를 소홀히 하거나 방해하면 총살을 당할 테지만, 열성적으로 일을 하다 실수를 하면 좌천이 되거나 그저 다른 유능한 인재로 대체되리라는 책임감을 공직자들에게 심어주는 데 성공했다. 공직자들 중 일부는 아무것도 하지 않는 것으로 비치는 것에 대한 두려움과 일을 망치는 것에 대한 두려움 사이에 사로잡혀서 일상적인 업무만 수행하는 있으나 마나 한 사람들이 되었다. 체카는 권총으로 게으름뱅이들을 막을 수는 있었지만, 필요한 수많은 기술자와 전기공들을 만들 수는 없었다. 그럼에도 불구하고 러시아 정부는 고삐를 늦추지 않았고 말이나 행동, 글로 정부를 방해하는 사람은 누구든 처형할 준비가 되어 있었다. 러시아는 미국 기술 고문단을 데려왔는데, 고용주들에게 공장을 건설하고 설비를 갖추는 방법과 그들을 관리하는 방법을 알려주는 것이 그들의 일이었다. 미국인들의 지시에 따라 최신형 강철과 유리 공장들이 유럽 쪽 러시아와 아시아 쪽 러시아에서 우후죽순처럼 생겨났고, 그에 따라 엄청난 규모의 생산 시대가 열릴 것으로 기대되었다.

불행히도 공장들이 준비되고, 그곳에서 일할 노동자들을 위한 거처까지 건설한 후 수많은 농민들을 그곳으로 데려왔을 때 문제가 생겼다. 어쩌면 당연한 일이었을지도 모르지만 그들은 모든 것을 망쳤다. 그들은 고속 기계가 손수레보다 더 많은 기름이 필요하다는 것을 알지 못했다. 그들의 기계 조립에 대한 개념은 필요한 모든 부품들을 바닥에 쏟아놓은 후 최대한 빨리 필요한 부품들을 골라 쓰는 것이었다. 50대의 트랙터를 매일 생산할 수 있는 공장에서 서너 대를 간신히 생산했고 그나마 만들어진 트랙터들은 제대로 작동하지 않았다. 그로 인한 낭비와 피해는 말로 표현할 수 없을 정도였다. 기술 고문단은 망연자실하여 어떻게 해야 할지 알 수가 없었고, 그들의 공장이 왜 아무것도 생산하지 못하느냐는 질문에 노동력의 상태가 사용 불가능한 정도라는 심각한 보고서를 보냈다.

그러나 정부는 그들의 방향을 바꾸지 않았고, 당장 일을 어떻게 해야 할지는 몰랐지만 그것은 노동자들도 마찬가지였다. 그들에게 필요한 것은 그들에게 방법을 보여줄 사람들이었다. 이에 따라 정부는 그들을 이끌어줄 벨기에인, 독일인, 영국인,

그리고 특히 미국인들을 충분히 데려왔다. 곧 공장들은 생산적으로 가동되기 시작했다. 오래지 않아 모두 러시아 직원에 의해 운영되는 공장들은 디트로이트나 피츠버그의 공장처럼 원활하게 생산을 했고, 거대한 댐과 운하 건설들이 성공적으로 진행되었다. 특히 운하의 건설은 유죄 판결을 받은 범죄자들에 의해 공사가 이루어졌는데 영국의 죄수들이라면 어떻게 생각을 했을지 모르겠지만 그들은 그 일이 자신들에게 도움이 된다고 생각했다.

한편 네프맨들도 얼마 안 되지만 이런 국가의 노력에 힘을 보탰다. 쿨라크*들도 마찬가지였다. 쿨라크들은 소와 말들, 일손들을 고용할 수 있는 성공적인 큰 농부들이었다. 처음에 볼셰비키 정부는 마르크스주의 원칙에 따라 이들을 착취자들로 규정해 농장에서 쫓아냈는데, 그 결과 그들의 농장은 폐허가 되었다. 톨스토이의 딸 중 한 명이 나를 방문한 적이 있었는데, 최근 자신이 태어나고 자란 시골을 다시 방문했던 그녀는 그곳이 비참한 황무지로 변했다는 것을 알게 되었다. 그녀는 볼셰비키들을 결코 용서할 수 없었다. 그것은 그녀가 옳았다. 정부가 제대로 일을 해나갈 수 있기 전에 사업체들을 몰수하고 쿨라크들을 추방한 것은 멍청한 반反페이비언적인 실수였다. 네프맨들에게 영리 활동을 허락했을 때 정부는 쫓겨난 쿨라크들도 찾아내어 혁명이 준비될 때까지 이전과 같이 계속 그들의 농장을 경영하도록 명령했어야 했다.

---

* Kulak. 러시아 제국 말의 부농 계층.

그러나 쿨라크들만이 경험이 부족한 사회주의자들의 유일한 희생자는 아니었다. 교육을 받은 중산층들은 인텔리겐차라는 이름하에 뭉뚱그려져 사회생활에 제약을 받았다. 그들은 투표도 할 수 없었고 그들의 자녀들은 노동자들의 자녀들의 수요를 충당시키고 남은 교육만을 받게 되었다. 그 어떤 것도 이러한 사람들의 부르주아적 정신 상태를 근절시킬 수 없으며, 프롤레타리아들에게도 기회만 주어진다면 지도력이 필요한 산업들을 아끌 수 있는 능력이 충분히 있다는 생각하에 벌어진 일이었다. 이것은 일반론으로는 충분히 옳았다. 하지만 읽고 쓰는 능력과 사업 경험이 없는 타고난 재능은 무용지물이라는 것, 프롤레타리아적인 습성은 부르주아적 습성만큼이나 공산당 기관들에 부적절하다는 것도 사실이었다. 국영 기업이 크게 확장되어 갈 때 화이트칼라 노동자들에 대한 수요는 원시적인 프롤레타리아들의 공급을 훨씬 능가했다. 레닌, 트로츠키, 그리고 그들의 동료들도 철저한 부르주아 인텔리겐차였고 소련의 최고 외교관(리트비노프의 후임)인 치체린은 가장 배타적인 궁중 귀족의 혈통이었다. 어떻게 문제를 해결해야 했을까?

그런 어려움은 네프맨의 경우보다 덜 공공연한 방식으로 극복되었다. 화이트칼라 일자리들은 신사 숙녀 계급으로 채워져야 했는데, 그들 모두는 자신들의 아버지가 육체노동자였다고 선언을 해야 했다. 실제로 레닌과 트로츠키의 부모가 농민이라는 주장까지 나왔다. 하지만 곧 지적 프롤레타리아라는 새로운 범주가 발명되면서 더 이상 이런 실없는 소리를 할 필요가 없어졌고 인텔리겐차는 화이트칼라 노동자로 고용할 가치가 없거나, 새로운 질서를 받아들이거나 이해하지 못하는 불행한 신사 숙녀들을 의미하는 용어로 남게 되었다. 그들의 운명은 비참했지만, 다행히도 그들의 아이들은 공산주의를 기꺼이 받아들였다. 기생 계급들, 지주, 임차인, 귀족 계급들은, 새로운 제도에 적응하고 옛 질서보다 새 질서를 더 좋아하게 될 정도로 영리한 사람들을 제외하면, 다른 나라로 도망쳐 곧 옛 질서가 러시아에 회복되기를 기다리며 지냈다.

불행한 예외는 왕족이었다. 자유주의 혁명에 의해 군주정이 폐지되었을 때 케렌스키 일파는 왕족들을 어떻게 처리해야 할지 알 수 없었다. 혁명 재판소를 설치하고 차르를 참수함으로써 영국과 프랑스의 선례를 따른다는 것은 니콜라스 2세의 잔학 행위와 군사적 실패 이후 얼마 남지 않았지만 여전히 잔존하고 있었던 구 왕실주의자들에게 너무 큰 충격이 되었을 것이다. 볼셰비키들이 자유당을 몰아내고 공산주의 국가를 건설하기 시작했을 때도 그들 또한 황실의 처리에 대해서는 별다른 묘안이 없었다. 차르와 그의 가족은 백군의 영향이 미치지 않는 지방 별장에서 자신들끼리 즐겁게 지내도록 내버려두어졌다.

하지만 유럽 전쟁의 유물 중 하나인 체코슬로바키아 부대가 접근해오자 지역 당국은 심각한 공포에 휩싸였다. 그 전쟁에서 마사리크가 이끄는 체코군은 독일과 오스트리아-헝가리 세력을 꺾기 위해 연합군에 가담함으로써 민족 독립을 위한 기회를 잡았다. 전쟁이 진행되는 동안 그들은 아시아의 한쪽 끝까지 도달했고 러시아를 통해 본국으로 돌아가야 했는데, 그곳에 도착한 그들은 연합군의 명분이 백군과 일치하므로, 트로츠키의 붉은 군대는 그들에게도 적임에 틀림없다고 결정했다. 그들의 서쪽을 향한 행진이 예카테린부르크에 있는 차르의 별장을 지나갈 것처럼 보였기에 그를 지키던 사람들은 어떤 일이 있어도 차르가 그들의 도움을 받아 탈출하는 것만은 막기로 결심했다.

그들은 역사적으로 유례없는 무자비함과 피해자들에게 필요 없는 고통을 덜어주고 싶은 희망을 결합한 독특한 방식으로 일을 진행했다. 그들 자신은 모두 광신적인 마르크스주의 유물론자였지만 차르가 매우 신앙심이 깊다는 것을 알고 있던 그들은 특별 예배를 드릴 수 있도록 특별히 합창단을 데려와서 그를 영적으로 평온하고 행복한 상태로 만든 후 왕족들의 거처를 옮긴다며 준비를 하고 한 방에 모이라고 지시를 했다. 아무 의심 없이 차를 기다리고 있던 왕족들에게 갑자기 군인들이 들이닥쳤고 차르는 무슨 일이 일어나고 있는지 깨닫기도 전에 총에 맞았고, 30초도 채 되지 않아 아내와 아들, 세 딸들도 모두 죽었다. 그들의 시신은 숲으로 옮겨졌고 그곳에서 등유가 끼얹어져 완전히 소각되었다.

그것은 확실히 역사상 가장 자비로운 왕족 살해였다. 그러나 나중에 소련 정부가 거둔 압도적인 승전에 비추어 볼 때 체코슬로바키아 파견대가 왕족을 프라하로 데려가 다뉴브 강의 성에 안전하게 데려다 놓았다 하더라도 그로 인해 소련이 어떤 해를 입게 되었을지는 전혀 분명하지 않다. 왕족들은 그곳에서 그저 한물간 과거의 유물로서 관광객들의 호기심이나 만족시킬 뿐 새로이 컬로든 전투나 워털루 전투를 일으킬 만큼의 열정을 사람들에게 불러일으키지 못했을 것이다. 그런 의미에서 왕족들의 사형 집행은 실수로 분류될 수도 있다. 분명히 인간적인 레닌은 그렇게 생각했지만, 그것에 별 중요성을 부여하지는 않았다.

그러나, 나는 지금 소비에트 사회주의가 시대의 조류를 알았더라면 피할 수 있었을지도 모르는, 그리고 만약 그것의 행위자들이 19세기 자유주의, 반교권주의, 마르크스주의의 잡탕으로부터 얻을 수 있는 것보다 더 나은 사업 기술을 가지고 있지 않다면, 앞으로 자본주의 세계가 공산주의 세계로 전환될 미래에 계속 되풀이될 것 같은 그러한 실수들을 염려하고 있는 것이다.

어떤 경우든 그들은 사보타주의 심리적 현상에 대처할 준비를 해야 한다. 자본주의 체제에서 당신의 집을 수리하는 배관공들은 곧 다른 고장이 일어나 또다시 와서 일을 할 수 있도록 조작해서 금전적 이익을 얻으려 할 수도 있다. 그러나 러시아에서 사보타주를 저지르는 사람들은 볼셰비즘에 앙심을 품고 일부러 기계에 최대한 많은 해를 끼치고, 장부를 위조하고, 심지어 이듬해의 수확을 거두기 위해 필요한 씨앗들까지 파괴했다. 그러나 이것은 충분히 이해할 만하다. 마르크스주의나 자본주의에 대해서는 아무것도 모르고, 그들의 안락함과 프롤레타리아의 비참함 사이에 아무런 연관성도 보지 못한 채 편안한 환경에서 지내던 사람들이 어느 날 집에 무력으로 침입한 프롤레타리아 폭도들에게 방을 빼앗기고 소득을 몰수당하는 한편, 신사 숙녀로 받던 존경 대신 경멸을 받고, 자녀들에게는 가난한 사람들의 자녀들보다 교육의 기회가 주어지지 않으며, 의회 참정권도 박탈당하여 그들의 전반적인 상태가 거친 육체

노동자들보다 더 못한 처지로 떨어졌다면, 또는 번창하는 농장의 성공적인 쿨라크들이었지만 그들의 이웃들은 한 마리도 없는 말을 네 마리나 가지고 있다는 이유로 추방을 당했다면, 앙심을 품고 순전히 악의적인 짓을 저지르는 것에서 만족을 느끼는 게 당연하다. 이 사람들에게 만약 그들이 카를 마르크스나 헨리 조지의 글을 읽으면 그들은 자신들이 당하는 고통이 자본주의 체제 밑에서 노예들이 겪었던 것에 비하면 아무것도 아니라는 것을 알게 될 것이라고 말해봤자 아무 소용이 없다. 오히려 부당한 대우를 당했다는 분노에 기름을 끼얹은 격이 될 것이다.

그들을 다루는 방법은 두 가지뿐이다. 하나는 그들을 체카에 넘겨 범죄자로 재판을 받거나 즉결 처분을 당하게 하는 것이다. 다른 하나는 그들을 다시 편안한 상태로 만들어주는 것이다. 하지만 그들의 편안함에 대한 관념은 오래된 속물적 존경심과 노동자와 상인들로부터 받는 오래된 존경심을 포함하고 있기 때문에 이것은 쉽지 않다. 그리고 그것은 사보타주를 초래하는 원한에서 날을 제거할 만큼 충분히 오래 유지될 수도 없다. 다행히도 그들의 아이들은 속물근성 가운데에서 자라지 않았기에, 새로운 제도를 자연스럽고 그들의 마음에 맞는 것으로 생각하는 것 같다. 사보타주를 자행하던 사람들 중에서도 일부 영리한 이들은 소비에티즘의 장점을 깨닫고 마음을 돌렸지만, 차르의 지배하에서 성장한 중산층이 모두 사라질 때까지는 사보타주가 어떤 식으로든 계속될 가능성이 있다. 레닌이 처음부터 네프맨의 필요성을 인식할 만큼 페이비언이었다면 그들의 어려움은 대부분 피할 수 있었을 것이다.

덜 해롭기는 하지만 여전히 골치 아픈 정신 상태는 혁명 후에는 모든 것이 달라질 것이라는 생각에 의해 만들어진다. 1880년대 초에 나는 한 열렬한 젊은 사회주의자에게 어떤 직업을 택할 것인지 물어본 적이 있다. 그는 당시 열성적인 사회주의 지도자였던 고 헨리 하인드먼으로부터 1889년(프랑스 혁명이 일어난 뒤 100년 후)에 혁명이 일어날 것이라고 들었기에 그 이후에는 어떤 직업도 가질 필요가 없는 것 아니냐며 내 질문이 의외라는 듯 대답했다. 그는 심판의 날과 천년왕국이란 그리스도교 전통을 자본주의로부터 사회주의로의 변화에 옮겨왔고, 내가 사회주의 국가에는 자본주의 국가보다 더 많은 전문직과 기술자가 필요할 것이라고 말하자 꽤 당황하는 듯했다.

혁명을 환영했던 여성들은 —숙녀들이라고 하는 편이 낫겠다— 이 천년왕국이란 망상에 의해 다른 영향을 받았다. 경박한 부류들은 프롤레타리아 독재 정권이 성행위에 대한 전면적인 방종을 허락하고 이제까지의 모든 존경할 만한 사회적 관습을 부정하리라고 믿었다. 소비에트 통치자들은 대부분 종교 수행자들처럼 그들 자신의 삶에 엄격했지만, 모든 종류의 권위와 강요에 대해 반감을 가지고 있었기 때문에 처음에는 분별력이 떨어지는 여성 동지들의 방종을 용인하고 이혼을 아주 쉽게 할 수 있을 정도로 도덕과 관련된 법을 개정했으며 학교의 교칙들도 거의 폐지했다. 하지만 이런 조치들의 부작용이 너무 심했기 때문에 얼마 안 가 유야무야 사라지게 되었고 현재의 일반적인 경향은 '네 마음 가는 대로 하라'는 모토를 따랐던 시칠리아의 텔레마 사원보다는 청교도주의를 지향하는 것 같다. 하지만 지금 나는 모든 사회에 공통적으로 존재하고 스스로 치유되는 경향이 있는 과잉 행동들에 대해 걱정하는 것이 아니라, 만약 계속된다면 자본주의의 폐해를 재현할 수 있는 실수들에 대해 걱정하고 있다.

우리가 보았던 대로 공산주의가 성취되었는지의 여부를 최종적이고 본질적으로 판단할 수 있는 특징인 소득의 평등은 사유 재산의 악행과 착취 문제에 골몰했던 마르크스의 가르침의 일부가 아니다. 그는 최적의 분배라는 문제를 다룬 적이 없다. 네프맨이 어느 정도 인정할 만한 수준의 보편적인 번영을 생산하지 못하고 소련 정부가 점점 더 일반 고용주나 임금 규제자가 되어갔을 때, 그들은 술 취한 채 근무하는 게으른 역장들과 공장 노동자들을 총살하거나 소련 전 지역을 순회하면서 어떻게 일을 해야 하는지 시범을 보여주던 모범 노동자단의 열정을 통해서도 생산이 촉진될 수 없다는 것을 알게 되었다. 필요했던 것은 노동의 등급을 매기고 각 등급에게 그 아래 등급보다 더 높은 임금을 주는 작업량제制 임금이라는 자본주의적 장치였다. 기술적으로 더 높은 등급을 받을 자격을 갖춘 노동자는 더 나은 삶을 살 수 있었다. 이러한 불평등을 정당화하면서 볼셰비키 지도자들 중 일부는 소득의 평등이 사회주의에 속하지 않는다고 주장하는 기본적인 실수를 범했으며, 한 발 더 나아가 노동에 등급을 매기는 것과 작업량제 임금이 산업에 대한 단순한 유인책이 아니라 인간 가치의 자연적인 차이를 돈으로 평가한 것이라고 실제로 선언까지 했다. 이 책을 읽어본 사람이라면 누구나 그러한 가치 평가는 불가능하다는 것을 알고 있을 것이다.

올바른 설명은 톰, 딕, 해리의 타고난 능력, 몸 크기, 몸무게, 외모, 재능, 혹은 명성의 차이가 얼마나 되든 간에 그들을 먹이고, 옷을 입히고, 주거하게 하는 비용은 사실상 같다는 것이다. 그들의 조건을 평준화하는 첫 번째 단계는 국가가 그들 각각에게 얼마를 제공할 수 있는지를 결정하는 것이어야 한다. 모든 국가에서 현재 미숙련 노동력의 수준에서는 소득의 균형이 크게 이루어져 있다. 만일 사회주의 정부가 모든 사람들의 수입을 그 수준으로 줄이려고 한다면(러시아에서 그것은 한 방에서 열 명의 사람들이 잔다는 것을 의미했다), 그러한 조건하에서는 일급 두뇌나 권위 있는 행정가들을 얻을 수 없다는 것을 바로 깨닫게 된다. 하지만 시인, 화가, 배우, 예술가 등은 물론, 수학자와 물리학자, 건축가와 엔지니어, 기획자와 사상가, 변호사와 정치가, 전략가와 기술자, 행정가와 대기업 임원들은 즉각적이고 절대적으로 필요하므로 그러한 사람들이 필요로 하는 세련된 삶, 분리된 주거, 차별을 그들에게 제공할 수 있을 정도로 분배 수준을 정한 후 모든 사람들이 그 수준에 도달할 수 있을 때까지 생산을 증가시켜야 한다. 그리고 생산을 끌어올리는 과정에서 하루에 한 개의 철판을 만드는 노동자에게 두 개의 철판을 만듦으로써 소득을 두 배로 올리도록 유도하거나 또는 더 높은 기술 등급 수준을 갖추어 높은 소득을 올리도록 유도함으로써 그 과정을 촉진시킬 수 있다면 그러한 방법들이 모든 가치 있는 곳에 적용되지 않을 이유가 없다. 그들 중 상당수가 자본주의 체제하에서 만들어지고 사용되었다는 사실은 오히려 그것들이 더욱더 받아들여져야 하는 이유다. 자본가 고용주들은 그런 생산 기술들을 습득하여 팔 수 있는 것보다 더 많은 것을 생산함으로써 자신들의 시스템을 해체시켰다.

그러나 마침내 바라던 수준에 도달했을 때, 앞에서 설명한 것처럼 다른 무엇보다도 공동체 전체 구성원들이 서로 통혼하는 것이 가능하도록 하기 위해 소득에 대한 과세, 상속의 제한 등 모든 장치들이 사용되어야 한다. 소득의 평등, 그리고 그로 인한 조건의 평등은 모든 인간들의 결합의 안정성에 절대적으로 필수적이며 공동체 안의 누구와도 결혼을 할 수 있는 가능성은 그것에 대한 최고의 리트머스 테스트이다.

내가 여기서 소련 정부의 놀라운 성공에 대해 설명하는 것은 불가능하기도 하거니와 불필요한 일이다. 그러려면 1,143페이지의 책이 필요할 것이다. 더구나 그런 책은 이미 나의 동료 페이비언주의자인 시드니와 베아트리스 웹 부부에 의해 쓰였다(『소비에트 공산주의: 새로운 문명?』). 나보다, 아니 어떤 러시아인이 쓸 수 있는 것보다 훨씬 더 잘 쓰인 책이다. 러시아인들은 시행착오를 거치며 문제를 하나씩 풀어가느라 아직 그들이 발견한 내용들을 취합하여 종합할 여유가 없고 아직도 마르크스가 과학적 사회주의의 최고 권위자이며 그에게서는 아무런 오류도 찾아볼 수 없다는 착각에 빠져 있다. 1936년 모스크바는 새로운 헌법을 공포했다. 대부분은 토머스 페인이 썼다고 해도 좋을 만한 내용들이다. 그것은 유럽과 미국의 자유주의자들을 회유하기 위한 겉치레에 불과하다고 치부할 수도 있다. 하지만 공산주의는 절대로 자유주의와 다르다고 온 세상에 주장하는 일의 결과는 공산주의에 대한 흥미를 없애는 것일 뿐이므로 토머스 페인의 『인간의 권리』를 소생시킨 듯한 헌법을 발표한 것은 전혀 신중한 행동이 아니었다. 자유주의가 러시아에서 가졌던 마지막 기회는, 결국 절망적인 실패로 끝났지만, 네프맨의 존재였다.

1928년 트로츠키는 러시아가 유럽의 모든 프롤레타리아들의 리더가 되어 모든 자본주의 국가들과 영원히 혁명 전쟁의 상태에 있어야 할지(트로츠키의 견해) 아니면 자국에 전념하여 그 땅 안에 모범적인 사회주의를 확립해야 하는지에 대해서 스탈린과 의견이 갈렸다. '단일 국가 내의 사회주의'가 스탈린이 지지한 표어였다. 트로츠키가 유배되고 스탈린이 승리를 거둔 것은 상식의 승리였으며, 지금 신트로츠키주의는 외국의 동맹들이 없으면 혹은 동서의 자본주의 동맹국들에게 양보를 하지 않으면 사회주의는 스스로를 유지할 수 없다고 생각하는 반스탈린주의자들의 음모를 의미한다.

85

파시즘
FASCISM

파시즘은 지금 그것이 시도되고 있는 상황 외에는 이렇다 할 새로운 것이 없다. 율리우스 카이사르, 크롬웰, 나폴레옹과 그의 조카 루이 나폴레옹은 우리가 가장 많이 이야기하는 과거의 파시스트 지도자들이다. 그러나 그들은 쿠데타라고 불리는, 제대로 빨리 일을 해내지 못하는 정부에 저항하는 무법적인 반란을 일으킨 무수하게 많은 유능한 모험가들 중 네 명에 불과하다. 산업, 교육, 공중 보건 등은 민간 기업과 자선 단체가 맡고 정부는 경찰 업무 외에 거의 하는 일이 없었던 약 백 년 전 무렵에는 지금처럼 의회 절차, 그리고 공무원들의 태만, 비효율성에 대한 불만이 존재하지 않았다. 지금은 정부가 국가의 모든 분야에 적극적으로 간섭하도록 요구받고 있다. 어떻게 윌리엄 3세가 의회 정당제를 시작한 것이 하원을 호기심을 토론하기 위한 클럽으로 전락시켰고 문명 세계의 모든 사람들이 만성적이고 피할 수 없는 공포로 체념하고 받아들이는 실직, 절망적인 빈곤으로부터 국민을 구해줄 조치들을 러시아 정부처럼 만들어내지 못했는지 나는 앞에서 설명했다. 하지만 1832년 남성 부르주아 계급에 참정권을 부여하고, 1867년에는 남성 육체노동자들에게, 그리고 1918년에는 여성들에게까지 참정권을 부여하여 대영제국 성인들의 참정권을 확립함으로써 가능한 한 의회를 민주적으로 통제하려 하는 등 의회를 개혁하려는 시도가 행해져왔다.

하지만 거기까지가 다였고 그것으로 19세기 내내 혁명을 막아오는 힘이 되었던 희망도 막을 내렸다. 1832년 이전에는 위대한 개혁 법안만 통과되면 모든 것이 좋아질 것이라고 생각했다. 하지만 그에 뒤따른 실망은 연례 선거와 성인 남성들의 참정권을 추구한 차티스트 운동Chartist Movement을 일으켰지만 별 성과 없이 끝났다. 1867년 육체노동자의 일부가 선거권을 얻게 되자 1880년 사회주의 운동이 시작되었다. 그러나 여전히 모든 사람들에게 투표권이 주어지고 노동당이 의회를 장악하면 모든 사회 문제가 행복하게 헌법적으로 해결될 것이라는 믿음은 사라지지 않고 남아 있었고, 전쟁 전 여성들의 참정권 운동에 의해 다시 불이 붙게 되었다.

나는 그 당시의 참정권 시위에서처럼 그렇게 열정적인 웅변가들이나 열광적인 모임을 본 적이 없다. 투표라는 마법에 대한 믿음이 너무나 뜨거웠기 때문에, 여성들에게 투표권을 주면 아마도 의회로부터 그녀 자신들이 축출되는 결과를 맞을 것이고, 그녀들에게 필요한 것은 투표권이 있건 없건 간에 여성들의 비율만큼 모든 공직에 여성들이 진출을 하도록 만드는 헌법이라고 경고를 한 나는 비난을 피할 수 없었다. 다음 총선에서 열성 참정권 운동가들의 환상은 산산조각 났고 반면에 자신들의 당을 강화하는 데 도움이 되리라는 것을 예견하고 여성에게 투표권을 주는 것에 동의했던 보수당과 반동주의자들은 크게 고무되었다. 여성들을 위해 열심히 일을 해온 모든 여성 후보자들은 그들을 경멸하는 여성 유권자들 덕분에 패배했고, 노동당의 사회주의자 지도자도 여성들의 표에 의하여 의회에서 축출되었다. 선거 후 남성 614명과 여성 1명으로 이루어진 의회가 1,900만 명의 남성들과 2,100만 명의 여성으로 구성된 공동체를 대표하는 놀라운 장관을 연출했다. 다행히도, 당시 많은 사람들이 목격했듯, 여성들에게 특히 영향을 미치는 많은 문제들에 있어서 단지 한 명의 여성 의원의 존재만으로도 이전에 비해 큰 차이가 있게 되었다.

어찌 되었든, 백 년 동안 국민들에게 내걸었던 당근이 결국 그들에게 다 주어졌지만 그들은 어떤 만족도 느낄 수가 없다. 독일과 이탈리아에서 의회가 파시스트 지도자에 의해 밀려나고 러시아에서는 개혁을 비준하기 위해 가끔 소집되었지만 정작 아무런 안도 만들지 못하는 기관으로 전락한 이유다.

그러나 뭔가 긍정적인 일이 일어났다. 영국 의회 제도와 그것을 모방한 다른 나라의 제도들이 초래한 최악의 결과들 중 하나는 권력과 공직을 차지하려는 모든 정치 선동가들은 첫 번째 필수 불가결한 단계로서 하원이나 유럽 대륙 국가들의 그에 상당하는 기관의 의석을 차지해야만 했다는 것이다. 가난한 사람들은 의석을 차지하기 위해 엄청난 수고와 시간을 들여야 했지만 부유하고 연줄이 있는 보수당의 젊은 신사들은 아무 쓸모 있는 현안을 갖고 있지 않아도 적절하게 선택된 선거구에서 6주 안에 의석을 얻을 수 있었다. 프롤레타리아 후보가 마침내 성공해서 의회에 진출을 한다 하더라도 그들은 토론 외에는 아무것도 할 수 있는 게 없다는 사실을 깨닫게 된다. 그들은 의회의 일상으로 인해 무기력에 빠지게 되고 아무도 그들을 두려워하지 않게 되며 만약 그들이 인간적인 매력이 있다면 수상이 될 수도 있겠지만 그런 허수아비 같은 존재는 젊은 혁명가들에게 의회 생활에 등을 돌리고 의회 세력을 위압하기 위해 전투적인 파시스트 세력을 형성하지 않으면 그들도 결국 그렇게 되고 말 것이라는 경고로서만 유용하다.

하지만 그런 일은 쉽지도, 심지어 가능하지도 않아 보인다. 그것을 시도하는 모험가는 와트 타일러,* 잭 케이드,** 타이터스 오츠,*** 조지 고든 경,**** 기타 폭도들이 좋아했던 사람들과 같은 운명에 처할지도 모른다. 하지만 놀라운 성공들도 있었다. 나폴레옹과 그의 조카 루이 나폴레옹은 둘 다 전쟁을 일으켰다가 패하고 감옥 혹은 유배지에서 죽었지만, 삼촌은 13년 동안, 조카는 18년 동안 황제 자리를 차지했다. 아무런 존재감도 없는 시시한 삶보다는 훨씬 나은 삶이다. 우리의 동시대인들인 베니토 무솔리니, 아돌프 히틀러, 케말 아타튀르크, 레자 샤 팔라비*****의 최후를 속단하기는 아직 이르다 그러나 그들 모두 이

---

* Wat Tyler. 1381년 잉글랜드에서 발생한 대규모의 민란의 지도자.

** Jack Cade. 1450년 잉글랜드 정부에 대항한 반란 주동자.

*** Titus Oates. 찰스 2세를 암살하고 가톨릭을 부활시키려 했다.

**** Lord George Gordon. 1780년의 반가톨릭주의자들에 의한 고든 폭동 Gordon Riots의 단초를 제공한 인물.

***** Reza Shah(1878~1944). 이란 팔라비 왕조의 초대 샤.

미 나폴레옹이 황제였던 것보다 더 오랫동안 최고 통치자의 자리에 머무르고 있다.

다음과 같은 상황을 고려해보자. 자신이 야심 가득한 악당이 아니라 열렬하고 유능한 개혁자지만 무력한 군주 정치나 당으로 갈라져 말싸움이나 하는 의회 아래에서 문명이 산산조각 나는 것을 지켜보기만 하는 처지라고 생각해보자. 그런 상황에서 '오, 내가 10년만 절대 권력을 가질 수 있다면! 아니면 5년이라도!'라고 말하지 않을 사람이 과연 있겠는가?

이 조급함을 느끼는 천재에게 초기 크롬웰처럼 의회에 대해, 로버트 에밋처럼 민중에 대한 환상이 없다고 가정해보자! 크롬웰은 의회를 설득해 왕의 머리를 자르게 했고, 그렇게 영국 왕실의 독재 정치를 폐지한 후 왕을 대신하여 의회가 통치를 하도록 했다. 청렴하고 능력 있는 사람들로 구성된 의회의 통치는 처음에는 성자들의 통치라고 불릴 정도였지만 얼마 못가 터무니없는 짓거리를 일삼았고 결국 크롬웰은 의회를 해산하고 철권통치를 할 수밖에 없었다. 에밋은 아일랜드 사람들이 그의 부름에 부응하여 독립을 쟁취하기 위해 일어설 것이라고 생각했다. 하지만 아일랜드 사람들은 봉기하지 않았고 에밋은 교수형에 처해졌다. 133년 뒤에 피어스와 코널리도 같은 이유로 교수형에 처해졌다. 하지만 현대의 독재자들은 크롬웰이나 에밋처럼 환상을 품지 않는다. 그들은 프롤레타리아들을 선동, 조직할 수 있는 방안들과 은밀한 음모들을 다양한 경로에서 탐구하는 것으로 활동을 시작하는데, 보통 한두 번의 감옥살이도 포함된다. 이를 통해 그들은 프롤레타리아 사회와 그들의 지도자들이 노동조합처럼 거의 실제적이지 않다거나 정부

의 실상을 전혀 파악하지 못하고 전투력도 없고, 초기 그리스
도교 신학자들처럼 서로 다투기만 하는 이상주의자나 불평분
자들로서, 더 크거나 더 좋은 것으로 발전할 가능성이 아예 없
는 절망적인 소수자들이라는 것을 알게 된다. 이런 것을 알게
되었을 때 보나파르트, 무솔리니, 히틀러, 무스타파 케말, 레자
팔라비는 어떤 행동을 취해야 할까?

답은 하나도 어렵지 않다. 그는 정치적 당파주의자들, 자유
당과 공화당, 노동조합과 협동조합원, 사회주의자, 볼셰비키,
아나키스트, 생디칼리스트, 자유사상가들, 통화 괴짜들,* 구원
주의자 등 모든 작은 소수 단체들에 등을 돌리고, 그들에 대항
하여 기득권 세력에 영합하는 거대 조직을 만들고 그런 미미
한 소수 단체들을 경찰력으로 진압하려 할 것이다. 그와 함께
하는 사람들은 가장 좋은 옷을 입고 매주 일요일에 예배를 드
리기 위해 교회에 가거나, 아니면 최신 유행의 스포츠 옷을 입
고 골프나 테니스를 치거나, 또는 대관식, 왕실 결혼식, 또는
호스 가즈 퍼레이드Horse Guards Parade 광장에서 벌어지는 군
기 분열식을 보기 위해 몰려가고, 죽은 군주가 관에 누워 있는
모습을 보기 위해 5마일이나 길게 줄을 서서 구경하며 자신들
은 믿음과 법을 가지고 있다고 생각하지만, 실은 다른 모든 사
람들처럼 행동하는 것뿐이고 그렇게 하지 않는 사람들을 보면
충격을 받는다.

그들의 두뇌 운동은 주로 크로스워드 퍼즐, 카드 게임을 하

---

* currency cranks. 추가적인 경제 성장 없이 정부의 통화 정책만으로도
모든 사람을 더 부유하게 만들 수 있다고 믿는 사람들.

는 것이고 그들의 육체 운동은 골프와 잔디 테니스, 폭스트롯과 룸바를 추는 것이다. 하지만, 동시에, 아주 많은 사람들은 이러한 일들 중 어느 것도 하지 않고, 최근에서야 라디오 덕분에 그나마 좀 나아졌지만, 그저 일을 하면서 가정을 돌보고 아이들을 양육하는 단조로운 삶을 살고 있다. 이 책을 읽어야겠다는 마음이 생길 정도로 정치적, 사회적 관심을 가진 지적인 여성인 바로 당신은 이런 사람들을 너무 잘 알고 있으며, 당신의 지적 성향 때문에 그들에게 의심받거나, 미움받고, 최선의 경우 약간 정신이 이상한 사람으로 간주된다. 다만, 당신에게는 다행스럽게도, 그들은 어려운 책을 읽는 사람에 대한 경외심으로 넘치기 때문에 당신이 이 책을 읽고 있는 것을 보면 당신을 뛰어난 지성인으로 인정하고 당신을 알게 되어 자랑스러워할 것이다.

그들은 애국적인 사람들인데, 그 의미는 신이 자신들을 다른 나라 사람들보다 우월하게 창조했다고 믿는 것이다. 이러한 자만심을 채우기 위해 그들은 영광(나폴레옹이 발명한 것이다), 즉 자신들의 용감한 아들이나 형제들이 승리했다는 소식을 갈망한다. 그들이 알고 있는 한 역사는 자신의 나라가 승리한 일련의 전쟁들일 뿐이다. 내가 더 자세히 말할 필요가 없을 것이다. 당신이 이미 다 알고 있는 사실이니까.

만약 이 많은 평범한 사람들이 정치적으로 조직될 수 있다면 이들은 정치적 의식이 있는 작은 집단들을 투표를 통해 지구상에서 몰아낼 수 있고 필요하다면 폭도들을 동원해 그들을 없앨 수도 있다. 독재자가 되고자 하는 사람은 바보들이 삼키고 싶어 하는 것들을 그들에게 내주는 한편 모든 사람들의 상식과 편안함에 호소하는 개혁을 하고 기존 질서의 명백한 폐해들을 없애기만 하면 된다. 그의 첫걸음은 나이 든 지역 상인들이 시골 마을들과 지방을 다스리기 위해, 그리고 지방세를 부과하기 위해 서로를 의원으로 선출해 만든 모든 소의회들을 폐지하는 것이다. 그는 활력이 넘치고 능력 있는 젊은 관리들에게 절대적인 권력을 부여하여 지방에 파견해, 그곳을 정화시킬 것이다. 그리고 이렇게 함으로써 그는 지방정부를 신속하게 개선할 뿐만 아니라, 천박한 늙은 상인들을 없애고 우수한 사람을 고용하여 지방을 정화하려는 대중의 욕구를 만족시킬 것이다.

다음 단계는 독재 권력과는 별개로 사람들이 결성한 정치, 경제 조직들을 모두 없애는 것이다. 이것은 폭력으로도 쉽게 할 수 있다. 독재자에게 헌신적인 젊고 육체적으로 강한 무리들을 시켜서 무고한 협동조합이나 존경받는 오래된 노동조합을 무정부주의자들의 불순 단체들이나 공산주의자들과 함께 뭉뚱그려 악의적인 선동의 소굴, 지도자의 적들로 매도하고 이들의 사무실에 침입하여 사람들을 폭행하고 집기를 박살 내며 금고를 털고 회원 목록에 올라 있는 사람들을 추적하여 구타를 하게 한다. 이들 폭도들과 생각이 같은 경찰들은 그들을 보복으로부터 보호하는 것 외에는 그들의 활동에 개입하지 않을 것이다.

이런 일들이 철저하게 행해지고 난 후에 리더가 할 일은 질서를 회복하는 것이다. 사무실들을 습격하고 몇 명의 관리들과 시민들을 이곳저곳에서 구타한다고 해서 은행에 자금, 투자, 저당권이 있고 매일 은행 거래를 하며 일상적인 업무를 처리하는 정치, 경제 단체들을 없애기는 어렵다. 하지만 여기에도 손쉬운 해결책은 있다. 파시스트 지배자가 그 단체의 재산을 몰수하고, 그들을 완전히 정부의 통제를 받는 새로운 국가의 부서로 만드는 것이다. 선전(대부분 선동) 외에는 자금력도 없고 기능도 없는 순수 정치 단체들은 공격에 의해 없앨 수 있고, 그 후에는 이를 되살리려는 모든 시도를 불법화하면 된다.

그러한 절차들은 자유주의자들을 경악하게 만든다. 자유주의자들은 자유, 민주주의의 원칙들, 표현의 자유, 사상의 자유, 그리고 자본주의가 기반을 둔 사유 재산, 민간 기업의 모든 권리를 침해한다며 그들을 크게 비난할 것이다. 그에 대해 파시스트 지도자는 국민들의 절대 다수를 거대한 집단으로 조직하고 공공의 일이 어떻게 이루어져야 하는가에 대한 그들의 생각—즉 뛰어난 사람들이 강제력을 가지고 '하층 계급들'을 완전히 일소하는 것—을 실천하는 것보다 더 민주적인 것은 없다고 반박해야 한다. 지도자가 자유주의자들과 그들이 자신들의 것으로 당연시하는 권리와 자유에 대해 위엄을 갖추고 경멸적으로 말하면서 자신이 상징하는 바인 국가에 대한 규율, 질서, 침묵, 애국심과 헌신을 요구하면 사람들은 그에 열렬히 반응하여 자유주의자들을 살해하거나 섬, 강제 수용소, 감옥에서 썩어가게 만들 것이다. 평범한 일반 시민들의 아이디어가 실천되었을 뿐만 아니라, 피상적이지만 실제적인 결과가 즉각적이고 눈에 띄게 성공적이었기 때문이다.

젊고 정력적인 관리들은 그들이 대체한 늙은 상인들이라면 6년이 걸렸을 자질구레한 악폐들의 소탕을 단 6개월 만에 이루어내고 긴급하게 필요한 공공 업무를 시작한다. 파리는 루이 나폴레옹 휘하에서 조르주 외젠 오스만에 의해 재계획되고 재건되었다. 이탈리아에서는 무솔리니 치하에서 처음으로 기차가 시간을 엄수하여 운행되었다. 그동안에도 지도자는 각급 학교와 대학에서 파시스트적인 가르침에 대한 화려한 행사들과 낭만적인 웅변, 언론 선전을 쉬지 않고 가능한 한 그의 통치에 대한 비난이 일지 않도록 주의를 기울인다. 그렇게 한동안은 파시즘은 훌륭한 지도자와 함께 번성하고, 큰 인기를 얻으면서도 민주적이다. 그것이 일반 시민들은 천성적으로 또는 교육에 의해 쉽게 파시스트로 만들 수 있다는 사실 외에도 파시즘에는 항상 실제적인 경향이 존재하는 이유이고 파시스트 지도자에게는 개혁자와 혁명가가 그저 소수의 불온한 괴짜들에 불과한 이유이다. 게다가, 폭력과 약탈에 의한 노동자 계급 조직의 소멸만큼 자유와 질서에 대한 우리의 관념에 충격을 주는 것은 없지만, 국가의 부서들로 그것들을 재건하는 것은 소위 연합 전선을 형성하여 부침과 반목을 일삼는 프롤레타리아의 지리멸렬한 조직들을 견고하고 거대한 덩어리로 결집한다. 그것은 언론과 집회에 대한 국가적인 통제를 가능하게 하는데, 적어도 백만장자들이 그것을 통제하는 것보다는 남용의 우려를 줄인다. 공공사업은 모두의 일이라는 민주주의의 원칙은 실제로 실행 과정에서는 모든 사람의 일은 누구의 일도 아니라는 사실을 증명하며 무너지고 공공 업무에 대한 모든 진정한 책임을 파괴하기 때문에 나폴레옹의 장관들처럼 더 이상 자신의 일에 대한 책임을 회피할 수 없는 파시스트 독재자들이 등장할 수밖에 없다. 실수를 저지르는 대로, 혹은 일을 하기에는 나이가 너무 많다는 증거가 나오는 대로 바로 자리를 물러날 정도로 책임이 있는 시의원이나 국회의원을 대중 선거에 의해 선출할 수 있다는 주장은 명백한 헛소리다.

파시즘은 또한 의원 절반은 나라를 통치하려 하고 나머지 절반은 그들을 막으려고만 하면서 분별없이 방해만 일삼는 의회의 대결 정치를 없앤다. 그러한 이점들이 있었기에 나폴레옹은 의회를 전복시키고 열광적인 국민 투표의 성원에 힘입어 힘들이지 않고 조국의 구세주로 받아들여졌다. 단지, 파시스트 천재들은 불멸의 존재가 아니고, 경우에 따라서는, 나폴레옹에게 일어난 것처럼, 그들이 죽기도 전에 지칠 수 있다. 만약 그들이 파시즘을 무능하거나 악랄한 손에 맡긴다면, 그것은 기껏해야 개탄스럽고 최악의 경우에는 끔찍한 결과를 낳을 수도 있다. 괴물 같은 존재였지만 러시아의 표트르 대제는 상트페테르부르크의 건설처럼 어떤 의회도 꿈꾸거나 실행에 옮길 수 없었던 변화를 그의 생전에 이루어냈다. 그 후 예카트리나 2세도 그녀 계급의 사상과 문화를 크게 자유화했지만 그녀의 후계자 파벨 1세는 실성한 사람처럼 정치를 하다가 궁정 가신들과 경호원들에 의해 살해되었다. 율리우스 카이사르나 아우구스투스의 정신력과 정치적 지성이 없었던 네로 또한 자신을 신격화하는 등 실정을 일삼다 살해되었다.

그러므로 국가는 능력 있는 통치자들 사이를 부드럽게 연결해줄 수 있는 헌법이 필요하다. 세습 절대군주정의 역사는 혼란과 부패에 빠진 나라가 가끔 등장하는 유능한 군주나 유능한 장관에 의해 구조된 역사이다. 현재의 파시스트 지도자들 중 '누가 당신의 뒤를 이을 것인가?'라는 질문에 자신 있게 대답할 사람은 아무도 없고, 그들의 분별력이 계속 유지될지, 틀림없이 다가올 노쇠에 대해서는 어떻게 대처할 것인지에 대한 의심에서도 벗어날 수 없으며, 이것은 다음에 무슨 일이 일어날지 추측하는 것을 불가능하게 한다. 그래서 외교관들은 이런 일들이 일어나지 않는 의회 제도에 매달리는 것이다.

파시스트 지도자들은 군사적인 영광과 전사의 무공에 대한 백성의 낭만적인 욕구들도 만족시키거나 만족시킬 것을 약속해야 한다. 자신의 백성들이 문제를 일으키기 시작하자 예카테리나 2세는 매우 현명한 ―적어도 그녀의 입장에서는― 말을 했다. '작은 전쟁을 일으켜서 그들을 즐겁게 해주어야겠어.' 지난 전쟁의 참상에 대한 두려움이 평화주의의 해일을 만들어내고 있는 지금도 지도자들은, 호엔촐레른가가 그랬듯, 무력적인 시위를 계속하고 있으며, 그들의 지지자들은 사회 개혁을 이해하기에는 너무 아둔해서 두 나폴레옹 황제들처럼 최후의 카드로 전쟁을 일으켜 '적들의 피로 창을 닦고' 그들의 깃발이 전쟁터에서 힘차게 나부끼게 해야 할지도 모른다.

그러나 파시즘의 이 모든 약점은 그것의 해악에 ―지금까지 모든 자본주의 문명의 종말이었던 심연으로 국가가 빠져드는 것을 견제하는 데 파시즘이 도움이 된다는 것조차 무용지물로 만드는― 비하면 아무것도 아니다. 대중의 무지와 낭만적인 어리석음을 기반으로 하는 조직은 무능한 정부를 전복하고, 지도자를 우상화하고, 전쟁터로 행진하는 군인들의 광경에 국민들이 애국적인 흥분으로 미쳐 날뛰게 만들며, 각종 화려한 행사와 연설장에서 목이 쉬도록 외치게 만들지만, 동시에 가난한 사람들의 작고 지리멸렬한 조직들을 주제넘고 선동적이며 위험하다고 비난하며 강탈하고 투옥하고 학살한다. 이것은 문명을 구하는 방법이 아니라 문명을 파괴하는 길이다.

파시스트 지도자는 현대 국가에서 번영과 안정의 불가결한 조건인 경제 평등 정책의 근본적인 실천을 통해 자신이 막강한 권력자들을 그들의 자리에서 내려오게 만들고 낮은 위치의 사람들을 높아지게 만든 것을 역사가 기록하기를 간절히 바랄지도 모른다. 하지만 파시스트들은 이런 것과는 전혀 관계없다. 그들은 배부른 사람들을 더 좋은 것으로 채웠고, 가난한 사람들을 빈손으로 돌려보냈다. 그들은 도덕적 분노에 도취되어서 아일랜드 사람들의 유제품 공장, 이탈리아계 공제회, 협동조합 상점, 노동조합 사무소, 또는 모든 적색 언론 기관을 불태우려 하지만, 그들에게 시골의 거대한 장원莊園들을 불태우거나, 영국은행을 약탈하거나, 보수당의 각료를 린치하지는 않느냐고 물으면, 그들은 당신이 미쳤거나 빨갱이라고 결론을 내릴 것이다. 파시스트 지도자는 마법사의 도제처럼 악마를 쉽게 불러낼 수는 있지만, 악마가 일을 다 마친 후 쫓아낼 수 있는 주문呪文은 전혀 모른다.

그러므로 파시스트 리더가 가난한 사람들을 함부로 대하고, 그들의 저축을 약탈한 후, 정말로 큰 사회 재건 계획을 실행하기 위해서는 부자들의 소유를 빼앗아야만 한다는 것을 깨닫게 될 때, 그는 갑자기 자신이 무력하다는 것을 알게 된다. 서슴없이 무법적이고 폭력적인 일을 저지르는 갱단과 사디스트들이 성이나 은행을 약탈하고, 빈민가를 습격하거나 경찰관을 살해할 때처럼 귀족이나 은행원도 주저 없이 살해하리라는 것은 의심의 여지가 없다. 그러나 이 무법자들이 프롤레타리아 단체들에 대한 첫 번째 공격에서 얼마나 유용했든, 지도자는 곧 그들을 해산시키고 그들 중 가능한 한 많은 사람들을 그들이 있어야 할 적절한 장소인 감옥에 넣는 것이 절실히 필요하다는 것을 알게 된다. 그의 무력의 주축을 이루었던 정직한 젊은이들에 대해서는, 그들 중 일부는 일반 경찰로서 훈련을 시킬 수도 있겠지만 대부분은 정상적인 삶과 직업으로 돌려보내야 한다. 그들은 개인 재산과 개인적 폭리에 대한 지도자의 공격을 더 이상 지지하지 않을 것이다.

그는 산업을 수행하는 사람들의 지나친 이기심이나 어리석음들에 어느 정도 간섭할 수 있을 것이다. 그는 가난한 고용주들에게 그들의 기계를 현대화하고 그들의 방법을 '합리화'하도록 강요할 수 있다. 왜냐하면 이것은 그들 자신에게 이익이 될 것이고, 무시할 수 있을 정도로 소수의 극빈층만이 그 때문에 망하게 될 것이기 때문이다. 그는 수천 파운드의 자본을 가지고 아슬아슬하게 영업을 하는 개인 상인들을 큰 회사들과 합병하도록 강요할 수 있는데, 그들은 100만 파운드 이상의 큰 자본을 가진 단체들에 대해 무력하기 때문이다. 그는 대규모 육해군을 유지하기 위해 반파시스트적인 외세에 대해 보호해 준다는 명목으로 그들의 임대료와 이익에 세금을 부과할 수도 있다. 그는 약간의 사회 개혁이 필요하고 그것이 상업적으로 이익이 될 수도 있다고 그들을 설득할 수 있다. 그는 심지어 그들을 국가의 틀에 편입시켜 자리를 줄 수도 있고, 그것을 법인형 국가corporate State, 그들의 결합을 법인들corporations이라고 부를 수도 있다. 그러나 그들은 이것을 싫어할 것이고, 그것이 겉치레 이상의 단계로 진행되는 것을 허락하지 않을 것이다.

그가 여기에서 사회주의의 방향으로 더 나아가면 그는 혁명가 혹은 볼셰비키가 된다. 현재 파시스트 지도자의 비장의 카드는 그가 공산주의라는 가명을 쓴 볼셰비즘으로부터 세상을 구하러 왔다는 것이다. 그는 자신의 마음에 드는 특정한 공공 행동에는 파시즘이라는 명칭을 사용하고 반대하고자 하는 행동은 볼셰비즘이라고 부르면서 용어의 혼란을 이용할 수 있지만, 만약 그가 사회주의 쪽으로 너무 멀리 간다면 금권정치가들은 곧 그것에 비판적인 입장을 취할 것이다. 예를 들어, 한 파시스트 지도자가 루이 나폴레옹의 성공적인 예를 따라 그의 수도를 새롭게 정비한다고 가정해보자. 모든 사람들은 그 눈에 보이는 웅장한 개선에 갈채를 보낼 것이다. 하지만 수도에 있는 토지의 상업적 가치는 엄청나게 상승할 것이고 대로에 접한 건물들의 임대료는 생각지도 못했던 금액으로 오를 것이다. 그리고 그 돈들은 온전히 땅 주인들의 주머니 속으로 들어가고 이전과 마찬가지로 여전히 가난한 시민들은 임대료를 지불하기 위해 더 힘들게 일을 해야 할 것이다. 얼마 전 나와 대화를 하던 웨스트엔드에 거주하는 한 전문직 종사자는 '오후 4시 반까지는 나는 집주인을 위해 일해야 합니다. 그 후에 버는 것으로 아내와 가족을 부양하죠'라는 말을 한 적이 있다.

우리 정부는 자동차와 화물차를 지닌 계급들을 위해 거대한 기간 도로망을 건설하고 있다. 그리고 이 모든 새로운 도로변의 토지들은, 과거 농업 용지였을 때는 1에이커에 몇 파운드밖에 나가지 않았지만, 이제는 엄청나게 비싼 임대용 건물들의 부지로 바뀌었다. 19세기에는 토지 소유주들의 '자연 증가 소득'에 반대하는 시위라도 있었지만, 오늘날 기간 도로망 건설이 엄청난 속도로 진행되고 있는 상황에서 자본주의에 길들여진 우리들은 쉽게 방지할 수도 있었을 사적 전유專有를 당연한 것으로 받아들이고 있을 뿐이다. 만약 루이 나폴레옹이 파리 거리를 정비한 뒤에 임대료와 건물 관리를 시영화하려 했다면 스당 전투로 그의 제국이 무너지기 10년 전에 이미 프랑스에서 쫓겨났을 것이다.

1929년의 침체 이후 러시아가 이루어 온 발전을 파시즘이 그것의 두 배에 해당하는 기간 동안 달성할 수 있었던 최고의 결과와 비교해 보면 파시즘이 자본주의의 모든 한계와 악습을 그대로 물려받고 있으며 과거에도 문명들을 파괴만 했을 뿐 구하는 일과는 상관이 없었던 것처럼 지금도 마찬가지라는 것을 쉽게 알 수 있다. 그것이 산업을 통제하고 합리화하고 효율화할 때조차도 결과적으로 더 많은 노동자들을 일자리에서 내몰았고, 그들이 절망에 빠지지 않도록 실업수당을 지급함으로써 무력하게 만들었다. 모든 습지를 다 말리고 길들을 건설하여 지주들의 배를 불린 후 왜 그들이 스스로 일을 해서 먹고살도록 만들지 않느냐는 질문을 받으면 그들은 틀림없이 사유재산인 땅과 자본을 그런 목적을 위해 이용할 수도 없고, 국민들을 위해 할 수 있는 것은 그들이 폭동을 일으키는 것을 막기 위해 충분한 실업수당을 주는 것뿐이라고 말할 것이다. 지주들에게 돈을 벌어주는 것이 아니라 자신들의 필요를 채우도록 프롤레타리아들을 조직하는 것은 공산주의이지 파시즘이 아니기 때문이다.

가난한 사람들을 마음대로 약탈할 수는 있지만 부자들을 약탈할 수는 없다는 파시즘의 규칙에도 신기한 예외는 있다. 때로는 부자들의 일부가 너무 부유해져서 종교적이거나 정치적이거나 심지어 우생학적 선례를 들어 그것에 대한 충분한 반감을 일으킬 수 있다면, 일부의 저항에도 불구하고 그들을 약탈하려는 유혹을 걷잡지 못할 수도 있다. 왕인 통치자 헨리 8세는 교회를 약탈했고 가톨릭 신부가 되는 것을 죄로 만들었지만, 그는 즉시 장물을 게워내 그의 신하들, 친족들에게 나누어 주어야 했다. 히틀러가 유대인을 약탈하고 유대인이라는 신분 자체를 범죄로 만든 것과 정확히 같은 방식으로 말이다. 그 역시 여느 유대인 못지않게 독일 프롤레타리아들을 착취하던 독일 고용주들에게 유대인들의 직업과 재산들을 차지하도록 해야 했다. 그는 루터교회와 가톨릭교회를 아무런 후환 없이 약탈하기에 충분할 만큼 물질주의, 이교도주의, 군국주의 등이 독일에 자리 잡았는지 살폈지만 그에 대해서는 확신을 하지 못했다. 히틀러는 독일 파시즘의 몰락을 초래할 수도 있는 위험을 무릅쓰면서까지 유대인들과 그들의 친구들을 적으로 만들었고, 강력하게 중앙집권화된 정부하에서라면 교회가 누릴 수 있을 안도감을 뒤흔들었고, 러시아에 대항하는 유럽 십자군 원정을 조직하려 했다. 비록 히틀러가 그 전에 베르사유 조약과 로카르노 협정을 일방적으로 파기했지만 연합국들이 그런 어리석고 악의적이거나 실행 불가능한 조약들을 방어하기 위해 1914~18년의 전쟁을 감히 재연할 수는 없으리라는 것을 유럽의 모든 명석한 외교가들은 잘 알고 있었다.

　파시즘은 항상 엉뚱하고 무모한 짓거리를 하다가 파국을 맞이하기 쉽다. 아직까지는 이탈리아 파시스트 지도자는 그의 머리를 보존하고 있다. 그의 추종자들이 강하게 반교권적이고 그 자신도 항상 세속적인 용어로 말을 하지만 그는 교황과 협약을 맺었고 정통 가톨릭과 충돌해서 문제를 일으키지 않도록 통치를 조율해왔다. 과거 교황의 감옥이었던 바티칸은 현재 로마 신국의 의사당이며, 미니어처 교황 국가다. 이탈리아에서 종교는 본질적으로 박해를 받지 않고 왕좌는 용인된다. 내각처럼 보이는 대위원회, 상원, 하원처럼 보이는 대의원회가 있다. 21세 이상의 남성들, 그리고 결혼을 했을 경우에는 18세부터도 투표권이 있으며 주 의회와 자치도시들, 시장들이 있다. 그러므로 국민들은 형식적이지만 왕, 추밀원, 대중적인 지도자, 의회, 지방 당국 등 그들에게 익숙한 모든 제도들을 가지고 있다. 그들은 더 이상 아무것도 요구하지 않는다. 왕이 허수아비이든, 파시스트 대위원회(지도자가 직접 선정한)가 의회를 꾸몄든 그들에게는 아무런 상관이 없다. 즉 대의원이든 상원이든, 그것이 들어가 있는 건물이 존재하는 한 그들은 만족한다. 만약 독일의 파시스트 혁명이 혁신을 용인했을 뿐만 아니라 그것을 요구하기까지 했다면, 그것은 1918년의 패배로 나라가 너무나 비참한 상태로 전락하여 현상 유지를 참을 수 없었고, 보통 때의 보수주의적인 요구 대신 어떤 희생을 치르더라도 변화를 요구하게 되었기 때문이다.

공산주의와 파시즘은 어떤 면에서는 비슷한 변화를 일으킨다는 점이 흥미롭고 매우 중요하다. 둘 다 자유주의자들이 이해하는 의미로서의 자유와 민주주의에 종지부를 끊는다. 자유주의자에게 자유는 국가의 간섭이 없다는 것을 의미한다. 민주주의는 모든 사람이 무한한 정치적 능력을 가지고 태어나며, 자기 자신뿐만 아니라 국가를 위해 무엇이 최선인지를 알고 있고, 총리부터 교구 의회 의장까지, 모든 공직을 선택할 수 있는 능력을 가지고 태어난다는 것을 의미한다. 그들은 모든 공적인 질문의 최종 권한은 국민 투표에 의해 결정된다고 생각하는데 그것은 결과적으로 모든 우상화된 지도자들이 선호하는 결정 수단이다.

루이 나폴레옹은 두 차례 국민 투표를 실시했는데 히틀러도 그의 행적을 따랐다. 자유를 요구하는 외침은 언제나 대부분의 토지와 자본을 소유하고 있고 이러한 자원의 국유화 이외에는 두려울 것이 없는 자산 계급이 주장하는 것으로, 이는 정부의 간섭이 적을수록 국민이 자유로워진다는 뜻을 내포하고 있으며, 새로운 것을 두려워하여 언제나 현상을 지지하는 분별없는 사람들을 투표로 선출하는 데 도움이 되기 때문이다. 따라서 일반적인 경찰 업무를 제외하고는 정부를 가능한 한 비효율적이고 비활동적인 상태로 유지하는 것이 내각의 목적인 한 자유주의와 민주주의는 아주 순조롭게 돌아간다. 그러나 아우게이아스 왕의 외양간*을 청소하기로 결심한 열정적인 파시스트 지도자나 자본주의 체제를 파괴하고 그것을 범죄로 만든 소비에트 지도자에 의해 이런 상황이 붕괴되면 그들은 사람들을 먹이고 일자리를 주기 위해 무슨 일이라도 해야 하는데, 그때 자유와 민주주의라는 두 가지 정의 중 하나는 거짓이 되고 다른 하나는 터무니없는 것으로 폐기된다.

따라서 공산주의자들이 말하는, 프롤레타리아 독재라는 것

---

* Augean stable. 그리스 신화에 나오는 이야기로 그리스에서 가장 많은 가축을 길렀으나 한 번도 청소를 하지 않은 외양간이었고 헤라클레스의 12과업 중 하나가 그곳을 청소하는 것이었다.

은 모든 부정적인 전통과 권리와 자유―법이 가난한 사람을 찾을 때는 그들을 억압하기 위해서일 뿐이라고 생각되던 시절에 생긴 것들―에 대한 경멸에 있어서 다른 독재들과 매우 흡사하다. 마르크스가 태어나기 2세기 전, 새뮤얼 존슨은 올리버 골드스미스 의 마르크스주의적인 시에 다음과 같은 시구를 더했다.

> 인간들이 견딜 수 있는 것은 얼마나 사소한가,
> 법과 왕이 만들거나 치유할 수 있다고 주장하는 것은!

그가 만약 랭커셔의 공장들이 아홉 세대의 사람들을 한 세대에 다 써버렸다는 시대에 살았다면 다음처럼 시를 썼을지도 모른다.

> 인간들이 견딜 수 있는 것은 얼마나 거대한가,
> 공장법만이 치유할 수 있다고 주장하는 것은!

자유가 없을 때 자유를 외치는 사람들은 평화가 없는 곳에서 평화를 외치는 사람들과 마찬가지로 견딜 수 없다. 파시즘과 공산주의의 진정한 균열은 생산 방법과 산업 기강에 대한 이견에서가 아니라 분배라는 근본적 문제에서 생긴다. 공산주의는 자본주의로부터 기술적으로 많은 것을 배워야 하지만 자본주의는 결국 분배의 문제에 있어 처참하게 무너졌다. 파시즘에는 이에 대한 해결책이 없고 오직 공산주의만이 그에 대한 답을 가지고 있다. 하지만 파시즘은 공산주의의 시각에 대해 혐오감을 품도록 대중을 조직하고 교육한다. 파시즘은 시민들이 그들의 삶을 견딜 만한 것으로 만들기 위해 개인적이고 경쟁적인 노력을 하는 대신, 국가를 바라보며 자신들을 집합적으로 바라보는 전체주의적 시각을 갖도록 훈련시킨다. 파시즘은 또한 16세면 기관총을 다룰 수 있도록 시민들을 성급하게 훈련시켜 여차하면 그들이 친위대 역할을 할 수 있게 한다.

대중과 연합전선을 만들어 내는 한 파시즘이 자유주의보다 낫다(공산주의 이전이 아니라 공산주의 이후의 자유주의를 말한다. 전 세계가 그들의 삶의 대부분을 여유롭게 지낼 수 있는 공산주의자로 가득 찰 때, 자유주의는 밝은 전망을 지니게 된다). 그러나 파시즘이 사유 재산을 유지하는 한, 이제까지 우리가 본 것처럼, 그것은 전반적인 가난과 예외적인 부, 노예 제도와 기생주의로 만연한 사회적인 난국에 처할 것이다. 파시즘은 항존하는 프롤레타리아 혁명의 위협을 얼마 안 되는 실업수당으로 막아내려 하겠지만 그것은 빵과 서커스로 사람들의 마음을 사로잡으려 했던 고대 로마의 파시즘보다도 훨씬 덜 매력적으로 보일 것이다. 고대 로마의 파시즘은 망하면서 당시의 문명까지 같이 허물어뜨렸는데 자본주의의 마지막 허울로만 남는 한 현대의 파시즘도 그런 전철을 밟게 될 것이다.

86

마무리

이제 당신의 정신적 중심에 대해 마지막으로 한마디 하고자한다. 이 책을 통해 우리는 대중과 대중의 구성원으로서 저자인 나와 당신, 우리 둘을 생각해왔다. 이것은 시민으로서의 우리의 의무다. 하지만 우리가 공공의 악의 셀 수 없이 많은 측면을 심각하게 생각하기 시작하면 우리는 미칠 수도 있다. 그것들은 그런 종류의 것이 아니다. 당신 자신이 겪을 수 있는 고통은 지구상에서 겪을 수 있는 고통의 극한이다. 만약 당신이 굶어 죽는다면 당신은 지금까지 있어 온 또는 앞으로도 있을 수 있는 모든 굶주림을 경험하는 것이다. 만 명의 다른 사람들과 함께 당신이 함께 굶어죽는다 하더라도, 그들의 고통은 조금도 늘어나지 않는다. 그들이 당신과 함께 죽는다고 해서 당신이 만 배나 더 굶주리게 되지도 않고, 당신의 고통을 만 배나 연장시키지도 않는다. 그러므로 '인간이 겪는 고통의 가공할 합계' 같은 말에는 아무 의미도 없다. 그런 합계는 존재하지 않는다.

날씬한 두 여자가 한 여자 때문에 두 배 더 날씬하거나 뚱뚱한 두 여자가 한 여자 때문에 두 배 더 뚱뚱할 수는 없다. 가난과 고통은 누적되지 않는다. 스스로의 영혼이 그런 헛된 생각에 짓눌리게 해서는 안 된다. 만약 당신이 한 사람의 고통을 견딜 수 있다면 당신은 백만 명의 고통도 더 심할 것이 없다는 생각으로 스스로를 무장할 수 있다. 그 누구도 채워야 할 배가 두 개 달리지 않았고 고문을 당할 몸이 두 개인 것도 아니다. 지나친 감정이입으로 인해 당신의 마음이 무력해지지 않도록 하라. 진정한 사회주의자는 누적되지 않는 고통에 대해서가 아니라 그것이 헛되이 쓰이는 것에 반기를 든다. 천 명의 건강하고 행복하고 명예로운 사람들은 각각 한 사람보다 천 배나 더 건강하거나 행복하거나 명예로운 것이 아니다. 그러나 그들은 그들 각자가 누릴 수 있는 건강, 행복, 그리고 명예를 증가시키기 위해 협력할 수 있다. 현재는 아무도 건강하거나 행복하거나 명예롭지 못하다. 우리가 스스로 그렇다고 생각한다면 그것은 우리의 기준이 아주 낮아서 자본주의 헌법하에서 우리가 견뎌내기로 합의한 것보다 더 자주 아프거나 울거나 거짓말을 하거나 훔치지 않는다는 것을 의미할 뿐이다.

자본주의적인 인류는 일괄적으로 혐오스럽다는 것을 우리는 인정해야만 한다. 계급 증오는 가난한 자에게는 단순히 부러움의 문제가 아니며, 부자들에게는 경멸과 두려움의 문제가 아니다. 부자와 가난한 사람들 모두 혐오스러운 존재들이다. 나는 가난한 사람들이 싫고 그들이 모두 사라지기를 간절히 바란다. 부자들은 조금 불쌍하지만, 역시 모두 사라졌으면 좋겠다. 노동 계급, 실업가들, 전문직 계급, 자산 계급, 지배 계급은 각각 이전 계급들보다 더 혐오스럽다. 그들은 살 권리가 없다. 그들 모두가 곧 사라지리라는 것을, 그들이 사라진 후 다시 그들과 똑같은 인간들이 그들의 자리를 차지할 이유가 없다는 것을 몰랐다면 나는 절망에 빠졌을 것이다. 나는 어떤 아이도 내가 자란 것처럼, 아니 내가 알고 있는 다른 이들이 자란 방식으로 양육되는 것을 원하지 않는다. 당신은 어떤가?

그럼에도 나는 조금도 인간 혐오자가 아니다. 나는 아마도 당신처럼 평범한 애정을 가진 사람이다. 하지만 바로 그 이유 때문에 나는 나와 관심이 같은 사람들, 나 스스로를 먼저 다치게 하지 않고는 내가 해칠 수 없는 그리고 그들 역시 자신들이 먼저 상처를 받지 않고는 나를 해칠 수 없는 사람들이 아니라 가능한 한 많은 것을 내게서 얻어내는 것에만 관심이 있는 사람들, 하지만 그 대가로 가능한 한 적은 것을 내게 지불하려는 사람들에 둘러싸이는 것이 싫다. 내가 가난한 늙은이여서 더 이상 일을 할 수 없다면 내가 구빈원에 들어가지 않도록 나를 부양할 의무를 지게 될 친족들은 내 죽음에 관심을 갖게 될 것이다. 내가 어느 정도 재산을 남길 정도로 부자라면 내 자식들은 내 장례식과 유언장 낭독을 초조하게 고대할 것이다.

모든 자산 계급은 항상 죽은 사람이 남길 무언가를 기다리고 있다. 만약 내가 병이 나서 의사를 부르면 그는 병을 최대한 연장시키려 하거나 나를 비싼 요양원에 소개해서 더 돈이 들도록 만들고 그것을 통해 자기 아이들을 먹여 살릴 것이다. 나를 끔찍이 아끼는 내 변호사는 나를 소송하도록 부추길 것이고 그것에 돈을 쏟아부으며 지지부진 오래 끌고 갈 것이다. 심지어 내가 다니는 교회 목사도, 비록 부분적으로는 국가가 그의 월급을 제공하지만, 내가 가난한 처지라면 부자들의 압박으로부터 나를 보호하려 하지도, 내가 부유하면 가난한 사람들을 괴롭히지 말라고 꾸짖지도 않을 것이다.

아이들에게 도덕심을 고양시켜야 하는 학교 교사가 일하지 않고 독립 소득*으로 먹고사는 것은 나름 위험을 감수하거나 일종의 기업심이 있다고 할 수 있는 해적이나 강도만도 못한 도둑의 삶을 사는 것이라고 가르친다면 그녀는 곧 일자리를 잃을 것이다. 내 단골 상인들이 하는 일은 경쟁 상대에게 나를 뺏기지 않는 한에서 할 수 있는 한 내게 바가지를 씌우는 것이고 내가 사는 집주인이 하는 일은 지구상의 한 귀퉁이를 차지하고 앉아도 좋다는 그의 허락의 대가로 가능하면 많이 내 소득을 갈취하는 것이다. 내가 결혼을 하지 않았다면 나의 수입과 지위가 절실히 필요한 수많은 여자들이 나를 쫓겠지만 그녀들의 그런 노력이 나에 대한 일말의 인간적인 관심의 증거는 되지 못할 것이다. 나는 나보다 훨씬 부유한 사람들과 우정을 쌓을 여유가 없고 나보다 훨씬 더 가난한 사람들은 내 우정을 받을 여유가 없다. 내 집에서 매일 일을 하는 사람들, 그러므로 내가 일을 하는 데 필요한 동반자인 사람들과 나 사이에는 엄청난 계급의 차이가 —하지만 결국 불평등한 부의 배분에 불과하다— 있다. 이런 상황에서 내게 인생은 백 가지 불필요한 방식으로 외롭고 어렵게 된다.

자본주의적 인간들의 첫 번째 자질인 공격성과 적의에 신경 쓰지 않고 세상을 헤쳐 나갈 만큼 영리하고 재치 있고 분별 있

---

* 자본에 대한 이자, 주식 소유로 얻은 배당금, 임대 수입 등 노동력을 직접 교환하지 않고 얻는 소득.

고 자기 통제력이 있는 사람은 거의 없다. 우리의 거리는 스코틀랜드 고원 지대나 아라비아 사막보다 불화로 가득 차 있다. 소득 불평등에 의해 야기되는 사회적 갈등은 격렬하다. 사회는 평등이라는 기름으로 원활하게 작동하도록 고안된, 하지만 어떤 악의적인 악마가 불평등이라는 모래를 계속 베어링으로 쏟아붓는, 기계와 같다. 만약 다른 수준에 존재하는 큰 평등의 기름 웅덩이가 없다면, 기계는 전혀 작동하지 않을 것이다. 사실 기계는 계속 멈추고 뭔가 요란한 소리를 내고 폭발을 한다. 이런 문제들은 조차장에서 몸이 으스러지는 철도 노동자에서부터 서로의 생명을 구하고자 하는 강한 본능에도 불구하고 가장 잔인한 방식으로 수백만 명의 남자들이 서로의 생명을 파괴하는 세계 대전까지, 단칸방에서 한 푼을 놓고 벌이는 다툼에서 20년 동안 지속되며 관련된 모든 사람들을 빈곤으로 몰아넣는 소송에 이르기까지 다양하다. 하지만 이 비참한 상황에도 불구하고 우리는 일 년에 한 번씩 지구상의 평화와 인간에 대한 호의에 대해 지껄인다. 즉, 간신히 기아를 막을 만큼의 실업수당에서 하루 수천 파운드에 이르는 수입을 분배받는 사람들에게 이르기까지 모두에게 서로 사랑하라고 간곡히 권한다. 당신은 이런 것을 견딜 인내심이 있는가? 난 없다.

어쩌면 당신은 날카롭고 냉소적인 사람일 수도 있고, 착하고, 감상적이고, 상냥하고, 선량한 사람일 수도 있다. 만약 당신이 후자에 속한다면, 그리고 내가 말하는 것처럼 그렇게 사람들이 금전적인 고려에 의해 지배받지는 않는다고 생각한다면, 당신의 의사는 당신이 병으로 고통당하는 것을 싫어하고 당신을 치료하기 위해 최선을 다한다면, 당신이 흥분해서 냉정을 잃고 성급하게 소송을 걸려 할 때 당신의 변호사가 당신을 설득해 그것을 말린다면, 당신의 목사가 스스로를 그리스도교 사회주의자라고 부르고 부자에 억압당하는 민중들의 모든 소요를 주도한다면, 당신이 세상을 떠날 때 당신의 자녀들이 애통해한다면, 그리고 당신이 아버지의 재산이나 당신의 재산에 대해 그와 한마디 가시 돋친 말도 나누지 않았다면, 그리고 당신의 하인들이 40년 동안 당신과 함께 지내왔고 당신의 어린 시절부터 당신의 부모들보다 더 헌신적이고 다정하게 당신을 키워왔다면, 그리고 당신의 자녀들이 그들 자신의 새로운 둥지로 날아갈 때 여전히 가족의 일부로 남아 있다면, 당신의 단골 상인들은 결코 당신을 속이지 않고 당신이 어려울 때 오랫동안 관대한 조건으로 외상을 제공하여 당신을 돕는다면, 요컨대, 이전의 내 모든 말에도 불구하고 이 자본주의 세계가 친절함과 사랑 그리고 동료애, 진정한 종교로 가득하다고 말한다면 나는 당신에게 자신의 삶을 비참하다고 묘사한 새뮤얼 존슨, 인생에서 단 한순간의 행복도 느끼지 못했다고 말한 아나톨 프랑스, 자신과 동료들의 마음속에서 말들보다 훨씬 열등한 존재인 야후들을 본 조너선 스위프트, 그리고 권세가를 성난 원숭이에 비교했던 셰익스피어를 소개해주고 싶다. 그들은 모두 존경받고 사랑받고, 그들의 즐거움을 위해 세상이 각별히 신경을 쓰고, 심지어 우상화까지 되었던 사람들로서 10억 명에 한 사람 꼴도 얻기 힘든 명예롭고 기분 좋은 삶을 살았던 사람들이었다. 하지만 수십억의 이름 없는 사람들은 이렇다 할 불만도 토로하지 않고 그럭저럭 살아가고 있다. 평범한 정신적 능력과 감수성을 가진 사람들보다 자본주의에 대한 혐오가 훨씬 더 깊었던 윌리엄 모리스는 자신이 치명적인 병에 걸렸다는 말을 듣고, '별 불만은 없어, 꽤 좋은 삶을 살았으니까'라고 말했다.

이 모든 위안에 더해 나는 이 책에서 자본주의는 카를 마르크스나 심지어 존 러스킨이 그것에 관해 말한 것들 중, 아니 그들이 감히 생각할 수도 없었을 최악의 평가를 받을 만하지만 그 기원은 아주 선한 의도에서 출발했다는 것을 덧붙일 수 있었다. 사실 그것은 이 세계를 원죄에 대한 처벌의 장소로 취급했던, 하지만 다행스럽게도 그 종말이 바로 눈앞에 다가왔다고 생각하던 초기 그리스도교보다 훨씬 나은 의도를 가지고 있었다. 안 로베르 자크 튀르고 남작과 애덤 스미스는 사도 바울보다 지상의 재화에 대해서는 훨씬 더 성실한 안내자였다. 만약 자신들의 원칙들이 실제로 19세기 영국에서 어떻게 적용될지 예견할 수 있었다면 그들은 공포에 질려 뒷걸음질을 쳤을 것이다.

1917년부터 1921년까지 능력 있고 헌신적인 사람들이 러시아에서 그의 책을 성경으로 삼아 어떤 일들을 저지를지 미리 알았더라면 카를 마르크스도 마찬가지였을 것이다. 선한 사람들은 때로 악마들이 된다. 왜냐하면, 그들의 호의가 잘못된 길로 접어들 때 그들은 악한 사람들보다 훨씬 더 멀리, 더 무자비하게 진행하기 때문이다. 그러나 그들이 좋은 뜻을 가지고 있고, 그들의 나쁜 행동은 그들이 의도한 것이 아니라 실수라는 사실에는 항상 희망이 있다. 반면에 나쁜 사람들에 의해 행해진 악은 실수가 아니라 그들의 사악함의 승리이다. 기술적인 승리처럼 모든 도덕적 승리도 시행착오를 거쳐 성취되기 때문에 우리는 인간 본성에 대해 절망함이 없이 민주주의와 자본주의에 대해서만 절망할 수 있다. 만약 우리가 그것들에 절망하지 않는다면 우리는 스스로 아무 가치도 없는 존재임을 증명하는 것이고 세상은 우리가 실패한 것을 성공적으로 이행할 수 있는 새로운 종족의 출현을 기다리는 것 외에 다른 방도가 없을 것이다.

그럼에도 불구하고 나는 나의 상냥한 낙천주의자와 개선론자 독자들에게 그들을 위로하는 모든 미덕이 자본주의의 일부가 아니라 그것에 대항하여 작동하고 있을 뿐만 아니라, 상당히 엄밀한 지식과 민감함으로 상황을 살피지 않는 사람들은 알기 어려운 방식으로 그것들이 자본주의에 의해 좌절되고 있다는 사실을 경고해야만 하겠다. 당신의 정직하고 친절한 의사, 수호천사 같은 변호사를 예로 들어보자. 돈에만 관심이 있는 악당인 의사나 못되고 비정한 파렴치한 변호사는 다른 종류의 범죄자들처럼 드물다는 것을 나도 인정한다. 나 자신도 그런 사람들을 이제껏 마주친 적이 없고, 아마 당신도 마찬가지일 것이다. 그러나 나는 정직한 의사들이지만 실수로 사람을 죽게 하거나 정직한 변호사들이지만 형편없는 자문을 해주는 경우들을 보았다. 당신도 아마 그랬을 것이다.

뜻이 있는 곳에 길이 있다는 격언을 알고 있을 것이다. 하지만 불행히도 선의가 반드시 올바른 길을 찾게 하지는 않는다. 나쁜 길, 좋은 길, 상관없는 길 등 항상 수십 가지의 길들이 있다. 나쁜 동기에서 옳은 일을 하고 있는 나쁜 사람들과 세상에서 가장 선한 동기들을 가지고 잘못된 일을 하고 있는 좋은 사람들을 당신은 알고 있을 것이다. 예를 들어, 무지하지만 다정한 어머니의 세심한 보살핌에 의해 지나치게 보호받고 꽁꽁 싸매어지고 지나치게 많은 약을 먹으며 치료받다가 죽는 아이들, 특히 그렇게 죽는 첫 아이들이 어머니의 학대와 방치로 죽는 아이들보다 더 많을 것이다. 어리석은 사람들(유감스럽게도 몇몇 작가들이 이에 해당한다)은 사랑하는 마음이면 충분하다고 말하지만, 바보들이 악당보다 더 위험하다는 것을 알아야 하고, 사랑스러운 마음을 가진 여성들이 딱한 바보들인 경우가 많다는 것을 알아야 한다. 올바른 길을 찾는 것은 감상적인 일이 아니다. 그것은 관찰, 추리, 지적 성실성 등이 요구되는 과학적인 일이다.

바로 이 지적 성실성에서 우리 모두는 금전적 유혹에 무너지기 쉽다. 우리는 항상 우리가 믿고 싶은 것을 믿도록 만들어져 있기 때문이다. 우리가 어떤 것을 믿고자 하는 순간, 우리는 갑자기 그것에 유리한 모든 주장을 발견하게 되고, 그것에 반대하는 주장들에는 눈이 멀게 된다. 우리가 이전에 믿었던 어떤 것을 믿지 않으려는 순간, 우리는 갑자기 그것에 반대하는 많은 증거들이 있을 뿐만 아니라 그것들이 항상 우리 눈앞에서 우리를 빤히 응시하고 있었다는 것을 발견하게 된다.

성경의 창세기에 나오는 천지 창조의 이야기를 믿음의 눈으로 읽으면 그곳에서 조금의 모순도 감지하지 못할 것이다. 하지만 당신이 적대적이고 비판적인 과학의 눈으로 그것을 읽는다면, 당신은 천지 창조의 이야기가 서로 모순되는 두 개의 연속적인 이야기들로 구성되어 있다는 것을 보게 될 것이다. 오늘날의 책에서도 마찬가지로 당신은 당신이 지닌 편견에 의해 당황할 때가 있을 것이다. 동물을 사랑하고 불의와 잔혹함에 대한 공포심을 가지고 있다면 당신은 생체 실험자들이 이룬 놀라운 발견과 치료법이 쓰여 있는 책들을 보고 그들의 잔인함에 혐오감을 느낄 것이다.

몇 년마다 어처구니없는 거짓으로 밝혀지는 거짓말, 거짓 추론에 그렇게 쉽게 사람들이 속아 넘어갈 수 있다는 것, 하지만 이전 것들을 대신하는 거짓과 거짓 추론들이 다시 그것들을 대체한다는 것이 믿기지 않을 것이다. 그러나 만약 여러분이 자신이나 가족들이 질병에 걸릴까봐 두려워하고, 이런 공포와 고통으로부터 해방을 얻을 수 있다면 몇 마리 개와 기니피그의 고통쯤은 전혀 아무것도 아니라고 느낀다면, 여러분은 똑같은 책에서 진정성 있고 설득력 있는 기적, 모든 질병에 대한 놀라운 치료법들을 발견할 수 있을 것이다. 그러한 희망의 복음, 심오한 과학적 진실들의 엄청난 학습과 무류의 계시들은 당신을 인도주의자들의 조롱하는 듯한 회의론에 분노하게 만들고 그것은 증오(물론 상대도 가만히 당하고 있지만은 않을 것이다)로 바뀌어 종교개혁에 뒤이어 일어난 박해와 종교 전쟁처럼 과학 전쟁과 박해로 끝날지도 모른다.

하지만 당신은 믿음이 대부분 편견이라는 사실과 사회주의 또는 자본주의가 무슨 관계가 있는지 물을 것이다. 그것은 매우 간단하다. 만약 의사, 변호사, 성직자, 지주 또는 통치자가 어떤 종류의 신념이나 관행을 따를 때 압도적인 경제적 이익을 얻는다면, 그들은 즉시 그러한 믿음과 관행에 유리한 모든 증거들을 보기 시작하고, 그것에 불리한 모든 증거들을 보지 못하게 될 것이다. 의사, 변호사, 지주, 성직자, 통치자를 풍요롭게 할 모든 교리는 그들이 희망을 가지고 간절히 받아들일 것이며, 그들을 빈곤하게 만들겠다고 위협하는 모든 교리는 무자비하게 비난하고 거부할 것이다. 결국 편향된 가르침과 관행의 거대한 체계가 의학, 법률, 종교, 정부에 생겨날 수밖에 없을 것이며, 그것은 과학적으로, 법률적으로, 종교적으로, 헌법적으로 그리고 도덕적으로 건전한 것으로 확립되고 표준이 될 것이며, 이러한 직업에 입문하는 모든 젊은이들은 그것에 따라 가르침을 받을 것이고 감히 그것에 반대하는 사람들은 돌팔이, 이단자, 선동가, 반역자로 낙인이 찍힐 것이다.

당신의 의사는 세상에서 가장 정직하고 친절한 의사일 수도 있고, 당신의 변호사는 당신에게 제2의 아버지나 어머니일 수도 있고, 당신의 성직자는 성인 같은 존재일 수도 있고, 당신 지역의 국회의원은 모세나 솔론 같은 정치가일 수도 있다. 그들은 당신으로부터 단지 몇 파운드를 받는 대가로 당신의 건강, 당신의 번영, 당신의 구원, 법적인 보호를 기꺼이 자신들의 이익보다 앞세울지도 모른다. 그러나 만약 그들이 그것에 종사할 수 있는 조건으로 그들에게 부여된 직업의 이론과 관행이 금전적인 이유로 뿌리부터 부패해 있다면 그것이 당신에게 얼마나 도움이 되겠는가? 그들은 오직 병원과 의과대학이 그들에게 가르치고 지시한 대로 나아갈 수밖에 없고, 그것은 법정, 교회, 국회도 마찬가지다. 그것이 그들의 정통성이다. 그리고 돈을 벌고 특권을 얻으려는 욕구가 항상 그 정통성을 구축하는 과정에서 작용해 왔다면, 그들의 최선의 의도와 노력은 과학, 법률, 종교 그리고 영국 헌법의 명목하에서, 당신의 건강을 망치고, 당신의 주머니를 비우고, 당신의 영혼을 망치고 당신의 자유를 유린하는 결과를 낳을 것이다.

겉으로 보기에는 당신은 학식이 있는 전문가들과 정치적 권위자들로부터 봉사를 받고 보호받는 것처럼 보인다. 그들의 임무는 생명을 구하고, 사람들의 고통을 최소화하며 공중의 보건을 유지하고 사람들에게 법적인 의무를 지시하고 그들의 법적인 권리가 침해되지 않도록 해주며 사람들이 양심의 혼란을 겪을 때 정신적인 도움과 공평무사한 조언을 해주고 특정 개인들이나 계급에 대한 고려 없이 법을 만들고 집행하는 것처럼 보인다. 그러나 당신이 이러한 서비스들을 직접 경험하게 되는 순간 당신은 그것들이 모두 모습을 숨기고 있는 조합에 지배되고 있다는 것을 알게 되고, 개인 구성원들의 높은 개인적 명예와 친절함도 조합주의의 도덕성에 종속되어 결국 그들의 조합에 대한 충성심 ─ 본질적으로 대중에 대항해 자신들을 지키려는 음모 ─ 이 우선이고 환자, 고객, 고용주, 교구민, 또는 시민으로서 당신에 대한 충성심은 그 뒷전에 놓이게 된다는 것을 알게 된다. 그들의 자연적인 덕을 이런 끈질긴 조합과 지배 계급의 부패와 횡포로부터 자유롭게 할 수 있는 유일한 방법은 그들 모두에게 똑같은 임금을 지불하는 것이다. 다른 사람들의 수입을 늘리지 않고서는 아무도 자신들의 수입을 증가시킬 수 없다면 그들은 더 효율적이고 경제적으로 그들의 일을 하게 될 것이고 그들의 노동은 가벼워질 것이고 그들의 공은 인정을 받을 것이다.

그러한 조건하에서 당신은 인간의 본성이 모든 합리적인 목적에 적합하다는 것을 알게 될 것이다. 만약 당신이 자본주의 체제 속의 인류를 모든 알려진 종들 중에서 가장 사악한 존재로 고발하는 『걸리버 여행기』나 『캉디드』 같은 책들을 집어 들면 당신은 그것들 속에서 이제는 사라진 도덕적 질병들에 대한 아주 생생한 설명들을 보게 될 것이다. 천연두와 발진티푸스가 흙 때문에 생기는 것처럼 도덕적 질병들은 불평등에 의해 발생한다. 그러한 책들은 다시 인류가, 원죄에 의해서가 아니라 소득의 불평등에 의해, 참혹하게 타락하기 전까지는 결코 쓰이지 않을 것이다.

숙녀와 신사가 현재처럼 혐오스러운 기생적 존재들의 허세, 즉, 다른 사람에게 일방적으로 지울 수 있는 일이라면 어떤 것도 스스로 하지 않고, 자신들의 모든 죄, 그에 대한 벌을 무고한 희생자에게 전가하는 파렴치함의 한가운데에 자신들의 종교를 위치시키는 사람들이 아니라(진짜 신사, 숙녀가 어떻게 그런 일을 하겠는가?) 마침내 단순하면서도 고귀한 의미를 지니게 되고, 모든 신체 건강한 사람들이 얻을 수 있는 지칭이 될 수 있을 것이다. 그때에는 자신이 나라에 제공하는 것보다 더 많은 것을 가져가는 비천한 사람, 자기가 가져가는 것만큼만 나라에 기여를 하는 보통 사람, 자신이 한 일보다 적은 소득을 흔쾌히 받아들임으로써 국가에 기여를 하고 더 나은 세상을 만드는 것에 일조하는 진정한 신사, 숙녀들이 존재하게 될 것이다.

그런 신사, 숙녀들과 그들의 자손들에 의해서만 인류는 구원받을 수 있을 것이다.

아욧 세인트 로렌스
1927년 3월 16일

참고 문헌을 대신하여

　이 책은 너무 길어서 이 책을 읽은 어떤 여성도 한동안은 사회주의와 자본주의에 대해 더 읽고 싶은 마음이 들지 않을 것이다. 게다가, 참고 문헌 목록은 자신의 책이 인용된 저자들의 인정을 받는 곳이어야 할 것이다. 하지만 이 책은 다른 책들을 편찬한 것이 아니라 모두 내 머리에서 나왔다. 이 책은 한 숙녀가 나에게 사회주의를 설명하는 편지를 써달라고 부탁한 데서 시작되었다. 처음 나는 그 주제를 다룬 수백 권의 책들을 그녀에게 소개해줄까 생각했다. 그러나 그 책들은 경제, 정치, 철학, 사회학을 공부하는 사람들에게는 쉽고도 재미있겠지만 특별히 그런 분야를 공부하지 않은 여성들에게는 참을 수 없을 정도로 무미건조한, 즉 읽기 어려운 전문 용어들로 쓰여 있다는 난점이 있다. 게다가 그런 책들의 대부분은 남성들을 독자로 상정하고 있어서 그런 책들을 읽으면서 여자라는 생명체가 존재한다는 사실조차 깨닫지 못할 수도 있을 것이다. 아니, 공평하게 말하자면, 그런 책들 중 상당 부분은 남자라는 것이 존재한다는 것조차도 깨닫지 못한 채 읽을 수 있을 것이다. 그래서 나는 내 방식대로 처음부터 다시 시작해야 했다. 사회주의에 관한 책들이 산더미처럼 쌓여 있고, 카를 마르크스가 쓴 자본주의에 관한 거대한 책도 있지만, '사회주의란 무엇인가?'라는 단순한 질문에 대해 대답한 책은 하나도 없었다. 또 다른 간단한 질문인 '자본이란 무엇인가?'라는 질문은 절망적일 정도로 틀린 답들로 가득했고, (내가 읽은 바에 따르면) 옳은 답이 딱 한 번 있었는데, 그것은 영국의 경제학자 스탠리 제본스가 자본은 그저 여유돈일 뿐이라고 말했을 때였다. 나는 그것에 주목했다.

그러나 대학에서 공개 강의를 자주 듣는 여성들은 그 주제에 관해 뇌가 마비될 정도로 수많은 책들을 읽기 전까지는 만족하지 않을 것이라는 것을 알기에, 그리고 사회주의 사상사에서는 몇 가지 배울 것이 있기에 자본주의로부터 사회주의에 이르는 길의 몇 가지 문학적 이정표들에 대해 박식한 학자들이 쓰는 말투로 한두 마디만 하겠다.

자본주의 이론이 마침내 정리된 것은 19세기 초 유대인 증권 중개업자 리카르도에 의해서였다. 그는 자신의 뜻을 분명히 밝히기 위해 자신의 의도와는 정반대로 말을 하는 묘한 습관이 있었기 때문에 그의 설명은 무엇에 대해서든 쉽고 매혹적으로 글을 쓸 수 있는 일류 문예인이자 아편 중독자였던 토머스 드 퀸시에 의해 우아하고 정확하게 다시 표현이 되어야 했다.

그의 이론에 의하면 사유 재산인 토지와 자본, 개인 간 자유로운 계약의 신성성이 기본적인 헌법 원칙으로 지켜진다면 재산의 소유주들은 나머지 공동체 사람들이 지속적으로 근로를 제공하는 한 생계를 이어가기에 충분한 일자리를 제공하리라는 것이었다. 그동안 재산을 가진 사람들은 큰돈을 모으게 되고 조금의 어려움도 없이 여유 소득을 자본으로 투자할 수 있게 될 것이다. 하지만 이로 인해 야기되는 프롤레타리아 대중의 빈곤과 재산 소유주의 부의 불균형이 대중의 불만을 낳게 될 것이고, 인구의 증가에 따라 임금이 떨어지고 임대료가 상승하면서 벌어지는 노동자들의 빈곤과 게으른 부자들의 사치가 급진적인 선동가들에게 선정적인 소재가 되리라는 사실을 숨기려는 어떤 시도도 없었다. 오스틴의 법학 강의와 매컬리의 미국의 미래에 대한 예측은 자본주의 이론을 받아들인 사람들은 두뇌가 명석할수록 천년왕국의 환상을 가지고 있지는 않았다는 것을 증명한다.

그러나 그들은 어떤 실제적인 대안도 찾을 수 없었다. 산업을 국가가 조직하는 사회주의적 대안은 아직 상상도 할 수 없었다. 산업은 중세적이고 봉건적인 사회의 낡은 제약과 억압에서 벗어나기 위한 오랜 투쟁을 아직 끝내지 못했기 때문에 단순한 경찰 업무 외에 국가가 간섭을 하는 것은 여전히 파괴되어야 할 폭정처럼 보였기 때문이다. 새로운 자본주의 경제 정책은, 사회주의가 아니라, 봉건주의나 과두정치에 대한 반대로 제시되었다. 그것은 교조적으로 정치경제학이라고 불렸고 절대적이고 완전하고 불가피한 것이어서, 행성의 궤도를 바꿀 수 없는 것처럼 노동자들은 그것에서 탈출하거나 그것의 작동을 수정할 수 없다고 주입되었다.

1840년 프랑스의 프롤레타리아인 프루동은 「재산이란? 절도」라는 충격적인 제목의 에세이를 출간했다. 그 책에서 그는 일하는 대신 소유를 통해 사는 사람은 사회에 도둑과 똑같은 피해를 입힌다는 것을 설명했다. 프루동은 가난한 프랑스인이었지만, 한 세대 후 가장 보수적인 교육과 문화의 향수자였던 부유한 영국인 존 러스킨도 노동자가 아닌 사람은 거지거나 강도라고 선언하고 그의 개인 활동과 지출에 대한 장부를 공개하여 그가 임대 수입과 배당금으로 가치 있는 일을 실현하고 있음을 증명했다. 한 세대 후에 다시 초제국주의자ultra-imperialist인 세실 로즈는 유언을 통해 어떤 게으름뱅이도 결코 그것을 이용하게 해서는 안 된다는 조건을 붙여서 그의 막대한 재산을 공공의 목적을 위해 남겼다. 자본주의는 대학에서 정치경제학으로서 가르쳐져야 할 논리적인 시스템으로 자리매김한 순간부터 거의 동시에 도덕적 타당성을 상실하기 시작했으며, 그것이 거둔 눈부신 기계적인 승리와 재정적인 기적들에도 불구하고 토머스 매컬리와 그의 동시대인들의 긍정적 낙관론을 고무시키던 사조로부터 자본가들 중에서도 사려 깊은 사람들 사이에서는 혐오에 가까운 감정을 자극하는 것으로 서서히 바뀌어갔다.

그러한 모든 도덕적 혁명들에는 나름의 문학적 예언가들과 이론가들이 있다. 그중 첫 번째 자리는 19세기 중반 이후 산업혁명이 저지른 끔찍한 일들과 프롤레타리아들이 처하게 된 상황을 그의『자본론』을 통해 강력하게 폭로한 카를 마르크스가 차지했다. 마르크스가 중시했던 추상적인 가치 이론에 대한 그의 생각은 실수였으며 곧 정정되었고 제본스의 이론으로 대체되었다. 그러나 렌트, 이자, 이익을 의미하는 마르크스의 '잉여 가치Mehrwert' 범주는 확고한 사실을 반영했기 때문에 그의 실수가 자본주의에 대한 그의 기소나 경제적 측면에서 사회의 진화에 관한 그의 역사적 일반화를 무효로 만들지는 못했다. 그의 소위 '역사적 유물론'은 자연의 법칙으로서는 취약하지만 배가 차야 제대로 행진을 하는 군대처럼 인간 사회도 배를 위주로 진화하고, 배가 뇌를 편향시킨다는 그의 상정은 꽤 타당한 것이다. 마르크스의 책보다는 덜 읽혔지만 헨리 토머스 버클의 『문명의 역사History of Civilization』 역시 비슷한 논지이지만 다른 교훈을 설파했다. 즉, 진보는 그들이 듣는 모든 것을 믿지 않는 비판적 사람들, 즉, 회의주의에 달려 있다는 것이다.

카를 마르크스가 나타나기 이전에도 자본주의 경제학자들은 자신감을 잃었고, 많은 자본주의의 주창자들은 솔직하게 그것을 인정하지 않으면서 어정쩡한 자세를 취했다. 위대한 학자들은 그렇지 않다. 존 스튜어트 밀은 리카르도 학파였지만 나중에는 사회주의자임을 공언했고 J. E. 케언스는 여전히 자본주의를 대체할 실행 가능한 대안이 없다고 생각했지만 자신들의 소유물로 살아가는 '벌집 속의 수벌' 같은 존재들에 대한 그의 경멸감은 러스킨처럼 철저하고 노골적이었다. 그들의 가장 최근의 학문적 후계자인 메이너드 케인스도 자유방임주의를 이미 논파된 오류라고 일축한다.

케언스 이후 영국 사회주의 경제학자들이 생겨났고, 특히 페이비언 협회의 시드니, 베아트리스 웹은 정치경제학이라는 용어를 정치 과학political science이라는 단어로 대체했다. 그들은 프롤레타리아 운동의 역사를 풍부한 지식과 전기 특유의 생동감을 가지고 기술함으로써 그것에 역사의식을 부여했고

동시에 마르크스가 묘사한 프롤레타리아라는 추상적 관념에
실체를 부여했다. 노동조합주의, 협동조합, 프롤레타리아 정
치(산업 민주주의)의 진화는 이들에 의해 설명되고 기록되었다.
그들의 영국 지방 정부와 빈민법의 역사는 과거, 현재의 영국
의 헌법과 행정 활동 중 상당히 많은 분야를 다루고 있다. 그들
은 어설픈 낭만주의를 페이비언주의에서 없앰으로써 사회주
의자들이 진지하게 취급받지 못했던 오랜 병폐를 없앴고 긴급
한 문제들의 해결을 위한 페이비언협회의 실질적인 제안들의
대부분을 생각해냈다. 그들은 산업에 해를 끼치는 것 외에 국
가는 무능한 존재라는 자본주의의 낡은 이론을 산산조각 냈고,
리카르도와 그의 동시대인들은 상상도 하지 못했던 집단적,
공산적 기업들이 이미 상당한 발전을 이루었다는 것, 자본주
의 자체도 생존을 위해 국가의 지도에 의존하고 있으며, 자본
주의 자체도 개인, 사적 투자자들의 통제를 벗어난 집단적 형
태로 발전해왔고 국가 혹은 지역 자치체의 소유로 넘어가기에
적당한 단계에 이르렀다는 것을 보여주었다. 자본주의의 쇠퇴
에 관한 그들의 저서는 자본주의가 정상定常의 상태고 불가피
하며 결국 현대 사회에 이로울 것이라는 주장의 허울을 벗겼
고 오랜 투항과 후퇴를 거듭한 끝에 최후의 수단으로 마지막
저항의 진지를 파고 있는 자본주의의 모습을 보여주려는 마르
크스의 노력을 완성했다. 그들은 자본주의가 패권을 차지했던
100년 중 처음 50년 동안은 그것의 존재를 정당화했고, 다음
50년 동안은 그것의 무모한 토대를 거듭해서 붕괴시켜왔다고
추정한다.

베아트리스 웹이 쓴 『나의 도제 시절』이라는 제목의 정신

적·학술적 자서전을 흥미롭게 뒤섞은 책은 민감한 사회적 양심과 주체적 의지를 지녔고, 단순히 설득에 넘어가지 않고 비판적으로 생각하며 직접적 증거와 개인적 경험에 의해서만 마음이 움직이는 총명한 자본주의자 소녀가 어떻게 자본주의 문명의 현상들을 끈질기게 들여다본 끝에 사회주의로 이끌리게 되었는지를 묘사하고 있다. 사회 연구에 소양이 있거나 인물 연구에 관심이 있는 지적인 여성은 꼭 읽어야 할 책이다.

카를 마르크스와 웹 부부 사이에 『진보와 빈곤』의 저자 헨리 조지가 등장했는데 그는 많은 사람들을 토지 국유화를 주장하도록 만들었다. 그는 미국 마을들이 백만장자의 도시로 바뀌면서 서로 양보하며 안락하게 살던 사람들이 끔찍한 가난과 불행의 지옥 속에서 살게 되는 것을 보았다. 톨스토이도 그의 책을 읽고 생각이 바뀐 사람들 중 한 명이었다. 헨리 조지는 국가가 지대를 국고로 가져간 후 그것으로 무엇을 해야 하는지를 고려하지 않음으로써 사회주의의 문턱에서 멈추었지만 그에게 이끌렸던 대부분의 젊은이들은(나 같은) 페이비언 협회와 다른 사회주의자 단체들에 속하게 되었다. 『진보와 빈곤』은 이론상으로는 여전히 리카르도주의적이다. 사실 그것은 그 추상적인 측면에서 드 퀸시의 『정치경제학의 논리』의 반복이다. 하지만 드 퀸시가 1세기 전 영국의 골수 토리당원으로서 자본주의의 불평등한 소득 분배를 받아들였고, 그에 따른 부유한 귀족과 가난한 프롤레타리아들의 사회 분열을 자연스러운 상황으로 받아들인 반면 골수 미국 공화당원이었던 헨리 조지는 그것에 반기를 들었다.

『진보와 빈곤』 이후 다음의 이정표는 내가 편집한 『페이비

언주의자들의 에세이』인데, 시드니 웹은 나중에 헌법 문제에
관한 중요한 논문들을 쓴 그레이엄 월리스, 그리고 노예 제도
에 의해 형성된 흑인 프롤레타리아들과의 경쟁에 직면하고 있
는 아프리카와 미국의 '가난한 백인' 현상을 연구한 시드니 올
리비에와 함께 확실한 사회주의 작가로 처음 이 분야에 입문
했다. 식민지 장관들은 시드니 올리비에의 책을 꼭 읽어봐야
한다.『페이비언주의자들의 에세이』에서 처음으로 사회주의
는 완전히 합헌적인 정치 운동, 가장 존경받을 만하고 결코 혁
명적이지 않은 시민들도 전혀 비난받을 염려 없이, 마치 근처
에 있는 보수당 클럽에 가입하는 것처럼 합류할 수 있는 정치
운동으로 제시되었다. 그곳에서는 마르크스는 언급되지 않았
고 그의 독특한 가치 이론은 완전히 무시되었으며, 경제 이론
은 윌리엄 스탠리 제본스의 가치 이론과 리카도의 지대 이론
에 의존했는데, 특히 후자는 산업 자본과 이익에도 적용되도록
바뀌고 있다. 요컨대 사회주의는 모든 비정통적 견해와 폭력적
인 경향을 지닌 자유주의적 관련성들이 제거된 모습으로『페
이비언주의자들의 에세이』에 등장한다. 이것이 이 책이 사회
민주연맹Social Democratic Federation의 창립자인 헨리 메이어스
하인드먼이 쓴『모두를 위한 영국England for All』같은 책들과
다른 점이었다. 하인드먼은 러시아 마르크스주의자들이 브레
스트-리토프스크 조약으로 그의 애국심을 자극한 1918년까지
마르크스의 가치 이론에 매달렸고, 19세기 중반까지 공화주의
를 지지하는 진보적인 문예가들의 신사적 코스모폴리탄주의
가 가미된 1848년의 바리케이드 자유주의의 마르크스적 전통
에 집착했다.

『페이비언주의자들의 에세이』가 나온 후 한두 개씩 나오던 사회주의에 관한 논문들이 점점 늘어나 수십 개로 늘어났고 지금은 내가 개인적으로 알고 있는 작가들이 아닌 한, 아니 그런 때조차도 그들의 글을 다 읽지 못한다는 것을 고백해야겠다.

정보를 얻기 위해서가 아니라 재미로(누가 당신을 탓할 수 있겠는가!) 사회학을 공부하다 보면 자기가 살던 시대의 자본주의를 맹렬히 비난했던 히브리 예언자들처럼 우리 시대 자본주의의 사악함을 비난했던 19세기 시인과 예언자들의 글이 사회주의의 경제 이론과 정치적 요구들을 연구했던 정치학자들이 정치 과학에 관해 쓴 글들보다 훨씬 더 흥미진진하다는 것을 알게 될 것이다. 토마스 칼라일의 『과거와 현재 *Past and Present*』와 『선거법 개혁과 그 후 *Shooting Niagara*』, 러스킨의 『먼지의 윤리학 *Ethics of the Dust*』과 『포르스 클라비게라 *Fors Clavigera*』, 윌리엄 모리스의 『유토피아에서 온 소식 *News from Nowhere*』(모든 유토피아 중에서 최고다), 디킨스의 『힘든 시절 *Hard Times*』과 『리틀 도릿 *Little Dorrit*』 등이 주목할 만한 예들이다. 특히 러스킨은 그 가혹하리만치 신랄한 비난의 톤에 있어 모든 사회주의자, 심지어 카를 마르크스조차 비교가 불가능할 정도다. 러스킨과 비교하면 현대 사회에 대한 레닌의 비판은 시골 목사의 진부한 글처럼 보일 정도다. 하지만 레닌은 현명하게도 자신의 실수들을 비난하는 데 더 열심이었다.

그러나 그 무지몽매한 19세기에 인생의 첫 44년을 보낸 나에게만큼 19세기 작가들이 당신에게도 즐거움을 줄 수 있을지는 의문이다. 19세기의 자기 만족에서 20세기의 자기 비판으

로의 엄청난 변화를 제대로 알아볼 수 있다면 디킨스의 『피크
윅 클럽 여행기 *The Pickwick Papers*』(유쾌한 초기 디킨스)를 읽고 나
서 『우리들의 친구 *Our Mutual Friend*』(세상에 환멸을 느끼는 원숙한
디킨스)를 읽어보면 좋을 것이다. 디킨스의 후계자로서 19세기
에 대해 환상을 가져본 적이 없었을뿐더러 그것의 많은 실책
들에 성마른 태도를 보이던 H. G. 웰스의 책들은 사회 재건의
가능성으로 가득하다. 만약 당신이 앤서니 트롤럽과 윌리엄 메
이크피스 새커리의 소설에서 19세기 향리의 신사 계급을 연구
했다면, 존 골즈워디의 소설에서 그것의 최근 내용을 연구해야
한다. 디킨스처럼 위대한 관찰자조차 런던 밖과 마차를 타고
주로 다니던 길 너머의 세상에 대해 얼마나 무지할 수 있는지
깨닫기 위해서는 그의 작품 『힘든 시절』에 나오는 도기 산업
지대의 모습을 아널드 베넷의 소설 『다섯 마을 *Five Towns*』에 나
오는 모습들과 비교해 보라. 그러나 그가 살던 시대의 노동자
계급의 역사와 또는 단체들에 대해 디킨스가 얼마나 심각하고
완벽할 정도로 무지했는지 깨닫기 위해서는 소설에서 눈을 돌
려 웹 부부의 『노동조합의 역사 *History of Trade Unionism*』를 읽어
보아야 할 것이다.

19세기 초기의 문학은, 그 모든 비난, 풍자, 조롱, 희화화에
도 불구하고, 점잖은 분노로 순화된 문학이었고 반란의 문학은
아니었다. 그것은 마르크스 이전의 문학이었다. 마르크스 이후
의 문학은 마르크스를 읽어본 적이 없는 남성들이 아주 쾌활
하게 쓴 글이라도 혁명적이다. 예를 들어, 그들은 현재의 질서
가 존속하리라고 생각하지 않지만 새커리는 가장 비관적인 기
분일 때조차 결코 그것의 존속 가능성을 의심하지 않았다.

여성에게 있어서 이전과의 단절은 마르크스보다는 그의 동시대 노르웨이인 현대 입센에 의해 이루어진다. 입센의 여성들은 모두 자본주의적 도덕에 반기를 들고 있다. 여성들의 좌절과 노예 같은 삶에 대한 자전적 묘사들로 우리의 책꽂이를 채우고 있는 영리한 여인들은 모두 입센 이후의 여성들이다. 현대 문학에서 남성들의 좌절감은 여성들에 비해 훨씬 덜하긴 하지만 포스트 스트린드베리적인 현상이다. 두 분야 어느 쪽에도 행복한 결말은 없다. 그들은 사회주의에 대한 희망 없이 자본주의에 대해 공포를 갖고 있다.

포스트 마르크스, 포스트 입센의 심리학은 1914~18년 이후 포스트 워 심리학에 자리를 내주었다. 매우 흥미로운 분야지만 아직은 너무 생경하고 그것의 존재에 대해 이렇게 간략히 언급하는 것 이외의 관심을 주기에 나는 너무 늙었다.

마지막으로 나는 주로 내가 출판한 희곡들의 서문의 형태로 쓰인 내 글들을 언급해야 할지도 모르겠다. 영국 문학 전통의 특이한 점들 중 하나는 희곡이 그것과 전혀 상관없는 서문과 함께 인쇄되어야만 하는데 그 서문들은 사실은 독자들을 유인하기 위해 연극을 미끼로 사용하는 에세이, 선언문, 팸플릿들이다. 나는 이런 관행을 마음껏 이용했는데, 많은 사람들은 그 글들이 연극의 일부분임에 틀림없다고 생각하며 어리둥절했을 것이다. 그렇게 연극의 서문으로 위장된 글들을 통해 나는 가난이 피할 수 없는 불행으로서 연민의 대상으로 여겨져서는 안 되고, 잘못에 대한 정당한 벌로 용인되어서도 안 되며, 빈곤은 인간 사회의 치명적인 질병으로서 재발하지 않도록 철저히 근절하고 막아야 한다고 주장했다. 나는 또한 사회주의는 소득의 평등이 아니면 아무것도 아니며, 사회주의 체제에서는 가난이 용납될 수 없다는 것을 분명히 했다. 사회주의 체제에서는 당신이 좋든 싫든 강제로 먹이고, 입히고, 숙소를 제공받고, 교육을 받고 고용될 것이다. 만약 당신이 이 모든 수고에 동참할 충분한 인격과 근면성이 없다는 것이 밝혀지면, 당신은 아마도 인간적인 방식으로 제거될 것이다. 그러나 당신이 살도록 허락된 동안 당신은 잘 살아야 한다. 다른 여인들이 시간당 2실링의 급여를 받을 때 당신은 한 시간에 반 크라운을 받을 수 없고, 다른 여인이 반 크라운을 받는데 당신은 2실링으로 만족하는 것도 허용되지 않을 것이다. 내가 아는 한 나는 이것을 영원한 문명의 필수적 조건으로 명시해야 한다고 생각한 최초의 사회주의 작가였다. 그러나 사실인 것치고 전혀 새로운 것은 세상에 없기 때문에 나는 감히 내가 태어나기 전에도 그 주장이 계속해서 반복되어왔다고 말할 수 있다.

페이비언주의에 입각한 내 두 권의 책, 『사회주의와 탁월한 두뇌들 Socialism and Superior Brains』과 『시영화의 상식 The Common Sense of Municipal Trading』은 둘 다 나의 개인적인 경험에서 쓰였기 때문에 아마도 여전히 읽을 가치가 있을 것이다.

옮긴이의 말

'진부하다'는 표현이 상정하는 피할 수 없는 엄연함에 기대에 소개를 하자면, 이 책은 '시대의 흐름을 거스르는', '100년 전의 작가가 지금, 이 자리에서 살아가는 사람들에게 던지는 질문'이다. 이 책을 번역하며 조지 버나드 쇼가 오늘의 현실을 이미 100년 전에 바라보며 쓴 글을 옮기는 듯한 착각을 느꼈던 이유는 아마도 인간이라면 마땅히 보장되어야 할 최소한의 삶이 제공되지 못하는 현실에 대한 그의 치열한 공분 때문일 것이다. 그가 통절하게 느꼈던 불공평의 문제는 지금도 별 차이 없이 여전히 우리의 문제이기도 하니까 말이다.

처칠은 '만약 당신이 25세에 자유주의자가 아니라면 당신은 감정이 없는 사람이고 35세가 될 즈음에도 보수주의자가 아니라면 머리가 빈 사람이다'라는 경구를 남긴 적이 있다. 하지만 요새 젊은이들이 밀레니얼 소셜리즘이나 버니 샌더스, 오카시오 코르테스가 일으키는 민주적 사회주의Democratic Socialism의 바람에 휩쓸리는 것은 처칠의 생각처럼 단순히 인생에서 통과

의례처럼 스쳐가는 한때의 열병처럼 보이지는 않는다.

글로벌 금융 위기와 신자유주의는 정치적으로는 극우화를 조장하여 여러 나라를 혼란에 빠뜨렸고 성취감을 주지 못하는 직장에 대한 불만, 전통적인 사회보장 제도의 붕괴, 저성장으로 미래에 대한 희망을 잃은 젊은 세대는 냉소주의에 빠지기 쉽다. 그나마 안정된 삶에 대한 열망을 가진 젊은이들은 20대 초반의 극단적인 절약을 통해 늦어도 40대 초반까지는 여생을 이자 수입에 의지해서 살아갈 만한 자금을 만들어 은퇴한다는 목표를 지닌 파이어FIRE, Financial Independence Retire Early족이 되기도 한다. 일견 큰 꿈처럼 보일지도 모르지만 한편으로는 얼마나 파편적이고 제한된 삶인가.

기존의 자본주의 개념이 바뀌고 있다. 자본주의의 문제들을 극복하기 위해 많은 사람들이 알건 모르건 이미 시행되고 있는 사회주의적인 제도나 정책 말고도, 마거릿 대처 총리 이후 시장주의의 선봉에 섰던 영국조차도 최근 기업들이 직원을 해고하지 않으면 정부에서 직원 임금의 80퍼센트까지 보전해주는 정책을 내놓았고 자영업자에게도 지난 3년간 소득 기준으로 80퍼센트까지 지원하기로 했다. 물론 아무도 예상하지 못했던 범세계적인 역병이 강제한 변화이기도 하겠지만 그것을 넘어서 한계 상황에 놓인 사회, 모든 것이 혼란스러운 지금, 우리 삶에서 중요한 게 무엇이고, 어떤 가치관을 추구하는 것이 맞는지를 정부와 사회, 그리고 그것의 구성원들이 다시 생각을 해야 할 때임은 분명하다.

번역을 하며 시대와 상황의 차이에 따라 원뜻을 그대로 옮기기 어려운 화폐, 도량형, 세금, 관직, 제도 등의 단어들은 가장 근접한 의미로 바꾸려 노력했고 독서의 흐름에 방해가 될 정도로 저술 당시의 상황에만 국한되는 지엽적인 내용들은 혹여 이 책을 기점으로 조지 버나드 쇼의 사상, 저술에 대해 좀 더 체계적인 공부를 시작하는 사람들에게 서지·주석적 비평의 영역으로 남겼다.

옮긴이 | 오세원

고려대학교 철학과를 졸업했다. 공군 통역 장교로 복무했으며, 금융업계에 근무 중 미국 윌리엄 앤드 메리 대학교에서 MBA를 마쳤고 현재는 유엔 녹색기후기금(GCF)에서 근무 중이다. 옮긴 책으로『제임스 서버』『랭스턴 휴스』『펭씨네 가족』『당신 없는 일주일』『시인들의 고군분투 생활기』『뜻밖의 회심』『퓨처 누아르』『청춘을 위한 기독교 변증』등이 있다.

지적인 여성을 위한 사회주의 자본주의 안내서

초판 1쇄 발행 2021년 1월 30일

지은이 조지 버나드 쇼
옮긴이 오세원

펴낸곳 서커스출판상회
주소 경기도 파주시 광인사길 68 202-1호(문발동)
전화번호 031-946-1666
전자우편 rigolo@hanmail.net
출판등록 2015년 1월 2일(제2015-000002호)

ⓒ 서커스, 2021

ISBN 979-11-87295-54-9 03300

이 도서의 국립중앙도서관 출판예정도서목록(CIP)은 서지정보유통지원시스템 홈페이지(http://seoji.nl.go.kr)와 국가자료공동목록시스템(http://www.nl.go.kr/kolisnet)에서 이용하실 수 있습니다. (CIP제어번호: CIP2020052546)